人體與動物結構

特輯

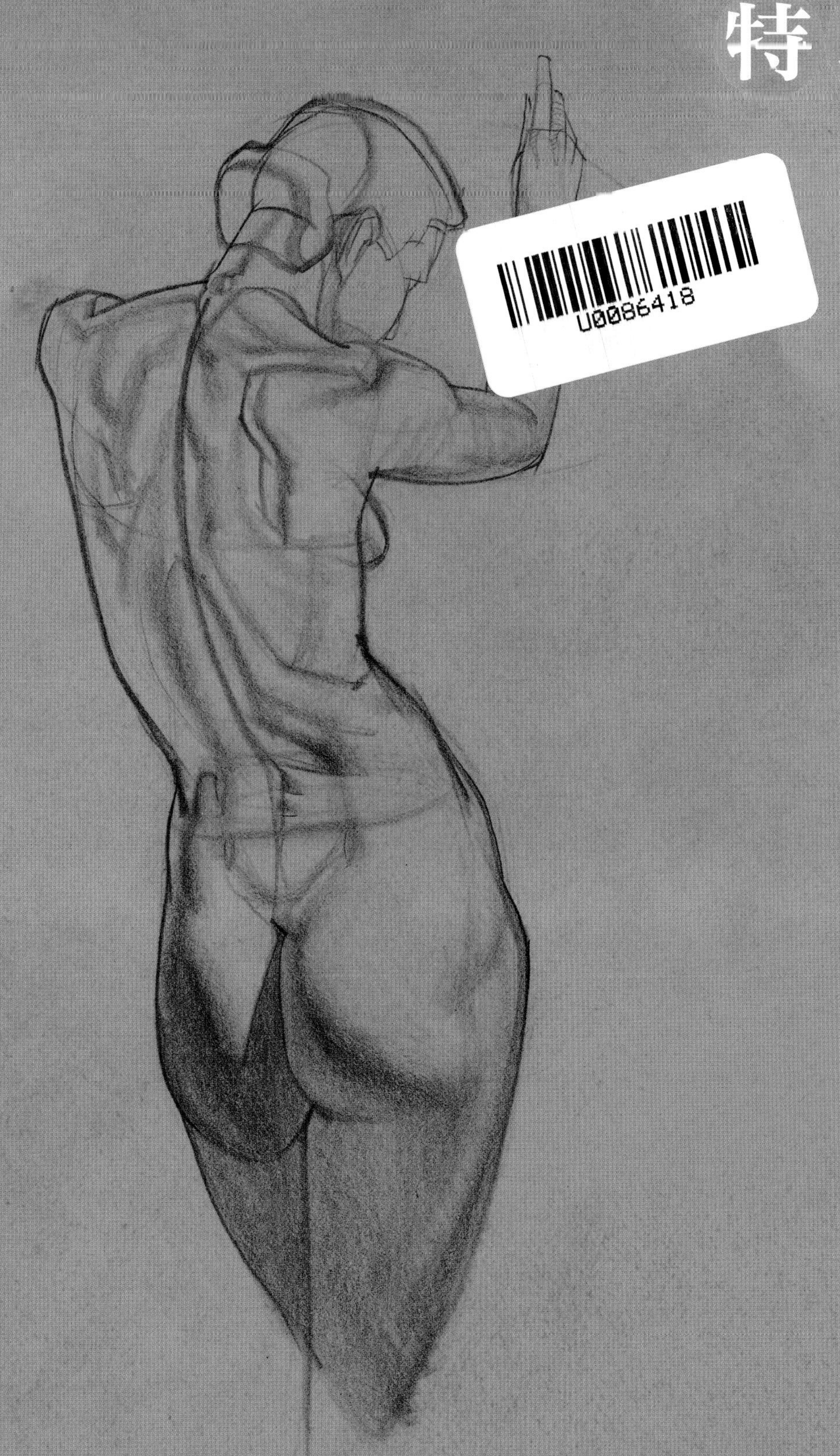

新一代圖書有限公司

FEATURED ARTISTS
精選藝術家名單

Donato Giancola
Larry Elmore
Marko Djurdjevic
Gerald Brom
Jon McCoy
Brian Froud
Aleksi Briclot
Henning Ludvigsen
Mario Wibisono
Dave Seeley
Ken Kelly
Brothers Hildebrandt

Ron Lemen
Chris Legaspi
Jack Bosson
Marshall Vandruff

Joel Carlo
Warren Louw
Dave Kendall
Nicole Cardiff
Justin Gerard
Anne Pogoda

Lauren K Cannon
Marta Dahlig
Cynthia Sheppard
Mélanie Delon
Jeremy Enecio
Marek Okon
Jonny Duddle
Andy Park
Bobby Chiu
Jim Pavelec
Frazer Irving

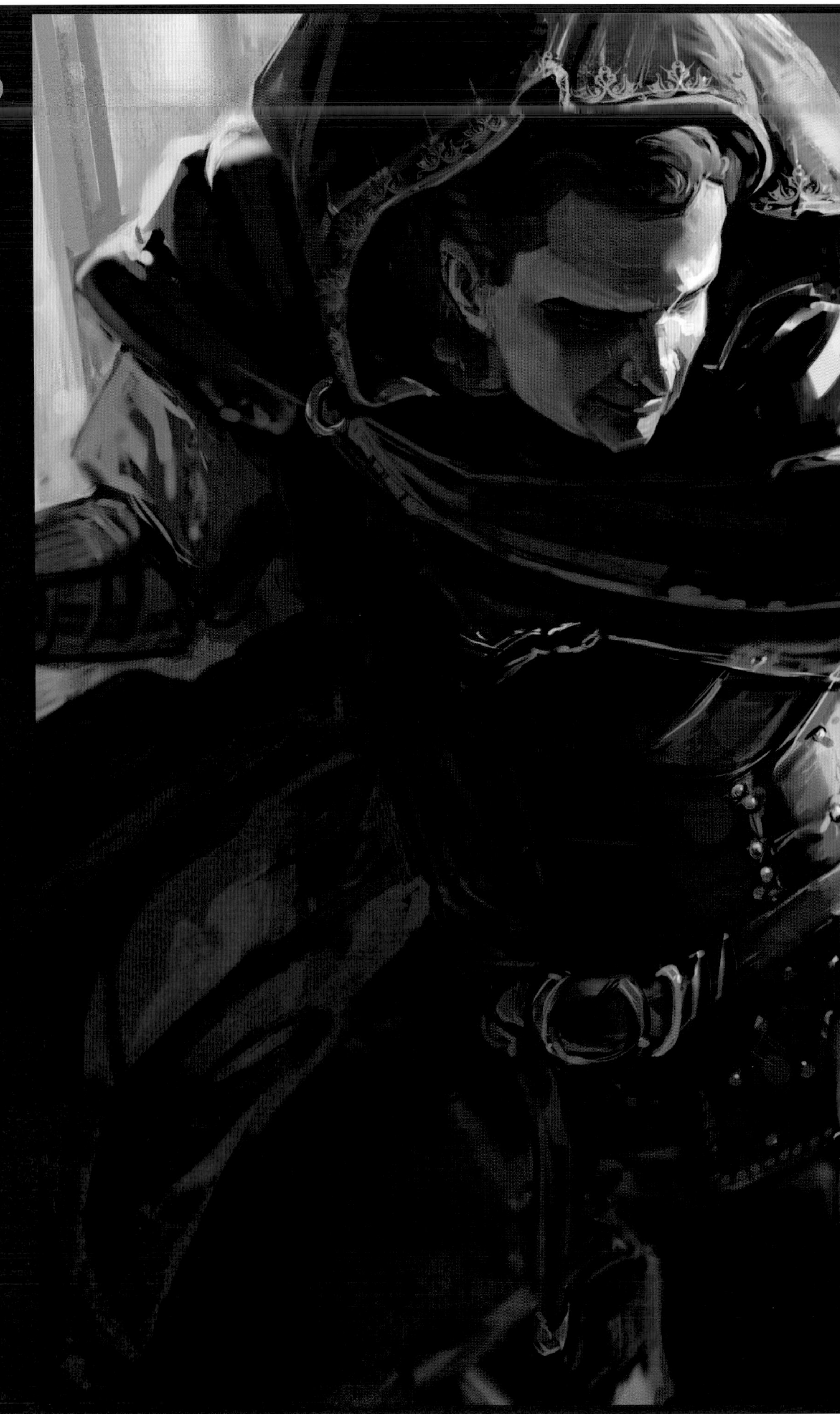

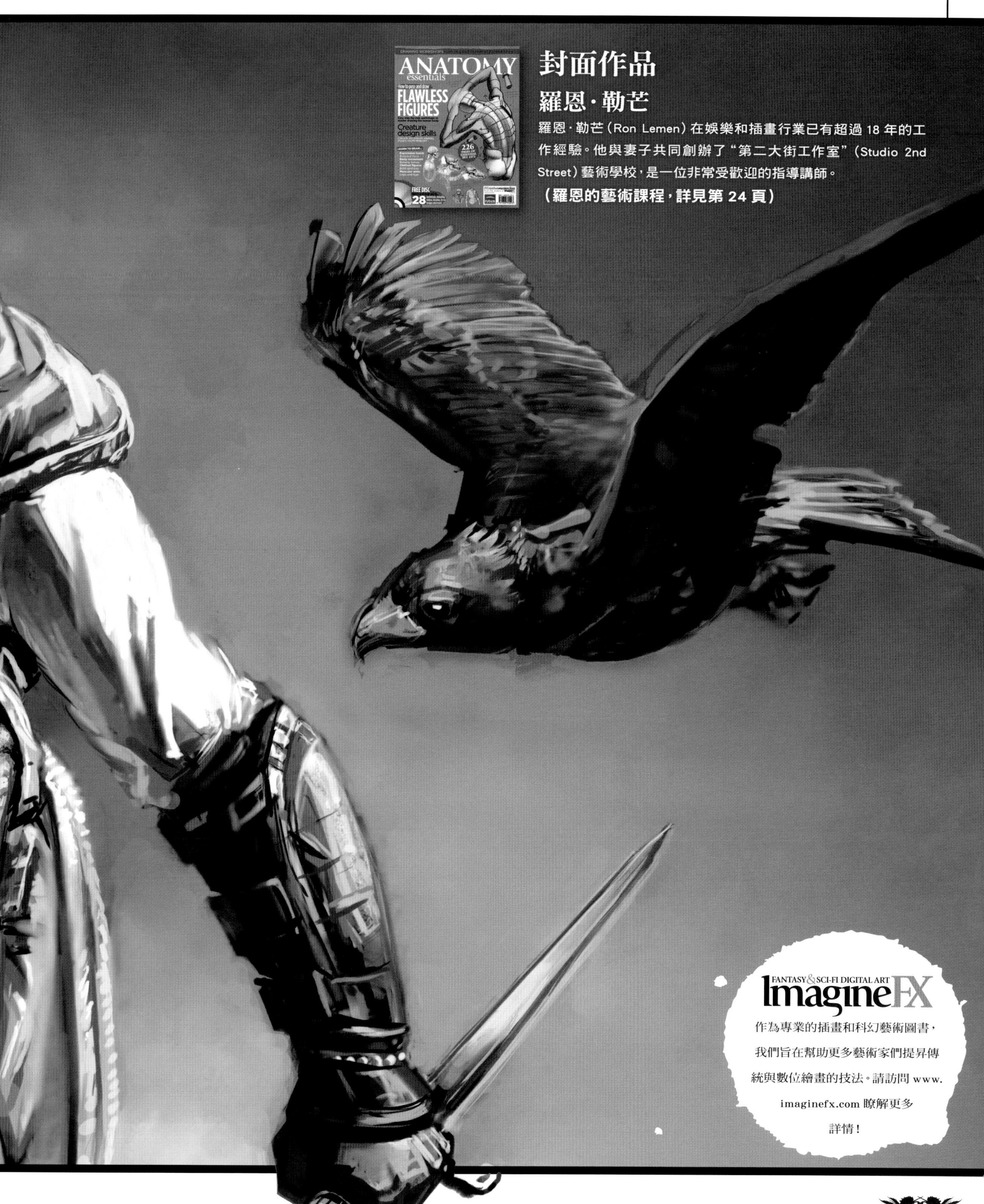

封面作品

羅恩·勒芒

羅恩·勒芒（Ron Lemen）在娛樂和插畫行業已有超過 18 年的工作經驗。他與妻子共同創辦了“第二大街工作室”（Studio 2nd Street）藝術學校，是一位非常受歡迎的指導講師。

（羅恩的藝術課程，詳見第 24 頁）

人體與動物結構特輯

目錄

人體與動物結構的繪畫技法

人體解剖

26 **人體輪廓的構造**
掌握人體形態的繪畫方法。

32 **光影和形體素描**
如何表現光線與陰影。

38 **畫由心生，透過想像繪畫人物**
發揮想像力進行人物的創作。

44 **同場景中多個人物的構圖**
透過具象繪畫表述故事場景。

48 **軀幹**
人體的核心結構。

54 **腿部**
表現雙腿支撐身體的力度。

60 **腳部**
描繪立體而有力的腳。

64 **肩膀與上臂**
身體上最複雜的部位。

70 **前臂**
身體上另一個靈活多變的部位。

76 **手部**
以繁就簡，讓手部的繪畫易於掌握。

80 **頭部**
將頭骨分解成簡單的形狀。

肌肉與人體結構

86 **肩部結構**
人體複雜部位形態解讀。

92 **背部的繪畫與造型**
用簡單的形狀描畫背部。

98 **手腕的動作**
探索皮膚下這個靈活而又複雜的部位。

104 **豐滿結實的臀部**
畫出身體的基礎。

動態與人體結構

112 **姿勢與運動**
動態人物繪畫技巧。

116 **運動中的人體**
讓人體運動繪畫栩栩如生。

122 **服飾皺褶的細節處理**
理解布料的張力與常見的皺褶類型。

動物藝用解剖

130 **輪廓**
探索皮膚之下的動物形態。

136 **軀幹**
動物身體核心部位運作機理。

142 **後腳**
學習動物運動的繪畫。

148 **前腳**
保持動物身體平衡的支柱。

154 **頭頸**
掌握動物共有的特徵。

160 **臉部**
動物的臉部表情繪畫。

166 **龍的繪畫實踐**
學習龍的形態和解剖結構。

傳統繪畫向數位繪畫的演進

172 **繪畫的藝術：理論**
繪畫基本理論闡釋。

176 **繪畫的藝術：實踐**
將理論知識付諸實踐。

180 **動物特徵的描繪**
運用動物繪畫技巧創作想像中的生物。

184 **十大魔幻主題動作姿勢**
魔幻主題動作姿勢照片素材。

186 **人物姿態要領**
讓人體的姿態誇張一些。

190 **傳統與數位藝術的融合**
不同繪畫媒介的跨界組合。

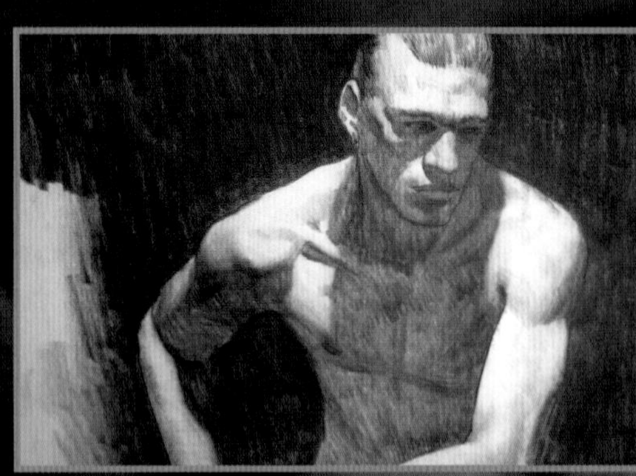

196 **採用混合媒介繪製牧神（FAUN）**
數位繪畫技法與傳統繪畫技法的融合。

198 **傳統繪畫意境的再現**
在 Photoshop 中重塑傳統的繪畫意境。

202 **肌膚繪畫技巧解密**
數位化皮膚色調的處理。

208 **藝術家問與答**
專業畫師繪畫技巧分享。

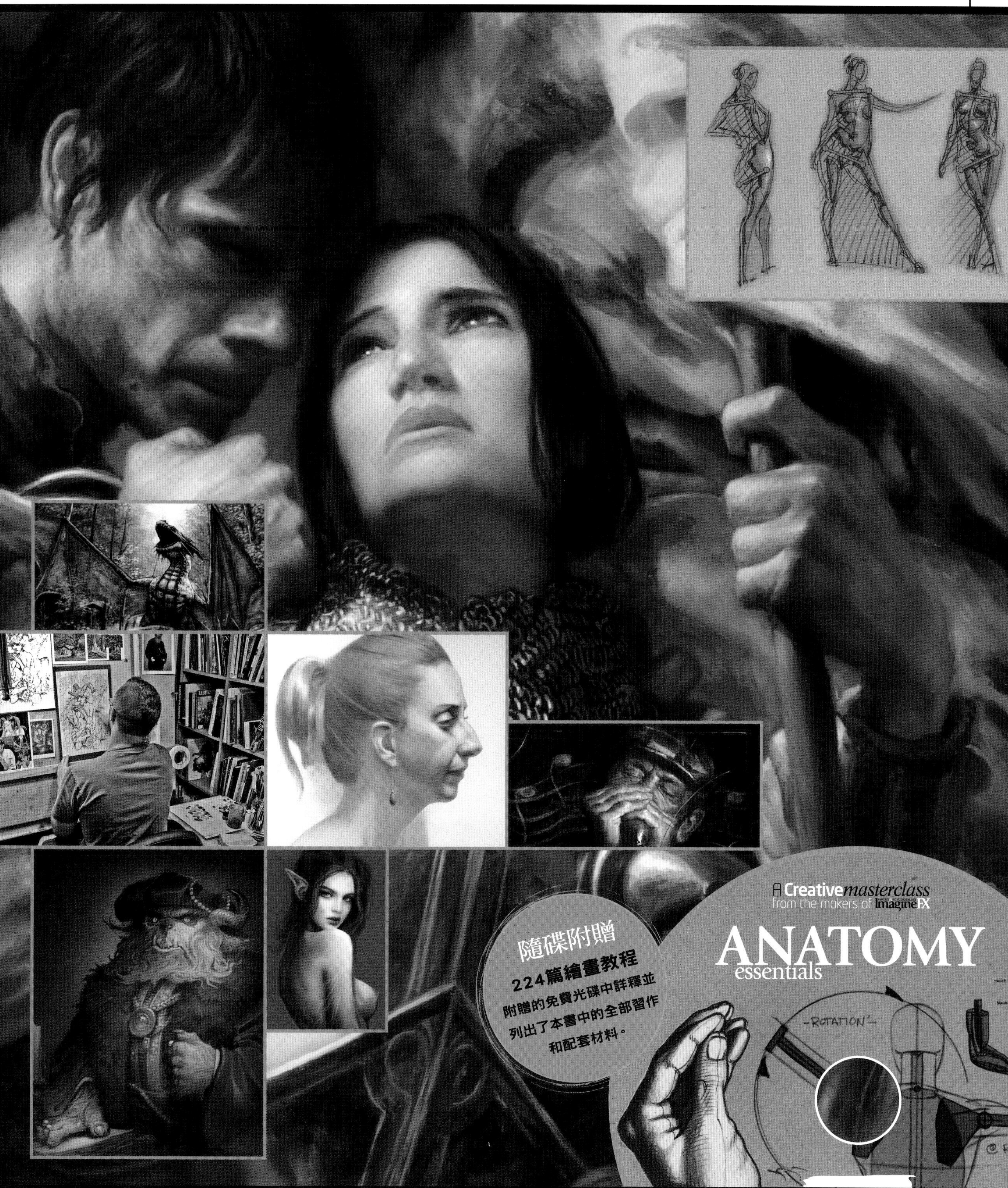
隨碟附贈
224篇繪畫教程
附贈的免費光碟中詳釋並列出了本書中的全部習作和配套材料。
A Creative masterclass from the makers of ImagineFX
ANATOMY essentials
-ROTATION'-

佳作欣賞

從藝術大師們的作品中汲取靈感，學習如何在繪畫中透過解剖技巧的熟練運用，使幻畫藝術作品栩栩如生。

唐納托·吉恩科拉

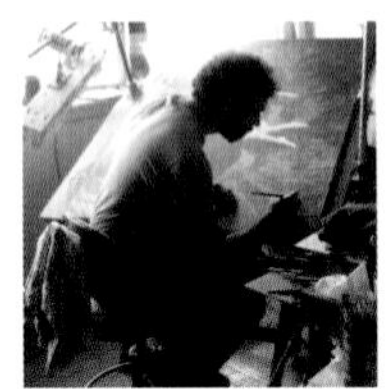

唐納托·吉恩科拉（Donato Giancola）的作品受到多種藝術風格的影響，既包含文藝復興時期的理性，又有“龍與地下城”時代的夢幻。唐納托說：“我的作品風格所受到的影響，不僅來自於世界頂尖博物館中的經典繪畫作品，同時也來自於我常去的漫畫店。”這種成功的跨界藝術風格組合僅僅是唐納托所有故事中的一個。

通常人們認為，一位藝術家掌握的技巧越多，繪畫就越得心應手。唐納托正是這樣一位頂級的藝術家，但是他對繪畫中的創新過程仍充滿熱情。

他說：“從材質、模型、照片和圖畫等一大堆物品中獲得參考，是我處理作品的核心方法。”

這也讓人想起唐納托本人一直反駁的一種說法：“透過照片進行參考會讓你的最終作品顯得粗劣廉價”。而實際上，唐納托認為這是應該遵循的一條哲理。“透過照片進行參考彷彿就像時光回到從前，可以很好地用來評價和理解特定光照條件下發生的情況，考慮畫面的細節以及捕捉人物的表情。

直到20歲，唐納托才真正上了一堂正規的藝術課程。此後，他在藝術學習路途上的腳步不斷加快。多年來，他的學習方法始終沒有改變。“我經常去參觀博物館，學習和臨摹林布蘭（Rembrandt）和魯本斯（Rubens）的原畫”唐納托說，“我一生都在繪畫，並且在每次進行新的項目時都不斷挑戰自我。”

唐納托的故事遠不止這些。“我更傾向於採用能讓我意識到所要表述概念的方法進行創作。抽象是起步階段的重點，然後我逐漸轉向經典流派、寫實主義以及人物，學習卡拉瓦喬（Caravaggio）和約翰·威廉姆·沃特豪斯（J.W.Waterhouse）的作品，真正理解了甚麼才是最棒的作品，它們是不會隨著時光的流逝而褪色的。”

如果要為這位藝術家貼上個標籤，“輕鬆駕馭高品質與商業繪畫”則再合適不過了。他自我評價道：“我是一個在科幻流派中集經典、抽象和寫實於一身的藝術工作者。”

www.donatoart.com

Pictured right: The Tower of Cirith Ungol. 48" x 36" Oil on Panel. © 2012 Donato Giancola.

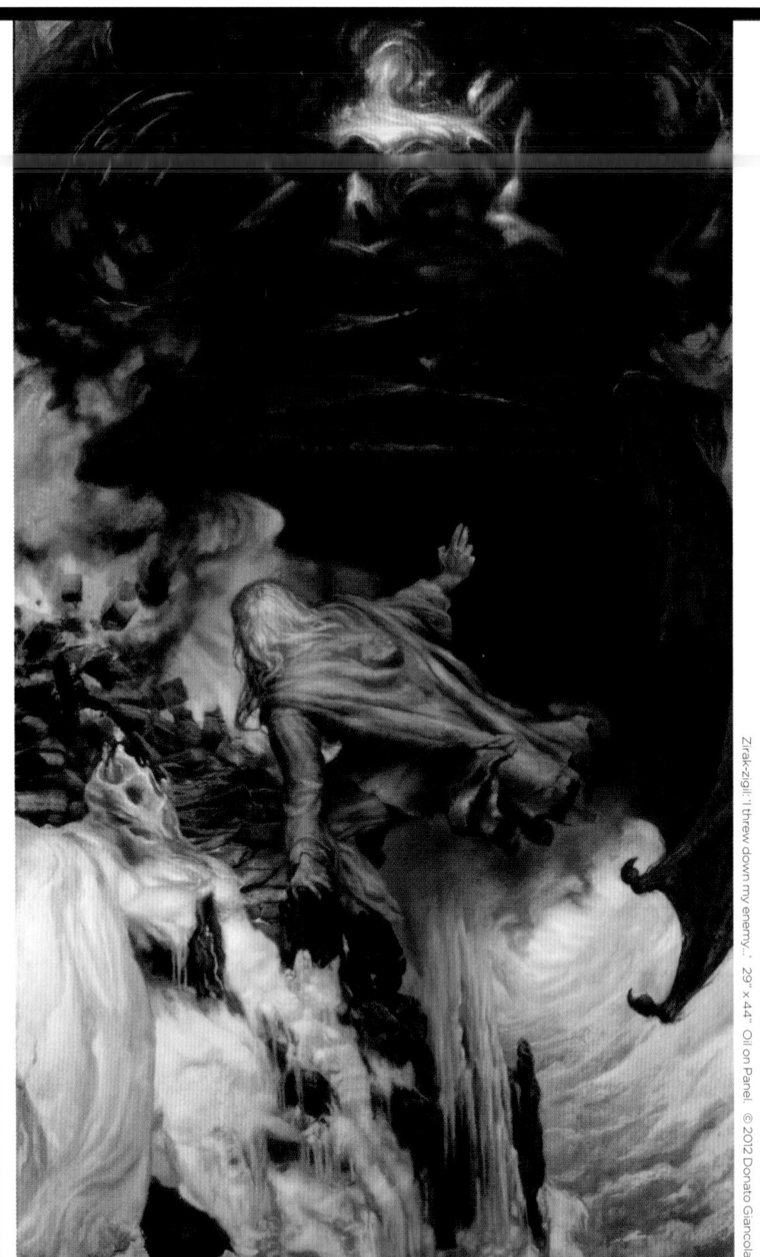

Zirak-zigil: 'I threw down my enemy...' 29" x 44" Oil on Panel. © 2012 Donato Giancola.

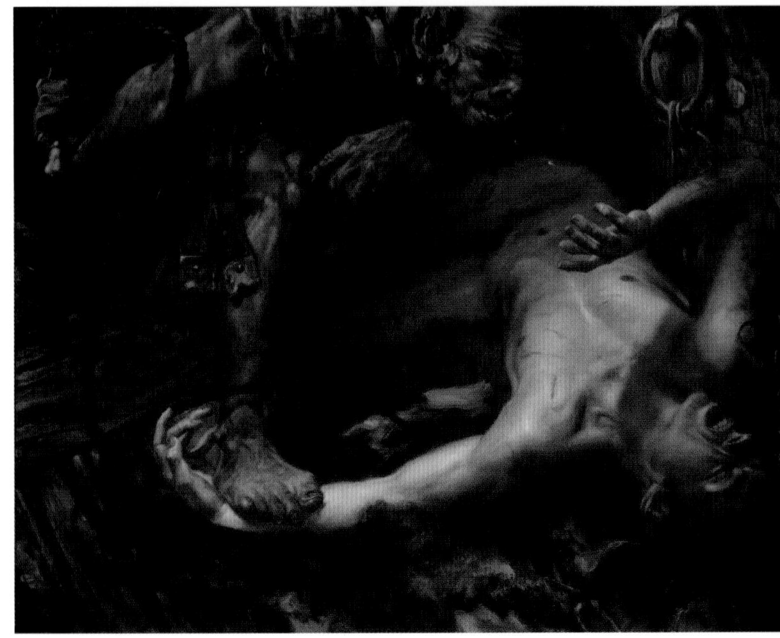

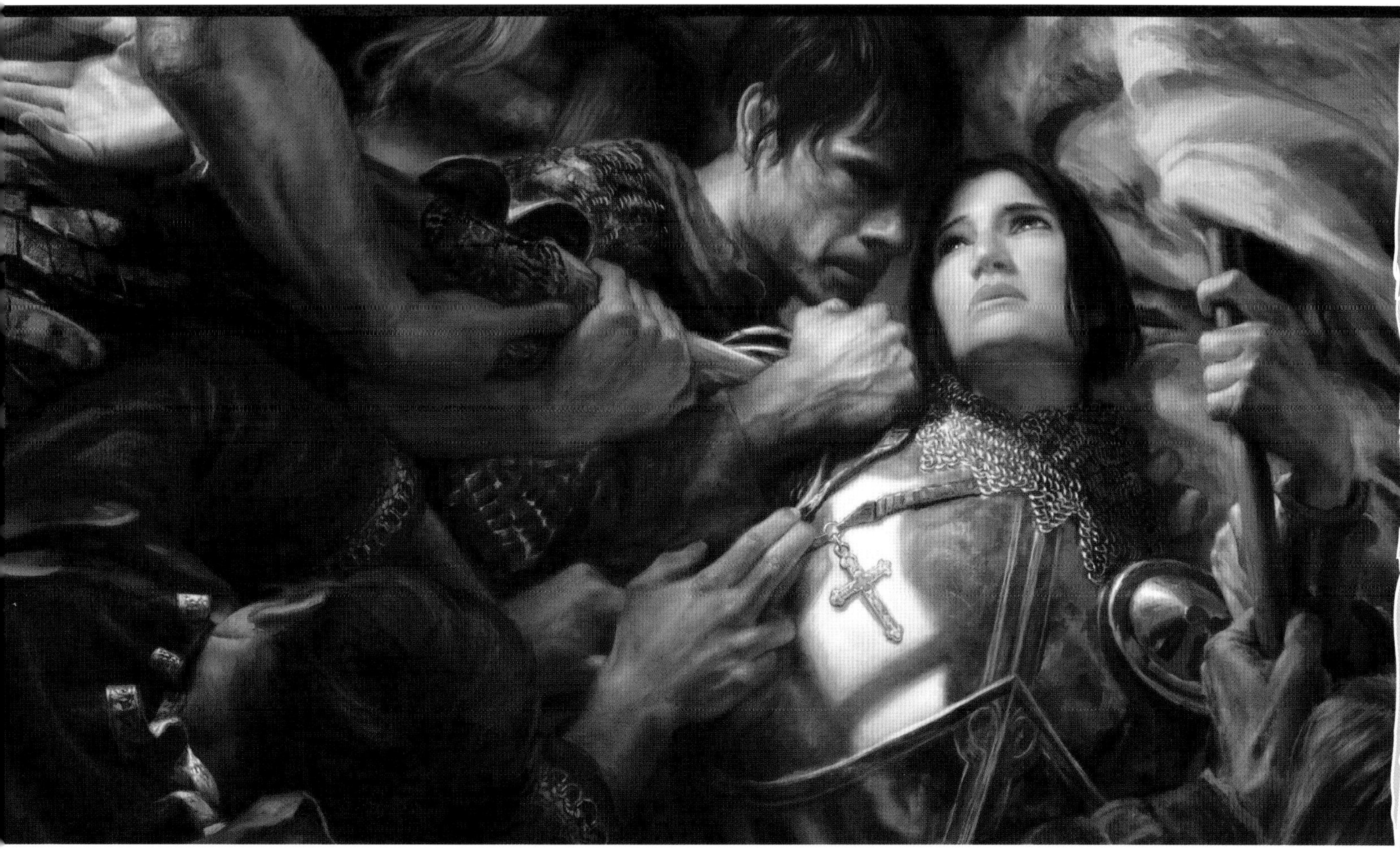

Joan of Arc. 42" x 24" Oil on Panel. © 2012 Donato Giancola.

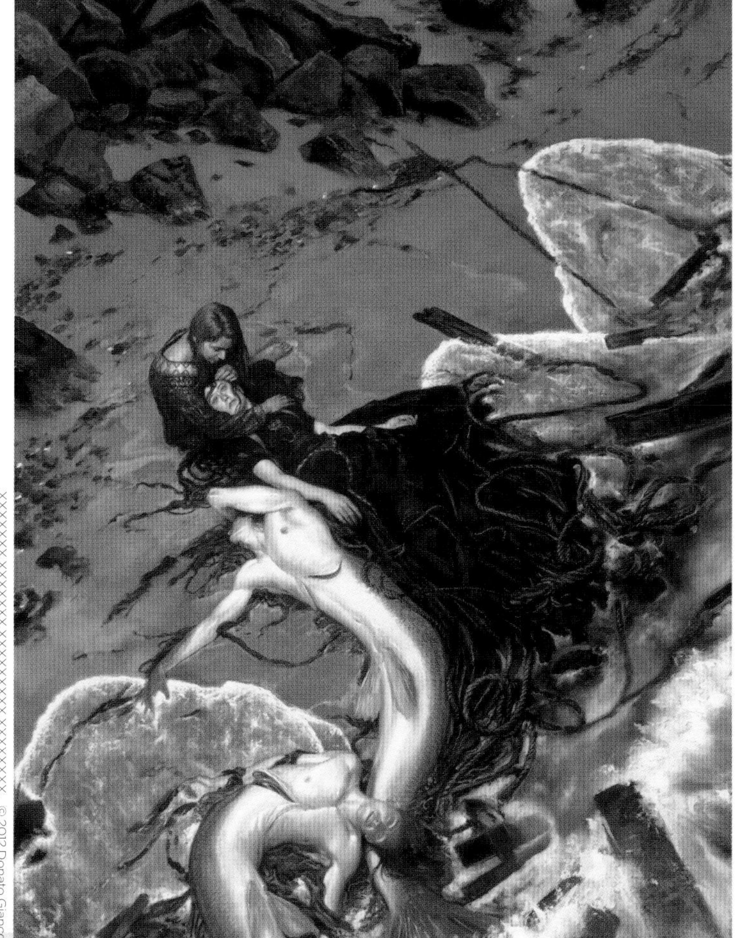
XXXXXXXXX XXXXXXXXX XXXXXXXXXX XXXXXXXXXX. © 2012 Donato Giancola

“在我的繪畫中，有四分之一的時間是用在發現、展示完美姿勢的模型，收集我所想表現對象的材質，尋找有關物件的模糊描述……所做的一切都是為了能夠描繪出一個之前從未在腦海中呈現的創新視覺效果。”

藝人智語

尋找靈感

“多去畫廊、展覽、集會、工作室和博物館看看，挑戰你自己，並學著多畫一些人物……這該有多棒啊。”

賴瑞·埃爾莫爾

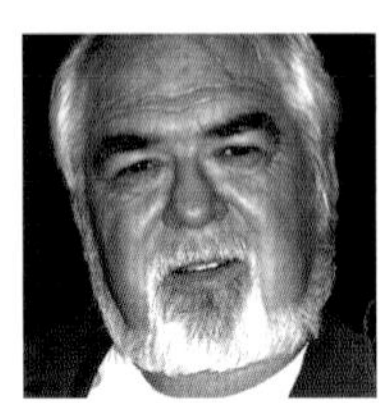

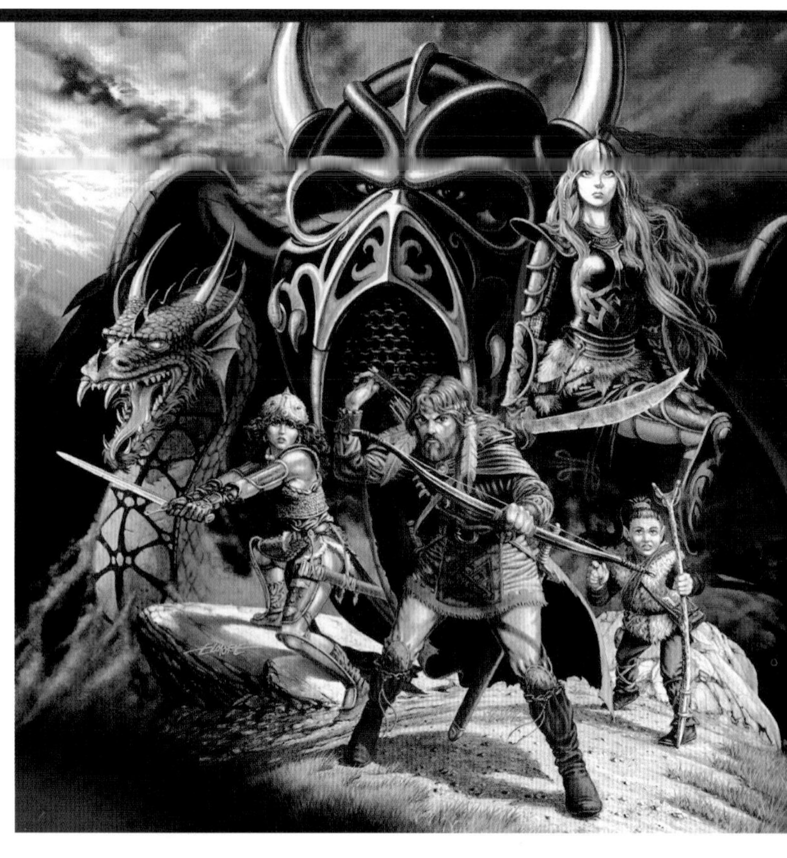

賴瑞·埃爾莫爾（Larry Elmore）出生於美國肯塔基州路易斯維爾，他的幻畫作品已經達到了世界級的高度，以色澤豐富的英雄人物、半獸人、巨龍和惡魔的形象成為了眾多新生代藝術家的榜樣。

早先賴瑞熱衷於畫香車和美女，之後他開始進行龍的繪畫。路易斯維爾圍繞在群山和森林之中，透過對本土自然生態環境的瞭解，賴瑞對爬行動物有著清晰的構想。也許他是第一個將龍畫得如此栩栩如生的藝術家！

賴瑞於1966年就讀於藝術學院，當時他被要求從當代藝術入門，進行藝術設計的學習。但是賴瑞卻有著不同的想法。受弗蘭克·弗雷澤塔（Frank Frazetta）作品的啟發，他從"低端"藝術開始探索，如通俗漫畫的封面和野蠻人英雄的形象。但是僅僅這些還不夠。"我在歷史書本中看到了歐洲地圖，並瞭解到了'戰斧文化'。"此後賴瑞開始了對凱爾特人思索。

從越戰戰場服役回來後，賴瑞發現了一款正處在開發初期的幻想主題游戲。當時龍與地下城這款游戲正在加緊製作，賴瑞覺得他可以為這款游戲注入一些全新的元素。"那時候，這款游戲的美工差極了"，賴瑞回憶道。當賴瑞開始與克萊德·考爾德韋爾（Clyde Caldwell）和傑夫·伊斯利（Jeff Easley）共同為龍與地下城進行藝術創作後，他們都意識到游戲有了新的活力。"我們都明白我們當時擁有國內最好的工作。每個人都期望在那裡工作。那太棒了。"

如今賴瑞將創作方向更集中於個人作品，但他仍駐足肯塔基，描繪本地的龍的形象。

www.larryelmore.com

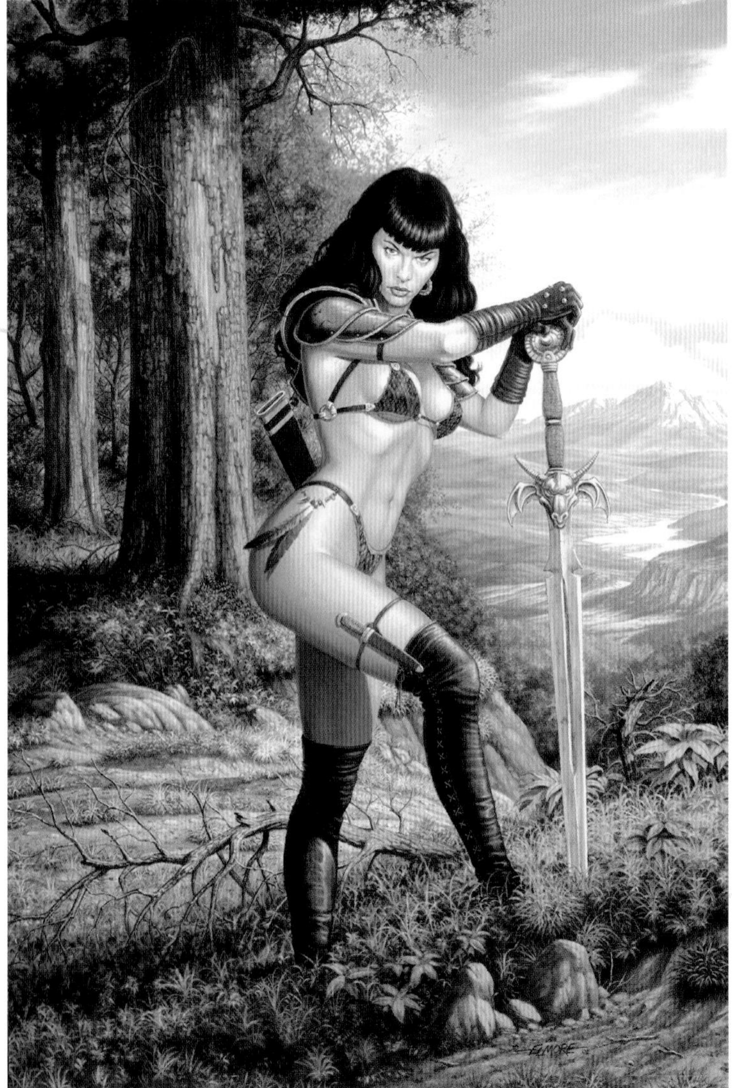

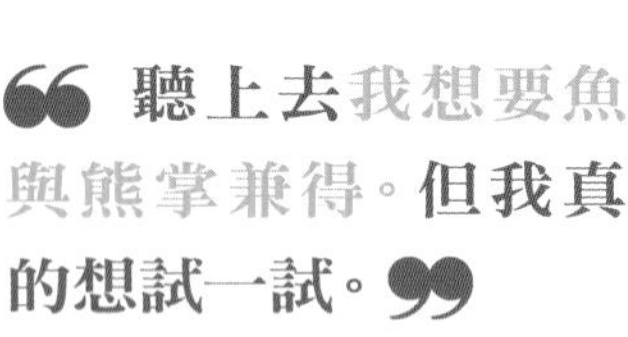

"聽上去我想要魚與熊掌兼得。但我真的想試一試。"

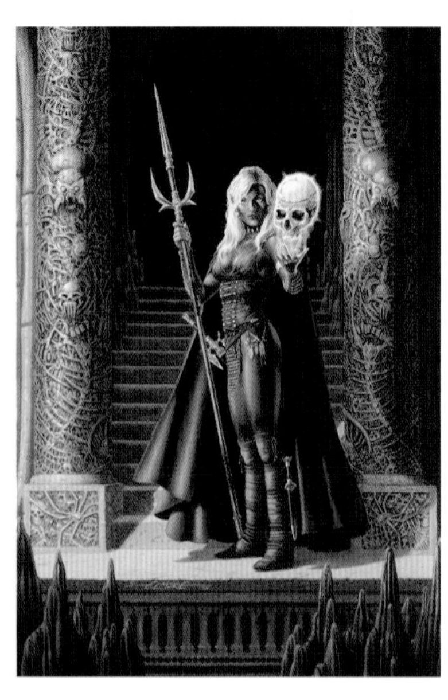

藝人智語

為自己繪畫

"20多年來，我一直在畫別人想要看到的。所有的藝術都是由委員會制訂的。但這對我的打擊很大。我很想畫自己所想畫的內容。"

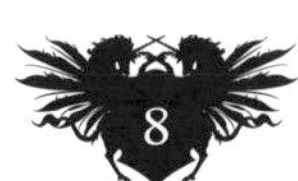

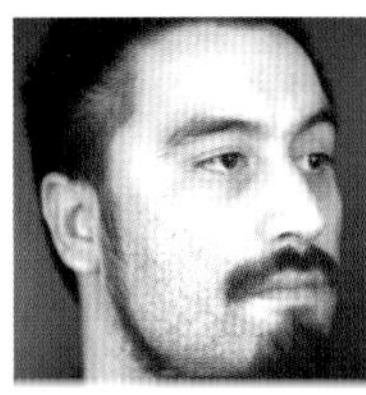

馬克·德約德耶維奇

馬科·德約德耶維奇(Marko Djurdjevic)是一位塞爾維亞的藝術家,從17歲起就已經是一名專業的插畫師和原畫設計師。伴隨藝術共同成長,馬科的作品中無處不透出豐富的生活經歷。"我覺得藝術創作的過程是繁是簡,就像找女朋友一樣,你嘗試的越多,難度反而越大。"這位藝術家說。

馬科並非出身藝術世家,但是他與生俱來的創造性促使他在藝術的道路上不斷前行。儘管馬科將大量時間用於動漫英雄的繪畫,比如著名的Marvel漫畫《刀鋒戰士》(Blade),但他對於人類英雄的概念卻始終持懷疑的態度,這也成為了他創作作品的導向。他陳述道:"英雄始終是一個神話,一旦你認識到這個基本真理,你自己就會進入英雄的角色。"

早在ConceptArt.org網站創立初期,網站聯合創始人與Massive Black工作室的傑森·曼利(Jason Manley)、安德魯·瓊斯(Andrew Jones)和科羅(Coro)就發現了馬科的自學天賦。在參加了一次阿姆斯特丹藝術家的酒會後,馬科受到了鼓舞,著手創辦他個人的工作室SixMoreVodka,同時,他也加入了Massive Black工作室。

馬科在Massive Black工作室的舊金山總部工作和生活了一段時間,期間他的藝術表現力被大大的激發出來,隨後,馬科回到了歐洲。從南斯拉夫貝爾格萊德,到羅馬尼亞布加勒斯特,目前馬科居住在德國柏林。

www.sixmorevodka.com

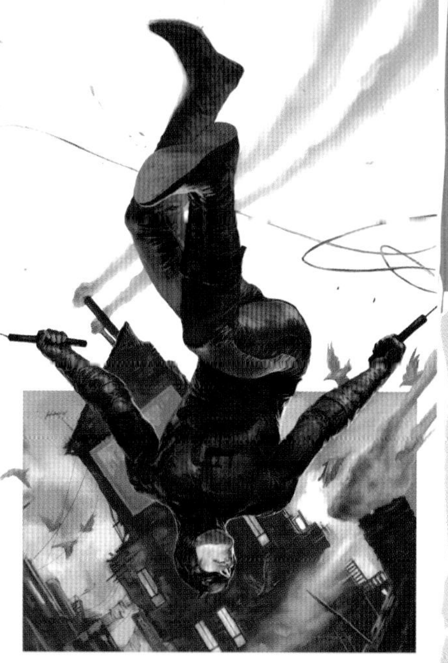

"我在紙上每一畫筆的表達總是一樣的——這是一扇體現我內心的窗口。"

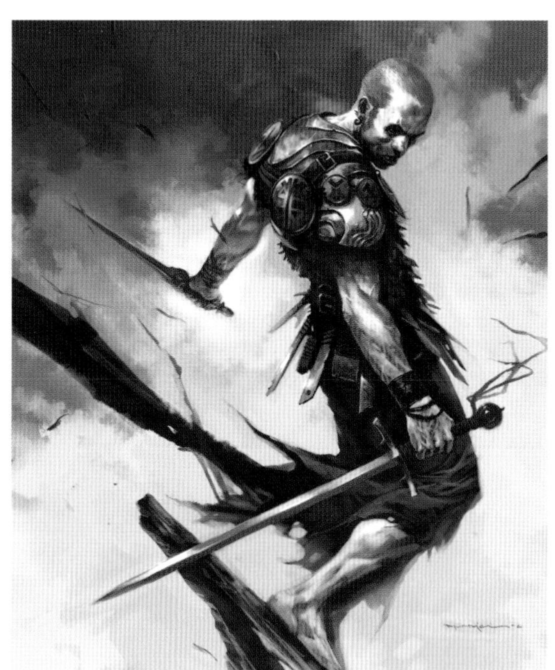

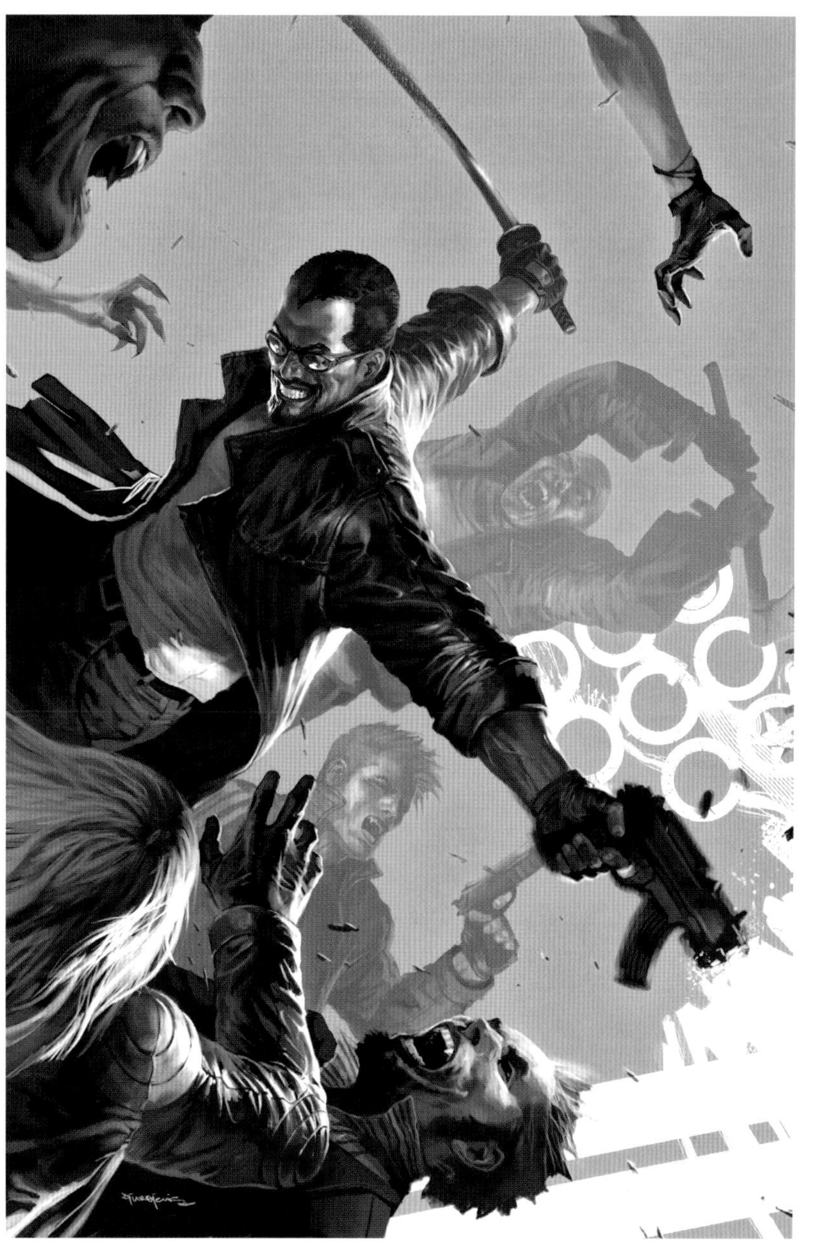

藝人智語

一切源自細節

"要理解一位藝術家,我們必須從整體上來觀看他的作品,並且需要注意那些不起眼的細節。"

杰德·布洛姆

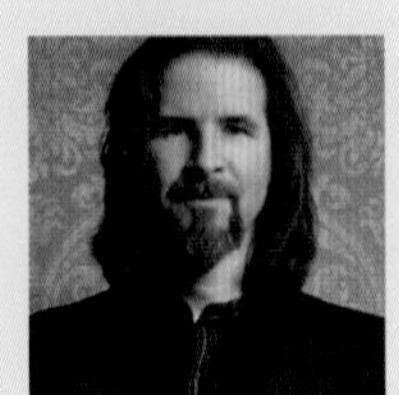

杰拉德·布洛姆(Greald Borm)於1965年3月生於美國的喬治亞，他如今已經是一名黑暗幻畫作品的最終視覺定稿人。他為提姆·波頓(Tim Burton)的《斷頭谷》，1994年的經典游戲《毀滅戰士2》(Doom II)，以及作家麥克·摩考克(Michael Moorcock)等創作作品。他的圖繪噩夢小說也已出版發行，包括早期的《拔毛機》(The Plucker)，近期的《聖誕怪獸克拉普斯》(Krampus: The Yule Lord)。他一直被奇怪的、怪獸般的或美麗的東西所吸引，他總是被一些視覺效果特別的作品震動。

早年時，布洛姆是一名商業繪師，20歲的時候，就為可口可樂、IBM、CNN、哥倫比亞電影公司等著名代理商創作了許多具有影響力的作品。在上世紀80年代末期，他被著名的TSR公司雇傭，成為一名全職插圖作者，並在接下來的幾年中，逐步改變了公司對於幻畫藝術的看法。他創作了TSR日後暢銷的《浩劫殘陽》(Dark Sun)系列作品。

雖然當今數位藝術廣為流傳，布洛姆仍然堅持使用傳統油彩在畫布上繪畫。他說："我雖然也會使用電腦進行前期創作和潤色，但卻無法替代用畫筆在畫布上創作時表現出的本色。"

他的成功也源於自學。"我沒有直接從師於其他藝術家，而是透過臨摹和研習自己仰慕的藝術家的作品進行學習，如弗蘭克·弗雷澤塔(Frank Frazetta)、諾曼·洛克威爾(Norman Rockwell)、威斯(N. C. Wyeth)、約翰·威廉姆·沃特豪斯(John William Waterhouse)和阿爾方斯·穆夏(Alphonse Mucha)等。"最終的藝術作品，無論是用於游戲、電影或是自己的藝術書籍，完全屬於他自己的風格。

www.bromart.com

藝人智語

探索樂趣

"跟著感覺走!"

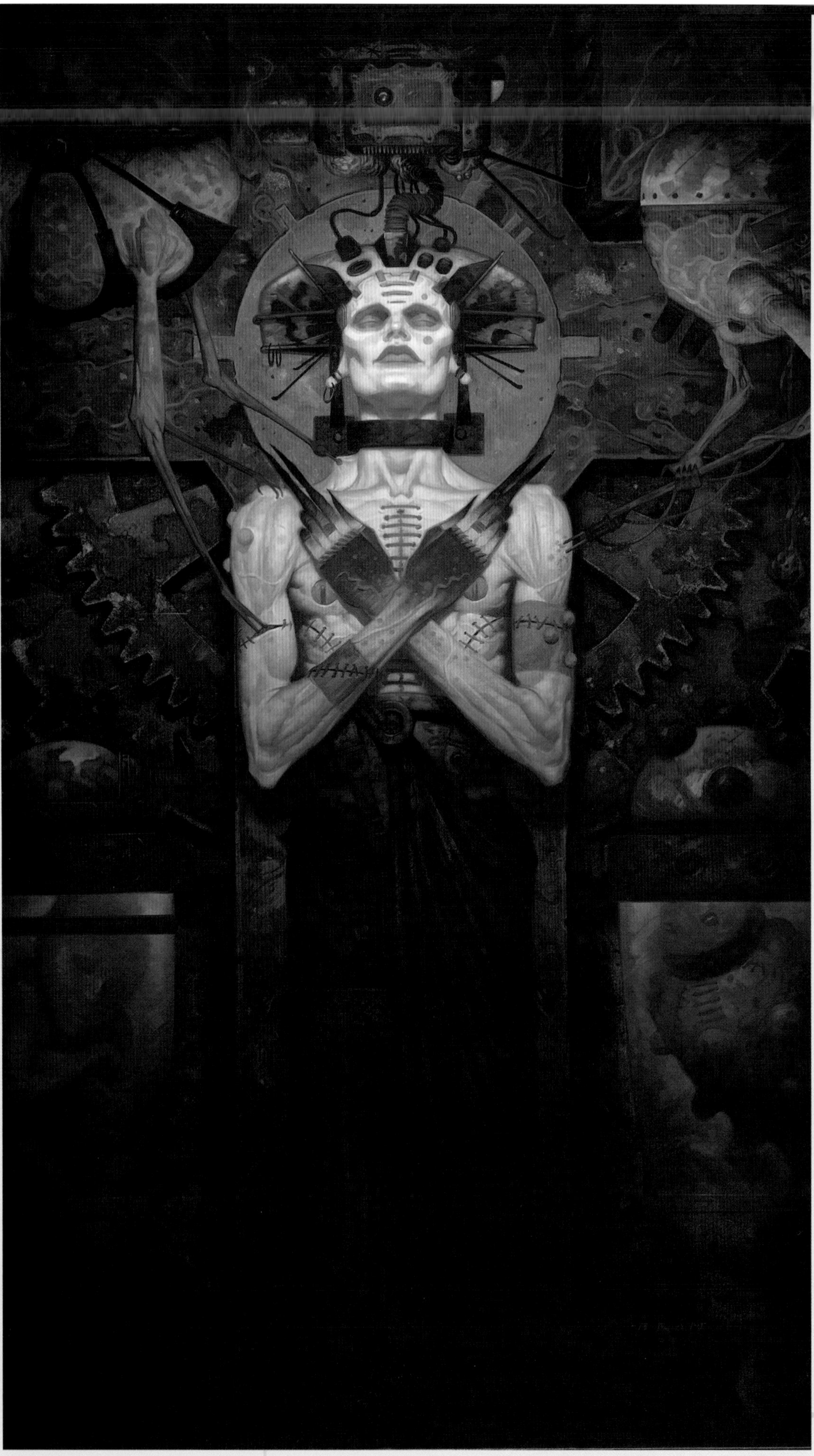

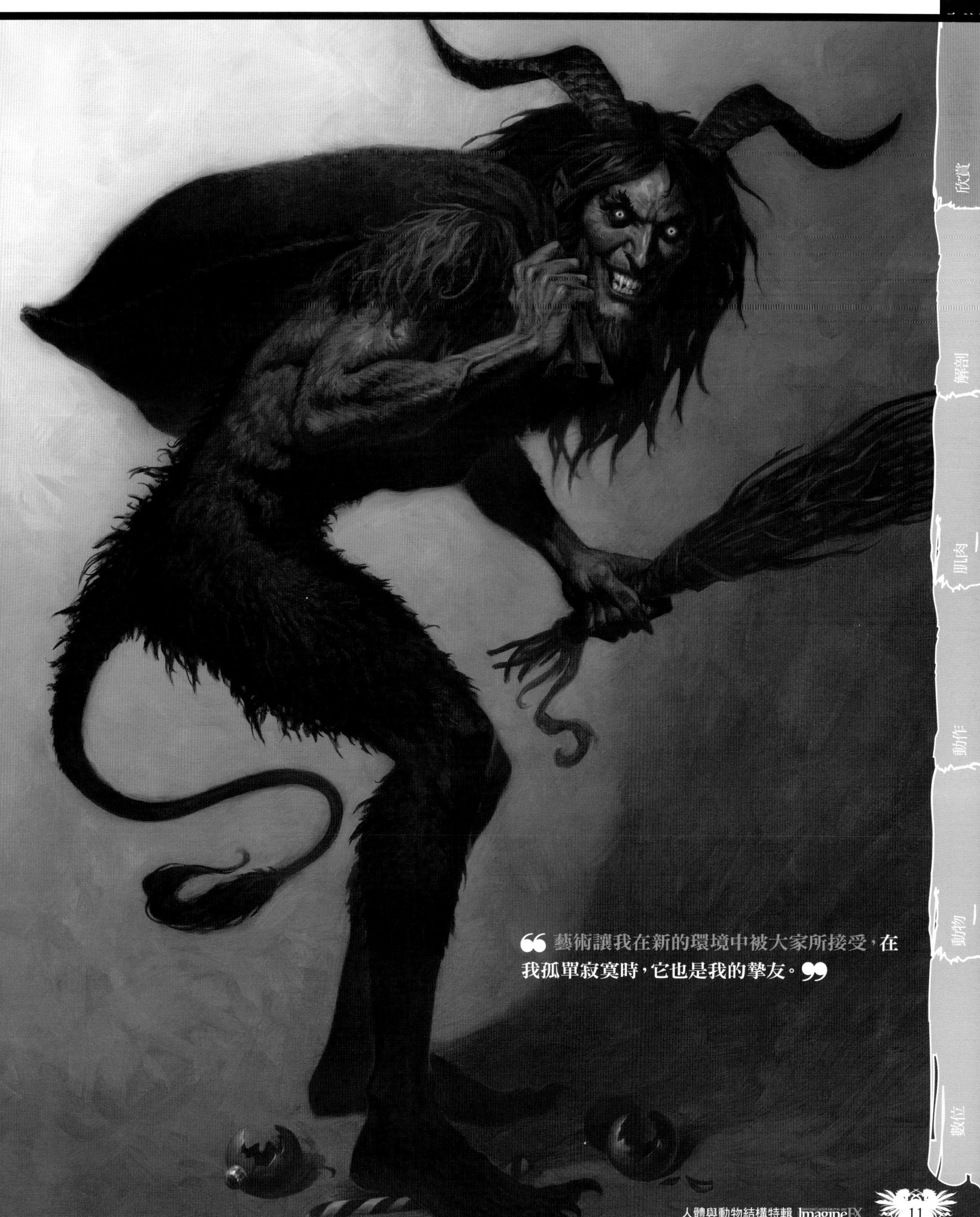

“藝術讓我在新的環境中被大家所接受，在我孤單寂寞時，它也是我的摯友。”

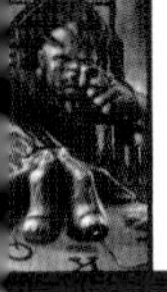

喬恩·麥考伊

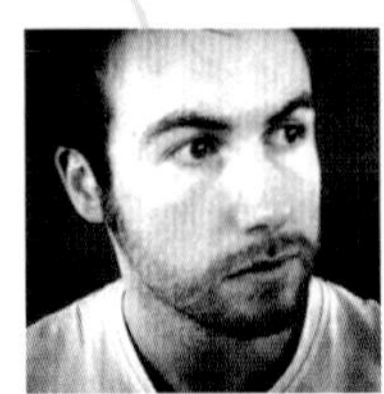

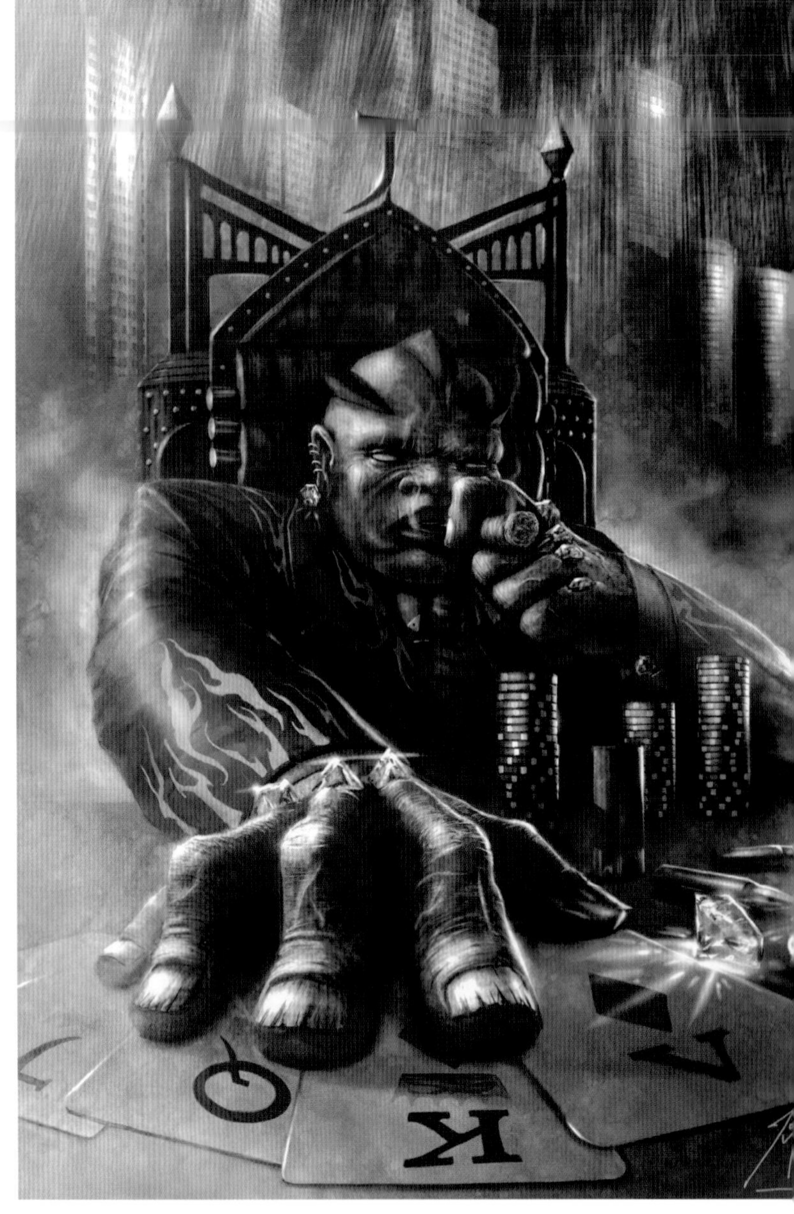

“我非常幸運認識不少藝術家，他們不斷激勵我努力地工作，以取得更好的成績。”

在近期的一系列好萊塢電影，如《怒戰天神》以及即將上映的《雷神索爾2：黑暗世界》《末日之戰》，喬恩·麥考伊（Jon McCoy）都參與其中。但實際上，喬恩的數位藝術設計生涯始於他的大學時代，那時他就讀於哈德斯菲爾德大學，專攻運輸設計專業。

他的作品擁有複雜而華麗的風格，這與他兼修藝術設計與工程不無關係，這是真實生活的寫照。他說：“從歷史中可以獲得無限的靈感，無論是盔甲、武器、裝束和結構，都對藝術家的設計有極大的幫助。此外，我還從其他藝術家的設計中汲取靈感。”

歷史和現實在喬恩設計的角色中有著鮮明的結合，他的作品包含著嚴肅電影作品的核心思想。我們透過近期的轟動大片認識了這位設計師，但早於此，他已經是概念畫設計界的領軍人物了。

“透過電影讓我對故事情節有了直觀的感受，也讓我能夠理解書籍所要表達的主要思想，”他解釋說，“因為我尚無法僅憑藉想像同時建立場景和角色。一旦有了比較直觀的印象，我就能夠比較容易地將故事情節聯繫起來。”然而，喬恩始終堅信，能夠讓每個人都成為一名概念設計師，這才稱得上是一本能夠吸引讀者的好書。“無論是電影還是書籍，它們都具有很大的影響力。”

喬恩的作品更像出自於勞動密集型的工藝。與坊間的其他設計師不同，他並不過多依賴數位工具進行繪畫。他說：“我們有時候會基於寫生簿中的草圖來繪製人物和場景。數位工具是一種非常不錯的媒介，但是凡事都有利有弊。好的一方面是，當你發現錯誤時，你能夠輕鬆而方便地進行修正。然而壞的一方面是，一旦我們在開始時就方向錯誤，會變得一發不可收。”

www.jonmccoyart.com

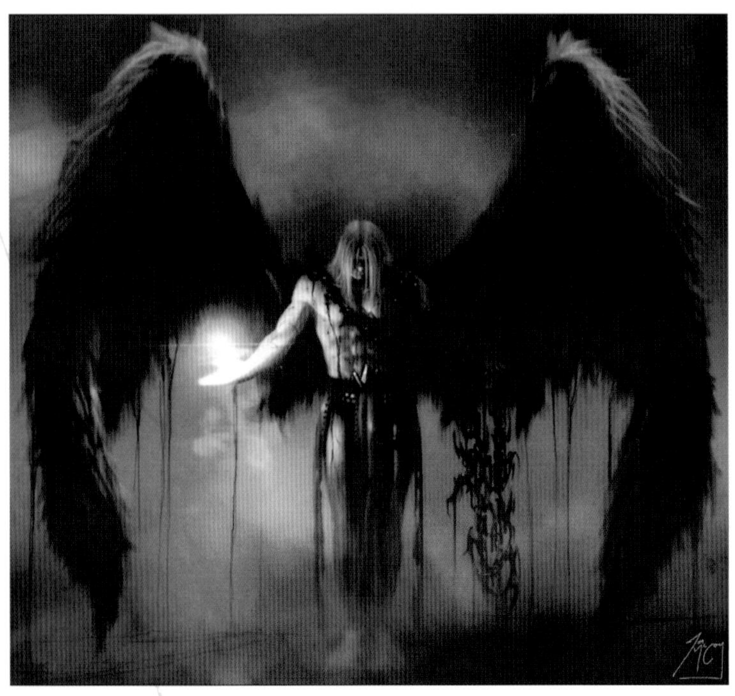

藝人智語

重返自然

“我的主要靈感源於真實；大自然總是為我們提供了最絕妙的設計。”

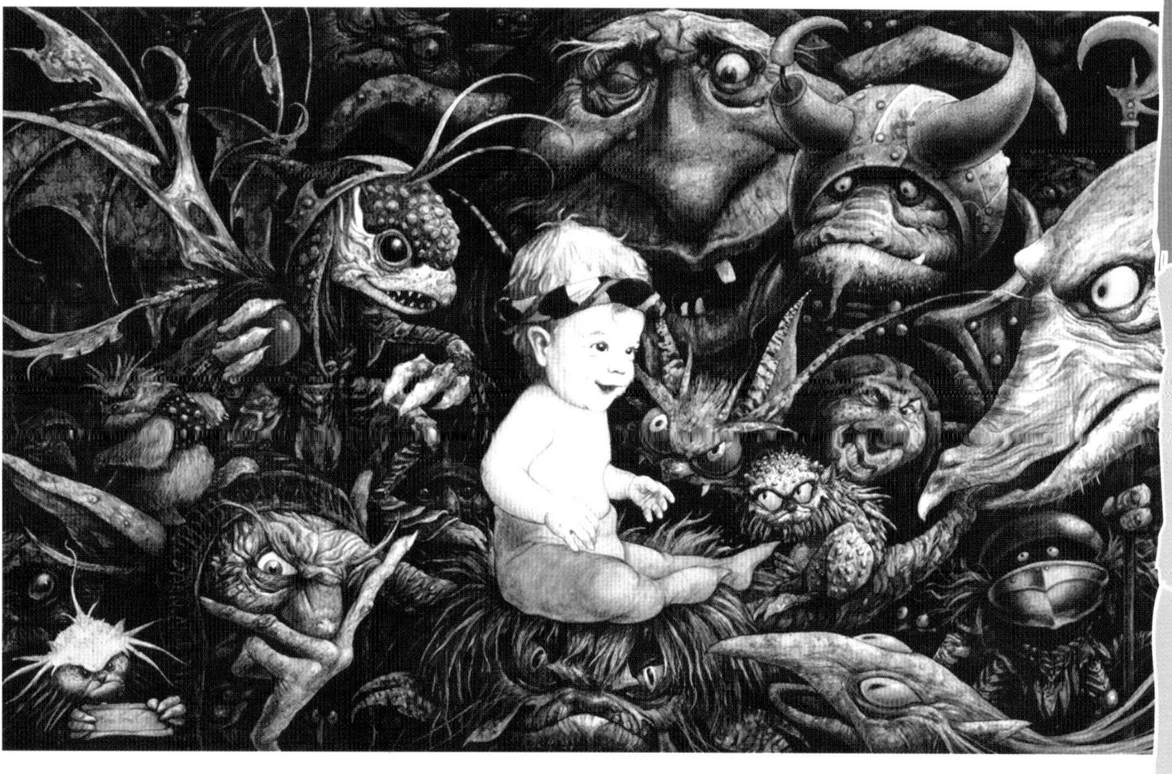

“這不僅僅是插畫。我嘗試讓你有身臨其境的感覺。其實，我是在透過繪畫表達感覺和情感。”

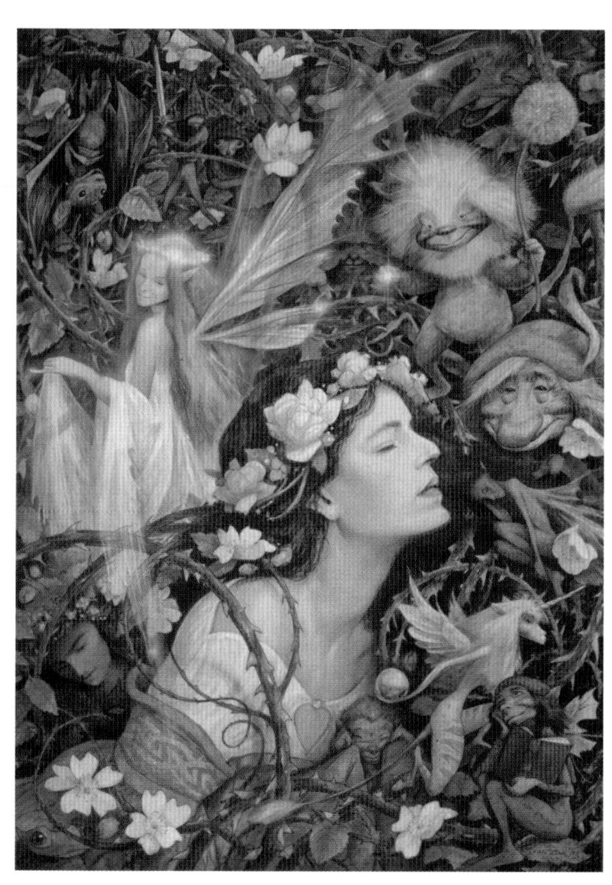

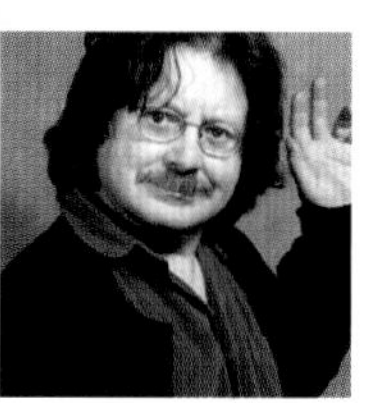

布萊恩·弗勞德

談起電影《魔水晶》和《魔王迷宮》，人們或許總會將它們與布萊恩·弗勞德（Brian Froud）相聯繫。然而，早在獲得這些讓他家喻戶曉的名號前，他已在妖怪和精靈的世界生活多年。實際上，正是布萊恩給予了吉姆·漢森（Jim Henson）創作《魔王迷宮》的想法，他給吉姆展示了一幅畫作，一個被精靈包圍著的嬰兒的形象。吉姆希望這部電影可以表現出印度宗教的特徵。

布萊恩的作品源自真實世界，卻又具有狂野的個性，但我們並不會為這種特點的衝突而感到驚奇，因為他對童話世界中人物的摯愛是如此之深。布萊恩的首場藝術展的主題就是亞瑟·拉克姆（Arthur Rackham）風格一經典英倫藝術家的設計，對畫面環境有著極強的操控力。“我喜愛這幅畫作中的樹木，”布萊恩說，“非常具有表現力，而且每一棵樹都擁有一張擬人化的臉，讓人一眼就能留下深刻的印象。每當我欣賞拉克姆的作品時，都能喚起我對大自然的想像一大自然生機勃勃，靈感無限，別具個性。”

在布萊恩的畫作中，精靈、妖怪和地精常常被刻畫成圓滾滾的、透露出黑心腸的臉型，透過這樣的設計使他們不再只是孩子們的專屬，而為各年齡層次的人們所喜愛。

布萊恩是典型的英倫畫家。他說：“每當我瀏覽美式幻畫藝術作品時，都會感到很驚訝。那些作品，給人過度渲染的感受。每一個表面都是高光的。這會讓我的視線從作品上游離出去。不僅如此，你的思維也會因此而游離出畫面。”對於布萊恩來說，這樣的藝術作品只能算完成了一半。

www.worldoffroud.com

藝人智語

簡潔即是美

“我盡可能減少畫面中的信息，並留出空間讓讀者來完善它。這樣你就會與畫面形成互動。”

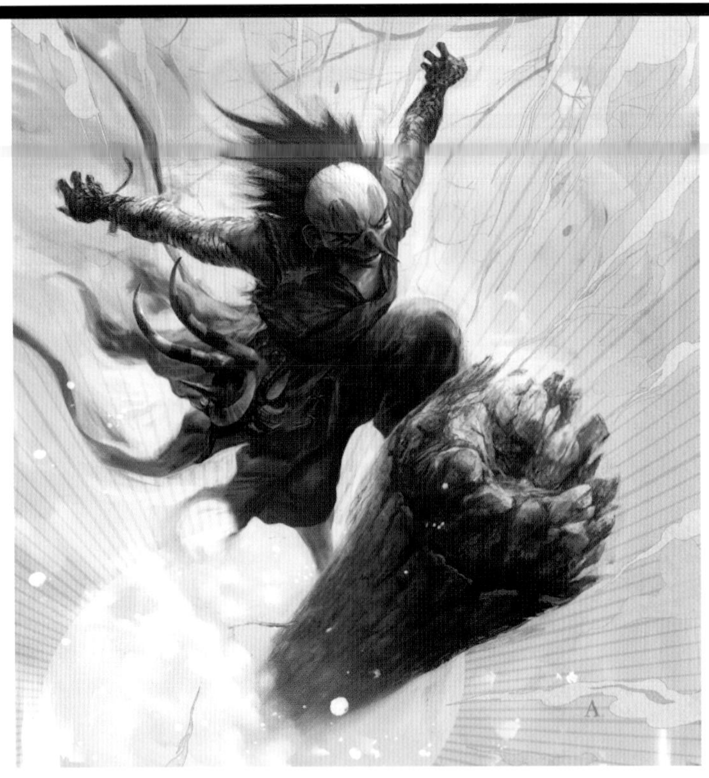

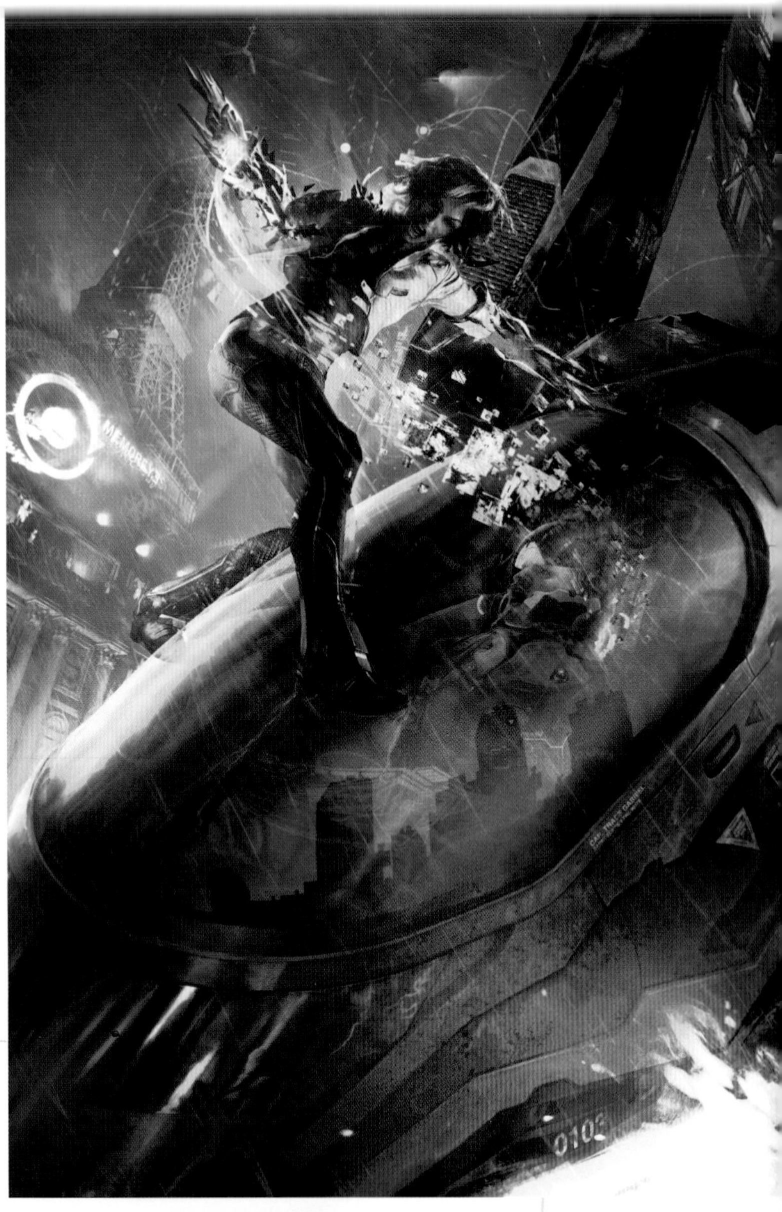

阿勒斯基·博瑞洛特

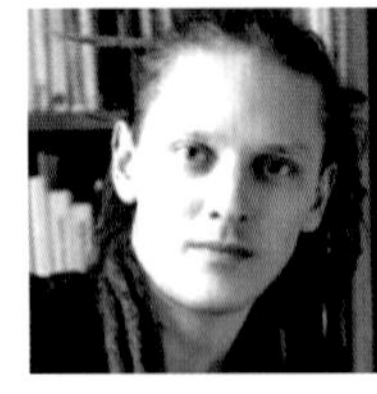

永遠那麼受歡迎，法國藝術家阿勒斯基·博瑞洛特（Aleksi Briclot）在流行插畫界的名氣不小，魔法風雲會（Magic：The Gathering）卡片、書籍封面、《閃靈悍將》中的惡魔形象他都有涉足。近些年，他還為電子游戲設計概念畫，如由他本人創辦，並日益成長的Dontnod工作室的神秘大作《記憶駭客》（Remember Me）。

他與簡·塞巴斯蒂安·羅斯巴赫（Jean-S bastien Rossbach）共同合作，創作設計了長篇精美的繪畫小說《梅林》。近幾年來，他全身心投入這個作品的設計，充分體現出作者本人的藝術視角與持之以恆的精神。

阿勒斯基很早就表現出對藝術的熱情。對多個藝術種類充滿興趣也始於那個時候。他說“對繪畫、素描、雕塑的熱愛都源自內心的衝動。”隨後，他又迷上了動漫，尤其是在接觸了吉姆·李（Jim Lee）、亞當斯（Art Adams）、馬克·希爾維斯利（Marc Silvestri）等傳奇般人物的作品後，他的多才多藝被充分顯示了出來。

在職業生涯的初期，阿勒斯基只是一名自由職業者。後來他有幸參與了法國漫畫《孤膽義俠》（Alone in the Dark）的設計，經受住了烈火的洗禮。他說：“在一本共有44頁的漫畫書中，有34頁出自於我之手，這是一個快速學習和掌握動漫的絕佳機會。”在此之後，他又參與了《再生俠：西門》的繪畫。然後，他跳槽到Marvel漫畫、威世智公司，並在此安頓了下來，繪畫了大量的魔法風雲會卡片。

如今，即便阿勒斯基不再接手為大公司創作幻畫作品，我們仍可以在無極黑（Massive Black）插畫作品中發現他的數位藝術技巧和才能。在他排的滿滿的工作日程中，我們可以看到他不斷成長的創作技巧。

www.dont-nod.com

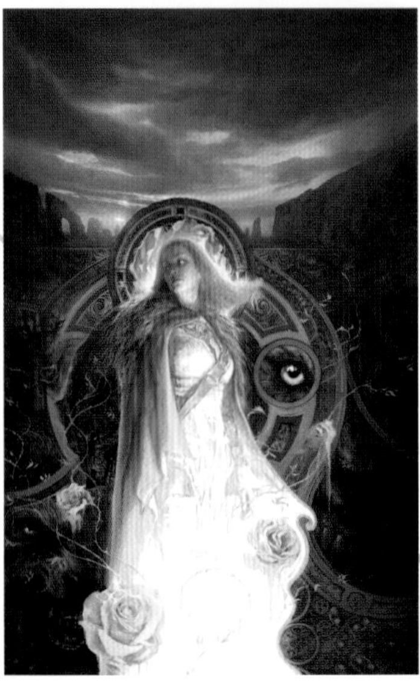

藝人智語

關鍵是要堅持

“有時人們會讓我談談在藝術設計上的建議，我會告訴他們，最關鍵的一點就是要堅持不懈。同時，你還需要一雙慧眼來審視你的作品，學會分析你的創作過程，並從中學習。”

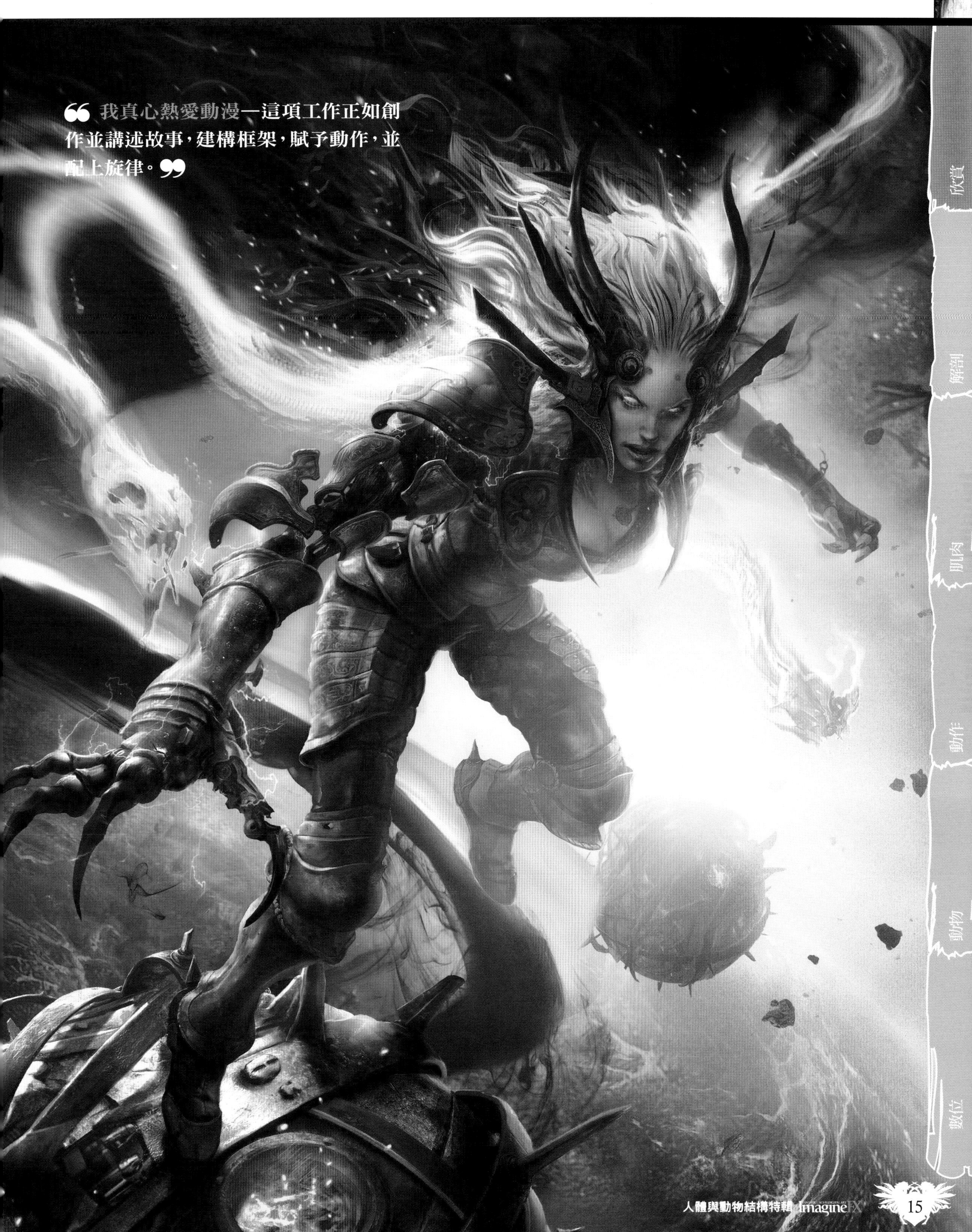

“我真心熱愛動漫—這項工作正如創作並講述故事，建構框架，賦予動作，並配上旋律。”

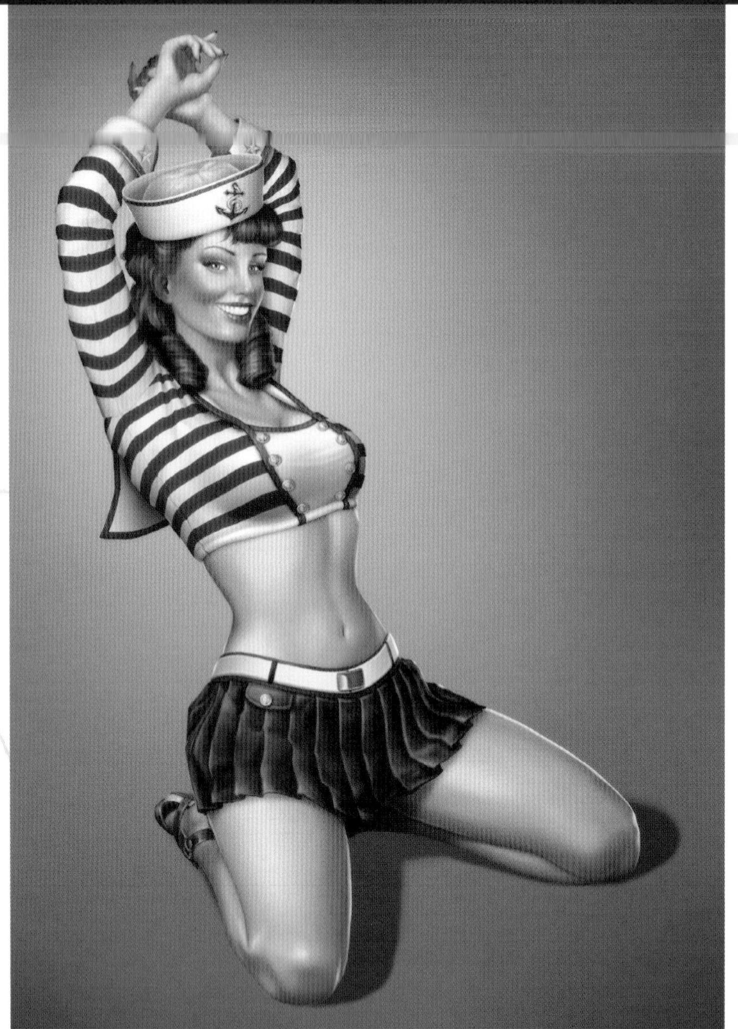

> “現實中的藝術創作沒有‘撤銷’的功能，於是我義無反顧地投身電腦設計。”

亨寧·魯德維格森

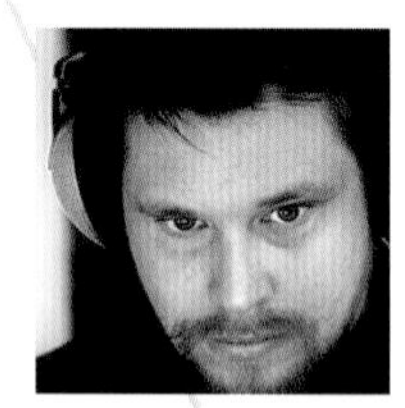

藝人智語

將色彩掌控在手中

“我習慣邊繪畫邊著色。這樣色彩看起來會更具有動感，同時也能節省出大量的時間。也許這是個不錯的偷懶方法？”

挪威設計師亨寧·魯德維格森（Henning Ludvigsen）是ImagineFX雜誌的老朋友了。他很早就開始探索進行數位圖像的繪畫。確切的說，是採用Amiga 電腦進行數位創作。

“一些守舊的幻畫作品設計師總是趨向於模仿弗蘭克·弗雷澤塔的作品，”亨寧回憶道，“以前我使用Deluxe Paint這款軟件進行創作，但是功能非常有限。每次我都需要人工進行防鋸齒的操作，與其說是在繪畫，不如說是在進行像素繪畫。”

在之後經歷了一些試驗性的過程後，亨寧開始了一段為期10年，擔任廣告設計師的生活。也正是這段時間，幫助他點燃了藝術的激情。“我並不在我的作品中隱含象徵主義。我更傾向於表達簡潔明瞭的思想，如‘少婦的狂歡’、‘佩劍的護士’等，因為我覺得這看上去酷酷的。”

此時，亨寧第一次接觸到了Photoshop。並利用充裕的時間來探索軟體的各項功能，讓他對這款軟體產生了濃厚的興趣。“當時我在挪威一家不錯的廣告公司工作，擔任藝術總監一職，同時，我還在進行一款電腦游戲《黑暗降臨》（Darkfall）的創作，一切都是為了增添樂趣。”而這個充滿樂趣的項目，改變了他的職業生涯，他被投資人相中，離開挪威飛到希臘，開始了一段新的旅程。

自從亨寧與Amiga電腦為伴進行創作後，一些東西始終沒有改變。他說：“我想要表達的，是一種半現實主義與一些超現實相結合的場面。”

www.henningludvigsen.com

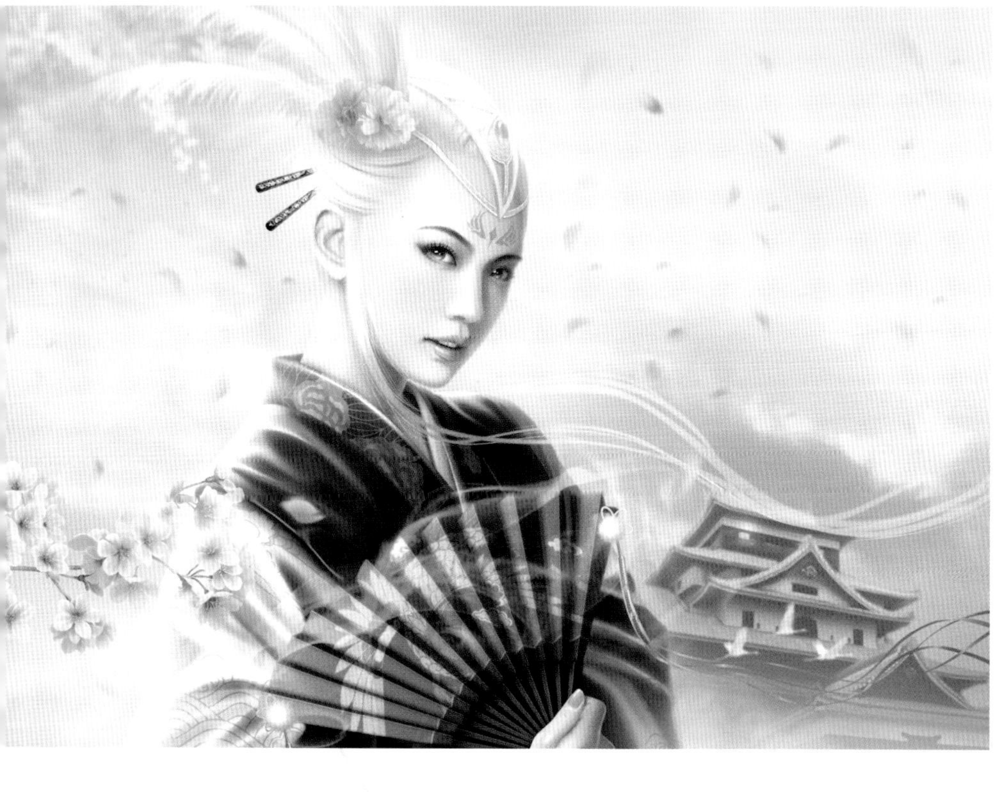

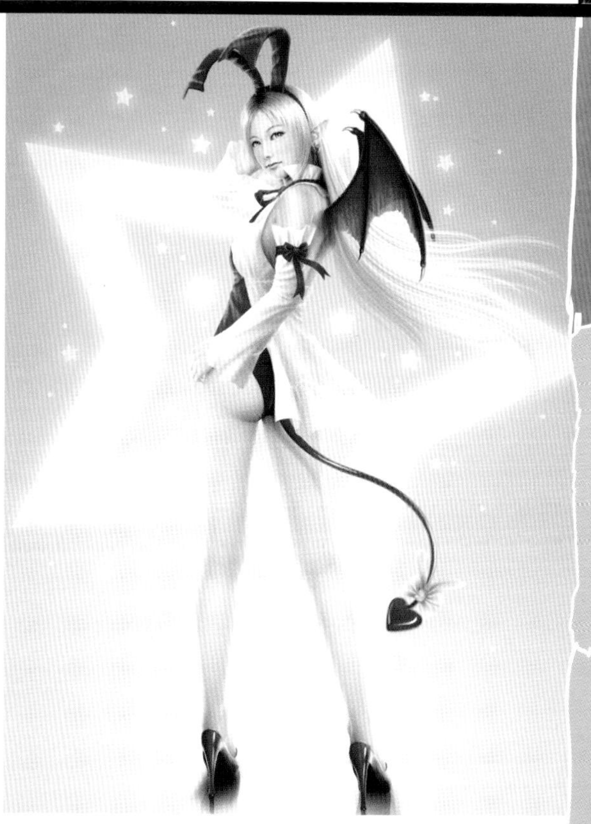

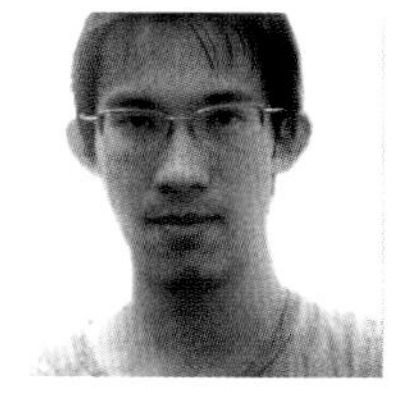

黃健明

“雖然我也採用真實的照片作為繪畫參考，但是我不喜歡將它們直接融入到我的作品中。”

說起印尼插畫師黃健明（Mario Wibisono）崇拜的設計師，他常常將琳達·伯格克維斯（Linda Bergkvist）和路易斯·羅佑（Luis Royo）掛在嘴邊。而事實上，真正引領他走進數位藝術世界的是一部電影短片。這部被提及的影片就是Square的《最終幻想8》。黃健明說：“影片不長，但是極具震撼力。影片中有一個名叫莉諾亞·哈蒂莉（Rinoa Heartilly）的可愛小女孩。隨後，越來越多的美麗的數位女孩像肥皂泡一樣從洗衣機中蹦了出來。正是這部電影中的場景將我引入了以創作漂亮女性為主題的藝術設計之路。”

黃健明不是第一個，也絕非是最後一個為美麗女孩所著迷的設計師。但毋庸置疑，他給他的女孩形象帶來了全新的視覺效果。一種完全使用滑鼠，透過辛勤的準備和耗時的細節表現出的視覺！回憶起以前的日子，這位印尼設計師說：“我剛開始自學數位繪畫時，甚至連一塊數位板都沒有。好在我對使用Photoshop的鋼筆工具進行向量繪畫非常熟悉。但是僅僅透過向量線條進行表現的話總是缺少些甚麼，像材質層、柔化的邊緣等都無法表現出來。因此我決定採用一種混合的繪畫技法，將向量線條與點陣圖繪畫結合起來，我將這種方法稱為遮罩向量繪畫。”

雖然創造了這種繪畫方法，當時仍需時間去熟練掌握，沒有其他人可以為黃健明提供指導和幫助。“在經歷了大量糟糕的繪畫嘗試，這種繪畫方法終於顯出成效，並且表現出難以置信的高效，我因此可以非常好地進行細節的表現。”而在邁上這個繪畫的新台階之前，黃健明還是採用傳統的方法，先速記草圖，然後再思考該如何視覺化。“之後，我針對這種方法進行了深入的研究。研究的過程包括收集臉部的照片作為參考，形態和身體結構，相關的時尚風格，特寫畫面，色調以及光照模式等等。”整個過程耗費了大量的時間，但結果證明，一切都是值得的。

www.mariowibisono.com

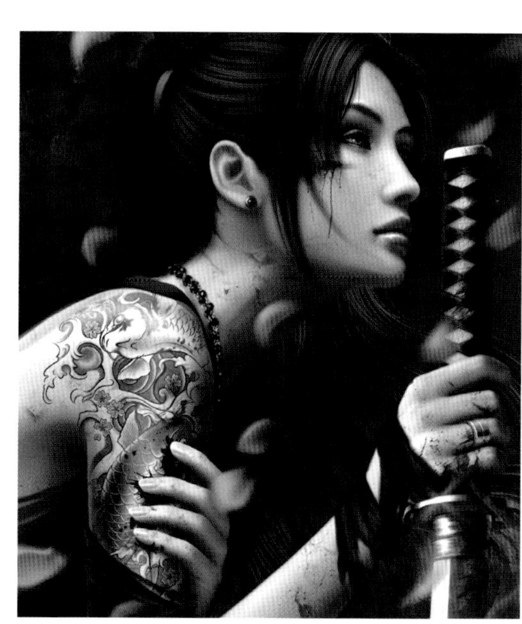

藝人智語

從興趣出發

“無論是畫滿身肌肉、怒氣衝天的野獸，還是超級可愛、性感無比的女孩，難易程度都是差不多的。區別只是在於設計師對哪種類型更感興趣。”

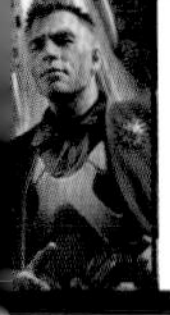

戴夫·希利

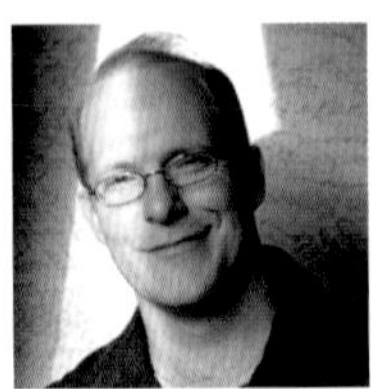

在以太空探險為主題的藝術設計中，戴夫·希利（Dave Seeley）絕對稱得上是一位大師。20年來，在他波士頓的家中，他創作了許多作品—逼真的人物形象，絢麗的科幻背景。他的故事不同於其他人。孩提時代，他就對數學、科技以及藝術創作的過程非常感興趣，因此他理所當然地在大學期間主攻建築和美術專業。十年間，他一直是一名備受贊譽的建築師，但是對科幻人物和場景的喜歡始終在他的心間萌動。

在1990年初，他追隨當地設計師瑞克·貝利（Rick Berry）的風格，逼真地模仿了她大量精彩的夜店人生主題作品。之後，他開始了卡片藝術的創作。不久，他意識到他的藝術風格更適合創作大型的、宏偉的作品，這讓他在自己獨特的藝術之路上不斷前行。參考50多幅攝影圖片切片，戴夫會一直在Photoshop中進行藝術加工直到作品接近80%完成。隨後他將作品列印出來，並在印刷品上使用油彩繼續創作，這個過程尤其注重人物角色的表現。每幅畫作甚至要花上一周到十天的時間。

從業20年來，戴夫的創作作品的方法始終被他人熱議。這不僅僅因為他將傳統媒介、數位藝術和照片參考進行融合。他本人作為一名藝術品收藏家，他同樣意識到他的作品會讓其他的收藏家感到一絲困惑。“這到底是一幅繪畫，還是一張印刷品？這究竟是甚麼？”而他本人非常清楚，這是一幅被深深潤色的印刷品，一種空前絕後的原創藝術。他的作品通常都有1公尺多高，確實能給人以非常深刻的第一印象。

www.daveseeley.com

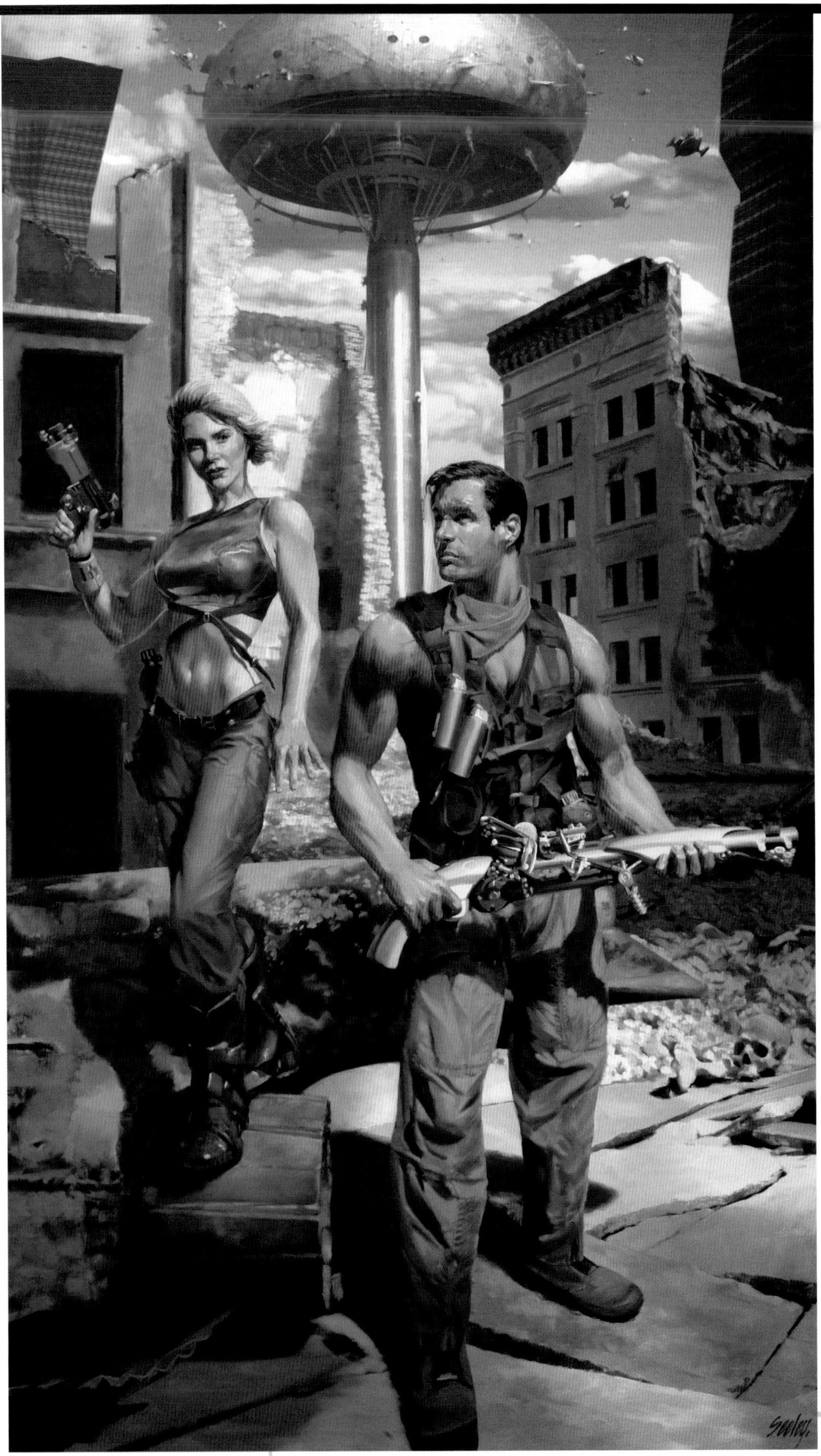

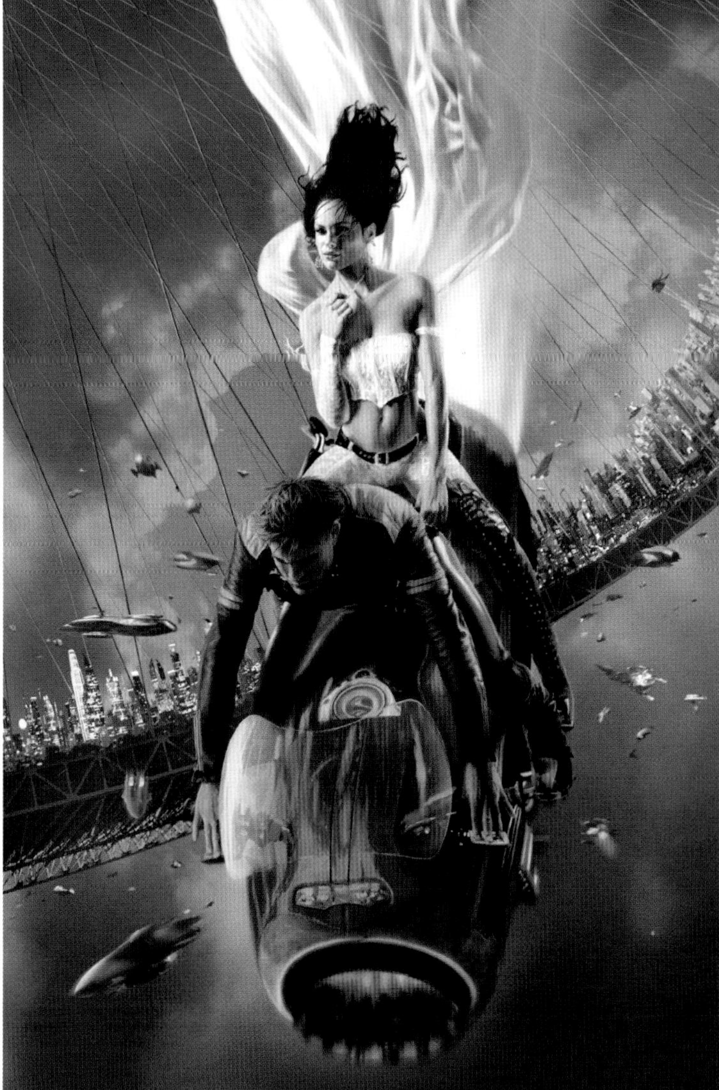

藝人智語

經常備份！

“經常備份硬碟上的內容，不然你遲早要吃苦頭！我始終堅持為硬碟中的所有內容做鏡像，在大多數情況下，我每天都會使用 Mac 的系統備份工具 Carbon Copy Cloner 來保持文件的更新。”

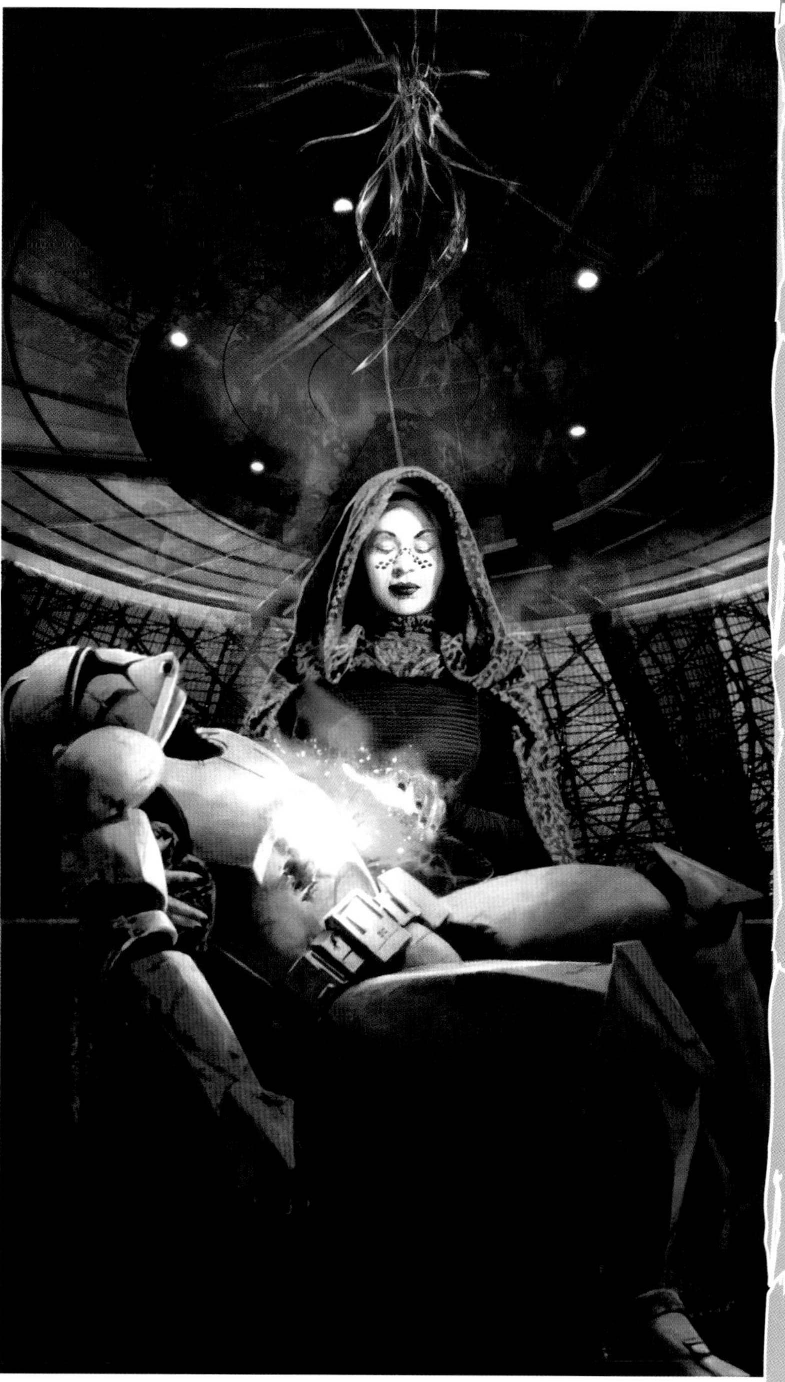

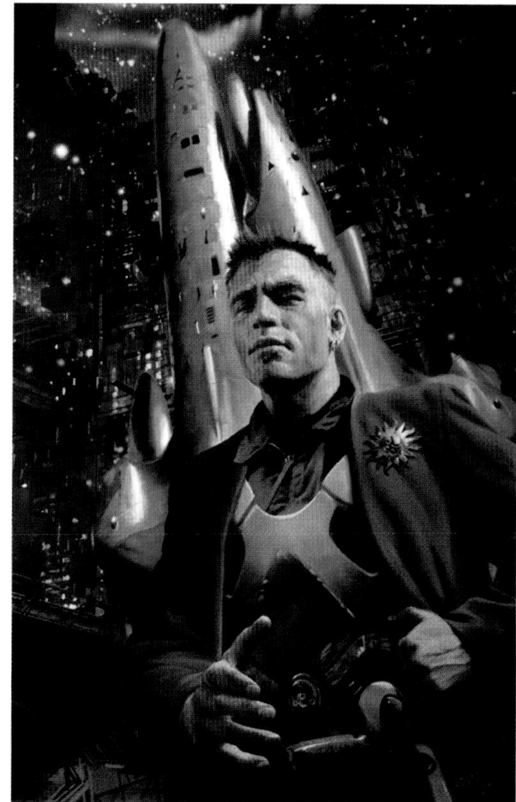

“你必須知道該何時去除照片作為參考，如果等你意識到它看上去不對了，其實作品已經完全不對了。”

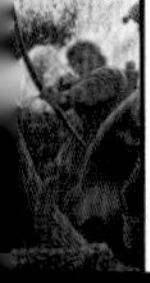

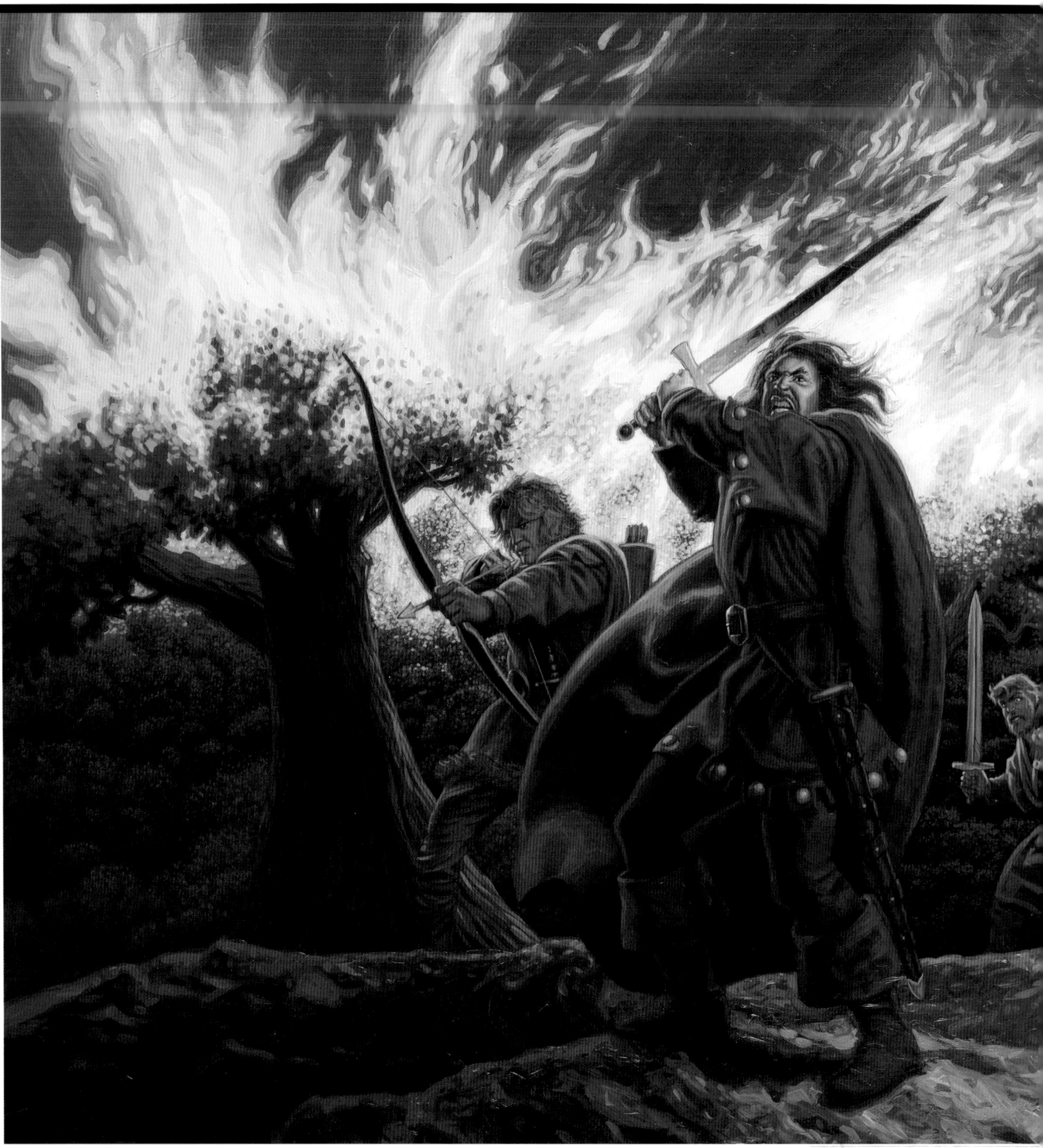

希德布蘭特兄弟

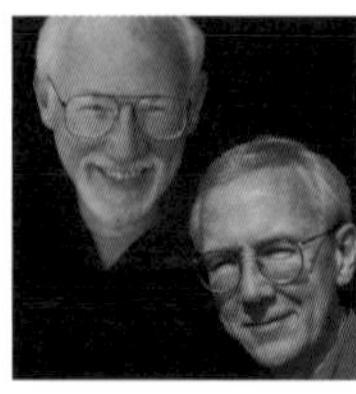

孿生兄弟蒂姆·希德布蘭特和格雷格·希德布蘭特（Tim and Greg Hildebrandt）因創作了經典的"星際大戰"海報而在幻想藝術界內聲名顯赫。其實早在20年前，他們已經是業界的專家。

成長於迪斯尼的黃金動漫時代，兄弟二人都希望能夠成為動畫家。在工業和商業電影領域工作一段時間後，他們於1969年開始商業兒童書籍繪製插畫，一做就是6年。隨後，他們

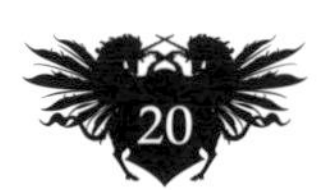

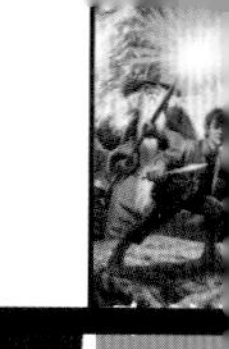

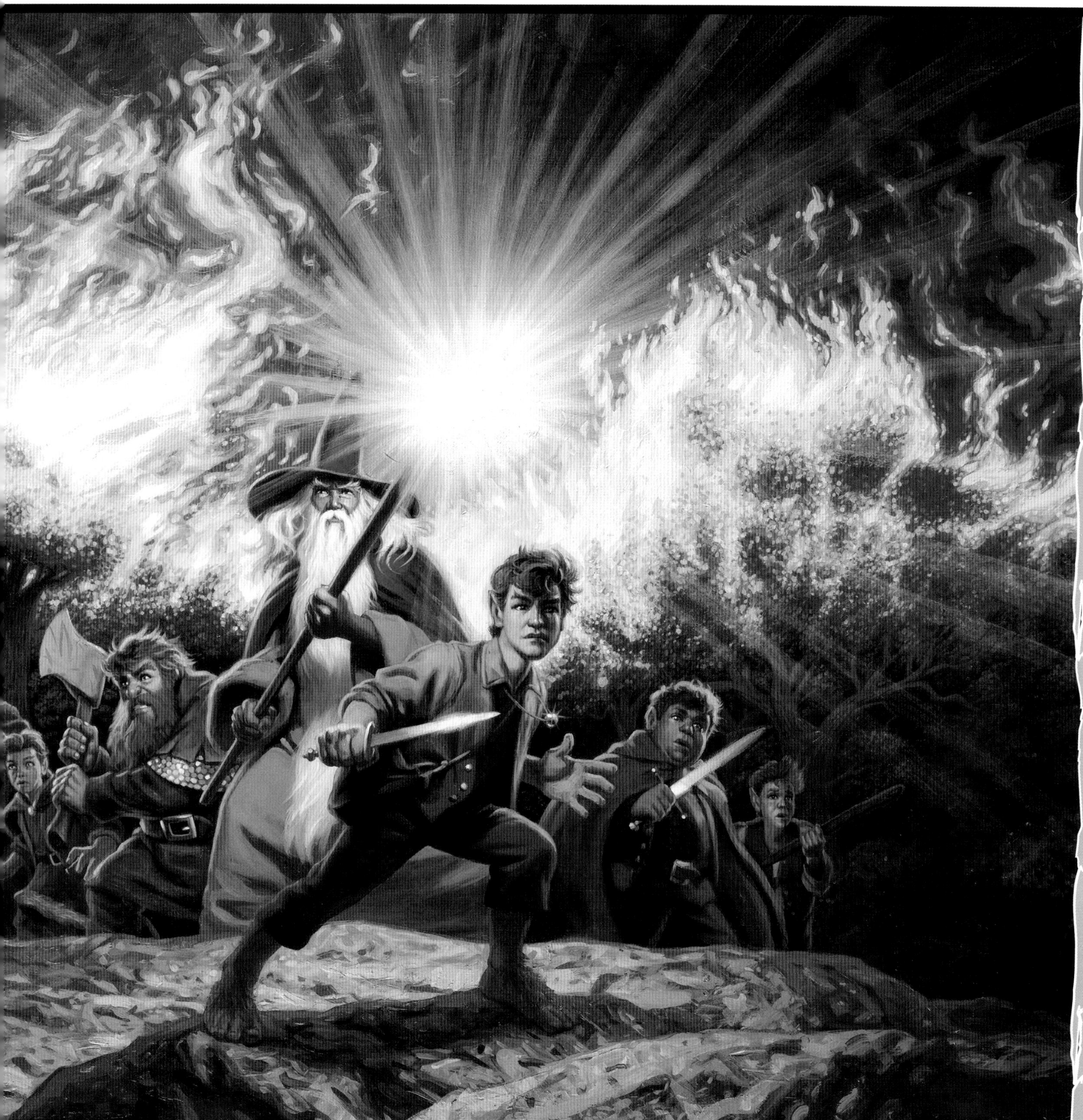

開始設計托爾金日曆。

作為唯一一組報名參加魔戒日曆競賽的專業設計師，兄弟倆的作品立刻脫穎而出並給他人留下了深刻的印象。日曆系列第三輯的銷售額超過了一百萬。之後，他們應邀在星際大戰上映前8天為電影繪製海報，並成為了永恆的經典。在動漫、廣告行業、龍與地下城、星際大戰書籍以及經典美女繪畫等的從業經歷，使這對孿生兄弟自創的藝術風格深遠地傳播開來。

www.brothershildebrandt.com

藝人智語

格雷格·希德布蘭特，我們是孿生兄弟

“我對那些獨自一人管理並完成全部工作的藝術家感到非常驚訝。早些時候，我們兄弟會有一些爭執，一個人有時候會將作品丟在角落，然後大喊‘我不幹了’。而另一個人則會說：‘好吧，除非你回來，否則我也退出。’這往往就是爭執的結局。”

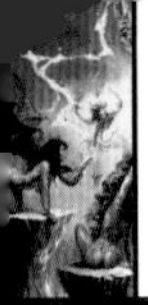

❝ 對於我來說，蠻王柯南不是虛構的封面上的圖像，他就是一個活生生的人物。❞

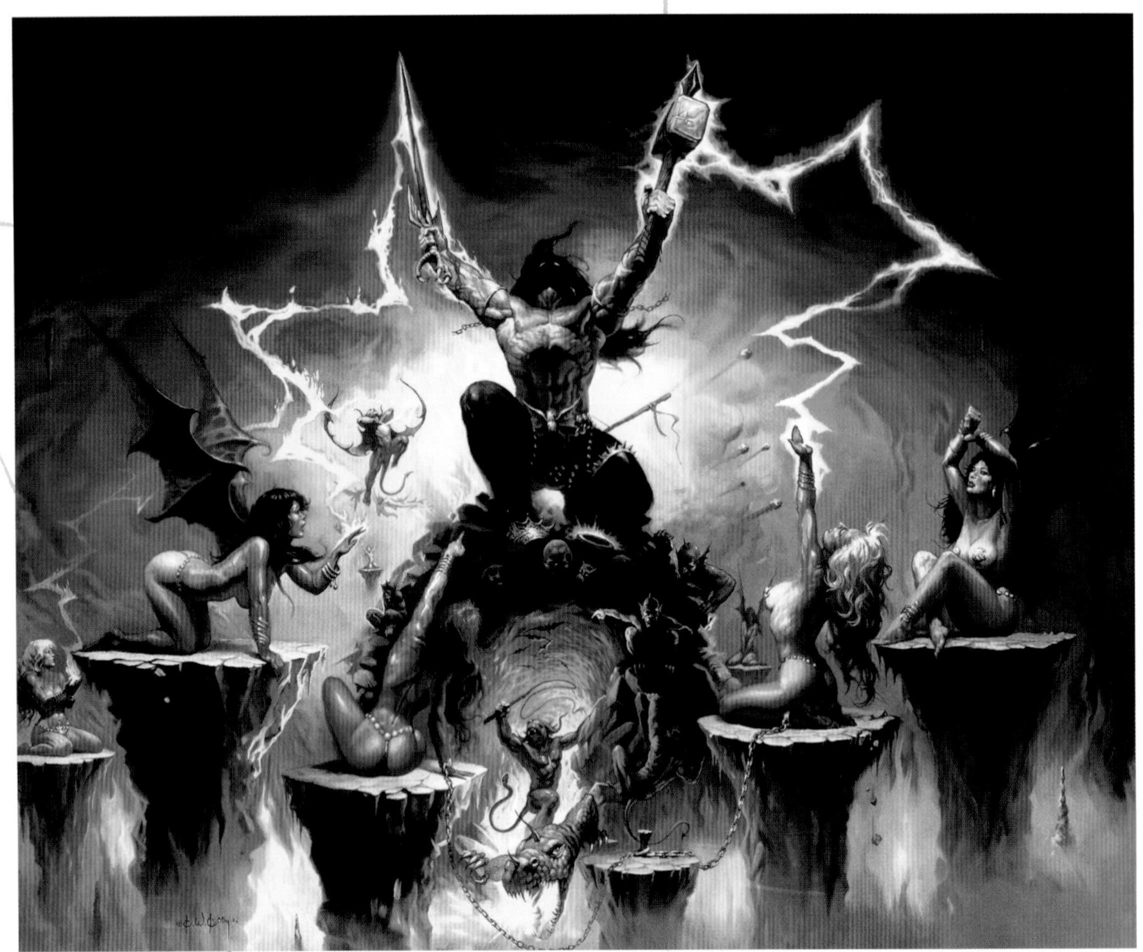

肯·凱利

肯·凱利（Ken Kelly）專長於繪畫恐怖漫畫。然而，真正讓他為一群全新的粉絲所崇拜的，是他為KISS搖滾樂隊的白金唱片《毀滅者》創作的專輯封面。

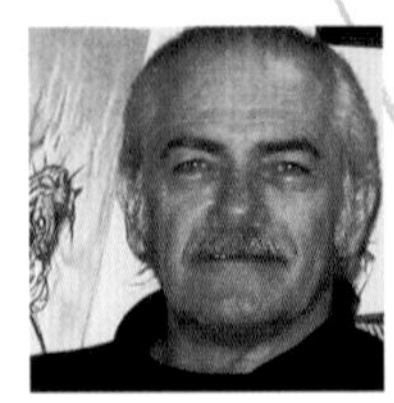

35年之後的今天，肯·凱利當時為KISS創作的封面作品在他的網站上仍有很高的點擊率。但在這幅標誌性的唱片專輯封面創作之前，他創作並發表在《怪誕》（Eerie）、《毛骨悚然》（Creepy）、《吸血鬼》（Vampirella）等雜誌上的恐怖漫畫卻是與弗蘭克·弗雷澤塔、尼爾·亞當斯（Neal Adams）齊名的。弗蘭克·弗雷澤塔是肯·凱利進入商業藝術的導師，他還為肯·凱利的首幅委托作品進行了修改。

當KISS成為搖滾樂壇的超級巨星時，肯·凱利也已經是一位知名的藝術家了。他為《蠻王柯南》（Conan the Barbarian）的作者羅伯特·霍華德（Robert E Howard）和羅伯特·亞當斯（Robert Adams）創作了一系列柯南的漫畫。

1990年，肯·凱利為《星際大戰》創作了漫畫封面，同時他也繼續為搖滾樂隊創作專輯封面、《毛骨悚然》修訂本製作封面。

www.kenkellyfantasyart.com

藝人智語

回歸自然

"我是一個非常宅的人，繪畫風格偏向原始生態。即便畫面背景看上去比較真實，我也傾向讓主角顯得有些誇張，又富有戲劇感。透過光線的控制和繪畫手法來達到期望的效果。"

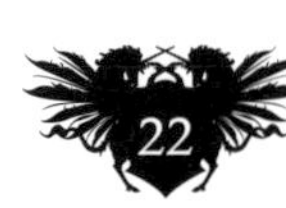

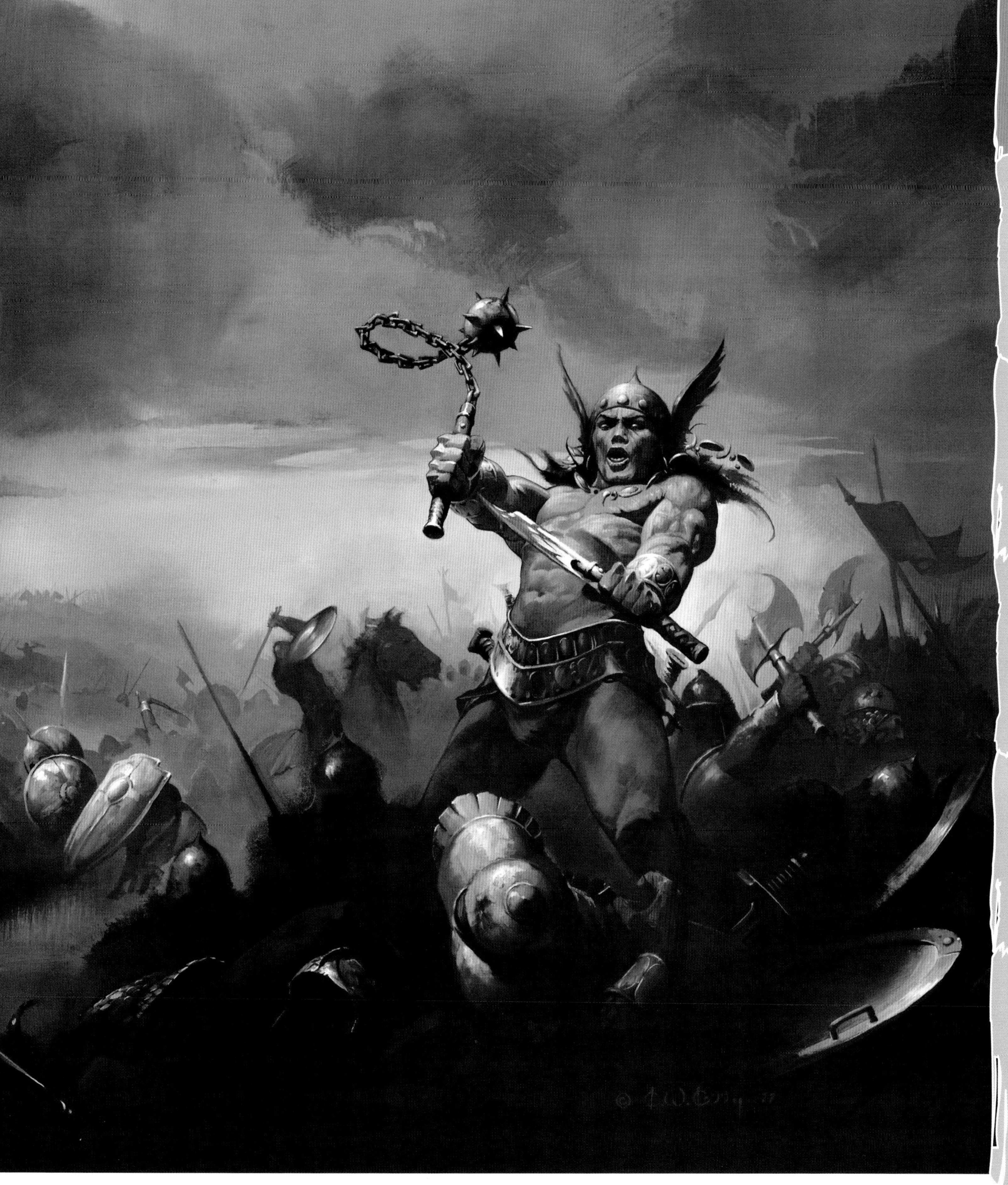

人體解剖

透過簡單的形狀、組成和結構來理解如何繪畫人體形象。

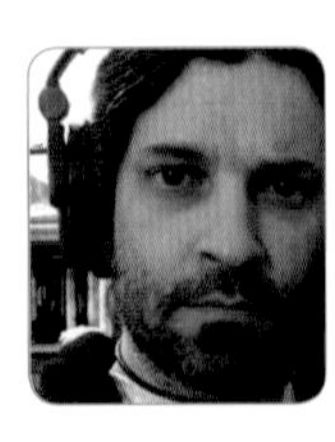

“既要會畫靜態的人物，又要會畫動態的人物，理解這一點具有非常重要的意義。”

（羅恩·勒芒，第 26 頁）

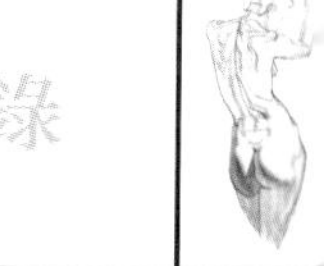

配套光碟中包含習作教學的相關文件

繪畫教學

如何繪畫人體結構

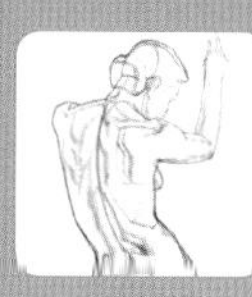

26 人體輪廓的構造
透過身體基本形狀、組成和結構來掌握人體形態的繪畫方法。

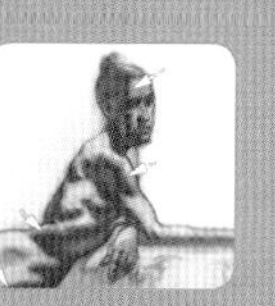

32 光影和形體素描
與你分享人物素描中美麗而又逼真光線的繪畫經驗。

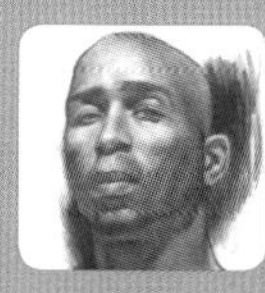

38 畫由心生，透過想像繪畫人物
透過記憶、觀察和構圖來使你的藝用解剖知識更上一層樓。

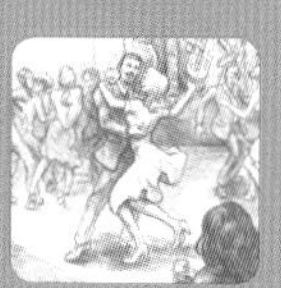

44 同場景中多個人物的構圖
一幅華麗的舞會場景，畫面的中心是一對翩翩起舞的舞者。

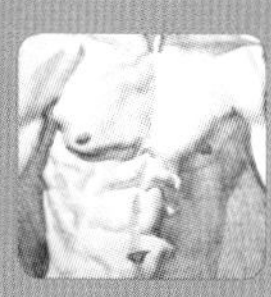

48 軀幹
完成了輪廓的構造，接下來讓我們看看身體的核心部分——軀幹。

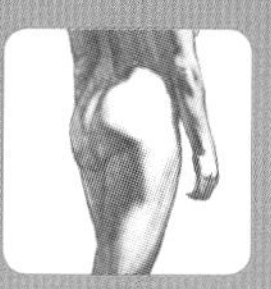

54 腿部
教你畫出雙腿支撐身體的力度和雙腿活動的狀態。

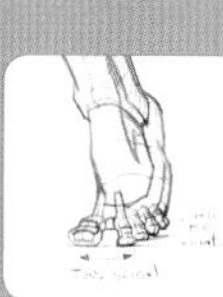

60 腳部
如何描繪立體有力的腳以及刪繁就簡地表現雙腳？

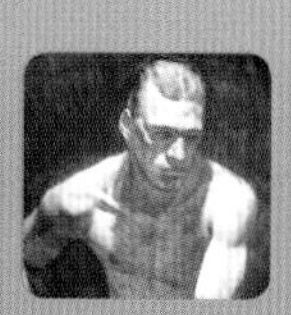

64 肩膀與上臂
別為複雜的肌肉活動分神而忘記瞭解剖繪圖的要領。

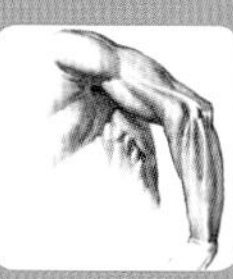

70 前臂
看似簡單，但可能比你預期的更難……

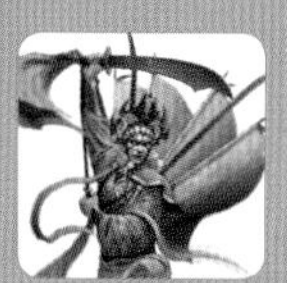

76 手部
試了我們的方法，你就會知道手有多好畫。

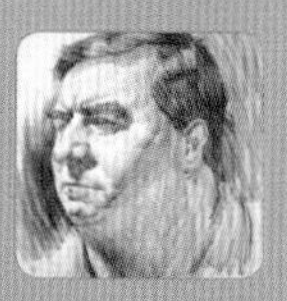

80 頭部
試看怎樣把頭骨和臉部特徵拆解成細小的部分。

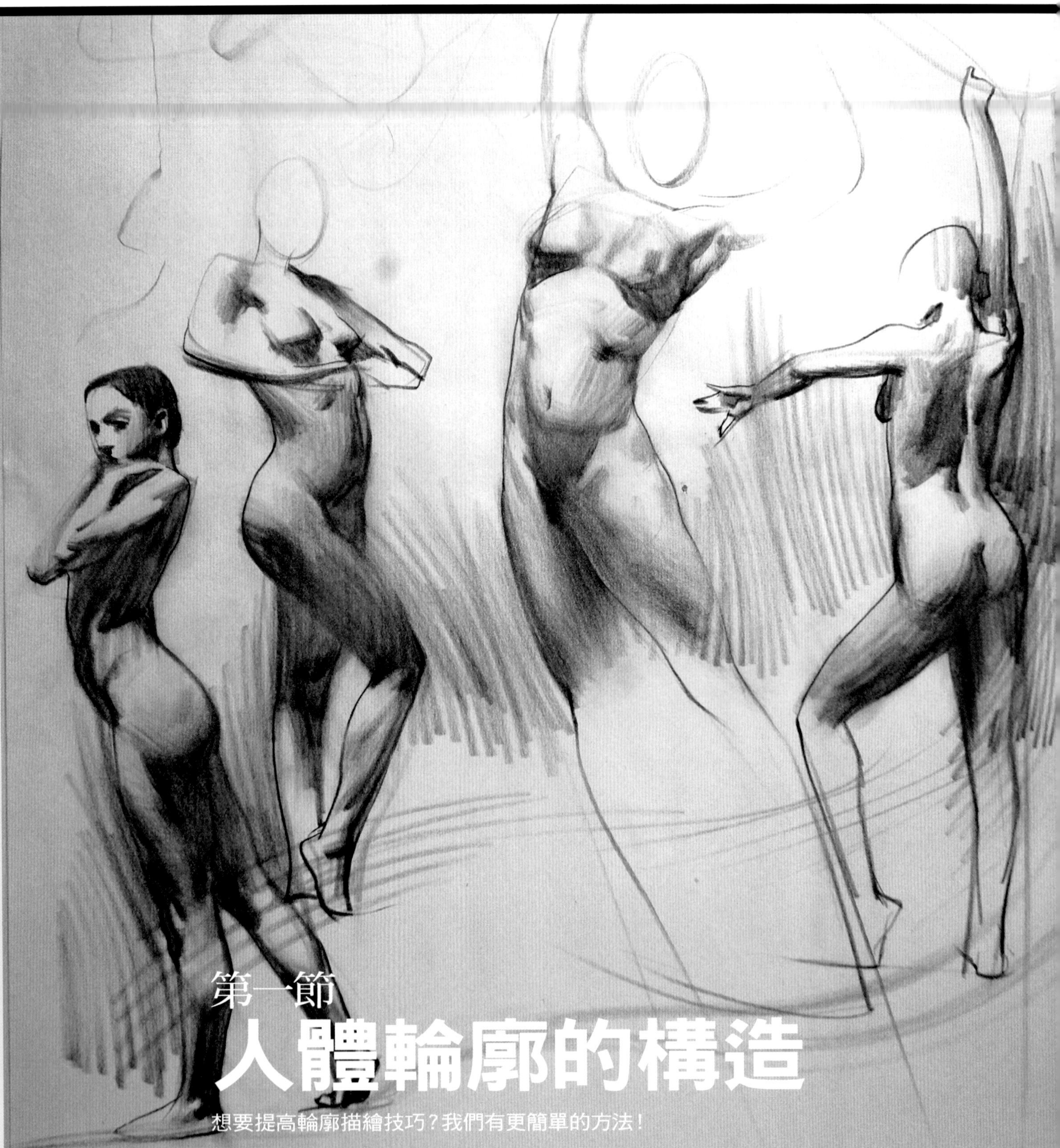

第一節
人體輪廓的構造

想要提高輪廓描繪技巧？我們有更簡單的方法！

無論是為故事配插圖、為書籍畫封面、為游戲設計人物場景，抑或是畫故事板，重要的都是應具備寫實基礎。大多數故事中的主角都是人物，所以既要會畫靜態的人物，又要會畫動態的人物，理解這一點具有非常重要的意義。

描繪人體有許多種技巧，而這些技巧都為一個共同目的服務，那就是展現立體而真實的人體。儘管畫人體並不需要我們成為解剖學的專家，然而我們在這方面掌握的知識越多，就越容易找到畫好作品的方法。

基礎知識的漏洞會在你的畫作中暴露無遺。換言之，對畫圖的主要原則如果有把握不到位的地方，就都將在最終的成品中表現出來。一個畫家繪畫經驗的豐富與否都會體現在他的繪畫風格中，所以要避免自己作品中表露出繪畫經驗的匱乏。

藝術家簡歷

羅恩・勒芒
國籍：美國

更多羅恩的作品請移步至：
www.studio2ndstreet.com

DVD素材
相關影片和素描內容可在光碟的Human Anatomy文件夾中找到。

兩種繪圖方法

兩種主要的繪圖方法：觀察法和公式法。這兩種方法都值得一試……

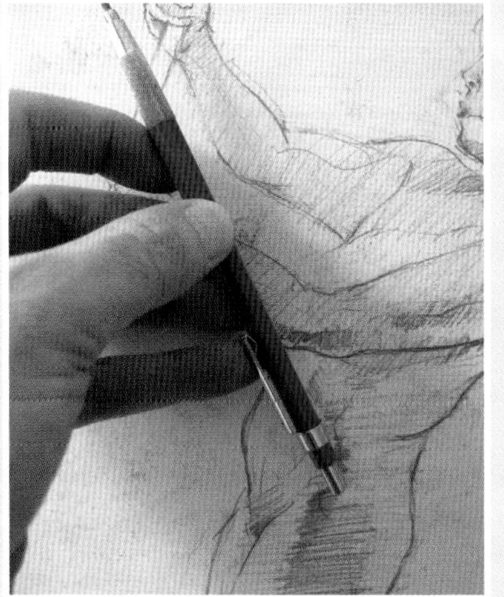

觀察法的實際操作一用鉛筆測量人物的比例尺寸。

對任何一名羽翼未豐的習畫者而言，人體繪畫是一個十分艱辛的過程。因此，掌握適合自己的方法就顯得非常重要了。就自身的經驗來看，主要有兩種方法一觀察法和公式法。

視覺方法是觀察法的起源，這種方法主要透過對比分析實物和畫作的異同來訓練眼睛觀察物體的準確度。觀察者可以借助鉛垂線、水平線、定點和測線來培養空間感和立體感。

採用觀察法進行繪畫是一個相對複雜的過程，並且需要引用大量的圖片來將繪畫過程解釋清楚。所以在這一章節，我將主要闡述我個人更偏愛的公式繪圖法。

公式法是透過套用抽象的圖形或者設計理念來達成繪圖目的的方法。一旦將這些公式熟記於心，你就可以在這些現成的經驗中發揮自己的創意和想像了。

如果你想要成為一名游刃有餘的藝術家，熟練掌握這兩種方法非常重要。觀察法可以讓你的眼睛、頭腦都變得更敏銳，能夠不借助抽象的概念就捕捉到物體的形狀結構；而公式法則會為你提供一套現成的參考經驗，不僅能幫助你畫實物，而且還能幫助你畫自己想像中的人或物。 ➳

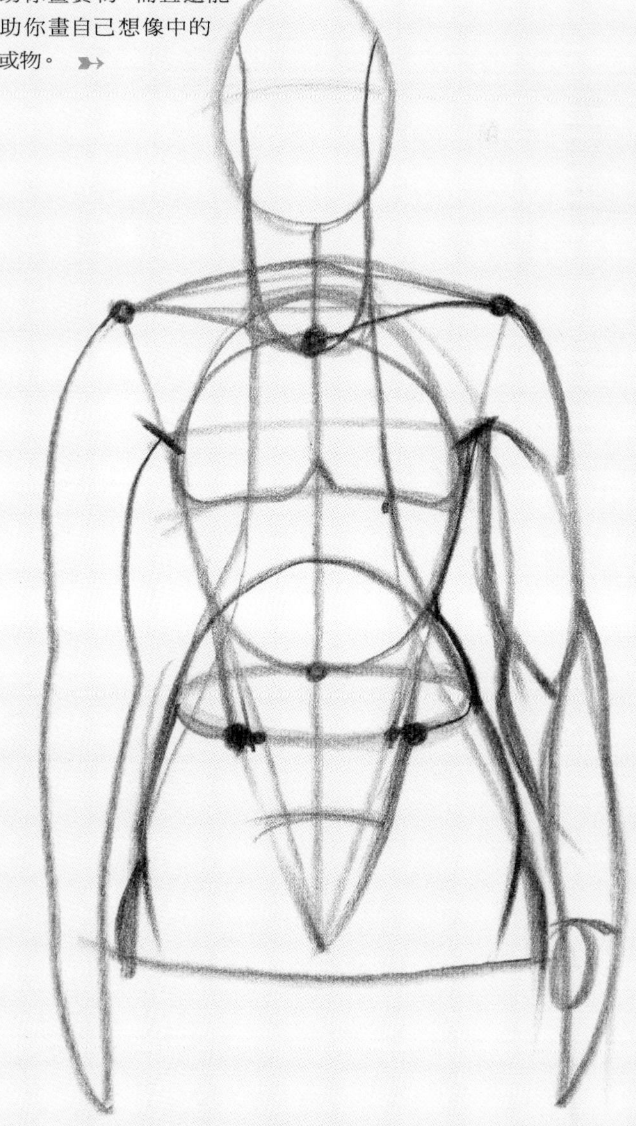

公式法的繪圖體系涉及運用抽象的人體輪廓，如上圖所示的，利用圖形組合來構造人體結構。這些基本的圖形可以被疊加並進一步充實成一個完整的人體。

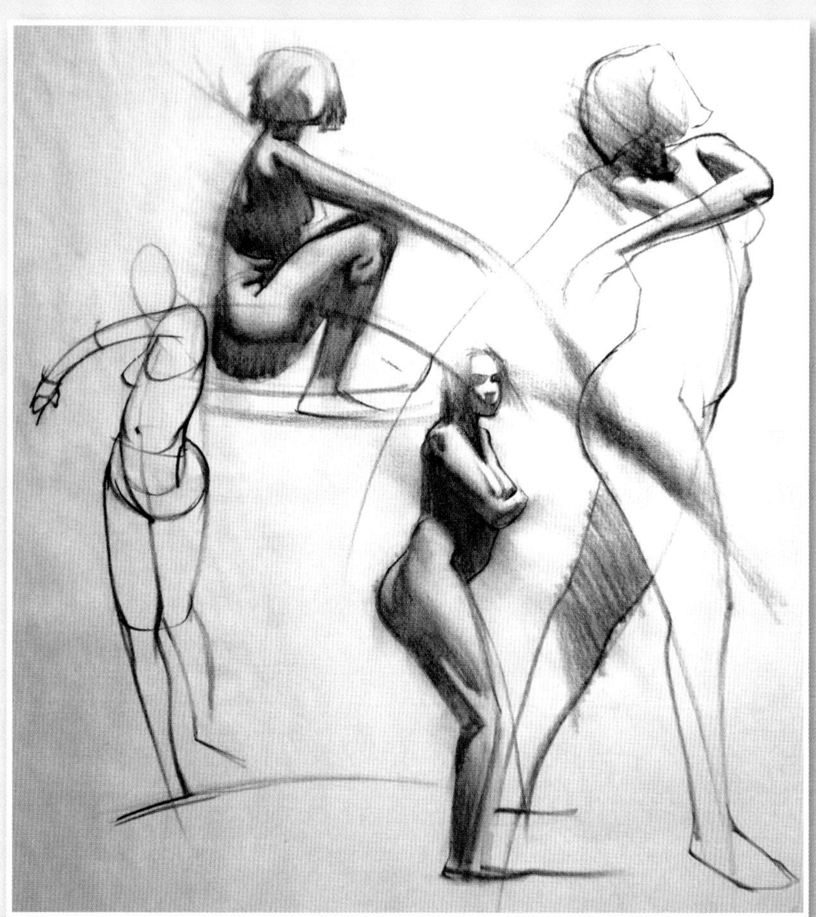

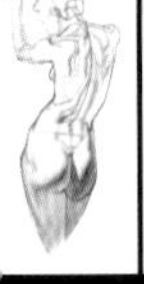

1・用賴利法六筆畫出驅幹

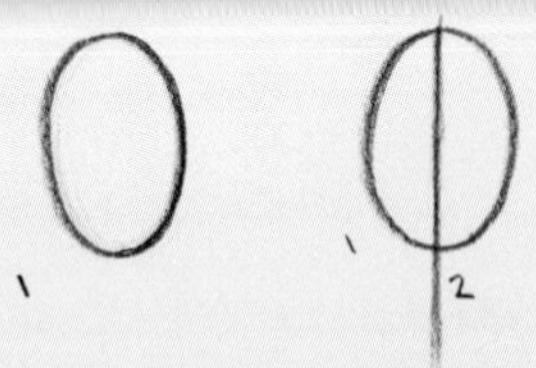

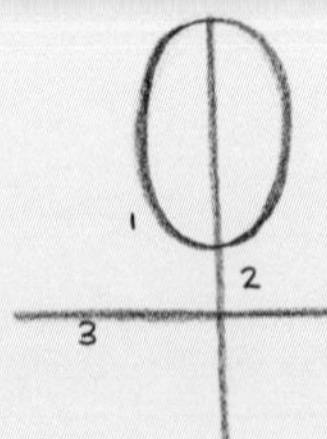

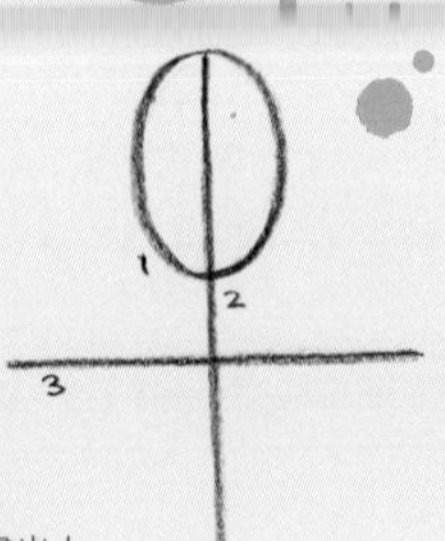

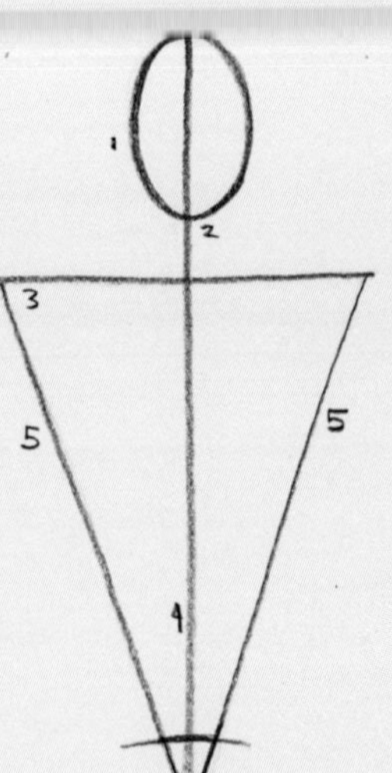

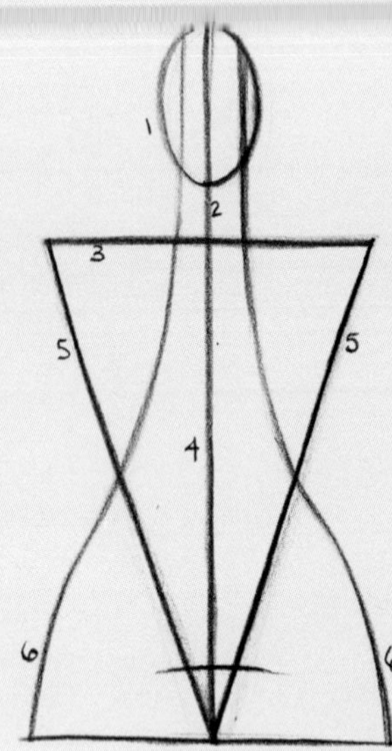

上圖所展現的是如何用賴利法畫出人體軀幹一先從頭部開始，系統地添加線條上去，最終畫出對象的雛形。

一旦掌握了賴利繪圖法，你就可以在此基礎上畫出姿態各異的人物了。左圖畫的是一個跪著的女人。從這幅草圖上我們仍然可以看到作圖線是依照賴利繪圖法的畫圖順序完成的。

賴利人體繪圖法

透過運用重疊的框架線來構造人體輪廓。

有多少個畫家就有多少種繪畫方法。然而，畫法萬千，卻有章可循一很多畫家都是遵循這兩種繪畫體系一幾何法和賴利法。我們先來看看賴利法。

弗蘭克・賴利（Frank Reilly）是20世紀早期到中葉的一位畫家和繪畫導師。他創造了一套讓學生們解決繪畫問題的簡捷辦法，能夠化繁為簡，化抽象為具體，一步步地引導學生完成作品。

他的方法源自於對迪安・康維爾、弗蘭克・布朗溫、喬治・布裡奇曼（賴利的老師之一）和弗蘭克・文森特・都蒙的繪畫方法的總結和改造。

弗蘭克・賴利的繪畫方法曾盛行於當時美國大多數的藝術學校。他的繪畫方法側重對線條的描繪，先構造人物框架，再按人體解剖原理填充血肉，然後處理圖像的明暗，最後以調整圖畫的細節收尾。這種方法通常是從軀幹下筆。

把握人物動作是至關重要的，一個動作，要從頭部開始，並能帶動整個脊柱和四肢。起筆要先畫好6條主線：頭部線條；頭部中心和脖子的線條，肩膀的線條，脊柱的線條，連接肩膀和盆骨的線條，以及連接脖子和臀部的線條。這幾條主線的組合和變化將決定畫面人物的姿態。

“賴利繪畫方法側重對線條的描繪，先塑造人物框架，再按人體解剖原理填充血肉。”

四肢

畫好六條主線以後，我們就來畫人物的胳膊和腿。用簡單的線條先大致勾畫出人物的姿勢，在此基礎之上再根據解剖學原理為人物填充血肉。

肌腱連接著肌肉組織和骨骼，

畫“竹”之前成“竹”在胸，同理，畫人物時也應該先在腦海中捕捉好人物的姿態動作後再下筆繪畫。畫時應從頭開始發散至全身。

它的作用像絲線一樣，將肌肉組織依附在骨骼上。而肌腱和骨骼的連接處就被稱作“切入點”。要讓肌肉群看起來井井有條卻又不死板，需要我們能夠抽象地看待人體，這樣，便於我們畫出複雜並且真實的人物。

本書的第80頁有針對頭部畫法的詳細講解，此處不再展開詳述。

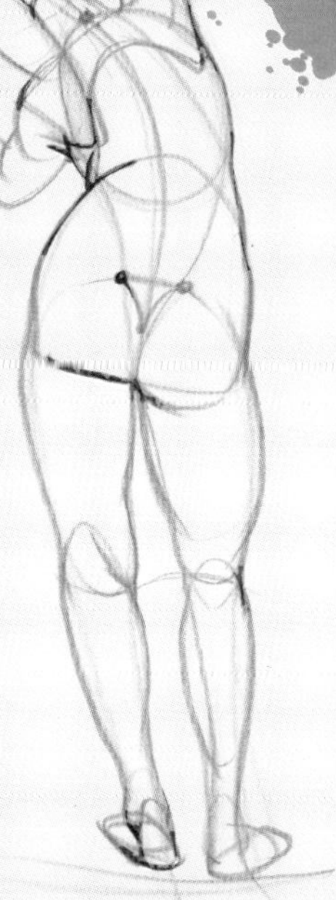

肌肉組織和骨骼靠肌腱連接著彼此，就像線繩串聯著布料，並把這布料織附在骨骼之上。

題外話

賴利法的基本技巧簡單而又靈活，既易於掌握，又能隨著繪畫者技巧的變化而變化。

一旦你能夠洞悉人體肌膚之下的骨骼結構，你便能夠隨心所欲地為你筆下的人物安排姿勢。賴利法所提供的這幾條基本主線僅僅是一種可供你參考的方法，熟練的運用還需要平時自己勤加練習。

不僅是賴利法，其他的繪畫方法也一樣，都僅為教學服務。打個比方，這些方法就像是學自行車時安裝在後輪上的輔助輪，一旦你掌握了這些方法，就應該將其拋之腦後。否則，太拘泥於這些條條框框，反而會阻礙創作發揮。繪畫時，應讓這些技巧成為我們的“背景音樂”，以便我們可以專注於作品真正的內容和表現形式。

“唯有勤加練習才能夠使你的人物線條更為清晰明朗，這點很重要。”

對於賴利法的進一步瞭解請參照美國20世紀中期的一位插畫家安德魯·盧米斯（Andrew Loomis）的作品，他的作品以使用賴利法見長，能為我們提供許多實用的經驗技巧。

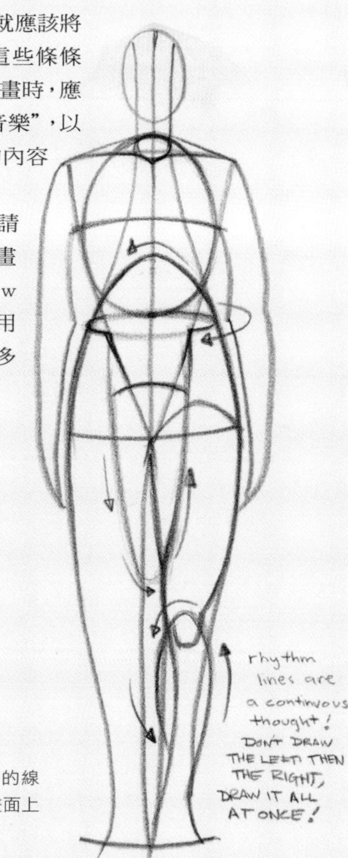

勾勒人體輪廓時，盡量使用長而連貫的線條，這樣即使是在打初稿，也能使你畫面上的人物看上去更有生氣。

2·用標記定位線條輪廓

一旦你掌握了賴利繪圖法，接下來你就可以用它創造更為靈活的人物以及更為多變的人物動作姿態了。這裡主要講解一些用標記定位人物造型的方法，隨書附贈的光碟中有更詳細的影片講解，其中名字為Abstract1.mp4的文件針對軀幹正面，Abstract2.mp4的文件針對軀幹背面，Abstract3.mp4的文件針對軀幹側面。

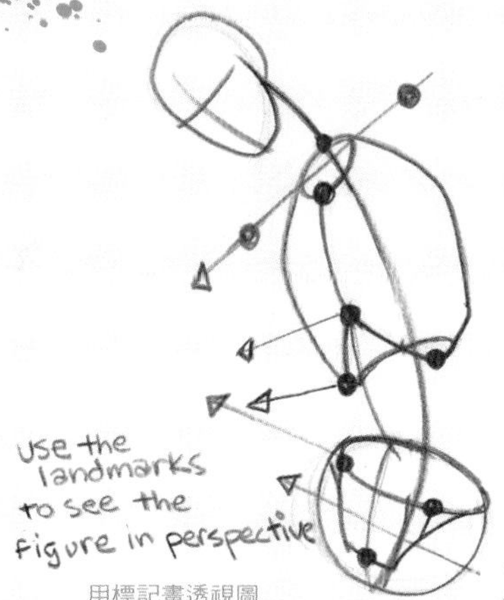

Use the landmarks to see the figure in perspective

用標記畫透視圖

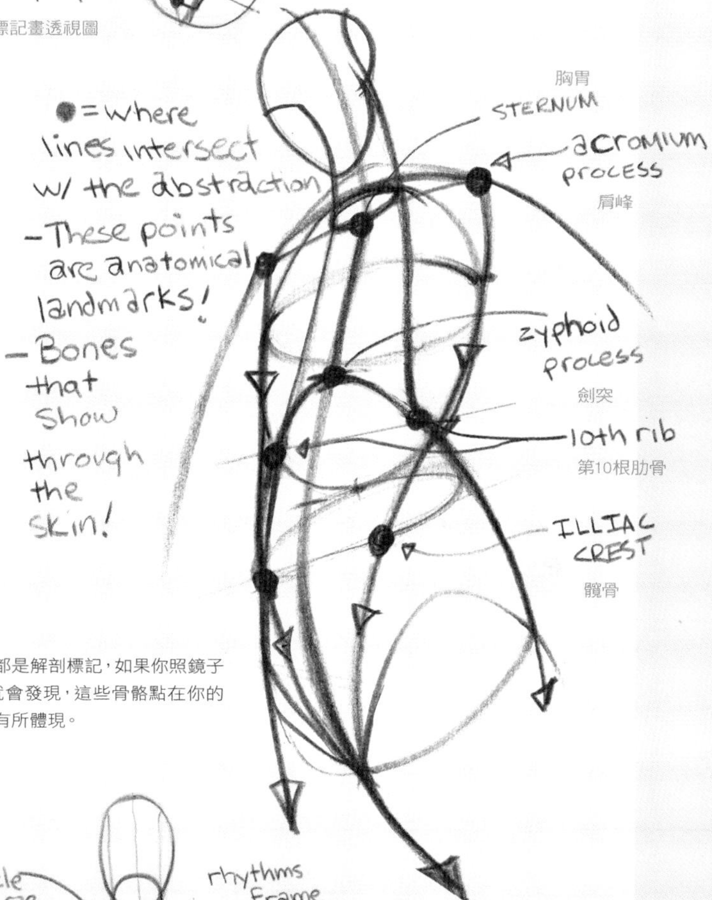

● = where lines intersect w/ the abstraction
- These points are anatomical landmarks!
- Bones that show through the skin!

STERNUM 胸骨

acromium process 肩峰

zyphoid process 劍突

10th rib 第10根肋骨

ILLIAC CREST 髖骨

這些大圓點都是解剖標記，如果你照鏡子觀察自己，就會發現，這些骨骼點在你的身體表面都有所體現。

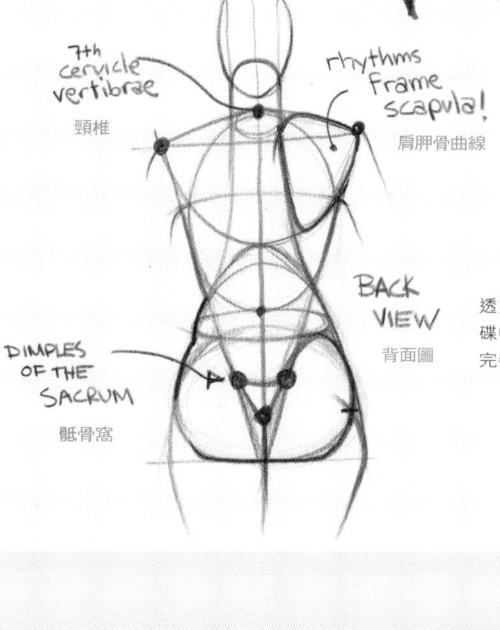

7th cervicle vertibrae 頸椎

rhythms frame scapula! 肩胛骨曲線

BACK VIEW 背面圖

DIMPLES OF THE SACRUM 骶骨窩

透過這些解剖標記，結合光碟中的Abstract2教學影片，完善這幅軀幹背面圖吧！

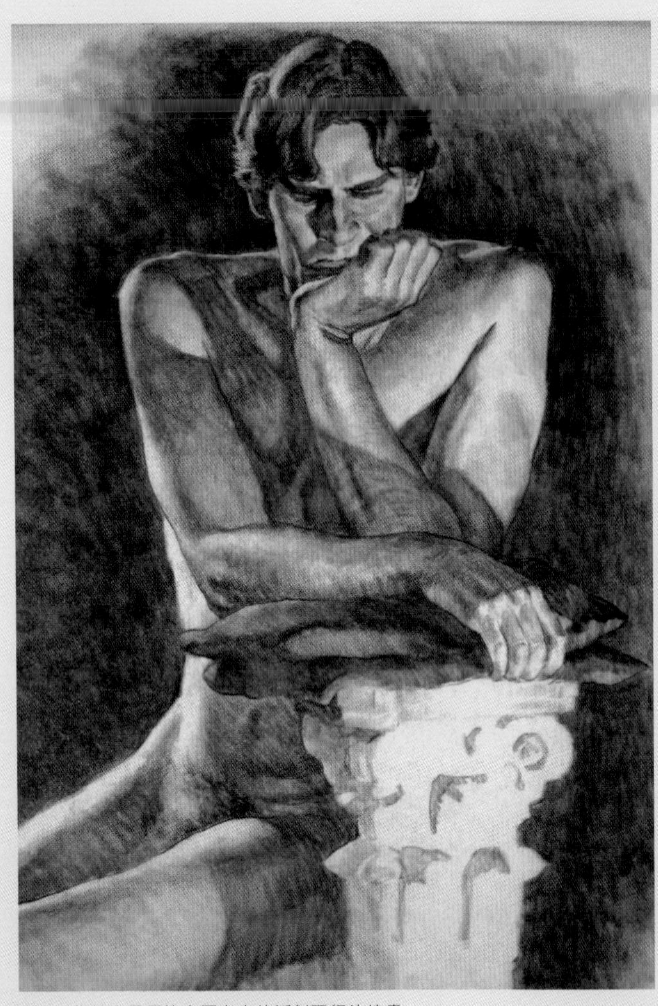

圖中人物輪廓是用許多同方向的近似平行的線畫成，而輪廓周圍的線則以短促的筆畫繪成。

線形幾何法研究

運用基本幾何圖形使人物看起來更立體、扎實。

上一節我們就賴利法進行了研究，這一節我們來看第二種方法——線形幾何法。這種方法自古有之，在20世紀50年代經帕薩迪納藝術中心改良後更受推崇。

這一方法不僅適用於繪畫各種人物造型，而且在控制人物姿態、實現透視效果上更得心應手。

首先，先將身體分為頭、頸和肩膀三部分，這樣有助於人物的姿勢造型。此時我們會發現，從正面觀察，頭部呈橢圓形；而從側面觀察，頭部則呈圓潤三角形。

下面這組畫稿使用圓主體為基本圖形畫成，這一方法在後面我還會進行具體講解，這一繪畫方法的要點是使線條流暢、平滑地銜接在一起。

首先在第一條線的基礎上畫出與其相對稱的第二條線，這樣一來我們就畫出了人物的體寬，然後再畫第三組線條，這組線條從脖子根部開始，作為貫穿全身的中線。

接下來我們就可以利用這三條線畫圓柱體，前面我們已經描繪好了人物的寬，接下

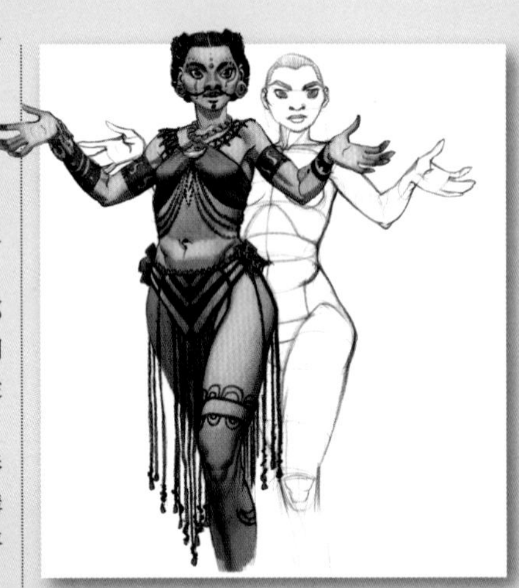

這幅卡通畫像運用人體素描的繪畫方法，這種方法適用於各種類型的人物繪畫。

來我們可以利用這個圓柱體畫出人物的長。

立方體常常需要我們把握透視關係，而圓柱體則省去了許多這方面的工夫，所以用圓柱體構造人體更易使人體看上去立體而真實。

我們可以把肩膀視為圓柱體的頂端，盆骨視為圓柱體的底端，而盆骨的形狀則因你所畫人物的不同而產生差異。女性的盆骨呈鐘形或短裙形，往往線條比較柔和；而男性盆骨的線條則更為剛直。

我們在畫盆骨的時候，既要使其包含在整個軀幹的圓柱體內，同時也要刻畫出髖骨、髖背的線條。

接著我們來看圓柱體的頂端。首先我們可以用一個雞蛋形來描繪胸腔，在胸腔的基礎上再畫出肩線，同時保持這二者仍呈圓柱形，身體的其他部位則用橫線和橢圓形描繪銜接。

我們還可以把乳頭、第十根肋骨、髖背、肚臍和腋窩都視為圓柱體的節點標記，如果你畫的是人物的背部，則可以把肩胛骨、骶骨窩、斜肌和盆骨視為圓柱體的標記點。

如果你要表現畫中人物的身體呈扭轉狀，可以選擇把這個圓柱體的一側轉過去，或者選擇把肋骨和盆骨之間看成是手風琴的風箱，然後再在畫面上表現出來。

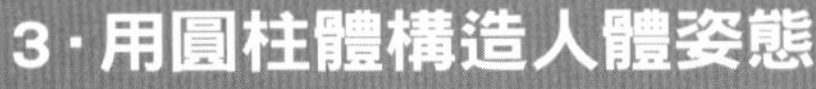

3·用圓柱體構造人體姿態

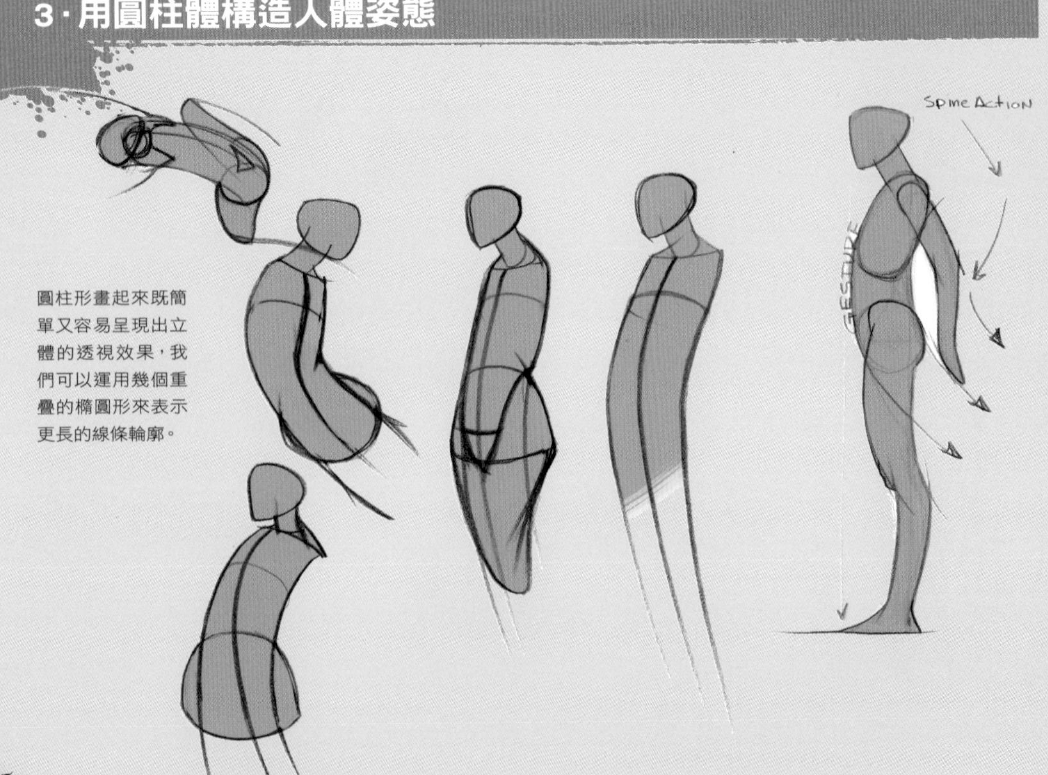

圓柱形畫起來既簡單又容易呈現出立體的透視效果，我們可以運用幾個重疊的橢圓形來表示更長的線條輪廓。

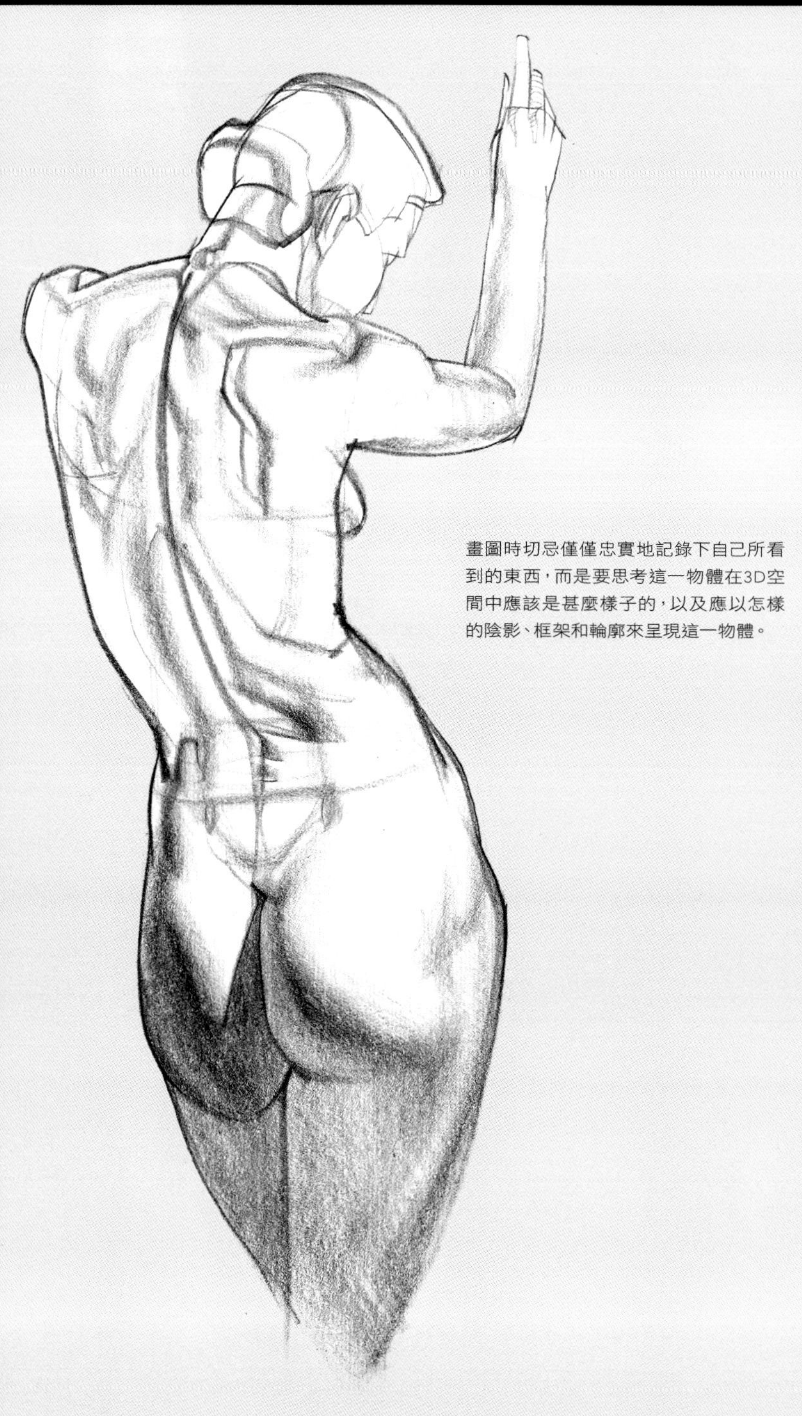

畫圖時切忌僅僅忠實地記錄下自己所看到的東西，而是要思考這一物體在3D空間中應該是甚麼樣子的，以及應以怎樣的陰影、框架和輪廓來呈現這一物體。

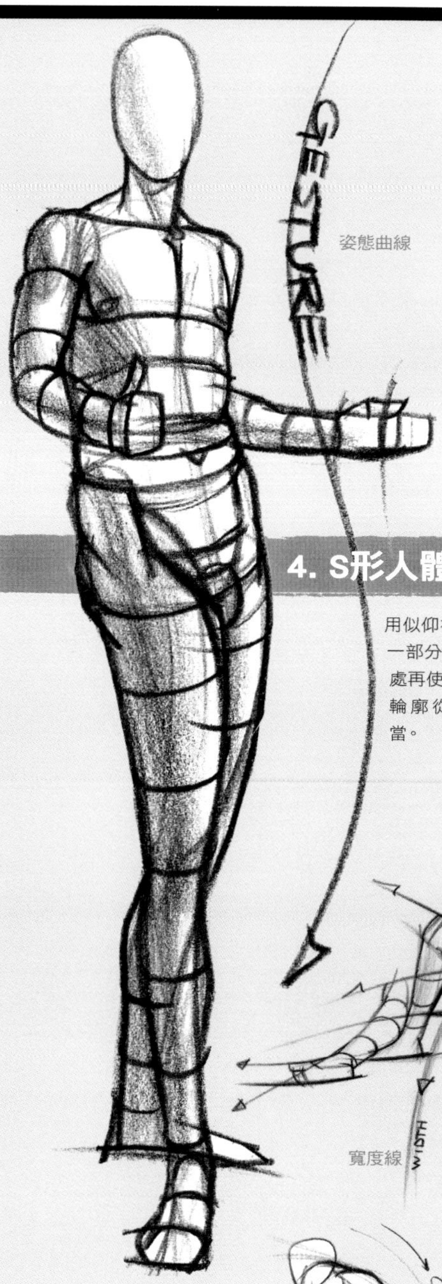

GESTURE

姿態曲線

4. S形人體

用似仰視的角度畫胸腔，使這一部分的線條向內凹，到盆骨處再使線條向外凸出，這樣的輪廓從正面看上去扭轉得當。

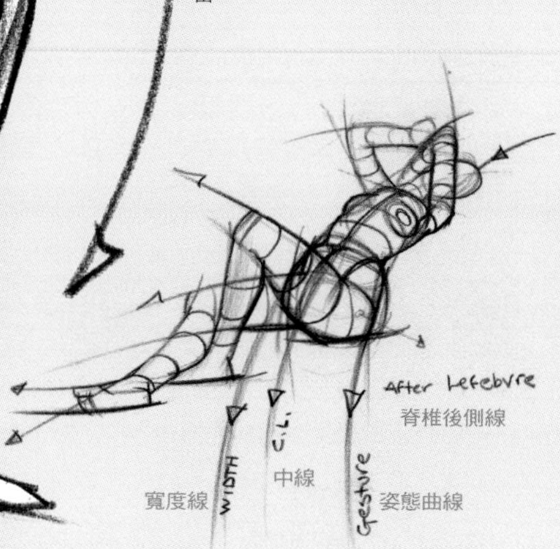

After Lefebvre

脊椎後側線

中線

寬度線

姿態曲線

這幾幅圖人物血肉豐實，極具動感，由圓柱體構圖，並且每個圓柱體又被分成便於繪畫肌肉的三部分。

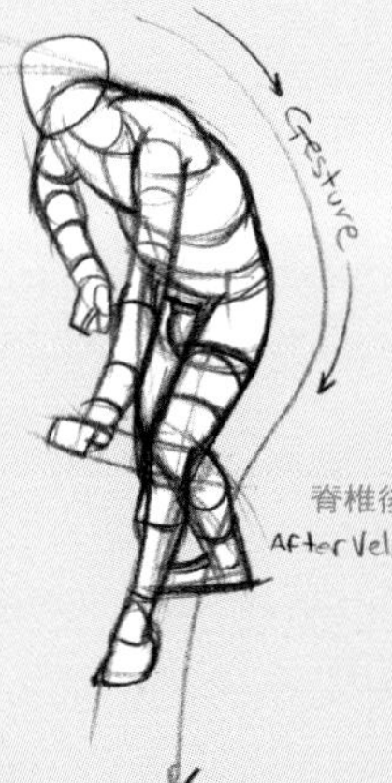

Gesture

脊椎後側線

After Velasquez

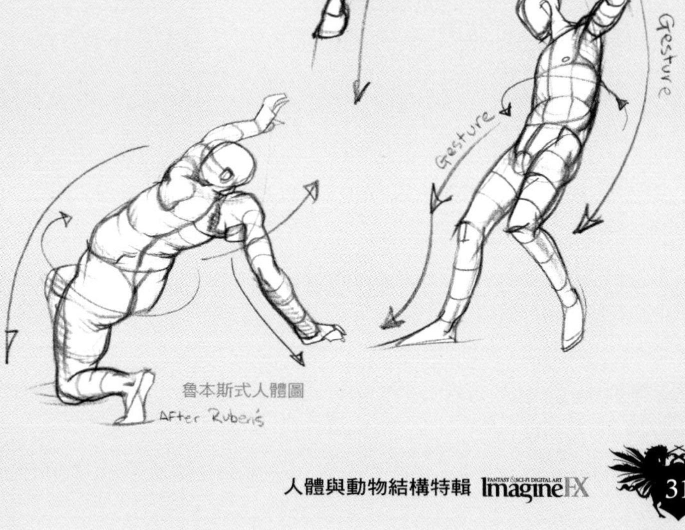

Gesture

Gesture

鲁本斯式人體圖

After Rubens

“可以用稍作調整後的圓柱體表現扭動的體態。”

斜肌在構造這一圓柱體中起著十分重要的作用——它是這一圓柱體中因扭轉而受擠壓一側的第三塊凸起，如右圖所示，像斜肌這樣的突起還有許多，它們共同形成了一個S形的曲線。S形曲線的特殊性在於，它是唯一一個僅憑自己的曲線就能塑造出透視感的圖形。

我們要做到姿態與結構兼顧，做到靜中有動、動寓於靜，既有米開朗基羅（Michelangelo）和魯本斯（Rubens）的動感，又要具備克萊爾·溫德材（Claire Wendling）和布魯斯·蒂姆（Bruce Timm）的現代氣息。

畫圖的過程在結構與姿態之間不斷往復，結構畫好之後，開始用圓柱體畫四肢的姿態，四肢的姿態畫好後，再在結構上對肌肉等細節進行修改，然後再回到姿態上，描繪肌肉所形成的陰影，最後以結構收尾，使畫中的人物成為有機的整體。

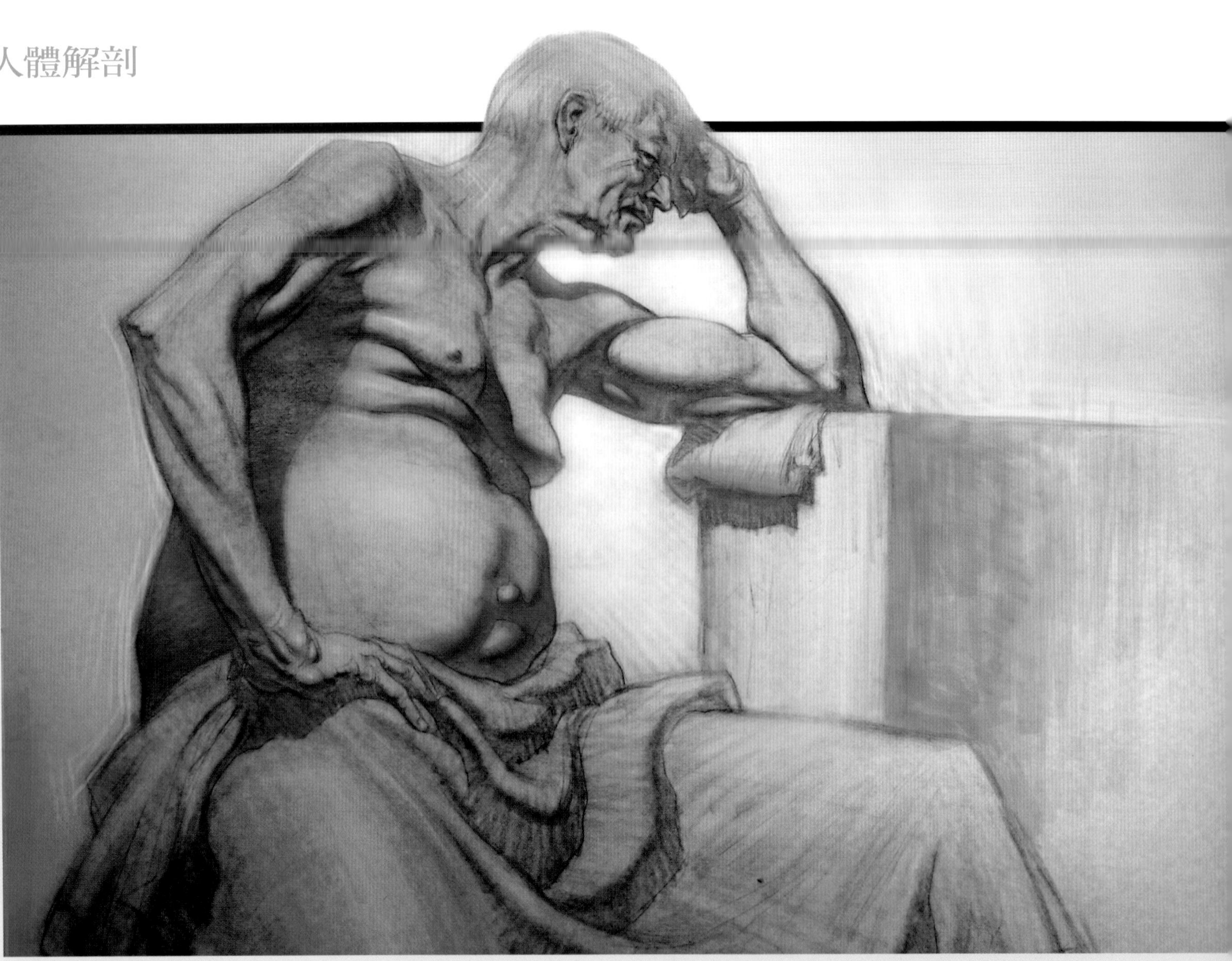

第二節

光影與形體素描

藝術家簡歷

克里斯·雷嘉斯比

國籍：美國

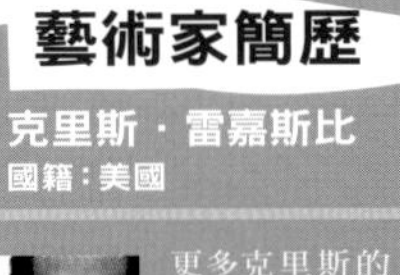

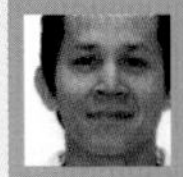

更多克里斯的作品請移步至：

www.freshdesigner.com

DVD素材

相關素描內容可在光碟的Figure & Movement文件夾中找到。

光影和形體的營造將對我們的畫作大有裨益。克里斯·雷嘉斯比將與我們分享繪畫美輪美奐和逼真光線的經驗。

光線讓我們看到形體，也讓我們認識整個世界，而沒有光之處就形成了影。光與影的交會讓我們在腦海中建構出物體的形狀。這種現象與人類的思維方式相互作用，因此創造出良好的光影效果，會讓觀眾留下深刻的印象。

在自然界中，光與影的相互影響是一種非常真實、立體空間上的呈現。然而受到繪畫的媒介和材料的限制，藝術家往往只能繪製光影的幻象。因為我們通常只是在平面上繪製圖像。

對於物體來說，受到大量光線的影響，光線的重要性可見一般，我會向大家提示一些在人物繪畫中光線運用的重要原則。我將從光影的工作原理入手，然後再對現實狀態下人物繪畫以及透過想像進行繪畫時的光影繪畫策略進行闡述。

這些原則和策略會讓你的形體和人物繪畫看上去更有型，立體感更強，同時增強畫面的真實感。讓我們趕快開始吧！

1·第一步

要開始處理光線，第一要務就是要學會區分光與影。我常常會問自己："甚麼是光，甚麼又是影？"這些都是我需要向觀眾交代的重要問題。我通常先觀察光的方向，然後透過傾斜觀察角度來找到光影邊界（或稱為交界面）。隨後我會在陰影上將光線設置為中間色調來創建一個明顯的分隔。

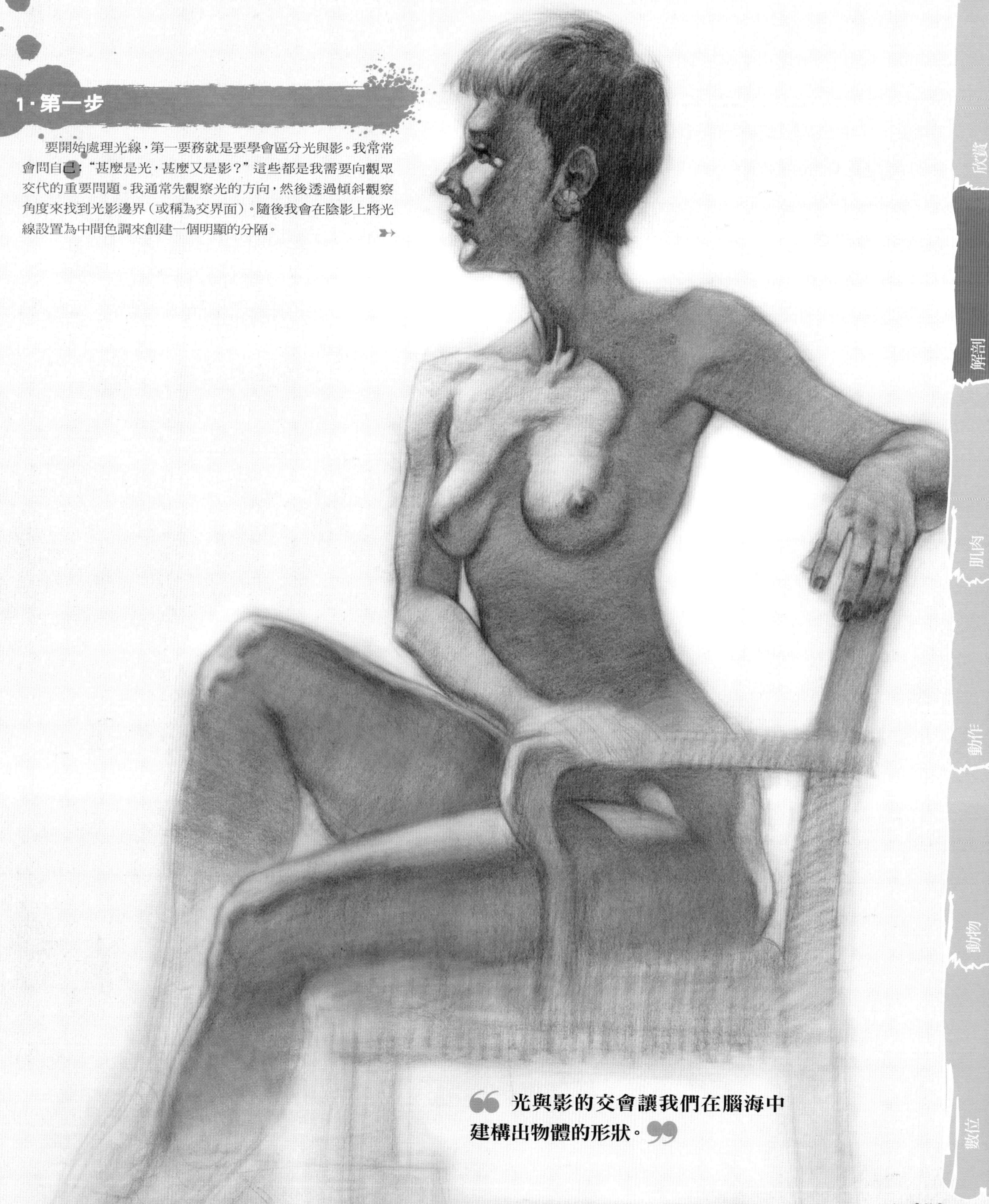

"光與影的交會讓我們在腦海中建構出物體的形狀。"

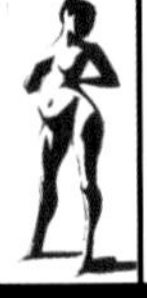

2 · 平面的作用

平面用來描述物體表面在光源照射下所表現出的情景。物體或區域受到光照的多少，取決於物體表面面向光線的不同程度。反言之，物體或區域的黑暗程度，取決於物體遠離光源的程度。用更簡單的術語來描述：光照強度的變化同時意味著平面的變化。

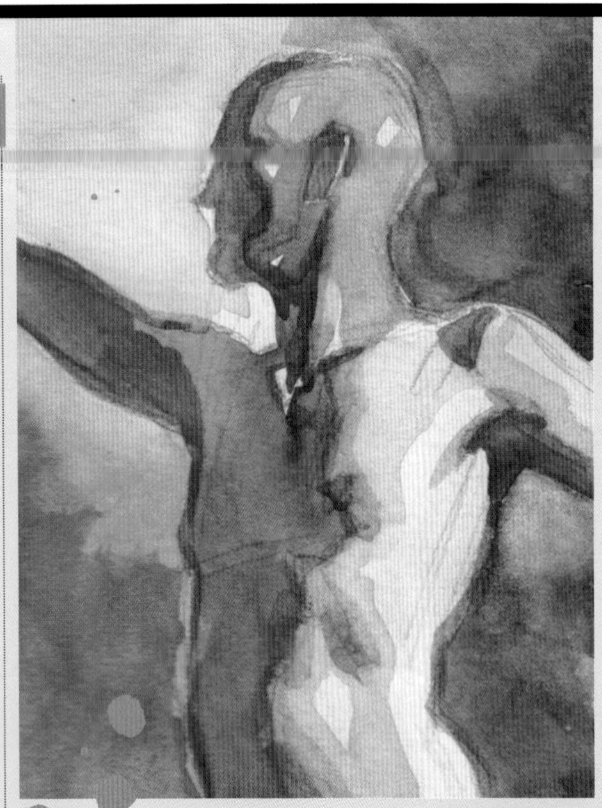

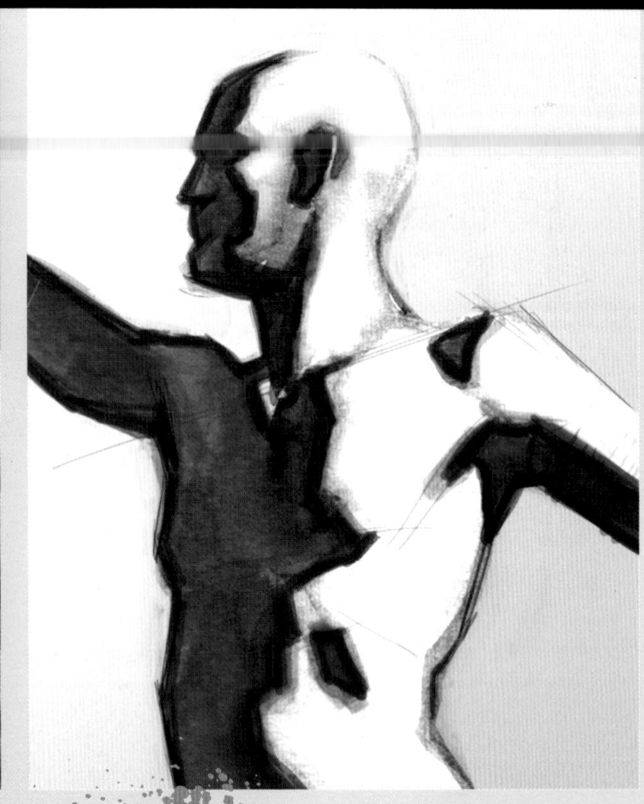

透過明確界定的光與影，可以讓觀眾快速地辨識形狀。

3 · 光線和陰影的形狀

正如圖中清晰界定的形狀和輪廓，光線和陰影模式也有自己的形狀。光與影的形狀，以及彼此間相互作用的關係，可以讓觀眾快速地辨識形狀。在實際繪畫過程中，我偏向於使用陰影的形狀作為設計元素。在隨後的習作中我們會看到，如何透過陰影的形狀來定義形體，甚至為他們添加姿態和動作。

4 · 灰階與灰階的範圍

灰階可以對物體的明暗程度進行參考，常常被劃分為1-10個等級（也有劃分為0-10個等級）。在這個參考模型中，數字1用於表示純白（或純黑），數字10則相反（純黑或純白）。在純白與純黑之間，其實存在了無數的灰階，尤其是當我們對大自然進行觀察時。然而受到繪畫的媒介和材料的限制，在繪畫時無法描繪出如大自然般無窮無盡的灰階範圍。

> “在純白與純黑之間存在有無數的灰階。”

技法解密

點光源照射下的陰影

學習光與影的一種好方法是在單一主導光源照射下對物體進行繪畫，因此不會受到反射光與環境光的干擾。我們通常稱這種場景的設置為“聚光燈”。在強烈點光源的照射下，我們可以觀察到各種陰影的模式，最暗陰影、投影和高光都有明確的界定與區分。無論是繪畫現實場景，還是對照片進行描摹，這種方法讓我能夠設計出很好的形狀和邊界。

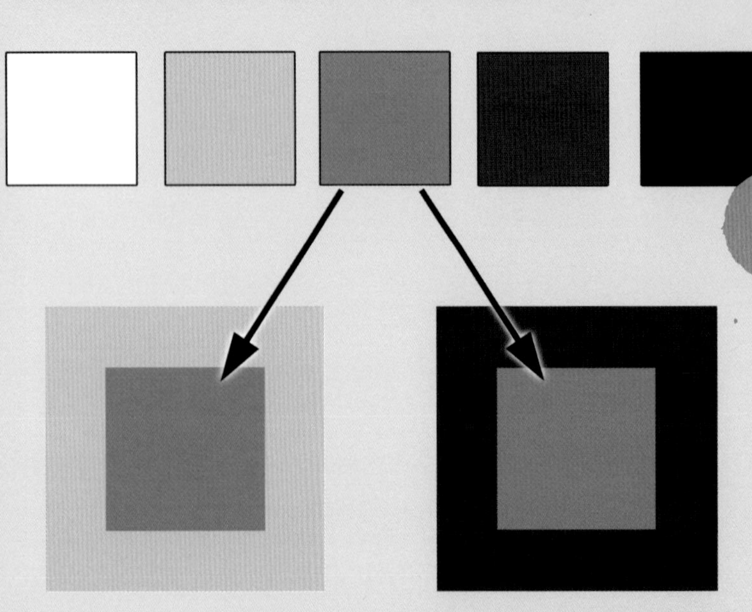

5 · 定位是關鍵

因為我們無法渲染出無盡的灰階範圍，並且這也不現實，我更關心灰階之間的相互關係。舉例來說，一個5階的中間色調相對於純白色來看會顯得很深。同樣5階的灰度在周圍純黑的映襯下就會顯得很明亮。理解如何去使用灰階，以及在何處繪製，就是我在灰階作品創作時採用的方法。

6・雙色調

首先我對色調進行判斷，一種色調為亮部，另一種色調為暗部。我通常的處理方法是將紙張的白色作為亮部的形狀，將中間色調作為暗部的形狀。將物體簡化為雙色調後，形狀的界定就變得非常明顯，在之後的渲染過程中，即便是增加更多的灰度，我保持這種明確的界定，關鍵在於要不要超出這兩種已經確立的色調範圍。

“邊界所表達的是物體表面快速脫離光照的情況。”

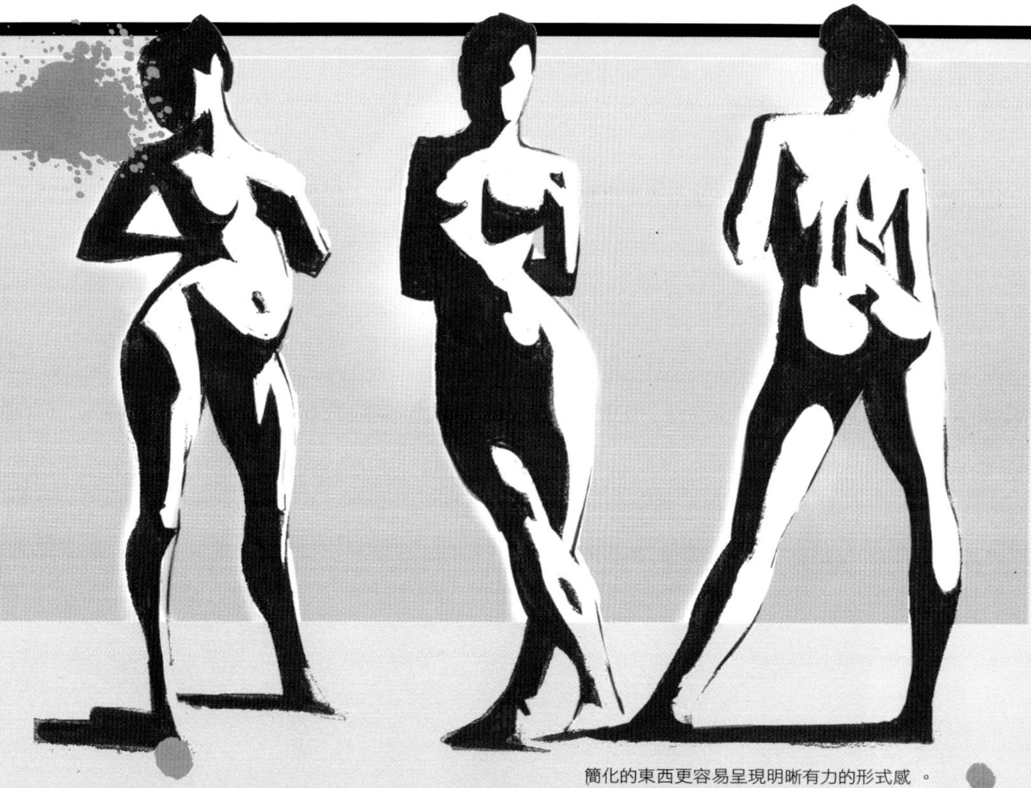

簡化的東西更容易呈現明晰有力的形式感。

7・邊界的定義

邊界所表達的是物體表面快速脫離光線照射的情況，其範圍從柔邊，到固實的邊界，再到硬邊。人物的形狀有眾多的邊緣，尤其是在關節等連接處。物體表面的材質以及光的強度都有可能影響到邊界的質量。我採用相同的方法限制好灰階的範圍，同時處理好彼此的關係。

8・軟邊

軟邊（亦稱為“柔邊”）表現的是一種緩慢的、漸進的遠離光照的運動。任何圓形的或雞蛋型的形狀都可以用軟邊完美的描述。舉例來說，我偏好於用軟邊來表現身體圓潤、豐滿的部分，如臀部、臉頰上的贅肉或是大腿上的肌肉。軟邊也可用於對區域進行模糊處理，從而起到烘托氣氛，營造縱深的作用。

9・硬邊

硬邊（亦稱為“脆邊”或“銳邊”），表現的是平面的快速改變。例如，方形或桌子的轉角就可以用直線硬邊來表達。除了投影外（見下圖），銳邊通常不會出現在原生的形狀中，所以在處理時需要格外注意。我通常用硬邊來進行強調，或表現出一種戲劇性的對比效果。

柔邊　軟邊　固實邊　硬邊

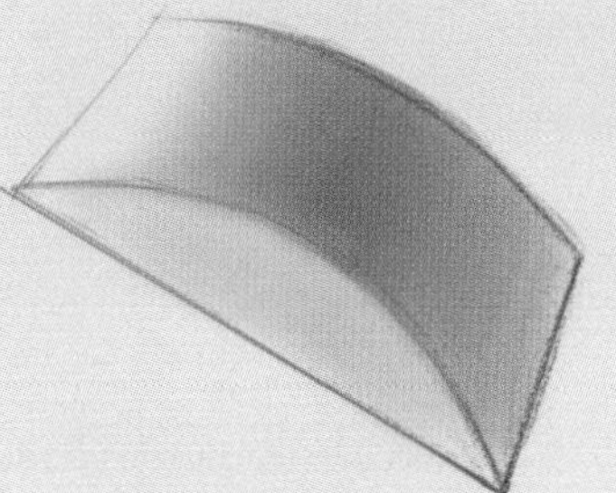

・中間色調
・柔軟的織物
・漫射光
・模糊或凹陷的區域

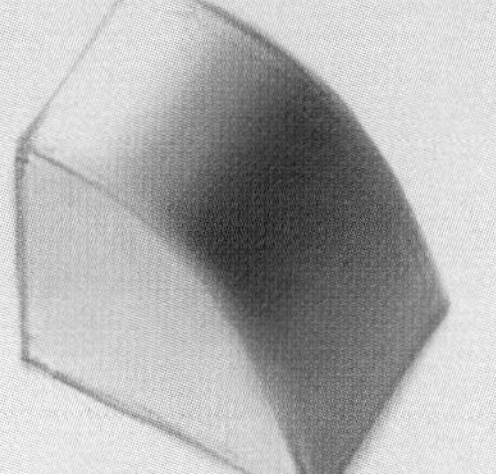

・圓形、雞蛋型
・豐滿圓潤的部位
・漫射光

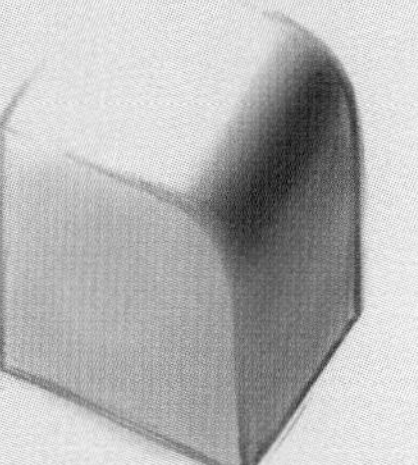

・最暗陰影
・骨骼、結實的肌肉
・肌肉模型

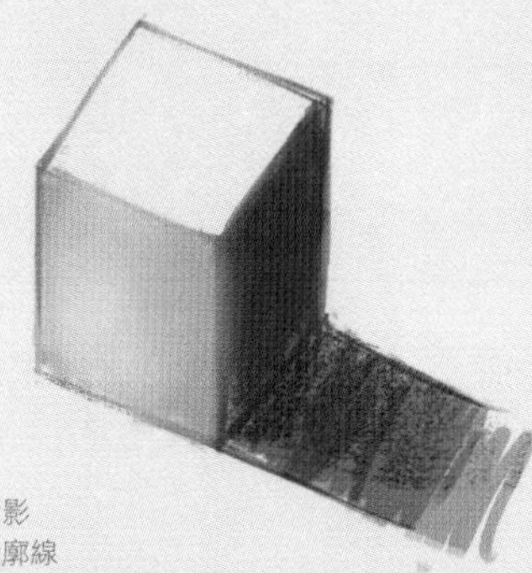

・投影
・輪廓線
・非原生物體

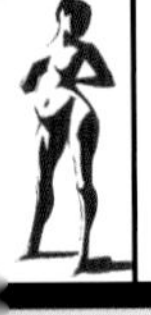

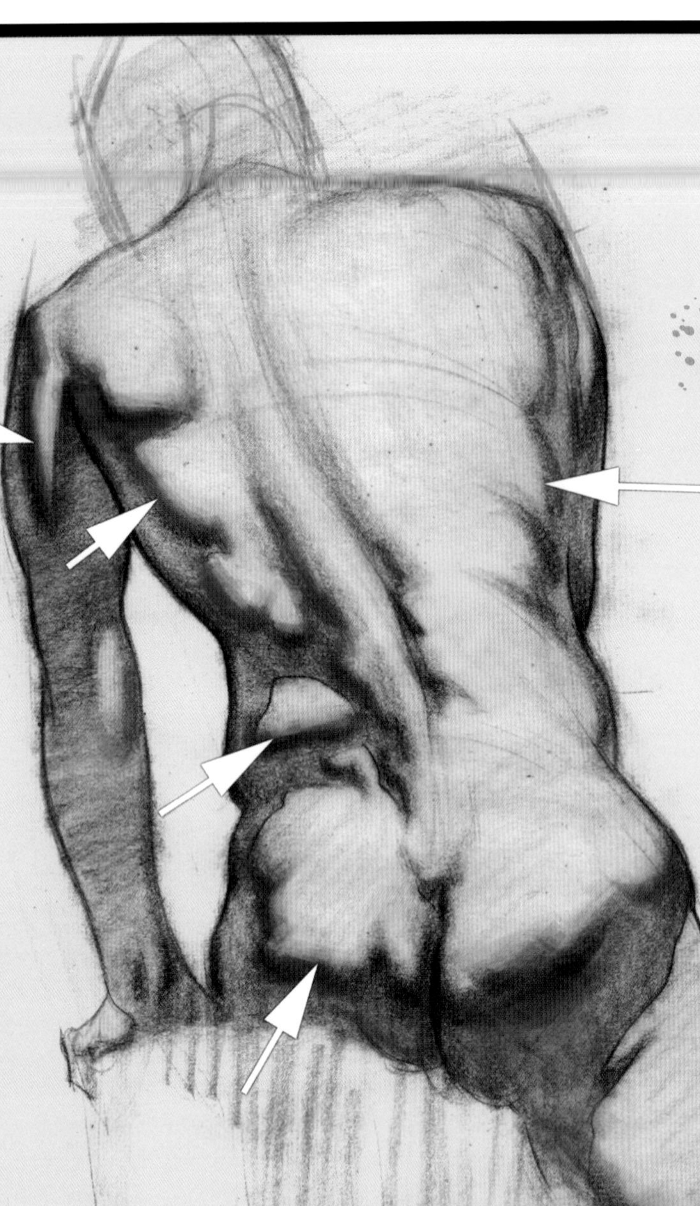

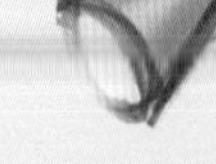

10·固實邊的應用

固實邊介於軟邊和硬邊之間。如果運用恰當的話，它既可以表現快速變化的平面，也可以表現漸變的平面。因其可變性，我一般選擇從固實邊開始渲染畫面，然後根據模型的情況逐步調整並完善，減淡或者加深。我經常在暗部的最暗陰影部分使用固實邊（見下圖），尤其是當光線投射在硬實的表面上以後，如骨骼或是者肌肉。

“我經常在暗部的最暗陰影部分使用固實邊，尤其是當光線投射在硬實的表面上以後，如骨骼或者是肌肉。”

明暗交界線
中間色調
高光
光源
最暗陰影
暗部
亮部
反射光
封閉陰影
投影

技法解密

在過渡處使用漸變

漸變是表現運動效果以及描繪軟邊、柔邊的捷徑。我利用漸變效果來實現從陰影到光亮的轉變，或者從光亮到中間色調的變化。我們可以用多種方法來實現漸變：我偏好用鉛筆或炭條扁平的一邊，採用鋸齒形運動，在對物體亮部進行繪製時，小心翼翼地減輕壓力以使色調變淺。

11·解剖光與影

當光線投射在物體上時，各種不同的灰階色調用來表現光線是如何衰減並逐漸過渡為陰影。這些灰階色調常常有以下：高光、亮部、中間色調、明暗交界線、最暗陰影、反射光、閉塞陰影、投影。詹姆斯·格尼（James Gurney）將其定義為物體明暗關係的基本原則，學會辨識並且理解這些色調之間的聯繫對於渲染形狀至關重要。

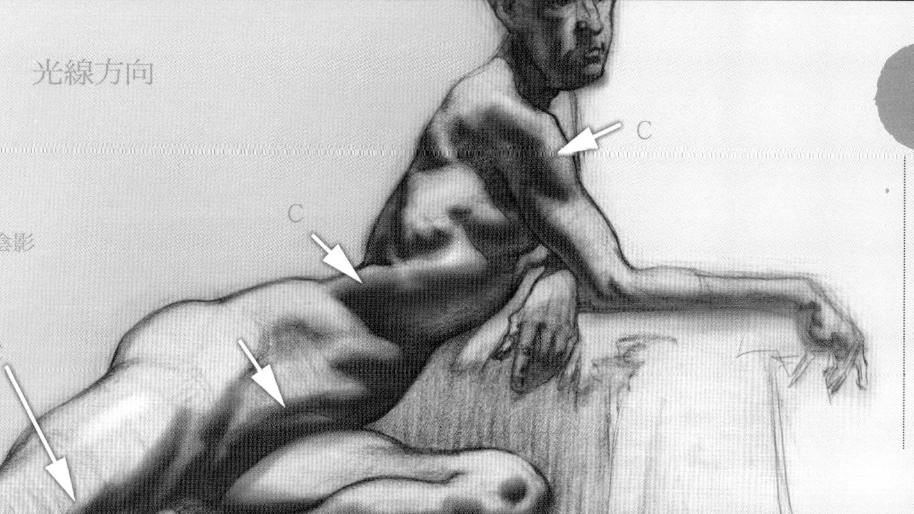

12・最暗陰影

最暗陰影處在亮部與暗部的邊緣（或稱為交界處）過去一點的位置。這個部分的顏色比暗部更深，因為它不受反射光的影響。我通常從這個部分開始繪畫，採用固實邊進行描繪，然後逐漸向圓潤豐滿的部位減淡。只需簡單地加深最暗的陰影部位，我就能夠快速地處理反射光，增強形體的立體效果。

13・投影

投影的產生是因為物體將直射光徹底地遮擋，圍繞著物體的輪廓而形成。作為一般的規則，硬邊是用來描繪投影的最佳選擇。唯一的例外是當漫射光，或者光線距離物體非常遠。我同樣將投影作為設計的元素。例如，我可以刻意地透過將手臂置於軀幹之上，來形成一個彎曲的投影，從而達到增強形體和結構感的目的。

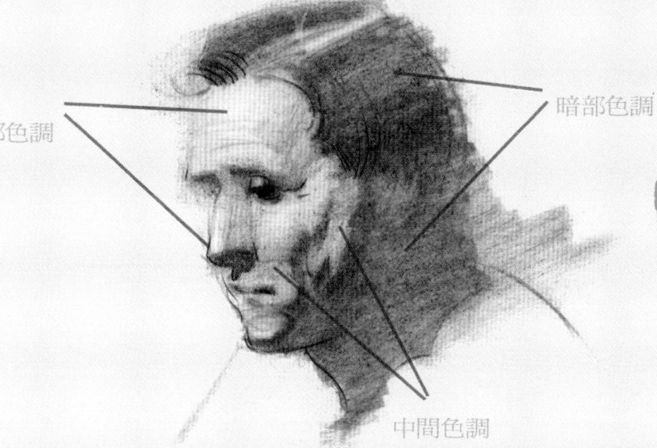

15・反射光

反射光，因為光線照射在附近物體的表面上產生了反射並投影到了暗部而形成。因為反射光部分會比暗部要亮一些，因此描繪這個部位也經常容易出錯—因為過亮而破壞了光線、陰影和形體的關係。我在畫反射光會格外謹慎，來確保整個結構的完整。如果你尚存在困惑，將它畫暗一些或者暫時擱置。

灰度

暗部加深

亮部

中間色調

反射光

暗部

反射光與中間色調的比較

14・中間色調

中間色調介於直射光和暗部之間，表現的是受光面轉離光線的照射情景。它處於光線的照射下，但卻是較暗的光線。中間色調和色階之間的差異是如此微妙，因此需要多加觀察和練習，從而更好地進行描繪。

16・高光

當兩個或兩個以上的光面相疊加，就出現了高光。最暗陰影表現的是平面的改變，高光部位也是如此。如果我無法找到圖畫中的光線方向，可以透過觀察高光來定位隱含的解剖或平面的改變。高光點也會隨著觀眾視角的改變而改變，所以在處理時也要小心謹慎。

第三節

畫由心生，透過想像繪畫人物

羅恩·勒芒將教會你如何透過記憶、觀察和構圖來使你的藝用解剖知識更上一層樓。

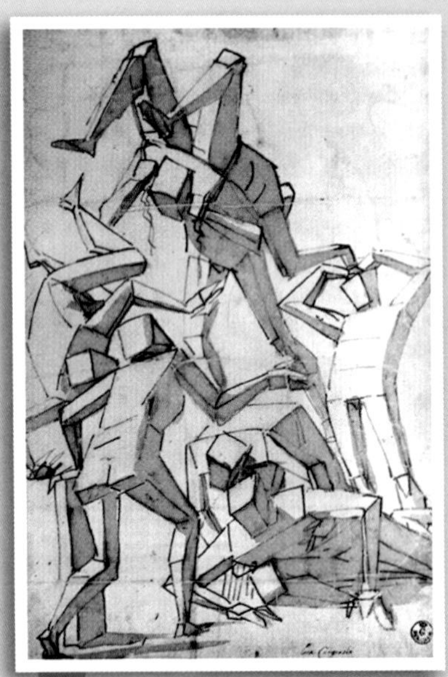
深入理解物件組成的基本結構，將有助於你將創作思想表達給觀眾。

藝術家簡歷

羅恩·勒芒
國籍：美國

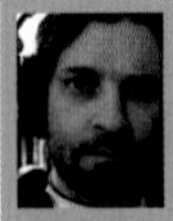
Ron Lemen是一名自由藝術家和指導講師，專長於具象藝術、插圖和娛樂藝術。他在"第二大街工作室"授課，講解傳統繪畫和數位繪畫。

www.studio2ndstreet.com

DVD素材

由羅恩繪製的參考素描可在光碟的Figure & Movement文件夾中找到。

藝術是古老的，具有悠久的歷史：它是全世界通行的語言。這是一種視覺語言，即使我們的發音不同，但卻能夠透過藝術彼此理解。我們充分利用這種語言，透過標誌、符號和其他類型的圖像進行溝通，而且往往是下意識的。

藝術的體系源自古老的時代。比如說，賴利繪圖法和形狀繪圖法，都至少可以追溯到15世紀。在藝術史上的這個年代，有兩個著名的人物—維拉德·荷內柯特（Villard De Honnecourt）與盧卡·坎貝爾索（Luca Cambiaso）—已經開始在作品中運用這兩種繪圖理念。

所有現在被藝術家廣泛使用的人物繪畫技巧都是追溯久遠、歷經時間考驗的理念。比如說形狀交換法—透過畫一個保齡球瓶的形狀來模擬前臂，一個方塊來代表臀部，就並不是甚麼新鮮事。儘管用於交換法的形狀可能是全新的，而這種方法的理念—透過簡單的方法來組成複雜的圖形，卻是永遠不變的。

> 藝術是一種無須語言交流就能領會的視覺表達。

如果我們能夠掌握這些在藝術發展歷史上經受住時間的考驗和被大師們廣泛使用的技法，我們就能夠達到大師們創作的明晰與神韻。

1·繪畫的過程

讓我們來看看繪畫人物的過程，首先透過實物或照片進行參照，然後移除參照物，最後透過記憶中的內容進行繪畫，並使他充滿韻律與生機。

我採用如上的方式定義繪畫的過程，因為我經常談論如何進行繪畫，而不是如何去決定繪製或處理圖畫的過程。相反，繪畫的重點往往是在從草圖到最終完稿的過程中。本教程將著重注意如何建構圖畫，以及透過哪些技能的練習來提高你的繪畫技巧。

在我看來，繪畫的過程與我們呼吸的方式非常相似—吸入和呼出，一種往復的動作。

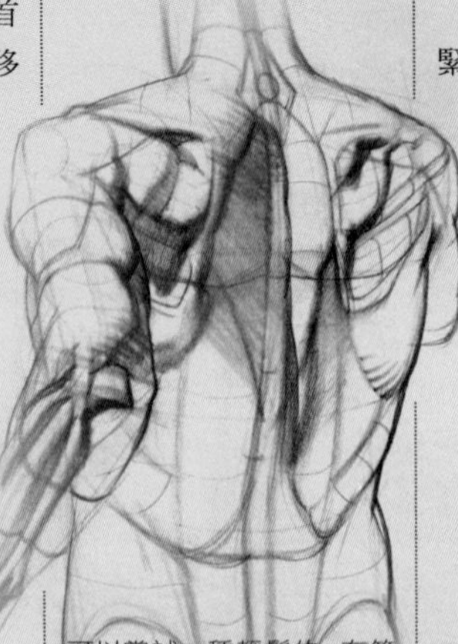
可以嘗試一種輕鬆的、有節奏的旋律來起草畫面，就像呼吸一樣，可以讓畫面的線條變得流暢。

在起草畫面時，動作應從寬鬆到緊密，或稱為由粗略至詳細，以此往復。繪畫的過程分為以下幾個步驟：姿態（鬆）、構架（緊）、輪廓（鬆）、濃淡（緊）、層次（鬆）、暗/亮部（緊）。

這個過程可以細分為更多的階段—從構圖和濃淡開始，或從最大的形狀開始，然後是中等形狀，到最小的形狀—或稱為細節。

這就是我透過實物和照片進行參照的研習過程。如果你在一旁觀察我工作，你會注意到我在各種步驟和方法之間不斷變換，因為我對這些過程已經了然於心，一旦你掌握了它們，你就可以選擇最適合你的工作方法。

因此，與其按部就班地完成每一個步驟，我更傾向於"直覺"—我探索的一些更直接的方法，當你熟練掌握如上步驟後，步驟間的界限就會被打破。我們應多將時間應用於掌握這些步驟的練習上，慢慢忘記這些步驟，使其成為自己的直覺，以創造出更好、更具回響的作品。

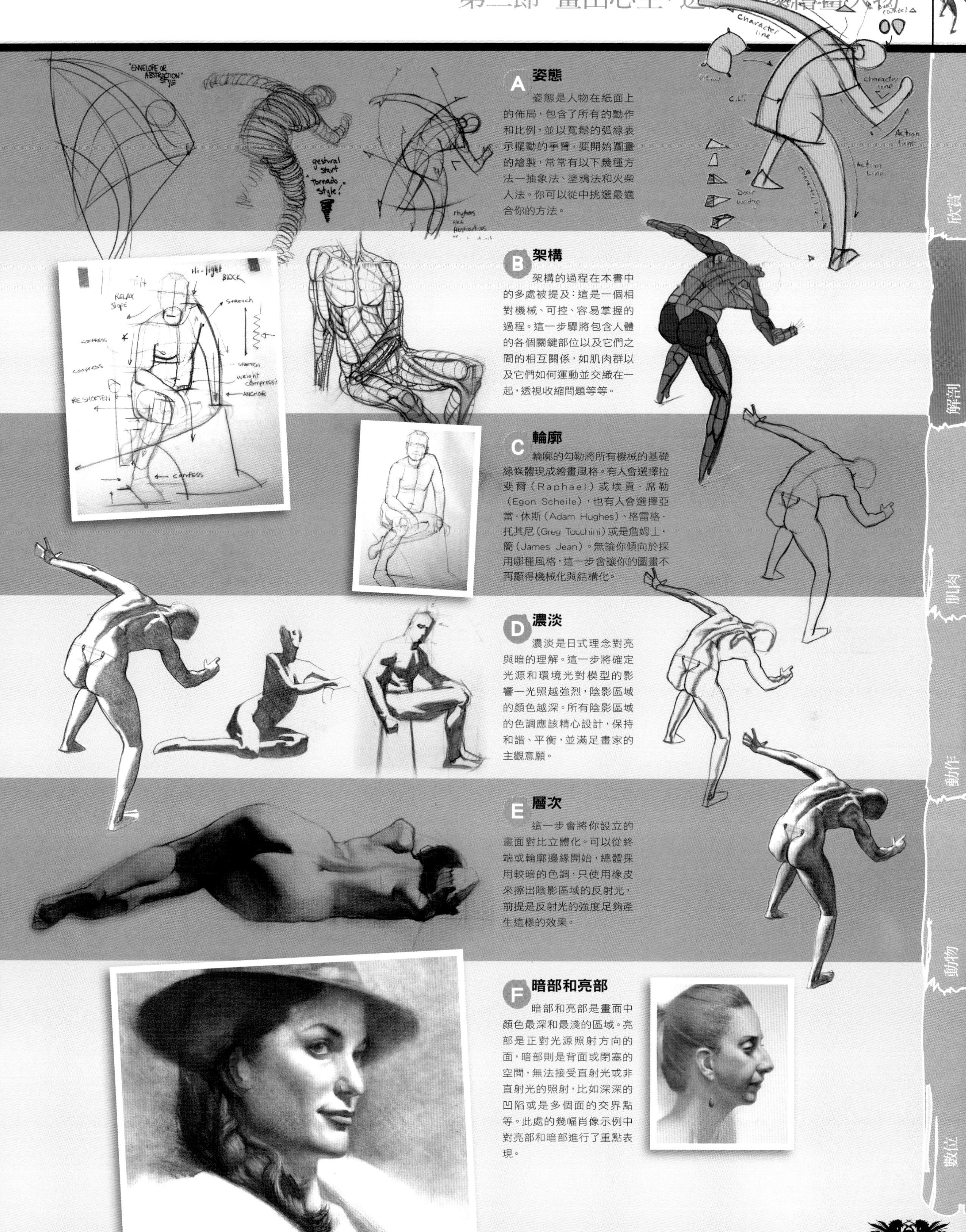

A 姿態

姿態是人物在紙面上的佈局，包含了所有的動作和比例，並以寬鬆的弧線表示擺動的手臂。要開始圖畫的繪製，常常有以下幾種方法－抽象法、塗鴉法和火柴人法。你可以從中挑選最適合你的方法。

B 架構

架構的過程在本書中的多處被提及：這是一個相對機械、可控、容易掌握的過程。這一步驟將包含人體的各個關鍵部位以及它們之間的相互關係，如肌肉群以及它們如何運動並交織在一起，透視收縮問題等等。

C 輪廓

輪廓的勾勒將所有機械的基礎線條體現成繪畫風格。有人會選擇拉斐爾（Raphael）或埃貢．席勒（Egon Scheile），也有人會選擇亞當．休斯（Adam Hughes）、格雷格．托其尼（Grey Tocchini）或是詹姆士．簡（James Jean）。無論你傾向於採用哪種風格，這一步會讓你的圖畫不再顯得機械化與結構化。

D 濃淡

濃淡是日式理念對亮與暗的理解。這一步將確定光源和環境光對模型的影響－光照越強烈，陰影區域的顏色越深。所有陰影區域的色調應該精心設計，保持和諧、平衡，並滿足畫家的主觀意願。

E 層次

這一步會將你設立的畫面對比立體化。可以從終端或輪廓邊緣開始，總體採用較暗的色調，只使用橡皮來擦出陰影區域的反射光，前提是反射光的強度足夠產生這樣的效果。

F 暗部和亮部

暗部和亮部是畫面中顏色最深和最淺的區域。亮部是正對光源照射方向的面，暗部則是背面或閉塞的空間，無法接受直射光或非直射光的照射，比如深深的凹陷或是多個面的交界點等。此處的幾幅肖像示例中對亮部和暗部進行了重點表現。

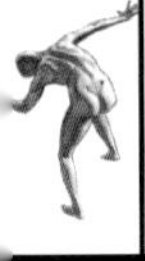

2·學會觀察

要脫離參考物進行繪畫，就必須練習如何去理解所捕捉畫面的場景特點。作為肖像畫師，我喜歡真實的參照物，不過這是非常奢侈的。而從插畫師的角度來看，我不會去捕捉靜態的畫面。這兩種畫面捕捉的練習方法雖然不同，但目的卻是相似的：抓住鮮活的場景。這是一種嘗試，可以讓觀者深信畫面中的場景是非常真實的。

因此，參照物只是繪畫的一部分，其餘則是有"感官"所帶來的——畫面"看上去"是否可信？這種感覺激發自內心，會將你帶入畫面的意境，讓你體會到這些真實發生的場景。魯本斯、詹巴蒂斯塔·提埃波羅、迪安·康威爾、諾曼·洛克威爾等等就是這方面的大師。這些藝術家以生活靈感為基礎"創造"了繪畫。這同樣適用於人體和肖像繪畫。此處展示了幾個不同類型的繪畫，它們都來源於生活。

> **要脫離參考物進行繪畫，就必須練習如何去理解所捕捉畫面的場景特點。**

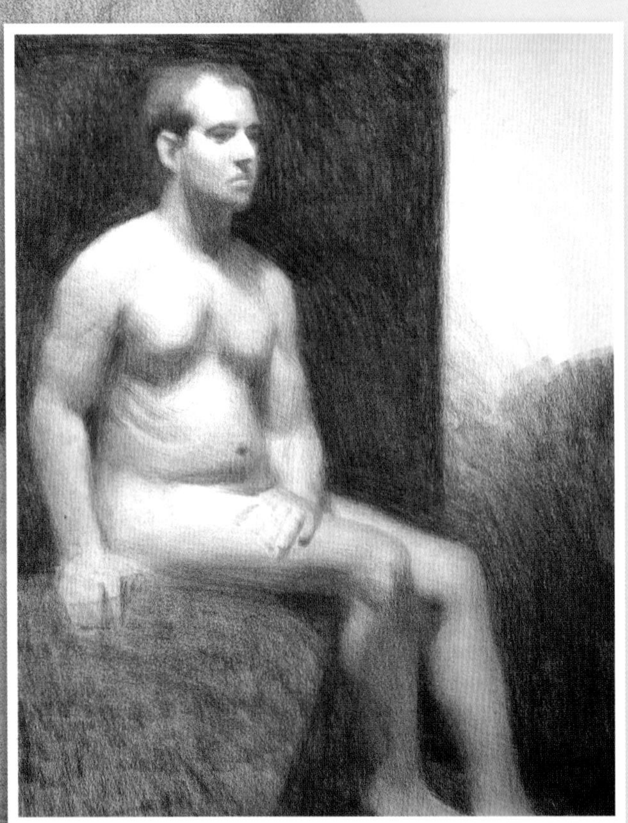

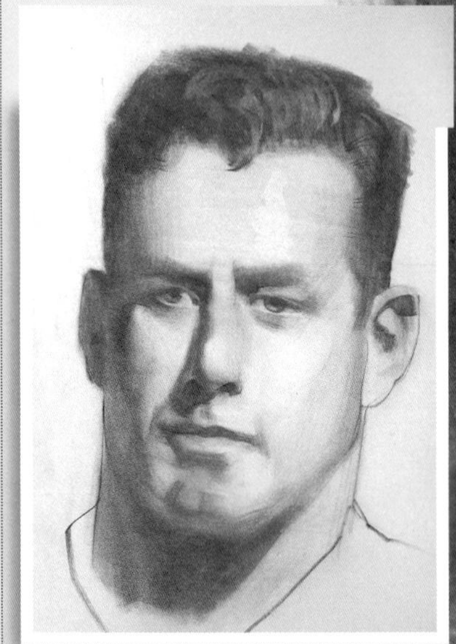

3·擺脫對參照物的依賴

要擺脫對參照物的依賴，我們必須學會從現實生活中取材。你汲取信息，並記住它們，就能夠反應出所想所見，這就稱之為記憶。其實我們一直都在記憶，只是這個過程非常短暫，並不引起我們的注意而已。

接下來做一個測試，將畫板放在一個房間，在另一個房間中選擇一個視點，盡力記下場景中的物件，然後將場景畫下來。用這種方法來鍛練你長時間的記憶，逐漸脫離參照物。

嘗試幾次以上的測試後，我們加大測試的難度：白天選定一個繪畫的場景，晚上回家後完全憑記憶將其畫出來，盡可能地還原記憶中的場景。你訓練得越多，記憶力就會越強，以此來擺脫對參照物的依賴。

“有效的記憶練習可以從生活中取材，然後將你所見的場景翻轉繪出。”

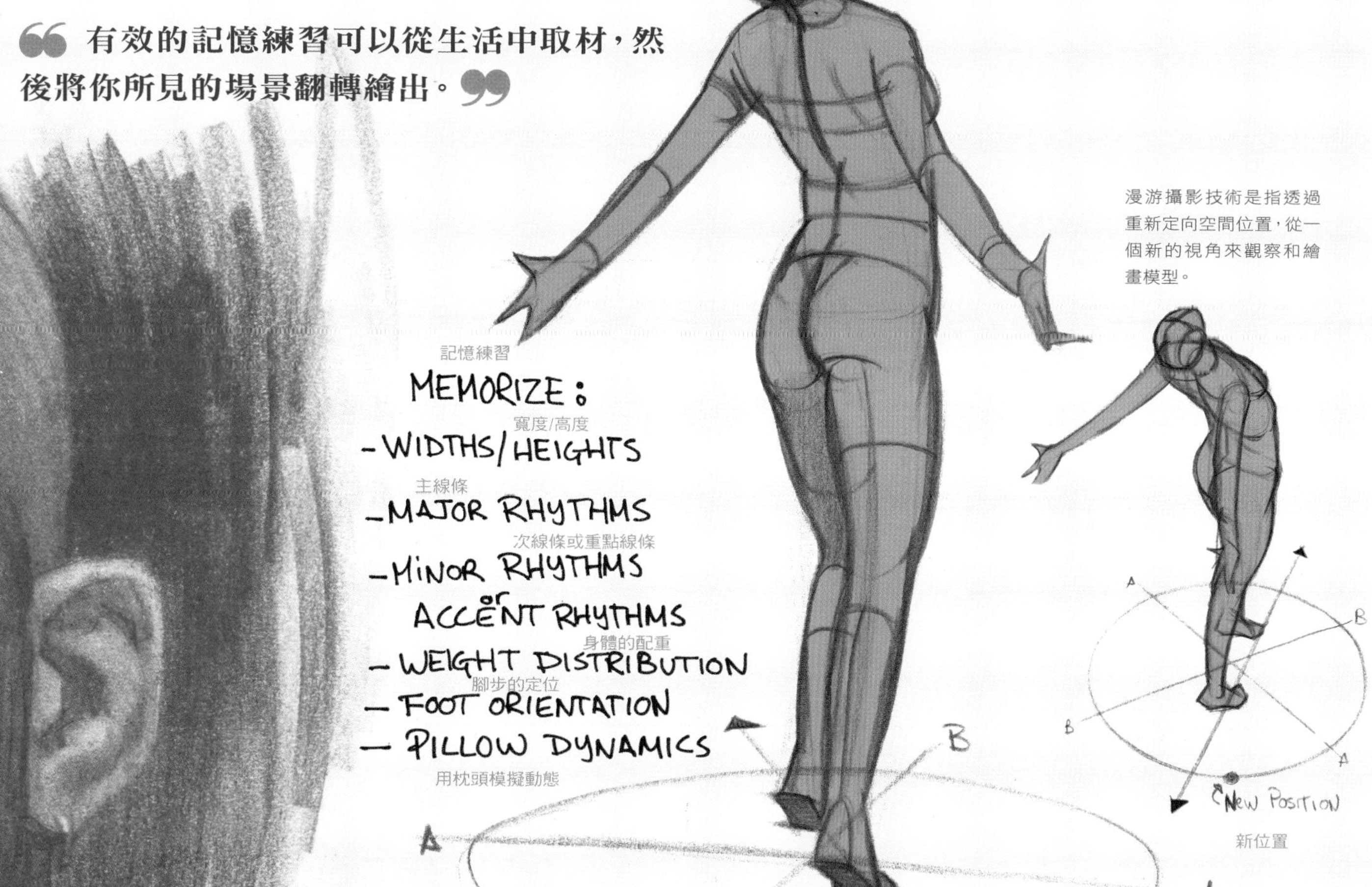

漫游攝影技術是指透過重新定向空間位置，從一個新的視角來觀察和繪畫模型。

4·記憶力練習

有效的記憶練習可以從生活中取材，然後將你所見的場景翻轉繪出。相反的圖像可以用鏡子檢查。如果能將透過記憶繪畫的圖像與參照物相對比，就可以糾正判斷力並磨練記憶力。

另一個我喜歡讓學生進行的練習是漫游攝影技術。首先選擇一個角度來觀察房屋中間的模型。現在想像模型周圍存在一個圓圈，我們將其稱之為攝影軌道。在軌道上標記出你所在的位置，一般來說，這個標記點在面對你的圓圈中心。

在圓周上選擇另一個點，之後你將在這個視點上對模型進行二次繪畫。回到原始視點上，以圓心為原點繪製坐標，將圓圈分為四個區塊，然後再畫一根線將雙腳跟、腳趾連接起來。現在來到第二個點，用同樣的方法以新的視角繪製圓圈以及內部的坐標。這相當於將第一個視點進行了旋轉。

在第一個視點，先用線條勾畫出人物的姿勢輪廓，身體部分看上去像是彎折的枕頭側面，四肢被簡化成為圓柱體。然後來到第二個視點，同樣進行輪廓繪畫。將兩次繪畫的內容相比較，並檢查它們看上去是否同屬一個360°的全景視圖？模型的平衡是否正確？身體的配重是否正確？四肢是否與運動相匹配？

“將透過記憶繪畫的草圖與原始的參照物進行對比以糾正你的判斷力。”

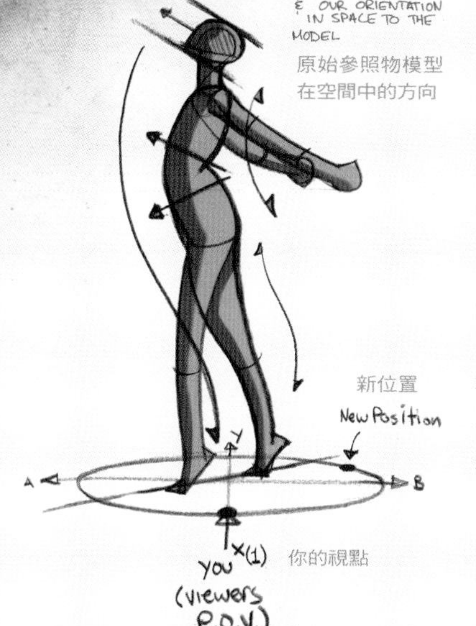

5・從空間的角度思考

> **在對象周圍想像出球面型的觀測軌道，模型則處在球體樞軸的位置上。**

除了從平面的角度來更換視點外，也可以從空間角度透過提昇或降低視點，從任何距離去觀察模型。這樣一來，圓形的觀測軌道就擴展成了立體的球面，而模型則處在球體樞軸的位置上。將“鏡頭”繞著模型轉動，以錐形的視角進行觀測。除了改變視角外，也可以對光源進行變換，對不同光照效果下的模型進行繪畫練習。從某種程度上來說，我們正透過記憶在大腦中建立虛擬的立體空間。這就意味著我們的想像力必須十分活躍，同時還要擁有過目不忘的記憶力。我們所記憶的不僅僅是一個場景，而是整個時刻、場景和立體空間。

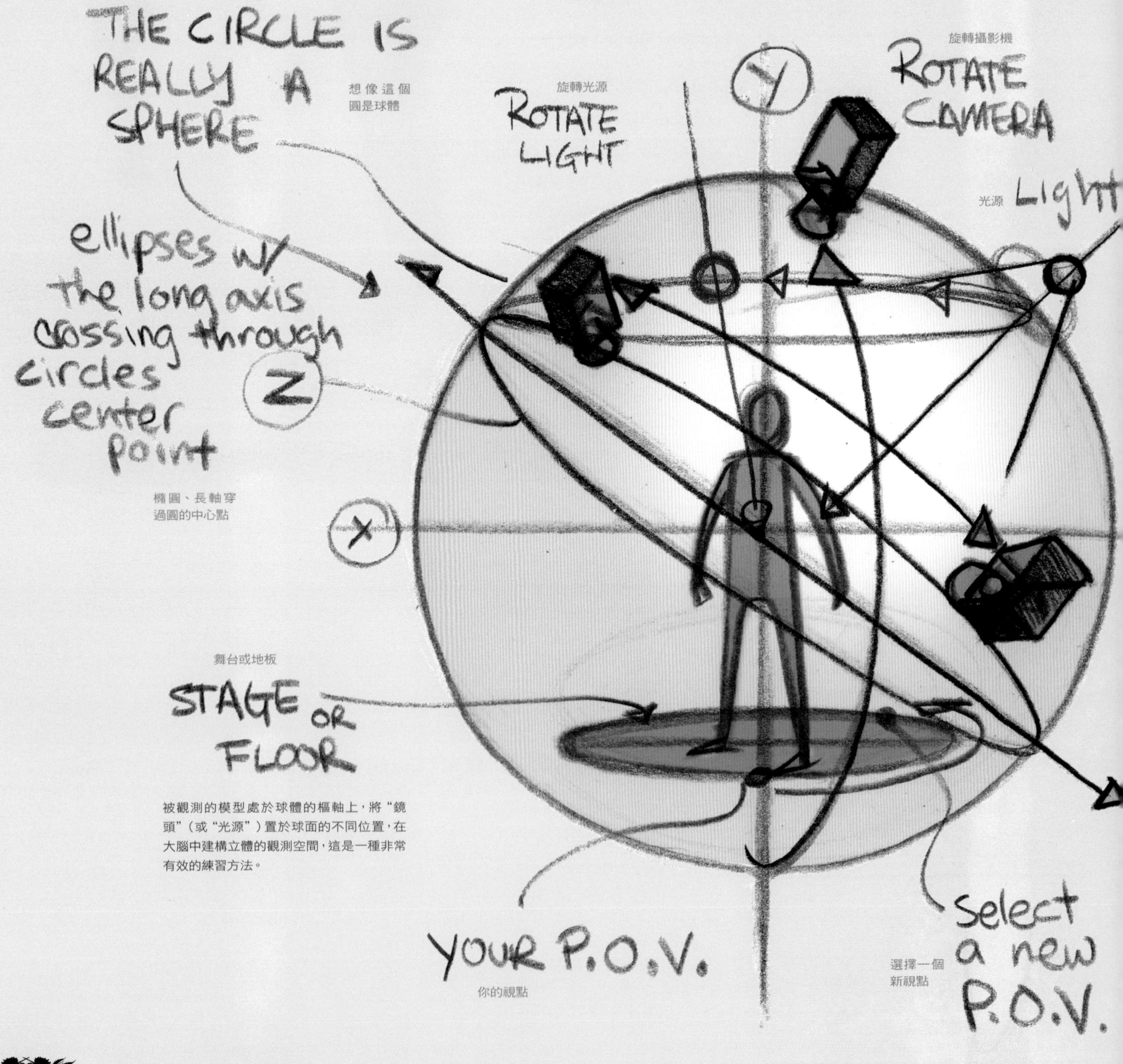

THE CIRCLE IS REALLY A SPHERE

想像這個圓是球體

旋轉光源

ROTATE LIGHT

Y

旋轉攝影機

ROTATE CAMERA

光源 Light

ellipses w/ the long axis crossing through circles center point

Z

橢圓、長軸穿過圓的中心點

X

舞台或地板

STAGE OR FLOOR

被觀測的模型處於球體的樞軸上，將“鏡頭”（或“光源”）置於球面的不同位置，在大腦中建構立體的觀測空間，這是一種非常有效的練習方法。

YOUR P.O.V.

你的視點

選擇一個新視點

Select a new P.O.V.

6·網格抽象法

網格抽象的方法將幫助我們更好地將各個部位協調組合。

我們之前已經探討過的賴利抽象法，實質上涉及到一個更大的概念。透過彼此相連的隱性線條，將更多的信息交織在一起，從而創建或“抽象”出圖像，這一方法源自於古老的掛毯編織技術，一種將隱含的幾何圖形和複雜的計算結合在一起的藝術技巧。這種藝術形態在文藝復興時期達到頂峰，魯本斯就是運用這一技法的最好例證，他純熟地掌握了這種網格結構的方法，透過各種不同的形式運用到音樂和數學中。

我們創作用的畫布是一個神奇的平面，它按照古老的比例設計，根據邊角和距離的關係形成理想的分割。文藝復興時期的繪畫大師們在這些網格結構上的偉大創作，成為今日我們為之驚嘆的作品。這些作品中的結構、細節以及各種畫面元素間的相互聯繫是經過精心佈局的。

對人物進行抽象可以作為我們瞭解這種方法的著手點。它將軀幹的外表和內在相連，包含了從陰影模式到解剖關係等全部元素。透過勤奮的實踐，就會發現這種方法其實無處不在。我們給這種方法冠以另外一個名字—“神奇的矩陣”。

“我們創作用的畫布是一個神奇的平面，它按照古老的比例設計，根據邊角和距離的關係形成理想的分割。”

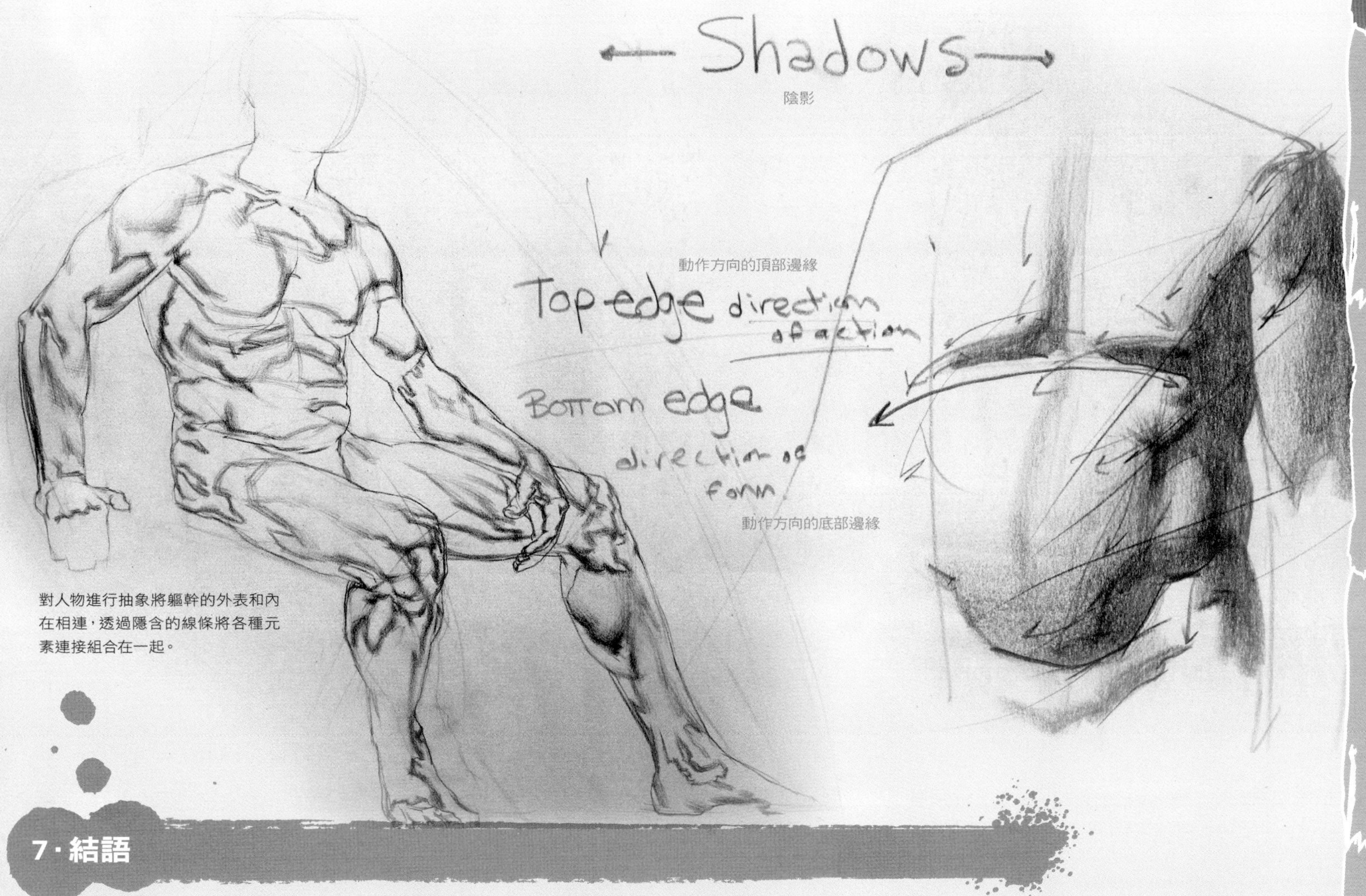

對人物進行抽象將軀幹的外表和內在相連，透過隱含的線條將各種元素連接組合在一起。

7·結語

本教程的原意是想讓你對抽象的繪畫技法有所瞭解，而如果要透徹的理解，可能需要透過一系列文章專門進行詮釋。我將這些告訴你是希望對所創作的圖片認真思考，以及這些圖片真正想表達的思想。我提供很多創作的工具和方法，希望能夠透過你的親自嘗試來證明哪些方法是有效的。從這個角度來理解，創作出一幅好的圖畫並不容易，它是一門科學，需要經過長期的學習和實踐，其中既包含運動，又富有哲理。只有透過深層次的思考，將各種技巧融入你的繪畫技法，你的作品才能夠有更高的成就。

“創作出一幅好的圖畫並不容易，它是一門科學，需要經過長期的學習和實踐。”

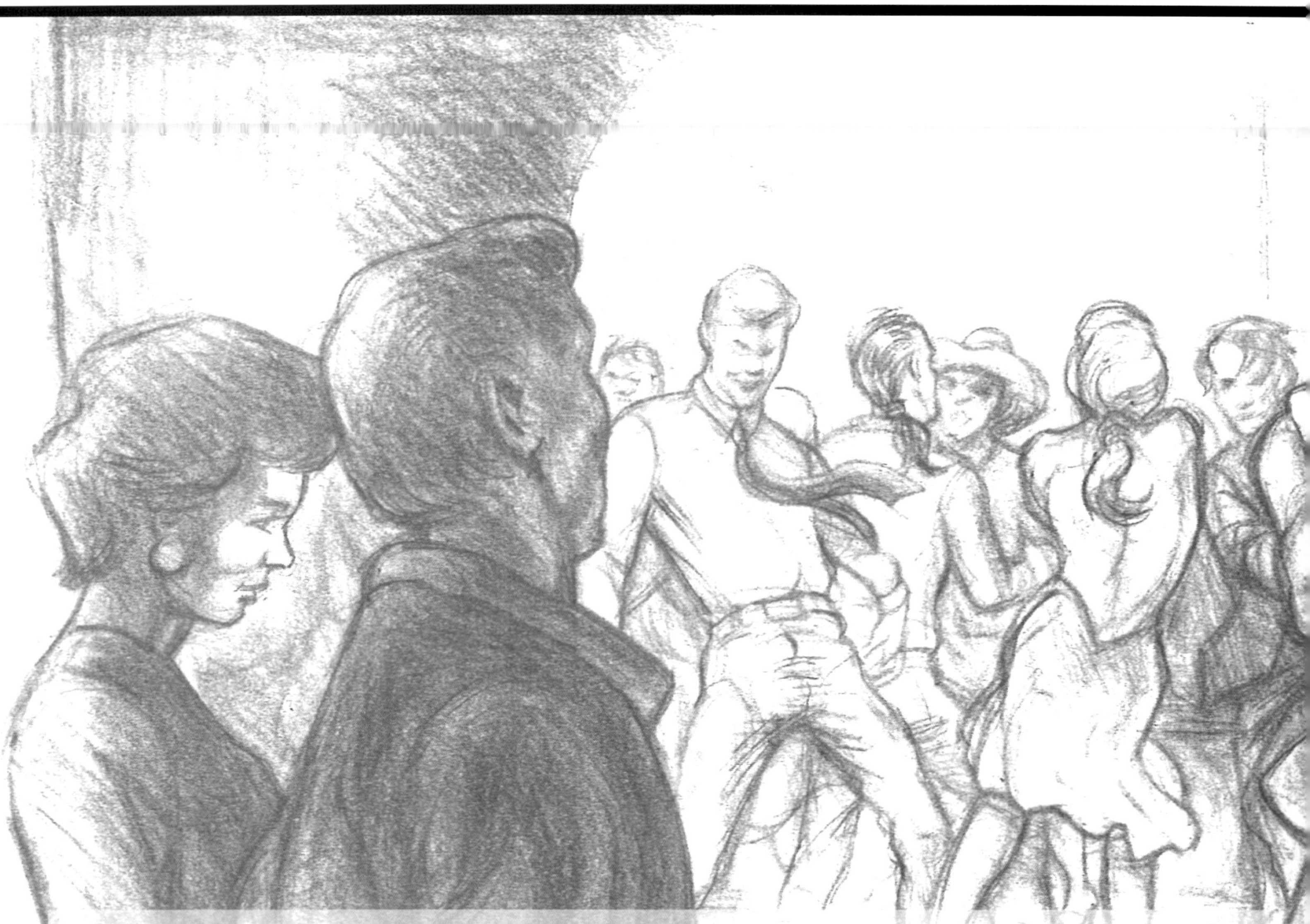

第四節

同場景中多個人物的構圖

捷克‧波森繪製了一幅華麗的舞會場景，畫面的中心是一對翩翩起舞的舞者。

藝術家簡歷

捷克‧波森
國籍：美國

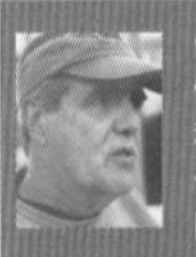
傑克獲得多項傭金、採購獎和獎學金，其作品在全球範圍內展覽。

www.jackbosson.com

DVD素材
由傑克繪製的參考素描可在光碟的Figure & Movement文件夾中找到。

這一幕講述的是上世紀50年代，我曾去過的紐約的一個俱樂部裡，人們正歡樂地跳著舞，有爵士樂隊在後台演奏。那個時候，我還是個即將成年的孩子，對這一切都充滿了興奮和期待。我仍記得當我走進那個大舞池，親歷如此精彩的演出，在幽暗的光線下，聆聽著音樂，隨著他人翩翩起舞。雖已歷時久遠，我仍希望能夠喚回當時那種令人激動的心境和場景。

這一幕完全是想像出來的，不過重要的是場面可以自由發揮。言歸正傳，讓我們回到草圖和觀察人物繪畫上來。在這兩方面，我都下了不少功夫。

當我開始這張場景的創作，從最初的構想到最終完稿，我沒有刻意去考慮整個繪畫分為哪些階段。不得不承認，直到我意識到我需要將繪畫過程分段，以滿足教學的需要時，才著手去這樣做。

此處你所看到的，就是我如何將這些畫面中元素組合在一起的過程。

為了能夠一步接一步地學習如何繪製一個如此熱鬧的場景，我們需要仔細分析場景中有哪些元素。我認為，類似於這樣的畫作能否畫好，相比其中的某個人物形象或道具，如何對其所含元素進行安排分布，顯得尤為重要。

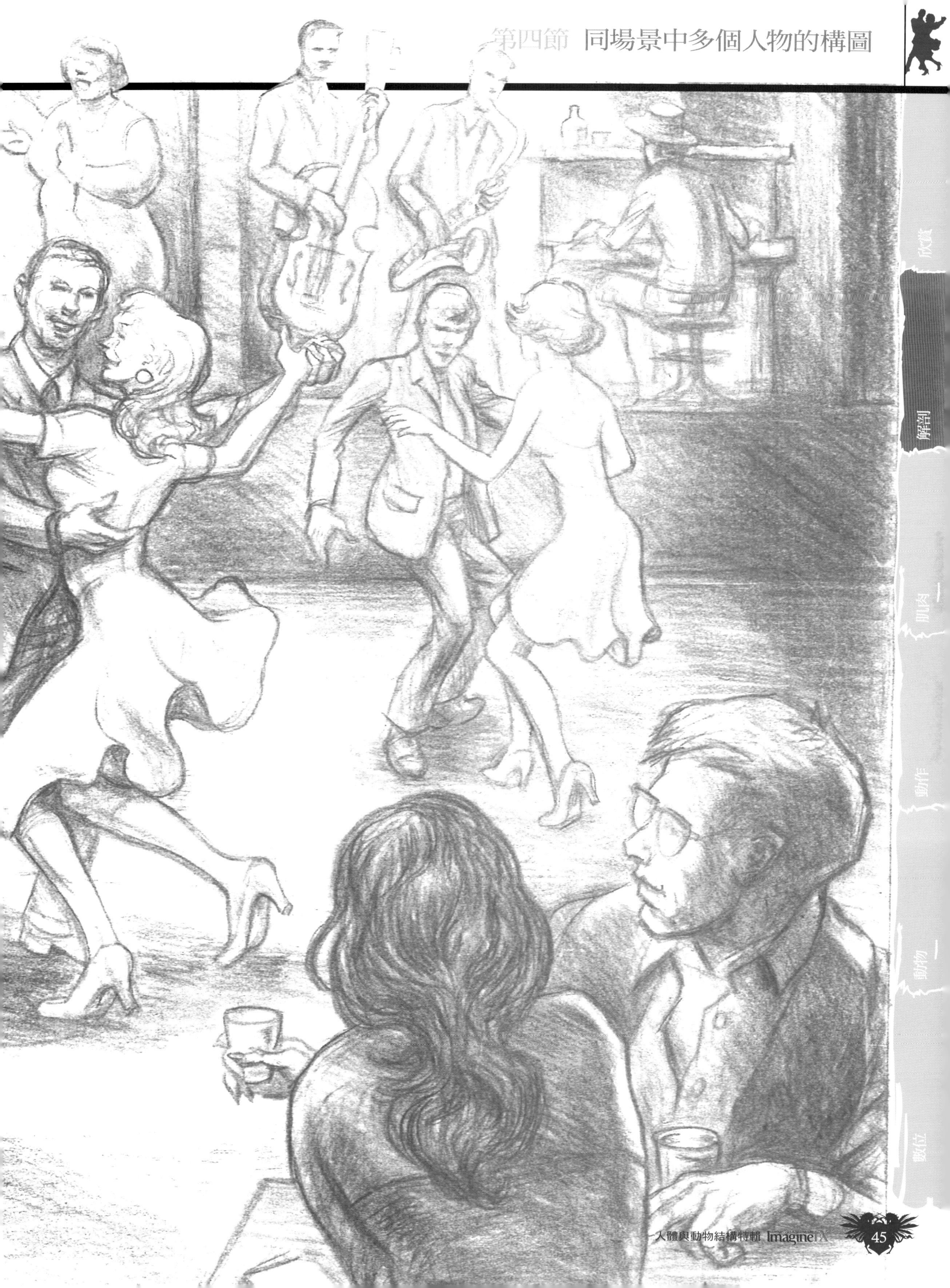

技法解密

找到屬於你的戲劇感

構圖是很個性化的，這正如同繪畫的其他方面一樣，並沒有甚麼硬性規定。你選擇一個主題，並使之與氣氛、表達、誇張、變形、速度等相關聯，將個人的口味、喜好和技能相組合，就形成了藝術家自己的風格。手邊常備一本畫著能激發你靈感圖案的寫生和剪貼簿，以此來不斷開拓你的思維。

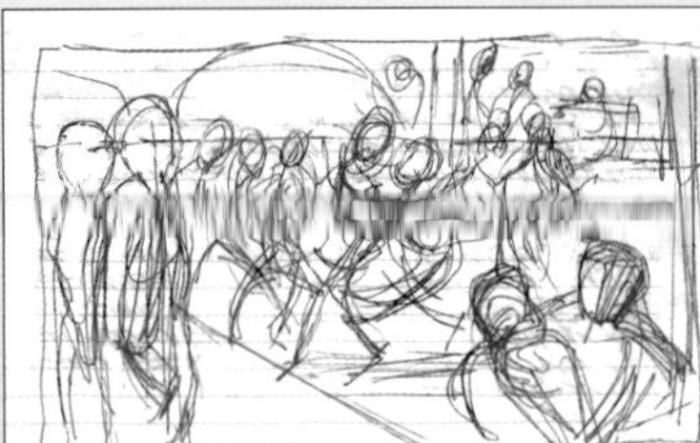

1 構圖是重點

構圖向我們揭示了畫面是如何被建構出來的。它是形狀、色調、顏色和材質等等繪畫元素的計劃組合方法，均遵循設計原則：顯性、和諧、對比、節奏和平衡。如何去構成畫面，對於大多數藝術家來說都是最值得考量的問題。欠佳的構圖往往會使作品的設計感變得削弱、混亂與困惑，抑或呈現出呆板和無趣。將一群人物很隨意地放置在畫面中，不可能指望他們彼此產生和諧感。

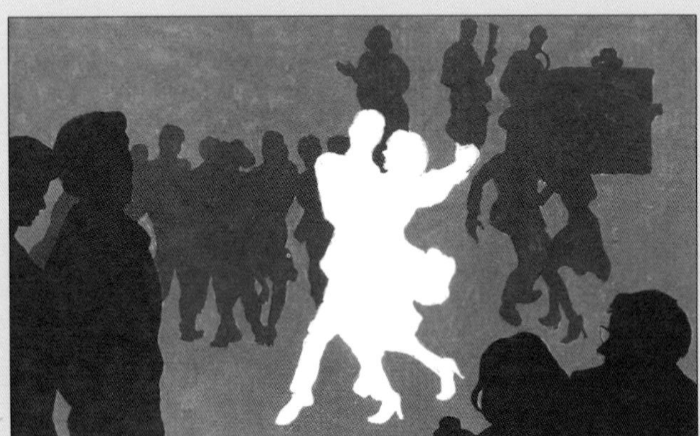

2 構圖的基本原則

在畫面的構圖中，存在一些非常實際的因素需要考慮，涉及到圖形元素在畫框內的平衡和佈局。我將畫面中的人物分成三個大組：前景、中景和背景人物組，同時確定畫面中的核心表達。

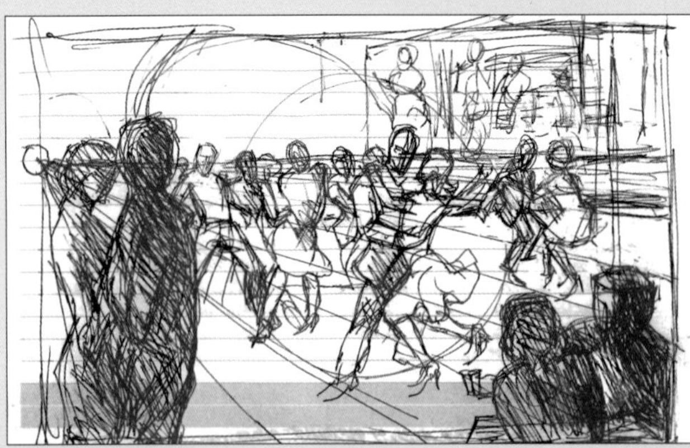

3 框架和控制

當確定好了基本的構圖後，我們必須要考慮到畫面的框架邊界。構圖是將一系列形狀進行組合，並透過清晰的視覺元素表達主題。形狀和空間的元素，諸如線條、色調、層次、色彩和模型可以增強構圖感，但是構成畫面形狀的平面輪廓，卻是最強的、最基本的控制畫面效果的有效手段。控制是構圖的基本要求。好的構圖是經過精心策畫的。

4 黃金分割

黃金分割是數學上的一個比例，它被認為是構圖的理想定理。黃金分割的方法是將線條一分為二，較長部分與較短部分之比等於整體與較長部分之比，透過黃金分割可以提供完美的比例平衡。然而，我相信藝術家最終依靠自己的直覺來構圖，而不是數學。至少我是這樣的。但是在世界上眾多偉大的藝術作品和建築上，我們都能夠看到黃金分割的運用，所以這裡也是值得一提的。

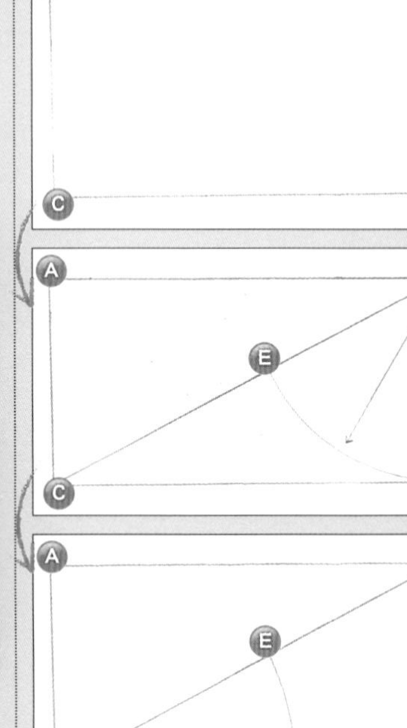

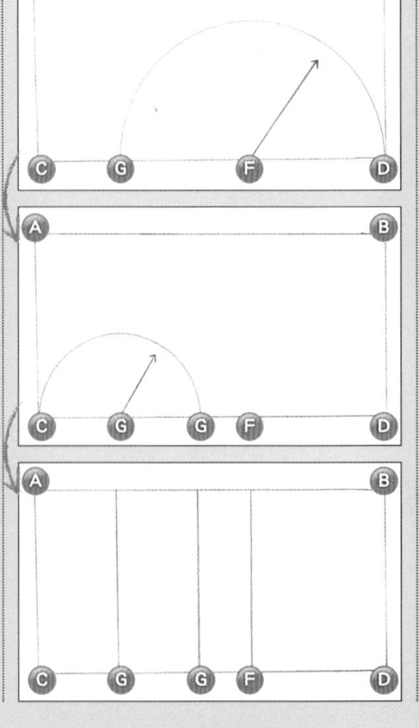

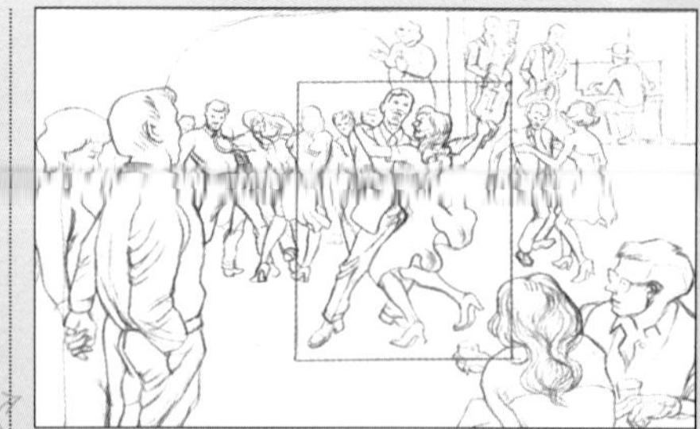

5 畫面的核心

我們從確定畫面的核心開始入手。在我的這幅作品中，這對起舞的夫婦恰巧在圖像的中心。但並不總是需要把核心的主題放置在畫面的中央位置。核心內容可以在畫面的一側，關鍵是由構圖決定觀看者的視線會最初自然地落在哪個方位。而一些次要的角色將被放置在不太重要的位置。

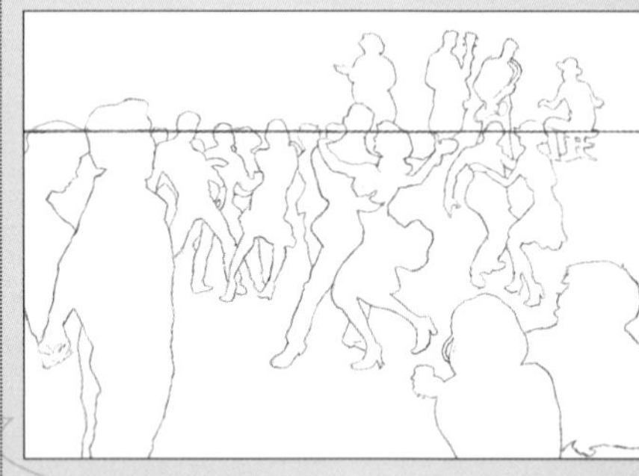

6 場景的焦點

由於畫面中有好幾對跳舞的人，我需要將他們逐對區分。我透過以下的方法進行處理。首先，不同的人物分組放置在畫面中水平位置（視平線）之後。然後，畫面中的核心人物獨占一行。這讓他們所跳的舞蹈與他人看上去不盡相同，活潑的舞步與巨大的反差能夠引起人們的注意。第三，這對主要的舞者被突出顯示。色調和對比的應用不僅有助於增強畫面的設計感，同時也將觀眾的視線引向畫面的核心。最後，讓前景和背景人物的視線也集中於畫面中的核心焦點，這對觀眾的視線導引更有效果。

7 透視的應用

當然，作品的品質受到創作經驗、想像力和創造力的影響。但在某些時候，你需要建立一個系統的方法，在平面介質上，透過你的想像，建構出連貫的、立體的畫面。為了做到這點，你需要瞭解兩種透視方法：線性透視和空氣透視。

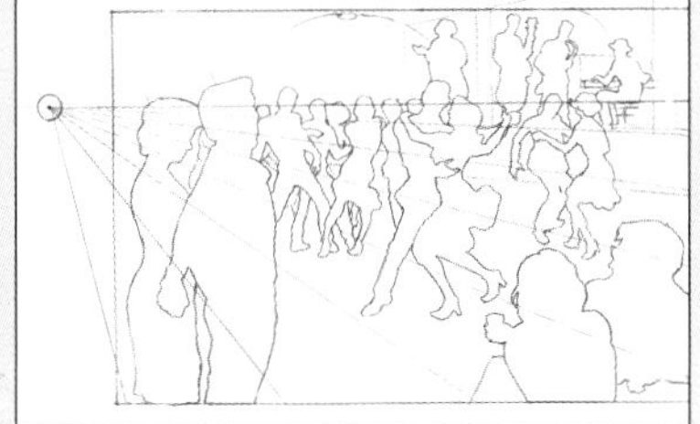

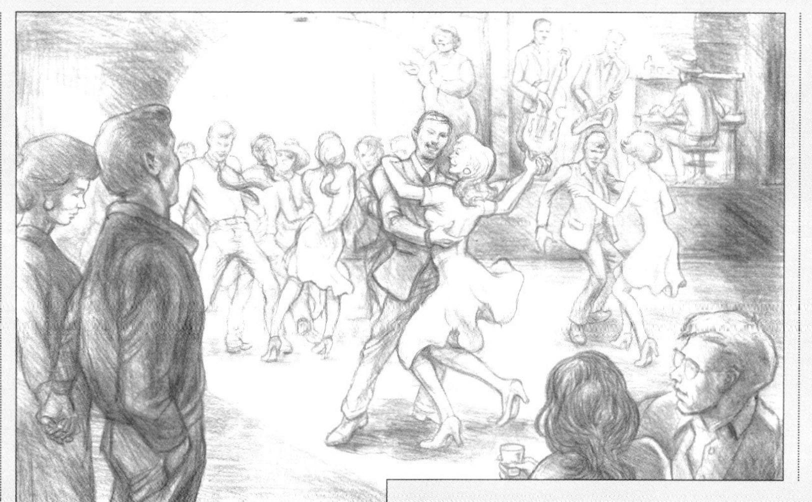

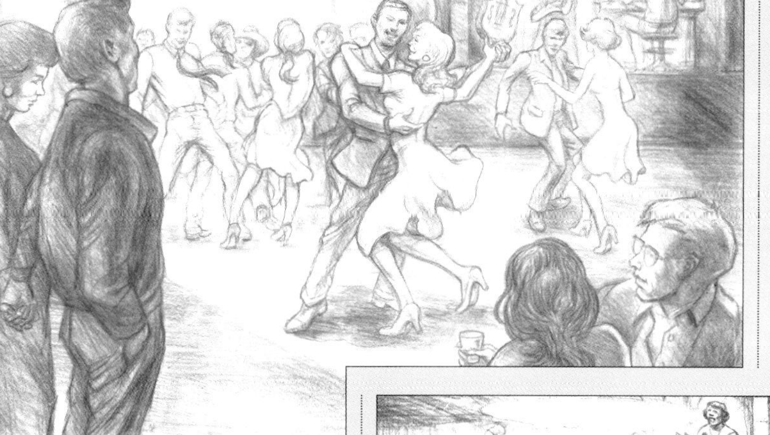

技法解密

從生活中學習

學會捕捉人物的姿勢和動作至關重要。畫人物一定要學會觀察和記憶。記下你所看到的，即使它只是一個小片段。如果你等到人物不運動時再去捕捉畫面，那麼就無法表達出行動和動態的意境。

8 線性透視

線性透視將使畫面產生明顯的縱深感。首先，建立一條水平線。水平線也等同於觀眾的視平線。畫面中的所有內容都是從一個觀測點看到的，因此我們的視平線將水平的貫穿整個畫面。因為場景是一個內在的世界，我們不能真正的看到水平線，但我們需要建立它，因此我們需要參考畫面中的前景、中景和背景，從而保持一致性。

9 視平線的建立

如果你是一個平均身高的男性，你的眼睛處於約 170 公分的水平高度。因此，你的視線高度大約就在草圖中的位置。視線高度的位置決定了畫面中的一切。高於 170 公分的內容將在視平線之上，而低於 170 公分的內容將在視平線之下，畫面中的全部內容均符合此規律。

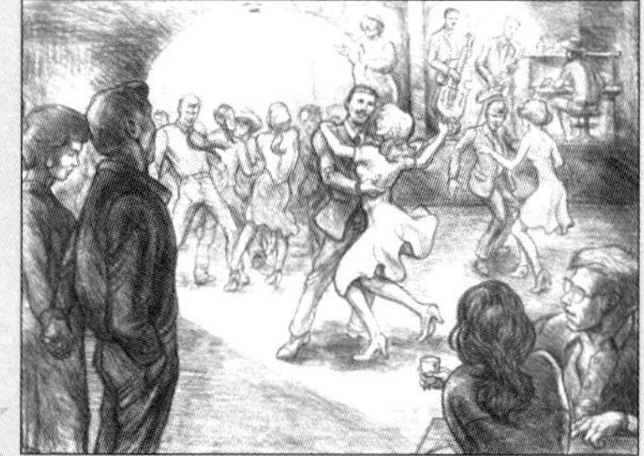

10 空氣透視

空氣透視將影響畫面中的景物濃重、色彩飽滿、清晰度和縱深。結合空氣透視和重疊等方法，對部分不太重要的跳舞的人物和背景中的樂隊成員進行了描繪。線條的粗細同樣會產生縱深感。觀察一下你就會發現，處於畫面前景和中景的人物，使用了更粗的線條進行繪製。在繪畫中，遠處的物體常常使用不太強烈的對比、陰影和顏色來表達。

11 姿勢的對比

另一種讓畫面中某部分突出顯示的方法，是使其更加活潑生動，並且對比突出。請注意觀察前景中的兩對人物。相比於畫面中心的舞者，他們的姿勢更加靜止，從而也吸引了觀眾的視線。這是因為他們離觀眾的觀測點更近，以及稍有些朦朧的前景呈現。畫面核心的一對舞者被這兩個元素所圍繞，反而成為了畫面中最為重要的內容。請同時注意畫面右下方那個轉頭的男士，他的部分頭部處於一個暗色調，將觀眾的視線也指向畫面中心的舞者。

12 樂隊的處理

在對場景構圖時，我意識到一個問題：如何使樂隊不因核心畫面的舞者而被埋沒在背景中，使其成為整個畫面的一部分。我曾嘗試將其放置在前景中，將其他舞者調整到水平線之後以突出核心舞者，但效果並不理想。他們還是應該放在後台部分，但是仍需要引起觀眾的注意。隨後，我將他們放置在稍高於視平線的一個舞台上。這樣處理後，可以提昇樂隊在整個畫面中的重要性，並且可以滿足這幅畫的目的和意義。

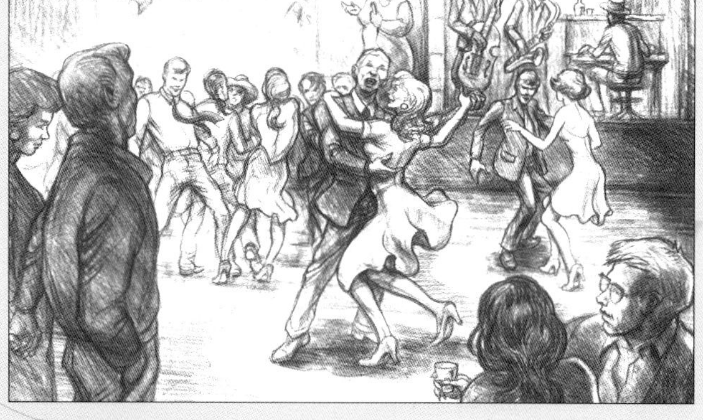

13 構圖感的增強與氛圍的融合

我需要為畫作營造一些氣氛，從而表達我進入大舞池時看到的那種燈光昏黃、音樂和舞姿翩翩的場景。在類似俱樂部的光線處理上，我會對部分區域增加光照，而在背景部分點綴上光斑，從而使畫面中的人物組達到平衡。

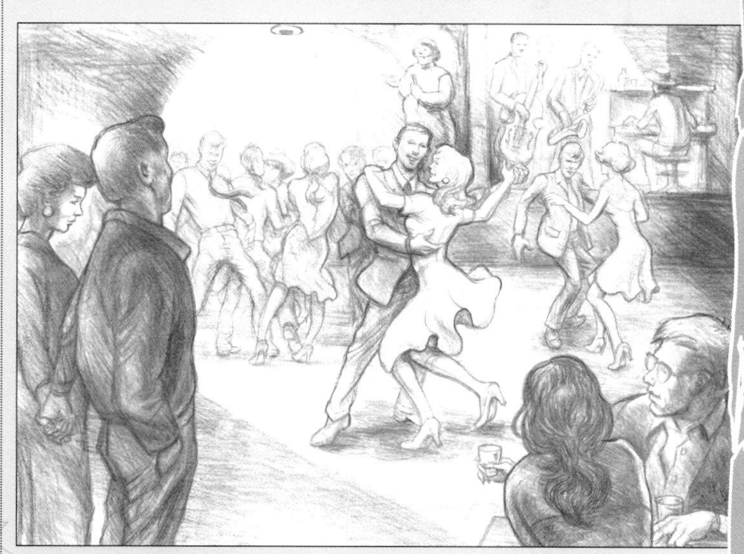

14 光線、陰影，作品即將完成……

在核心舞蹈人物旁邊，有一塊高亮的區域，以及從兩組前景人物之間一條從左至右照射的斜對角的較亮的區域。光與影不僅增強了人物形狀的描繪，同時也是一種系統的表達方法。它回答了要"畫甚麼"以及"怎麼畫"的問題。透過這些形狀和物件的相互作用，使畫面顯得更加鮮活。對於這個故事畫面的講述者來說，不僅畫面的構圖被增強了，場景的氛圍也被融合進去並顯現出來。

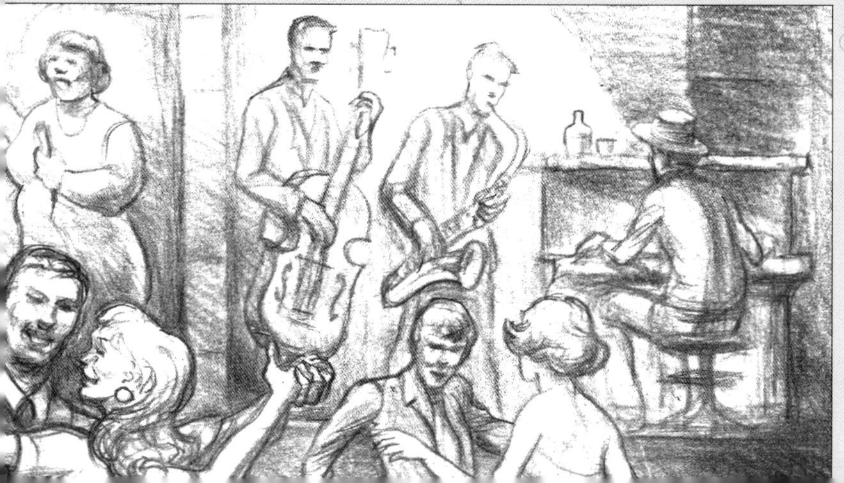

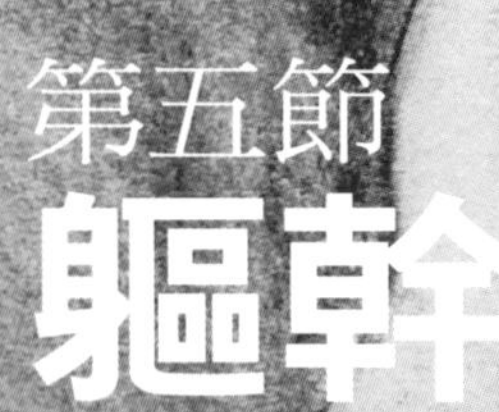

第五節
軀幹

完成了輪廓的構造，接下來讓我們看看身體的核心部分—軀幹。

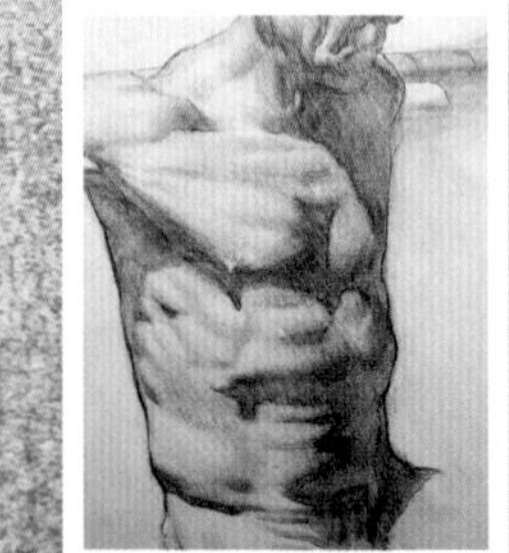

在繪製軀幹時，你不僅需要考慮肌肉的張力，還需估計被描繪主題的年齡層次。

軀幹既是身體的核心，又是連接四肢的主幹。我們的身體活動離不開軀幹的配合，因此，在為人物設計動作時，我們常常會選擇從軀幹入手。

頭部是衡量身體比例的一把尺規，而軀幹又是擺好一個動作的關鍵。因此這二者都很適合下筆。不過若沒有身體的配合，頭部本身是無法做出任何動作的。所以如果我們從軀幹入手，完全可以將頭部放到次要的部位稍後再畫。

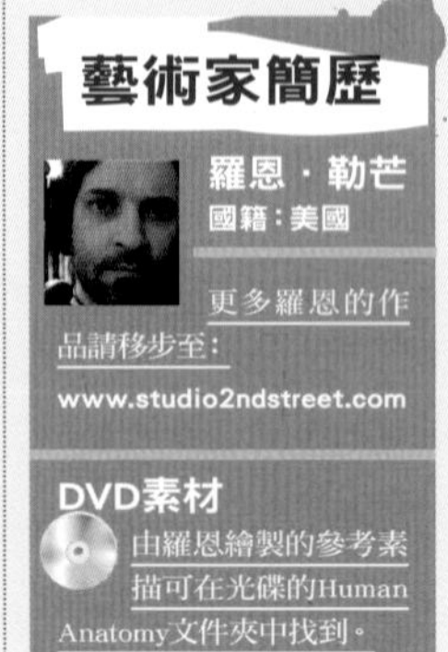

藝術家簡歷

羅恩．勒芒
國籍：美國

更多羅恩的作品請移步至：
www.studio2ndstreet.com

DVD素材
由羅恩繪製的參考素描可在光碟的Human Anatomy文件夾中找到。

首先我們要先確定人物所做出的動態，這一步叫做“擺姿勢”。我們可以運用前文所講的線形幾何法，靠三條主線—姿態曲線、寬度線和長度線來幫助我們完成這一步。一旦姿勢擺好，接下來就可以扭動或轉動軀幹，並在其上添加四肢和頭部。等這些步驟都到位後，可以再對軀幹的長寬比例、姿態的準確與否進行調節。

接下來，在軀幹的中間畫一條中線，如果是畫正面，則使這條線穿過胸骨、腹肌和盆骨。如果是背面，那麼中線就正好是脊椎線。

中線對描繪軀幹很重要，中央一旦固定，就可以使左右對稱，為畫面的繪製帶來便利與準確。反之，如果不畫中線，就好像你在執行一個大型的項目，卻沒有指派一個指揮官。

如果不用立方體塑造胸腔和盆骨，那就要找出身體的四分之三分割線，即軀幹由正面轉向側面的那條線。和中線一樣，這條線也是軀幹上重要的保持身體左右平衡及透視比例和諧的轉折線。

軀幹上的肌肉

軀幹上共有6個肌肉組：胸肌、腹肌、斜肌、鋸肌、斜方肌和背闊肌。其中兩組肌肉呈多頭狀，不過這兩組肌肉的排列都是規則的，所以只需要找出多頭肌肉中的大塊面即可。

軀幹部位的肌肉從肩膀開始呈楔子狀嵌入到骨盆上方。而這個整塊的楔形構成了軀幹的正面，並在人體軀幹的側面形成了銳角，同樣也是身體兩側的一部分。

1·瞭解胸肌的構造

胸肌位於胸腔的上半部，並嵌在肱骨的三分之一處。胸肌一頭繞在肱骨上，如圖箭頭所示指向後背，呈五面形。

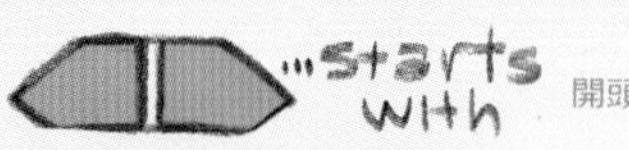

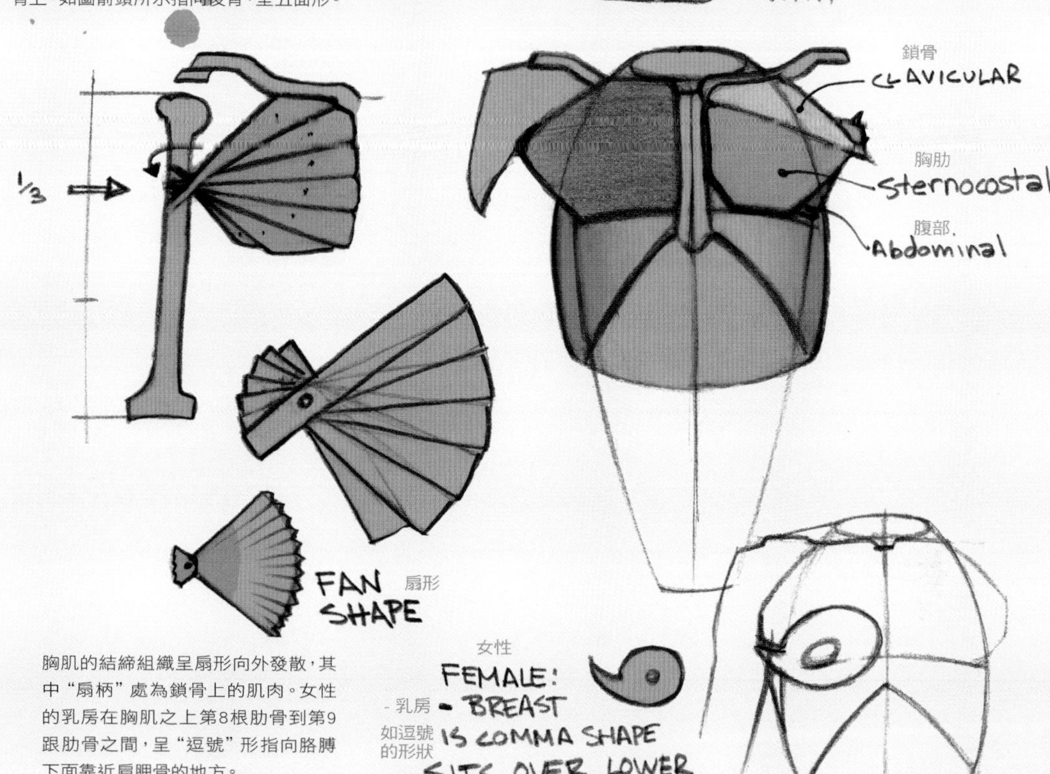

胸肌的結締組織呈扇形向外發散，其中"扇柄"處為鎖骨上的肌肉。女性的乳房在胸肌之上第8根肋骨到第9跟肋骨之間，呈"逗號"形指向胳膊下面靠近肩胛骨的地方。

2·"衣架形"的肌肉

斜方肌是背部肌肉的一部分，不過卻長在肩膀的上方，連接肩膀和頸背。它起於肩膀，下接鎖骨，上連第七根頸椎骨，終於胸骨切跡處，左右兩側的斜方肌一起恰好構成了一個衣架的形狀。從四分之三視角看，斜方肌像一個小坡，占據了軀幹頂面一半的空間。而這個"坡"的高度則因不同人的身材而異。

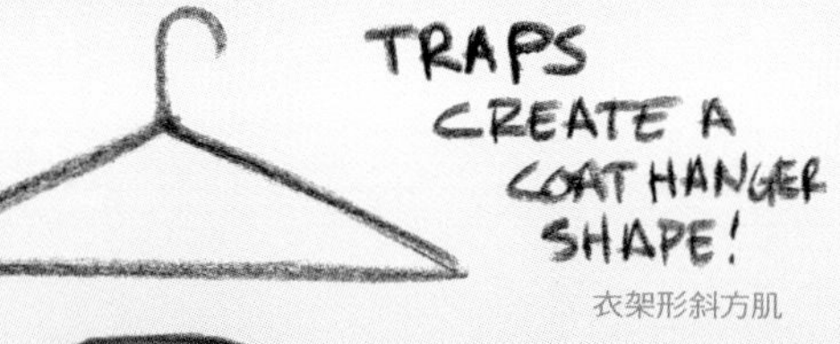

E斜力肌連接著第7塊頸椎

TRAPS GO OVER 7th CERVICLE VERTIBRAE

TRAPEZIUS FROM IN FRONT...

從正面看斜方肌

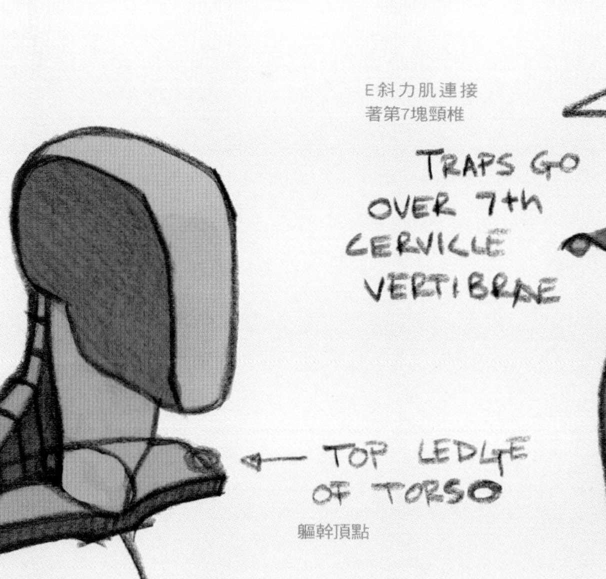

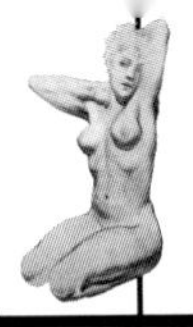

> 如果不畫中線，就好像你在執行一個大型的項目，卻沒有為此指派指揮官。

如右圖所示，有許多種畫軀幹的方法，一是棱角分明式，二是立方體式，三是圓潤球體式。不管用哪種方法，謹記一點，如果你同時使用這三種方法就勢必造成畫面的混亂。所以你要選擇一種方法，然後從一而終地畫下去。同時注意軀體是以脊椎為軸心的，所以這些形狀輪廓也應該是靈活的。

軀幹正面的楔形與胸腔到盆骨之間的斜肌相接。斜肌起於胸腔，終於髖嵴，起終點之間由窄變寬。斜肌形狀類似一面側壁一垂直於軀幹的正面和背面一又和胸腔的角度相融合。

軀幹胸腔至盆骨這一段的肌肉非常靈活，伸展和扭動的幅度都很大，所以這兩塊之間扭轉的角度越大，人物動作看起來就越真實可信。

要畫好人物動作很重要的一點就是從人物姿勢入手，去揣摩某一瞬間中人物的動作。接著再看人物姿勢的大致結構，最後才是對人體各個肌肉組的刻畫。

如果你畫的是動態人物姿勢，那麼就要保證人物的肌肉也是具有動感的。雖然你在紙上表現的只是某個瞬間的動作，但是不要讓他看上去僵硬缺乏生氣。人體非常靈活，不管你用怎樣的幾何圖形區分表現人體結構和人體動作，都要保證你畫出來的是靈活的，而非靜止僵直的。有許多上世紀80年代和90年代的漫畫書都是這方面的反面教材，可以告訴你在畫人物動作姿態時要避免哪些錯誤。

學習美術解剖是一個永無止境的過程，你要牢記一點：練習、練習再練習，並且去享受練習的過程。

4・起筆畫軀幹的三種方法

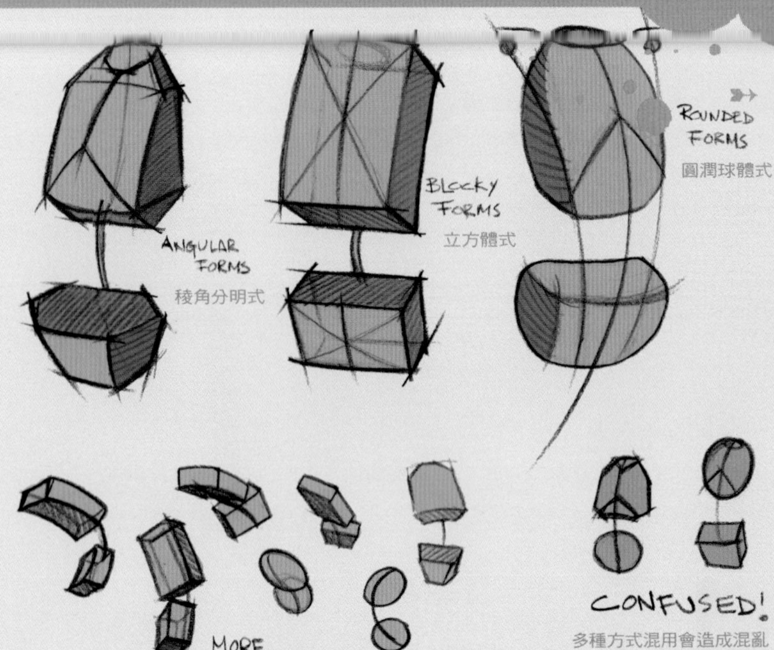

3・畫好人體的四個步驟

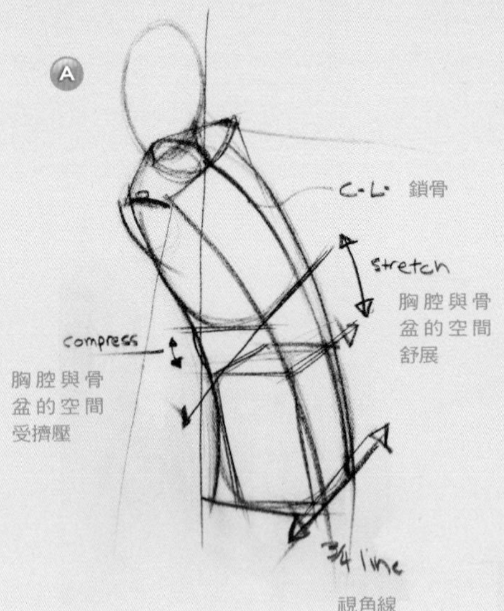

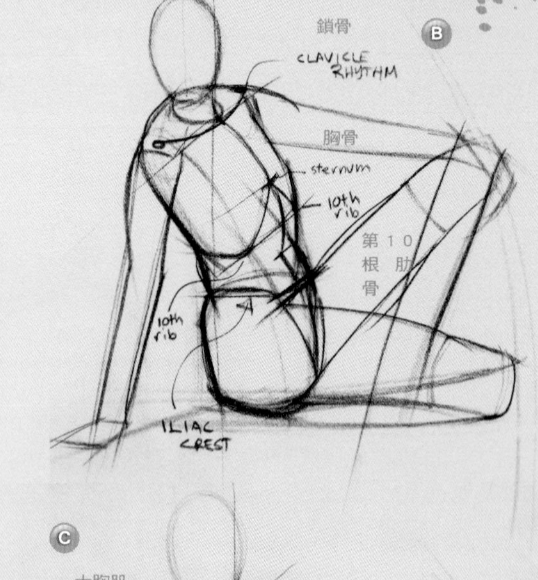

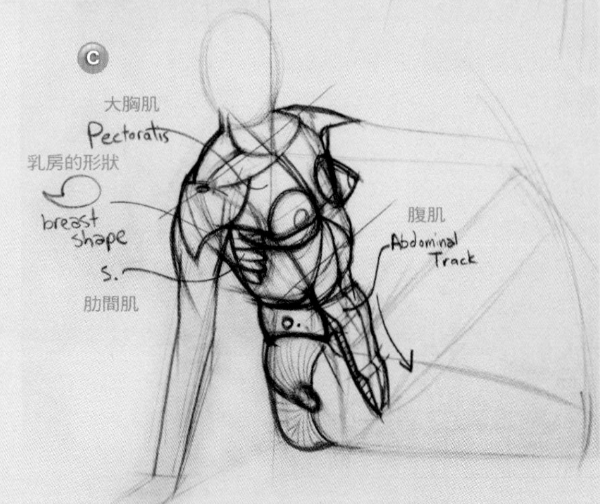

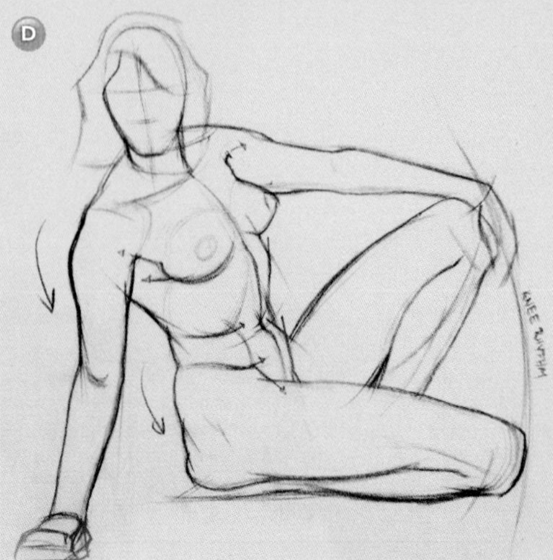

下面是以軀幹起筆描繪人體的四個步驟。A：用圓柱體畫出人物的大致姿態，並在其中找出胸腔、盆骨以及二者之間空白的位置，把視角定格在四分之三處。B：定位關鍵的骨骼點及從上到下的輪廓的立體感。肌肉與右手臂之間留有適當的距離。C：添加各肌肉組。不過這一步需要畫得輕一點，以便最後可以輕鬆擦除，因為最後這些人體解剖的結構肉眼不可見。D：將上一步肌肉解剖分析線擦掉，用表面可見的突起和陰影取而代之，以使人物真實可信。

5·一側肌肉凸起時，往往另一側肌肉就是舒展的

從側面看，腹肌的三部分輪廓各異。第一組兩塊肌肉位於胸腔上方，一塊面向上，一塊面向下；中間一組肌肉較為平展；最下面位於盆骨上方的一組則較為圓潤。這樣的三段結構可以幫助人體前傾或向前彎曲。

右邊的第二幅圖則是以簡潔平面幾何方式繪製的腹肌圖。圖上人體右側是彎曲的，因而肌肉受壓而呈凸起狀，人體左側放鬆舒展，相應的肌肉也伸展。

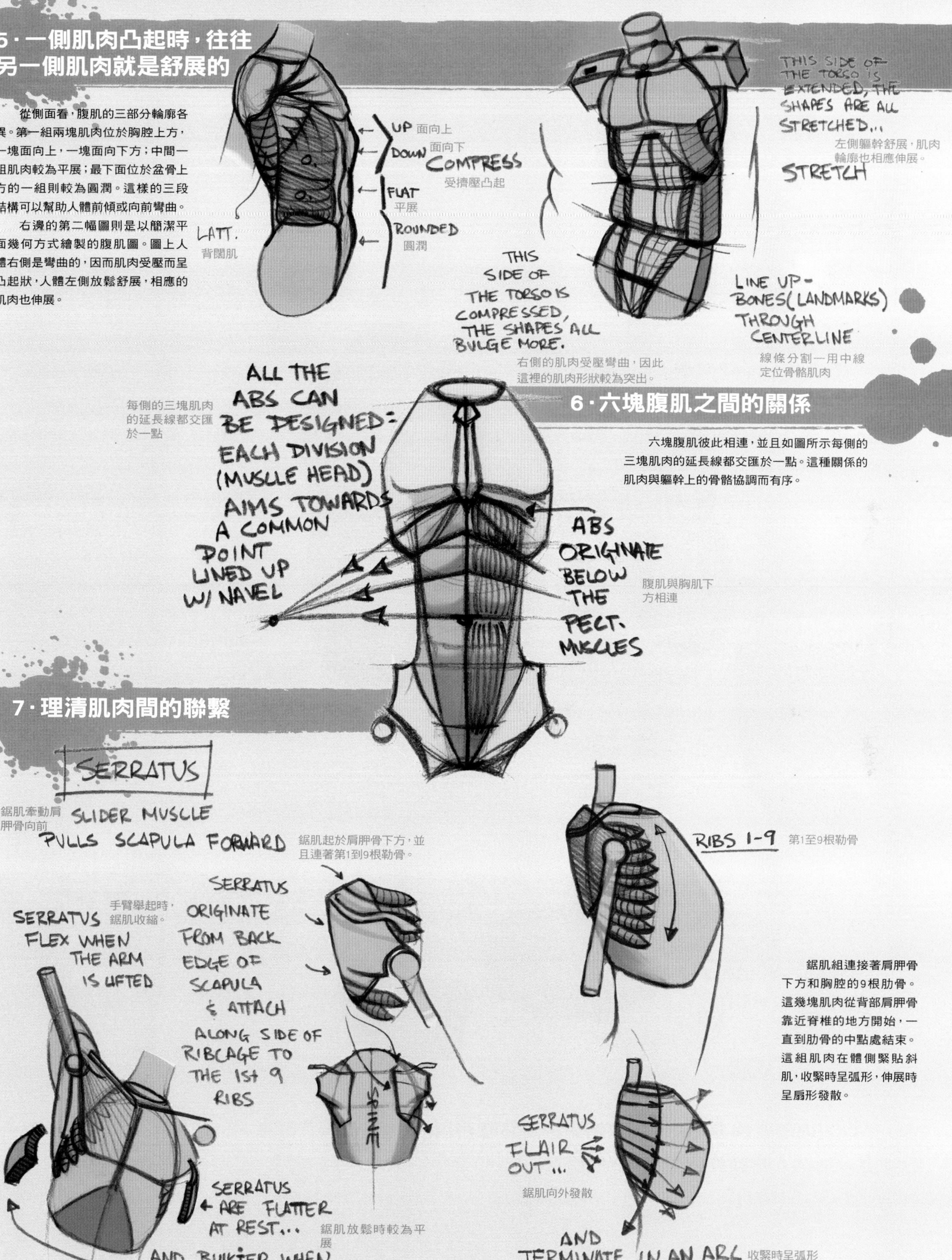

6·六塊腹肌之間的關係

六塊腹肌彼此相連，並且如圖所示每側的三塊肌肉的延長線都交匯於一點。這種關係的肌肉與軀幹上的骨骼協調而有序。

7·理清肌肉間的聯繫

鋸肌組連接著肩胛骨下方和胸腔的9根肋骨。這幾塊肌肉從背部肩胛骨靠近脊椎的地方開始，一直到肋骨的中點處結束。這組肌肉在體側緊貼斜肌，收緊時呈弧形，伸展時呈扇形發散。

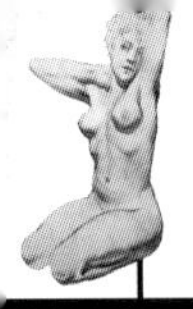

8．軀幹是如何扭動的

斜肌組是幫助軀幹扭動彎曲的主要肌肉群。這組肌肉的側面連接著體側的胸腔和盆骨，懸垂在髖嵴之上，使盆骨看上去像是一個拋物線從頂點開始向下的一半。斜肌的其他部分則直達胸腔與鋸肌相連，和腹肌相接。

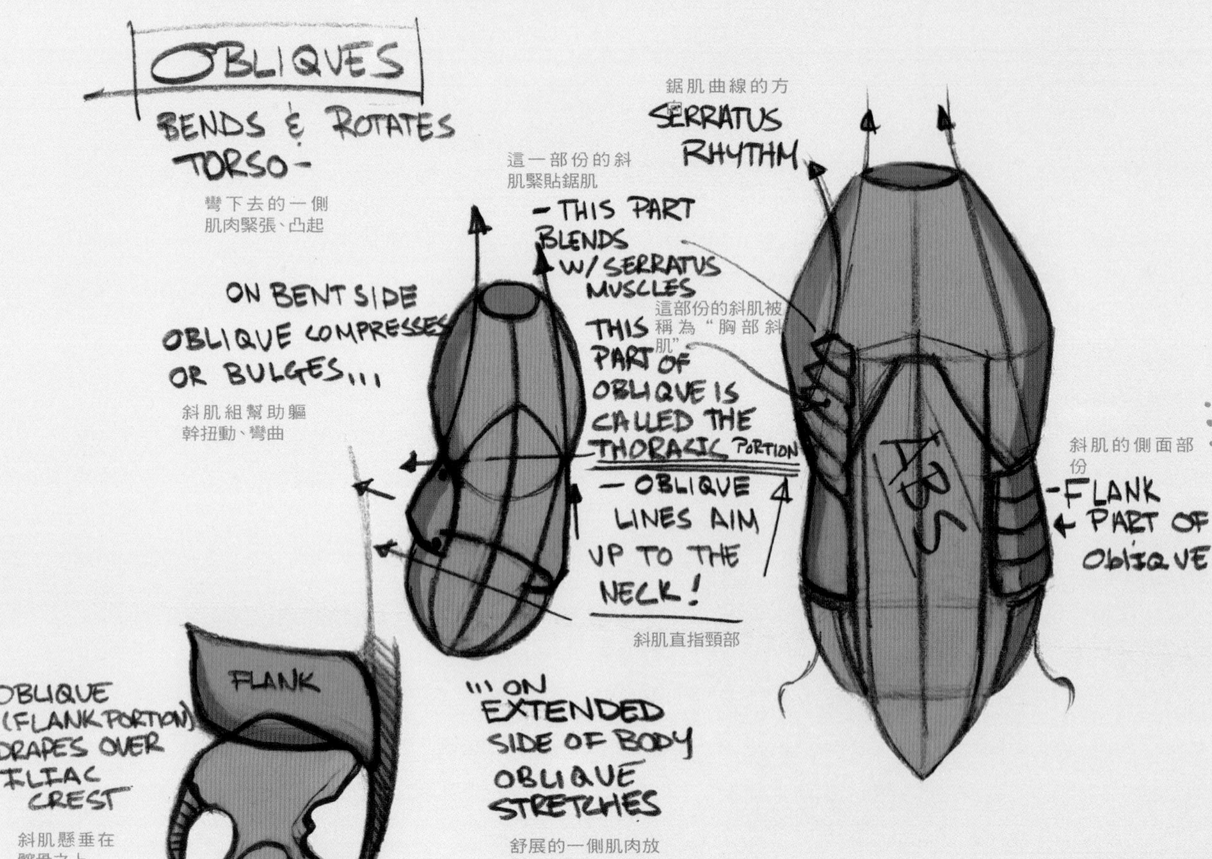

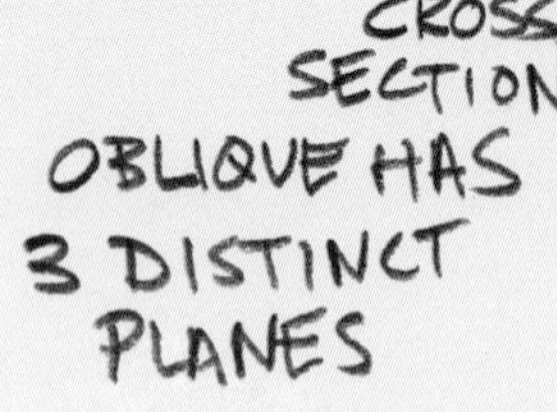

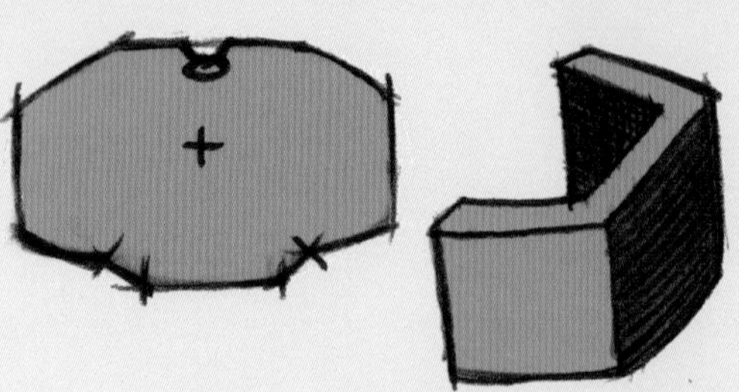

“軀幹正面的肌肉非常靈活，描繪人物姿勢時可以加大扭動或者舒展的幅度以加強人物動作的可信度。”

9．協調各個部位

一幅畫只有完成了才算完整，這也就意味著作畫時，要把各個部分放到整體中觀察。此時先不必對某一條線條吹毛求疵，等整幅畫作都完成後從整體著眼，再做修改調整。

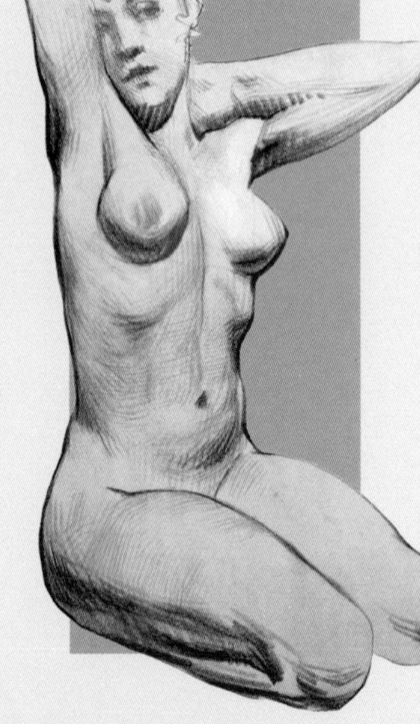

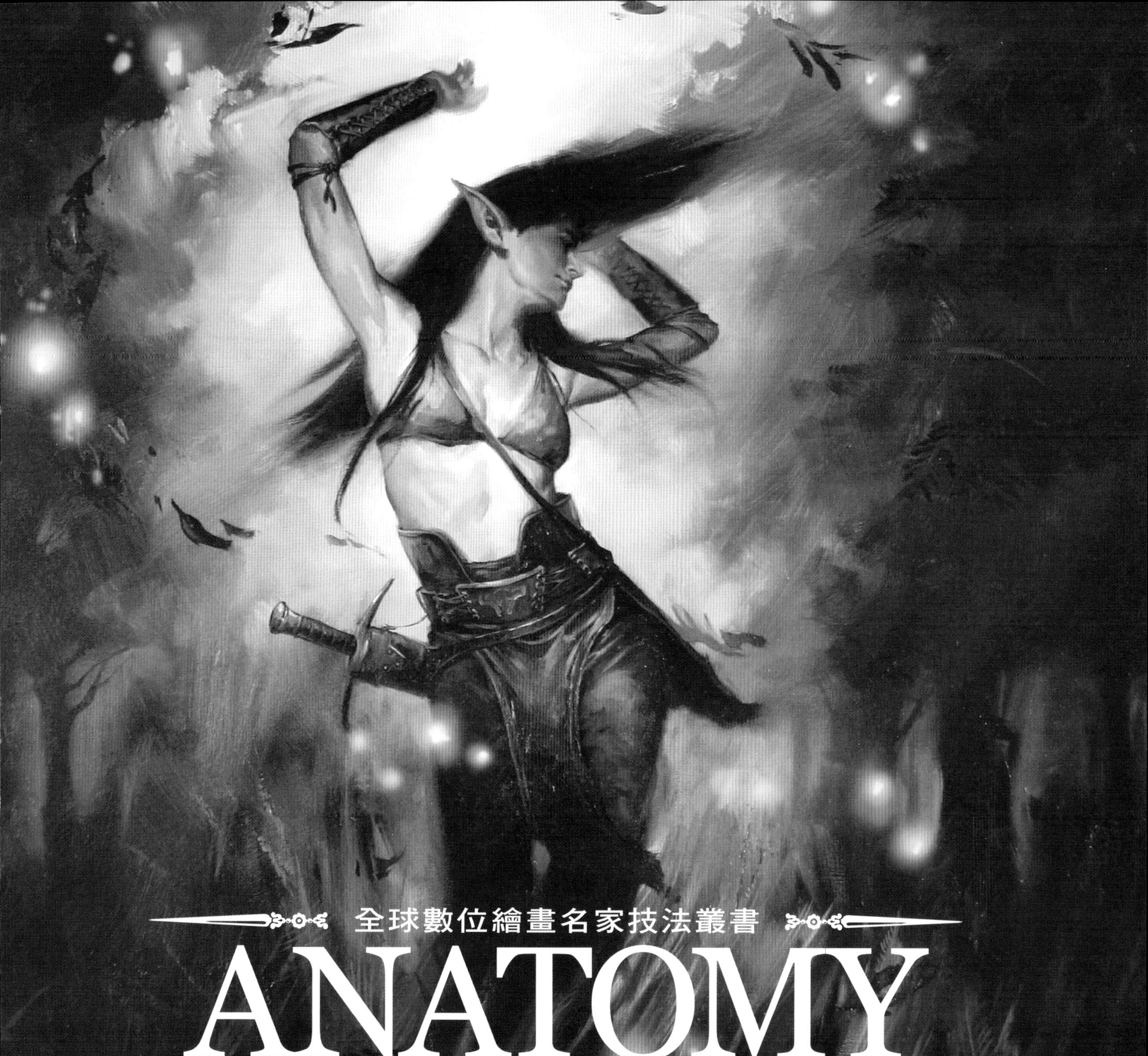

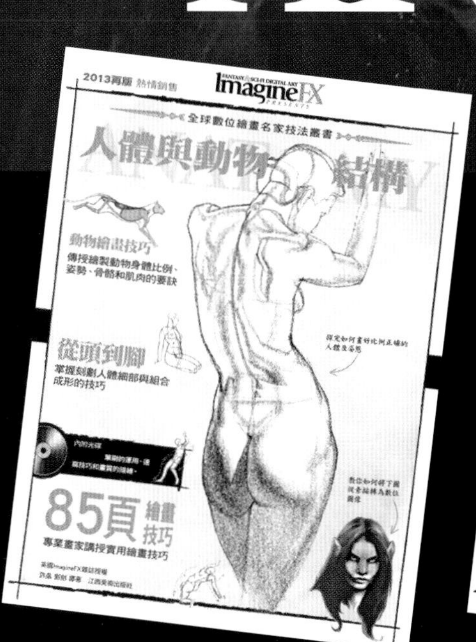

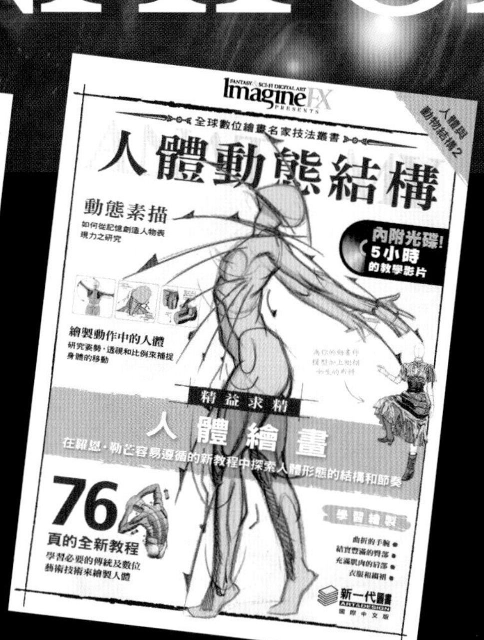

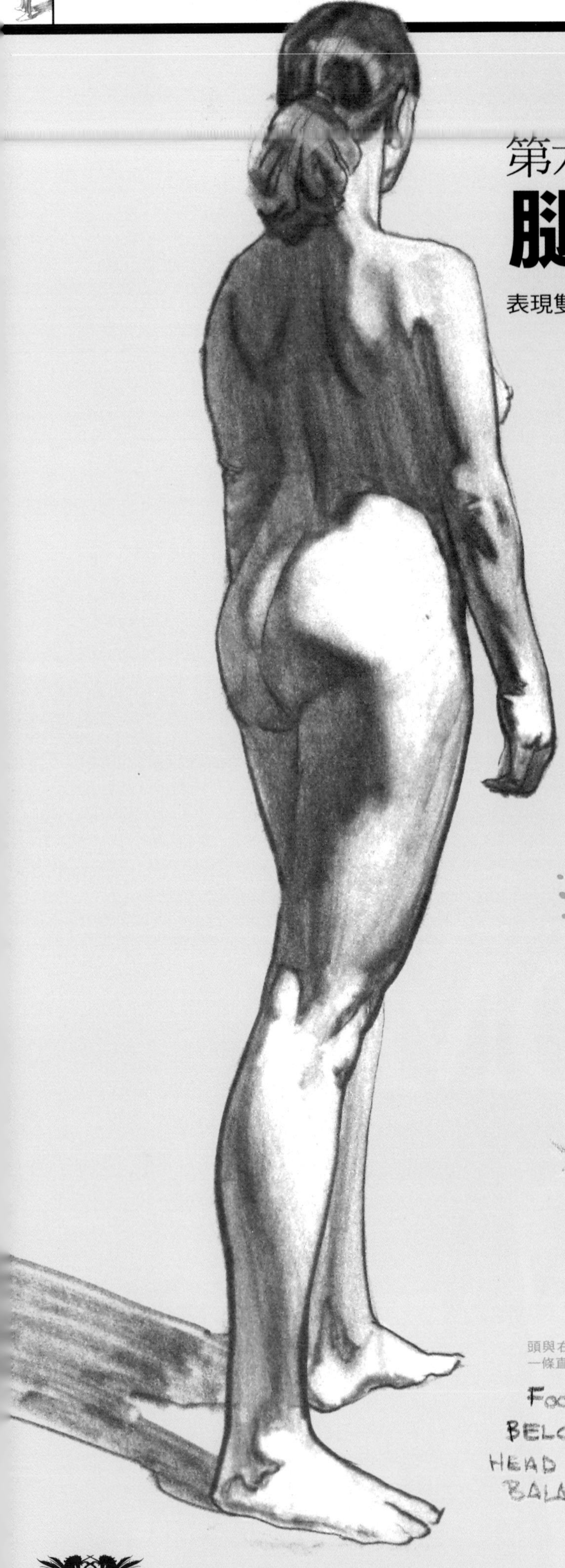

第六節

腿部

表現雙腿支撐身體的力度及其活動狀態。

藝術家簡歷

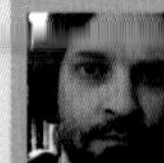

羅恩．勒苗

國籍：美國

更多羅恩的作品請移步至：

www.studio2ndstreet.com

DVD素材

由羅恩繪製的參考素描可在光碟的Human Anatomy文件夾中找到。

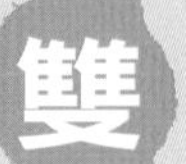

雙腿起著支撐身體並使其運動的職能。和手臂一樣，腿上也有互相牽制的肌肉組。

例如，與使腿伸展的四頭肌相對的就有使腿彎曲的二頭肌、半膜肌和肌腱。手臂和腿還有個相同點，那就是與軀幹相連部分的肌肉往往體積較大，而到了四肢末端的手腕或者腳踝的肌肉就只有前者寬度的一半。當然手臂和腿之間也有著許多不同點，其中最為顯著的就是膝蓋周圍和手肘周圍旋肌組的不同。

現在我們要做的是拋開那些語意艱澀的肌肉名稱，先來看看腿部的輪廓和線條究竟是怎樣的。

如前面所言，起筆就要先定好人物姿勢動作。描繪腿部，關鍵先確定臀髖部的線條。它是腿的軸心，與肩膀左右相互獨立的關係不同，臀部的左右是緊貼的整體。而髖部傾斜的方向往往與肩膀的方向相反，正是這樣相互制約的關係才使身體保持平衡。臀部的描繪有許多方法，你可以選擇自己所喜歡的某一種，不過，這些方法都殊途同歸，為同一個目標服務，即令其看上去立體逼真。

腿部的骨骼和肌肉

盆骨呈漏斗形，漏斗上面較寬的部位連接著股骨，並被髖臀部的肌肉包覆。這一部分主要起連接身體和腿部，填充股骨和盆骨之間的空隙。髖臀部肌肉呈A字形向外發散，並與肩膀的肌肉的功能相似（在58頁有關於這一部分更為詳細深入的描述）。

1·身體姿勢中髖臀部與肩膀的關係示意圖

除非主人公雙腿分立，一般站姿中，人體一隻腳總與頭部呈一條直線，以保持身體平衡。左圖肩膀與髖部傾斜方向相反，右圖雙腿分立形成A字，均勻地分攤了身體的重量。

頭與右腳在一條直線上

雙腳同時承重，使之平衡

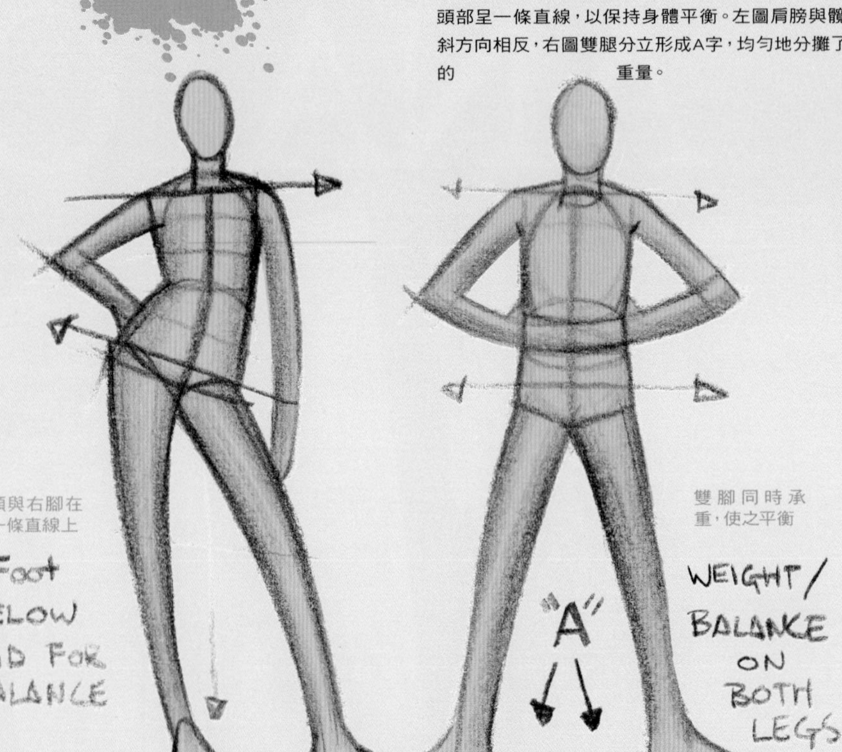

與肩膀左右相對獨立的關係不太相同，臀部左右是緊貼的整體。

2．用弧線連接各主要部位

勾勒身體姿勢時，不妨在身體各關節和主要部位的左右畫上一些弧線連接彼此。另外，對身體和頭部比例的瞭解可以幫你更好地解讀這些弧線之間的關係。

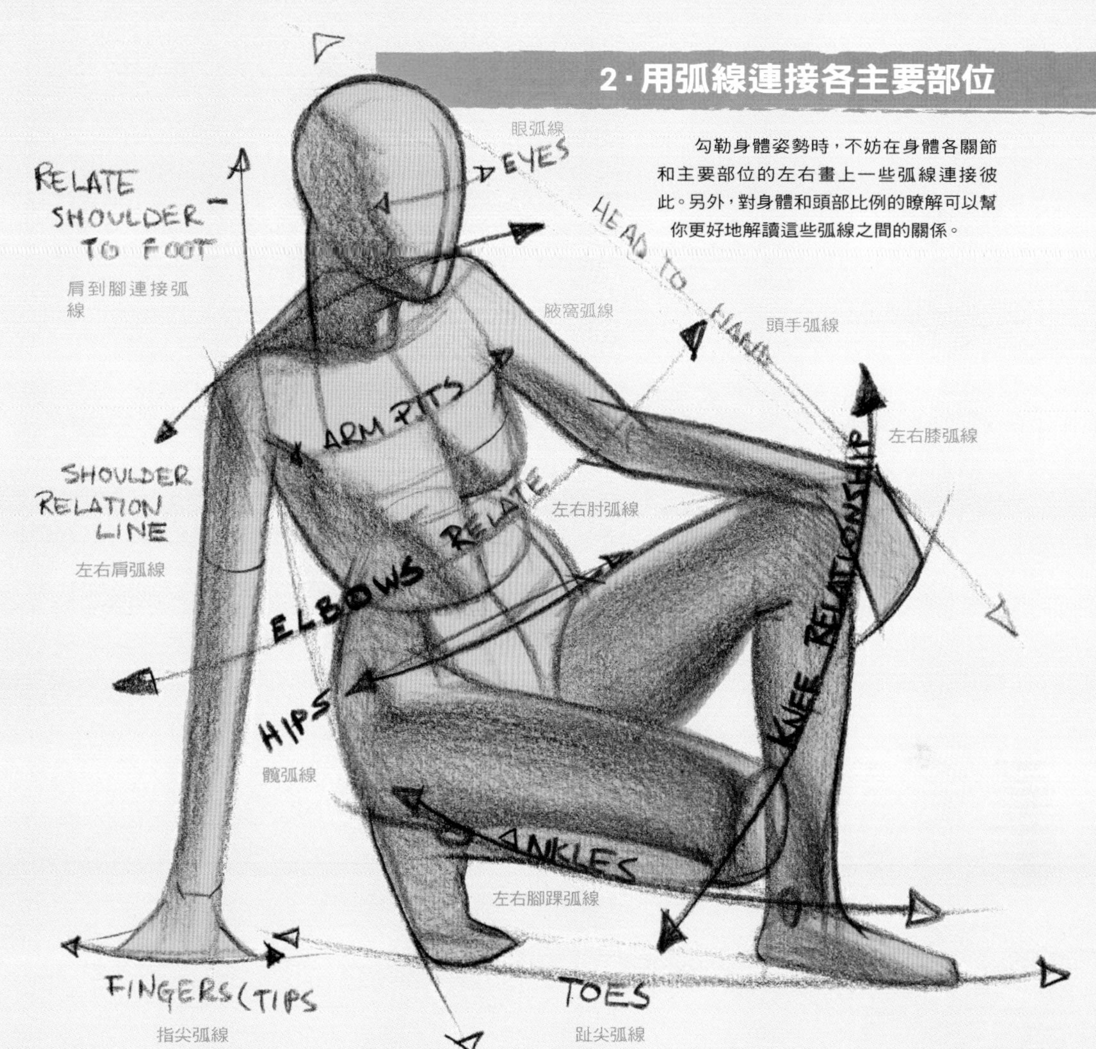

再來看腿部一兩條股骨同時向內收，呈內八形，不過這只是骨骼的形狀，加上肌肉以後又將是另外一幅模樣。另外，人在站立時，膝蓋與髖骨在同一條直線上。再來看肌肉，我們可以把大腿上的肌肉分為三組：大腿前側的四頭肌縫匠肌，大腿內側的內收肌群，以及大腿後側的二頭肌群。以上幾組肌肉群的肌肉頂端都很發達一光是這一部分就占據了腿部長度的三分之二。而到了膝蓋部分肌肉漸少，由肌腱取而代之，因此膝蓋部分的骨頭暴露面積也更大。

3．找出人體非站姿狀態下的輪廓關係

畫坐姿或者其他姿勢時，我個人喜歡先畫出這個姿勢大體的輪廓圖形。就左圖而言，我把人物的雙腿看成了一個整體。將具體姿勢抽象化的做法能幫我更好地把握四肢間的關係，將它們更生動準確地呈現出來。

Abstraction of Full pose
整體姿勢抽象圖

2 CYLINDERS WITH overlap
用圓柱體進一步具體化

= leg abstraction 雙腿抽象圖

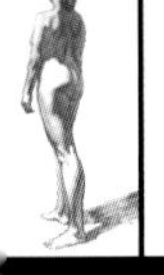

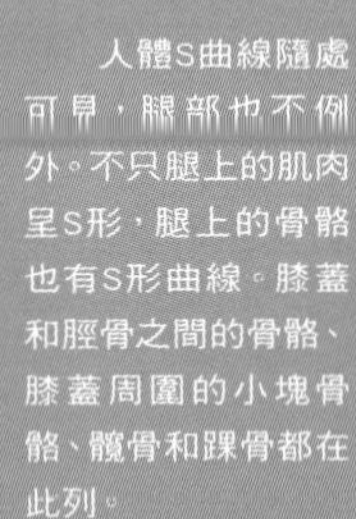

人體S曲線隨處可見，腿部也不例外。不只腿上的肌肉呈S形，腿上的骨骼也有S形曲線。膝蓋和脛骨之間的骨骼、膝蓋周圍的小塊骨骼、髖骨和踝骨都在此列。

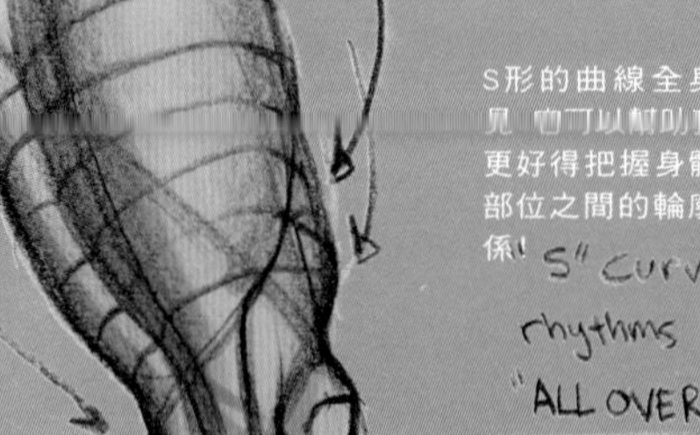

S形的曲線全身可見，它可以幫助我們更好得把握身體各部位之間的輪廓關係！

髕骨本身是一塊體積較小、自由浮動的骨頭，它可以在股骨上左右移動。髕骨與其上下的肌腱連接，這些肌腱最顯著的特徵就是呈繩弦狀，一頭連著膝蓋下方，一頭連著脛骨頭。可以將膝蓋看成五邊形，在膝蓋彎曲時，股骨和脛骨上的肌肉也呈五邊形，與膝蓋相呼應。

小腿橫截面是一個三角形而非圓形，其中三角形的頂點面向前方，兩腰則是小腿上的肌肉，脛骨則呈楔形。小腿前三分之二主要以肌肉為主，最下方的三分之一則以骨骼關節為主，這一點與前臂相似，另外，小腿的內腳踝要高於外腳踝，呈保齡球瓶形。

4・腿部肌肉的S曲線

描畫腿部時，要記得人體渾身上下都有S曲線，而這一點在四肢上體現得最為明顯，所以要避免把這一部位的曲線畫得太過僵硬。腿上的S曲線之一就由縫匠肌構成，它起於髖嵴，在大腿內側螺旋著向下。它就像兩座花園之間的籬笆一樣，起分隔肌肉組的作用。而大腿外側上的這一職責則由髖脛帶擔當。不論人體做出怎樣的姿勢，所有這些分隔肌肉組的部位都是繪畫時陰影最重的地方。

5・對比手臂與腿部的肌肉&瞭解膝蓋輪廓

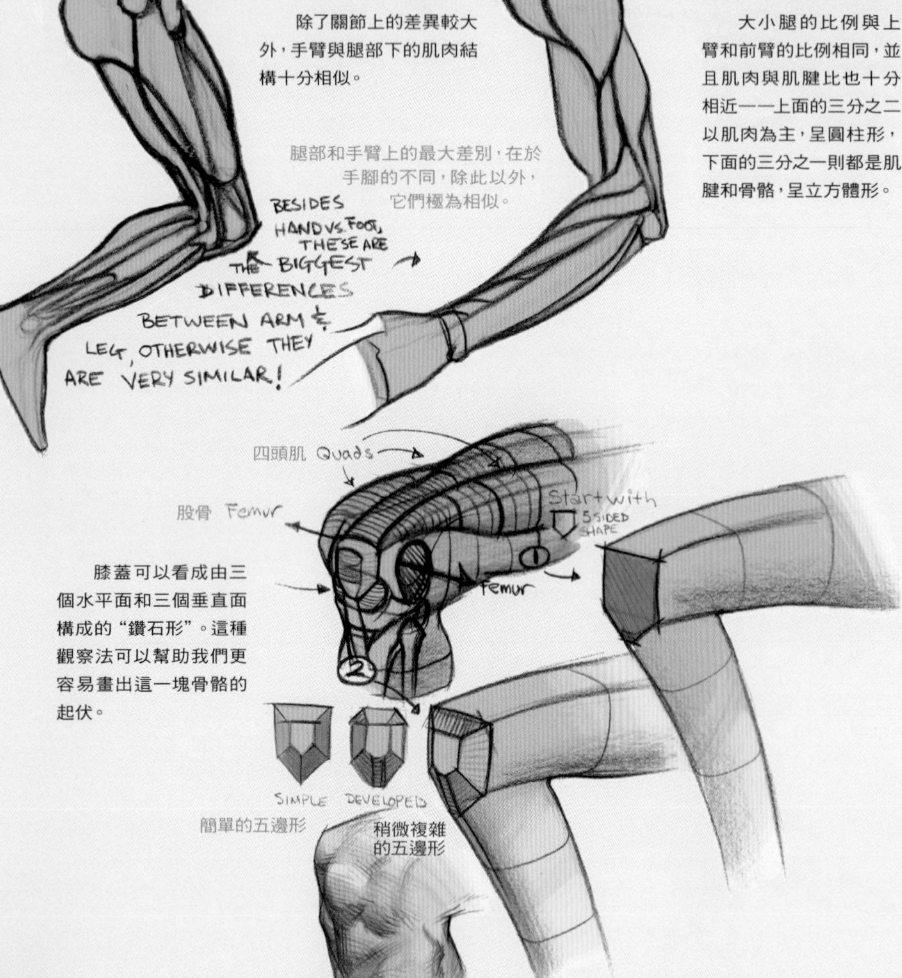

除了關節上的差異較大外，手臂與腿部下的肌肉結構十分相似。

腿部和手臂上的最大差別，在於手腳的不同，除此以外，它們極為相似。

膝蓋可以看成由三個水平面和三個垂直面構成的"鑽石形"。這種觀察法可以幫助我們更容易畫出這一塊骨骼的起伏。

簡單的五邊形

稍微複雜的五邊形

大小腿的比例與上臂和前臂的比例相同，並且肌肉與肌腱比也十分相近——上面的三分之二以肌肉為主，呈圓柱形，下面的三分之一則都是肌腱和骨骼，呈立方體形。

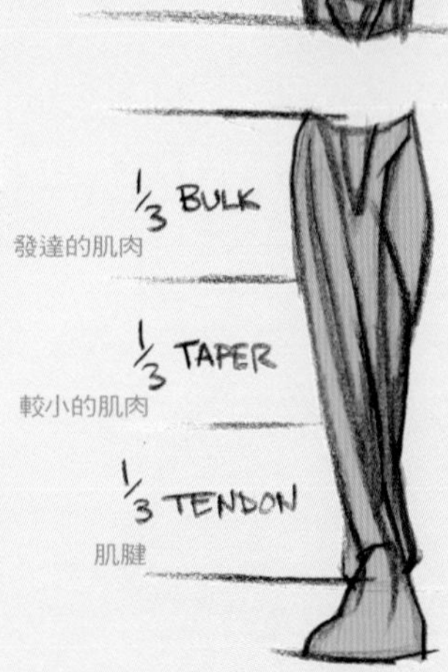

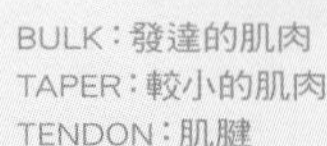

BULK：發達的肌肉
TAPER：較小的肌肉
TENDON：肌腱

如圖所示，你可以發現內側縫匠肌和外側髖脛帶如何分隔腿部肌肉，這兩個分隔非常明顯，通常肉眼可見，繪畫時不要忘記將它們表現出來。

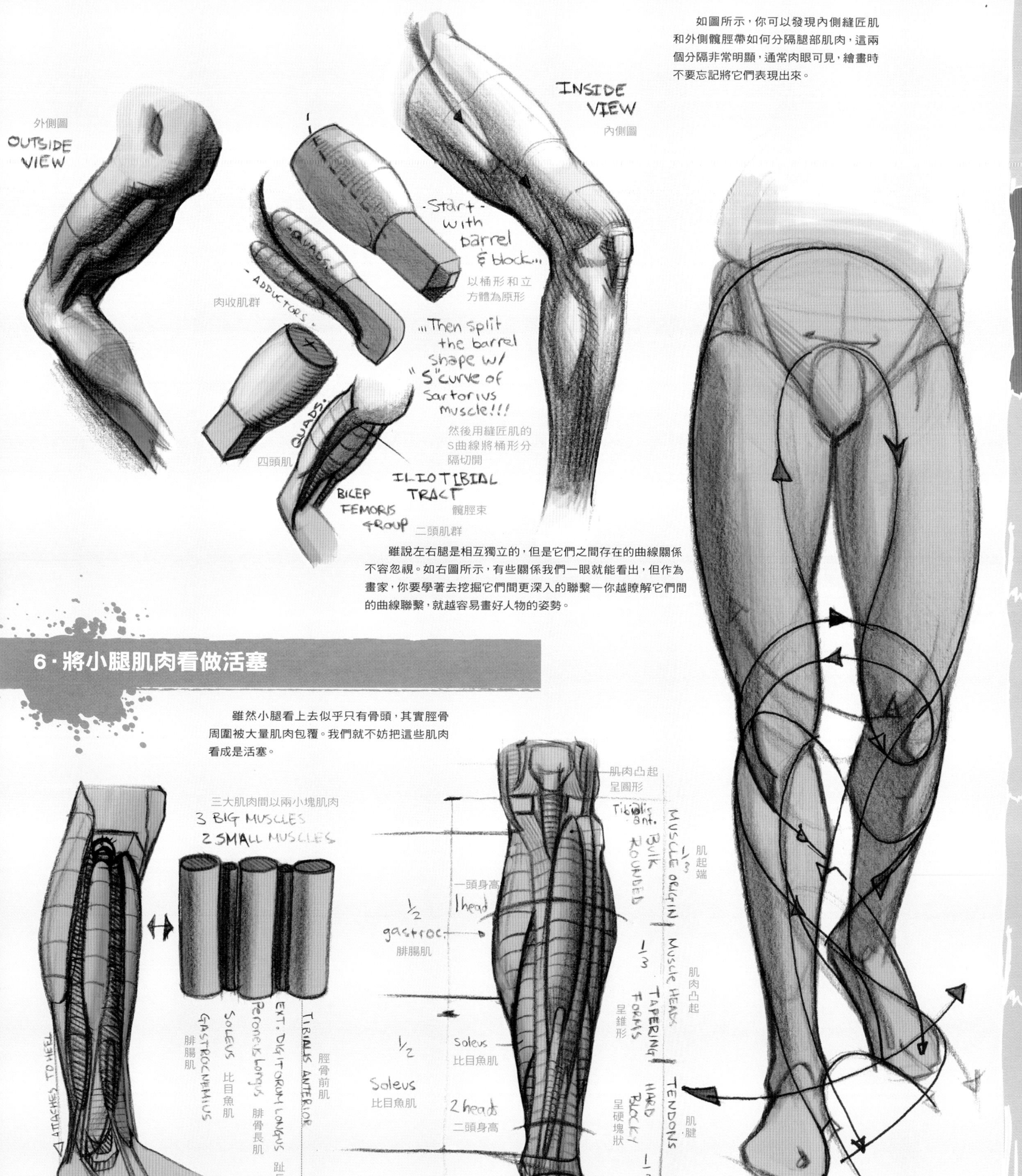

雖說左右腿是相互獨立的，但是它們之間存在的曲線關係不容忽視。如右圖所示，有些關係我們一眼就能看出，但作為畫家，你要學著去挖掘它們間更深入的聯繫—你越瞭解它們間的曲線聯繫，就越容易畫好人物的姿勢。

6·將小腿肌肉看做活塞

雖然小腿看上去似乎只有骨頭，其實脛骨周圍被大量肌肉包覆。我們就不妨把這些肌肉看成是活塞。

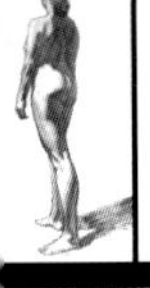

7‧用簡單的三個步驟描畫腿部

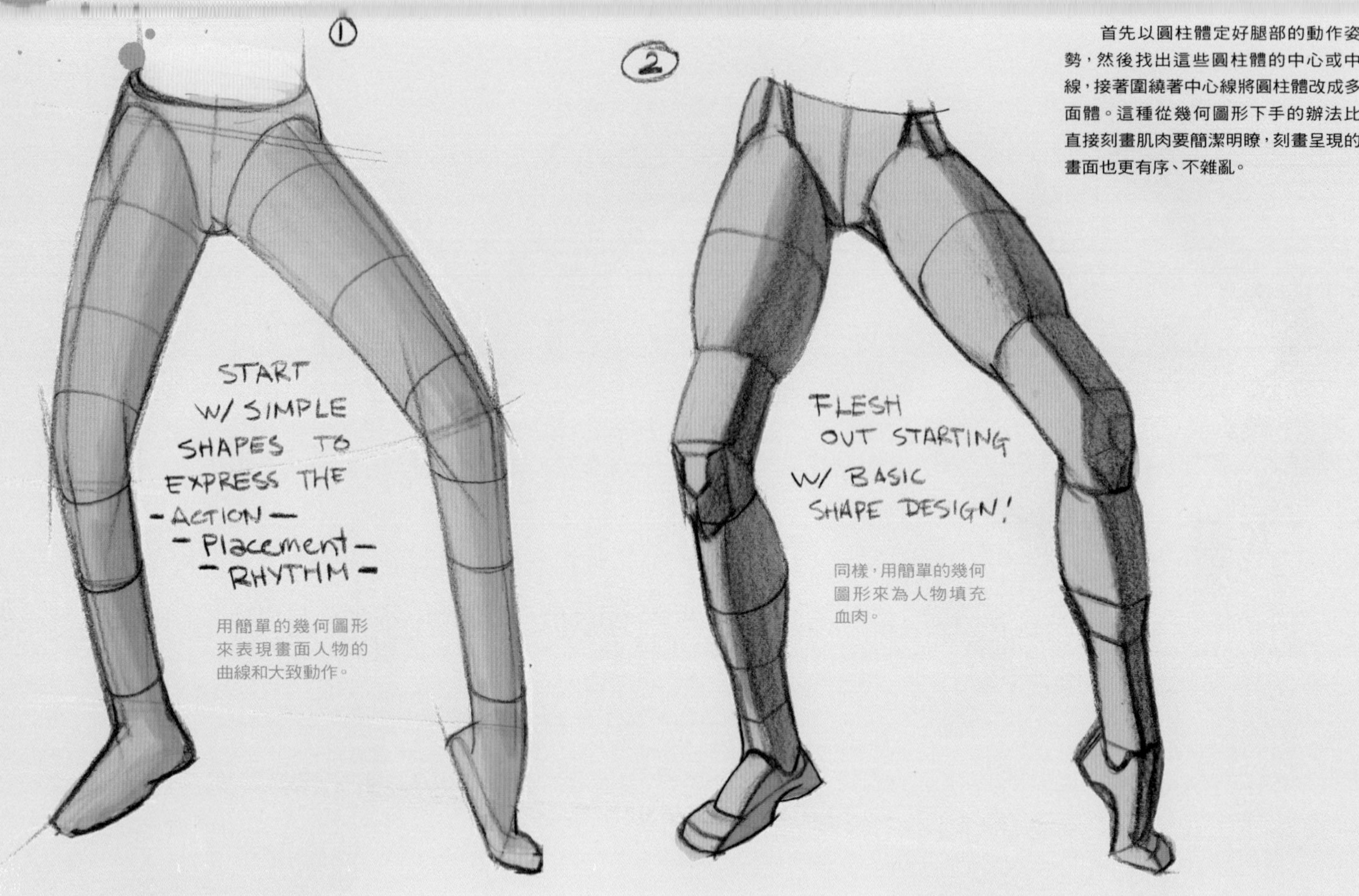

用簡單的幾何圖形來表現畫面人物的曲線和大致動作。

同樣，用簡單的幾何圖形來為人物填充血肉。

首先以圓柱體定好腿部的動作姿勢，然後找出這些圓柱體的中心或中線，接著圍繞著中心線將圓柱體改成多面體。這種從幾何圖形下手的辦法比直接刻畫肌肉要簡潔明瞭，刻畫呈現的畫面也更有序、不雜亂。

③

-THESE MUSCLES UNNATURALLY MEET THE CONTOUR (SKIN IS PRETTY THICK)
- BUT INSIDE THE SHAPES BUILT IN STEP ② ARE NOW DIVIDED INTO MUSCLE ABSTRACTIONS
- THIS ONE IS OVER THE TOP

-畫上所展示的輪廓較為誇張一些（真實的皮膚很厚，所以肌肉線條不會如此明顯）。

-在上一步的基礎上進一步地描繪了肌肉群。

-總體而言，這幅圖仍是一副誇張的效果圖。

“除了對動態中具有作用的肌肉進行必要的細節刻畫，其他肌肉以群組為單位描繪，換而言之，就是無需將每塊肌肉的細節都表現出來。”

在為腿部添加細節時，只需要側重表現動作中用到的肌肉細節，對其他肌肉則無需面面俱到，以群組為單位描繪即可。因為如果肌肉不完全緊張或者在動作中並沒有派上用場，它就只是肌肉群中不起眼的一塊，當肌肉完全放鬆，只是輪廓線條的一部分，更加分辨不出它的形狀了。

有一個重點在這裡需要提醒：腿是成雙的，勾勒草圖時，保證雙腿比例的協調一致以及二者的平衡。如果雙腿看上去不協調，那麼整個姿態看上去會很彆扭。如果你以簡單幾何圖形和線條起草圖時能注意到這一點，接下來的步驟將水到渠成。

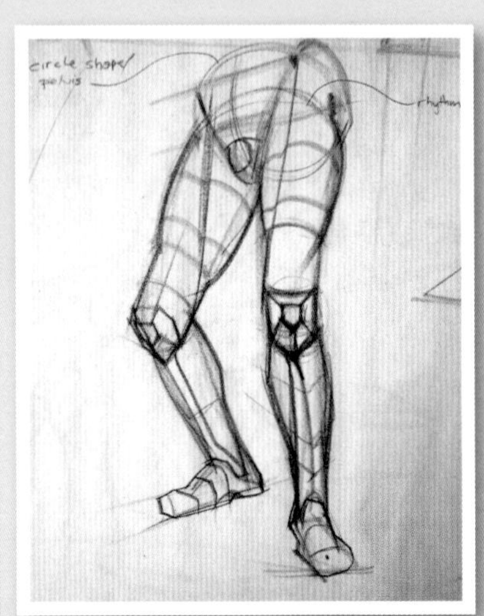

運用簡單的輪廓法則和人體運動規律，你很快就可以畫好一雙腿，不過不要忘了考慮肌肉和比例。

Fantasy Art essentials

奇幻插畫大師Wayne Barlowe、Marta Dahlig、Bob Eggleton等人詳細示範與解說創作的關鍵技巧，為讀者指點迷津。

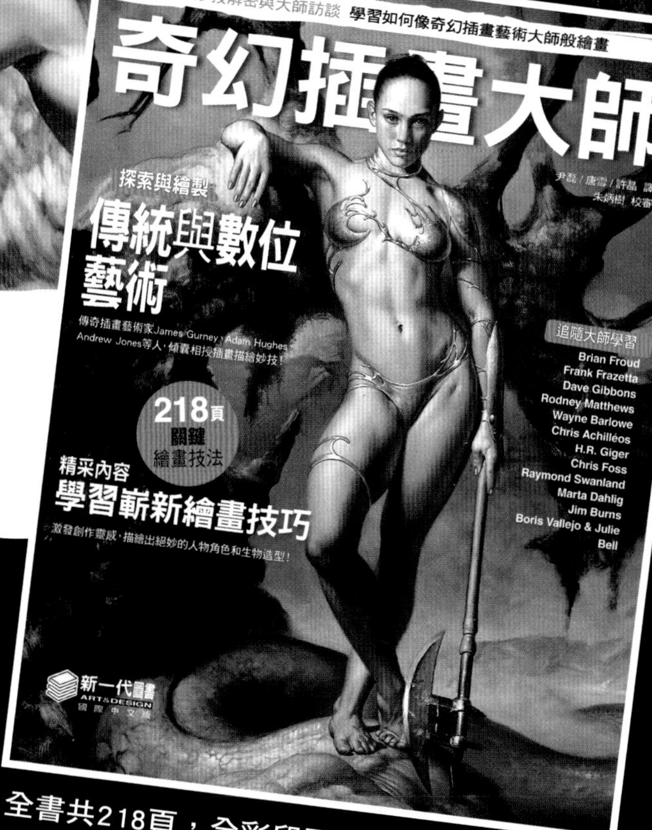

全書共218頁，全彩印刷 售價600元

《奇幻插畫大師》能大幅度提昇你的想像力，以及描繪科幻插畫或漫畫藝術的水準。無論你希望追隨傳統藝術大師學習創作技巧，或是立志成為傑出的數位藝術家，都絕對不可錯失本書中的大師訪談和妙技解密講座等精采內容。

傑作欣賞

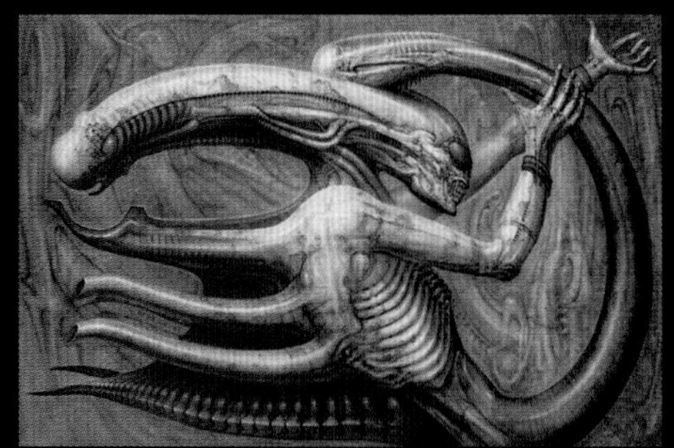

來自 H.R.Giger、Hildebrandt兄弟、Chris Achill os、Boris Vallejo 和Julie Bell等眾多藝術大師的驚世之作和創作建議。

大師訪談

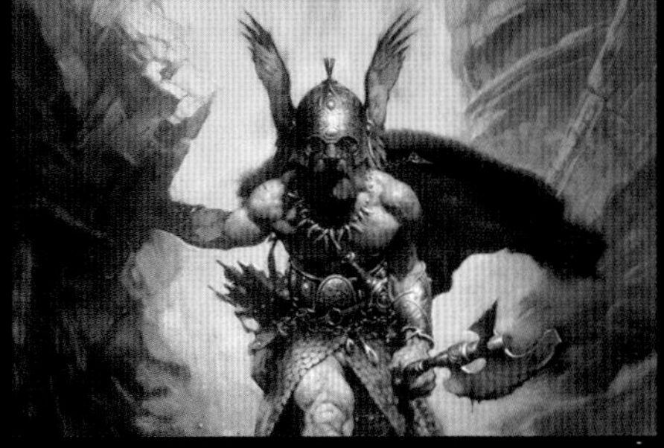

透過與Frank Frazetta、Jim Burns、Rodney Matthews 等傑出奇幻和科幻藝術家們的精采對談，激發我們的創作靈感。

妙技解密

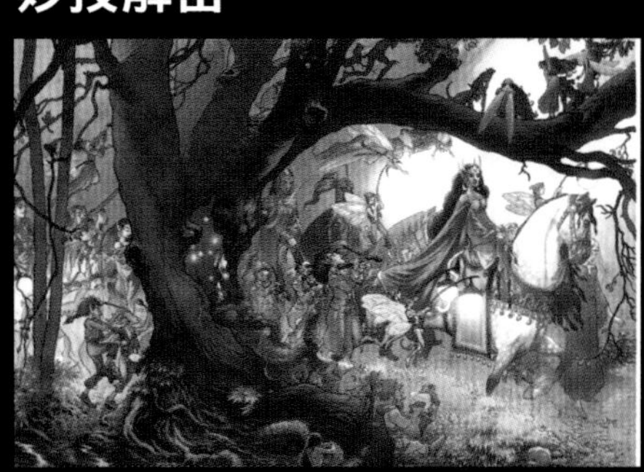

Charles Vess、Dave Gibbons、M lanie Delon等人及多位藝術家，逐步解析繪製插畫的步驟以及絕妙的創作技巧。

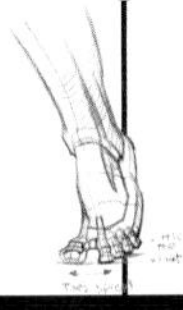

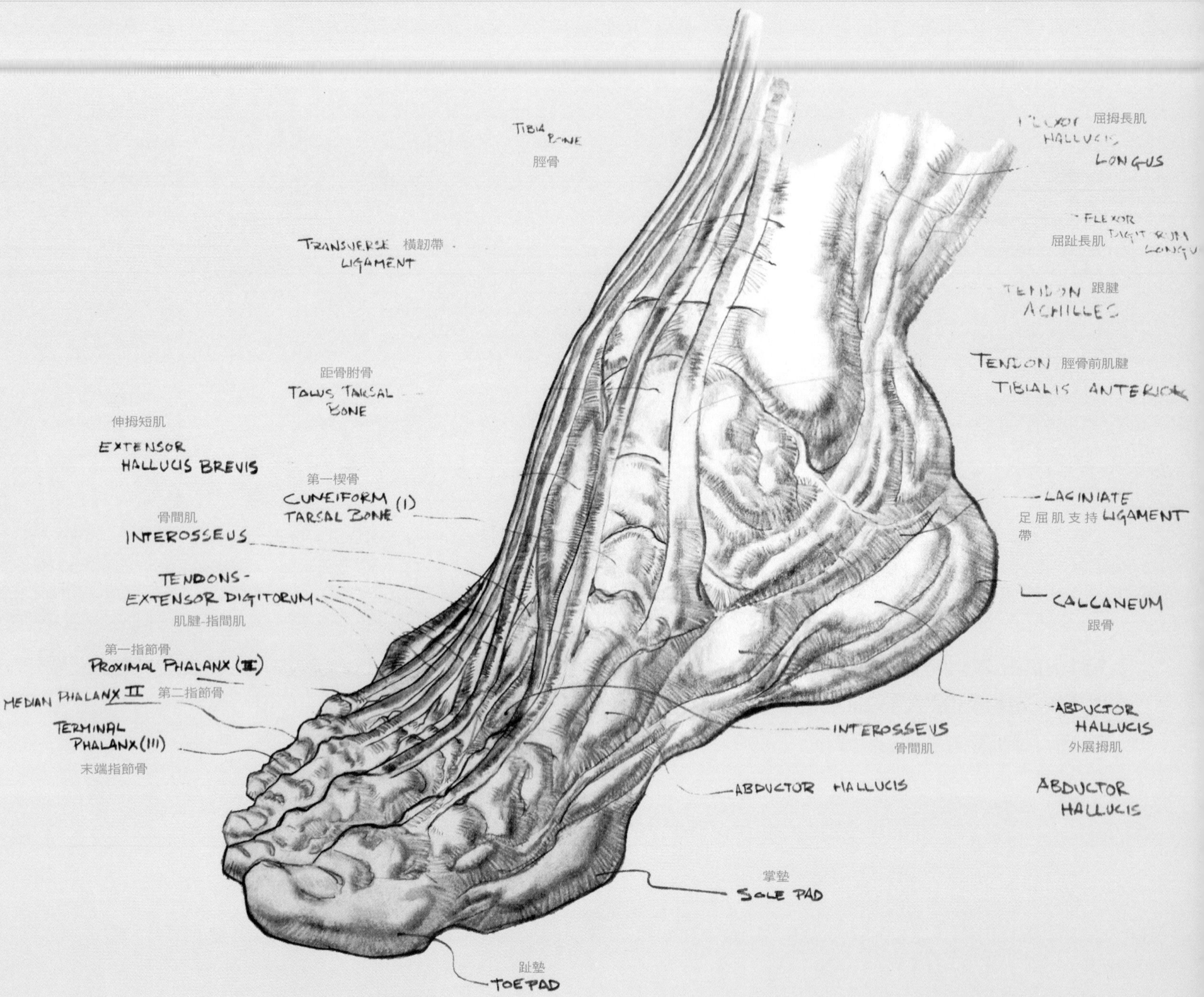

TIBIA BONE 脛骨

TRANSVERSE LIGAMENT 橫韌帶

距骨附骨 TALUS TARSAL BONE

伸拇短肌 EXTENSOR HALLUCIS BREVIS

第一楔骨 CUNEIFORM TARSAL BONE (1)

骨間肌 INTEROSSEUS

TENDONS-EXTENSOR DIGITORUM 肌腱-指間肌

第一指節骨 PROXIMAL PHALANX (Ⅲ)

MEDIAN PHALANX Ⅱ 第二指節骨

TERMINAL PHALANX (III) 末端指節骨

FLEXOR HALLUCIS LONGUS 屈拇長肌

FLEXOR DIGITORUM LONGU 屈趾長肌

TENDON ACHILLES 跟腱

TENDON TIBIALIS ANTERIOR 脛骨前肌腱

LACINIATE LIGAMENT 足屈肌支持帶

CALCANEUM 跟骨

ABDUCTOR HALLUCIS 外展拇肌

INTEROSSEUS 骨間肌

ABDUCTOR HALLUCIS

ABDUCTOR HALLUCIS

掌墊 SOLE PAD

趾墊 TOEPAD

第七節 腳部

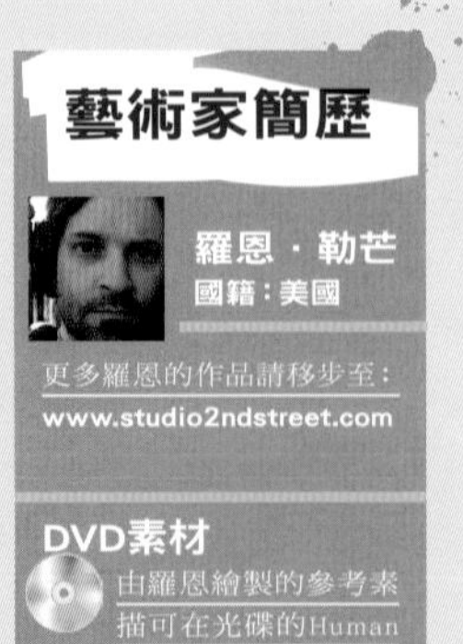

如何描繪立體有力的腳以及刪繁就簡地表現雙腳？

腳可以說是手的醜親戚。骨頭多，線條複雜，坦白說，它長得也不怎麼好看。

但對於任何一名認真學習繪畫的人而言，掌握描繪腳部又是不可避免的一課。即便你筆下的人物都穿著鞋，你也需要熟悉腳的結構才能讓畫面看上去更真實可信。

故事畫板、海報、封面、漫畫書等都是可供你參照全身人物圖該怎麼畫的素材。也就是說你既要學怎麼畫好腳，又要學會怎麼把腳“安放”到腿上，使二者自然地銜接起來。這個學習過程不容易，但又是無法回避的一課。下文將告訴你學好這一課需要注意哪些方面、怎樣解決棘手的問題以及最終如何畫出真實好看的雙腳。

站穩腳部：一起來畫一雙完美的腳

用透視法看待雙腳，以畫腳印為基礎建構腳的形態。

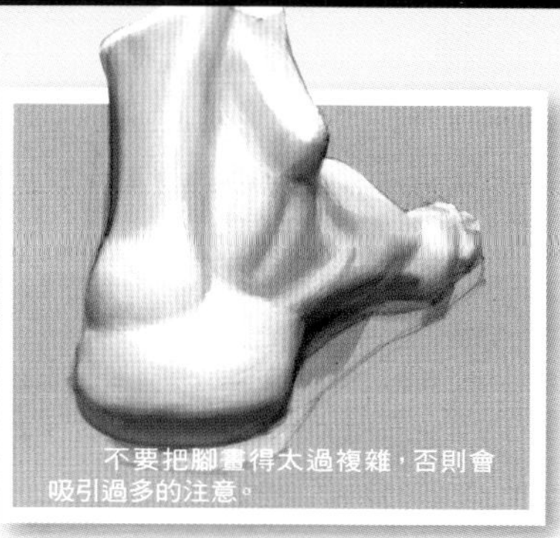

不要把腳畫得太過複雜，否則會吸引過多的注意。

首先，我們來看腳究竟有多大。一隻典型的腳長大概在25cm~30cm之間，長度與頭頂到下巴的長度相當。腳寬則比頭部的寬度略窄，大致與除拇指外另外四根手指寬幅一致。

接下來我們再來看角度，不管畫怎樣的腳，都應同時畫好地平面。可以使腳與周圍壞境相聯繫，並且能夠營造出腳的存在感。這麼做還可以幫助你觀察怎樣設定人物的頭部和腳部動作。

接著要畫腳印，你可以畫地板上的腳印或者台階斜坡上的腳印。這麼做能夠幫助你更輕鬆地把握好腿的透視關係以及腳和腿之間動作姿態銜接關係。

鞋子會將腳包裹起來，但是我仍建議大家先畫光腳，這樣能夠幫你排除鞋對腳的干擾，準確地畫出腳的形狀和比例。當然，有的時候為了使身體平衡或者為了達到某種效果，我們也會把腳畫得很大，但是這麼做之前我仍會先畫好光腳，然後再在其上添加一雙大鞋，以便腳始終與身體比例相適應相協調。

再來看腳趾，球形的趾尖受壓時會變平，同時，腳趾分開，使得它看上去比實際尺寸大一些。但是你在畫這個姿態時，切忌在每個腳趾間都畫上線條，這樣會使它們分開地太過刻意。用簡單的色調和漸變來表現它們即可。

> **“用畫地平面的方式抓腳的透視角度。”**

從跖骨到腳尖，腳趾關節的排列就像一級級的台階。而要想為腳增添更多的立體感和複雜度，不妨在腳背到指關節再到指甲之間的複雜瑣碎平面上多下點功夫。

腳趾

腳部在畫面中所占比例並不大時，不要在腳部花太多的心思。在這樣促狹的空間上添加太多細節，會讓畫面整體變得累贅。同時，也不能忽略腳的重要性，頭重腳輕也會使畫面變得不和諧。

腳底有一個足弓，足弓中間拱起，兩邊分別是掌墊和趾墊，這兩塊地方受壓時，會與其相對的面形成一條直線。

當腳趾分開時，拇趾和第二趾之間形成的縫隙最大。而小趾則通常在畫面上表現為球形或者泡泡形。

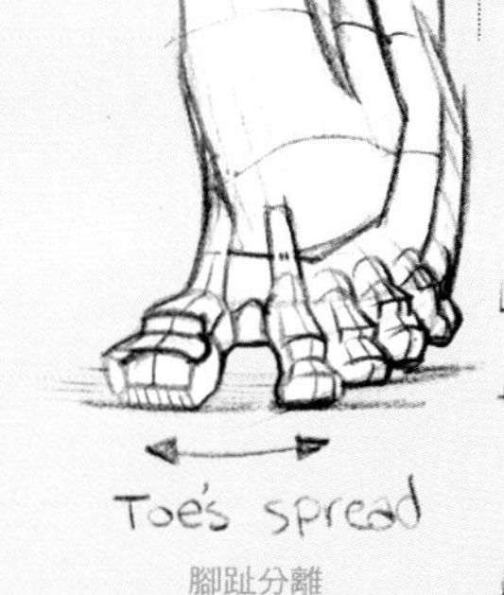

小趾頭離地

腳趾分離

當腿提起或踮起時，腳趾是分開的—這是為數不多的能把腳趾分開畫的情形之一。

下巴到頭頂的距離大約是腳的長度，而髮際線到下巴的距離則與手的長度相當。

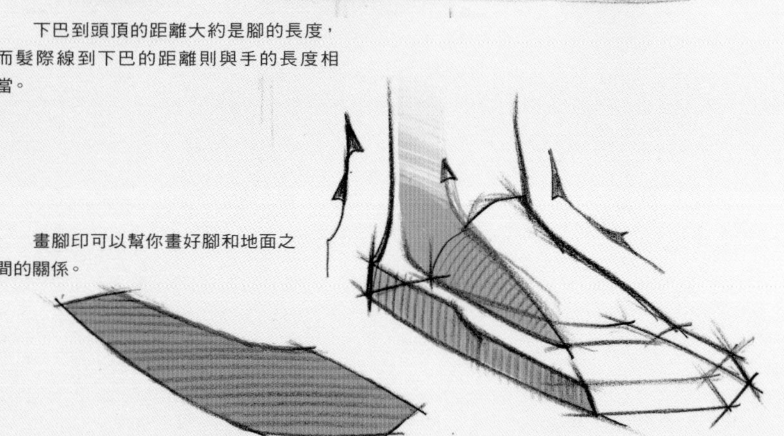

畫腳印可以幫你畫好腳和地面之間的關係。

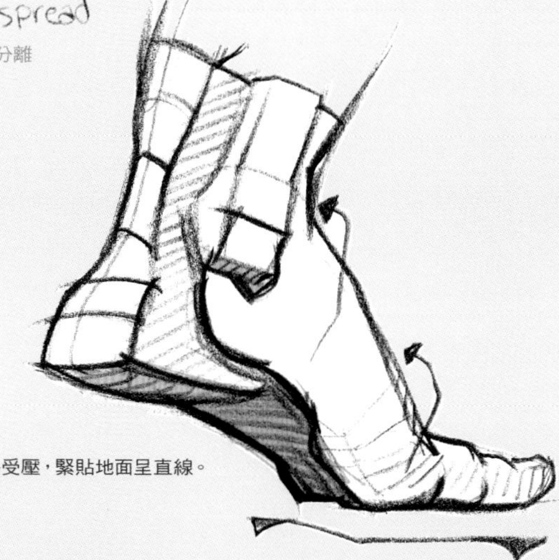

趾墊受壓，緊貼地面呈直線。

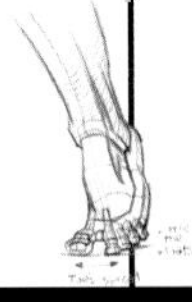

1・用輪廓與透視法構圖

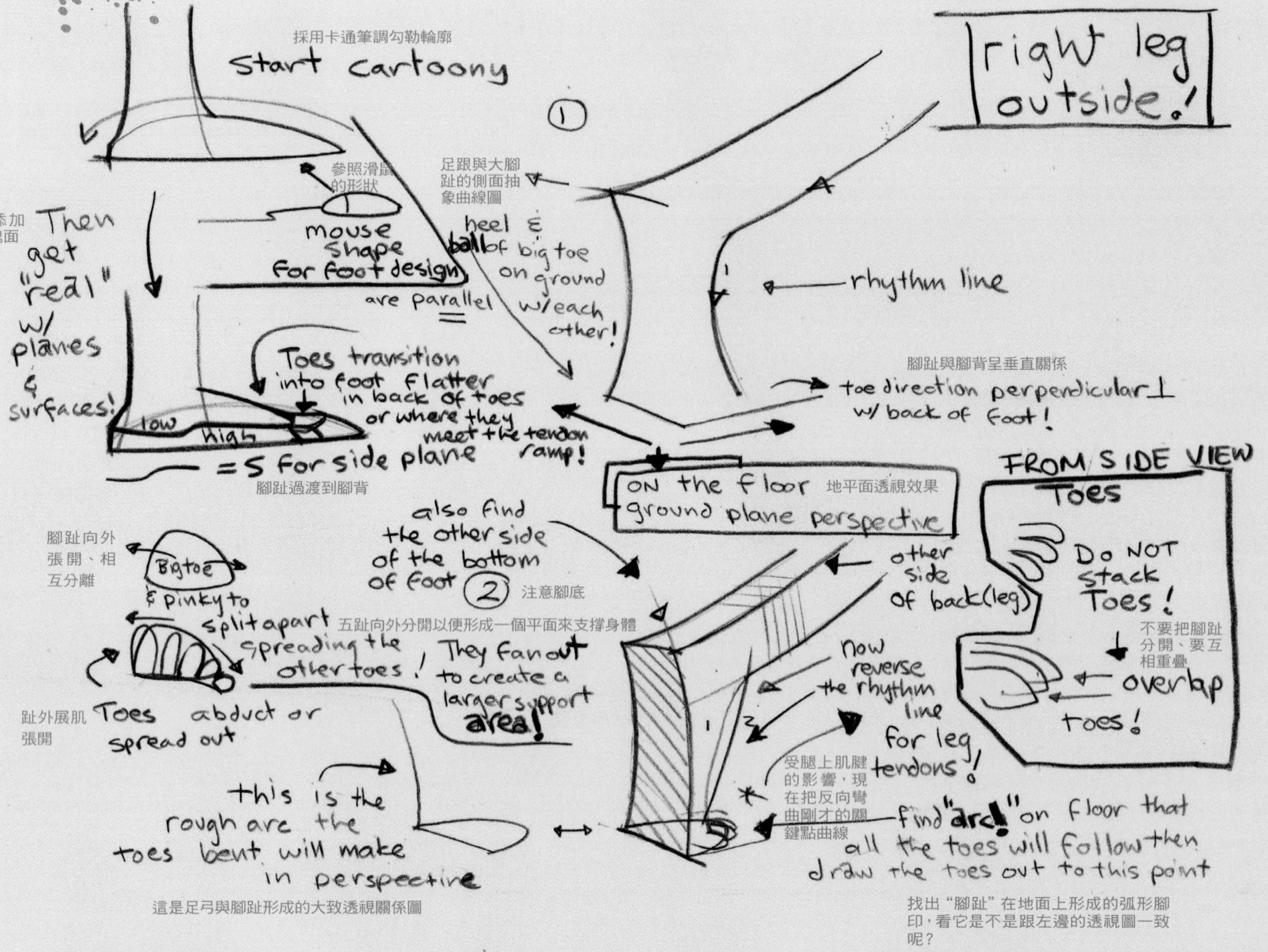

採用卡通筆調勾勒輪廓
start cartoony

1

right leg outside!

參照滑鼠的形狀
mouse shape for foot design

足跟與大腳趾的側面抽象曲線圖
heel & ball of big toe on ground are parallel w/each other!

略微添加一些塊面
Then get "real" w/ planes & surfaces!

rhythm line

Toes transition into foot flatter in back of toes or where they meet the tendon ramp!

low high

= S for side plane

腳趾過渡到腳背

腳趾與腳背呈垂直關係
toe direction perpendicular ⊥ w/ back of foot!

on the floor 地平面透視效果
ground plane perspective

FROM SIDE VIEW
Toes
Do NOT stack Toes!
不要把腳趾分開、要互相重疊
overlap toes!

腳趾向外張開、相互分離
Big toe & pinky to split apart spreading the other toes!

also find the other side of the bottom of foot 2 注意腳底

五趾向外分開以便形成一個平面來支撐身體
They fan out to create a larger support area!

other side of back (leg)

now reverse the rhythm line for leg tendons!

受腿上肌腱的影響，現在把反向彎曲剛才的關鍵點曲線

趾外展肌張開
Toes abduct or spread out

this is the rough arc the toes bent will make in perspective

這是足弓與腳趾形成的大致透視關係圖

find "arc!" on floor that all the toes will follow then draw the toes out to this point

找出"腳趾"在地面上形成的弧形腳印，看它是不是跟左邊的透視圖一致呢？

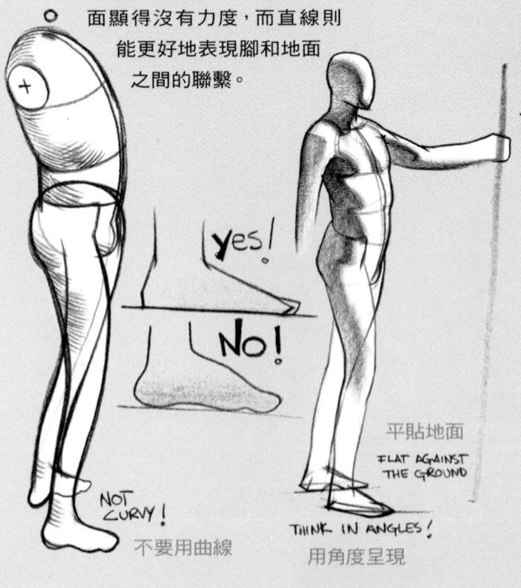

用直線而非曲線表現腳底接觸地面的樣子，曲線會使畫面顯得沒有力度，而直線則能更好地表現腳和地面之間的聯繫。

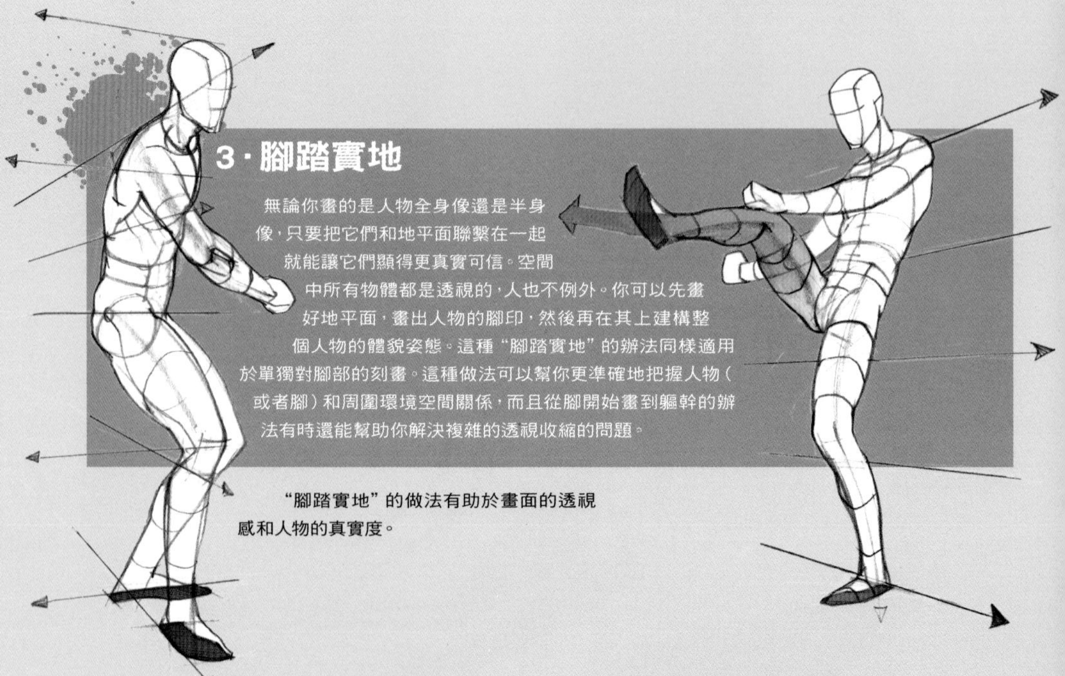

yes!

No!

NOT CURVY! 不要用曲線

平貼地面
FLAT AGAINST THE GROUND

THINK IN ANGLES! 用角度呈現

3・腳踏實地

無論你畫的是人物全身像還是半身像，只要把它們和地平面聯繫在一起就能讓它們顯得更真實可信。空間中所有物體都是透視的，人也不例外。你可以先畫好地平面，畫出人物的腳印，然後再在其上建構整個人物的體貌姿態。這種"腳踏實地"的辦法同樣適用於單獨對腳部的刻畫。這種做法可以幫你更準確地把握人物（或者腳）和周圍環境空間關係，而且從腳開始畫到軀幹的辦法有時還能幫助你解決複雜的透視收縮的問題。

"腳踏實地"的做法有助於畫面的透視感和人物的真實度。

2・腳與腿的結合

right leg Front

右腿正面圖

① 馬鐙形的足踝將腿和腳分離

Stirrup shape separating foot from leg @ ankles

heel

toes

The bones lo/hi

和腳一樣，腳趾的輪廓也呈立方體。先用棱角分明的輪廓來營造出腳趾的力度和立體感，然後再勾勒出腳趾邊緣的球狀輪廓。

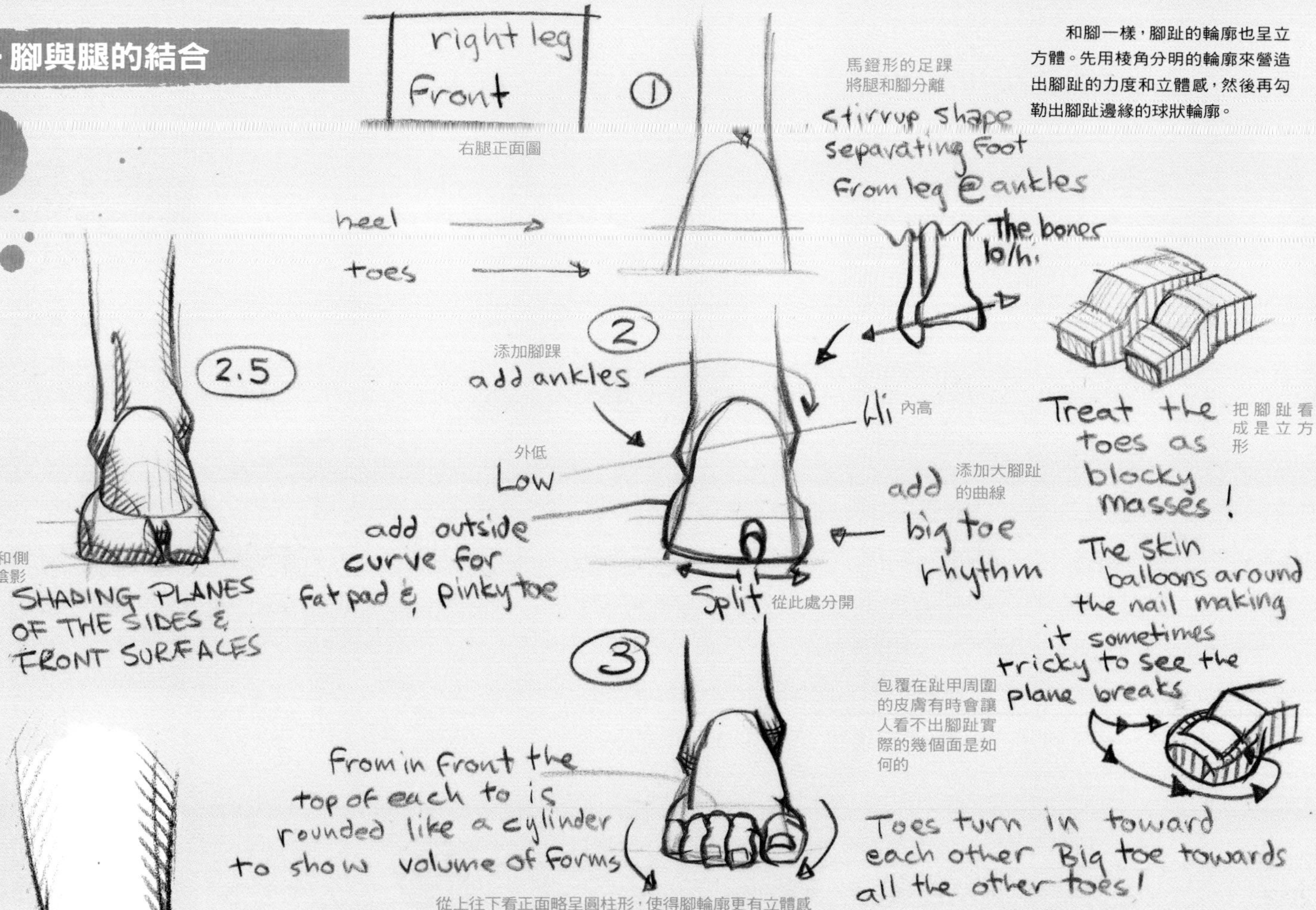

② 添加腳踝 add ankles

Hi 內高

外低 Low

add outside curve for fat pad & pinky toe

添加大腳趾的曲線 add big toe rhythm

Split 從此處分開

Treat the toes as blocky masses! 把腳趾看成是立方形

2.5

給正面和側面添加陰影 SHADING PLANES OF THE SIDES & FRONT SURFACES

The skin balloons around the nail making it sometimes tricky to see the plane breaks

包覆在趾甲周圍的皮膚有時會讓人看不出腳趾實際的幾個面是如何的

③

From in front the top of each to is rounded like a cylinder to show volume of forms

從上往下看正面略呈圓柱形，使得腳輪廓更有立體感

Toes turn in toward each other Big toe towards all the other toes!

其餘四趾靠向大腳趾，大腳趾向內靠向四趾

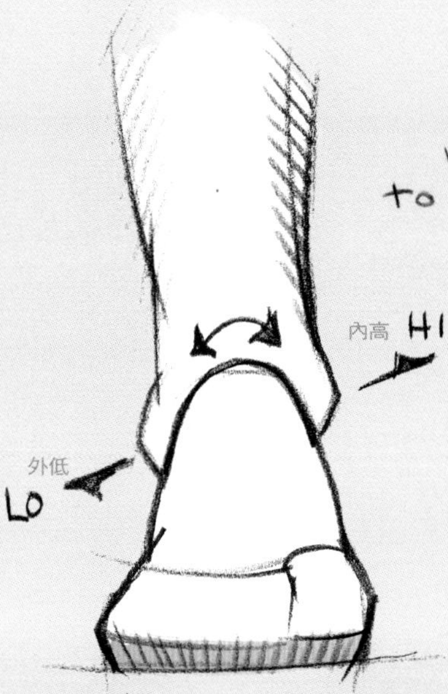

內高 HI

外低 LO

腳踝可以被視作為一個馬鐙，這樣能幫我們理解腳踝內外之間的關係。另外，內腳踝要高於外腳踝。

“先畫光著的腳，這樣能夠幫你排除腳的干擾，準確地畫出腳的形狀和比例。”

在腳拱起時會離地，不過此時其他的趾頭仍與地面保持接觸。拇趾向內指向其餘四趾，其餘四趾也略彎向拇趾。

不要忘了，腳是一個不規則的六面體，多練習這個六面體輪廓能讓你的畫作更立體更扎實。

腳畫好了之後，就要考慮怎樣把它和人物結合起來了。現在我們就來看腳和踝、腿之間的關係。上圖所示的是把正面的右腳與右腿結合起來的步驟。

腳踝是連接腳和腿的關節，它的內側要高於外側。為了方便繪畫，我們可以把腳踝看成是一個馬鐙的形狀。

畫腳是讓許許多多畫家都頭疼的一件事。有些畫家透過添加烟霧將其掩蓋，有些則是用剪影取而代之，有些甚至直接把這一部分剪掉不畫。但是，要知道一雙腳能為人物增添多少的生氣啊！在人物的表現力上，手腳可是絲毫不遜於臉部表情。

正是因為腳本身以及腳部動作的複雜棘手，使得腳成了畫家繪畫時的第二或者第三重點。在早期學畫時就掌握好怎麼畫腳會對你日後的繪畫事業有著極大地幫助，要知道，並不是所有的畫家都知道該怎麼畫好“舉足輕重”的雙腳的。

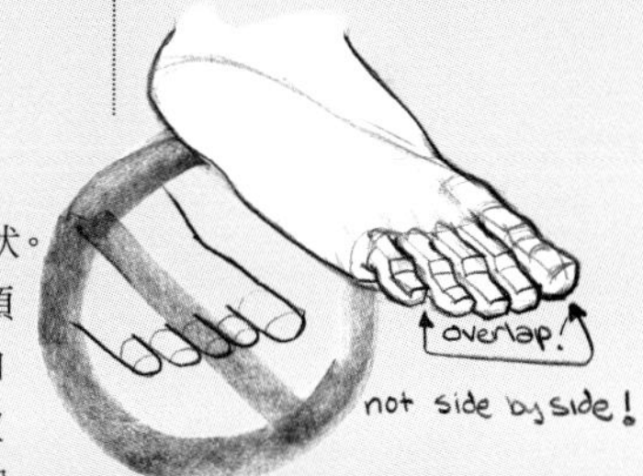

畫腳部的側面圖時，要使腳趾間有些相互重疊，這樣可以避免使腳趾們看上去像一掛香蕉。

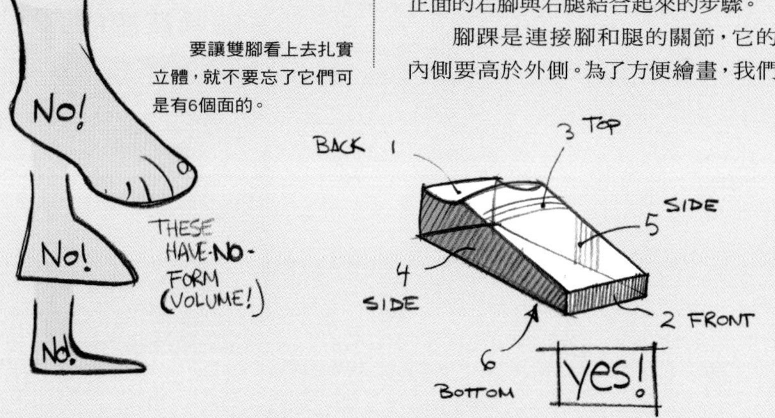

要讓雙腳看上去扎實立體，就不要忘了它們可是有6個面的。

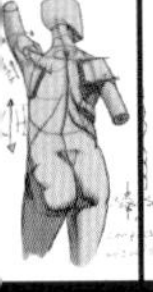

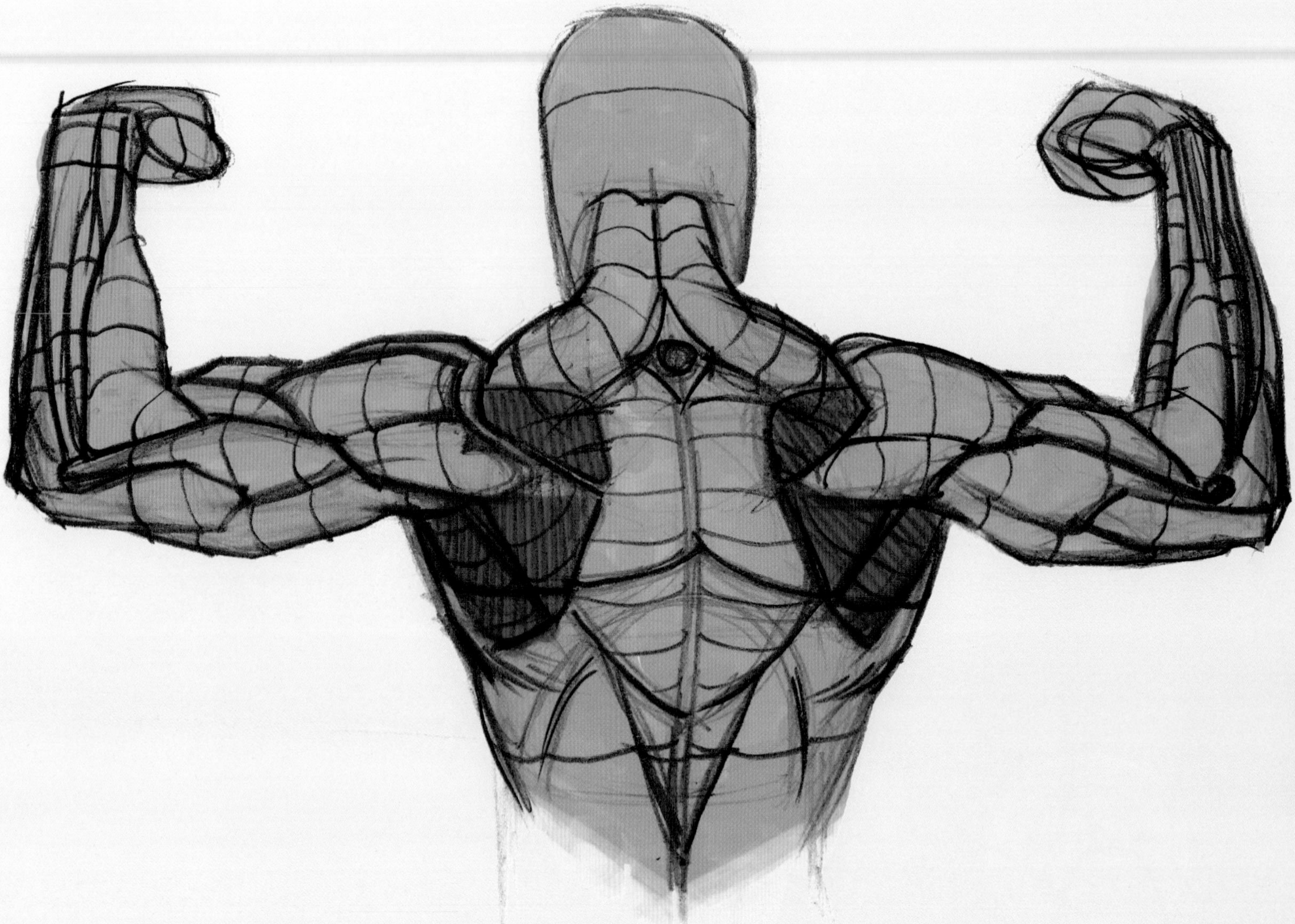

第八節

肩膀與上臂

別為複雜的肌肉活動分神而忘瞭解剖繪圖的要領。

前面幾節，你學習了軀幹和腿部的骨骼與肌肉結構，接下來瞭解上臂以及肩膀的描繪。肩膀是身體較為複雜的部位。我們從骨骼結構入手，瞭解肩胛骨和肱骨的形狀，特別是肩胛骨邊緣的形狀和肱骨兩頭的形狀。“皮之不存，毛將焉附。”不瞭解骨骼位置形狀，就談不上如何畫好肌肉。

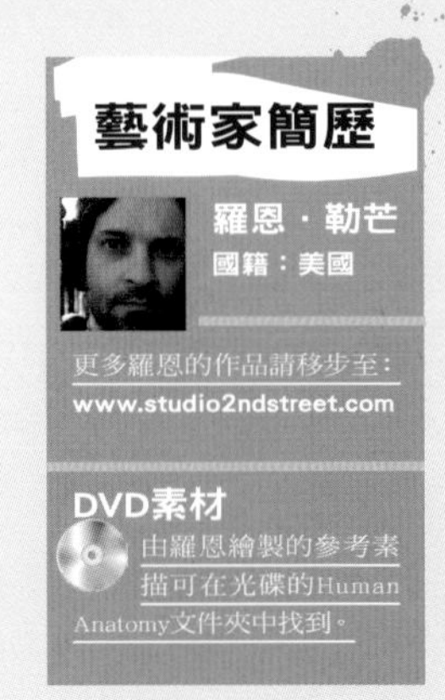

藝術家簡歷

羅恩・勒芒
國籍：美國

更多羅恩的作品請移步至：
www.studio2ndstreet.com

DVD素材

由羅恩繪製的參考素描可在光碟的Human Anatomy文件夾中找到。

骨骼與肌肉之間的關係

肩膀與上臂肌肉的活動密切相關。

描繪肩膀與上臂的前幾個步驟與畫其他部位步驟相同，首先畫好人物的姿態草圖，其次重點勾勒你感覺不錯的動作曲線，然後添加細節潤色等等。

畫人體時，不僅需要瞭解肌肉的結構，也需要明白肌肉之下的骨骼結構，這樣才能更準確地表現肌肉走向、位置和活動方式。反之，如果忽視了骨骼重要性，那肌肉也會失去生氣，缺乏分量感，甚至可能與你要表現的姿態背道而馳。

肩膀結構

肩膀在胸腔之上，並與胸骨上的鎖骨構成手臂的軸心。這也意味著手臂能夠做出的許多動作都是在胸腔以上完成的。

在畫手臂與身體關係時，最主要的就是找準肩膀是如何活動，避免動作看上去太過僵硬。比如，手臂彎曲準備投擲時，肩膀會移向胸腔後方；手臂在投擲完成後，肩膀又會回到胸腔前方；手臂高舉過頭時，肩膀則很靠近耳朵。

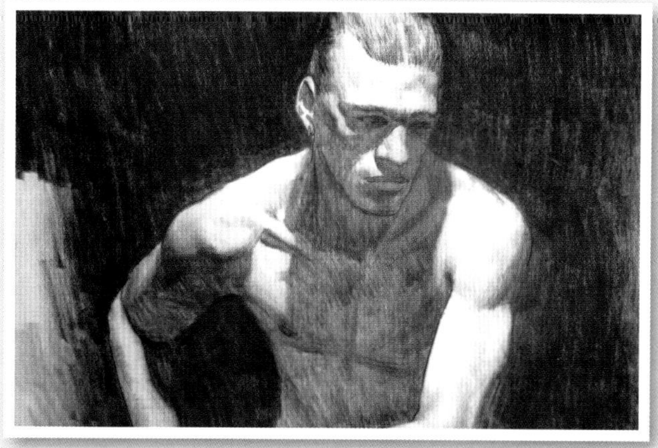

所示圖片很好地展示了上臂與肩膀的形態關係。注意對比圖中體前左臂和體後右臂之間肌肉的差別，同時思考該圖是如何展示骨骼與肌肉的活動以及它們與光影、皮膚的互動。

1·手臂的三個基本位置

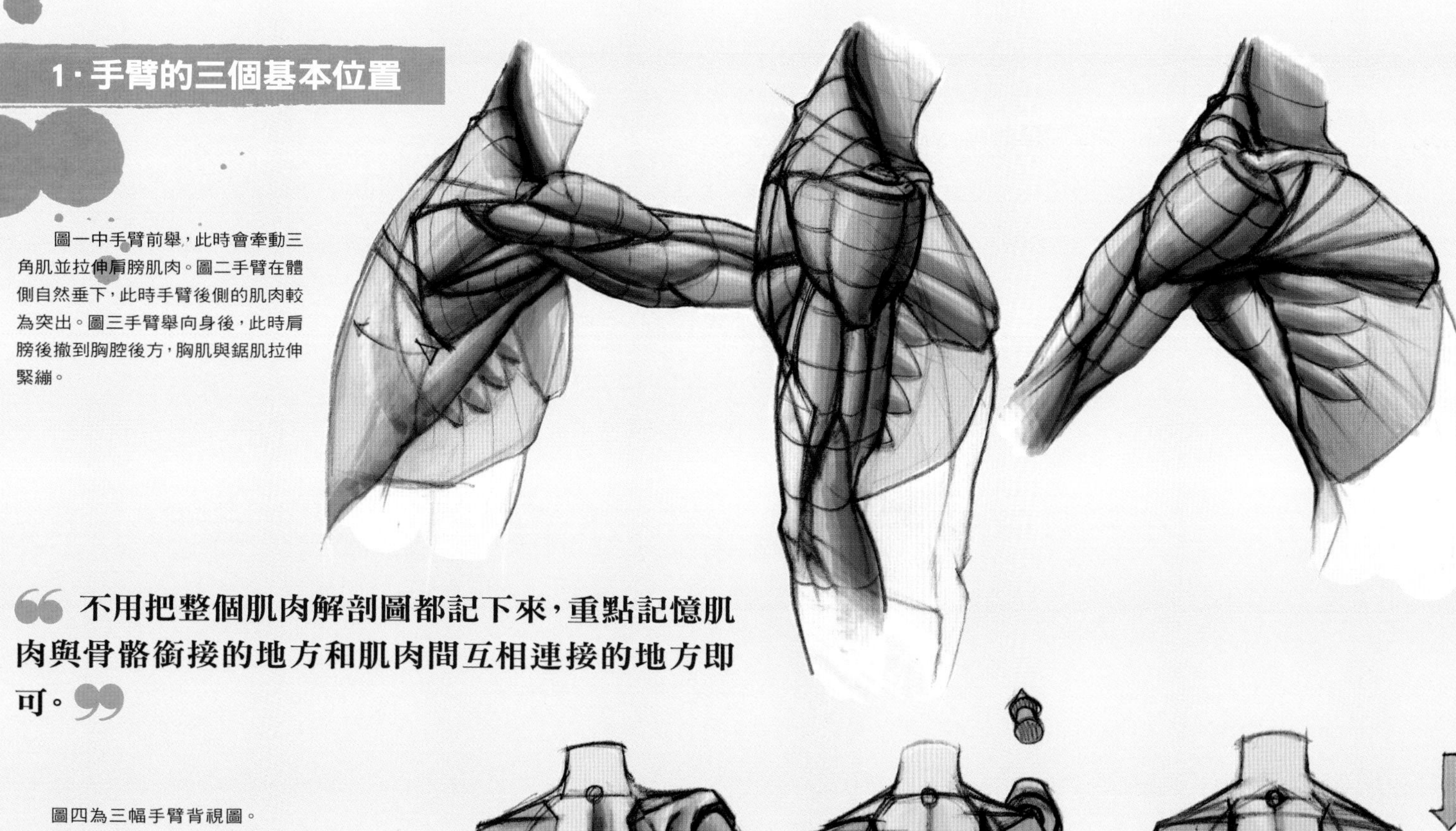

圖一中手臂前舉，此時會牽動三角肌並拉伸肩膀肌肉。圖二手臂在體側自然垂下，此時手臂後側的肌肉較為突出。圖三手臂舉向身後，此時肩膀後撤到胸腔後方，胸肌與鋸肌拉伸緊繃。

“不用把整個肌肉解剖圖都記下來，重點記憶肌肉與骨骼銜接的地方和肌肉間互相連接的地方即可。”

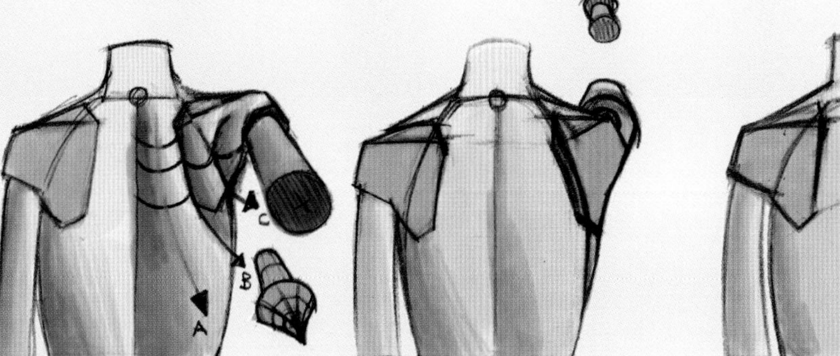

圖四為三幅手臂背視圖。第一幅中的A線代表著脊椎和肩胛骨之間的菱形肌和斜方肌。B線則代表著鋸肌後面肩胛骨下所形成的皺褶紋。C線則是肩膀肌肉中間與之相垂直的線。

2·肌肉的透視與動態

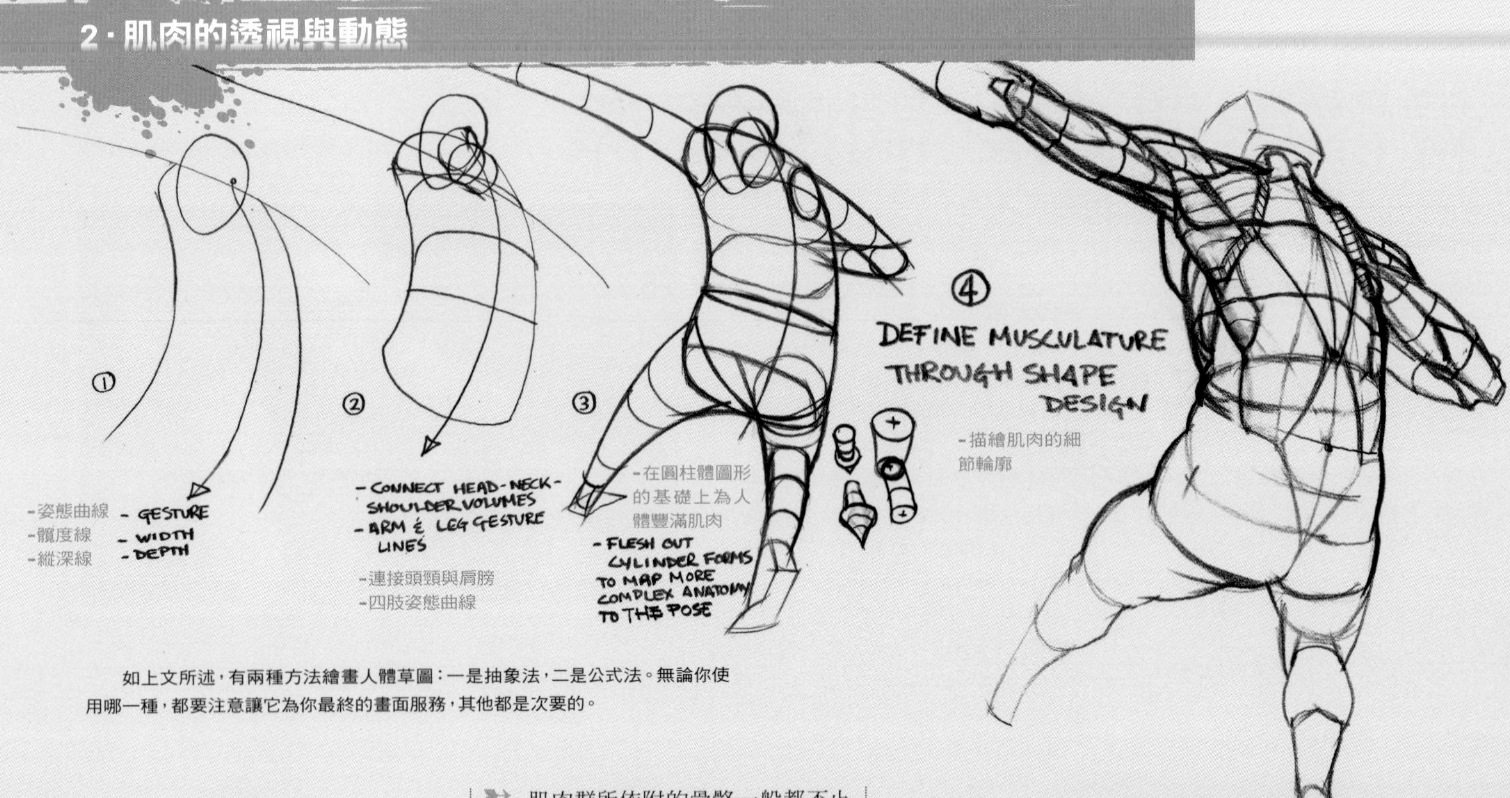

如上文所述，有兩種方法繪畫人體草圖：一是抽象法，二是公式法。無論你使用哪一種，都要注意讓它為你最終的畫面服務，其他都是次要的。

肌肉群所依附的骨骼一般都不止一根。比如，肩膀靠近軀幹的部分與肩胛骨和鎖骨相連，靠近手臂的那部分則又連接著肱骨。

而上臂的肌肉群都與肱骨和肩胛骨相連，同時又都在前臂的尺骨橈骨處戛然而止。手足上的肌肉則是個例外，這些部位上的肌肉只依附在一根骨頭上，除此以外其他的肌肉群連接著至少兩個不同的骨骼群。

肩膀的肌肉起於肩胛骨脊椎邊緣，終於肱骨的前三分之一處。鋸肌位於肩胛骨和胸腔下方，手臂附近呈小塊突起的肌肉。這組肌肉可以幫助你的上臂向內或向外活動，特別是在兩手交叉時。

3·找好手臂肌肉的起承轉合

“在描繪手臂與軀幹的銜接處時，為了避免使肩膀看起來僵硬，我們需要找準肩膀的活動。”

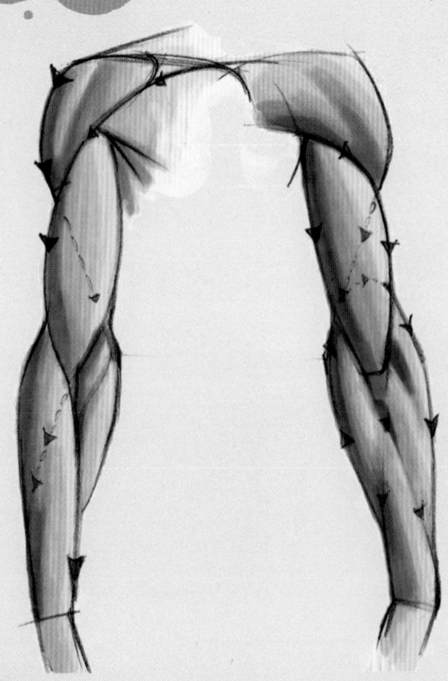

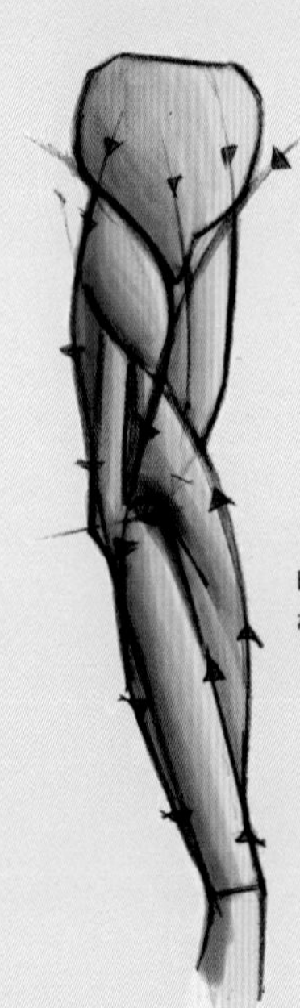

如圖所示的線條為各肌肉之間所形成的曲線，這些曲線使肌肉的輪廓協調，韌帶、骨骼和肌肉的活動自然流暢。

4·用幾何圖形勾畫人體

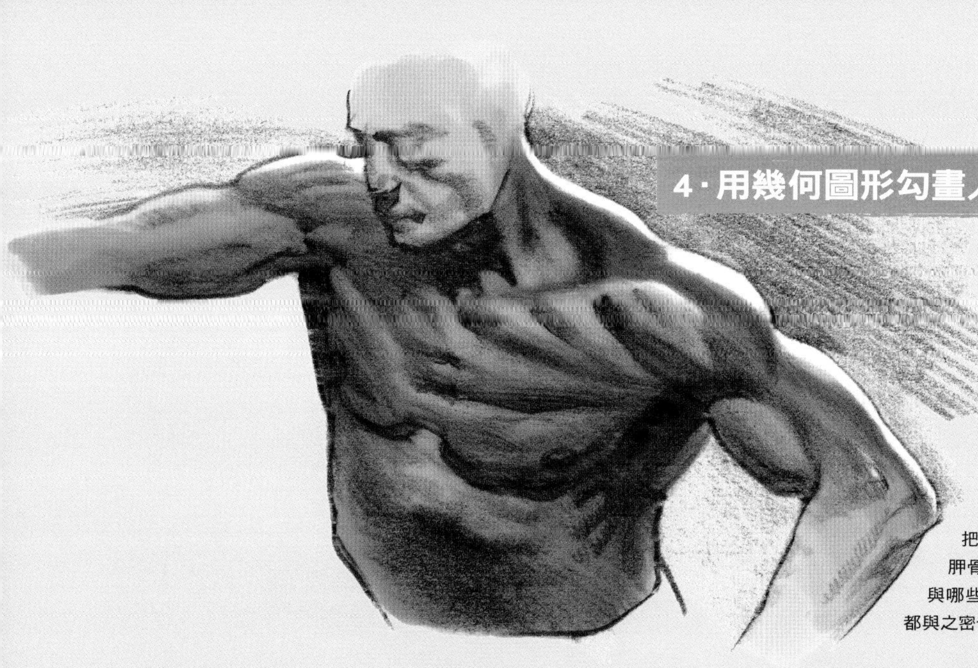

為了理解記憶各種肌肉的形狀位置，你可以用簡單的幾何圖形把它們畫下來，或者採用其他方法將它們記下來。這裡為你展示了肩胛骨上的4塊肌肉，以便你能夠更清楚地瞭解它們的形狀、起止點及與哪些骨骼肌肉相連。這些內容很重要，因為背上的陰影、凸起和高光都與之密切相關。

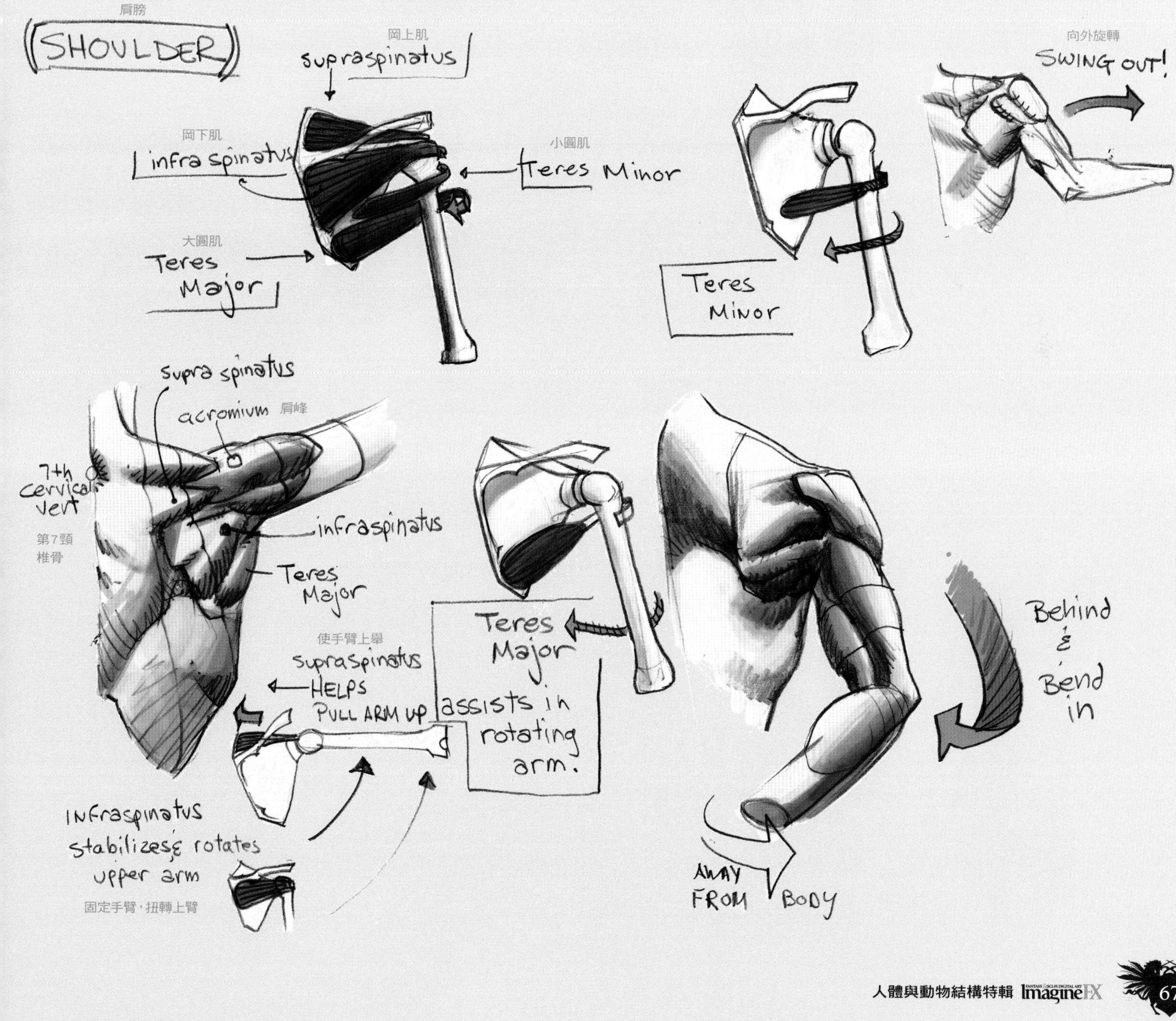

肩膀
SHOULDER

岡上肌
supraspinatus

岡下肌
infra spinatus

小圓肌
Teres Minor

大圓肌
Teres Major

向外旋轉
SWING OUT!

Teres Minor

supra spinatus

acromium 肩峰

7th cervical vert
第7頸椎骨

infraspinatus

Teres Major

使手臂上舉
supraspinatus HELPS PULL ARM UP

Teres Major assists in rotating arm.

Behind & Bend in

infraspinatus stabilizes & rotates upper arm
固定手臂，扭轉上臂

AWAY FROM BODY

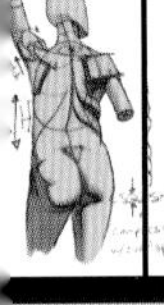

5 · 肌肉的連接、活動和相互作用的方式

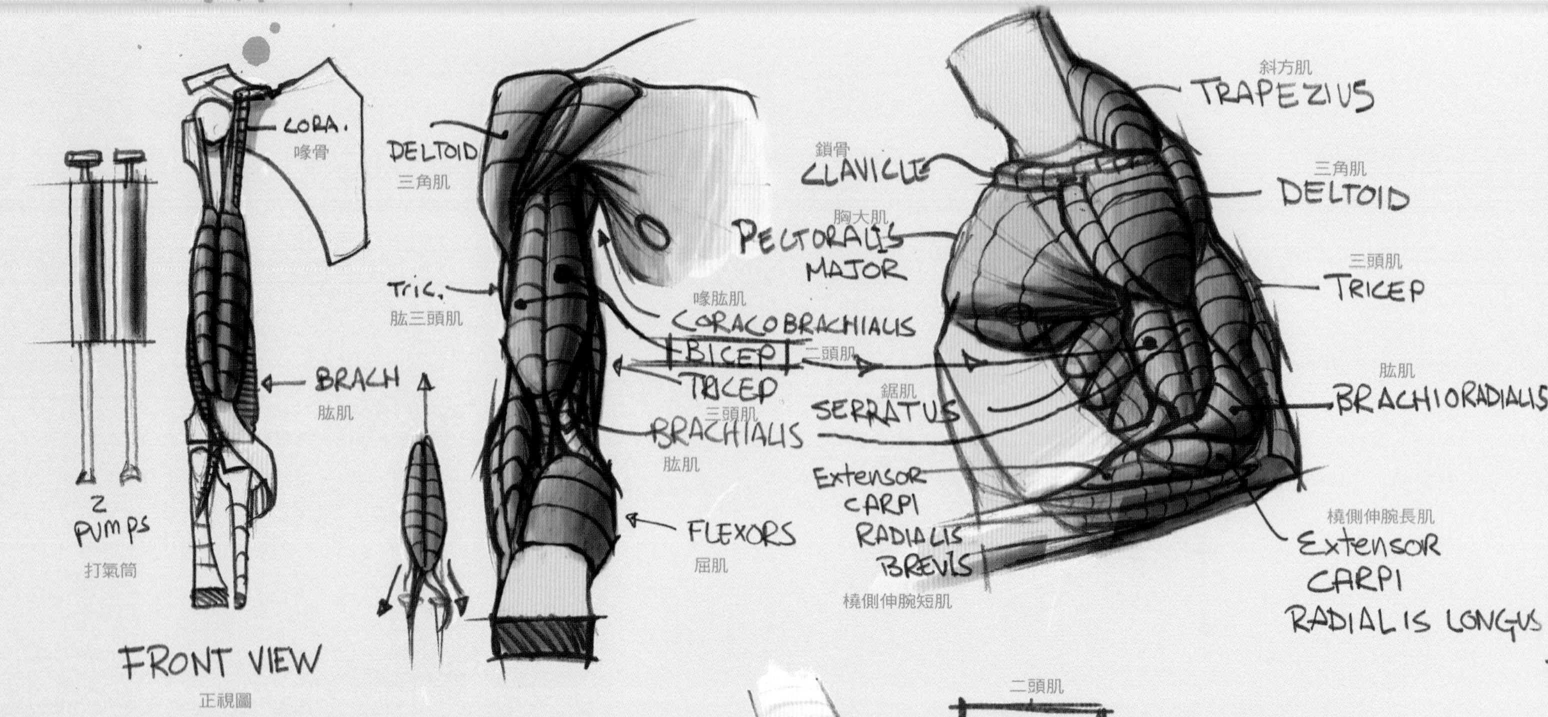

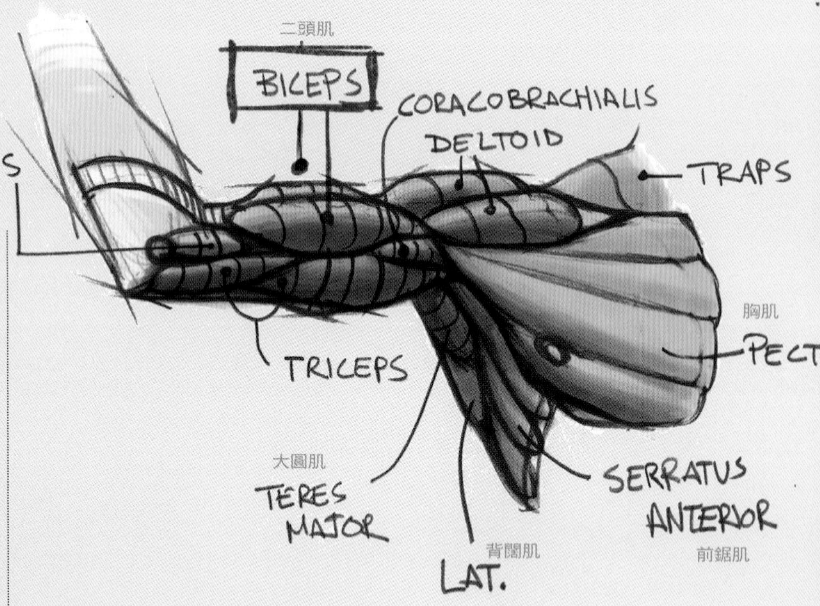

三角肌覆蓋了一部分鋸肌，並包裹著手臂的頂端，它的作用是使手臂能夠繞肩頭轉動。此外，肱骨的上半部分是二頭肌和三頭肌；二頭肌負責伸展手臂，三頭肌則負責收回或者彎曲手臂。

關於肌肉的分布，有一點需要注意：不要把肌肉解剖圖上的每塊肌肉都記下來，著重記憶肌肉與骨骼銜接的地方和肌肉間互相連接的地方即可。學習肌肉的作用和活動方式，並將肌肉分組觀察，可省去不少的時間和精力。

下圖中一側的手臂擺在身體後方，在背上形成幾道褶痕。這些褶痕沿斜肌而下，處在鋸肌和肩胛骨的下方，與背闊肌和菱形肌相交，與肌肉頭的紋理相垂直。

只畫活動中的肌肉，畫時注意不要把肌肉畫成像解剖圖上的一樣。

STRETCH
stretch
SQUISH
or
Compress
w/overlap

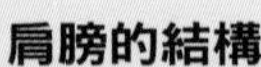

肩膀的結構

肩膀和上臂的美術解剖學原理，只須畫出這些部位活動中的肌肉，畫時避免將肌肉畫成解剖圖：一般人的肌肉並不是那個樣子的，即便是健美先生也不例外。解剖學專家們根據人體構造繪製出的解剖圖的確對繪畫有一定幫助，對此，應對他們表示感謝。但有一點不能忘記一解剖圖都是以醫學上的理想構造為藍本繪製，而現實生活中的人高矮胖瘦、肌肉結構大小各不相同，這是由個人的飲食結構、生活習慣以及其他因素的差異所造成的。解剖圖只是提供給我們一個理想人體的參照，表現生活中各色人物則還需要你透過自己的觀察並結合繪畫原則去摸索。

繪畫的一些法則會隨著個人的習慣不同發生改變，正如我們每個人都有獨特風格，每個人的繪畫方法也是獨一無二的。

要讓你筆下的主人公動作更逼真生動，既要瞭解每條手臂和每條腿，又要深入瞭解它們的各個部位。把各個部位拆分研究，然後再去記憶這一部位的相關信息，幫助你更輕鬆地消化繪畫各

7·肌肉與皮膚的關係

下圖是肩膀的前視圖和後視圖。左圖顯示，肌肉紋理垂直的地方皮膚會出現皺褶（A線是肩胛肌肉紋理垂直線，B線是菱形肌和肩胛交錯線）。右圖顯示，肩胛上的肌肉隨人物動作而伸展。

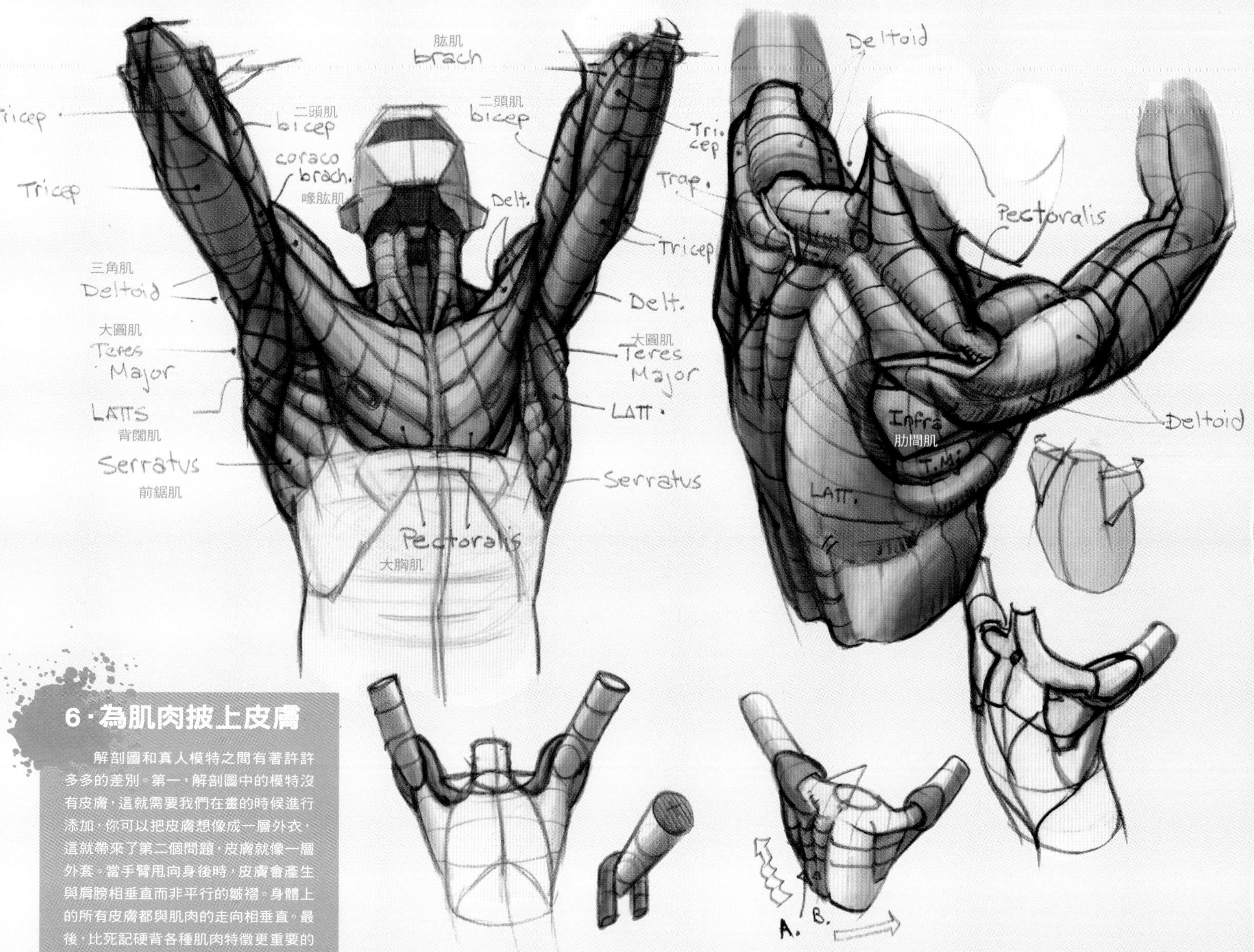

6·為肌肉披上皮膚

解剖圖和真人模特之間有著許許多多的差別。第一，解剖圖中的模特沒有皮膚，這就需要我們在畫的時候進行添加，你可以把皮膚想像成一層外衣，這就帶來了第二個問題，皮膚就像一層外套。當手臂甩向身後時，皮膚會產生與肩膀相垂直而非平行的皺褶。身體上的所有皮膚都與肌肉的走向相垂直。最後，比死記硬背各種肌肉特徵更重要的是知道怎麼畫它們。一幅解剖圖會告訴你人體肌肉是怎樣活動運轉的，但實際中只有活動的肌肉才會凸現出來，為肉眼所見。而肌肉休息時，會與身體其他部分融為一體，難以分辨。

個部分的要領。

解剖學是一門龐雜的學科，但是一旦入了門就不難學習。勤加練習，手酸了，歇一歇，然後再繼續練習。要知道取得繪畫進步的關鍵就在於練習時間的多寡。加油吧！

圖片顯示肩膀的正面圖和俯視圖。注意三角肌、胸肌、鋸肌、腹肌和斜肌是怎樣銜接和以肩膀為核心向盆骨和身體兩側伸展發散。把三角肌想像成一條蓋在肩膀上的毛巾，看看它在正視圖和俯視圖中是怎樣附著在手臂頂端。

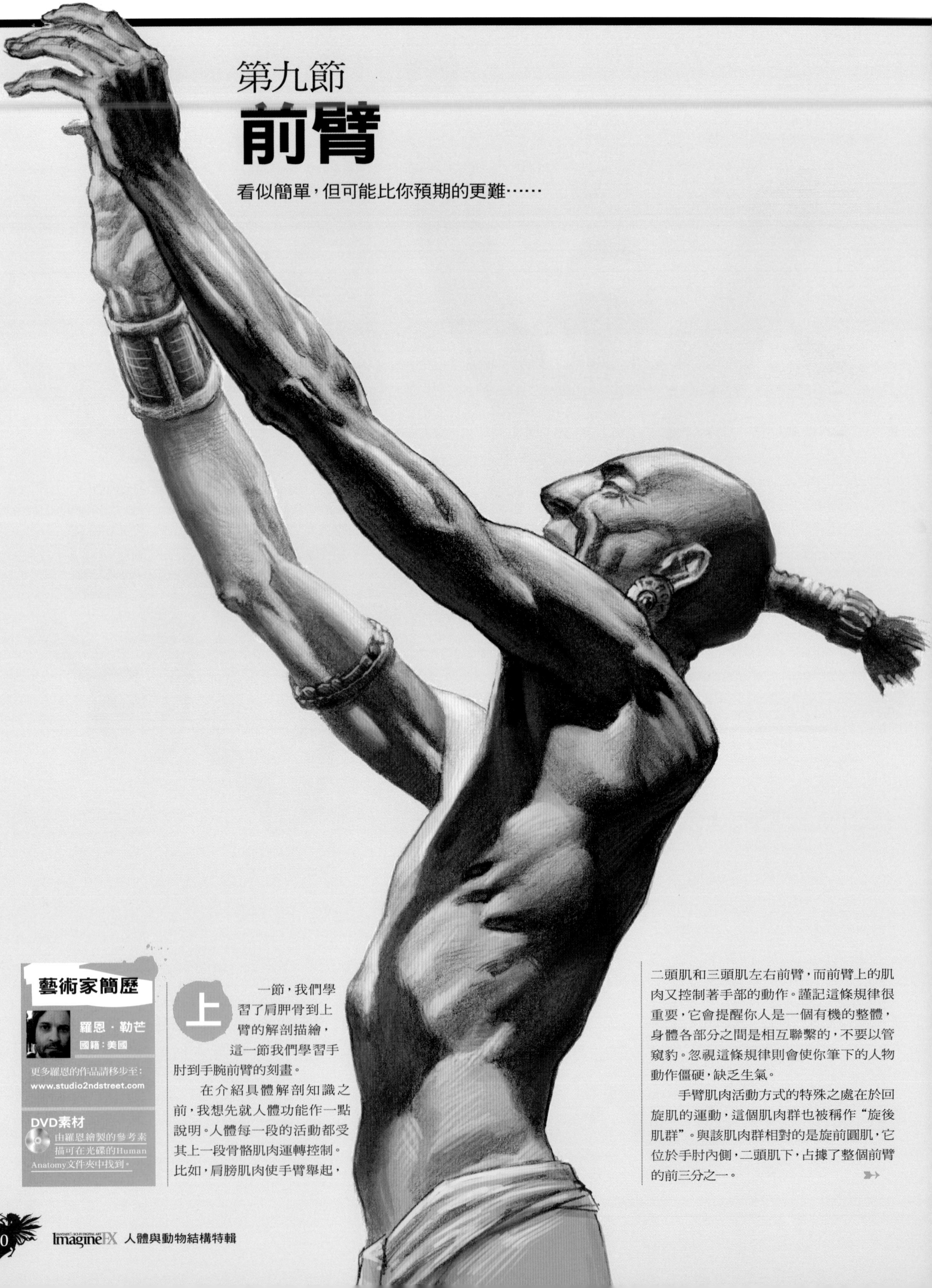

第九節

前臂

看似簡單，但可能比你預期的更難……

藝術家簡歷

羅恩．勒芒
國籍：美國

更多羅恩的作品請移步至：
www.studio2ndstreet.com

DVD素材
由羅恩繪製的參考素描可在光碟的Human Anatomy文件夾中找到。

上一節，我們學習了肩胛骨到上臂的解剖描繪，這一節我們學習手肘到手腕前臂的刻畫。

在介紹具體解剖知識之前，我想先就人體功能作一點說明。人體每一段的活動都受其上一段骨骼肌肉運轉控制。比如，肩膀肌肉使手臂舉起，二頭肌和三頭肌左右前臂，而前臂上的肌肉又控制著手部的動作。謹記這條規律很重要，它會提醒你人是一個有機的整體，身體各部分之間是相互聯繫的，不要以管窺豹。忽視這條規律則會使你筆下的人物動作僵硬，缺乏生氣。

手臂肌肉活動方式的特殊之處在於回旋肌的運動，這個肌肉群也被稱作“旋後肌群”。與該肌肉群相對的是旋前圓肌，它位於手肘內側，二頭肌下，占據了整個前臂的前三分之一。

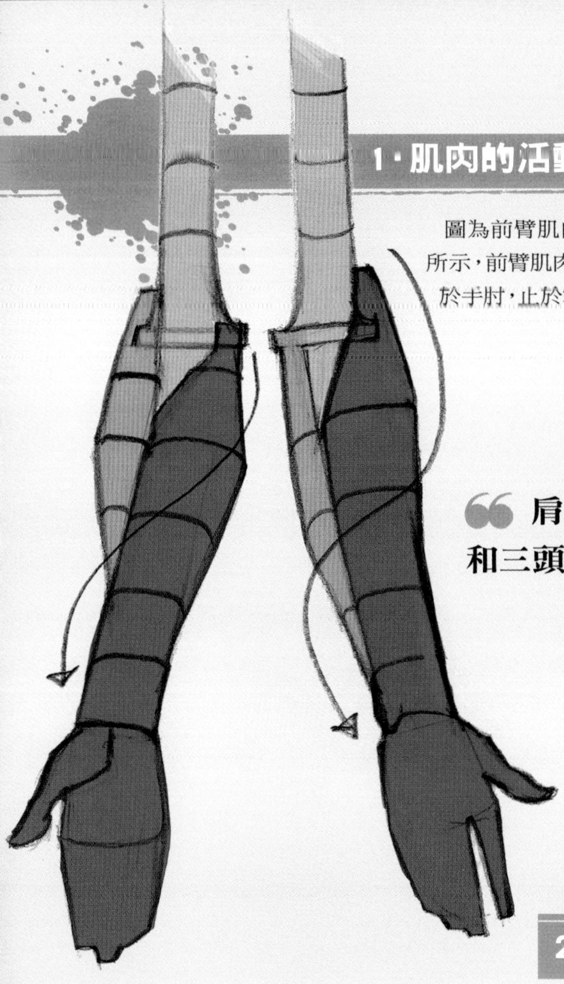

1·肌肉的活動

圖為前臂肌肉在骨骼上的走向圖。如圖所示，前臂肌肉群的起止點基本相同一起於手肘，止於掌或指尖。

“肩膀肌肉使手臂舉起，二頭肌和三頭肌左右前臂。”

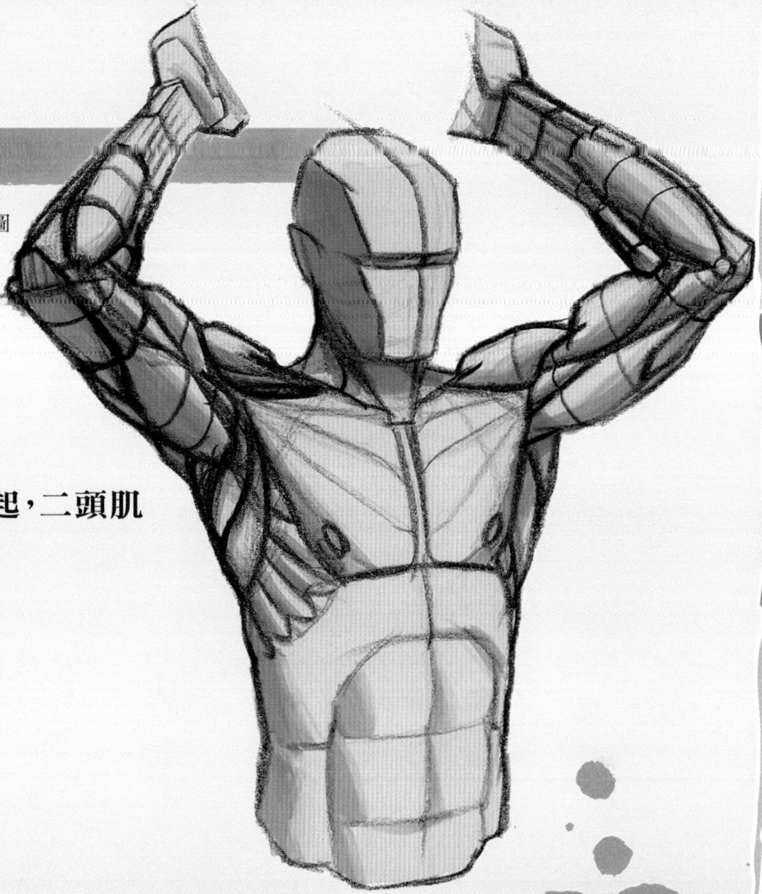

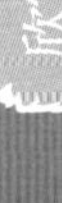

2·鏈條形的手臂肌肉

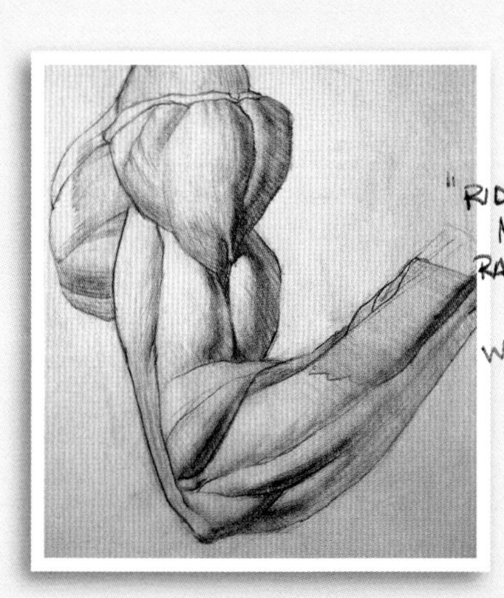

圖片中的手臂肌肉作了誇張處理，以便於更清晰地展現肌肉的形狀和輪廓。

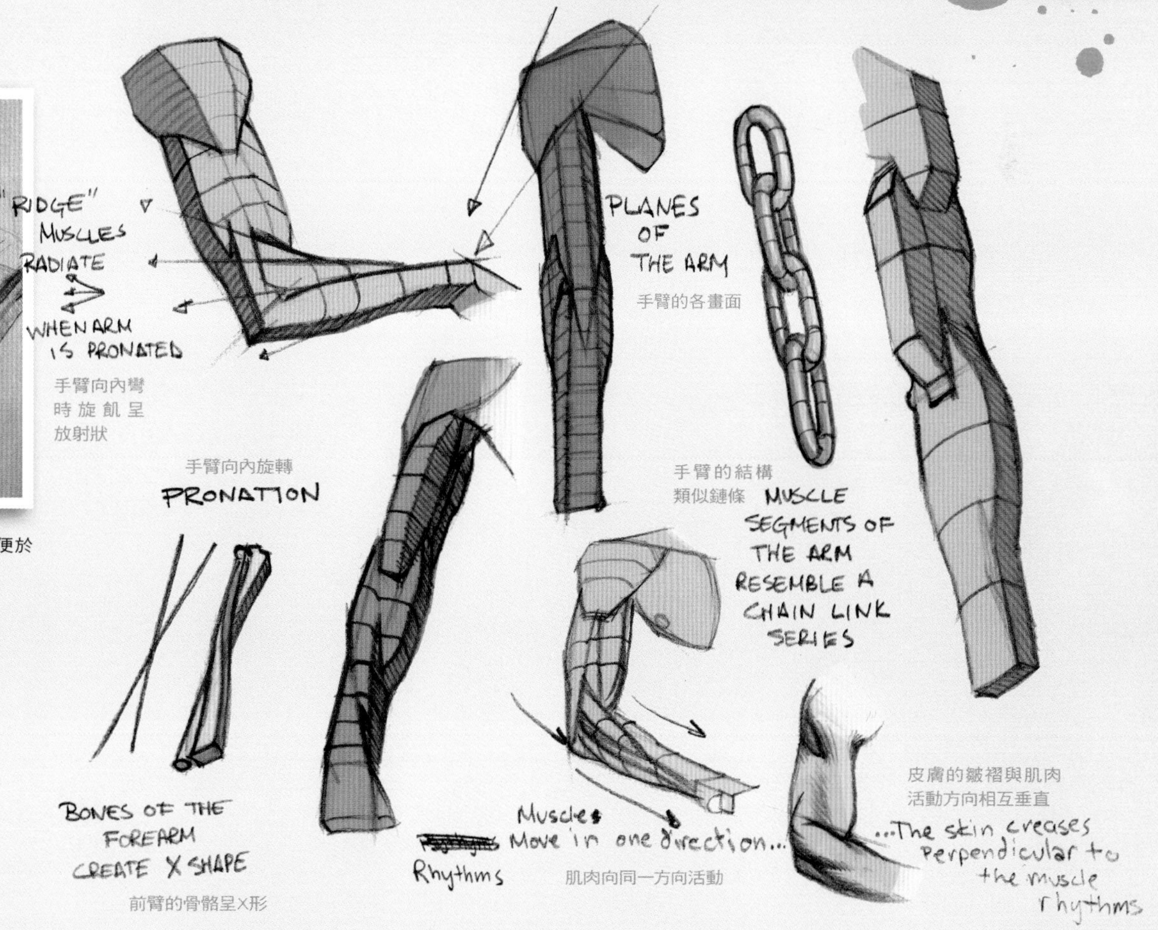

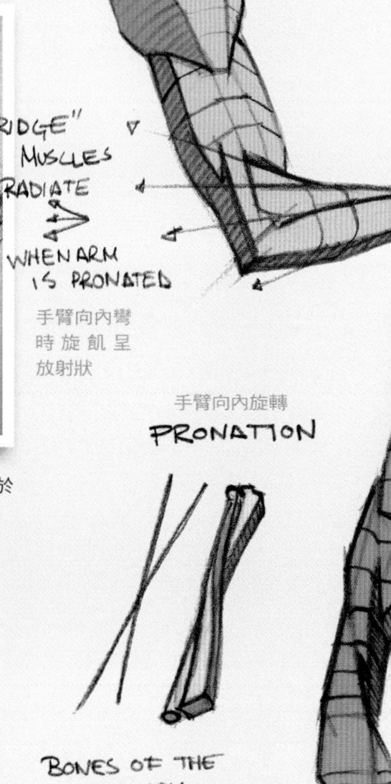

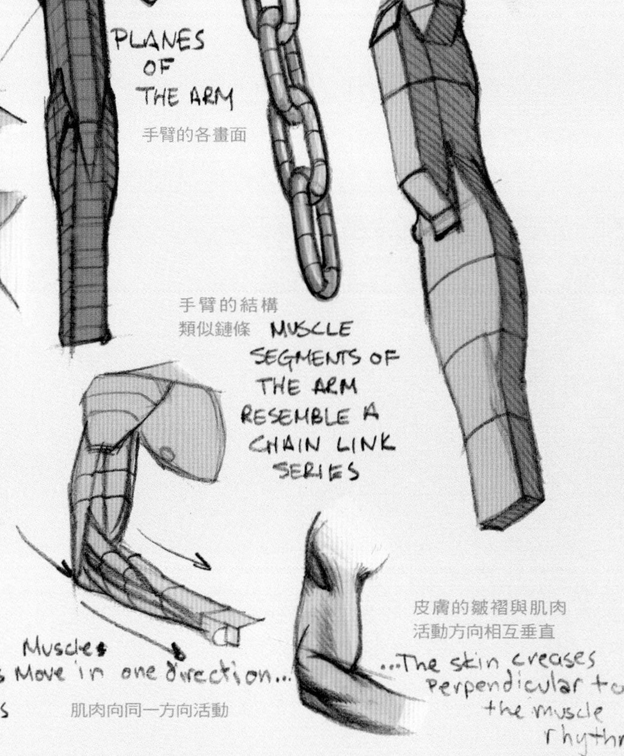

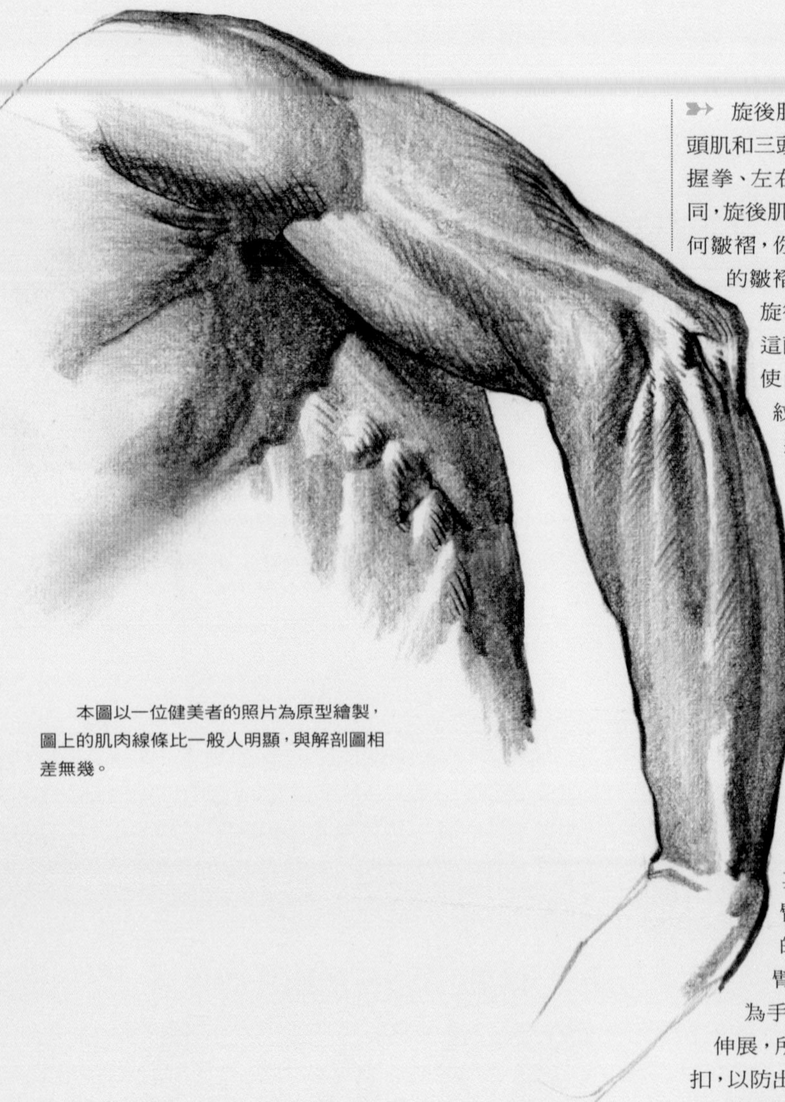

本圖以一位健美者的照片為原型繪製，圖上的肌肉線條比一般人明顯，與解剖圖相差無幾。

旋後肌起於肱骨的三分之一處，二頭肌和三頭肌之間，它能夠讓手舒展、握拳、左右旋轉。與我們通常所見不同，旋後肌在手臂彎曲時並不會產生任何皺褶，你所看到的皺紋是皮膚表層的皺褶，而非旋後肌。我們可以把旋後肌看成纜繩或者活塞——這兩種物體都只能變鬆卻無法使自身折疊。我們說皮膚的皺紋通常與肌肉的皺褶相垂直，這裡也不例外，皮膚隨肌肉的活動形成皺褶，只不過這一塊肌肉的形態除了稍有收縮外並沒有甚麼變化。

當手向內旋轉時，旋後肌會從手臂的外側轉移到手臂的內側。由於旋後肌與拇指下方相接，旋後肌的指向總與拇指一致。另外，旋後肌還使手臂內外側形成了並不對稱的關係。

有一個記憶肌肉位置及其活動方式的辦法，即把手臂看成一串鏈條。每個鏈環的方向都時有變化，同樣，手臂自身的方向也不時變換。因為手臂需要靠自身的肌肉彎折或伸展，所以各個肌肉群必須環環相扣，以防出現任何錯位。下一頁有關於這一點更詳細的介紹。

4·誇張化的骨骼結構

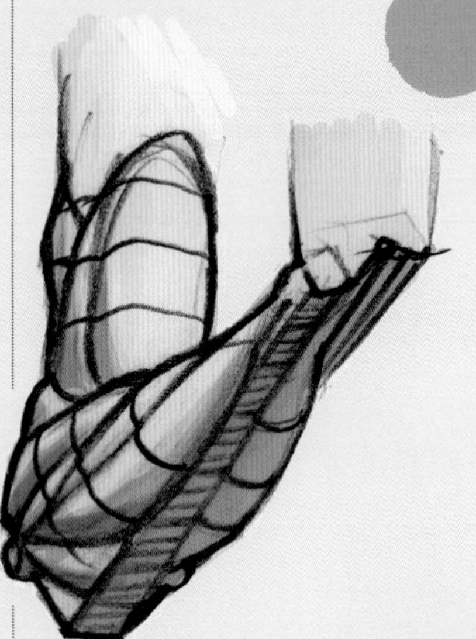

上圖為手臂仰視圖，圖中的尺骨背畫得比較明顯，位於屈肌群和伸肌群之間，從手腕直達手肘。

“與我們經常看到的不一樣的是，旋後肌在手臂彎曲時並不會產生任何皺褶，你所看到的皺紋是皮膚表層的皺褶，而非旋後肌的。”

3·注意肌肉如何改變人體動作

人體活動時，總有一些肌肉會比較緊張，它們的線條也會比不活動的肌肉突出一些。人體解剖圖並非萬能，只有在修正繪畫中的一些問題或簡化複雜的動作姿態時你才需要用到它。

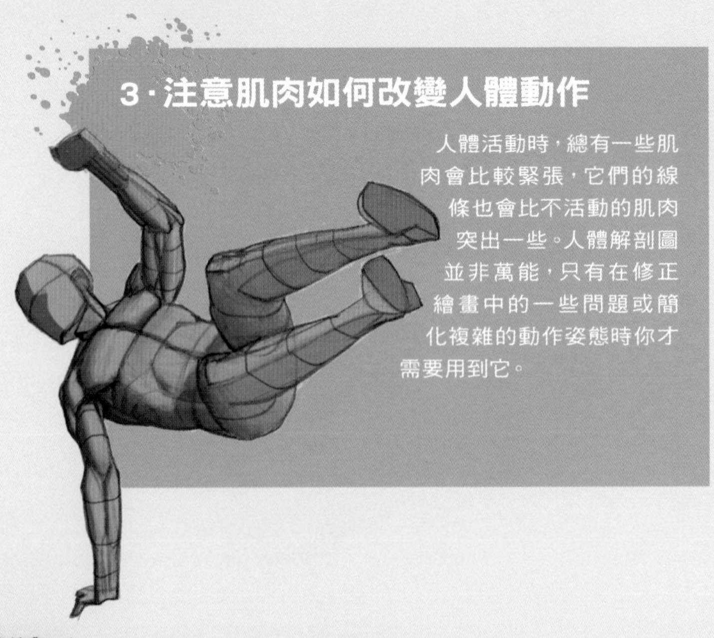

旋後肌

回旋肌肉群與伸肌群和屈肌群相接，在前臂的頭三分之一處交織在一起。其中屈肌群位於手臂內側，負責將手臂向身體內側彎屈。屈肌群中最大塊的肌肉是肱橈肌，它交疊在手臂內側面，而內側面的肌肉又與屈肌群和旋前圓肌相對。

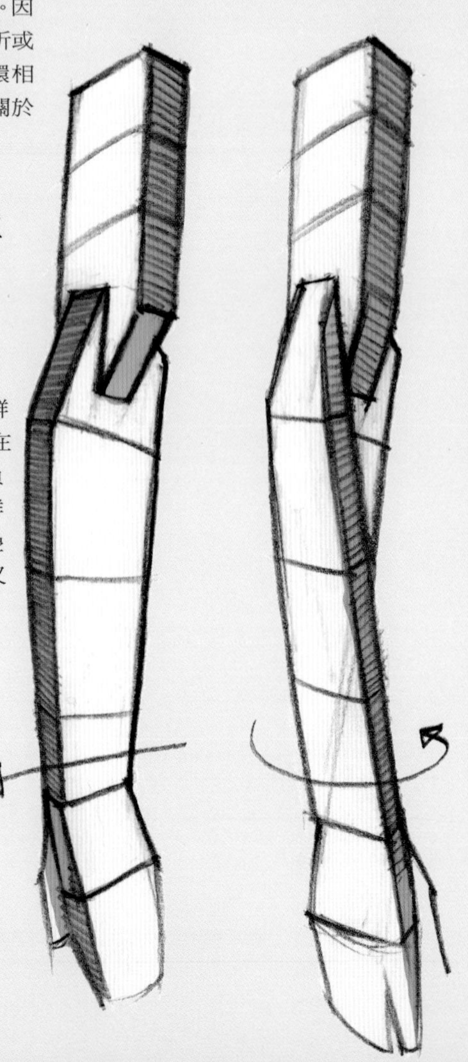

5·銜接各組肌肉

將肌肉分組可以使繪畫變得容易。如下是前臂外在一般結構和內在肌肉組織關係透視示意圖。肌肉關係透視圖中略去了旋前肌以便更清楚地展示伸肌和屈肌如何被骨骼結構分解。

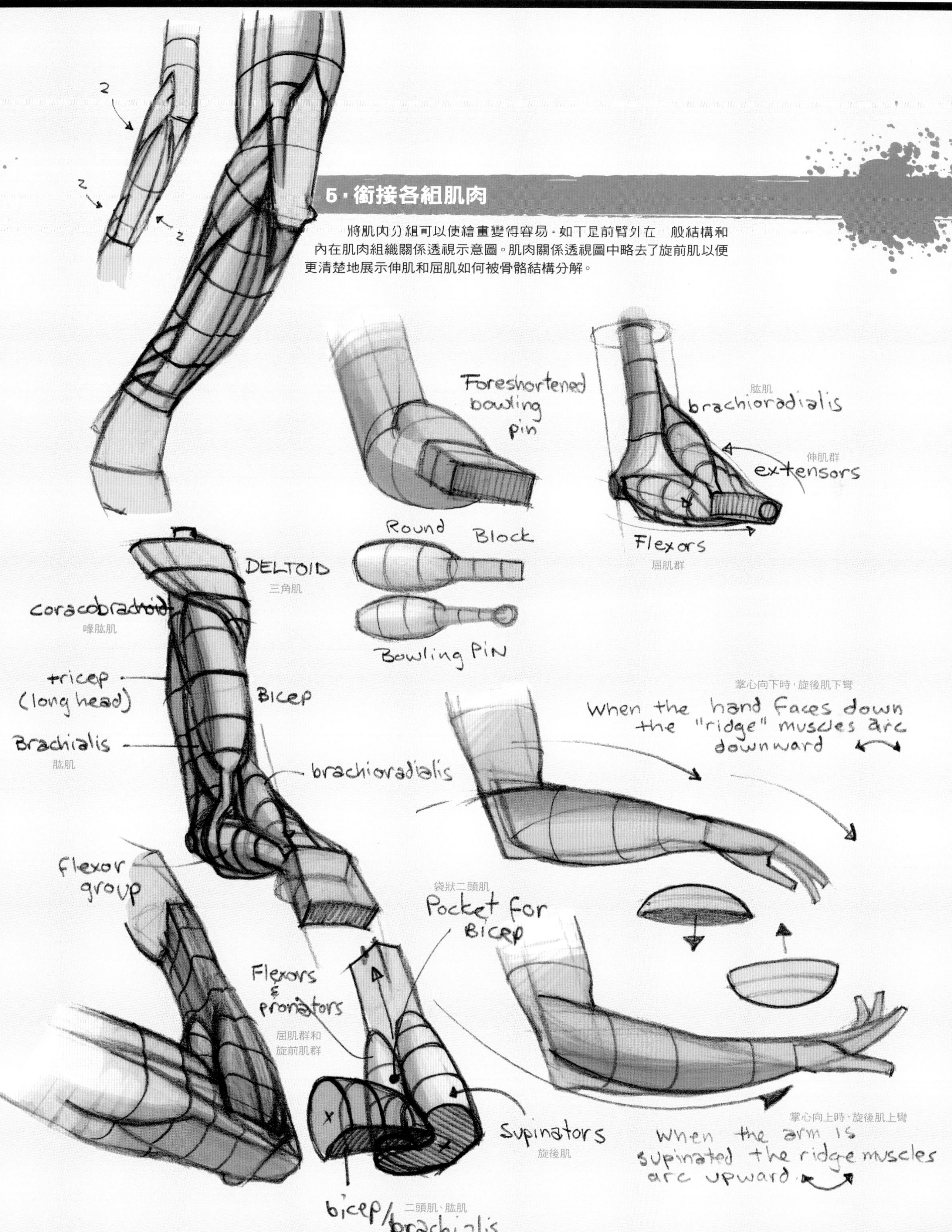

6・肌肉在皮下的活動方式

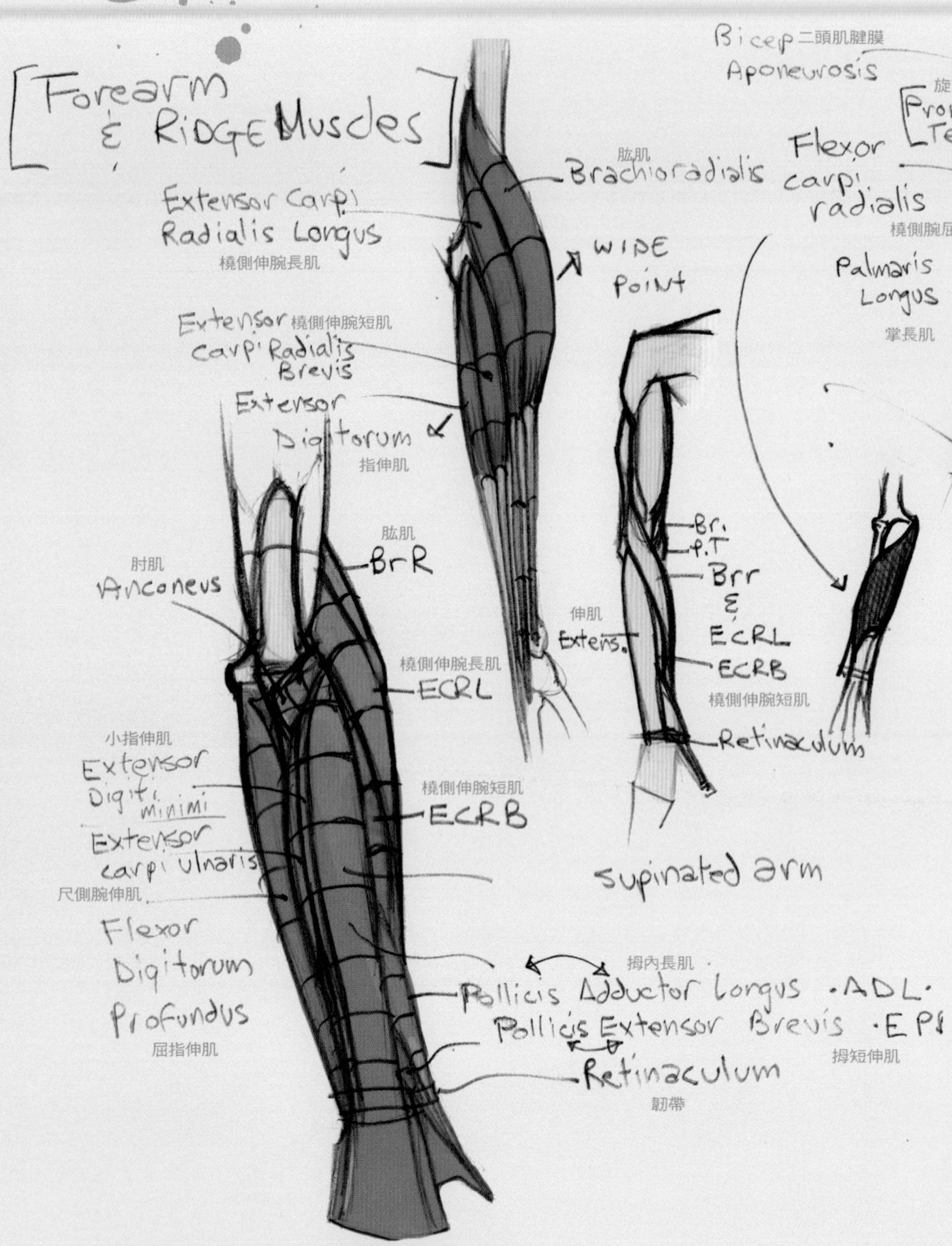

Forearm & RIDGE Muscles

Extensor Carpi Radialis Longus
橈側伸腕長肌

Extensor Carpi Radialis Brevis
橈側伸腕短肌

Extensor Digitorum
指伸肌

Brachioradialis
肱肌

WIDE point

Bicep Aponeurosis
二頭肌腱膜

Pronator Teres
旋前圓肌

Flexor carpi radialis
橈側腕屈肌

Medial epicondyle
肱骨內上甲骨

Brachio radialis
肱肌

Palmaris Longus
掌長肌

Flexor carpi ulnaris

Flexor Digitorum superficialis
屈指淺肌

Anconeus
肘肌

BrR
肱肌

ECRL
橈側伸腕長肌

Extensor Digiti minimi
小指伸肌

ECRB
橈側伸腕短肌

Extensor carpi ulnaris
尺側腕伸肌

Flexor Digitorum Profundus
屈指伸肌

Exten.
伸肌

Br.
P.T
Brr
&
ECRL
ECRB
橈側伸腕短肌

Retinaculum

supinated arm

Pollicis Adductor Longus ·ADL·
拇內長肌

Pollicis Extensor Brevis ·EPB
拇短伸肌

Retinaculum
韌帶

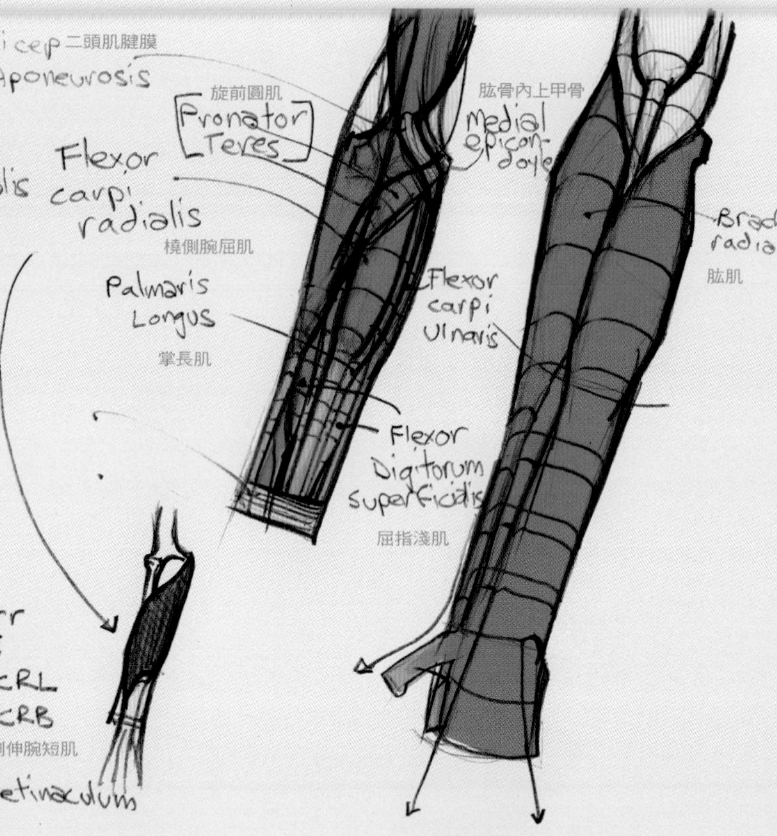

盡可能利用手邊的資料學習美術解剖。這些資料可以是關於肌肉的雜誌，也可以是健身方面的書籍。不要僅僅停留於表面的臨摹，你需要記住肌肉和骨骼的名稱以及它們的結構。接下來就是勤加練習，你可以把那些解剖圖重新繪製一遍，然後再根據記憶將它們的名字標註出。憑藉自己的記憶繪畫可以檢驗你對這些知識的掌握情況。

手臂彎曲時，手肘內側的屈肌群、伸肌群及二頭肌交匯的地方會形成一個袋狀間隙。橈側和尺側腕伸肌同屬於旋後肌群，它們在肘關節處與伸肌群交融，並橫跨整個肘關節。反觀手臂的另一側，尺骨　將伸肌群和屈肌群劃分開來。

屈肌群起於手肘內側肱骨上的凸起——內上髁，橫跨尺骨和橈骨。屈肌群中大部分的肌肉止於指尖，一少部分止於手掌。因為要負責手的彎曲抓握類動作，屈肌群內組成肌肉較多，排列層次也更豐富。

與屈肌群相對的是起於外上髁的伸肌群，它同樣橫跨尺骨和橈骨，終於指尖。不同的是，伸肌群所做的動作與屈肌群恰恰相反，它負責手掌的攤開。另外，伸肌群還是前臂肌肉群中最為活躍的一組。

> **手的動作以彎曲、抓緊物體為主，此處用到的肌肉也更多。**

如果你筆下的人體是超級英雄或者身材健美的人物，可以將手臂內側屈肌群畫成大圓球狀的圖形，而將外側的伸肌群畫成是從肘關節發散出來的一根根管子。

前臂上的所有肌腱在聯接手腕的地方都受韌帶保護，看上去有點像一條腕帶，不過與腕帶不同，這條韌帶一頭連著手掌根部，一頭連著指尖，更好地

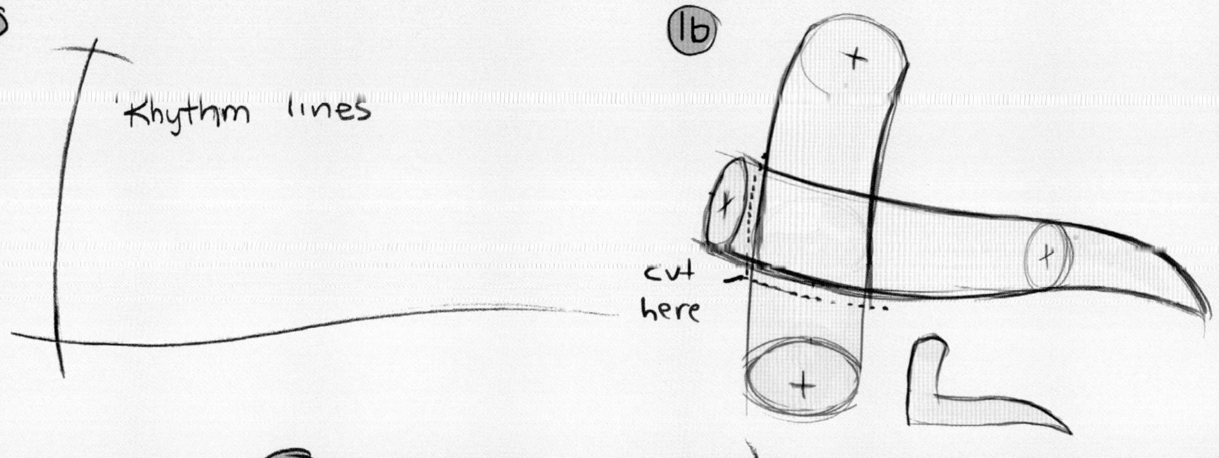

1
Rhythm lines

1b
cut here

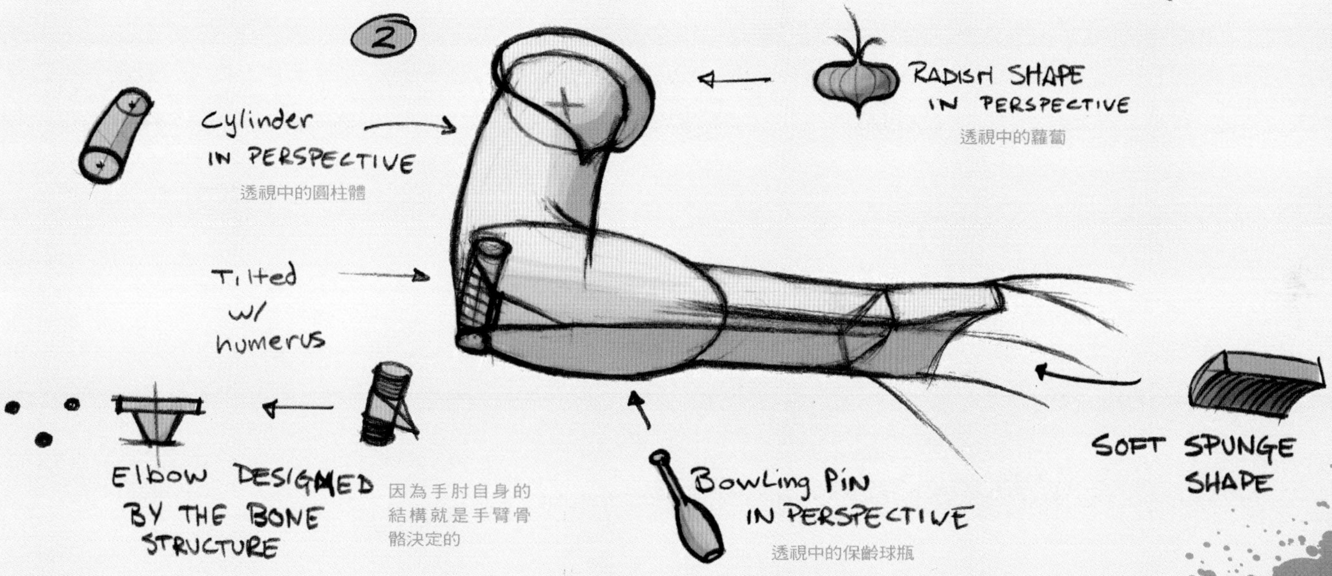

2
Cylinder IN PERSPECTIVE
透視中的圓柱體
RADISH SHAPE IN PERSPECTIVE
透視中的蘿蔔
Tilted w/ humerus
ELbow DESIGNED BY THE BONE STRUCTURE
因為手肘自身的結構就是手臂骨骼決定的
Bowling Pin IN PERSPECTIVE
透視中的保齡球瓶
SOFT SPUNGE SHAPE

7·畫手臂的簡易四步驟

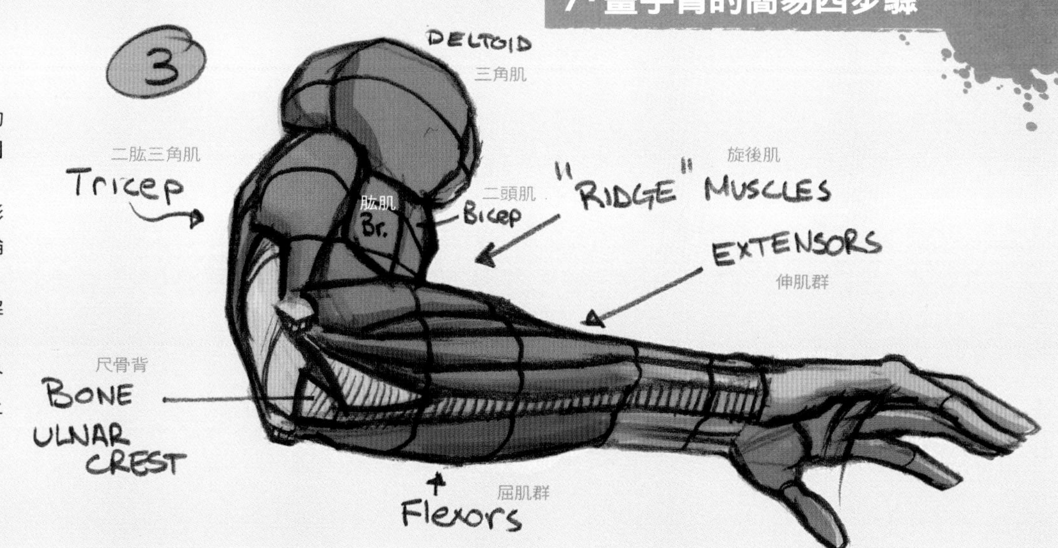

第一步：如圖1所示畫出手臂動作的大致方向，再如圖1b所示用圓柱體畫出手臂的大致輪廓。

第二步：如圖2所示用其它的形狀類比出手臂肌肉的大致形狀輪廓。

第三步：如圖3所示運用美術解剖知識畫出手臂的肌肉骨骼。

第四步（無示意圖）：擦除部分肉眼不可見的肌肉形態，並在其上表現光影。

固定各個肌腱，防止它們移位。

畫手臂時，依然要記得前面提到的法則一起筆將肌肉分成群組而不是單獨的各個肌肉。以肌肉個體為單位畫人體既費時費力，也容易犯見木不見林的錯誤。畫肌肉和畫肌肉群是兩種完全不同的練習，並且在繪畫人體的過程中，後者發揮的作用更顯著。

畫畫講求的並非是各個部分的完美。它是一門強調讓眼睛感受到所見即真實，讓人忘記眼前只是一幅虛假畫面的學問。研究各個部位的做法只是一種手段，而將這些知識融匯到我們對藝術的直覺裡才是最終的目的。

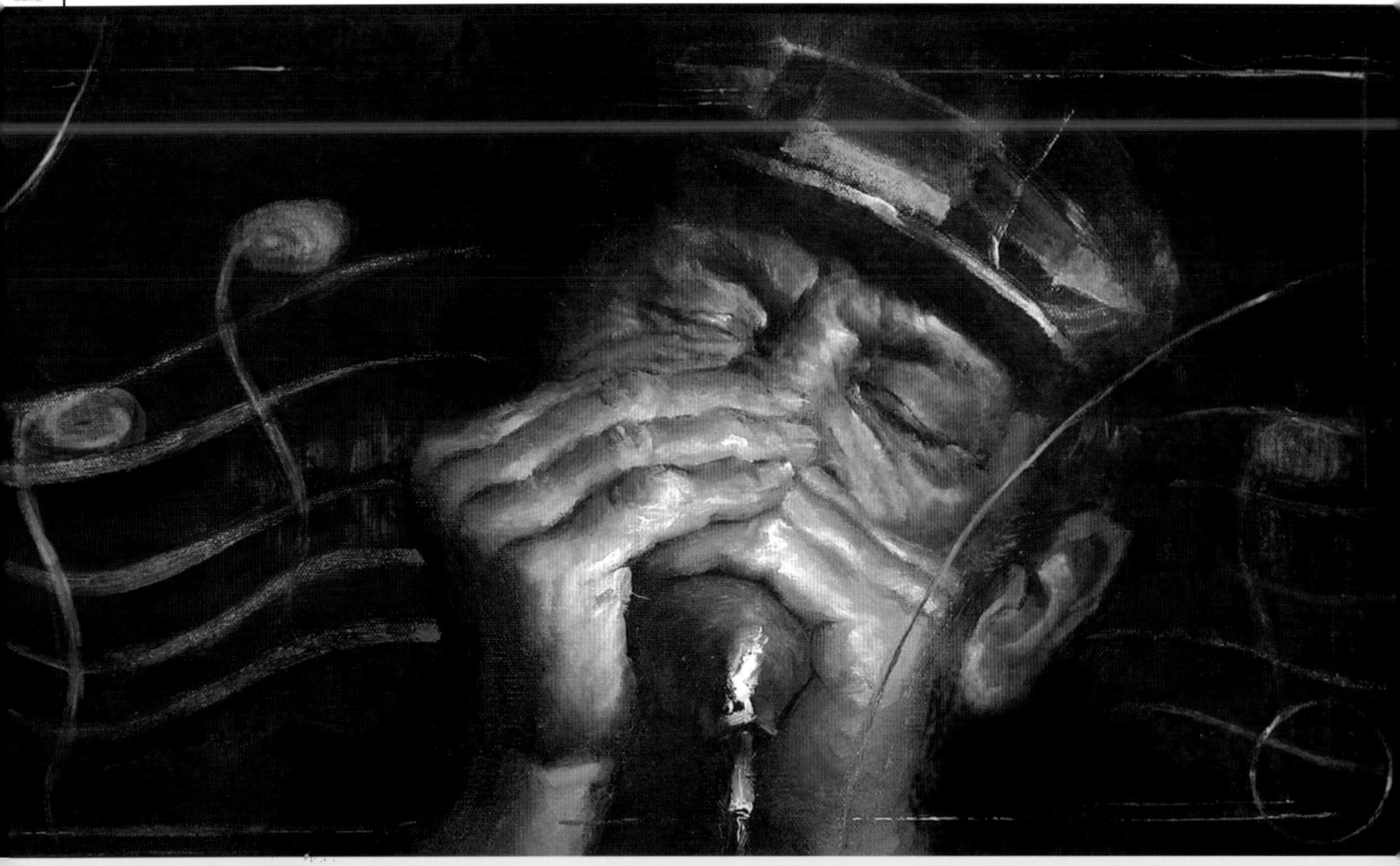

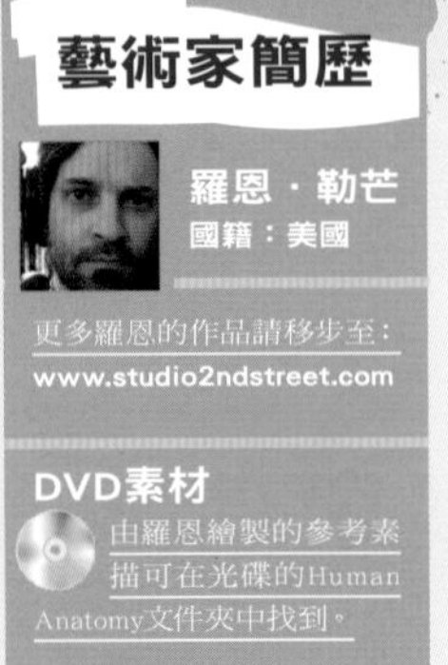

藝術家簡歷

羅恩·勒芒
國籍：美國

更多羅恩的作品請移步至：
www.studio2ndstreet.com

DVD素材

由羅恩繪製的參考素描可在光碟的Human Anatomy文件夾中找到。

第十節
手部

讓許多畫師卻步的部位，不過試了我們的方法，你就會知道手有多好畫。

在講授具體畫法之前，我想先提一下繪畫像手部這樣的複雜結構時應遵循的順序。實際上，手部並沒有甚麼肌肉，它的動作主要靠前臂上的肌肉帶動完成，它自身則主要由骨骼和脂肪組織構成。再來看手指，拇指的形狀與其它四個手指不同，應該在手掌整體先畫好之後再畫，另外4個手指也並非我們認為的那樣互相平行，雖然在有些動作中它們看起來接近平行，然而事實上，這4個人手指的指尖都指向同一點，其中食指和小指略向中間並攏，中指和無名指在它們並攏的朝向中間。關節和指甲屬於細節，應留到最後畫。

按照一定的順序作畫很重要。這樣做便於觀察繪畫全過程，一旦有某個地方出了問題，你就能更快找出癥結所在。等到你熟悉了整個繪畫過程，你就可以顛覆之前所學，創造自己的繪畫順序或方法，到時，你也就能形成自己的繪畫風格了。

回歸正題，借助其他物體或表面可以使手看上去更為生動可信。藝術源自生活，生活永遠是你繪畫中所需知識的關鍵。教授繪畫的書籍只能教你畫出某種特定的外形或表情，而從生活中的各個角度立體地解決問題，讓你擁有更多的智慧和獨到的見解。如果你不願上繪畫學習班，不如充分利用鏡子，鏡中的自己也可以做模特，還能為你省下不少請模特的費用。

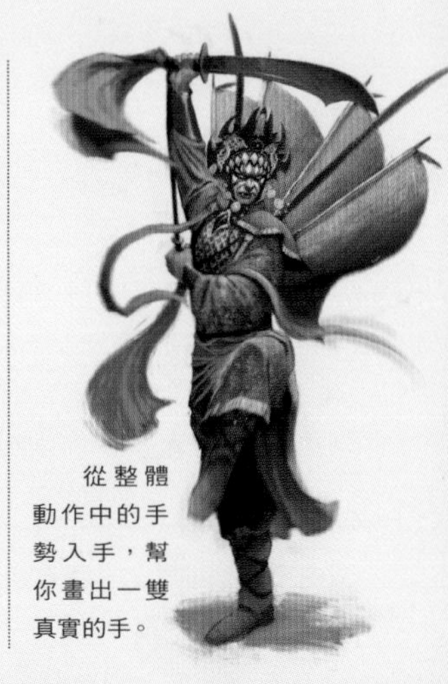

從整體動作中的手勢入手，幫你畫出一雙真實的手。

手部的解剖學知識

解剖學很重要，不過對醫生而言更重要。就繪畫來說，學習解剖知識只是一種使人物看上去更真實的手段，而非目的。你要瞭解的解剖學應側重在肌肉骨骼的外形形狀以及怎樣簡化這些圖形，抓住它們的精髓。

手指的外形60%以上由手指上的骨骼決定，瞭解這些骨骼和關節的形狀結構很重要。指關節呈線軸形，中間略有凹槽，伸肌和屈肌的肌腱就嵌在這些凹槽裡。再來看手掌，掌骨與手指相接的關節是圓筒形而非球形的。作為課外調查，你還可以觀察一下諾曼·洛克威爾畫作中的手是怎樣的，他筆下的手要比這裡的任何一位插畫師畫得都好。

手有兩面，一面硬，一面軟。軟的一面是手掌，手上大部分的肌肉都在其上。除此以外，手上其他軟一些的地方在大拇指和食指間的手背上。這些柔軟的區塊在接觸物體時會因物體表面的起伏稍有變形。

手上體現的解剖知識

不同的手有著不同的形狀，比如嬰兒的手看起來肥嘟嘟的，而成人的手則不然。與人體其它部位一樣，手的形狀也大同小異。手本質上是一個立方體——前後上下左右6個面。當它隨手腕旋轉時，卻又是在做圓周運動。

手指並攏時，看上去像一個鏟子。我們學習繪畫就要從畫鏟形的手開始。你可以把它想像成一個剛柔相濟的物體，以此來提醒自己所畫的又不僅僅只是一個鏟子，它同樣也是身體的一部分。

➸

手的堅硬部位

HARD SIDE OF HAND

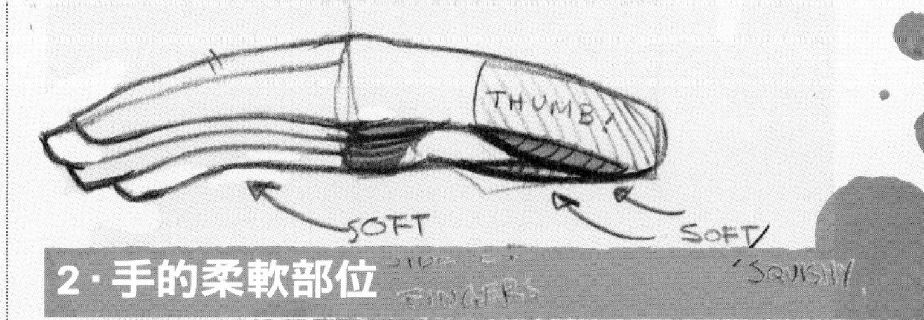

2·手的柔軟部位

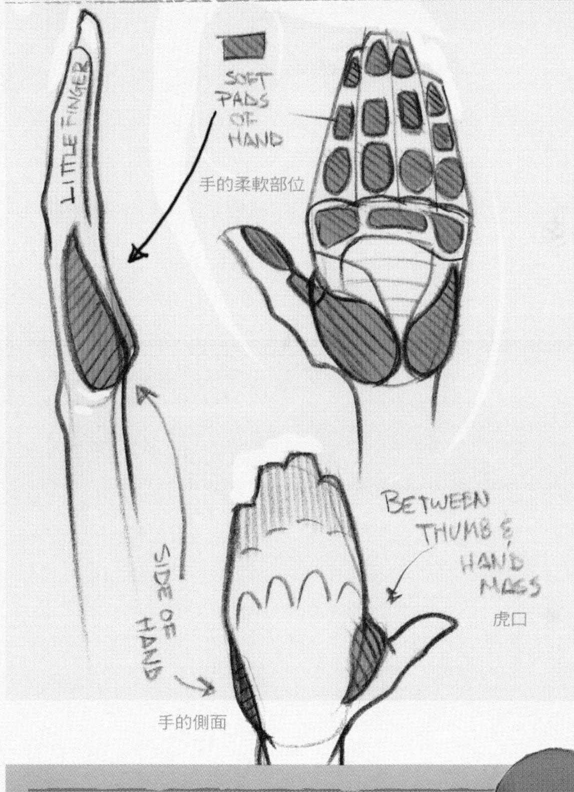

手的柔軟部位

虎口

手的側面

1·手部骨骼的形狀

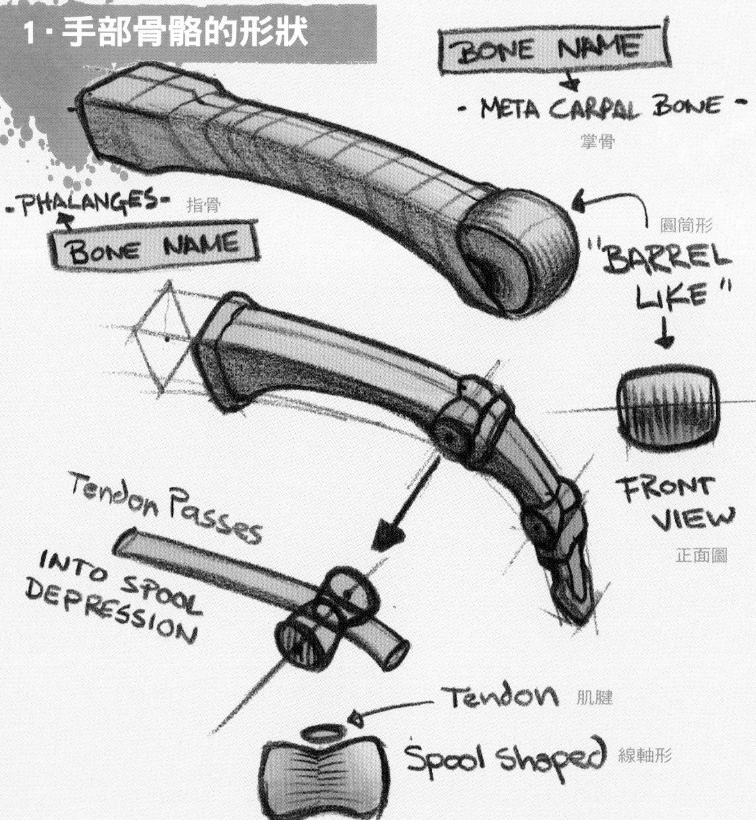

掌骨

指骨

圓筒形

正面圖

肌腱

線軸形

3·如何畫手握物體的樣子

先畫出手要抓握的物體，這裡以球為例。然後畫出手臂的線條並根據抓握的物體形狀畫出手掌以及手指的中線。

在此基礎上填充血肉，畫出立體的手和手臂。指關節通常呈弧形，可據此給它們定位。注意指關節歸根到底都是一個"節"，不論它是圓形還是方形。

如果你記不住這麼多關於手的解剖知識，你可以記住以下幾個概念，它們同樣可以幫你撥開對於如何畫手的迷思。

手指的長度與手掌大致相同。即使在手指彎曲，手掌透視時，這一點仍舊可以幫助你檢查並調試手部的比例。即或是在比例看起來很模糊的時候，也有辦法理解如何把握它。手和手臂相連，手臂又是軀幹的延伸，手部的動作受制於前臂，畫手時，先設定好人物的整體姿勢，以便使其比例姿態協調正確。希望下面這些草圖能給你一些啟示。我在畫手部時，先畫好手接觸的表面或物體，一旦知道與其相關的物體在哪裡，如何擺放時，就能畫出剩下手的部分。

5・手的比例

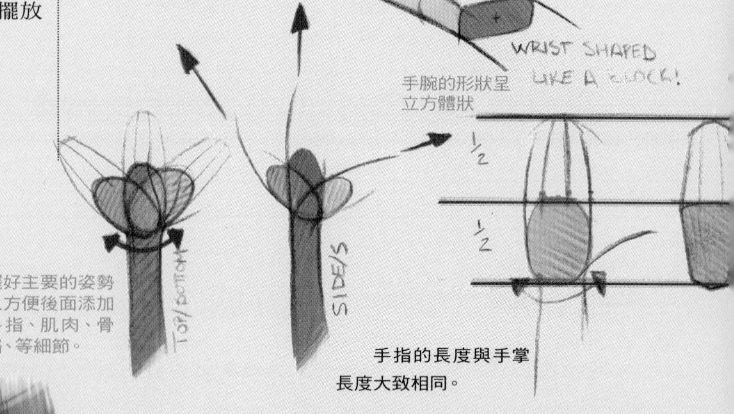

手指的長度與手掌長度大致相同。

用手部接觸的物體輔助作畫

除了先畫好全身姿態動作，然後再畫手部的方法外，還有一種畫手的辦法：先畫出與手接觸的物體，再根據物體畫出手與之對應的動作以及手部的細節。

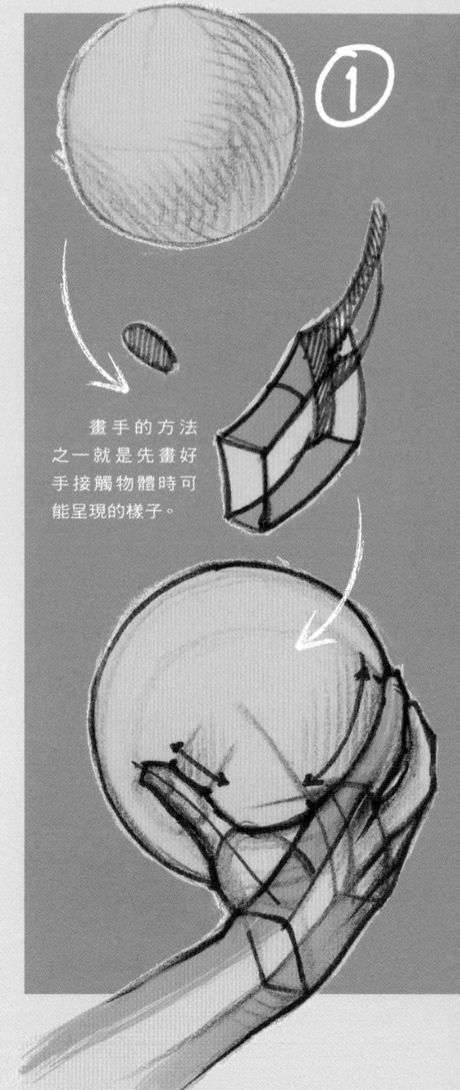

畫手的方法之一就是先畫好手接觸物體時可能呈現的樣子。

設計整體的動作造型（勾勒草圖即可，不用太費神）

— DESIGN POSE (SKETCH IT OUT) DON'T LABOR!

— DETERMINE MAJOR ACTION OF THE POSE TO BETTER PLACE THE DETAILS AKA FINGERS, MUSCLES, BONES, ETC

擺好主要的姿勢以方便後面添加手指、肌肉、骨骼、等細節。

先畫好手的大致線條和手握物體的輪廓

A START W/ RHYTHMS OF ARM MOVEMENT & SHAPE (CORRECT PERSPECTIVE) OF OBJECT HELD IN HAND

另外還要設計好手握物體的大小

*ALSO DETERMINE SHAPE & SIZE OF OBJECTS INTERACTING W/ POSE!

ARM ACTION

START OF WELD LINE

WRIST DIVISION

B

FLOW LINE OF FINGERS EDGES—

4・以全身姿態起筆畫手法

手透過手腕與全身相連，先畫好全身的動作姿態，再畫手可有助於手部動作與整體的協調。（這一步不要花太多精力，只要求畫好草圖即可）

CONNECT TOP & BOTTOM WHERE THE BULK OF THE ARM(HAND) ENDS!

連接手腕

← ACTION LINE →

CHARACTER LINE!

- START W/ ACTION & CHARACTER LINES!

從手臂的曲線開始畫

C

FIND SIDE PLANE

ADD THUMB WEDGE

- FIND SIDE OF HAND BEFORE FINDING THE METACARPAL KNUCKLES! - DOING THIS WILL KEEP THEIR SCALE CORRECT & NOT BREAK THE PERSPECTIVE OF THE ARM OR OBJECT HELD!

先找出手掌的側面，然後再定位掌關節，這樣既能保證手部比例正確，同時不破壞手臂和手握物體的透視關係。

一同時要考慮每一根手指的作用線條和特徵線條

A.L. C.L.

ADD FINGERS

ALSO THINK ACTION & CHARACTER LINE W/ EACH FINGER!

FIND WRIST

給基本的輪廓畫陰影

*SHADE BASIC FORMS TO BEGIN IMAGINING LIGHT OVER THE FORMS!

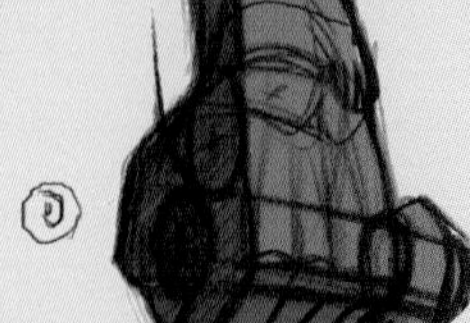

D

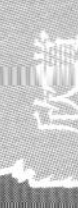

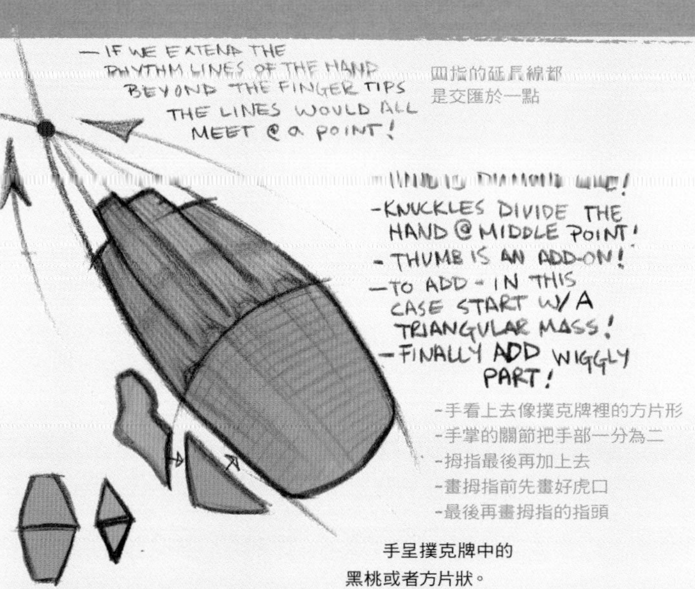

手呈撲克牌中的黑桃或者方片狀。

手和物體接觸的那條線應側重表現物體的形狀而不是手掌的形狀。不管手和物體間有多少縫隙，都不用太在意，主要還是要表現手與物體的接觸線。

最後再來描繪指甲、掌骨、手上皺紋的細節。畫之前先畫好手部表面上的陰影以及各個面，細節的刻畫使塑造完整的手部更加豐富。

6·描繪握著物體的手

先畫物體再畫手有助於固定手的動作。下圖中畫好物體之後，畫手跟物體的接觸面（藍色標註），最後畫手部。

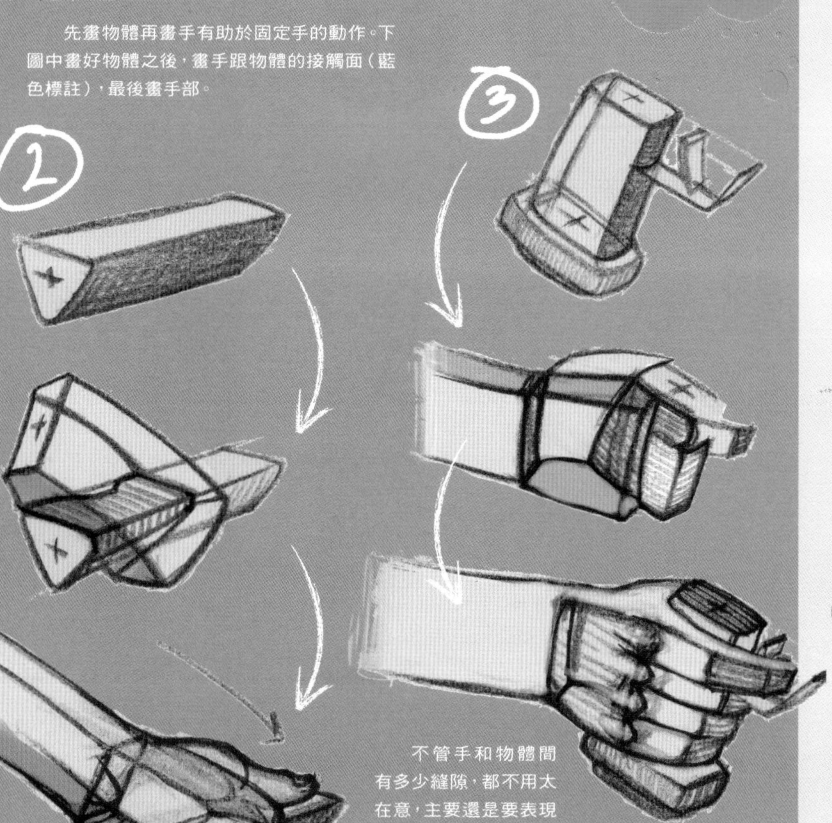

不管手和物體間有多少縫隙，都不用太在意，主要還是要表現手與物體的接觸線。

> 手指在基礎形態完成之後再添加細節，細節最後表現。

7·構造手的步驟

先畫手指大致的方向位置。

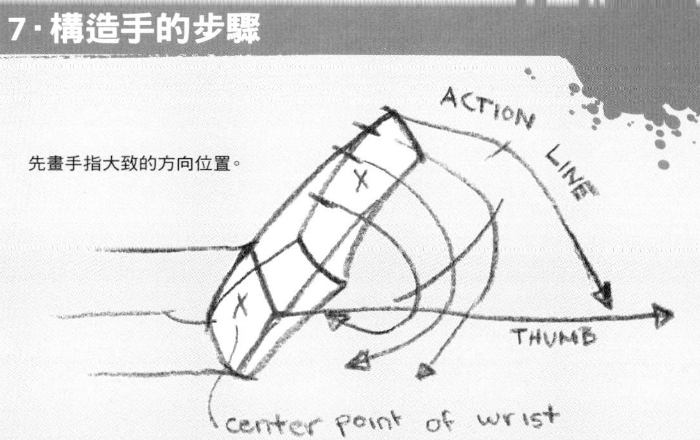

不同顏色標註的是手的作用線和特徵線，以顯示手和物體之間的關係。

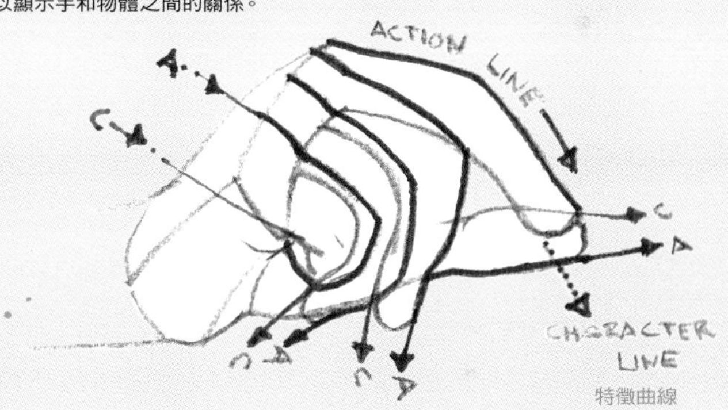

畫出手的各個面，使之立體化。

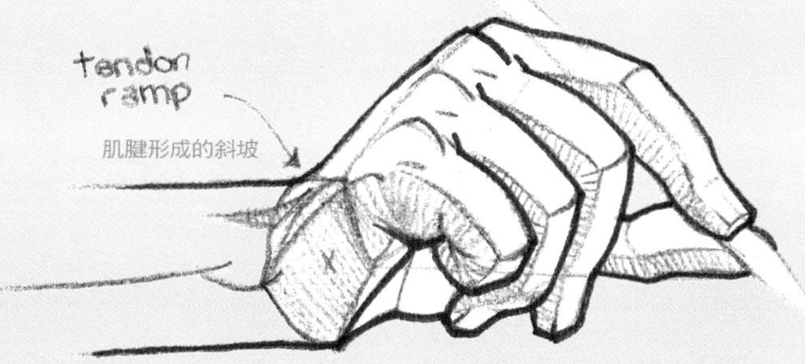

在手上添加陰影和諸如皺褶、指甲、關節這樣的細節。

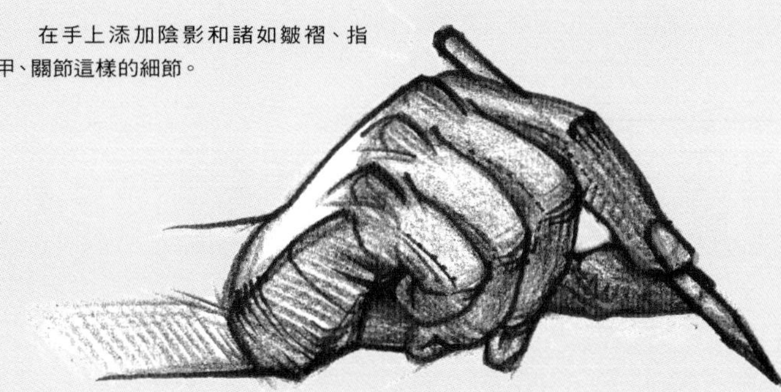

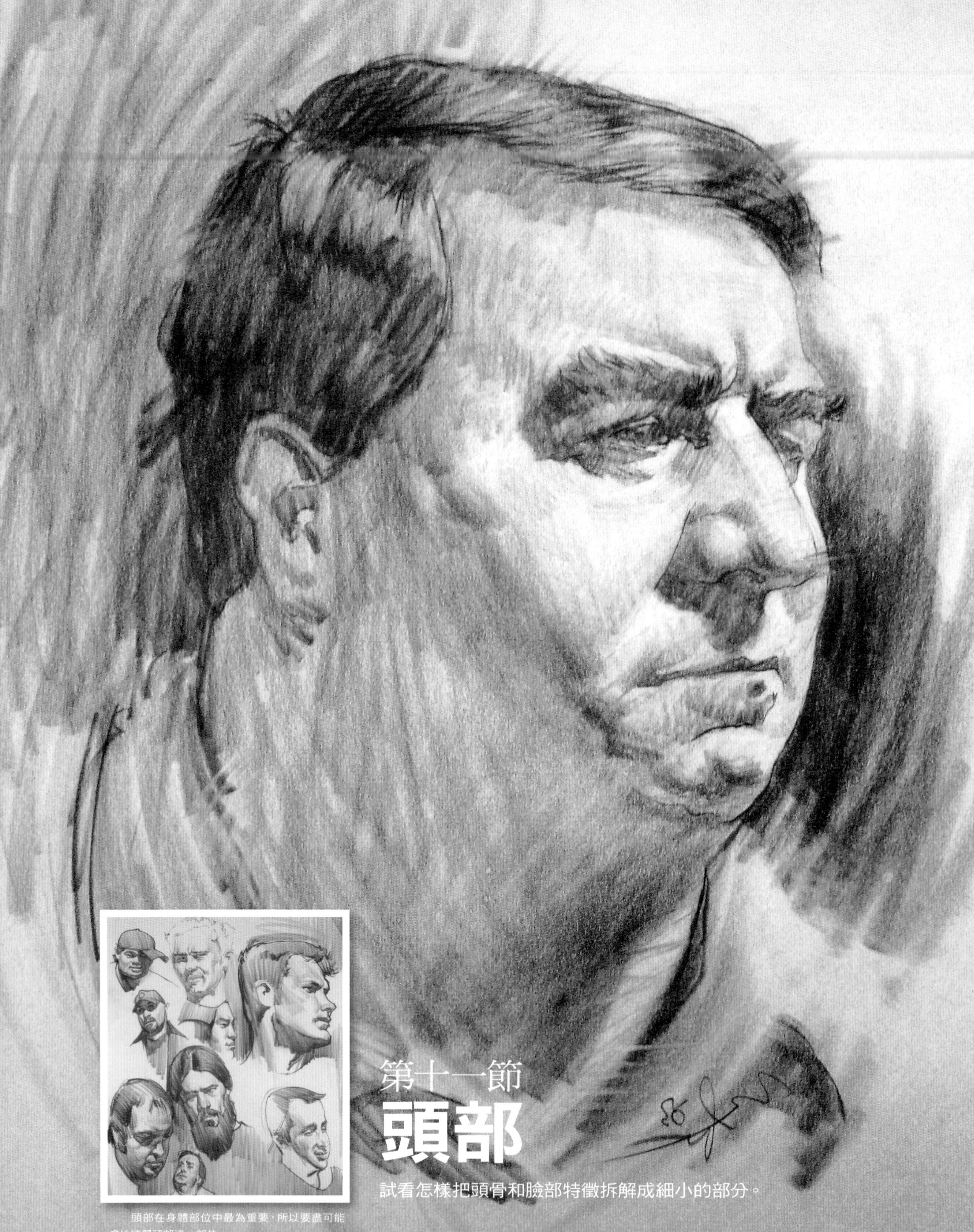

第十一節
頭部

試看怎樣把頭骨和臉部特徵拆解成細小的部分。

頭部在身體部位中最為重要，所以要盡可能多地練習頭部這一部位。

決定你筆下的人體是否完美的關鍵在於頭部的描繪。在傳統的繪畫方法中，頭部是衡量身材比例的標尺。有一些關於這方面的公式告訴畫家們應該怎樣把握頭部與其他部位的比例，確保人物身材比例的協調，避免頭重腳輕或者與之類似的比例上的錯誤。

這一節，主要講授畫頭部的過程，其中涉及一些重要的理論，同時也會為你今後的創作留有發揮的餘地。不過，正如前面所講，紙上談兵永遠都不如真刀實槍的練習有效。你可以聘請或拜託親朋好友當你的模特兒，抑或是以鏡中的自己為模特兒練習。理論無法為你解答一切的問題，真正的答案還要靠你在練習中不斷摸索。

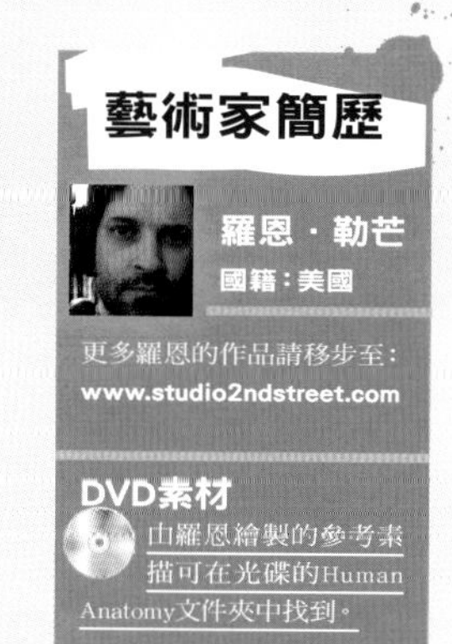
藝術家簡歷

羅恩・勒芒
國籍：美國

更多羅恩的作品請移步至：
www.studio2ndstreet.com

DVD素材
由羅恩繪製的參考素描可在光碟的Human Anatomy文件夾中找到。

勾勒頭部的輪廓

將頭部輪廓畫在一個矩形內，判斷比例的正確性。

以下是我自己畫的頭部側面和正面草圖，如圖所示，將頭部分成大致相等的三份。右邊頭部側面圖（包括鼻子）和頭部正面圖（不包括耳朵）分別畫在兩個矩形內，其中正面圖外圍的矩形寬度大概是側面圖外圍矩形的三分之二。

小朋友在畫畫時，常常會將頭部畫成近似橢圓或者雞蛋形狀。頭部既非橢圓形更非立方形，而是二者的結合。因此將頭部看成是既圓又方的形狀更容易表現它真實的形態。

描畫頭部，我們可以像小朋友那樣先畫一個橢圓形。然後在這個橢圓形上確定五官的位置以及臉部正側面過渡的位置。這一步往往是最容易出錯的地方，比如要畫頭部四分之三側視圖，不先畫好三等分線、中線，那麼原本長在臉部正面上的五官可能就會偏移到臉部的側面上，臉部的比例、眼睛望出去的方向還有臉部左右的對稱關係也會隨之發生混亂。在此之前，要先畫好臉部的中線，特別是畫頭部略有歪斜時，能幫你定位五官，不令其跑偏。

在畫好頭部三等分線的基礎上，再畫一條從頭頂到下巴貫穿三等分線的頭部中線。

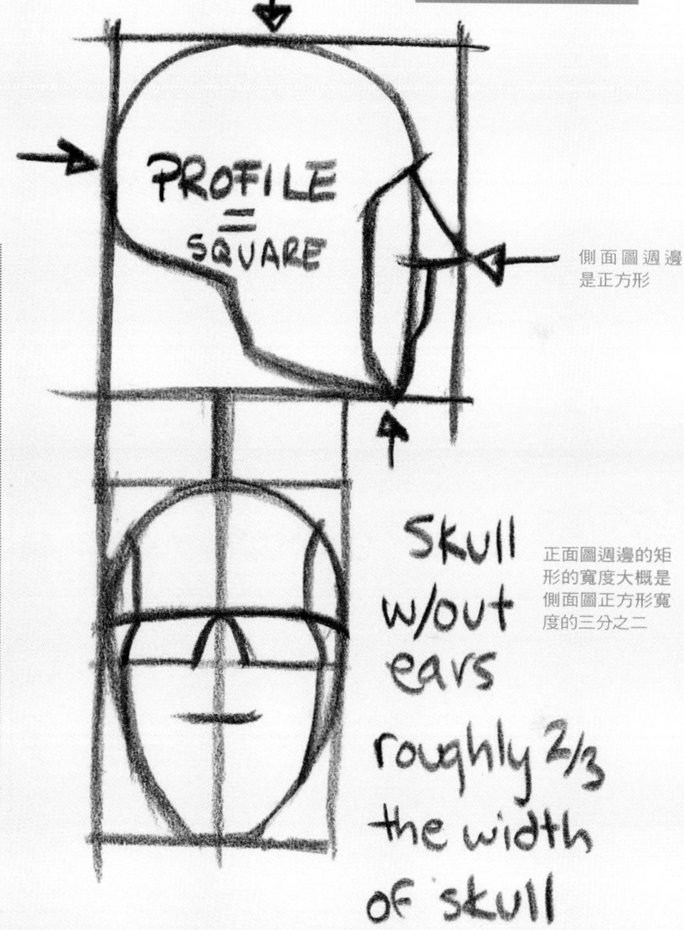

側面圖週邊是正方形

正面圖週邊的矩形的寬度大概是側面圖正方形寬度的三分之二

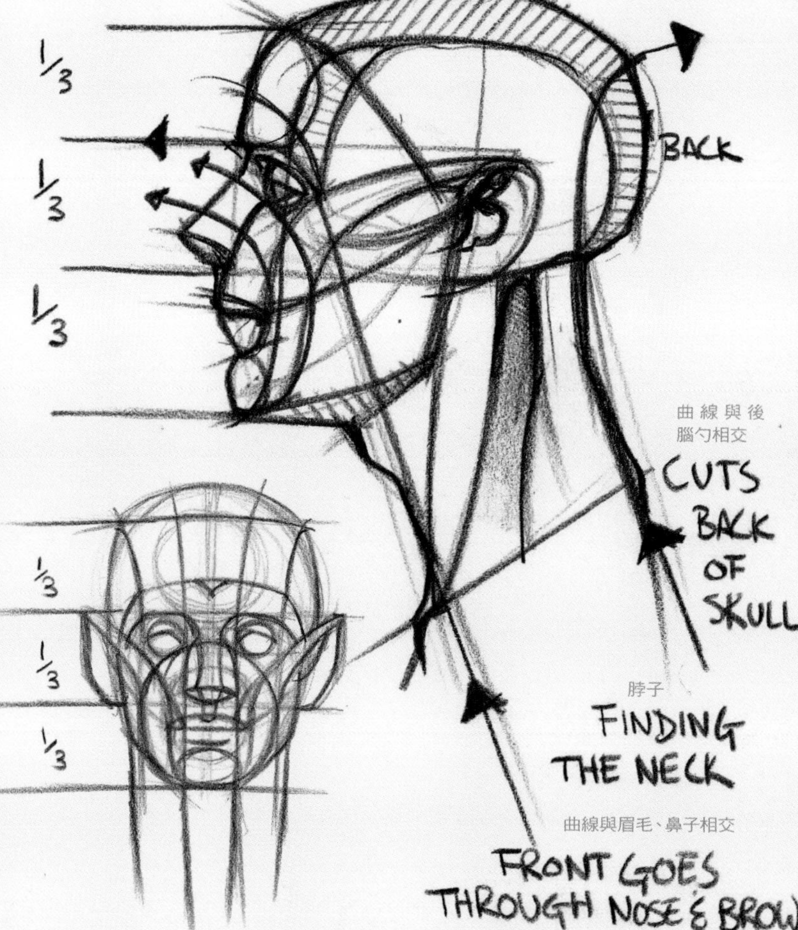

曲線與後腦勺相交

脖子

曲線與眉毛、鼻子相交

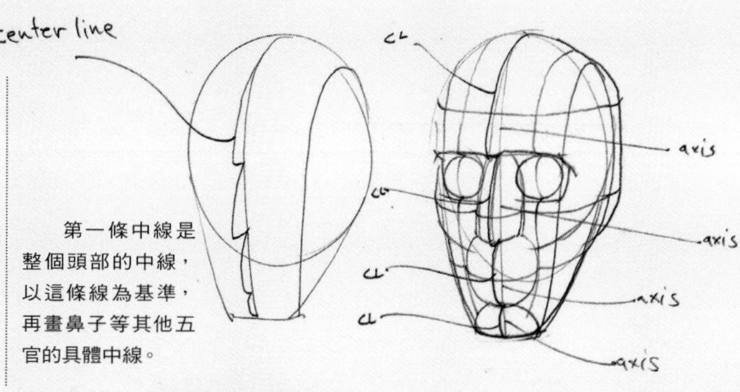

第一條中線是整個頭部的中線，以這條線為基準，再畫鼻子等其他五官的具體中線。

1·鼻子和眼窩

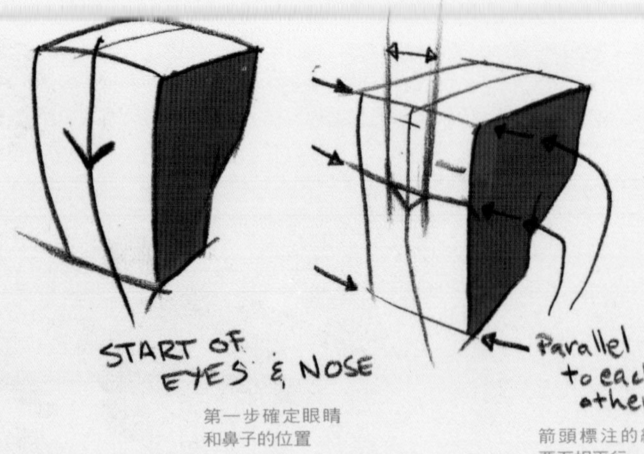

第一步確定眼睛和鼻子的位置

箭頭標注的線要互相平行

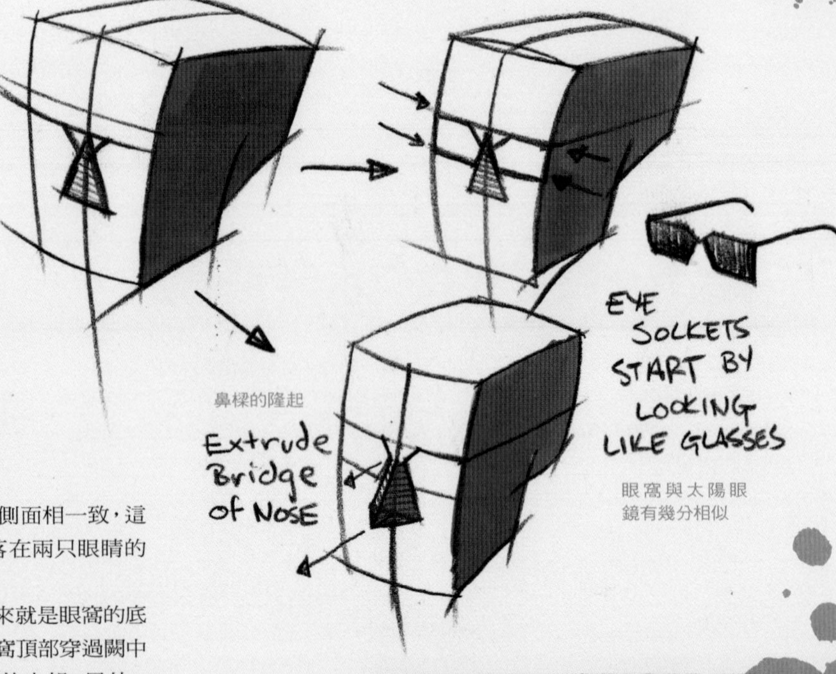

鼻樑的隆起

眼窩與太陽眼鏡有幾分相似

此時的頭部就劃分為6個面，其中3個為可視面，這樣的劃分有助於細節準確。在此基礎上，再畫其他部位，如鼻子、眉毛、臉頰、下巴等的中線。

頭部劃分完畢以後，要畫的第一個臉部特徵就是兩眼之間，我們也可以稱之為“闕中”或“印堂”。一般來說，這一部位呈楔形，位於鼻樑之上。之所以選擇從這一部位入手，因為可以根據它的大小來確定五官的寬度。然後再在闕中上畫一條橫線，據此來確定眼窩的範圍。

鼻子

鼻子是個很棘手的部位，不過可以透過編排繪畫步驟來使其變簡單。首先畫一個高高的三角形，可以把它看成是鼻子的底面。這個三角形的頂端應與前面畫好的闕中相疊。形成了眼窩的內圍。對於頭部空間透視的瞭解可以幫助我們更輕鬆地認識鼻子的透視關係。鼻樑的起伏與頭部側面相一致，這樣可以確保鼻子恰好落在兩只眼睛的中間而不偏移。

畫好鼻子後，接下來就是眼窩的底部，眼窩底線平行於眼窩頂部穿過闕中的那條線，並穿過鼻樑的中部。另外，延長眼窩頂線到頭部的側面，使之與頭頂角度一致。

此時的眼窩看上去應該有點像一副太陽鏡，將眼窩底線延長至頭部側面。此時側面眼窩頂線和底線之間的位置即耳朵的大致所在。

臉頰和牙

臉頰和牙齒可以用同一組曲線描繪，這組曲線中的第一條從正面看，是從左臉頰到右臉頰形成的一道圓弧（如右圖第一幅所示），這組曲線的側面圖就沒這麼簡單了，因為臉頰部分的曲線既連接著正面，又跨側面。因此我們採用借助耳朵的辦法來畫這裡的曲線

2·臉頰和耳朵

circular Frontal rhythm

正面看這組曲線圓弧狀的

Cheek's relation-line to ear

臉頰與耳朵的關係示意曲線

3·圓柱形牙齒與鼻子

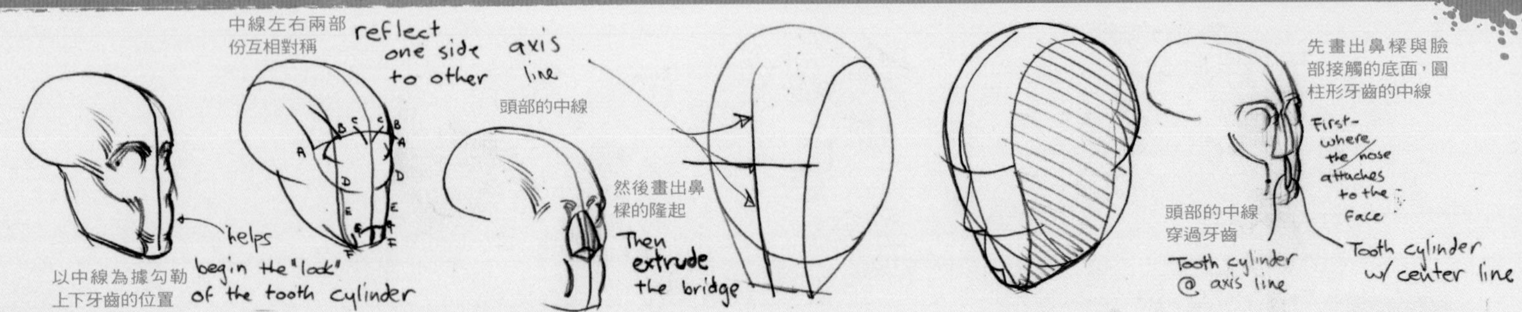

中線左右兩部份互相對稱

頭部的中線

以中線為據勾勒上下牙齒的位置

然後畫出鼻樑的隆起

頭部的中線穿過牙齒

先畫出鼻樑與臉部接觸的底面，圓柱形牙齒的中線

（如右圖所示）。

圓柱形的牙齒和臉頰、下巴相接，同時又與下巴凸起保留了一定的空間。

在一些人體素描畫冊中，圓柱形牙齒所指的是嘴唇，而非我們這裡提到的圓柱形牙齒，這是因嘴唇在臉上呈圓柱形凸起而得名。

蓋骨雖然顯圓形，但我們不妨把它看成是方形。畫頭髮時，能更輕易地表現頭髮的立體感。

描繪頭髮最好從髮際線入手，通常我是依照以下順序繪畫的（參照下圖）：

先畫出頭部的大致輪廓，然後再畫臉部和頭髮，畫的時候將它們看作一個覆蓋在頭上的面具。

把髮際線看作和五官一樣的幾何輪廓很重要。將髮際線當做我們腦海中“面具”的一部分，沿著髮際線畫頭髮，這麼做可以使畫面有序而不混亂。

畫人體器官，首先將其輪廓看成有棱角的，因為我們可以找到某幾個角或特殊的點作為空間透視的一句，往往有棱角的圖形的透視關係更容易把握。

“描繪人體器官，首先將其輪廓看成有棱有角的，頭顱可以看成是一個不規則的立方體。”

4·添加髮際線，利用有棱角的輪廓塑造立體感

頭蓋骨雖然顯圓形，但是我們不妨把它看成是方形，以便於在畫髮際線時可以讓畫面看上去更立體。

HAIRLINE ATTACH 髮際線大致位置

ADD EXTRA STUFF AFTER SOLID HAIRLINE IS DRAWN! 畫好大致3的位置線以後再添加一些曲線

THE SHAPE OF THE FACEMASK INCLUDES THE GENERIC HAIRLINE! 髮際線也是面具的一部份

頭顱的棱角使得頭髮看上去更立體

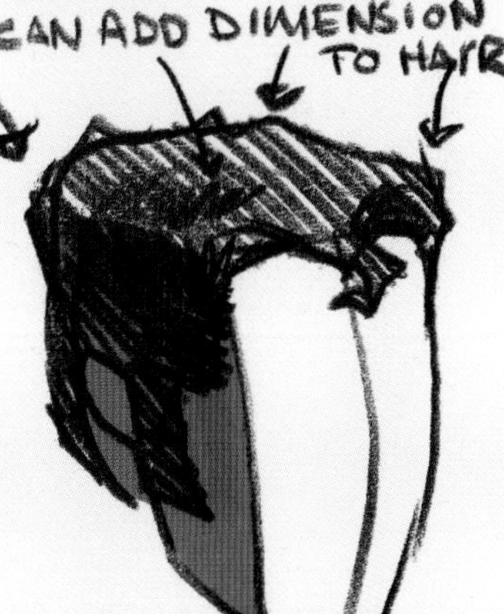

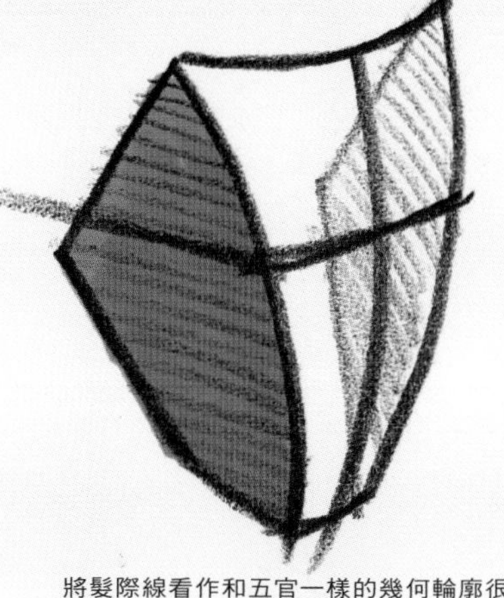

將髮際線看作和五官一樣的幾何輪廓很重要。將它看成上圖這樣的面具的一部分，可以幫助你找到在頭顱上的準確位置。

5·頭和肩膀

部是身體的一部分，這裡我們要看看它和脖子、胸腔以及肩膀是怎樣拼接在一起。

要把頭部和頸部、肩膀結合在一起絕非易事，特別是當你從頭部下筆時，此時的拼接將決定整個身體姿勢的走向。必須保證它們之間的銜接是準確無誤的。

先拼接頭部（球體）和脖子（圓柱體），然後再拼接脖子（圓柱體）和胸腔（球體）。肩膀凌駕在胸腔之上，此處唯一一個兩根骨頭相接的點在頸窩，也就是鎖骨與胸腔連接的地方。因此胸腔的重要性僅次於頭部和頸部。

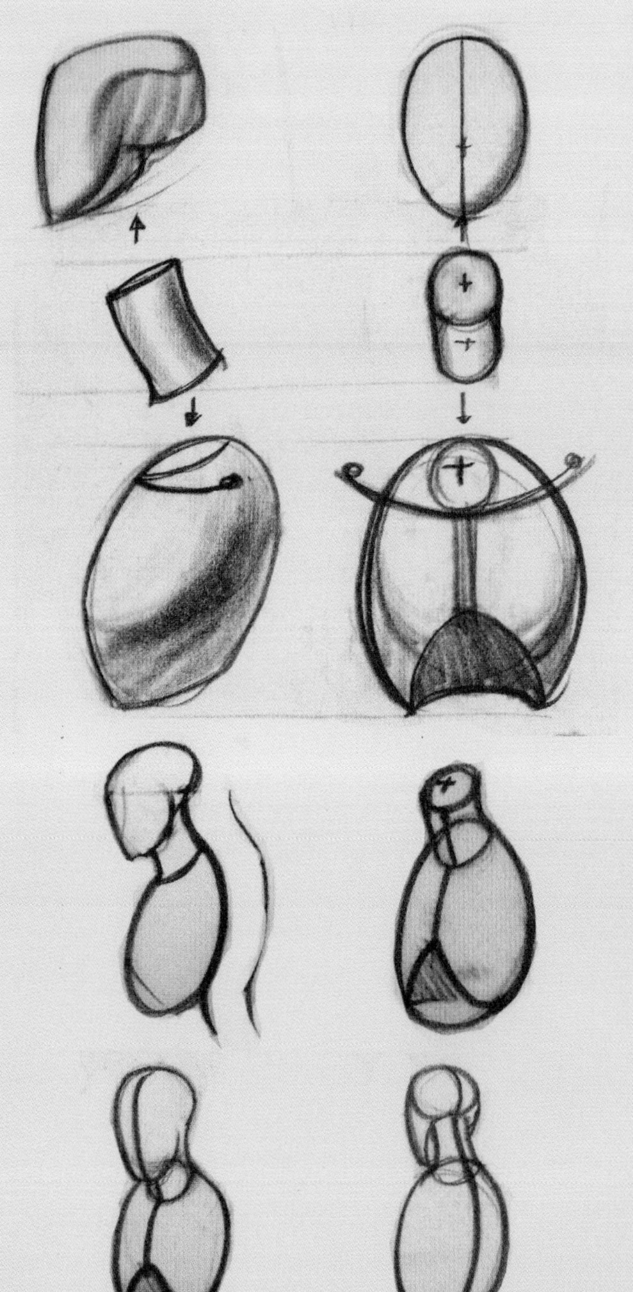

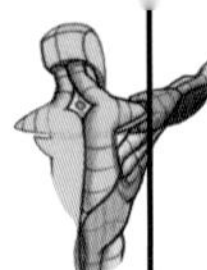

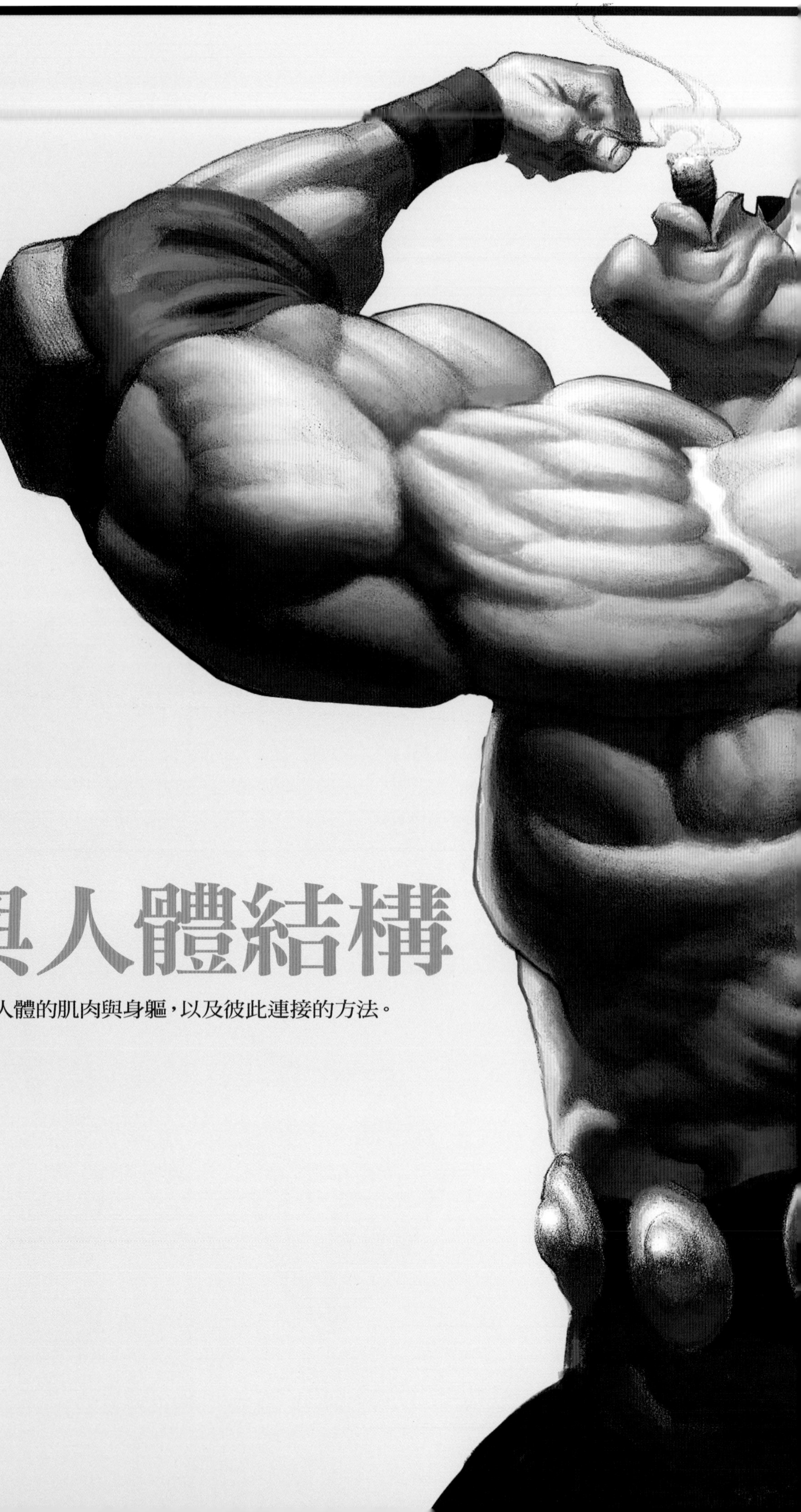

肌肉與人體結構

探索利用簡單的形狀來構成人體的肌肉與身軀，以及彼此連接的方法。

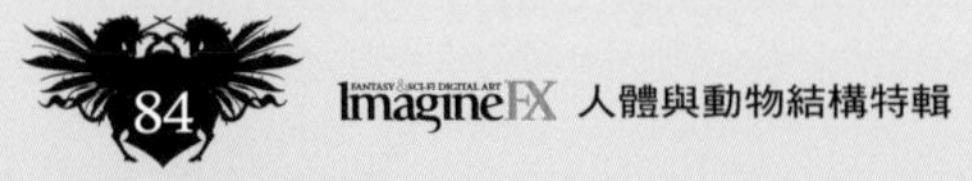

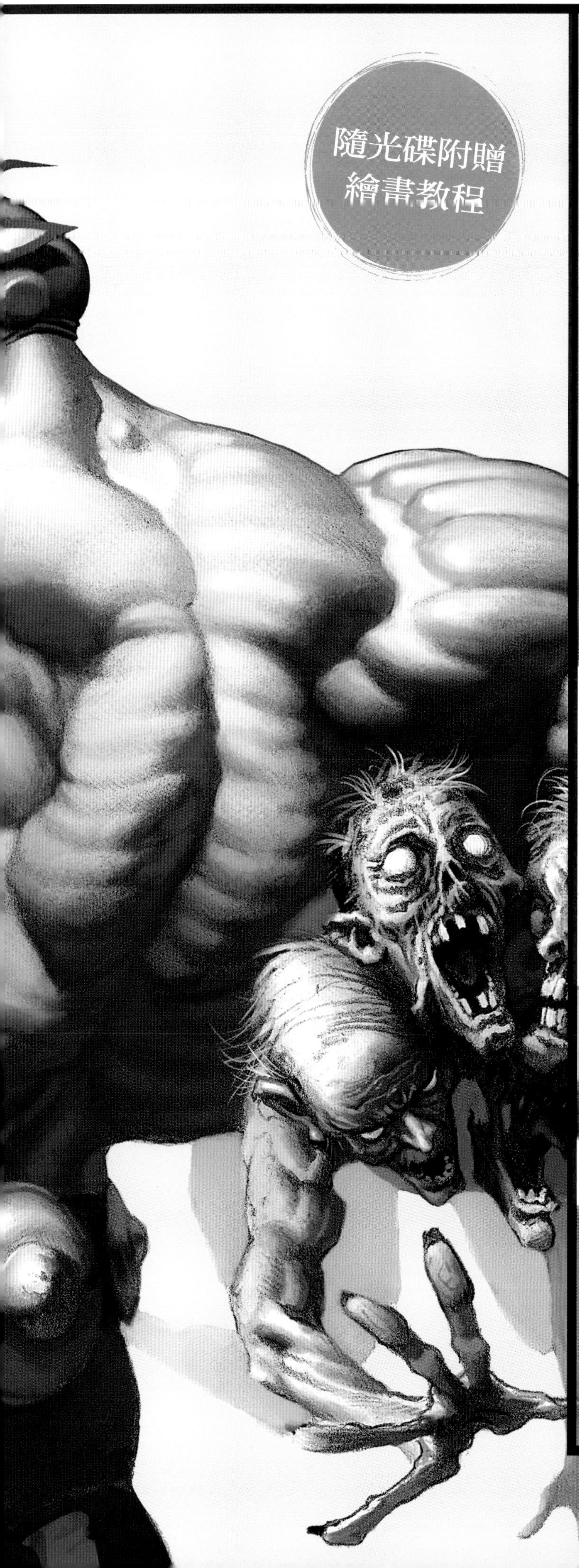

隨光碟附贈
繪畫教程

藝術課程

人體肌肉繪畫技巧

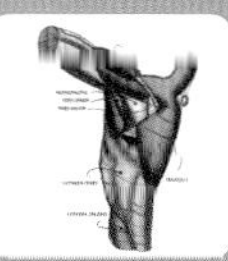

86 肩部結構
輕鬆解碼人體複雜部位，跟隨羅恩·勒芒一起研習肩部的繪畫方法

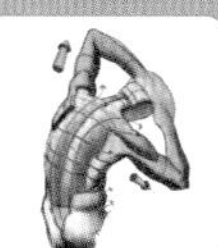

92 背部的繪畫與造型
人體的背部是一個相對較為複雜的部位，羅恩·勒芒將其分解成理論模型，使繪畫與造型變得簡單。

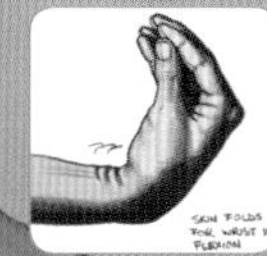

98 手腕的動作
要想將手腕畫好難度確實不小。讓我們探索皮膚下這個靈活而又複雜的部位，瞭解活動手腕的繪畫技巧。

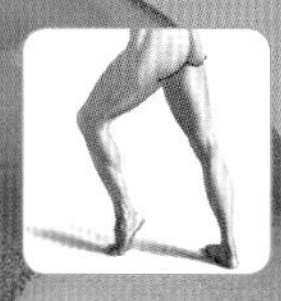

104 豐滿結實的臀部
學習如何表現豐滿的女性臀部和結實的男性臀部。

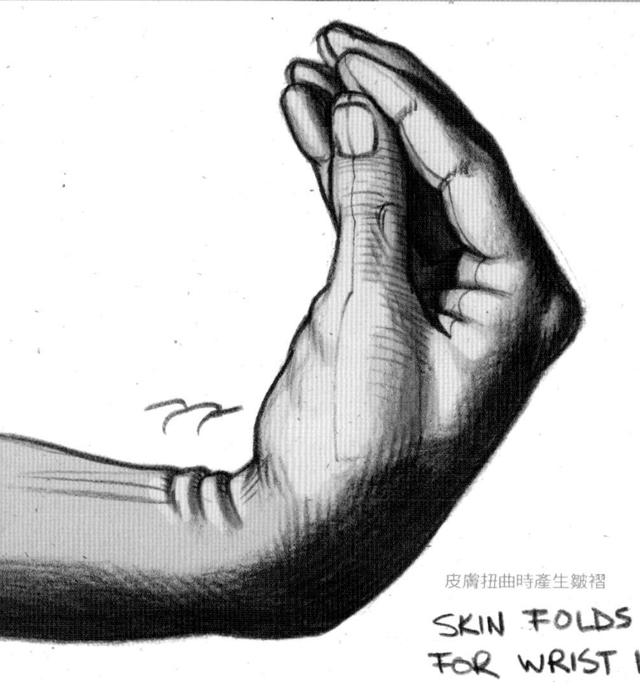

皮膚扭曲時產生皺褶

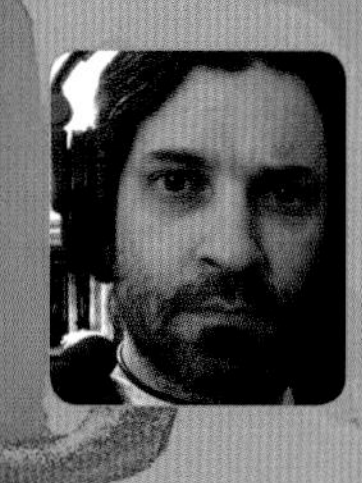

“ 為了理解腕部，應首先觀察前臂，瞭解前臂的線條，以及它與手腕連接的方式。 ”

（羅恩·勒芒，第96頁）

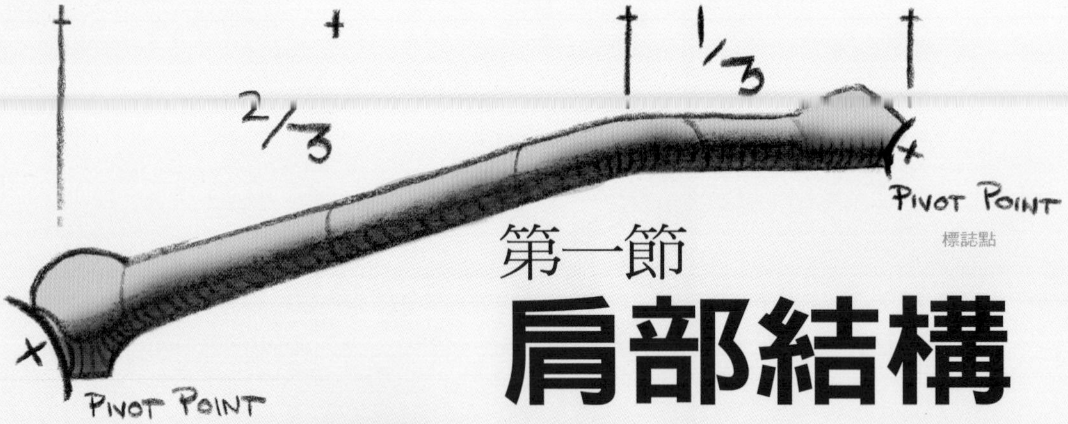

第一節

肩部結構

輕鬆解碼人體複雜部位，跟隨羅恩・勒芒一起研習肩部的繪畫方法。

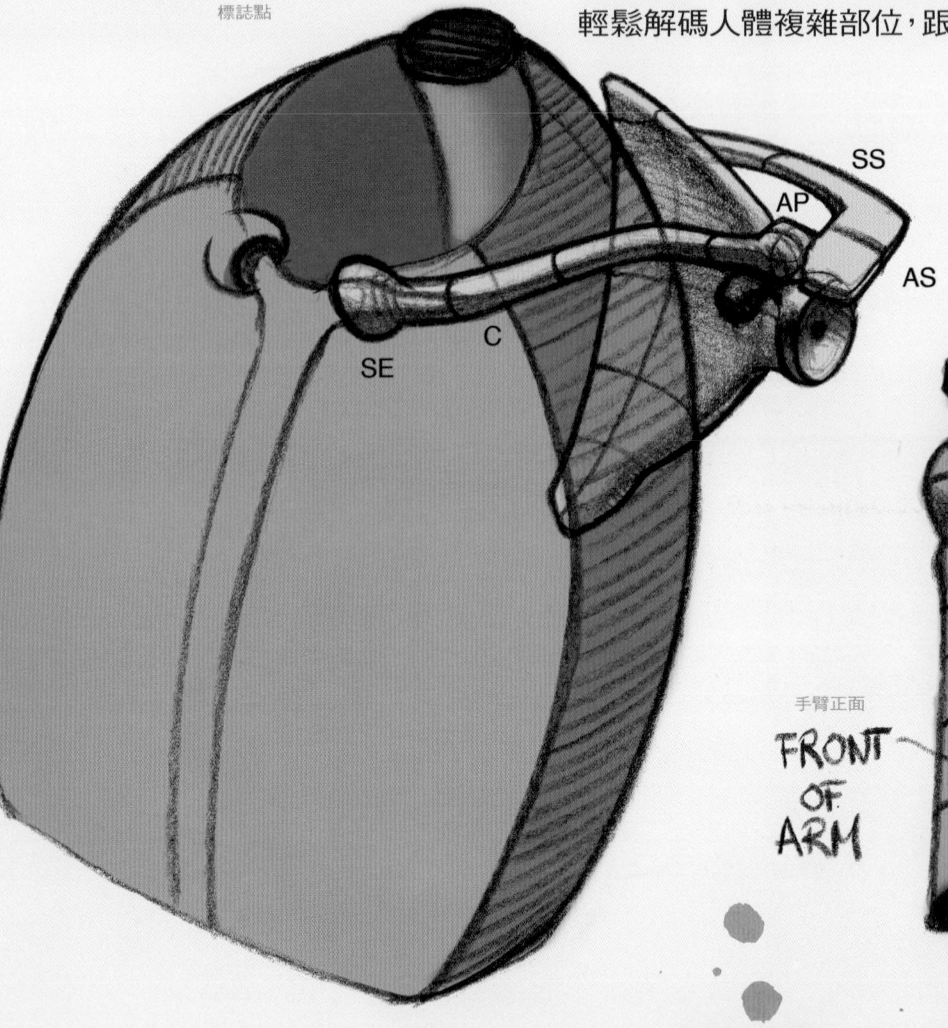

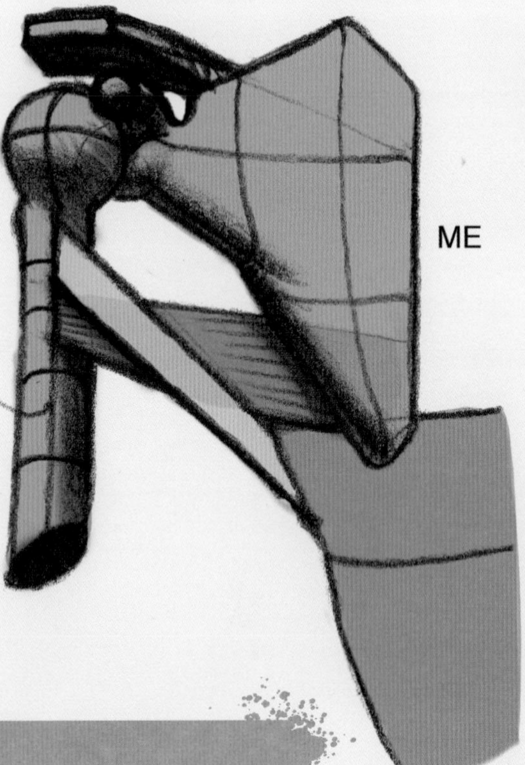

“一旦骨骼的位置被確定，肩部的“標誌點”也隨之被確定，因此骨骼和區塊彼此連接的方式也就顯而易見。”

藝術家簡歷

羅恩・勒芒

國籍：美國

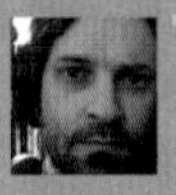

更多羅恩的作品請移步至：

www.studio2ndstreet.com

DVD素材

由羅恩繪製的作品可在光碟的Figure & Movement文件夾中找到。

1・肩部的骨架

瞭解肩部的骨骼結構是使本節中所述方法奏效的關鍵。熟知肩部骨骼的形狀、所處的位置以及活動的方式是很有必要的。一旦骨骼的位置被確定，肩部的“標誌點”也隨之被確定，因此骨骼和區塊彼此連接的方式也就顯而易見。肩部主要由以下標誌點組成：肩峰邊緣（AS）、肩胛岡（SS）、內側緣（ME）、鎖骨（C）、胸骨端點（SE）和肩峰（AP）。

因人體體格、肩部的活動以及視角等緣故，我們無法在體表觀察到所有的標誌點。但無論是否可見，這些標誌點是確確實實存在的。找到了這些關鍵的點位，就可以快速地將軀體的其他部位連接起來。

2·肩部的尺寸

我們可以以肩部的比例模型為基礎，估算出肩部的尺寸，作為繪畫的著手點。估算尺寸的方法有許多種，無論採用何種都應遵循一定的順序，並配合記憶。雖然有一套理想化的繪畫公式可供參考，但是我們仍應以現實生活中的情況為寫照，而不能死記硬背。一味地套用公式只會讓人物繪畫顯得僵硬，缺乏生氣。

人類頭部的高度約等於胸腔高度的三分之二，顱骨的寬高比也大約為2:3。顱骨最大的寬度與兩側肩胛骨之間的距離相當。肩胛骨的高度約等於胸腔高度的二分之一。若將兩側肩胛骨之間的區域看作是一塊正方形的單位面積，則兩側肩峰之間的區域約占3個單位面積。以該模型為依據，我們可以適當調整肩膀的寬度，使之與所繪人物角色相適應。胸肌與鎖骨長度的三分之二相連，而三角肌連接著遠端的三分之一處，與肩峰相接。

3·肩胛骨的尺寸

將上一步測定的正方形區域從對角一分為二，形成了理想的肩胛骨形狀模型。從肩峰邊緣到內側緣，自上而下分割。至此，肩胛骨已不再是一個完美的正方形了，然而這卻是畫好這一複雜部位的起始點。右側的示意圖解釋了如何從正方形演變為肩胛骨的形狀。

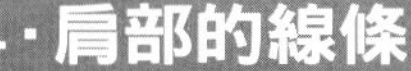

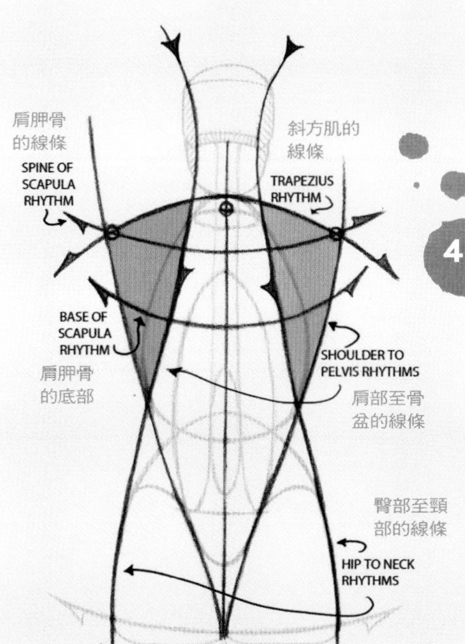

A 找到肩胛骨的位置

利用人體線條示意圖確定軀幹部位，接下來分別找到肩部至骨盆的線條和臀部至頸部的線條，兩條線相交的區域正好隔出了肩胛骨的所在。在人體的背部同樣也有兩根線條，分別穿過肩胛岡和肩胛骨的底部。此外，還可以用另外一根背部的曲線標記出斜方肌的線條。

4·肩部的線條

從畫結構草圖開始到皮膚上皺褶紋的表現，繪畫的任何一個過程都涉及到線條。在人物繪畫中，體格線條的產生與我們有意識的動作行為是緊密相連的。運動的狀態是流動性的表現，找準相對應的運動曲線將使我們更容易地從記憶中精確地還原人物的姿態。

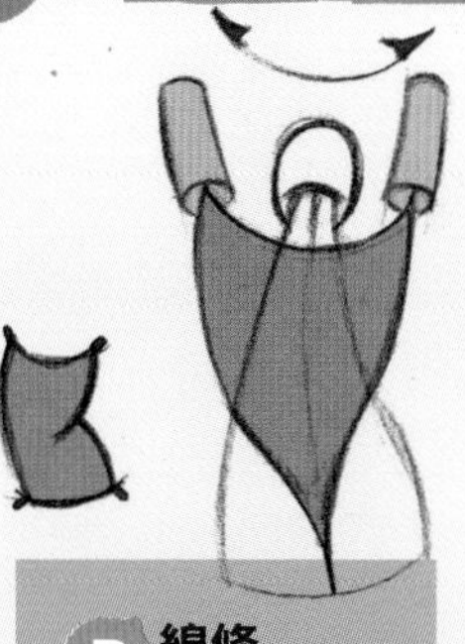

B 線條的變化

手臂的動作不同，斜方肌的線條同樣會發生改變，由弧線變為直線、S 型曲線等等。我們可以比照此處列出的一組示意圖，不同的動作透過不同的線條表示，將其運用到你的藝術設計中。

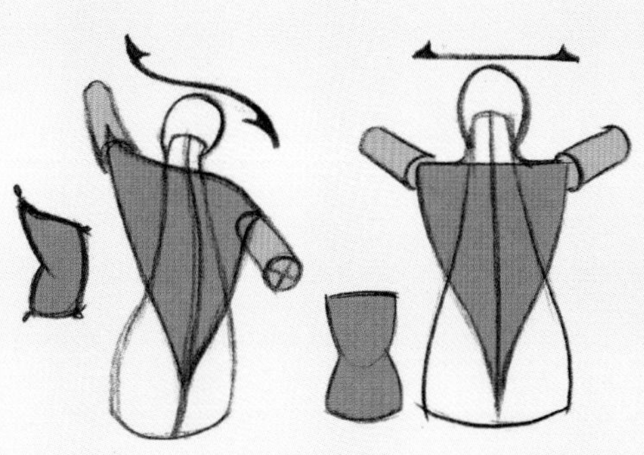

C 明顯的體側中線

在繪畫人體時，還有一條重要的線條。脖子和手臂在身體前側和背部均相連。由此形成的位於體側中央的曲線可以將頸部和手臂上各個分散的塊面和諧地連接在一起。

5·肩部動作的簡化

肩胛是上半身一塊十分靈活的區域，它的活動將直接影響身體的其他部位，比如說手臂。掌握肩胛活動的方式和規律，對我們進行手臂的繪畫也會有所幫助。這甚至可以為我們分析透視關係提供更多的細節。

A 肩胛的運動

讓我們先來看看肩胛是如何運動的。下圖用方形和三角形簡單地描畫出肩胛骨的形狀，箭頭所指為肩胛骨的運動方向和範圍。

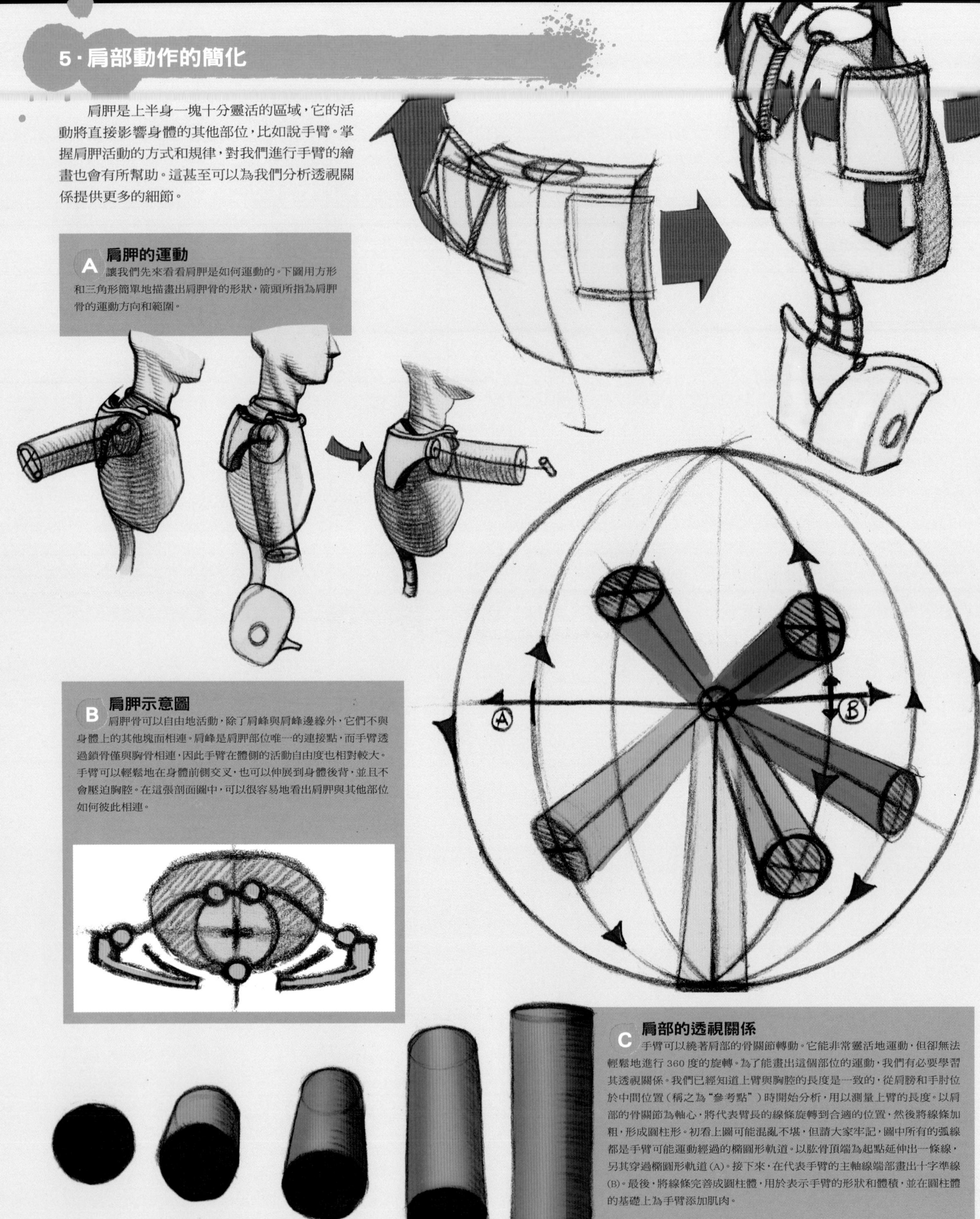

B 肩胛示意圖

肩胛骨可以自由地活動，除了肩峰與肩峰邊緣外，它們不與身體上的其他塊面相連。肩峰是肩胛部位唯一的連接點，而手臂透過鎖骨僅與胸骨相連，因此手臂在體側的活動自由度也相對較大。手臂可以輕鬆地在身體前側交叉，也可以伸展到身體後背，並且不會壓迫胸腔。在這張剖面圖中，可以很容易地看出肩胛與其他部位如何彼此相連。

C 肩部的透視關係

手臂可以繞著肩部的骨關節轉動。它能非常靈活地運動，但卻無法輕鬆地進行 360 度的旋轉。為了能畫出這個部位的運動，我們有必要學習其透視關係。我們已經知道上臂與胸腔的長度是一致的，從肩膀和手肘位於中間位置（稱之為"參考點"）時開始分析，用以測量上臂的長度。以肩部的骨關節為軸心，將代表臂長的線條旋轉到合適的位置，然後將線條加粗，形成圓柱形。初看上圖可能混亂不堪，但請大家牢記，圖中所有的弧線都是手臂可能運動經過的橢圓形軌道。以肱骨頂端為起點延伸出一條線，另其穿過橢圓形軌道(A)。接下來，在代表手臂的主軸線端部畫出十字準線(B)。最後，將線條完善成圓柱體，用於表示手臂的形狀和體積，並在圓柱體的基礎上為手臂添加肌肉。

6·形狀與符號

如何使人體結構的繪畫易於上手，尤其當我們透過記憶還原畫面時，關鍵的方法就是將其分解成簡單的形狀和符號。肩部繪畫的技巧無異於此。

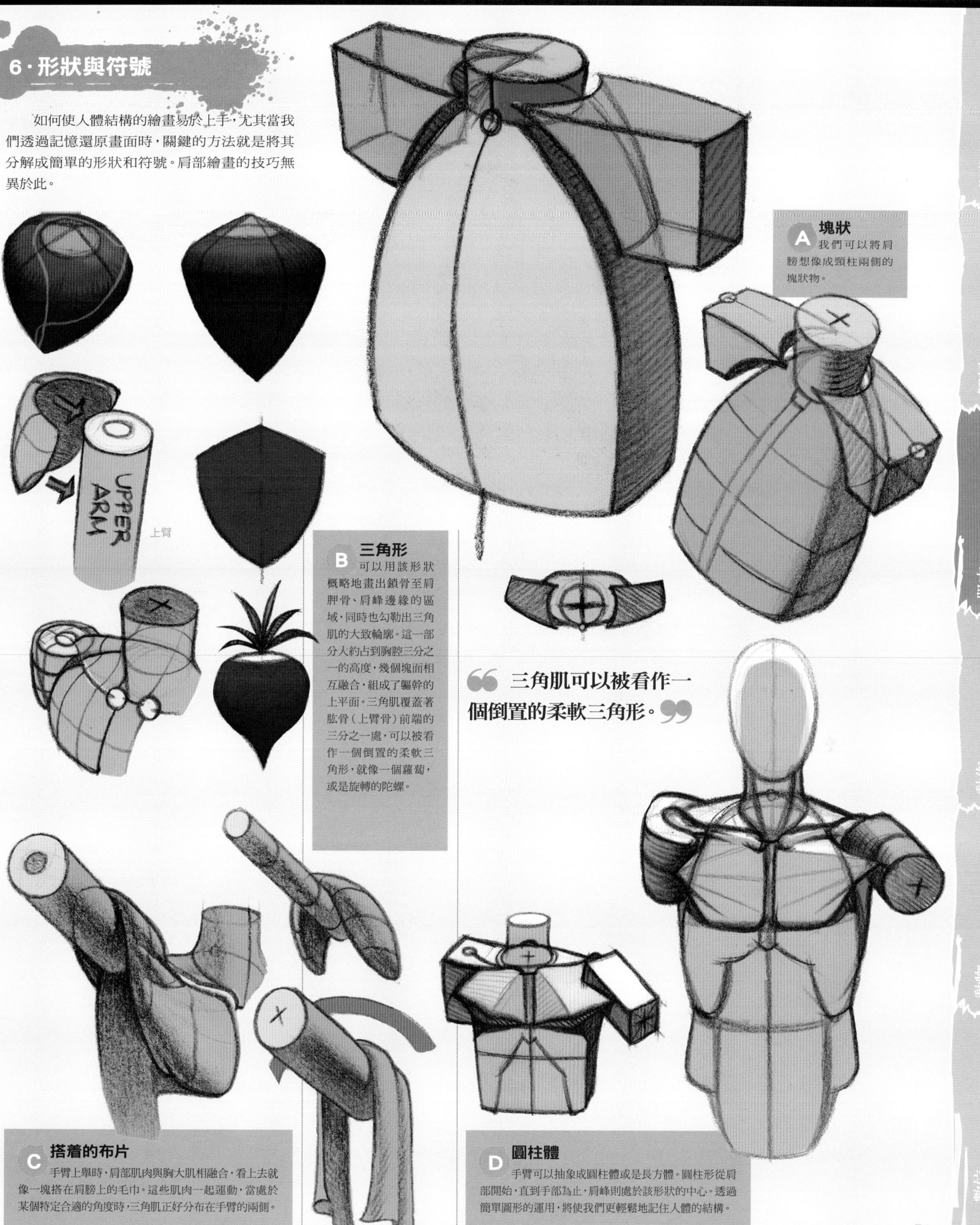

A 塊狀

我們可以將肩膀想像成頸柱兩側的塊狀物。

B 三角形

可以用該形狀概略地畫出鎖骨至肩胛骨、肩峰邊緣的區域，同時也勾勒出三角肌的大致輪廓。這一部分大約占到胸腔三分之一的高度，幾個塊面相互融合，組成了軀幹的上平面。三角肌覆蓋著肱骨（上臂骨）前端的三分之一處，可以被看作一個倒置的柔軟三角形，就像一個蘿蔔，或是旋轉的陀螺。

> 三角肌可以被看作一個倒置的柔軟三角形。

C 搭着的布片

手臂上舉時，肩部肌肉與胸大肌相融合，看上去就像一塊搭在肩膀上的毛巾。這些肌肉一起運動，當處於某個特定合適的角度時，三角肌正好分布在手臂的兩側。

D 圓柱體

手臂可以抽象成圓柱體或是長方體。圓柱形從肩部開始，直到手部為止，肩峰則處於該形狀的中心。透過簡單圖形的運用，將使我們更輕鬆地記住人體的結構。

7 · 肩部結構解剖

肩部有以下肌肉群：三角肌、岡上肌、岡下肌以及大小圓肌。這些肌肉群彼此交織，順著背闊肌紋理，圍繞喙肱肌和三頭肌，在繪畫中確實比較複雜。

本頁中將用一組圖例來進行說明，盡可能幫你簡化這個複雜的部位。當手臂完全向體側伸展，背闊肌和大圓肌構成了手臂連接身體的弧度。大圓肌的末端延伸至手臂，背闊肌的末端則與胸腔相接。

下圖還展示了三角肌在理想情況下伸展的狀態。在繪畫高大威猛的英雄人物形象時，可以參照這些圖例來確保解剖結構的正確無誤。

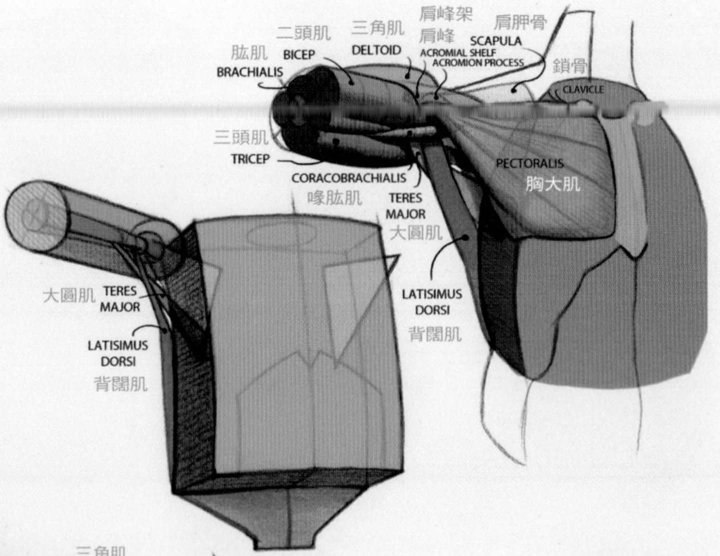

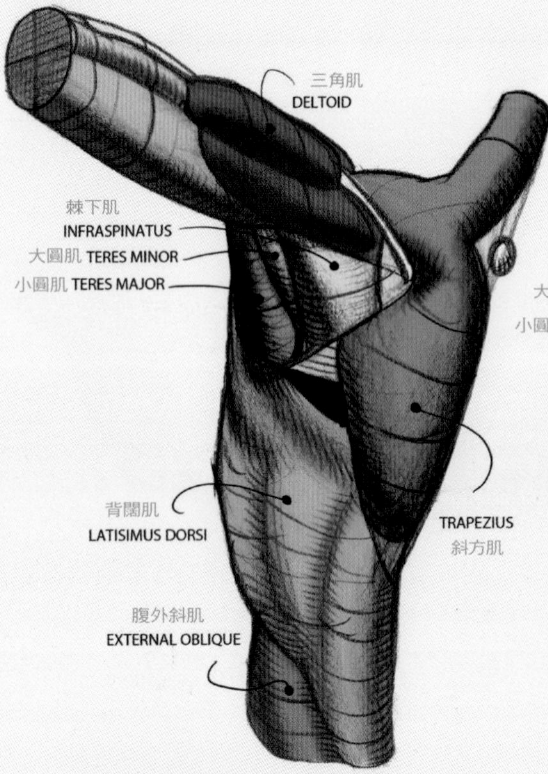

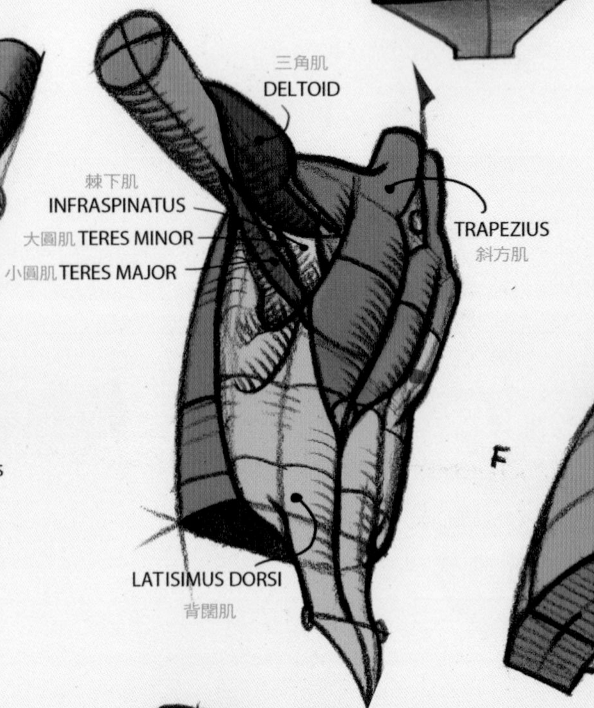

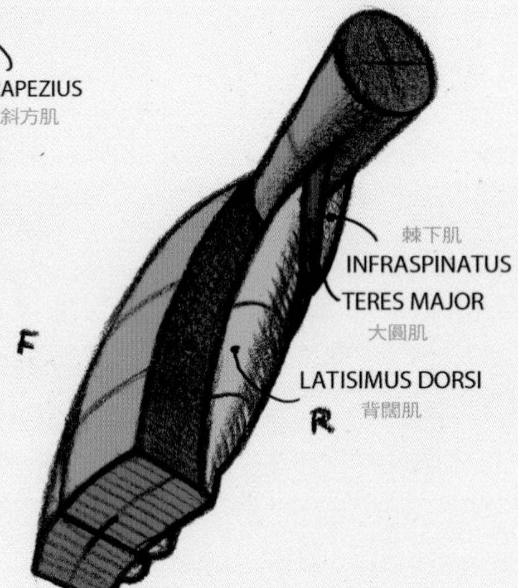

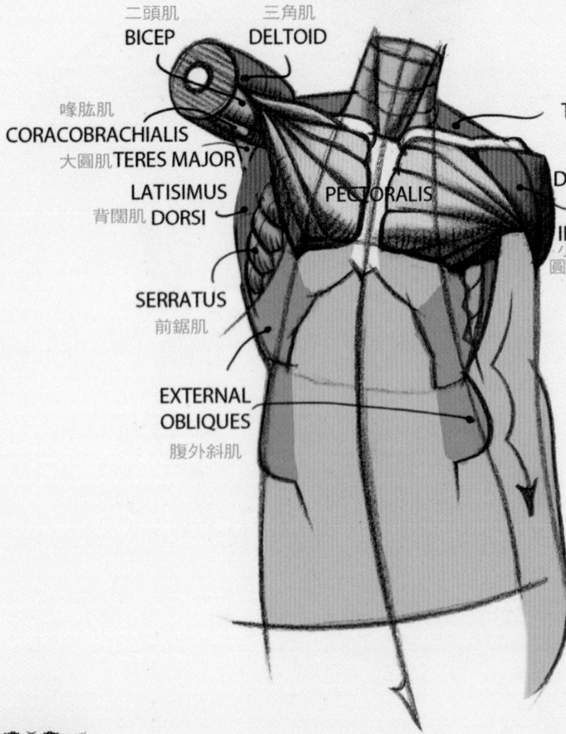

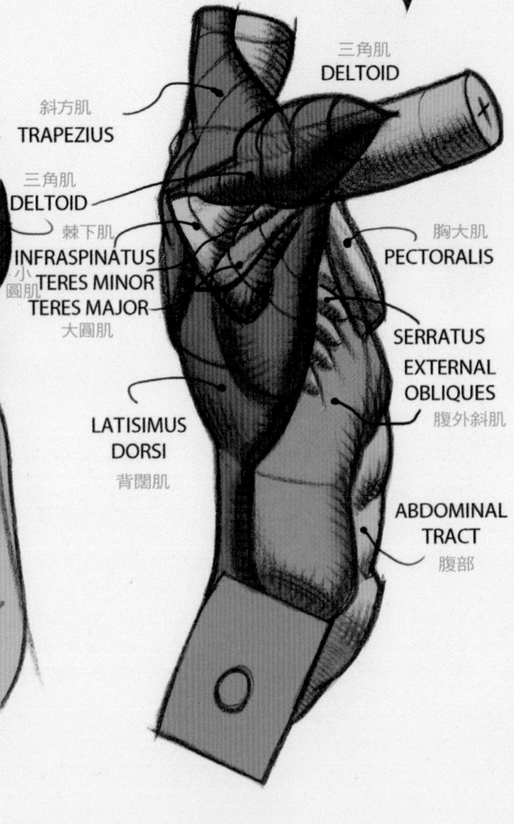

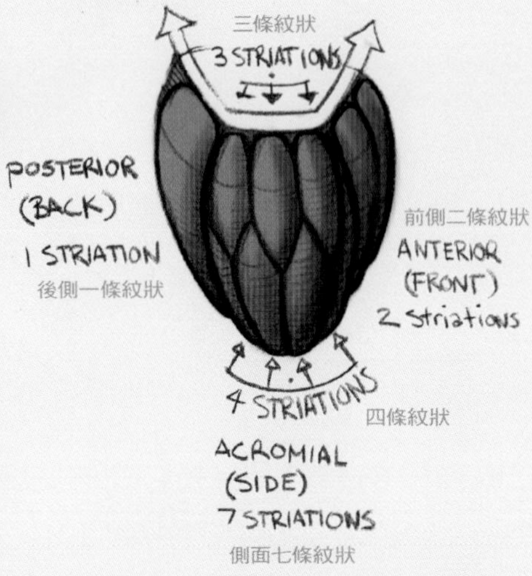

> 確保英雄人物形象的解剖結構正確無誤。

8·肌肉的作用機理

三角肌的主要作用是旋轉與提昇手臂。其前端提拉手臂向前運動、向內扭轉，而後端使手臂向後運動、向外扭轉。岡上肌從側面提拉手臂，同時使手臂向外側扭轉，它藏於斜方肌之下，與肱骨的頂部相連。岡下肌的作用同樣是在側面扭轉手臂，擴展了手臂抬昇後的運動範圍。它也與肱骨的頂部相連。小圓肌主要負責向內牽拉手臂，使其向外扭轉，大圓肌則將手臂拉向體側，使其向內扭轉，用來將舉起的手臂放下。

技法解密

請勿忽視彼此間的聯繫軀幹是動作姿勢的核心，在此基礎上逐步畫出腿、手臂、頸部和頭部。這能夠確保人體形態在最後看上去具有靈活感，同時節省大量的創作時間。這一過程中，枕頭形狀的運用是極為關鍵的，可用來調整肩部的線條。有時，它發揮的作用還會更大，因為胸腔部位基本不包含作用線條。同時考慮胸腔與骨盆之間的關係，試著去理解所有一切都是彼此相連的，對於畫肩部的動作有很大作用。

10·皮膚

皮膚包覆在肌肉、骨骼和肌腱表面，透過筋膜與骨頭表面、肌肉和肌腱相連。

當手臂活動時，根據動作形態和運動方向的不同，肩部的皮膚會被不同程度地拉伸。所形成的皮膚皺褶與肌肉纖維相垂直。如果雙臂拉開，肩部就會緊繃，同時形成皺褶。可以用螺旋來表示這些皺褶，螺旋線越密，手臂看上去拉開的程度就越大。

當手臂向上舉起，越過肩線，皮膚就會在肩峰和肩峰邊緣堆疊。這會形成一塊略微向外散開的皺褶，在三角肌上形成一個方形的切入點。

三角肌 DELTOID

棘下肌 INFRASPINATUS

小圓肌 TERES MINOR

TERES MAJOR 大圓肌

TRAPEZIUS 斜方肌

LATISIMUS DORSI 背闊肌

SKIN 皮膚

垂直增加 PERPENDICULAR CREASE

MUSCLE HEAD 頭肌

9·塊面

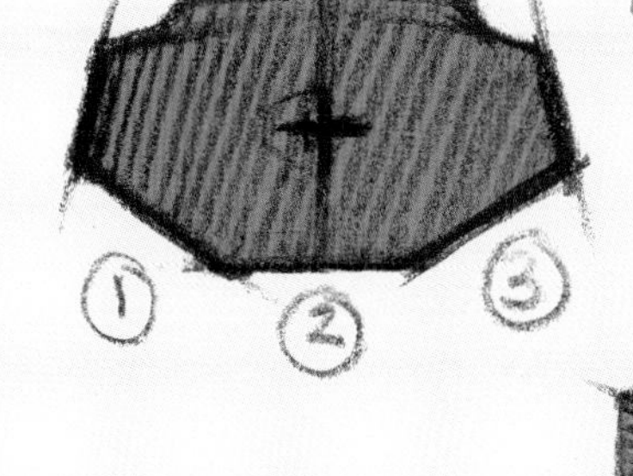

背部可以在水平和垂直兩個方向上分為三個塊面。在初繪時，可以忽略背部中間肌肉所形成的角度，在畫出細節之前，先用三個簡單的平面建構出背部的基本輪廓，突出比例關係。大的塊面塑造好後，將它們細分為若干個小的塊面。肩胛骨、脊柱肌肉和脊柱分別處於不同的平面上，如下圖所示。線條所表示的是這些平面的剖面圖，我們可以更清晰地看到它們的空間和縱深。

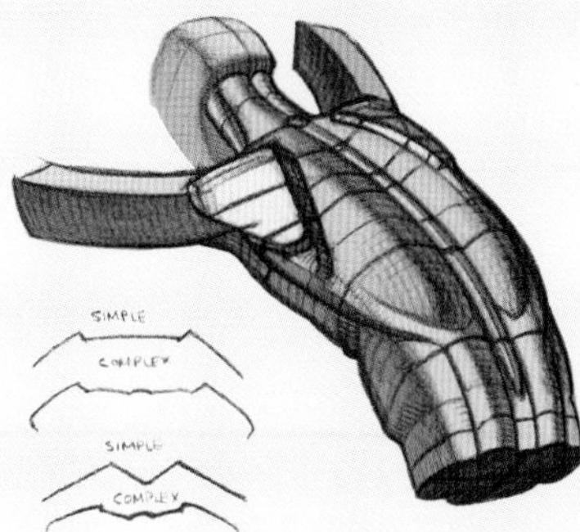

練習

在繪畫背部時，可以先畫一些枕頭形狀，然後從中找出哪個與胸腔最為接近。將該形狀一分為二，就確定了肩胛骨在背側的高度。接下來，將枕頭形在兩肩之間垂直地分為3塊。如果手臂位於體側，就可以看出肩胛骨的位置。將肩膀所在的區塊用對角線劃分，尖端指向應與手臂的方向一致。在體側畫一根線條與所形成的三角形尖端相連，並在其末端添加與之垂直的小線條，形成一個倒置的T型。將手臂的線條分成三等分。根據線條劃分的比例將肩部的肌肉添加到畫面中去。勤加練習，直到我們將這些步驟爛熟於心。

SIDE VIEW 側視圖

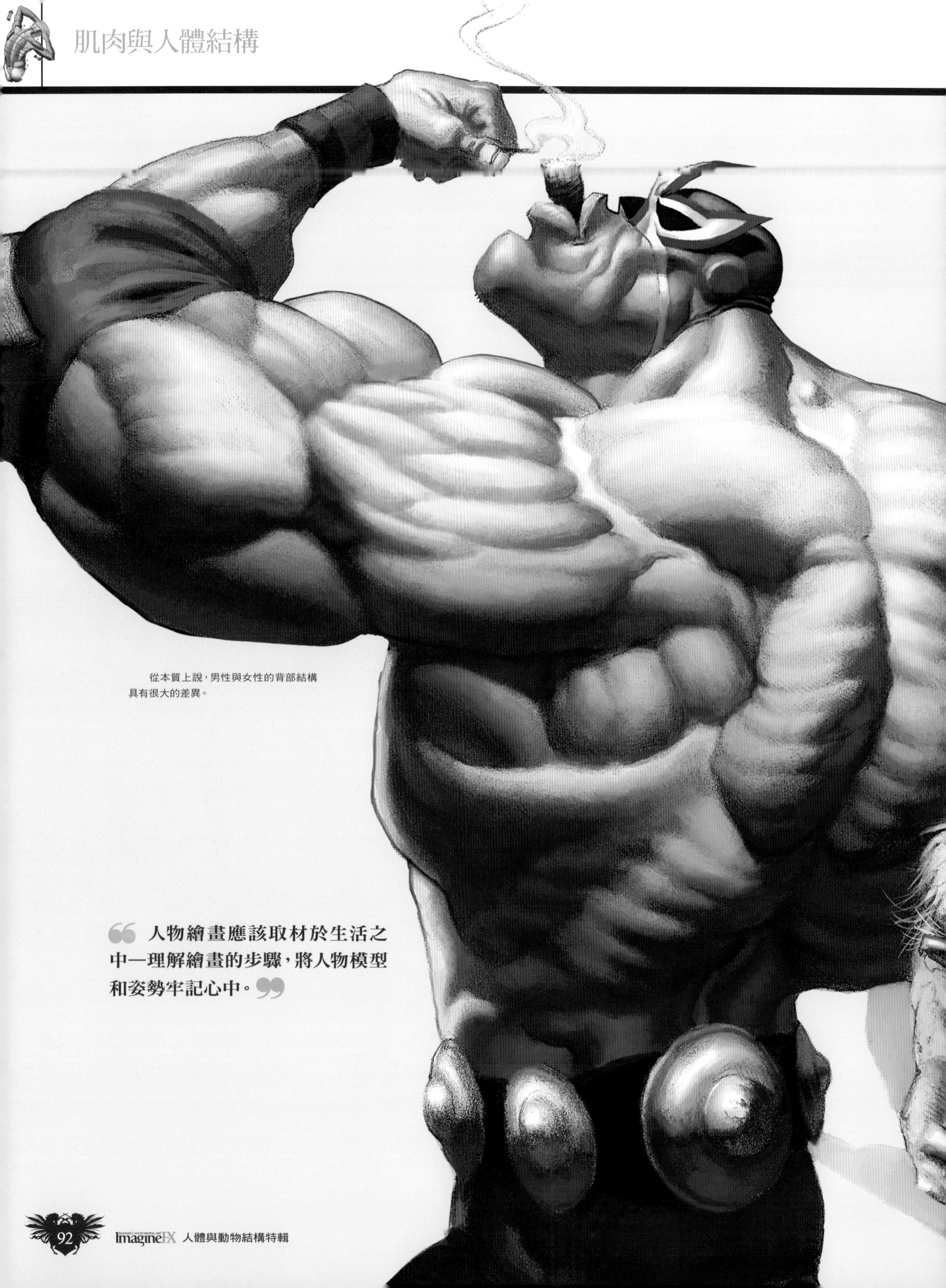

從本質上說，男性與女性的背部結構具有很大的差異。

“人物繪畫應該取材於生活之中—理解繪畫的步驟，將人物模型和姿勢牢記心中。”

第二節
背部的繪畫與造型

人體的背部是一個相對較為複雜的部位，羅恩．勒芒將其分解成理論模型，使繪畫與造型變得簡單。

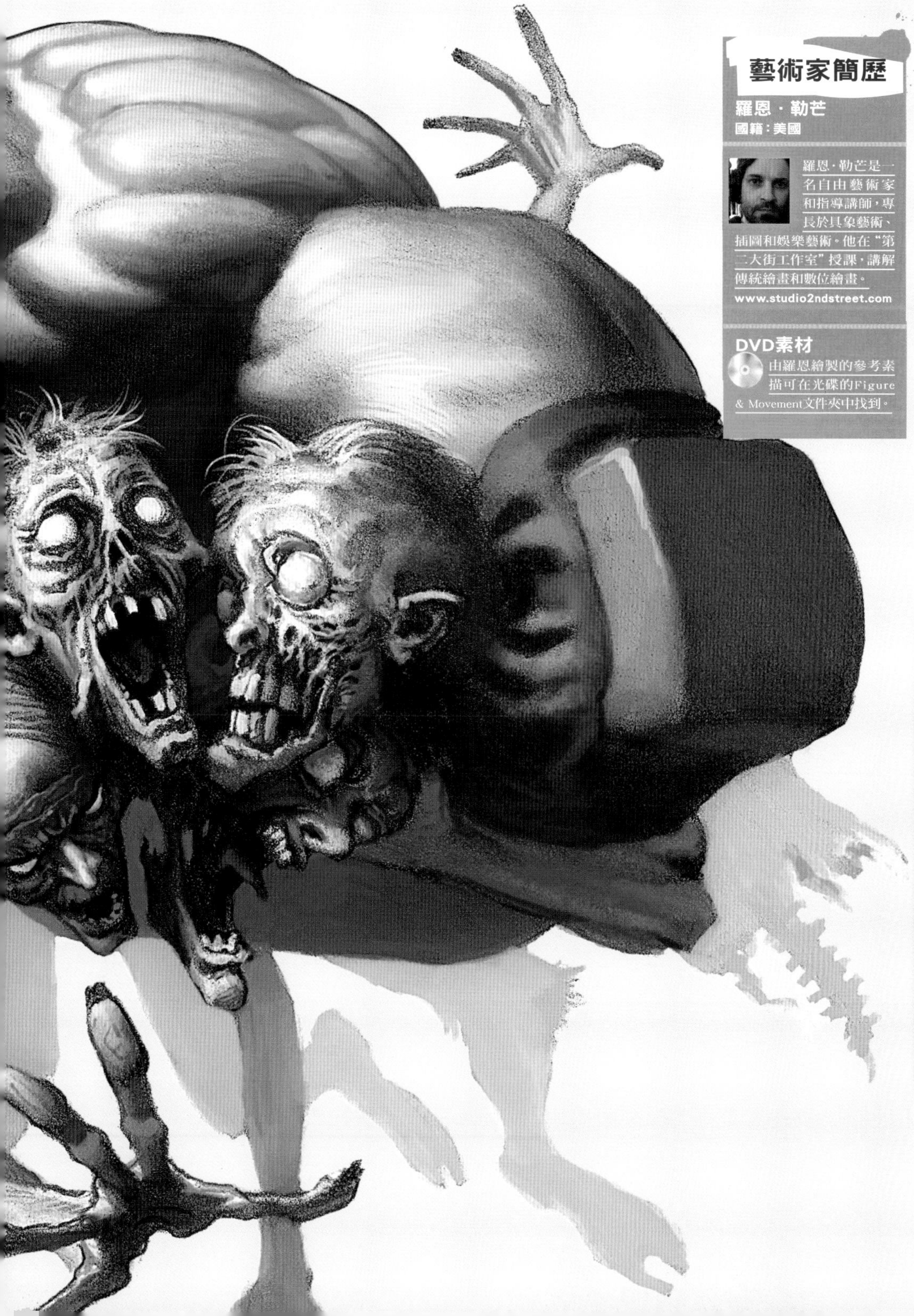

藝術家簡歷

羅恩．勒芒
國籍：美國

羅恩．勒芒是一名自由藝術家和指導講師，專長於具象藝術、插圖和娛樂藝術。他在"第二大街工作室"授課，講解傳統繪畫和數位繪畫。
www.studio2ndstreet.com

DVD素材
由羅恩繪製的參考素描可在光碟的Figure & Movement文件夾中找到。

我期望透過本節的內容將背部這個複雜的部位闡述明白。本節還包含了具體的操作步驟和一些練習題，希望你可以試著練練手。我將向大家介紹兩種不同的繪畫技法，但在理念上卻有諸多相通之處，它們對於人物繪畫十分重要，相信你一定會感興趣。

閱讀本教程，同時參考肩部繪畫習作，希望你能夠理解我在本節中所講述的要領，使新的技法和思維過程對繪畫產生幫助。始終牢記，人物繪畫應融入到現實生活中去。為了更好地理解這個過程，我們需要牢記人物模型和姿勢，透過反復嚴謹的步驟，充分發揮我們的繪畫技能。

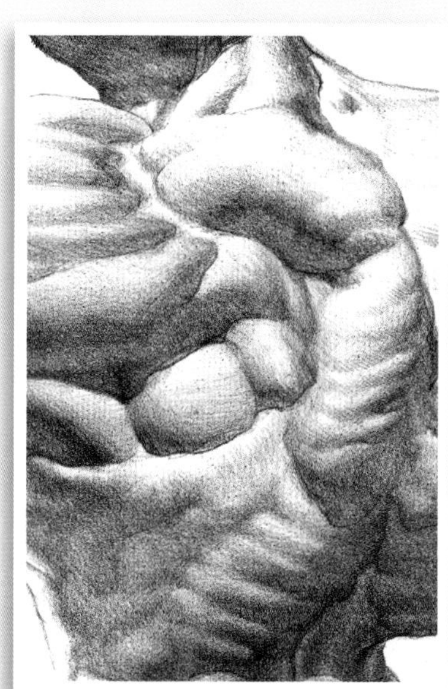

菱形肌、斜方肌、背闊肌、腹外斜肌、骶棘肌群……背部也許是解剖學中最複雜的部位之一。不過我們無需學習拉丁語，或者取得生物學學位，也能夠將這個部位在畫紙上表現出來。

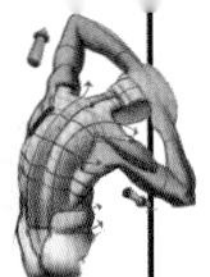

1・背部的肌肉組

首先，我們來觀察背部的肌肉，並試著利用簡單的形狀來幫助記憶，瞭解它們相互組合的情況。對於藝術家來說，需要更多關注於以下這些肌肉組：菱形肌、斜方肌、背闊肌、腹外斜肌、骶棘肌群。

背部的肌肉分隔成組。結合兩側的身體來建構形狀，用於背部的繪畫。下圖是建構人體的基本形狀，起點和切入點已用紅點標出。

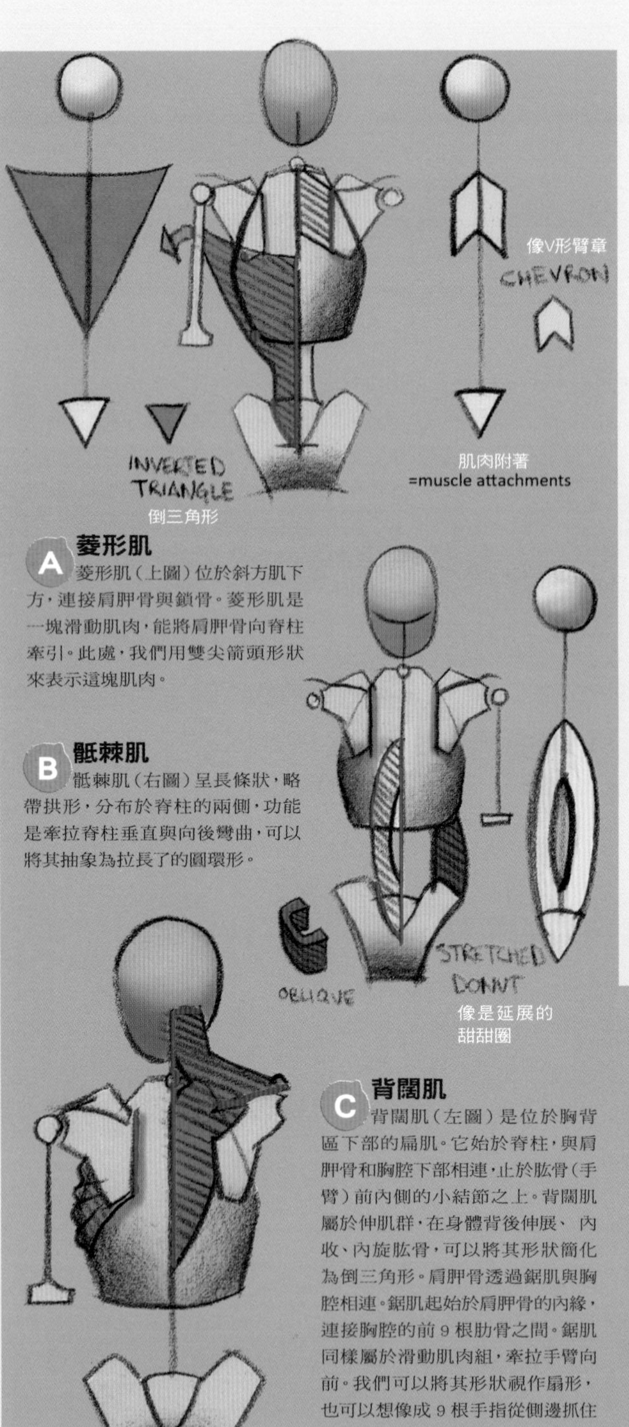

A 菱形肌

菱形肌（上圖）位於斜方肌下方，連接肩胛骨與鎖骨。菱形肌是一塊滑動肌肉，能將肩胛骨向脊柱牽引。此處，我們用雙尖箭頭形狀來表示這塊肌肉。

B 骶棘肌

骶棘肌（右圖）呈長條狀，略帶拱形，分布於脊柱的兩側，功能是牽拉脊柱垂直與向後彎曲，可以將其抽象為拉長了的圓環形。

C 背闊肌

背闊肌（左圖）是位於胸背區下部的扁肌。它始於脊柱，與肩胛骨和胸腔下部相連，止於肱骨（手臂）前內側的小結節之上。背闊肌屬於伸肌群，在身體背後伸展、內收、內旋肱骨，可以將其形狀簡化為倒三角形。肩胛骨透過鋸肌與胸腔相連。鋸肌起始於肩胛骨的內緣，連接胸腔的前 9 根肋骨之間。鋸肌同樣屬於滑動肌肉組，牽拉手臂向前。我們可以將其形狀視作扇形，也可以想像成 9 根手指從側邊抓住身體，延伸包裹軀幹。

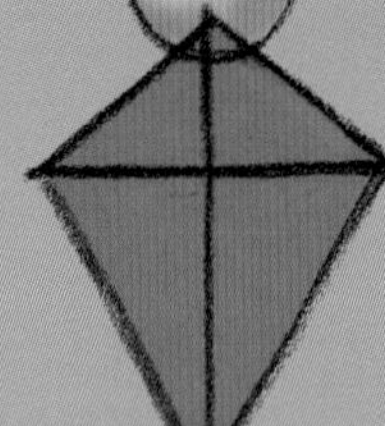

D 斜方肌

斜方肌位於上背部，將肩胛骨與脊柱與頭骨相連。其作用是向脊柱方向內收肩胛骨。可以將斜方肌抽象成風箏型，頂端與頭骨的底部相銜接。

2・基本形狀

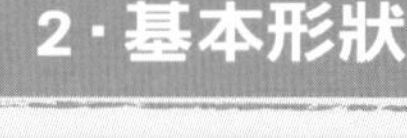

任何物件都可以被拆分成為基本的形狀，人體也不例外。一旦掌握形狀的拆解方法，瞭解明暗、透視和疊加關係，就可以將其用於人體的繪畫—最終目標是利用創意和想像力來繪畫。如果在繪畫中運用基本形狀組合建構理念，即便是再複雜的設計，也能夠被不斷簡化。但這是一個過程，每個步驟都相互銜接。透過充分的練習，你不必再遵循練習的每個步驟，找到適合自己的創作方式，跳過某些步驟，或者將一些過程合併。

> **“任何物件都可以被拆分成為基本的形狀，人體也不例外。”**

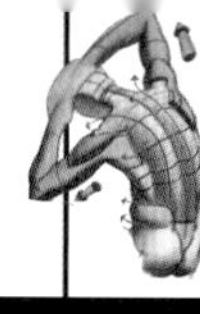

3·形體姿態

首先畫出形體姿態的大致結構和線條。在這一步中，只需要粗略地畫出人體姿勢以及受力關係，暫時不用考量精確的比例和光影。姿態曲線應與最後的完稿一致，不用將過多的注意力放在填充和縱深上。

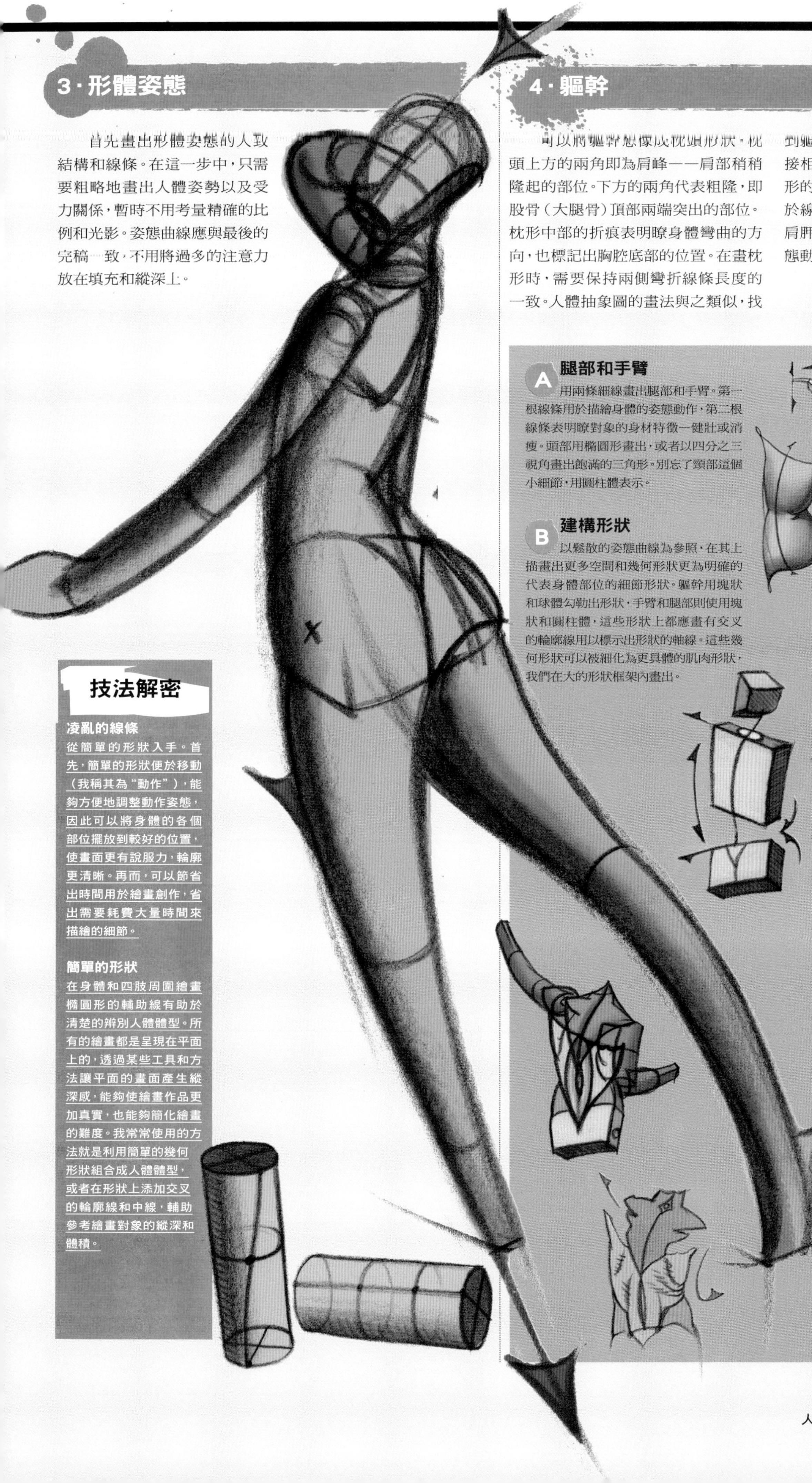

4·軀幹

可以將軀幹想像成枕頭形狀。枕頭上方的兩角即為肩峰——肩部稍稍隆起的部位。下方的兩角代表粗隆，即股骨（大腿骨）頂部兩端突出的部位。枕形中部的折痕表明瞭身體彎曲的方向，也標記出胸腔底部的位置。在畫枕形時，需要保持兩側彎折線條長度的一致。人體抽象圖的畫法與之類似，找到軀幹的頂部和底部位置，用三角形連接相同的解剖點。頸部同樣是抽象圖形的一部分，在身體正面，乳突正好位於線條之上，而身體的後背，則經過了肩胛骨。軀幹設計理念的核心就是形態動作。

A 腿部和手臂

用兩條細線畫出腿部和手臂。第一根線條用於描繪身體的姿態動作，第二根線條表明瞭對象的身材特徵—健壯或消瘦。頭部用橢圓形畫出，或者以四分之三視角畫出飽滿的三角形。別忘了頸部這個小細節，用圓柱體表示。

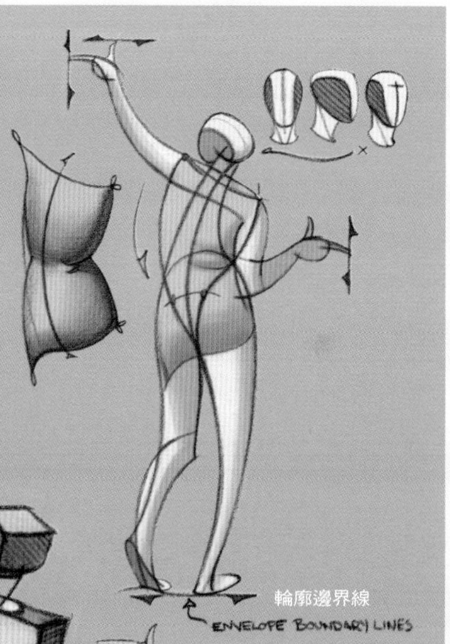

B 建構形狀

以鬆散的姿態曲線為參照，在其上描畫出更多空間和幾何形狀更為明確的代表身體部位的細節形狀。軀幹用塊狀和球體勾勒出形狀，手臂和腿部則使用塊狀和圓柱體，這些形狀上都應畫有交叉的輪廓線用以標示出形狀的軸線。這些幾何形狀可以被細化為更具體的肌肉形狀，我們在大的形狀框架內畫出。

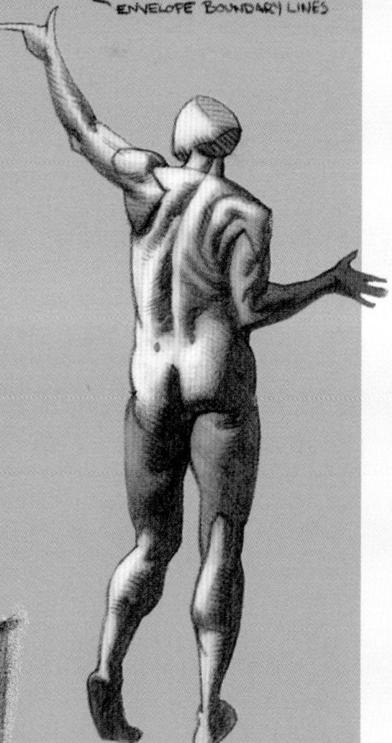

輪廓邊界線

ENVELOPE BOUNDARY LINES

C 形狀的微調

我們利用基本的形狀來簡化肌肉的畫法，快速地佈局畫面和比例結構。對於對稱的形狀，可以添加中線，用以幫助建構結構的勻稱和比例的平衡。

技法解密

凌亂的線條

從簡單的形狀入手。首先，簡單的形狀便於移動（我稱其為“動作”），能夠方便地調整動作姿態，因此可以將身體的各個部位擺放到較好的位置，使畫面更有說服力，輪廓更清晰。再而，可以節省出時間用於繪畫創作，省出需要耗費大量時間來描繪的細節。

簡單的形狀

在身體和四肢周圍繪畫橢圓形的輔助線有助於清楚的辨別人體體型。所有的繪畫都是呈現在平面上的，透過某些工具和方法讓平面的畫面產生縱深感，能夠使繪畫作品更加真實，也能夠簡化繪畫的難度。我常常使用的方法就是利用簡單的幾何形狀組合成人體體型，或者在形狀上添加交叉的輪廓線和中線，輔助參考繪畫對象的縱深和體積。

5·背部的比例

讓我們來分析一下背部的比例結構。頭骨後側寬度近似於兩側肩胛骨之間的距離。肩胛骨的大小可以框定在一個正方形內，算上兩側肩胛骨間的大小，兩肩之間能容納下3個正方形。肩胛骨的高度約占胸腔的一半（胸腔自第7根頸椎至第10根肋骨）。如果將腰部肌肉直接與骶骨和髂嵴相連，其間距離近似於從一側斜肌至骶骨至另一側斜肌距離的四分之三。

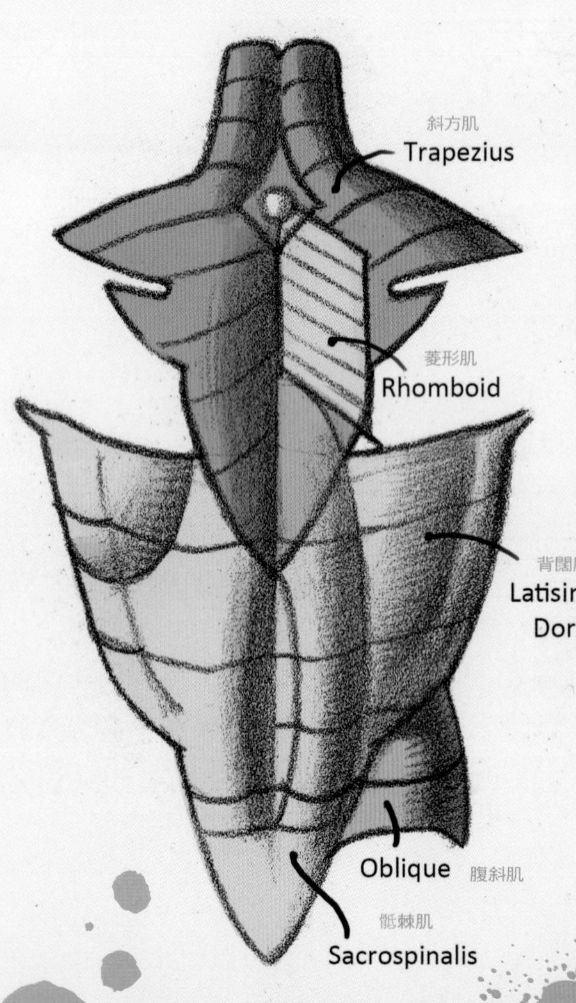

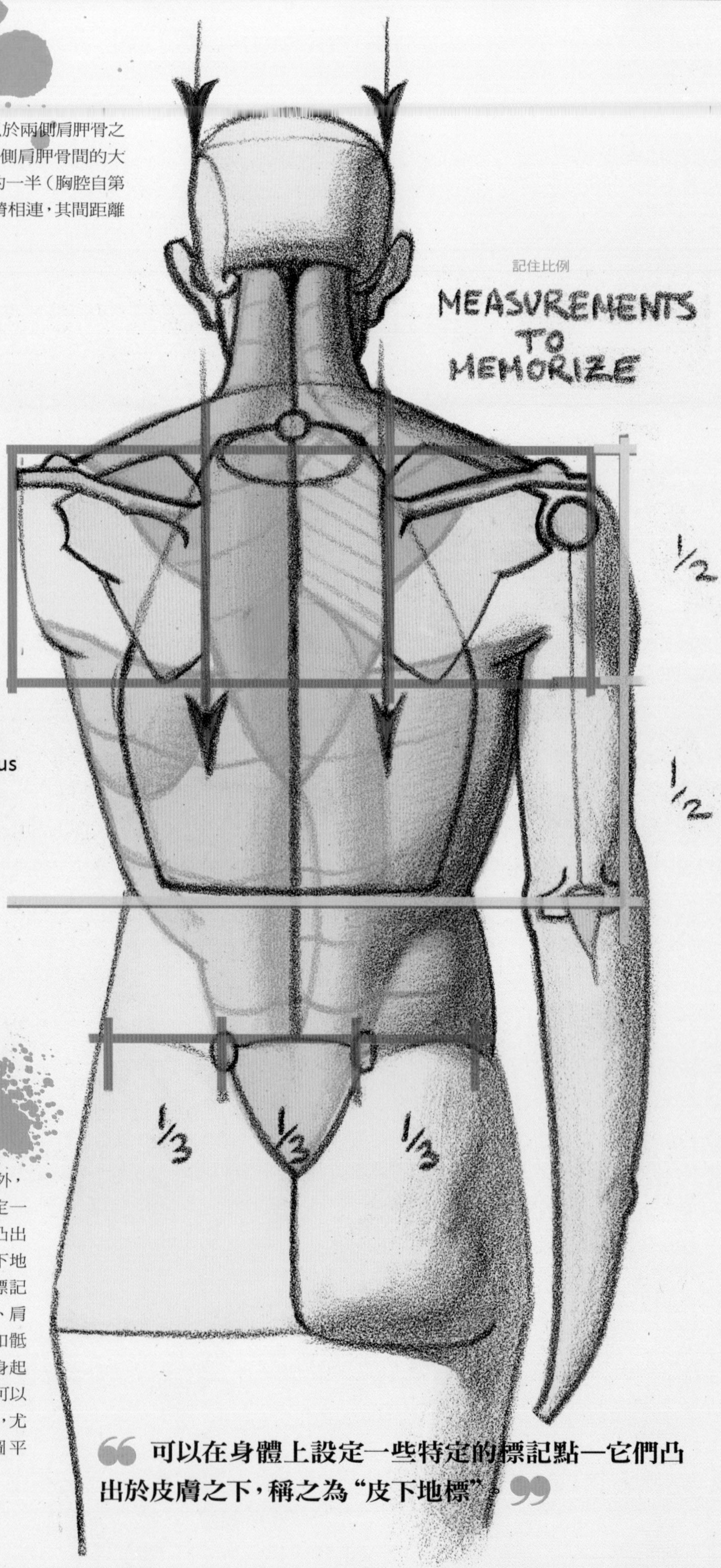

記住比例
MEASUREMENTS TO MEMORIZE
1/2
1/2
1/3
1/3
1/3

6·設定標記點

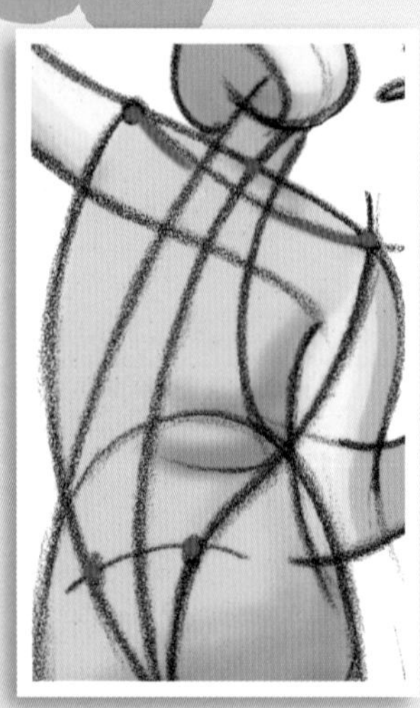

除了掌握背部的比例外，我們也可以在身體上設定一些特定的標記點—它們凸出於皮膚之下，稱之為“皮下地標”。從背部觀察，這些標記點主要有：第七頸椎骨、肩峰、肩胛上翼、肩胛內緣和骶骨窩。這些標記點除了本身起到連接肌肉的功能外，也可以幫助我們記憶身體的比例，尤其對於人體全圖的構圖平衡。

> 可以在身體上設定一些特定的標記點—它們凸出於皮膚之下，稱之為“皮下地標”。

7·背部的動作

在完成上述構架步驟後，接下來將重點放在背部的動作上，用基本的線條將動作簡化抽象，使之變得清晰明瞭。

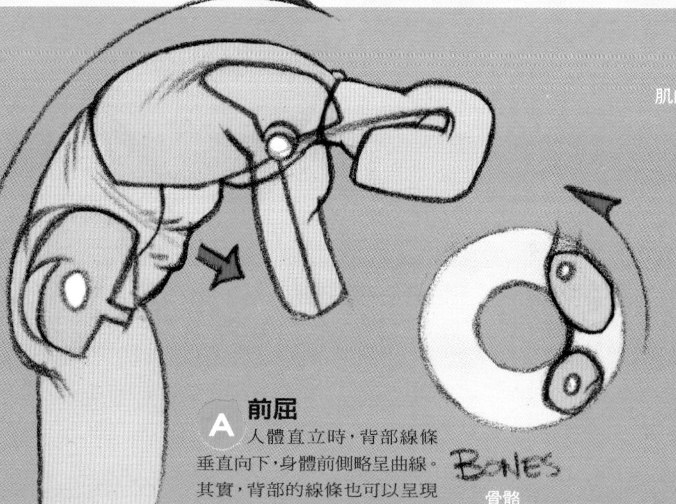

A 前屈

人體直立時，背部線條垂直向下，身體前側略呈曲線。其實，背部的線條也可以呈現出弧線。肩胛骨、脊柱肌肉和斜肌使背部看上起平整。但當身體前屈時，肋骨拉伸彼此分離，肩胛骨從背部向體側外翻，背部的曲線則尤為明顯。

B 前屈

手臂在身體前側拉伸的動作使背部變得平坦，背部的肌肉不會形成堆積，我們可以直接透過肌肉觀察到胸腔的形狀。

C 後拉

當手臂向後拉伸時，肩胛骨間的肌肉被壓縮，在體表呈管狀或圓柱形。凸出的肌肉在兩塊肩胛骨上形成坡道。

練習

1 用枕頭形狀來繪製人體軀幹，傾斜並轉向，無需添加四肢。接下來，選取一些有意思的動作姿勢進行繪畫，並為軀幹畫上腿部和手臂。檢查人物的姿勢和重心是否合理？是否還能再進行調整？如果可以，在之前繪畫的內容上對軀幹稍加改動，並重新畫上四肢。

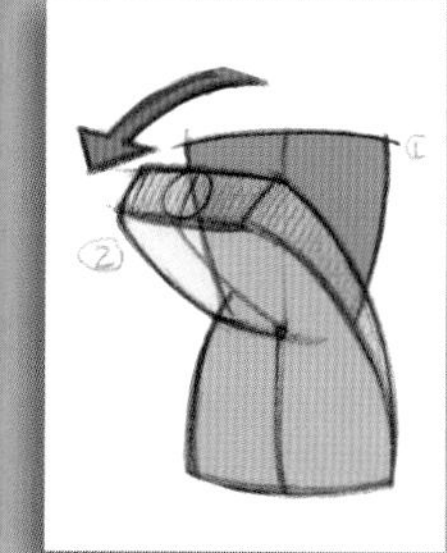

2 用之前闡述的兩條曲線繪畫人體的抽象圖，線條上應能夠表現出頸部和肩胛骨。線條相交於胸腔底部。思考前文所述的不同繪畫方法的相似之處，如何在創作中結合使用這些畫法，並多加練習。

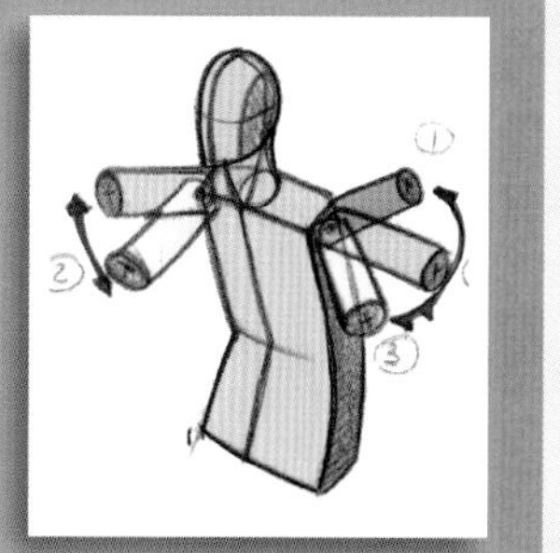

8·男性與女性背部的特徵

將背部的形狀抽象成不同的三角形，可用於區分男性和女性背部的特徵。在繪畫女性形體時，應採用尖端向上的三角形來表現，從臀部肌肉向骶棘肌組逐漸收縮。而畫男性形體時，頂端向下的三角形更為合適，由兩側肩峰向尾椎骨或骶骨逐漸收窄。

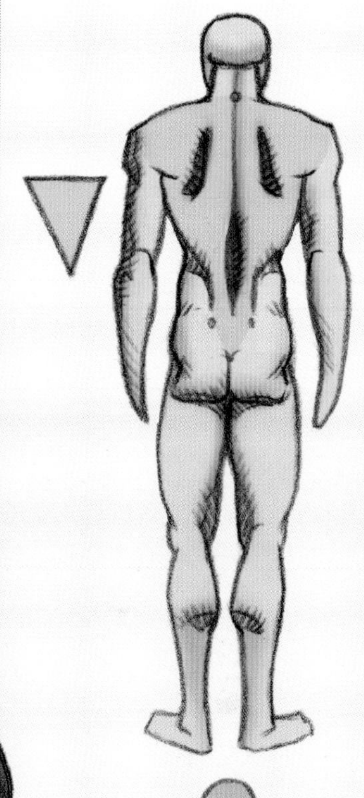

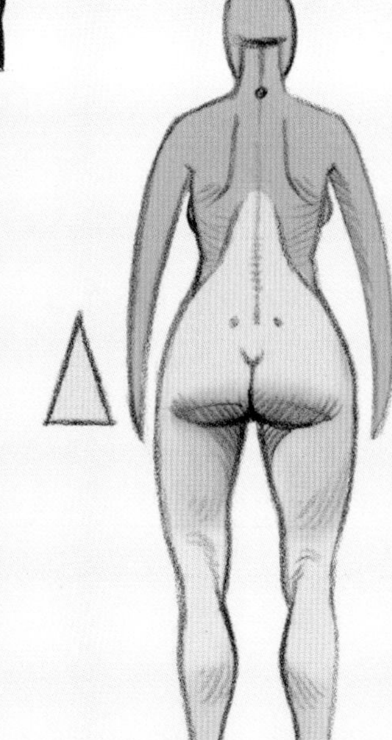

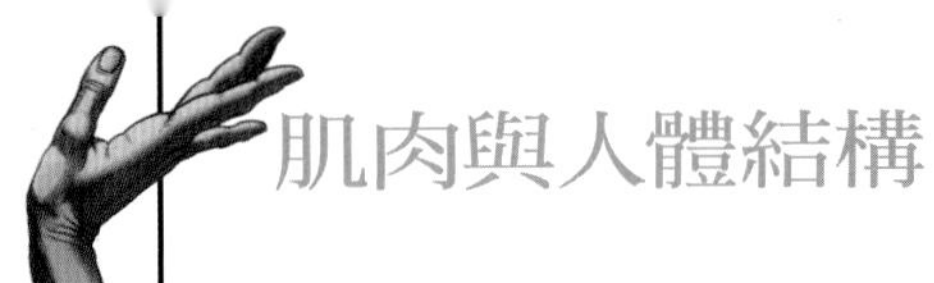

第三節

手腕的動作

要想將手腕畫好難度確實不小。讓我們跟隨**羅恩·勒芒**一起，探索皮膚下這個靈活而又複雜的部位，瞭解活動手腕的繪畫技巧。

藝術家簡歷

羅恩·勒芒
國籍：美國

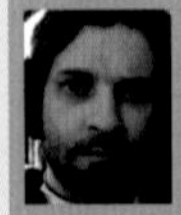

羅恩·勒芒是一名自由藝術家和指導講師，專長於具象藝術、插圖和娛樂藝術。他在"第二大街工作室"授課，講解傳統繪畫和數位繪畫。
www.studio2ndstreet.com

DVD素材
由羅恩繪製的參考素描可在光碟的Figure & Movement文件夾中找到。

手腕只是身體上一個很小的部位，但卻難倒了不少藝術家。手腕連接前臂與手掌，能以各種形式活動，使手部表現出不同的形態。為了理解腕部，應首先觀察前臂，瞭解前臂的線條以及它與手腕連接的方式。在本節中，我將向大家介紹腕部的結構以及它與其他部件是如何相互銜接組合的，隨後將其分解為簡單的形狀、連接和運動方式。

1·腕骨結構

人體前臂由兩根骨骼組成—橈骨和尺骨。尺骨是固定的，而橈骨可以繞其轉動，正如它們的命名一樣。腕部由8跟腕骨以及在腕關節處與橈骨和尺骨相連的舟骨、月骨組成。

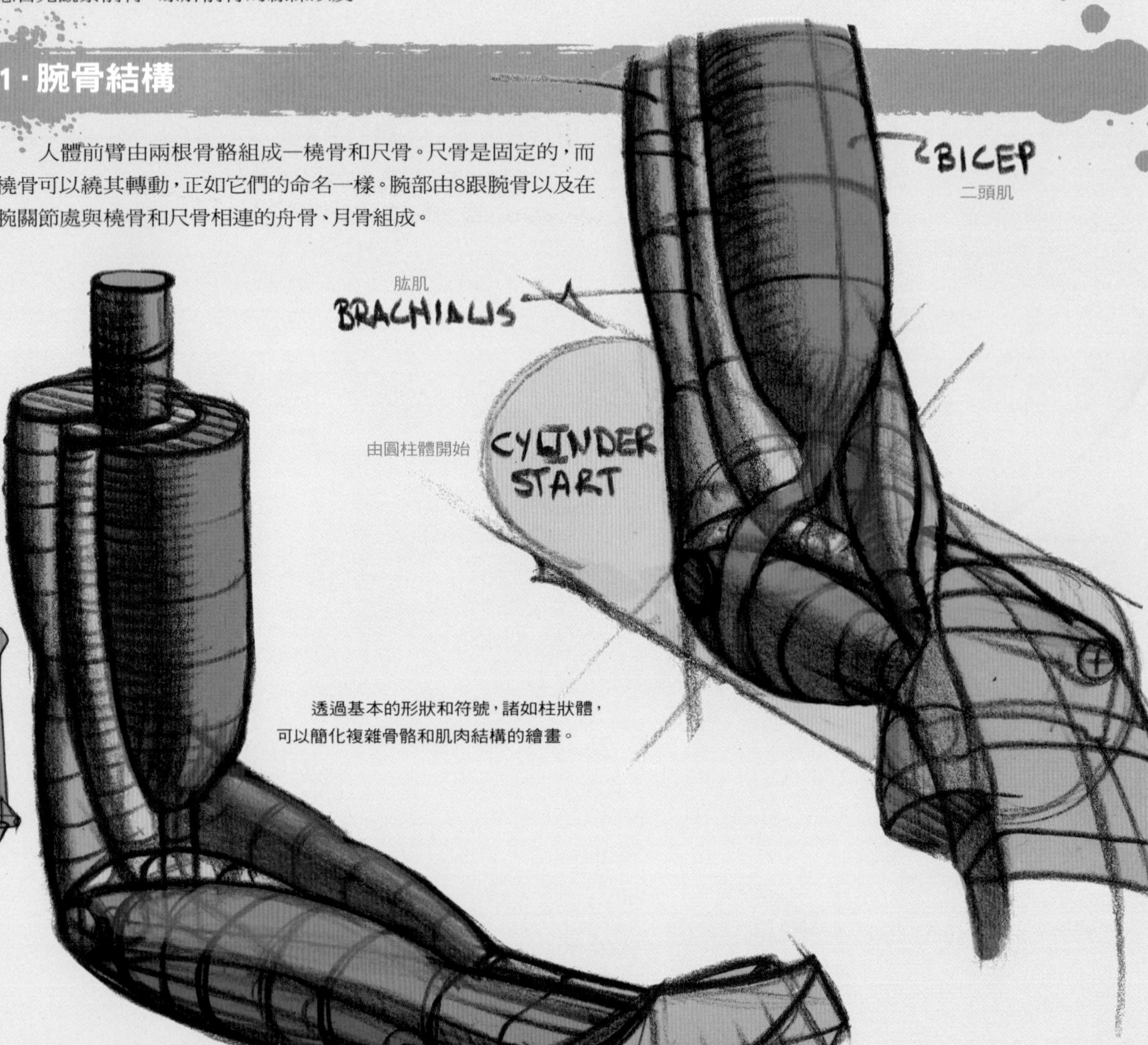

BICEP
二頭肌

肱肌
BRACHIALIS

由圓柱體開始
CYLINDER START

骨骼可以被抽象成簡單的形狀，此處用三角形表示關節。

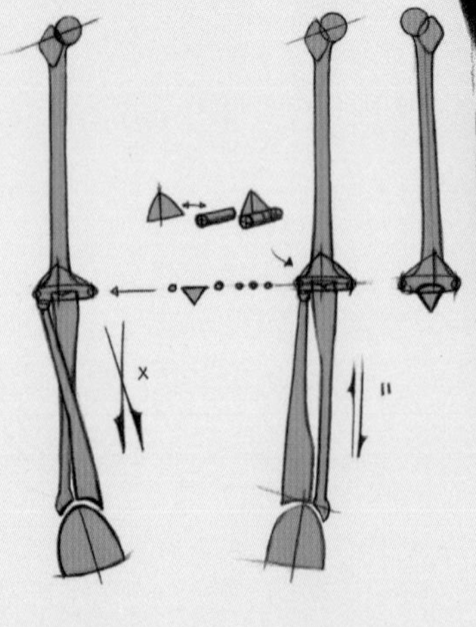

透過基本的形狀和符號，諸如柱狀體，可以簡化複雜骨骼和肌肉結構的繪畫。

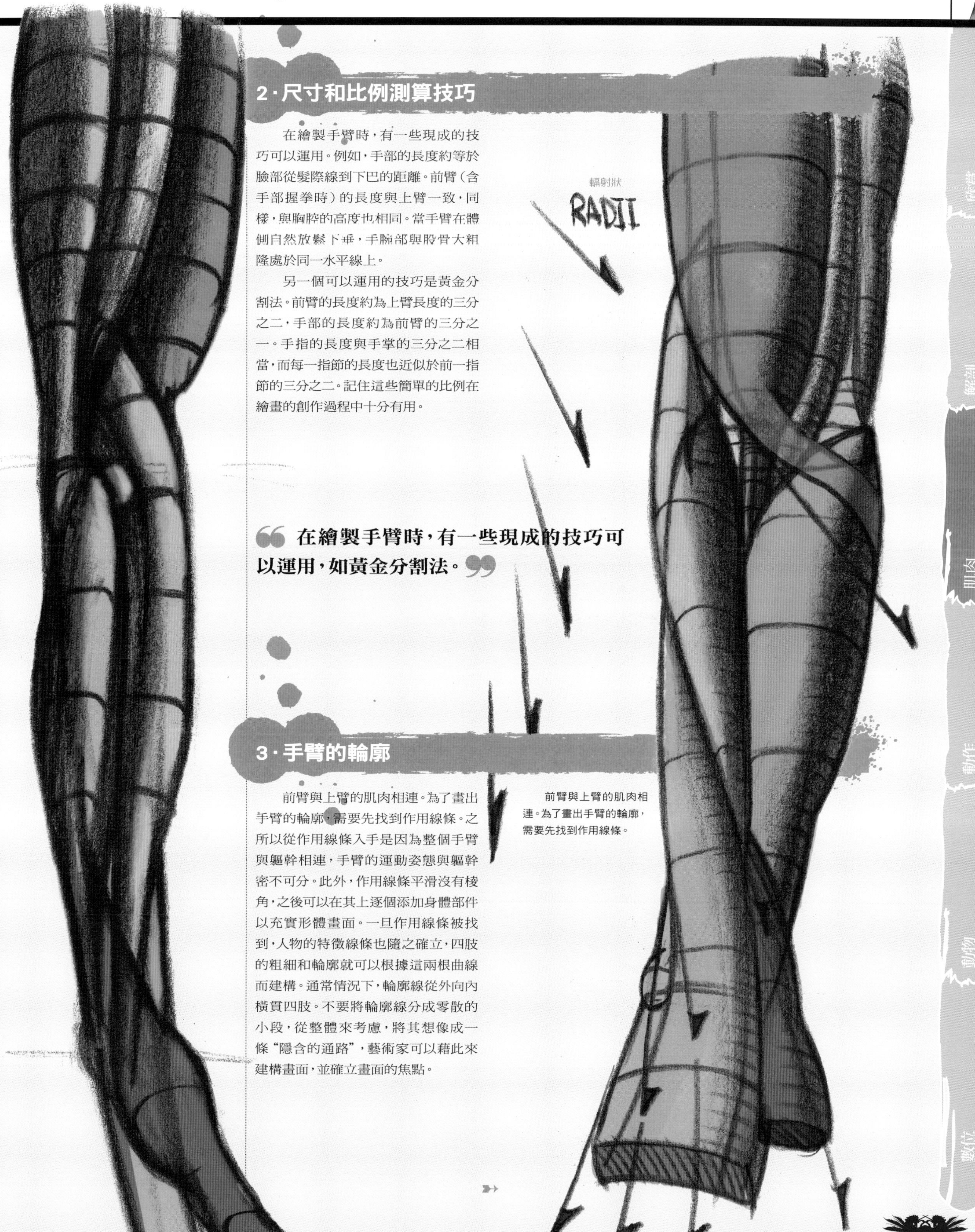

2·尺寸和比例測算技巧

在繪製手臂時，有一些現成的技巧可以運用。例如，手部的長度約等於臉部從髮際線到下巴的距離。前臂（含手部握拳時）的長度與上臂一致，同樣，與胸腔的高度也相同。當手臂在體側自然放鬆下垂，手腕部與股骨大粗隆處於同一水平線上。

另一個可以運用的技巧是黃金分割法。前臂的長度約為上臂長度的三分之二，手部的長度約為前臂的三分之一。手指的長度與手掌的三分之二相當，而每一指節的長度也近似於前一指節的三分之二。記住這些簡單的比例在繪畫的創作過程中十分有用。

在繪製手臂時，有一些現成的技巧可以運用，如黃金分割法。

3·手臂的輪廓

前臂與上臂的肌肉相連。為了畫出手臂的輪廓，需要先找到作用線條。之所以從作用線條入手是因為整個手臂與軀幹相連，手臂的運動姿態與軀幹密不可分。此外，作用線條平滑沒有棱角，之後可以在其上逐個添加身體部件以充實形體畫面。一旦作用線條被找到，人物的特徵線條也隨之確立，四肢的粗細和輪廓就可以根據這兩根曲線而建構。通常情況下，輪廓線從外向內橫貫四肢。不要將輪廓線分成零散的小段，從整體來考慮，將其想像成一條"隱含的通路"，藝術家可以藉此來建構畫面，並確立畫面的焦點。

前臂與上臂的肌肉相連。為了畫出手臂的輪廓，需要先找到作用線條。

欣賞 解剖 肌肉 動作 動物 數位

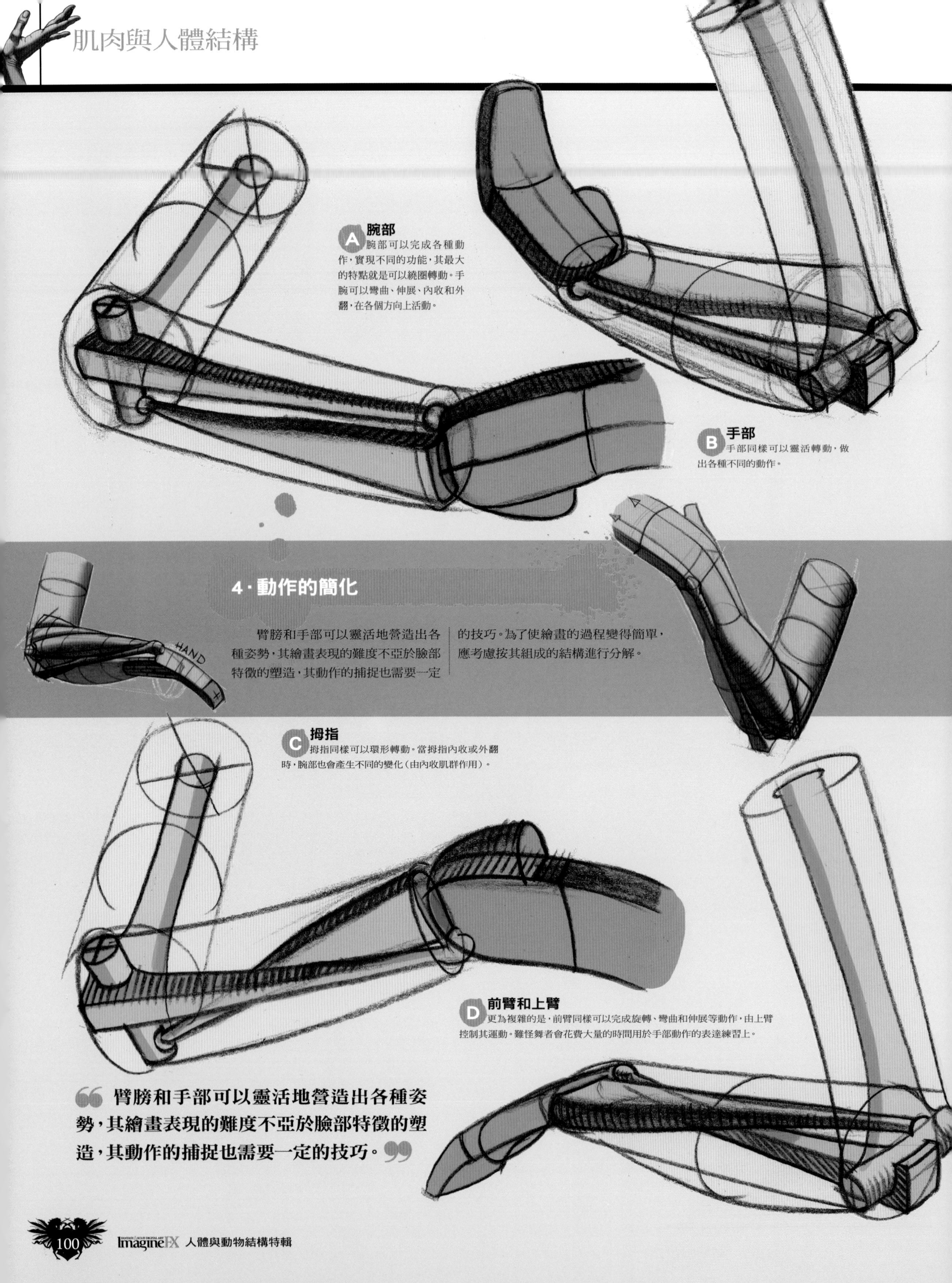

A 腕部

腕部可以完成各種動作，實現不同的功能，其最大的特點就是可以繞圈轉動。手腕可以彎曲、伸展、內收和外翻，在各個方向上活動。

B 手部

手部同樣可以靈活轉動，做出各種不同的動作。

4 · 動作的簡化

臂膀和手部可以靈活地營造出各種姿勢，其繪畫表現的難度不亞於臉部特徵的塑造，其動作的捕捉也需要一定的技巧。為了使繪畫的過程變得簡單，應考慮按其組成的結構進行分解。

C 拇指

拇指同樣可以環形轉動。當拇指內收或外翻時，腕部也會產生不同的變化（由內收肌群作用）。

D 前臂和上臂

更為複雜的是，前臂同樣可以完成旋轉、彎曲和伸展等動作，由上臂控制其運動。難怪舞者會花費大量的時間用於手部動作的表達練習上。

“臂膀和手部可以靈活地營造出各種姿勢，其繪畫表現的難度不亞於臉部特徵的塑造，其動作的捕捉也需要一定的技巧。”

5·用於簡化的符號

在繪畫手腕部位的骨骼時，我會將它們想像成一塊柔韌的板材嵌入圓柱體，也可以將其想像成保齡球瓶或雞腿型。保齡球瓶結構包含了前臂所有複雜的解剖結構，但卻無法標示出表面的情況。我們需要在橢圓形中畫出四極軸點用以輔助確定表面，用正交的十字線"+"代表橢圓的主軸和輔軸。

手腕位於手臂與手掌的連接處，是一個橢圓形的關節，與肩關節的球凸和球窩結構類似，可作出的動作相近，只是活動半徑略小。

“在橢圓形中畫出四極軸點用以輔助確定表面。”

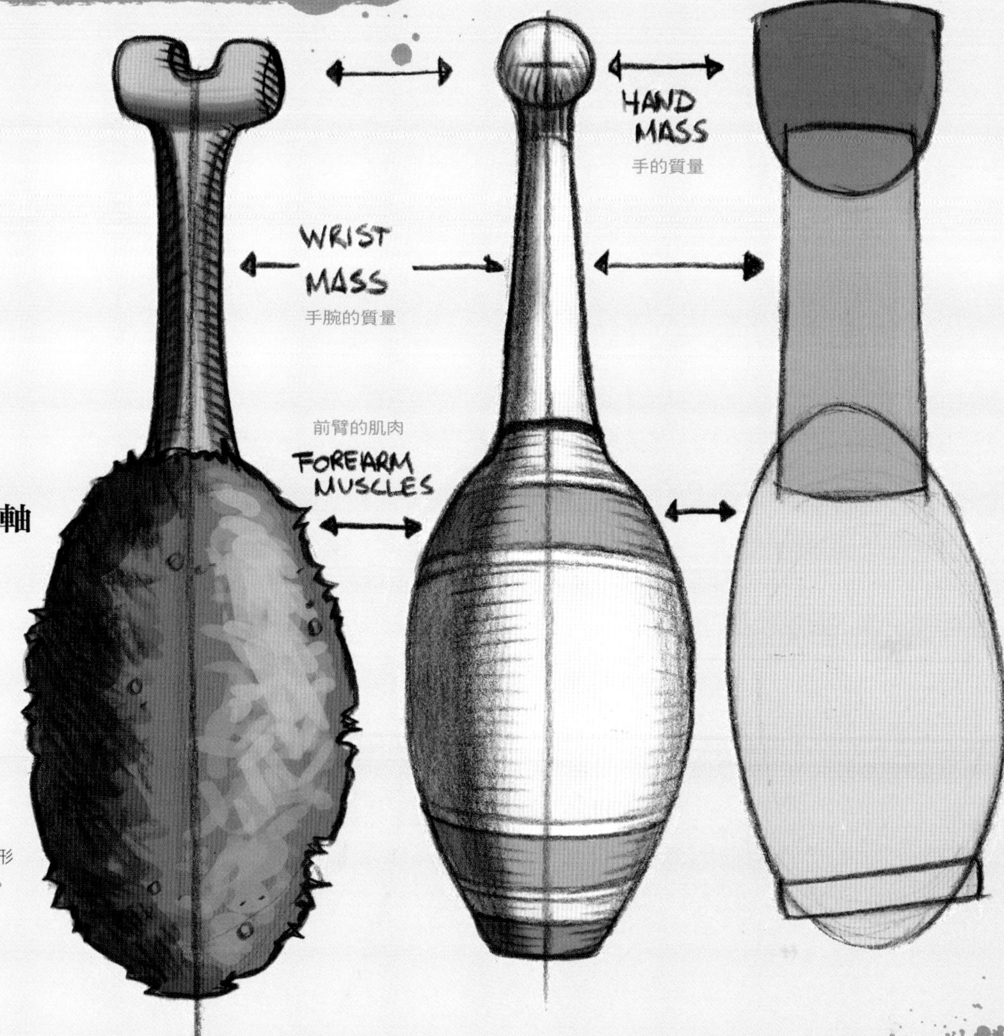

充分利用簡單的抽象形狀來簡化複雜的圖形繪畫。

6·前臂的肌肉和功能

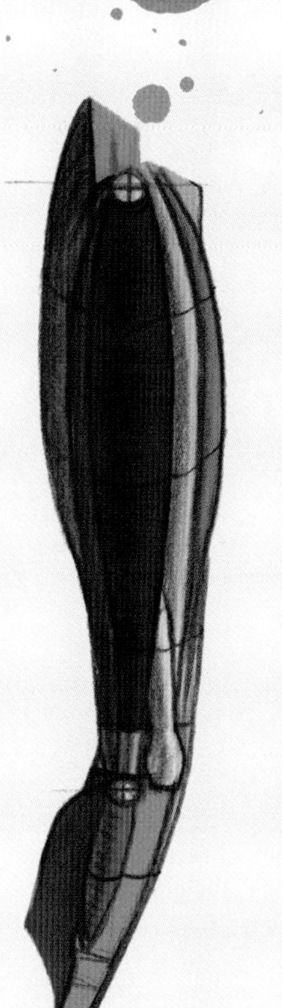

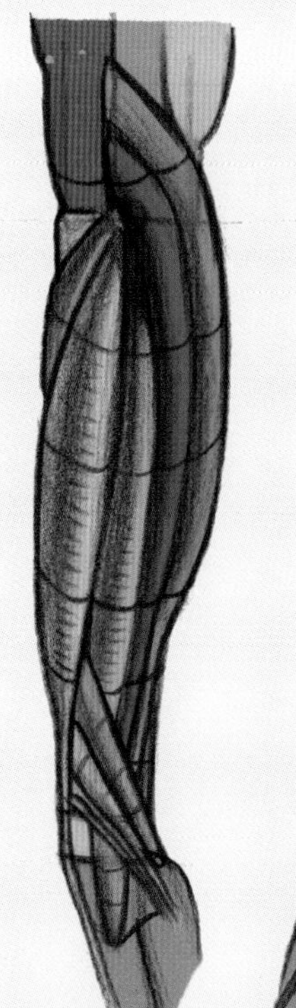

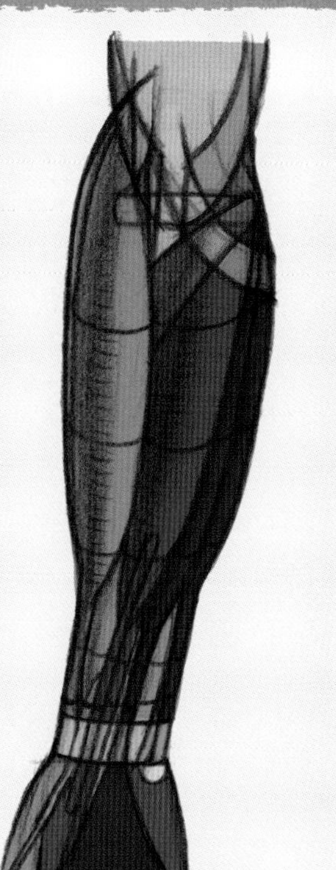

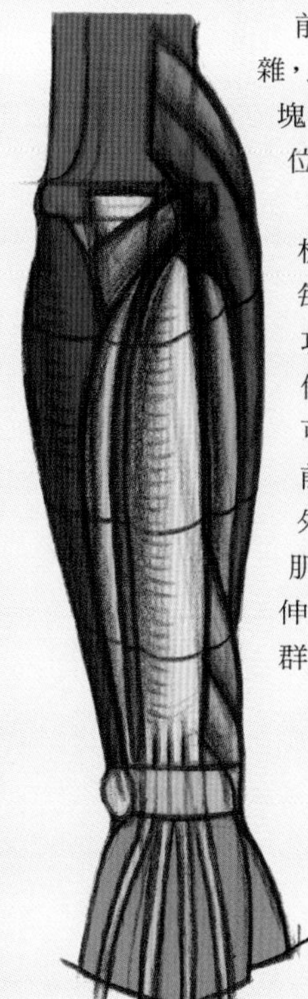

前臂的結構解剖極為複雜，此處將列出最基本的肌肉塊和示意圖，以對各肌肉的位置和功能有大致的概念。

從最簡單的形狀來分析，前臂由四組肌肉組成。每個肌肉組擁有其特定的功能，執行相反的運動以保持平衡。這些肌肉組又可以分成兩大類：屈肌/旋前肌群和伸肌/旋後肌群，外加拇指的內收肌群。屈肌和伸肌分別起到彎曲和伸展手指的作用，而內收肌群則控制拇指的運動。

技法解密

理解線條的作用

在繪畫四肢時，從兩條線入手是很有必要的一作用線條和特徵線條。這兩根線條對於如何組織空間結構，以及透過輪廓彼此銜接有很大的作用。作用線條表示手臂或腿部的動作，特徵線條則描畫對象的形體特徵，能夠幫助你充實所繪畫的身體。這兩根線條不必保持平行，比如四肢會略呈錐形，在與軀幹的相接處要更寬一些。

7·手腕部的塊面

為了畫出臂端的平面，我們需要將圓柱體變形為塊狀。找出圓柱體的中點，在手腕結束處的柱面上畫出一條穿過中點的直線，我們可以將這根線條想像成是飛機的螺旋槳。將螺旋槳旋轉，直到它處於正確的位置，隨後用立方體將其包覆，使其中線與圓柱體的中線一致。為了避免混淆，可以在一側先標記出大拇指的位置。

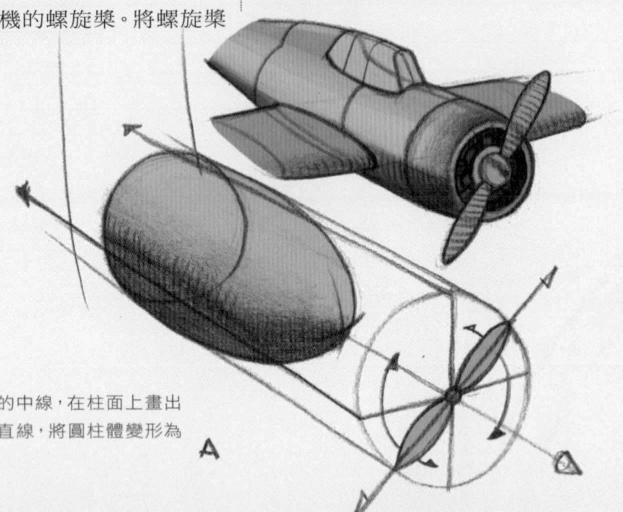

找準圓柱體的中線，在柱面上畫出一條穿過中點的直線，將圓柱體變形為塊狀。

技法解密

線條的表達

用簡潔的線條保持畫面的明晰，在沒有額外線條的情況下，動作姿勢的處理會更容易。相比於一開始就細緻地描繪，採用寬鬆的姿勢線條來繪畫會給所繪物體帶來生命力。為了能畫出寬鬆的姿勢線條，需要首先找到線條的連接處。我們可以參照骨骼、肌腱以及手臂、腿部和軀幹部位的直線條作為姿勢線條。不要一開始就十分衝動地為畫面增加過多細節，可以在後期再進行修飾。

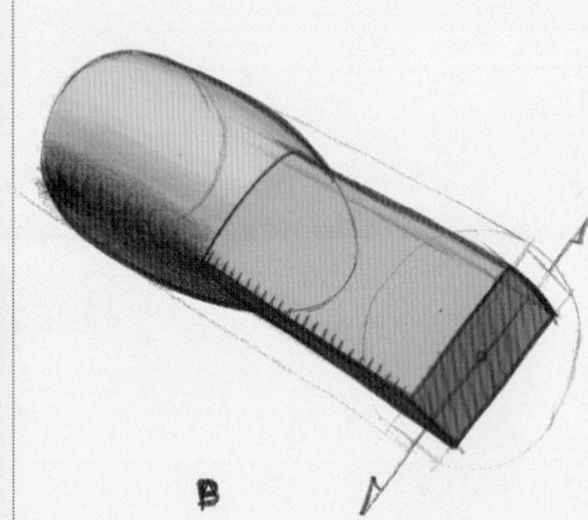

完成變形後，為了避免混淆，可以在一側先標記出大拇指的位置。

A 前臂和肘部

尺骨沿著手臂，中間存有一條"尺溝"，將屈肌群與伸肌群分開。而在手肘背部，同樣有一個標記點值得注意。當手臂伸直時，尺骨、肱骨和肘骨呈一直線。而當手臂彎曲時，這三個標記點的位置形成三角形，肘部也形成了一個三角形的空間，可以被包覆在圓柱狀的空間內。

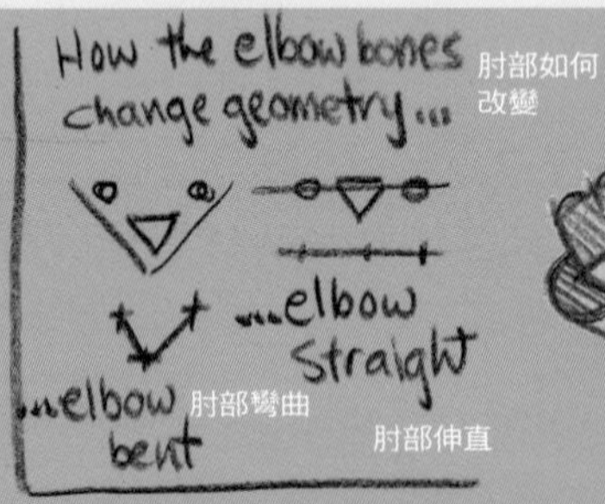

How the elbow bones change geometry... 肘部如何改變

...elbow bent 肘部彎曲

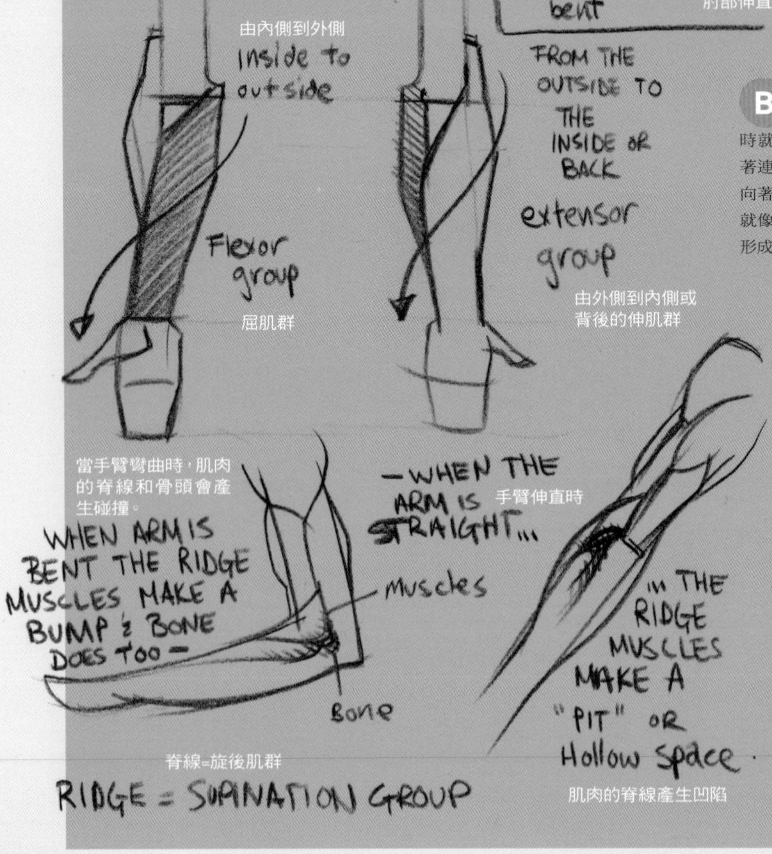

...elbow straight 肘部伸直

inside to outside 由內側到外側

Flexor group 屈肌群

FROM THE OUTSIDE TO THE INSIDE OR BACK extensor group 由外側到內側或背後的伸肌群

當手臂彎曲時，肌肉的脊線和骨頭會產生碰撞。

WHEN ARM IS BENT THE RIDGE MUSCLES MAKE A BUMP & BONE DOES TOO — muscles — Bone

—WHEN THE ARM IS STRAIGHT... 手臂伸直時

...THE RIDGE MUSCLES MAKE A "PIT" OR Hollow Space. 肌肉的脊線產生凹陷

脊線=旋後肌群

RIDGE = SUPINATION GROUP

B 腕部

腕部有一組額外的平面，當拇指伸展時就會成型。手掌與腕部的銜接處的形狀會隨著連接拇指與腕部的肌腱的運動而改變，牽引該部位向著骨骼的方向運動。腕部額外平面所構成的形狀就像一個"鼻烟壺"，在手背與拇指連接的半徑區域形成三角形的凹陷。

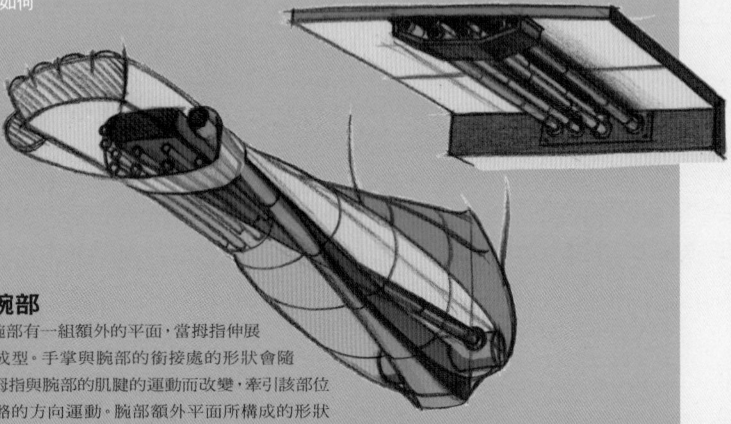

C 手部

手部彎曲或伸展時，彎折一側形成斜面，皮膚交疊穿過其中，而被拉伸的一側形成一個角，延展的肌腱包覆在外圍。理解手部與腕部彎曲時的基本形狀，可以幫助我們正確地判斷該部位的表面情況。

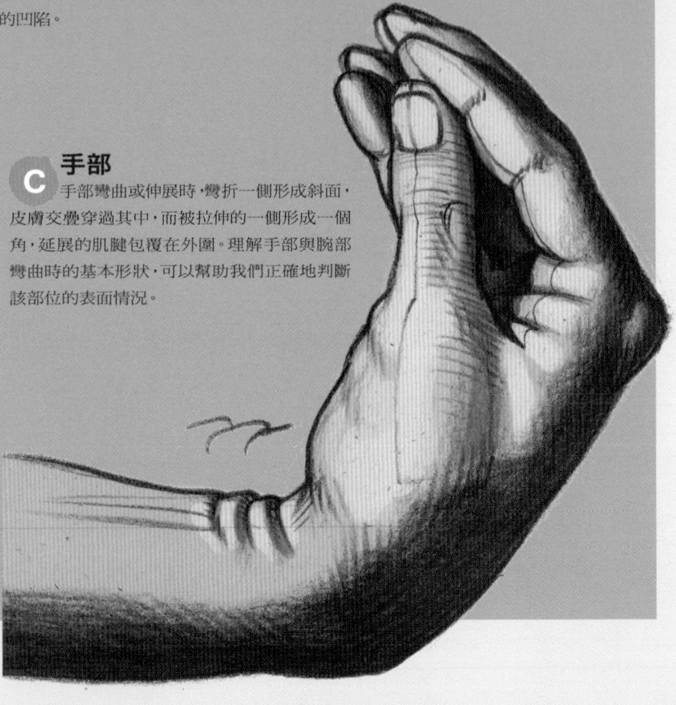

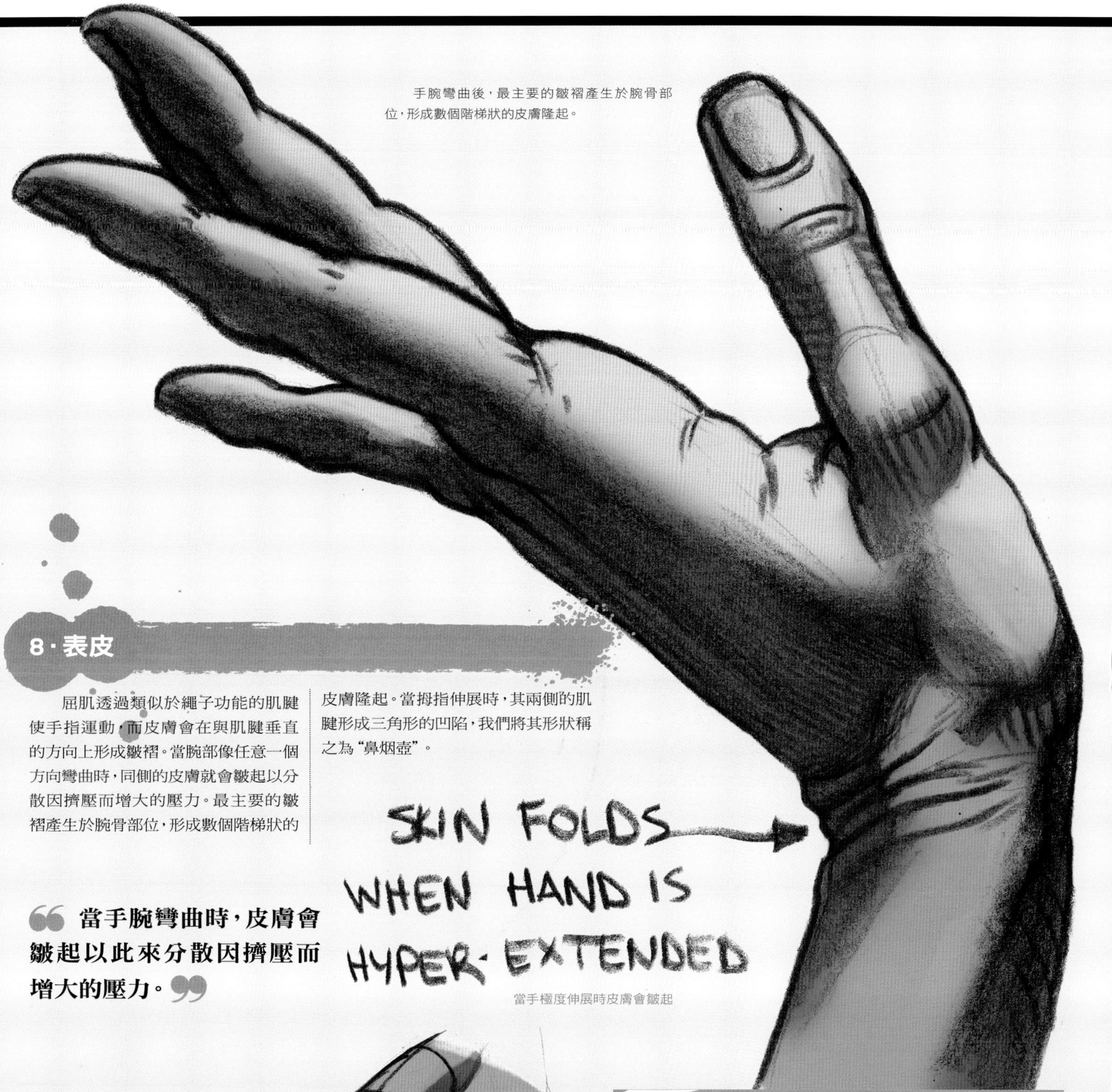

手腕彎曲後，最主要的皺褶產生於腕骨部位，形成數個階梯狀的皮膚隆起。

8·表皮

屈肌透過類似於繩子功能的肌腱使手指運動，而皮膚會在與肌腱垂直的方向上形成皺褶。當腕部像任意一個方向彎曲時，同側的皮膚就會皺起以分散因擠壓而增大的壓力。最主要的皺褶產生於腕骨部位，形成數個階梯狀的皮膚隆起。當拇指伸展時，其兩側的肌腱形成三角形的凹陷，我們將其形狀稱之為"鼻烟壺"。

SKIN FOLDS WHEN HAND IS HYPER-EXTENDED

當手極度伸展時皮膚會皺起

當手腕彎曲時，皮膚會皺起以此來分散因擠壓而增大的壓力。

鼻煙壺

SNUFF BOX

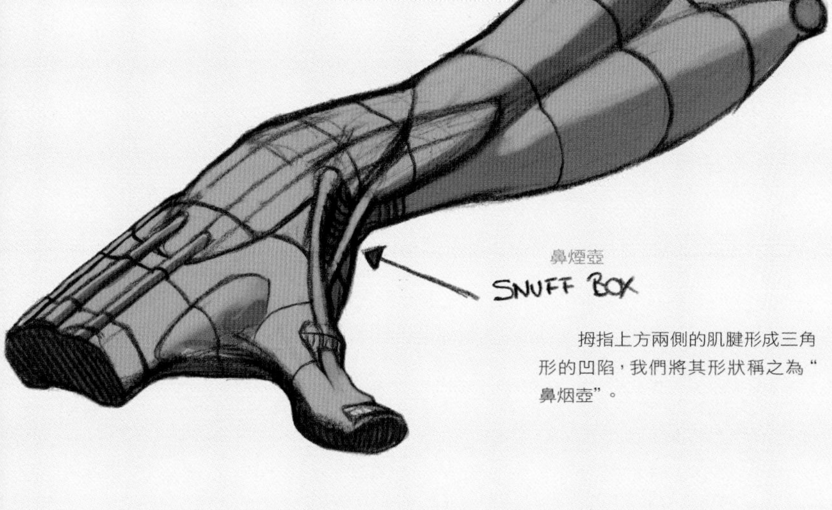

拇指上方兩側的肌腱形成三角形的凹陷，我們將其形狀稱之為"鼻烟壺"。

練習

1 我們可以利用照片來練習如何找準確姿勢。觀察手臂、腿部、軀幹和頸部的壓痕，畫一根線條將它們連起。注意肌肉是如何在三角形的壺蓋區域內分割的。我將其想像成包含在圓柱體內的大寫字母B。

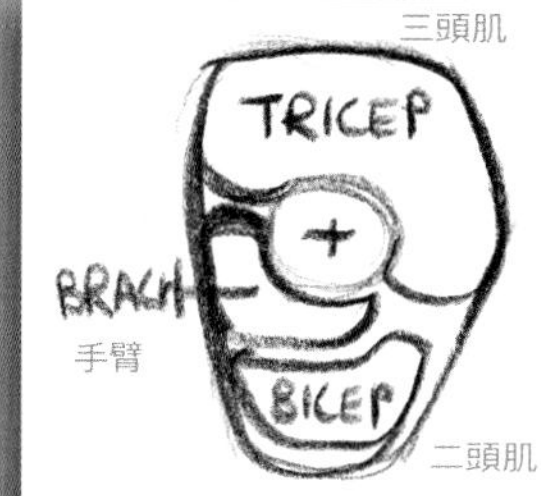

2 接下來徒手畫出之前所見的線條。仿造所創作的線條，畫出手臂從肩膀到腕部流暢的線條。應從一側握住鉛筆，用較長而舒緩的動作繪畫，避免使手部固定在一個點位（我們在寫字時，手的下側是一個支點）。最後，還是透過記憶來練習，反復多次，直到熟記於心。

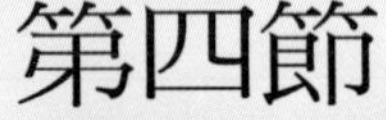

第四節 豐滿結實的臀部

如何表現豐滿的女性臀部和結實的男性臀部，一切盡在 **羅恩·勒芒** 的繪畫教程。

藝術家簡歷

羅恩 · 勒芒
國籍：美國

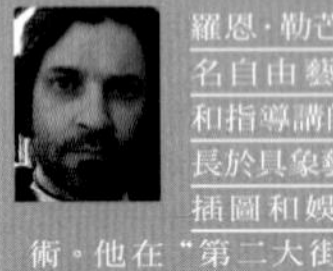

羅恩·勒芒是一名自由藝術家和指導講師，專長於具象藝術、插圖和娛樂藝術。他在“第二大街工作室”授課，講解傳統繪畫和數位繪畫。

www.studio2ndstreet.com

DVD素材

由羅恩繪製的參考素描可在光碟的Figure & Movement文件夾中找到。

將臀部視作“腿的肩膀”，以這種非傳統的方式來研究臀部的結構，其功用也不僅僅是用來坐下或者斜倚。渾圓的臀部是由臀部肌肉和其下的小塊骨骼組成的，與身體上的其他部位沒有相似性。這正是這個部位難畫的原因，需要考慮如何才能將臀部與身體的其他部位完美地結合在一起。在本節中，我們將研究臀部的結構，透過藝術形狀來記憶該部位，使其看上去豐滿、結實，避免過於誇張和不真實。要將臀部畫好出奇的難，可一旦你掌握了臀部結構、符號和形狀，繪畫就會變得其樂無窮，所創作的角色也會有全新的特徵。

> **“不要將臀部視作僅僅是用來坐下的部位，可以將其視作“腿的肩膀”。”**

1·臀部骨骼結構

髖骨呈輪廓狀，在藝術繪畫時，可以將其分解成幾條曲線。繪畫臀部的捷徑之一，就是對臀部形狀的設計和線條的劃分。

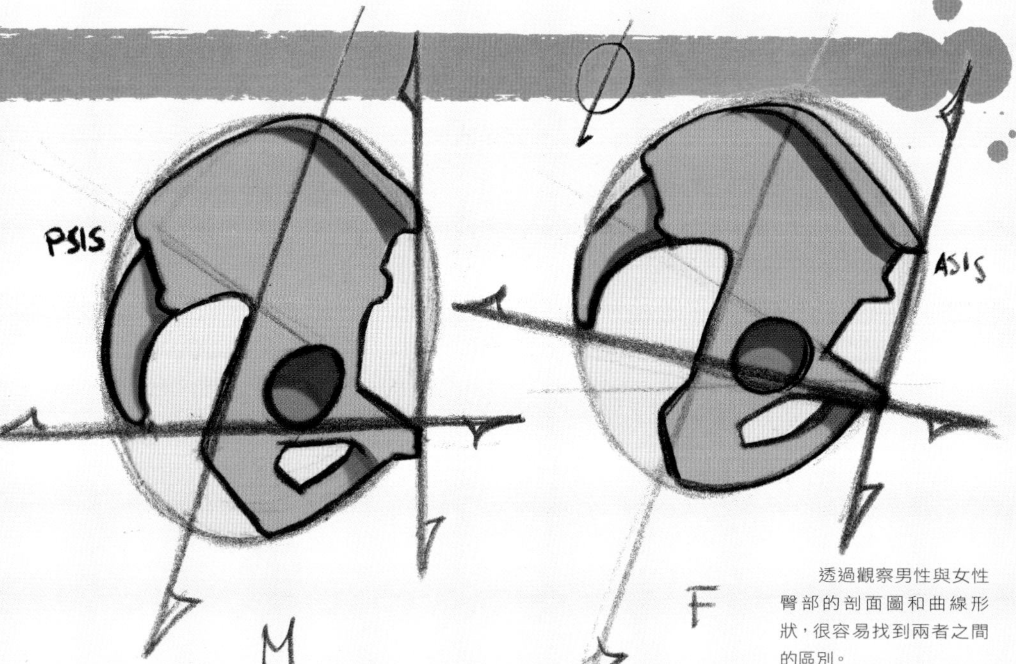

A 骨盆

從側面觀察，骨盆是個橢圓形。恥骨向前突出，將生殖器與腹部分離。男性的骨盆，髂嵴與恥骨相互垂直；而女性的骨盆，髂嵴與恥骨呈一定的角度。

透過觀察男性與女性臀部的剖面圖和曲線形狀，很容易找到兩者之間的區別。

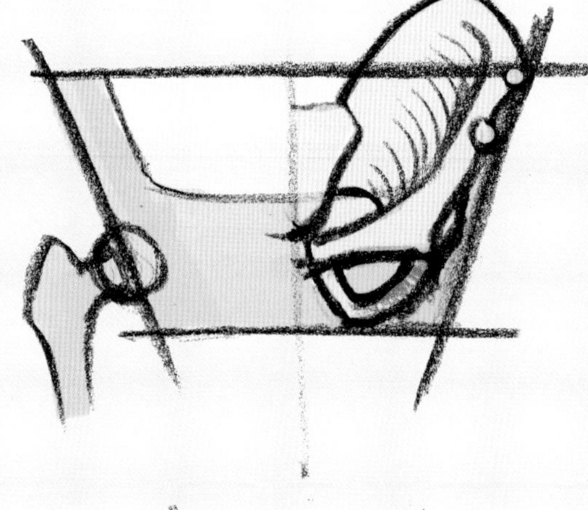

B 正面與後側

當我們從正面與後側觀察時，將眼睛眯起，同時發揮想像力，骨盆看上去與蝴蝶型接近。一般情況下，我們用一個倒置的梯形來簡化結構。如果我們還記得梯形上緣與下緣的平行關係，其兩邊傾斜度的考量也更為簡單。

C 了解臀部肌肉

在繪畫臀部的肌肉時，應先找到對皮膚有影響的骨骼，因為它們是肌肉的起點（亦稱為"插入點"）。我們可以用術語"皮下骨骼"來表述所要尋找的骨骼。我們要在身體正面找到髂嵴和恥骨，從側面找到股骨粗隆一大腿骨的起點，最後從後側找到腰眼。大多數人的腰眼凹陷，也有人的腰眼平坦，不容易從背後找到。

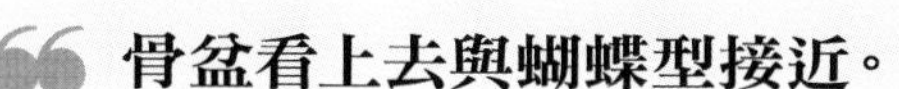

骨盆看上去與蝴蝶型接近。

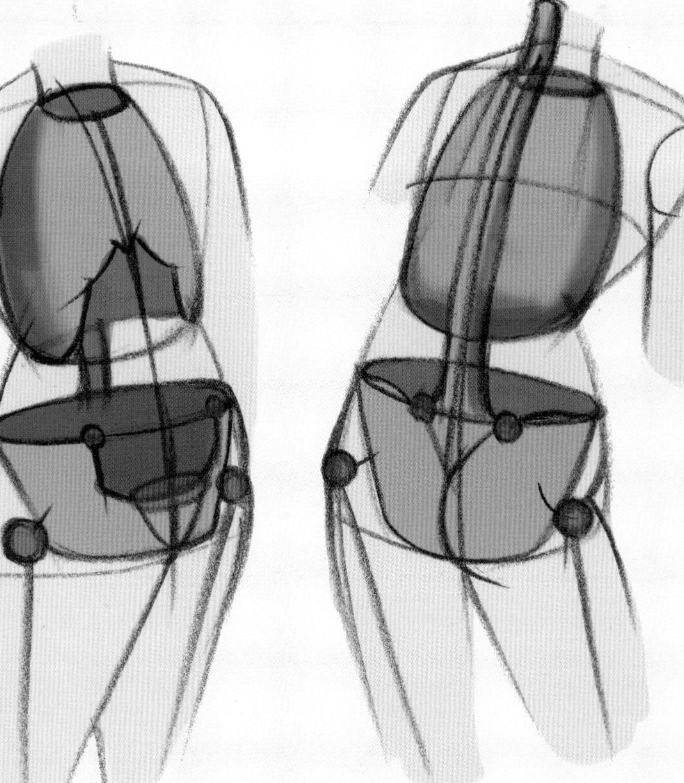

畫出骨骼對表皮產生影響的標記點能夠幫助我們理解骨盆的肌肉。

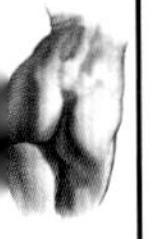

2．臀部的比例尺寸

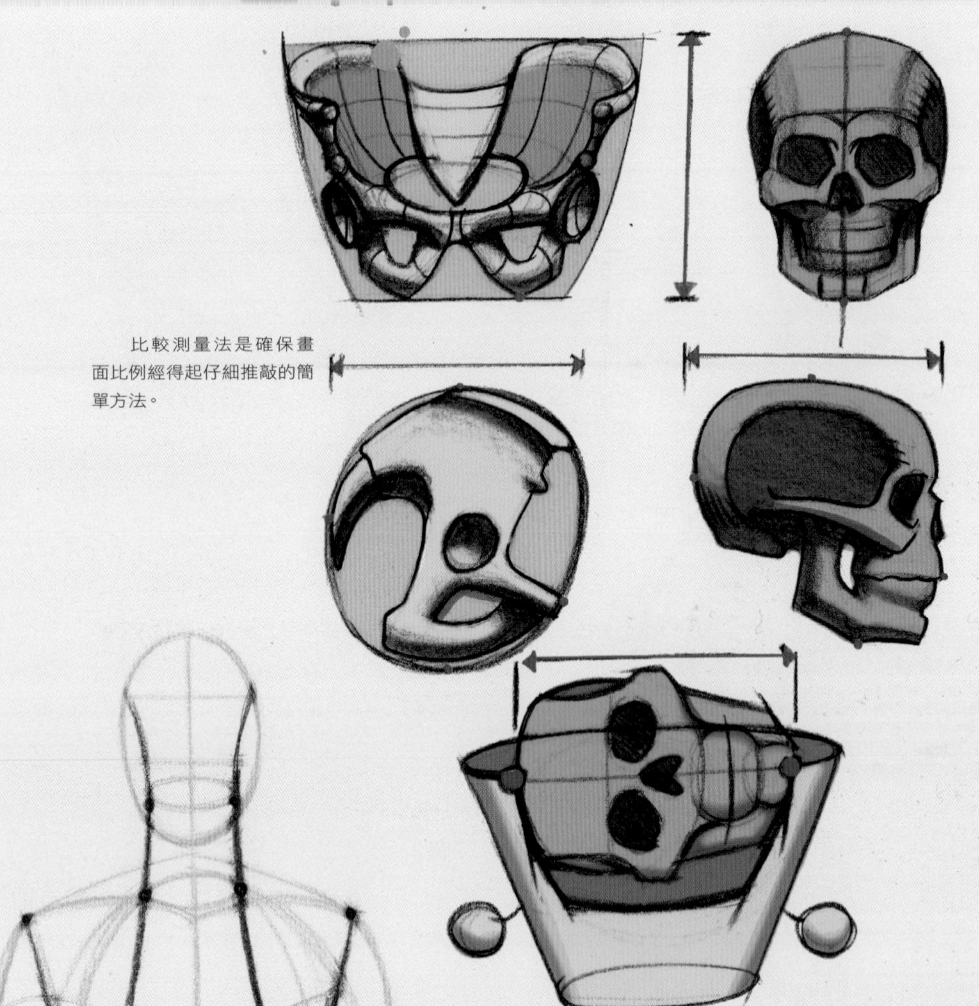

比較測量法是確保畫面比例經得起仔細推敲的簡單方法。

骨盆的高度與頭顱的高度相同。觀察其剖面圖，骨盆傾斜向前，其寬度也與頭骨相當。如果從側面觀察頭骨，其尺寸與髂嵴和骨盆的距離相同。從側面觀察也會帶來問題，臀部肌肉的形狀和尺寸會發生改變，因此，沒有絕對的對比標準。這種將身體的其他部位與骨盆進行高度與寬度的對比方法稱為比較測量法。該方法主要透過視覺來判別，因此需要敏銳的觀察能力來聯繫物體之間的共同點，將兩者進行衡量，也是用於瞭解結構比例的簡單方法。可以訪問lemenaid.blogspot上的相關影片來瞭解精細比較測量法。

“比較測量法是用於瞭解結構比例的簡單方法。”

3．臀部的線條

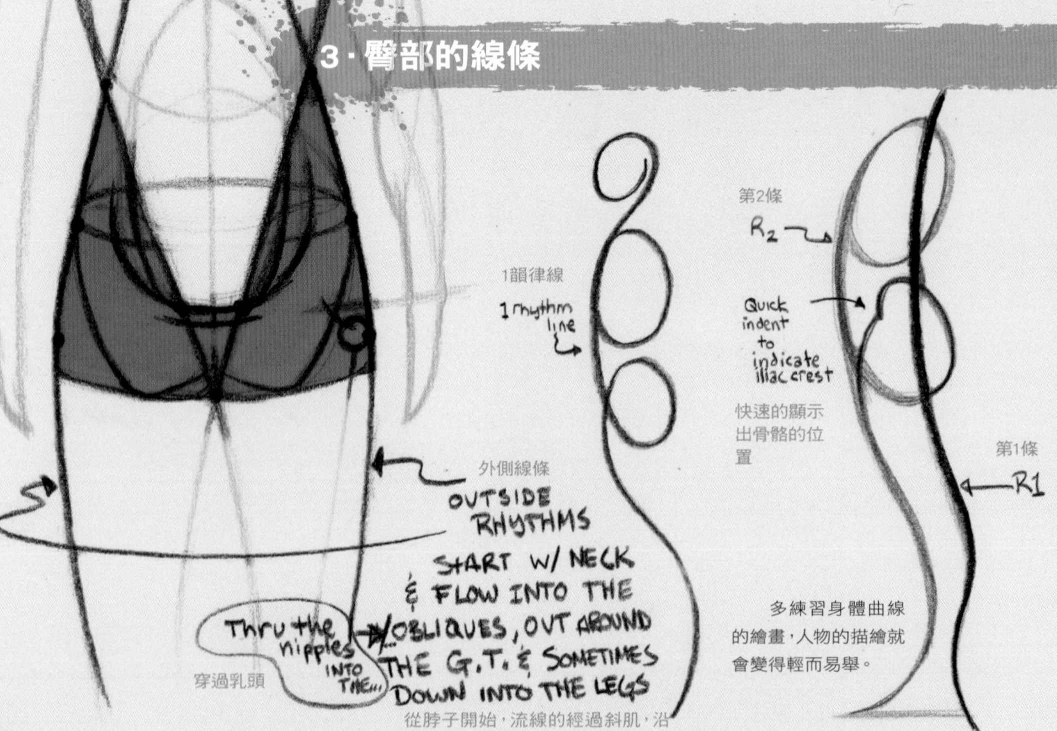

從脖子開始，流線的經過斜肌，沿著姿勢的外圍，有時下拉到腿部。

多練習身體曲線的繪畫，人物的描繪就會變得輕而易舉。

我們可以利用從股骨粗隆到頸部、從肩峰到胯部底端的兩根抽象曲線，在枕頭形狀的軀幹中找出骨盆的位置。兩根曲線交叉形成的區域即為胸腔的大小，而下半側的區域為斜肌和骨盆所在。從側面的剖面圖觀察，臀部呈圓形曲線，向上穿過髂嵴，彎轉與軀幹之下，與腿部和股四頭肌線條相融合。從體側來看，一條從頭顱開始的曲線，繞過胸腔、骨盆和大腿骨，最後回到小腿肌肉處，臀部就處於這條曲線上。這根線條處理起來很有講究，但卻能夠控制在7根線條內將人體完整地表現。

4・建構形狀的符號

有相當多的符號形狀可用來幫助定義骨盆的形狀和結構：橢圓體、長方體和圓錐體。

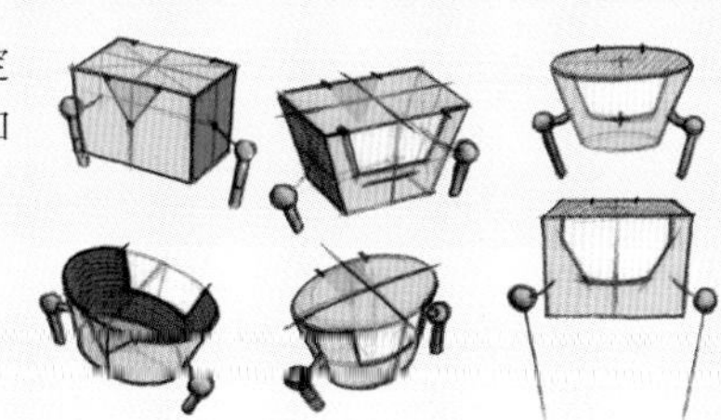

A 蝴蝶型

從背部觀察，骨盆可以被設計為兩個從內側相互擠壓的輪胎，在臀肌處有一道分割。臀大肌和臀中肌可以在這種設計中表現出來，正如之前所述，像蝴蝶型。這種形狀在男性骨盆上較為常見，但並不局限於男性。這種設計標示出了肌肉，因為它們圍繞附著在股骨粗隆周圍。

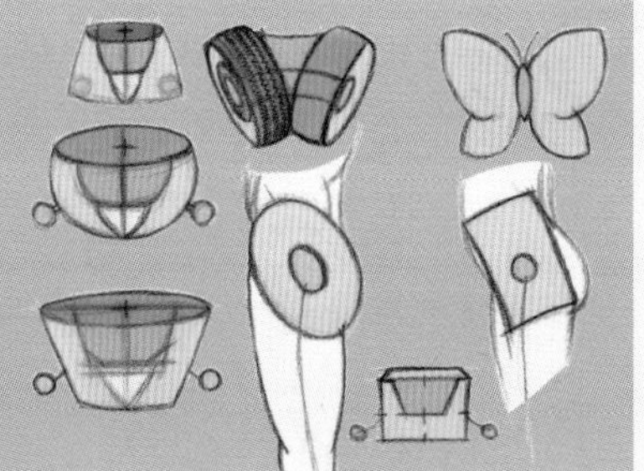

B 圓柱體

可以用基本的形狀來抽象出腿部，比如圓柱體或方塊。透過將骨盆畫為方塊形，我們可以研究其形狀，以及彼此連接的方式。腿部肌肉起於骨盆，腿部則起於髂嵴下方。而對於藝術創作來說，所使用的方法具有一致性，因此在繪畫時常常將骨盆和腿部分離，以突出視覺效果，增強畫面的構圖感。當所繪的人體站立式，表示腿部的圓柱體會被畫在枕頭形的軀幹或塊狀的骨盆下方。當人體坐下時，腿部的圓柱體則從側邊與軀幹或骨盆的形狀相結合。

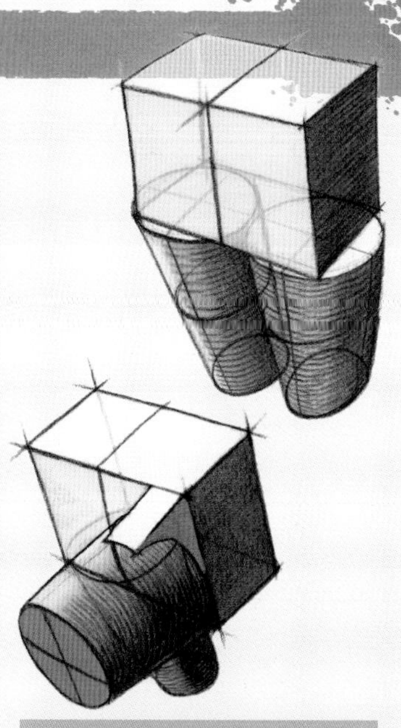

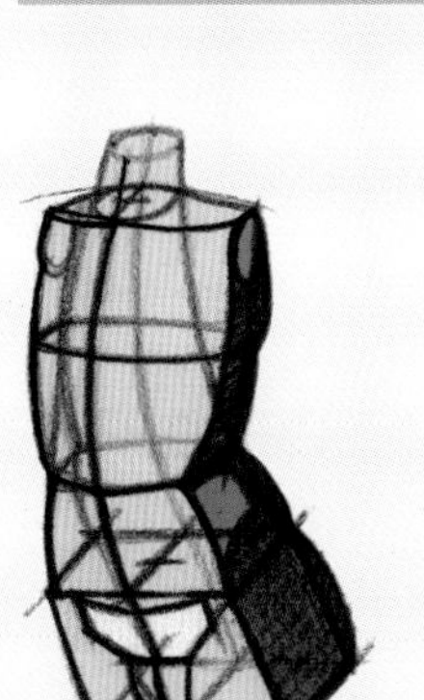

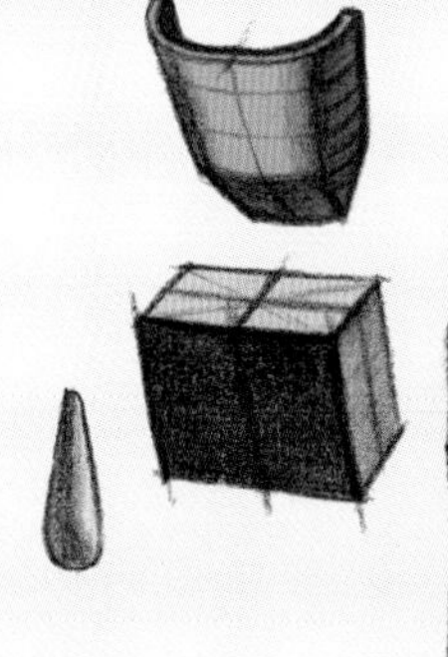

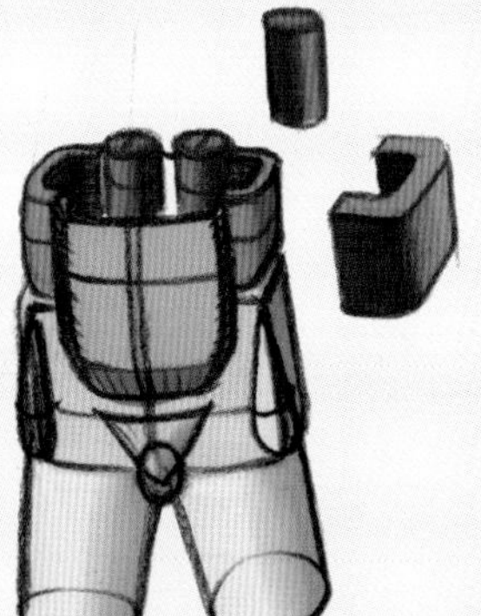

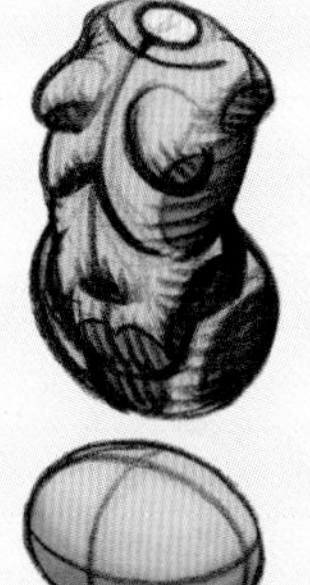

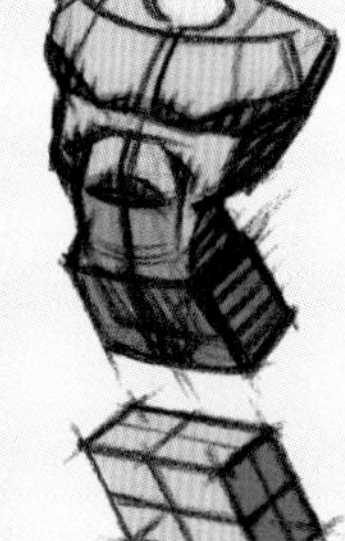

C 男性和女性骨盆的區別

男性的骨盆通常會被抽象成塊狀，而女性的骨盆則常常用球形或卵圓形表示。對這些身體部位形狀的研究，可以更好地理解軀幹各個部位的連接方式，就像組合樂高積木一樣簡單。

將身體拆分成一些簡單的形狀和符號來繪畫有助於形體尺寸的確立。

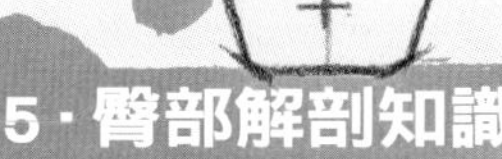

5・臀部解剖知識

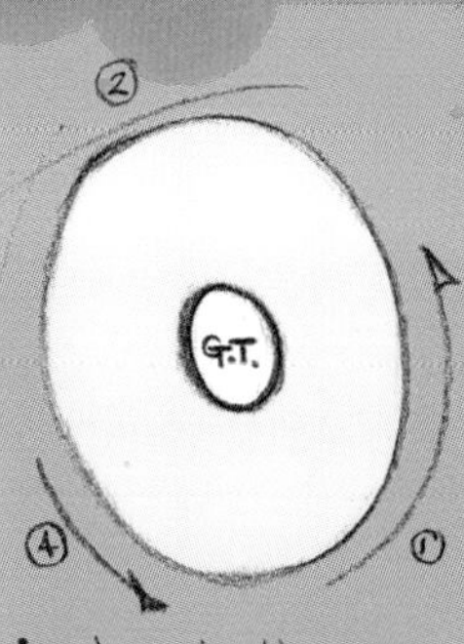

circular rhythm =
① Gluteous Muscles
② oblique/Iliac Crest
③ TFL/Quads/Sartorius
④ Base of TFL

圓形線條=
① 臀肌
② 斜/髂背
③ 四頭肌
④ 四頭肌群

透過將臀部劃分為三個主要的肌肉群，可以更好地幫助我們記憶其形狀。

在繪畫骨盆時，通常只需要記憶三塊肌肉，這些肌肉可以透過簡單的形狀組合產生，無需將它們逐個分離。這幾塊肌肉的組合方式類似於手臂上的三角肌，它們圍繞著腿部，使其作弧線運動，正如肩膀對於手臂的作用一樣。

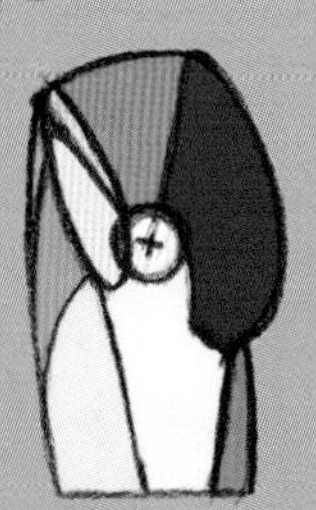

A 闊筋膜張肌

闊筋膜張肌（簡寫為 TFL）位於這三塊肌肉的最前側。在鬆弛時，其呈淚滴形狀；在拉伸時，呈長雪茄狀；而在被擠壓時，其形狀又與"好時巧克力"相近。

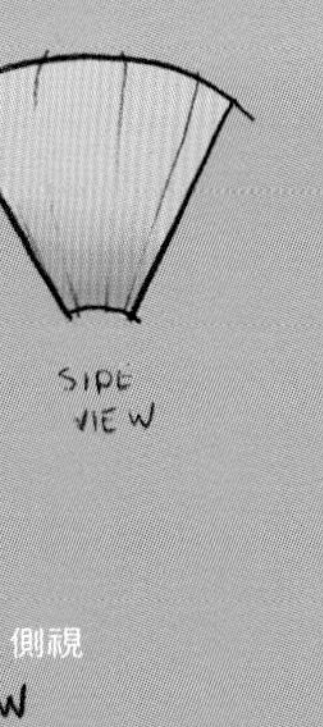

B 臀中肌

臀中肌位於臀部肌肉的中央，起到錨點的作用固定腿部。它源於髂嵴，延伸插入股骨粗隆。臀中肌呈倒置的三角形，與希臘字母 δ 形狀相似，只是沒有底部的尖端。

每塊肌肉都可以用一個單獨的幾何形狀來表示，使學習的過程大為簡化。

RELAXED 放鬆

EXTENDED 延展

SEATED

C 大肌臀

臀大肌是三塊肌肉中最發達的一塊，它與骨盆上端相連，圍繞著骶骨，切入延伸到大腿脛骨外側邊緣的髂脛束中。從後側觀察，其形狀呈傾斜的盒裝，與菱形相近。

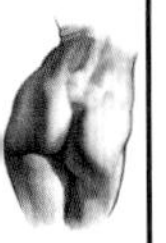

技法解密

創作流程

當談及專業的設計時，創作流程是至關重要的。良好的流程可以幫助我們節省大量的時間。建立一個流程，確定每一個環節的起止時間，當某個環節發生問題時，可以很快地對流程時間進行調整與優化。

第一步

從鬆散的姿勢曲線開始建立人物基本動作。

第二步

建構並定義人體體積。這一步驟中，姿勢曲線仍清晰可見。

第三步

透過曲線使各個身體部件柔和地銜接。這對於形態的協調、肌肉的連接以及空間的構架都有很大幫助。

第四步

接下來處理陰影，亦可稱為濃淡的調諧。在這一過程中，色調將被定義，繪畫對象的用光情況也將被確立。

第五步

這一步將定義繪畫對象的體積，以及其相對於觀察者和光源的距離。也就是說，場景的空間由此確立。

第六步

最後為畫面增添暗部和高光，並對之前繪畫的線條進行調整，從而使畫面更加完美。

6．肌肉作用原理

闊筋膜張肌屬於屈肌，作用於股骨，起到穩定膝蓋外緣的作用。臀中肌在行走時也起到穩定器的作用，同時協助腿部完成轉動和內收等動作。臀大肌可以為腿部提供力量，轉動和內收腿部，也可以外展腿部和傾斜骨盆。

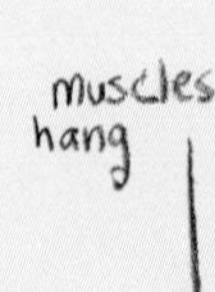

腿部起於髂嵴下端，腿部肌肉與骨骼結構相連接。

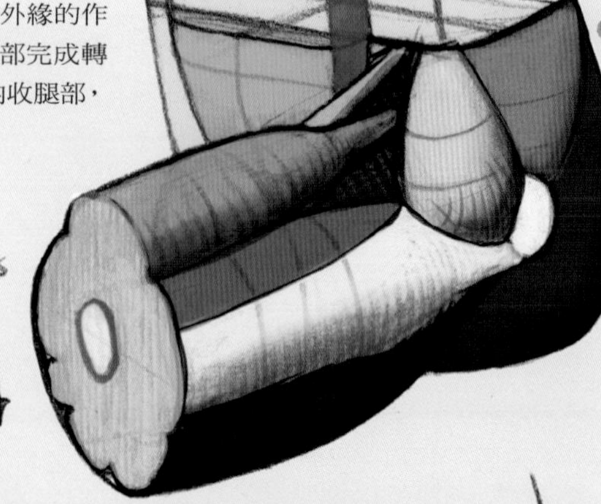

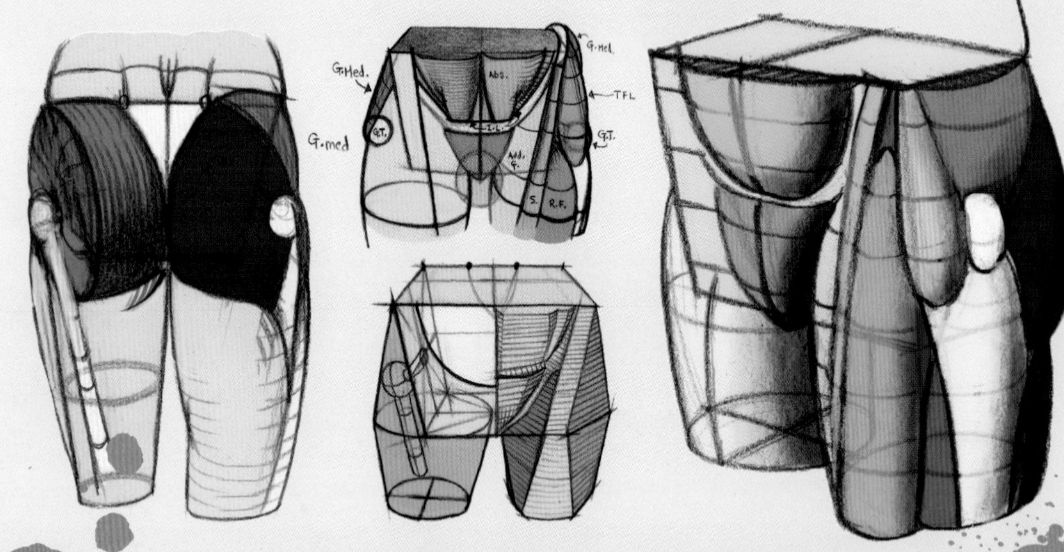

7．臀部的塊面

從身體前側觀察，腿部起於髂嵴下端。如果按照系統的繪圖方法，當人體站立時，腿部位於枕頭型軀幹的下方，而當人體坐下時，腿部則嵌入軀幹之內。闊筋膜張肌將腿部與身體前方和兩側分割成45度角。與斜肌一樣，腹肌也有三個平面，從正面觀察，只有兩個面可見，而從側面觀察，三個平面均可見。

A 從側面觀察

從側面觀察，臀肌有5個平面。穿過臀中肌的側面和頂面，其邊緣從臀中肌延伸到臀大肌。背側全部是臀大肌，而底部的平面則朝向地面。

這些塊面可以簡化臀部的形狀結構設計。

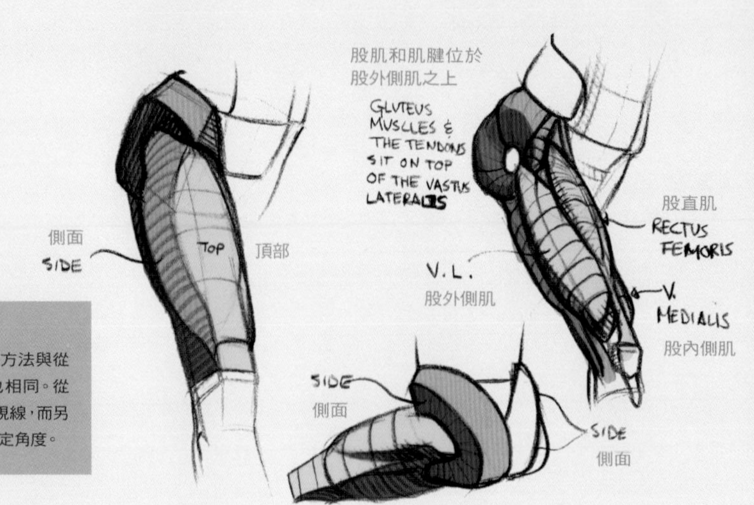

B 從後側觀察

從後側觀察，所看到的分割方法與從側面觀察相同，與骶骨所在平面也相同。從我們的視角看過去，骶骨平面正對視線，而另兩個臀部的平面則與視線方向呈一定角度。

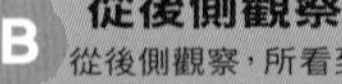

8・臀部的皮膚和表面

在理解了臀部的骨架、解剖和肌肉結構後，就可以為其覆上表皮。隨著臀部的運動，皮膚也隨之發生運動、擠壓，在肌肉和骨骼表面形成皺褶。認識其運動規律能夠使你創作的人物繪畫更加逼真，同時也為藝術想像力的發揮提供了更大空間。

A 從後側觀察

當我們從後側觀察臀部時，臀大肌與股後肌群相接。由於肌肉連接方向驟變，沿著臀部的寬度會形成一整條褶紋。這條褶紋對於繪畫的定位是有幫助的，它在臀部形成交叉的輪廓，可用來描述臀部的大小，因為它直接建構出所繪的內容。當腿部向身體前側伸展，這條褶紋也隨之延伸，與腿部運動的方向一致。而當腿部後屈時，該紋路則穿過整個腿部的寬度，表現出股後肌的圓端。

Oblique over iliac crest

斜肌在髂嵴

ramp up over T.F.L.

ALL THESE FOLDS Terminate @the T.F.L on both sides of figure

所有的這些皺褶中止於髂嵴

oblique/Iliac crest

斜肌／髂嵴

over T.F.L. up over rectus femoris

股直肌的上方

B 從正面觀察

從身體正面觀察，當我們坐下時，在內收肌群上方會形成一道褶痕，一直延伸到髖側的闊筋膜張肌才中斷。在這條皺褶紋上方，斜肌和髂嵴被分隔開，隨著繪畫對象體重的增加，該線可能延伸穿過腹股溝韌帶。當人體站立時，褶痕則對著恥骨聯合前隆起的部分，朝著大腿承重的方向。

隨著身體的運動，皺褶紋穿過臀部和骨盆。

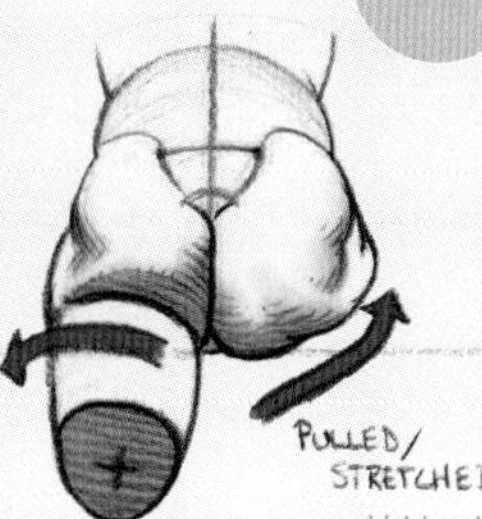

Flexed/compressed

曲折／壓縮

PULLED/STRETCHED

拉扯／伸展

FLATTENED/EXTENDED OUTWARD

壓平／延展

Low/RELAXED

低度放鬆

C 坐下時

當人體坐下時，臀肌受到擠壓後向外延伸，使臀部看起來比實際的更寬。整個身體因此形成了沙漏狀。

練習

對於任何一幅以照片或模特為參照繪製的圖畫，我們都應從記憶還原再畫一次。在經過多次練習後，拋開之前的畫作，回想在繪畫過程中學習到的經驗技巧，並再次使用相同的過程來繪畫最初的草圖。對記憶力的鍛煉越多，能夠從記憶中還原的內容也越多，而不再是一味的依賴參照圖。藝術巨匠魯本斯、米開朗基羅、提埃波羅、提香都是極具想像力的創作者，他們也會用模型來模擬並研究真實的場景，而在模擬結束後，他們都是透過記憶將場景還原，之前對照模型所繪製的草圖僅僅用於參考。我們應該多記憶並回想之前創作的畫作，以此激發創作的靈感。在繪畫時，應帶有明確的目的和意圖，牢記在繪畫時所採用的經驗和技巧，你就會在藝術創作的道路上更進一步。

在理解了臀部的基本結構後，就能夠輕鬆地將其描繪到如圖所示的標準。

運動與人體結構

學習透過想像來繪畫運動中的人體。

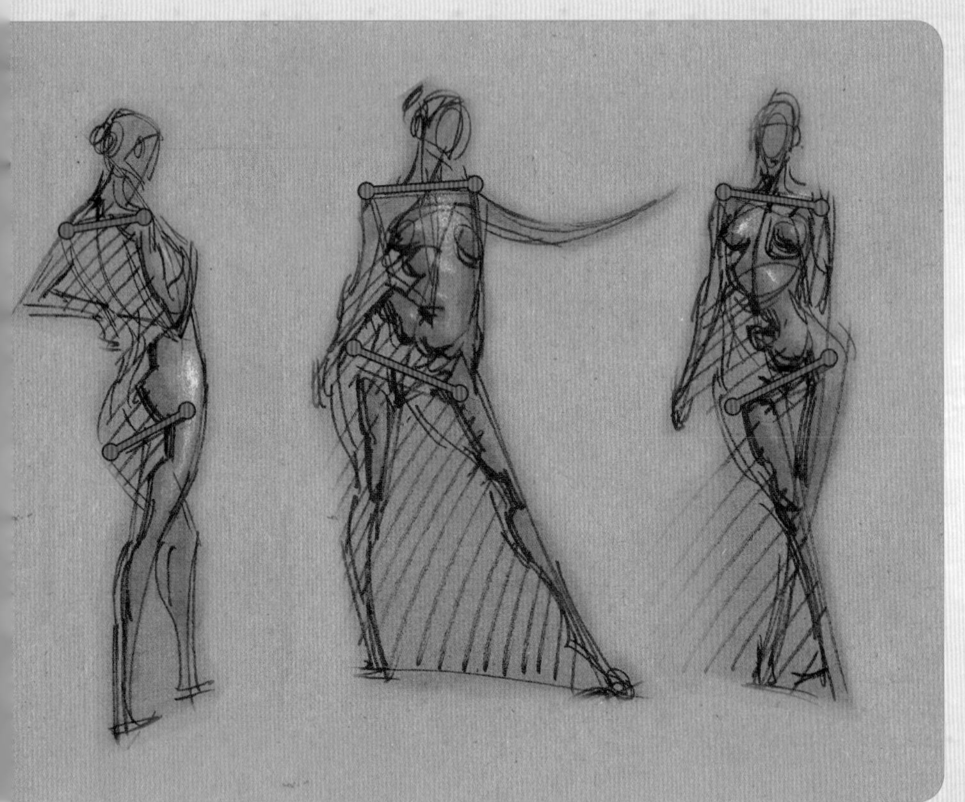

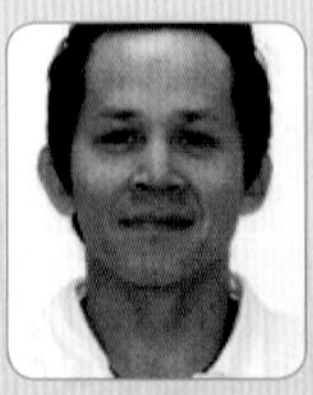

人物姿勢是藝術家創作圖畫的基石。

（克里斯·雷嘉斯比，第 112 頁）

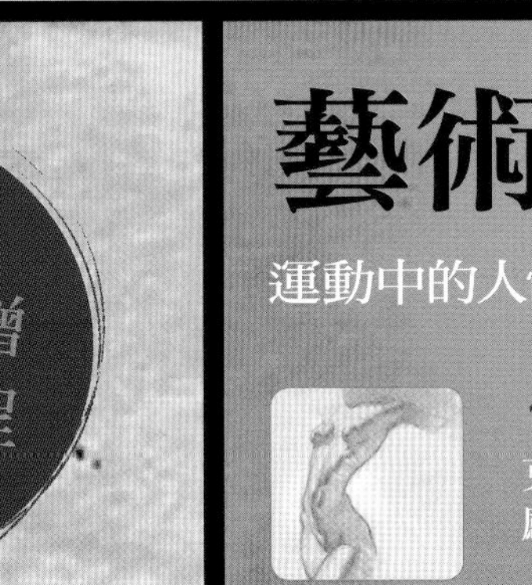

藝術課程

運動中的人體繪畫

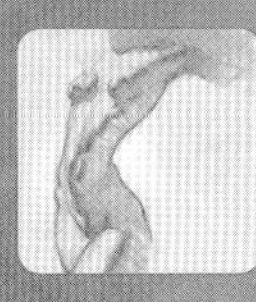

112 姿勢與運動
克里斯·雷嘉斯比將與我們分享創作極具動感的人體繪畫的技巧和經驗。

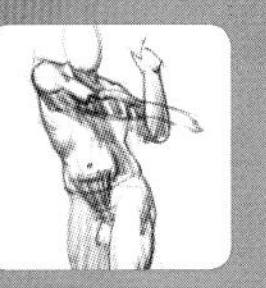

116 運動中的人體
理解身體活動的規律，讓運動中的人體繪畫更加逼真。

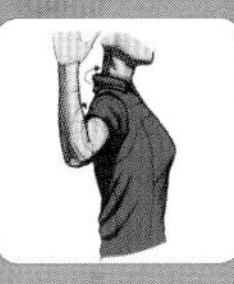

122 服飾皺褶的細節處理
理解服飾皺褶的受力表現和常見形狀。

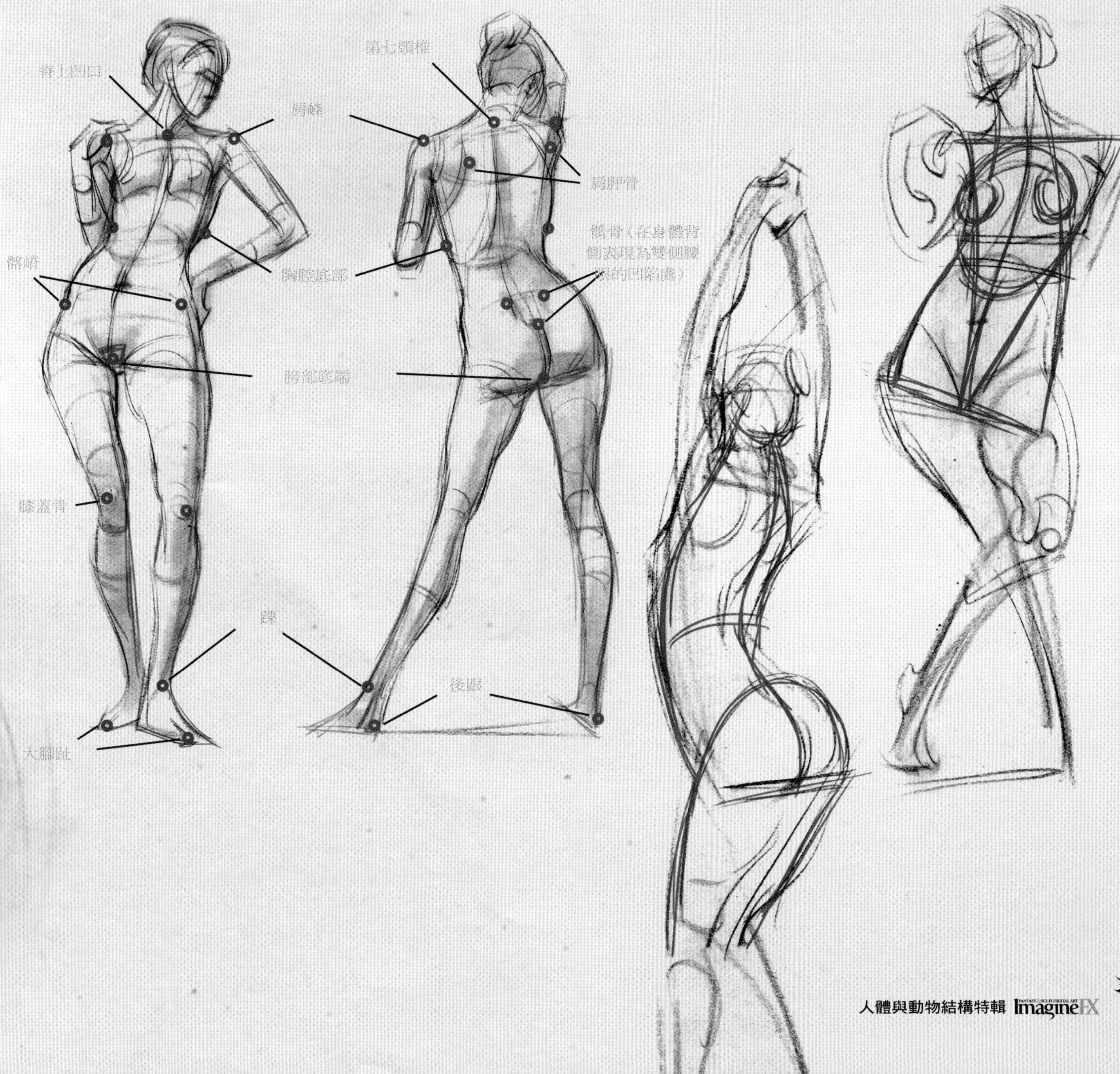

脊上凹口
第七頸椎
肩峰
肩胛骨
骶骨（在身體背側表現為雙側腰眼的凹陷處）
髂嵴
胸腔底部
胯部底端
膝蓋骨
踝
後跟
大腳趾

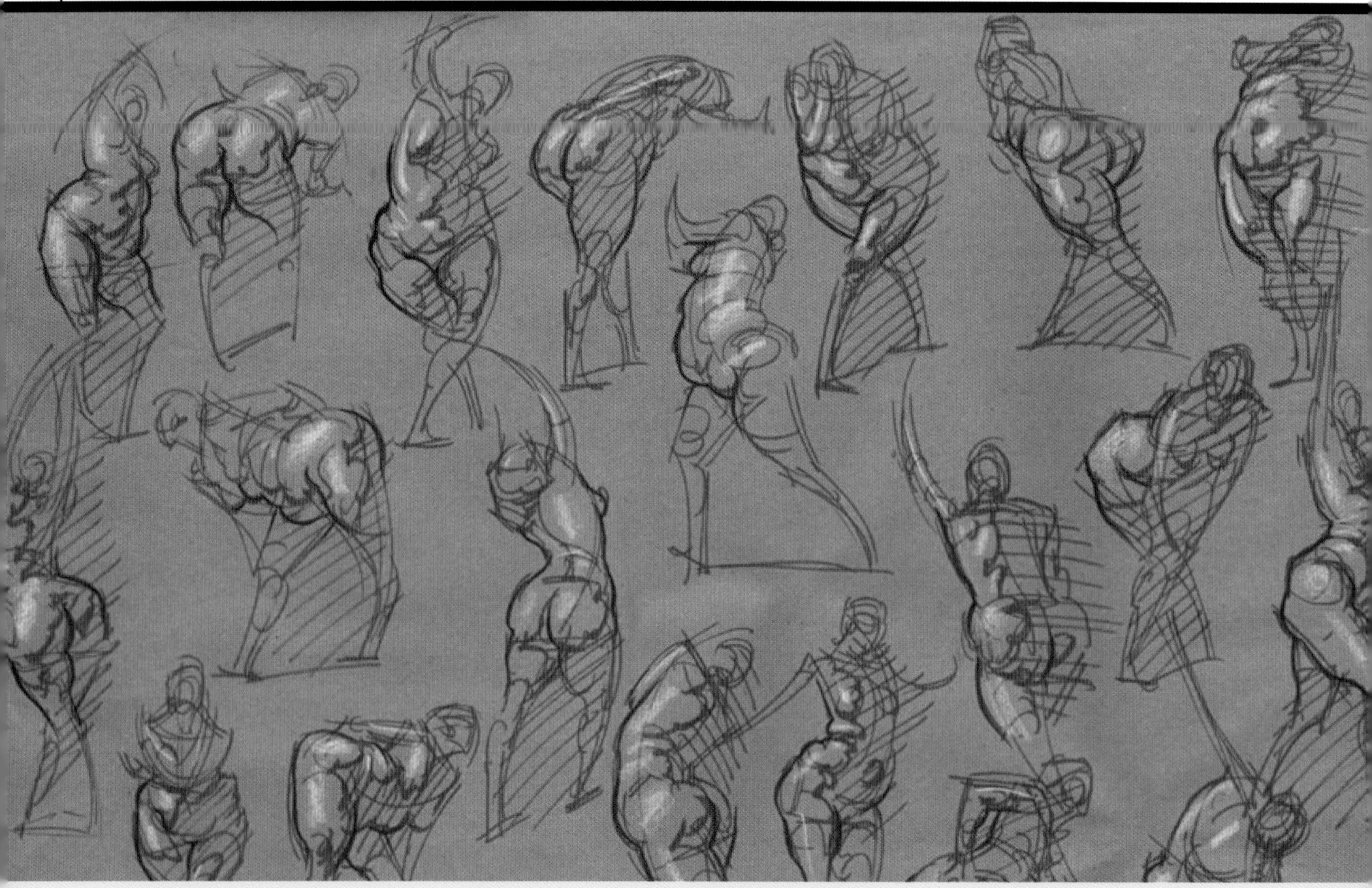

第一節

姿勢與運動

能夠出色地進行人物繪畫對於任何一名藝術家而言都至關重要。
克里斯・雷嘉斯比 將與我們分享創作極具動感的人體繪畫的技巧和經驗。

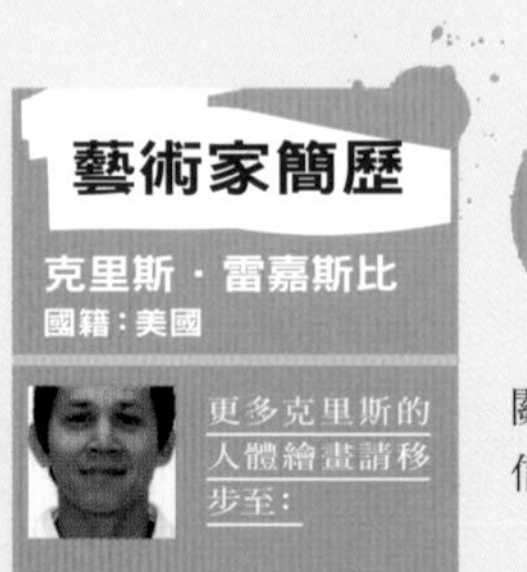

藝術家簡歷

克里斯・雷嘉斯比
國籍：美國

更多克里斯的人體繪畫請移步至：
www.freshdesigner.com

DVD素材
由克里斯繪製的作品可在光碟的Figure & Movement文件夾中找到。

姿勢可以被定義為驅動人物動作的推力、行為、意圖等。換言之，姿勢是動作的行為。而對於藝術家來說，最關鍵的問題是要透過畫面向觀眾傳遞信息："畫中的人物在做些甚麼？"

在人物繪畫中，姿勢賦予角色生命和動感，即便在平面中亦如此。正因為這一點，如果想要使畫面中的角色栩栩如生，人物姿勢就是需要考慮的第一要務。

姿勢在人物繪畫中不是唯一需要優先考慮的，但卻是整個創作過程的基石。因此，角色的姿勢是所有人物繪畫最基本的構成元素。

在本節的教程中，我將與大家分享一些簡單卻實用的繪畫策略，以期來幫助理解和掌握姿勢這一繪畫的關鍵步驟。這不僅能為你的繪畫增添動感與靈氣，更能使畫面中的人物角色融入真實的生活之中。讓我們開始吧！

1·學會觀察

起筆前，先花幾分鐘時間對繪畫對象進行簡單的觀察。觀察人物的頭部和軀幹，注意脊柱的曲線、模特的目光、體重的分布以及四肢的指向。作為人物動作的行為—姿勢，我們要自問：“畫中的人物在做些甚麼？”學會正確地進行觀察是將人物繪畫化繁為簡的關鍵所在。

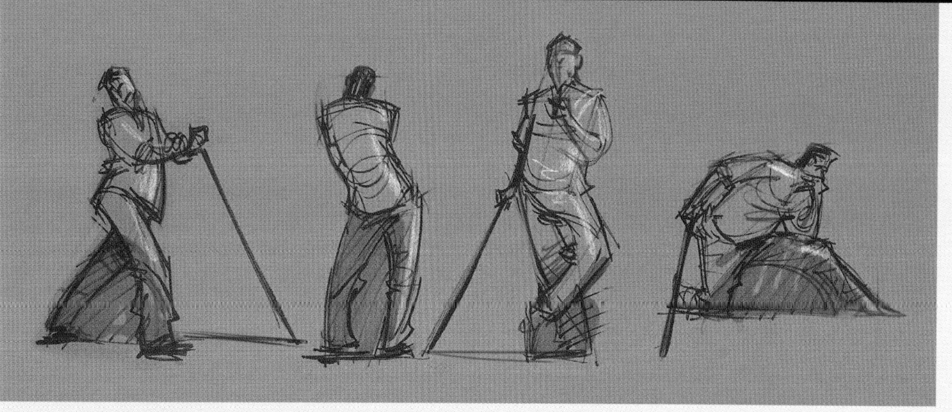

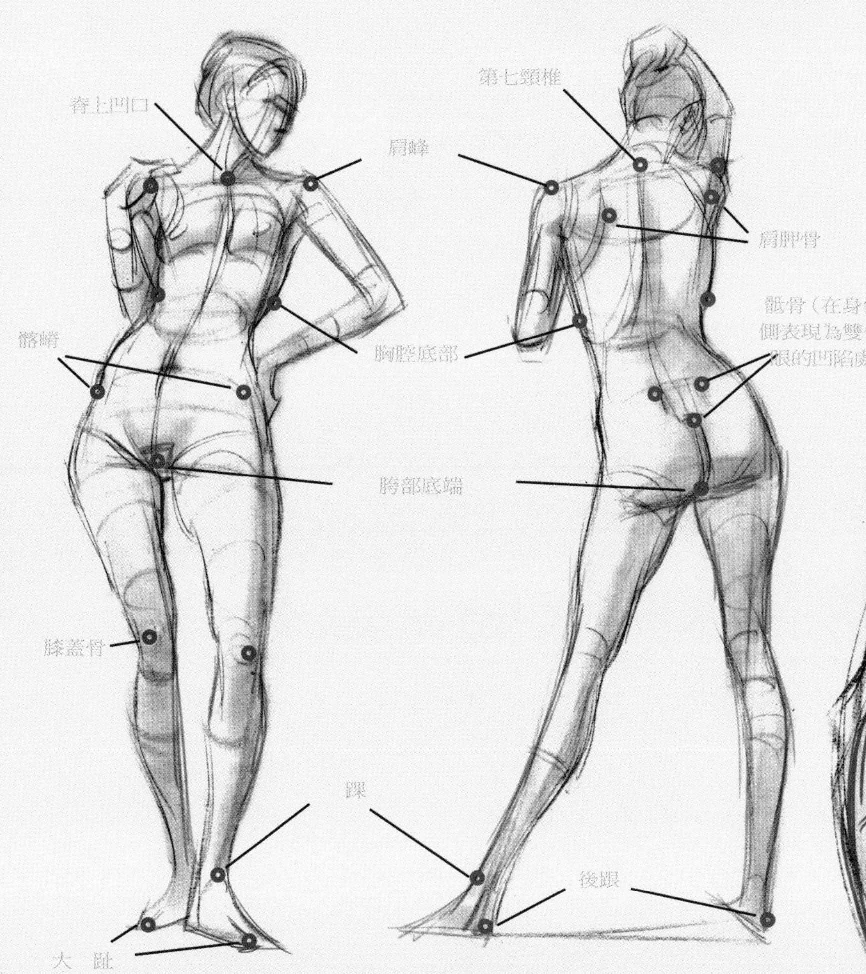

2·找到標記點

我使用身體上的標記點來測量、建構和定位解剖結構上的其他關鍵點位。我常用的標記點有：脊上凹口、肩峰、胸腔底部、髂嵴（髖骨的最高點）、胯部底端、膝蓋骨、腳踝和大腳趾、第七頸椎（上背部）、肩胛骨、骶骨（在身體背側表現為雙側腰眼的凹陷處）。

3·動作長軸線

賴利繪圖法的基本思想就是將人體繪畫拆分成線條、姿勢和形狀，並利用線條來表示主要形狀的軸線或方向，以表達人物的動作。因此，為了畫出人物的動作姿勢，首先就應該找準長軸線。長軸線，也可稱為動作線，是一根貫穿形狀樞軸或位於形狀邊緣的長而連貫的線條。在畫長軸線時，我盡可能使其長且流暢。任何一個形狀，即便體積再小，都具有長軸線。

4·身體姿態曲線

姿態曲線是貫穿於身體之中的自然韻律線。舉例來說，畫一根線條連接人體的脊上凹口和胯部，這就是中心線。也有其他從頸部至臀部的姿態曲線。就像知道如何尋找標記點一樣，我透過姿態曲線來定位關鍵的解剖結構，用以強調人體姿勢並延伸動作線，使畫面具有動感且真實可信。

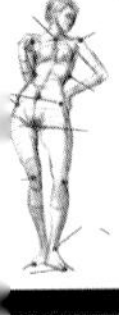

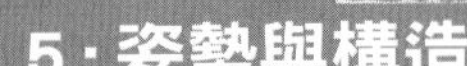

5·姿勢與構造

姿勢被定義為沿著形狀的運動。例如，從下頜至骨盆的線條即為姿勢。構造也可以認為是姿勢或運動，不同的是，它是穿過形體表面的線條。又如，從右側身體腋下至左側肋骨的線條則為構造。

姿勢是呈現流暢和運動狀的線條，而構造則包覆在軀體自然的曲線之外，給人以固實、成型和平衡的感覺。

> 當人體坐在椅子上休息時，可以誇張臀部肌肉因受擠壓而突出的狀態。

6·標記線條

我通常採用三種標記線條：直線、C形曲線和S形曲線。儘管直線一般不存在於有機的生物體中，但我喜歡用直線來進行測量和對比，表現物體的重量和速度。C形曲線存在於身體的各個部位，大約80%的形體部位可以用C形曲線來表示。當兩根C型曲線翻轉組合在一起時，就形成了S形曲線。S形曲線非常適合用來表達修長而流動的形體姿態的運動。

7·以人體軀幹為基礎

人體的主要重量位於軀幹部位，同時四肢也連接在軀幹上，因此軀幹是需要重點考量的對象。軀幹由兩組關鍵的骨骼結構組成一胸廓和髖骨，它們決定和肢體的運動。在進行人體繪畫時，我會先觀察軀幹的彎曲形態，究竟是前屈、後仰還是側彎。觀察其彎曲形態是找出動作長軸線的第一步。

8·重量

為了在畫面中表達人體的重量，我會有針對性地對某些姿勢進行誇張處理。比如說，為了表現出腿部的負重感，我不會採用直線來表達，而是使線條稍稍彎曲，從而表現出軀體的沉重。又比如，當人體坐在椅子上休息時，可以誇張臀部肌肉因受擠壓而突出的狀態，從而體現畫面中人物的敦實感。

9・對置

"Contrapposto"是一個義大利語的單詞，意思是"對立"或"對比"。通常用來描述當體重分布不均時的站姿，肩膀和胳膊扭轉，偏離軀幹正軸，與臀部和腿部處於對立的平面上。我使用"對置"來營造輕鬆和不僵硬的感覺，同時，也會使用該方法來定位肩膀線條與臀部線條之間的角度，這尤其適合當人體的某些部位無法在畫面中直接觀察到時。

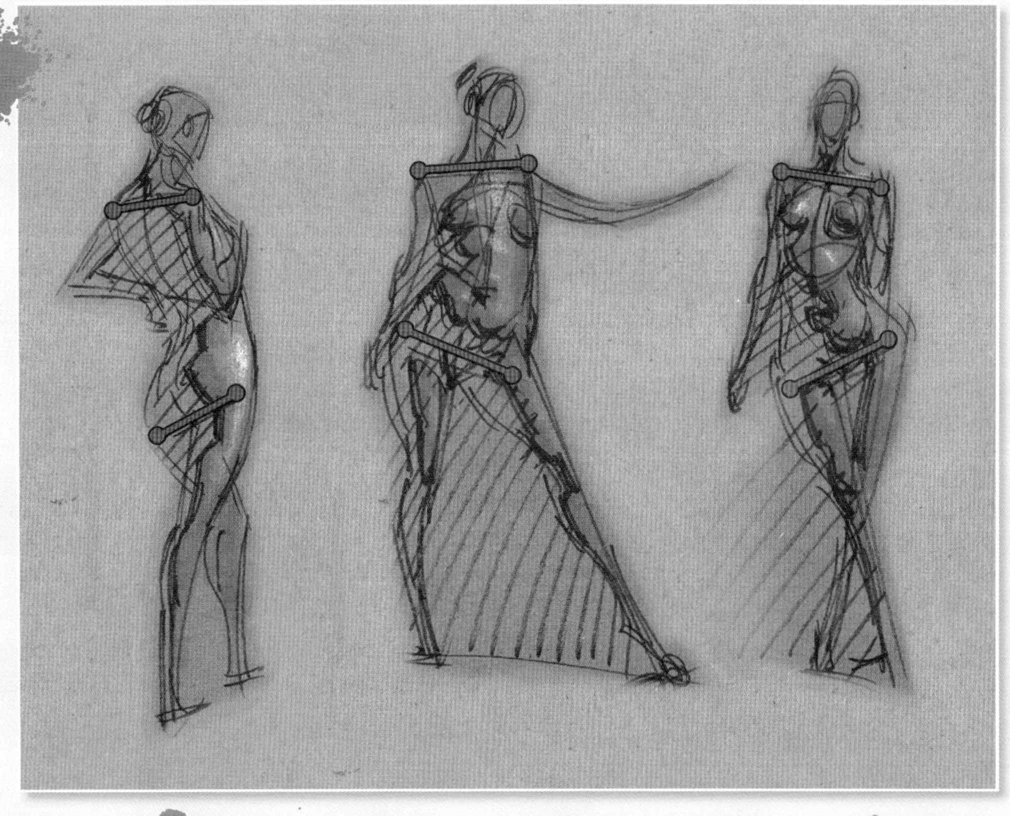

透過剪影進行大塊形狀的設計，以此來強調人物的動作和姿勢。

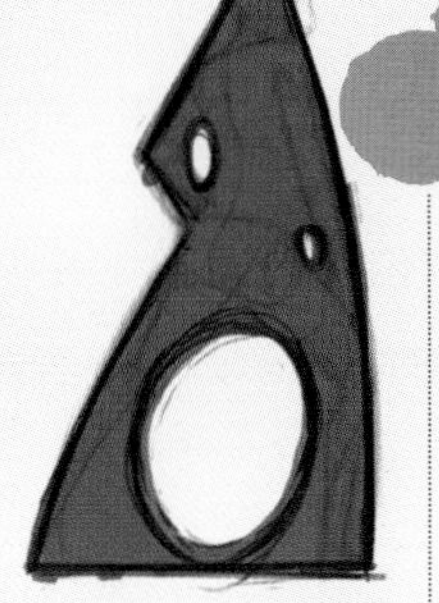

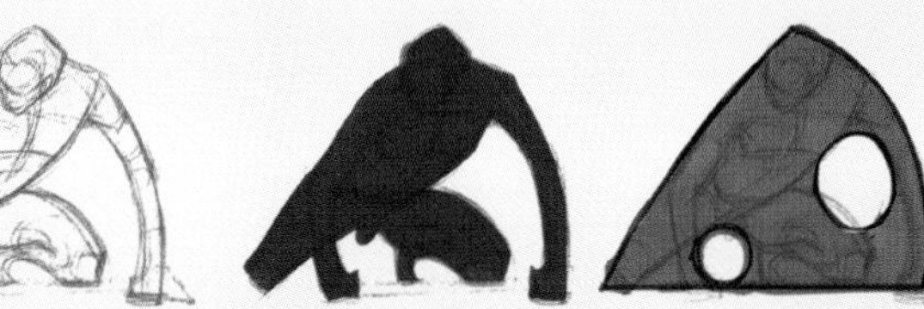

11・剪影法

剪影是人體形狀外部邊緣，是在畫面上占據的平面視覺空間。我透過剪影進行大塊形狀的設計，以此來強調人物的動作和姿勢。例如，三角形的剪影能夠增加畫面的穩定性、分量和向上的助推力。我同時也利用剪影讓觀眾讀懂畫面中人物的所作所為。

12・其他繪畫方法

繪畫人體和姿勢曲線的方法還有許多。我偏向於用賴利法繪畫，該方法用到了大量的韻律線和抽象形狀來設計人物的構造。有的藝術家偏愛用彎曲如書法般的線條，而有些藝術家則喜歡採用色調。對於任何一種人體繪畫的方法，都沒有對錯之分。我們應該汲取各種繪畫方法之所長，並選取最適合自己的方法，使自己的人物繪畫作品更加出色。

10・身體與頭部的銜接

賴利法主張從熟知的部位著手繪畫，比如頭部與身體連接處。我不只是將頭部與身體的長軸線相連，而是盡可能將身體的各個部位與頭部相連，從臀部、到手臂和指尖。在下筆之前先深思熟慮，這種繪圖技巧能夠給畫面帶來生命。我也會用該理念來衡量和設計更簡單、更大膽的形狀。

技法解密

生活中取材

盡可能多從生活中取材。如果能夠對照真人模特進行人物繪畫是最理想的。但要是暫時不具備條件，你可以帶著你的速寫簿到你常去的咖啡館、書店或是餐廳——任何一個人群聚集的公共場所，學習捕捉各種人物的姿態。不要再為找不到真人模特找藉口啦。

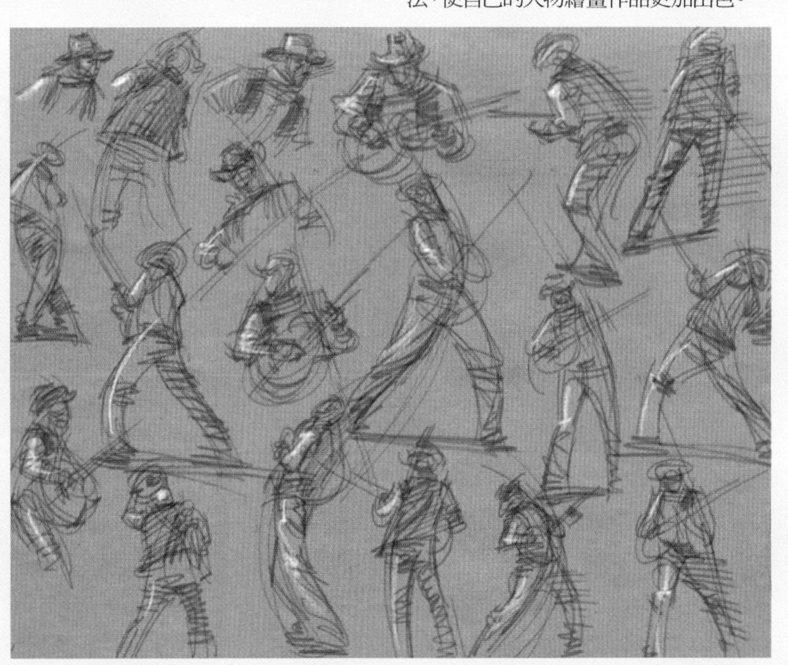

第二節
運動中的人體

理解身體活動的規律，讓運動中的人體繪畫更加逼真，羅恩．勒芒向大家闡述身體運動的全過程。

每位藝術家的腦海中都有一套將畫面立體化的方法，但是如果缺乏正確的訓練，這項技能就無法完全發揮出來。透過反復對視覺思維的鍛煉，不斷將平面影像立體化，仿彿為藝術家的的內心視野搭建了一架“照像機”，讓所思所想能夠真實地呈現出來。人體繪畫依賴大量視覺素材的累積，需要透過反覆對肌肉形狀、線條的繪畫練習，使其真正刻印入腦海之中。

這一系列的思維練習將有可能開啟你的視覺“照像機”，並幫助你理解身體機器的工作原理和表現情況。反復仔細閱讀本節中所教授的內容，其中包含有不少特定的人物動作。你練習得越多，對於這些繪畫技巧和信息的記憶就越深刻。

藝術家簡歷

羅恩．勒芒
國籍：美國

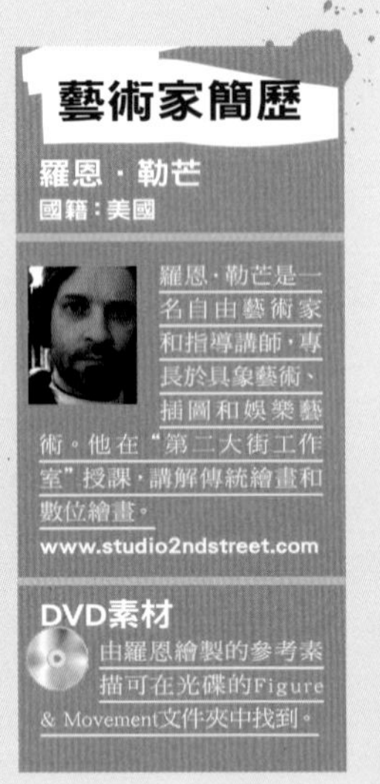

羅恩．勒芒是一名自由藝術家和指導講師，專長於具象藝術、插圖和娛樂藝術。他在“第二大街工作室”授課，講解傳統繪畫和數位繪畫。

www.studio2ndstreet.com

DVD素材
由羅恩繪製的參考素描可在光碟的Figure & Movement文件夾中找到。

1．身體的運動

首先，讓我們來看看身體的不同部分是如何運動和彎曲的。根據本節所述方法，將身體分成如下的區塊，分別理解每個單獨部位的詳細運動法則，之後再將它們組合起來。

A 肩膀，腳踝和手指

回環動作是結合了彎曲、延伸、內收和外展的圓周運動。人體能夠完成這一系列的動作，需歸功於關節的球狀結構。肩部與臀部是身體中能夠完成回環動作的最大的部位，其它的部位還包括手腕、腳踝、手指、腳趾和頭部。比如在投擲棒球時，或揮動球拍時，手部就在做回環動作。

“人體能夠完成回環動作需歸功於關節的球狀結構。”

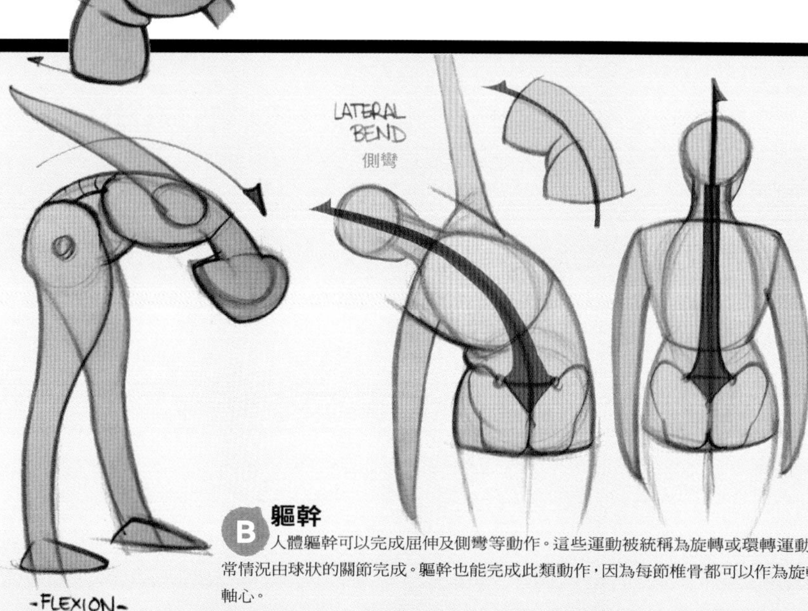

B 軀幹

人體軀幹可以完成屈伸及側彎等動作。這些運動被統稱為旋轉或環轉運動，通常情況由球狀的關節完成。軀幹也能完成此類動作，因為每節椎骨都可以作為旋轉的軸心。

C 臂膀、手部和腿部

臂膀、手部、手指、腿部和腳趾能夠完成一系列的動作：外展、內收、彎曲、伸展、伸直等。它們是四肢的支撐點。

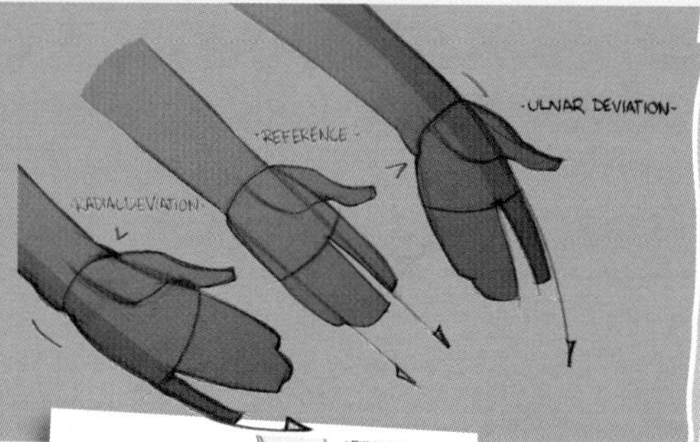

D 腳部

腳部可以向內外翻轉。如果你在玩滑板，腳部的內翻可以讓你完成"ollie"（豚跳）這個動作，而腳部的外翻又能將滑板恢復到普通狀態。腳背屈起將腳趾向脛骨方向拉昇，腳底彎曲使腳趾指向地面。

E 肩部

肩部可以完成前推、縮回、抬起、內收和外展等動作。當手臂伸展握起水杯，肩部做出前推動作。將手臂收回靠近嘴部，然後繼續向後運動並在抬起於頭部，肩部則縮回。手部的前後活動即為前推和縮回。

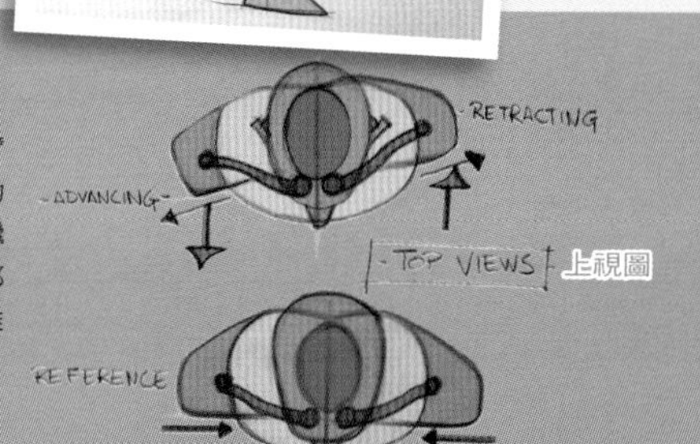

F 前臂

翻轉手掌是前臂可以完成的獨特動作。前臂和手腕是身體上非常靈活的部位，因此對該部位進行動作的捕捉難度不小。

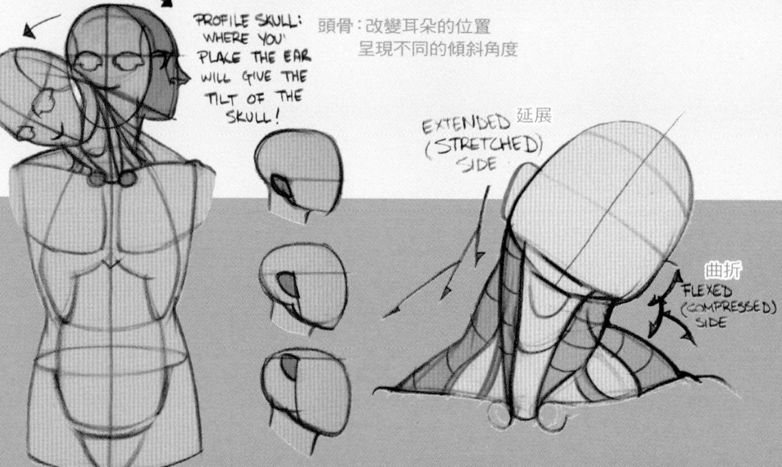

G 頸部

身體中另一個十分靈活的部位是頸部。頸部可以側彎、扭轉、屈伸和環轉。學會把握畫面中人物的頸部活動，就能夠用來表達和傳遞各種人物的情感。

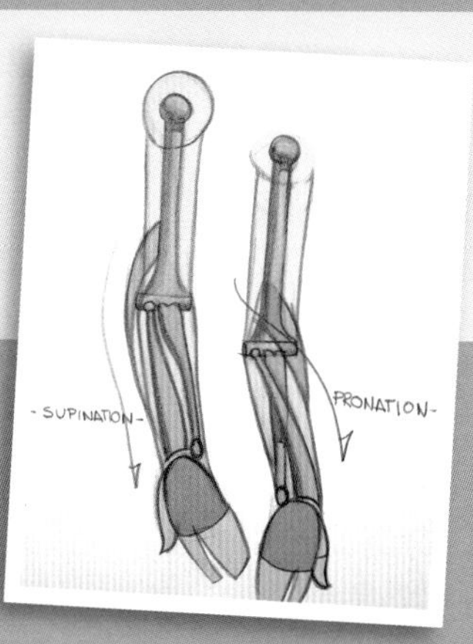

2・對動作的理解

要做到根據想像來繪畫，首先應對照現實生活中的場景加以練習。透過對真實場景的觀察，可以將場景與想像之間相互聯繫。我們試圖模仿人類肌體和受到人類情感影響而產生的行為動作，最好的方法就是以現實為指導。

在創作人物動作時，我始終遵循一些實用的理念。首先，人體的每一個部分都參與到運動動作中。正因如此，可以找到與主要運動方向一致或平行的運動曲線。透過抽象和隱含的線條將運動曲線與輻射點相連接，從而構成了人體姿勢。

人體肌肉猶如繩索交織在一起，共同對動作產生影響，各組肌肉間呈現螺旋或纏繞的相互關係。

“人體肌肉猶如繩索交織在一起，共同對動作產生影響。”

3・動畫技巧

動畫技巧主要是為了減少對參考對象的依賴程度。從簡單的形狀開始繪畫能夠幫助藝術家們從瑣碎的細節中解放出來。動畫技巧採用簡單而寬鬆的畫面，不必進行精細的描繪，只需在腦海中映射出動態的影像。換言之，這能夠增強我們觀察和洞悉事物的能力。

將肩膀、肘部等關節視作樞軸點，可以將人體畫面從平面拓展到立體空間中來。

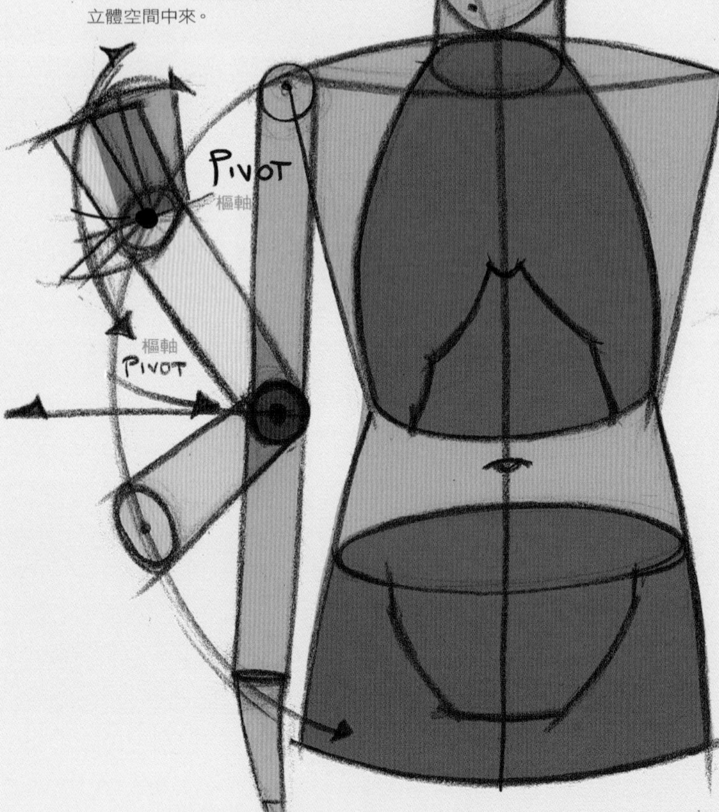

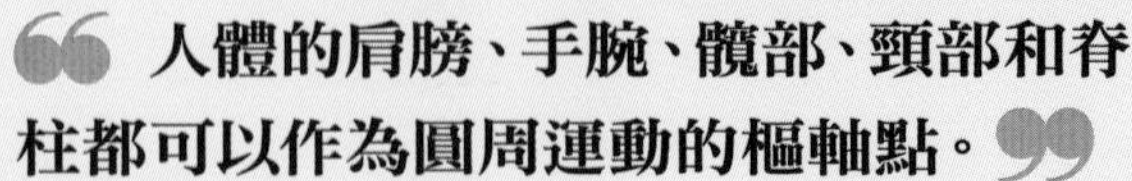
“人體的肩膀、手腕、髖部、頸部和脊柱都可以作為圓周運動的樞軸點。”

4・讓人物“動起來”

人體的肩膀、手腕、髖部、頸部和脊柱都可以作為圓周運動的樞軸點。將這些部位視為身體完成圓周運動的固定點，也可以將其想像成立體空間的旋轉中心。人體四肢固定的一端即為樞軸點，而外側端的活動能夠形成繞著樞軸點的運動弧線。一個規整的橢圓形即可表達該運動軌跡，而透視練習則能夠讓我們更加瞭解平面形狀在立體空間中與其它形狀的體積、距離和交疊等相互關係。

5·姿態的處理

在完成了畫面的動態化處理後，我們拋開橢圓形的運動軌跡和樞軸點等概念，直接採用姿態線條中的C形和S形曲線來進行動作的表達。當然，對於動作中的拉伸和擠壓等因素，還是需要考慮的。瞭解身體可以拉伸和擠壓的程度，能夠更真實地表現人物自信或懦弱的性格特徵。此處所提及的處理技巧，被魯本斯、提埃波羅、米開朗基羅等眾多藝術大師廣泛使用，當代著名的藝術家諾曼·洛克威爾也是使用該方法表現誇張人物表情的典範。

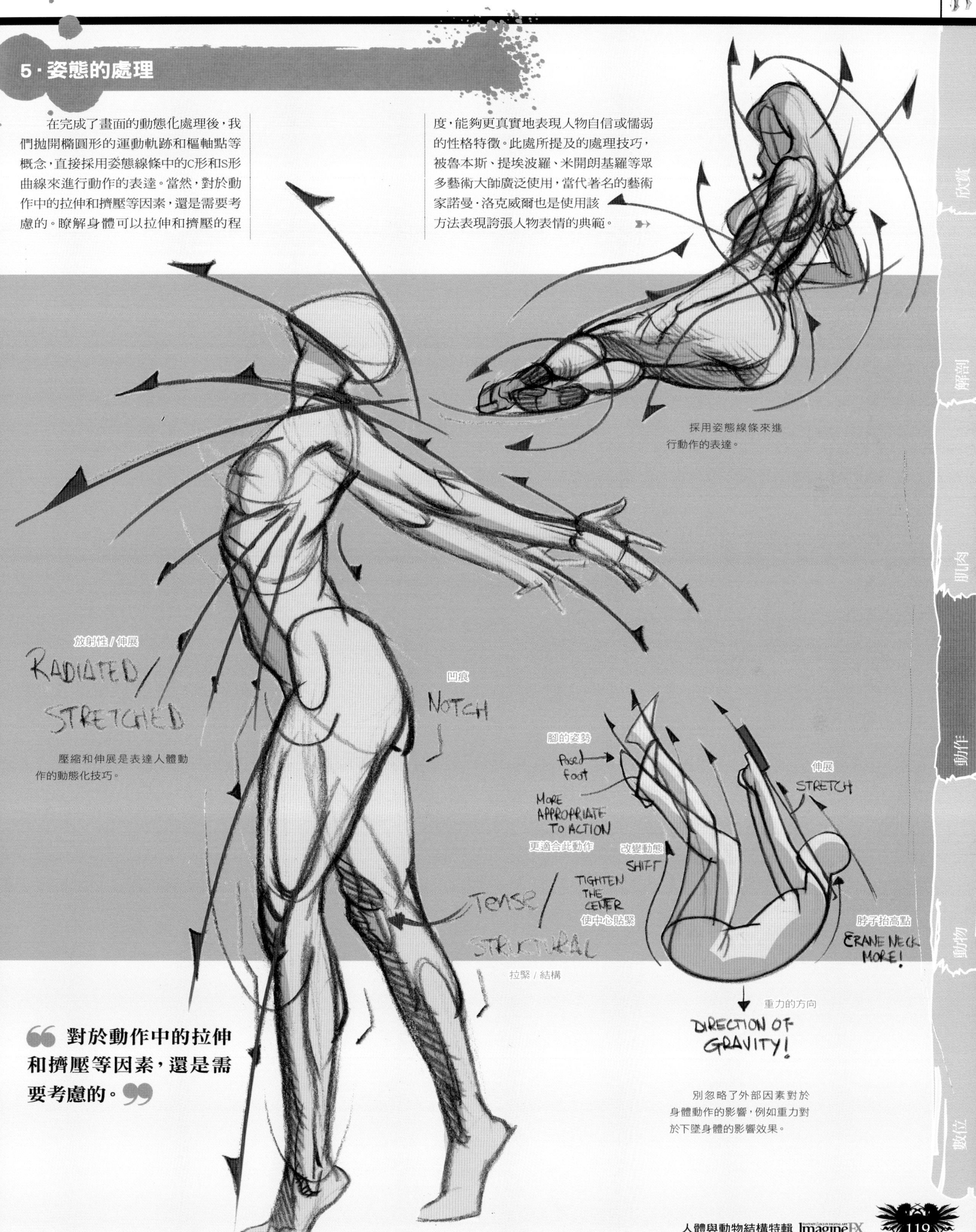

採用姿態線條來進行動作的表達。

壓縮和伸展是表達人體動作的動態化技巧。

“對於動作中的拉伸和擠壓等因素，還是需要考慮的。”

別忽略了外部因素對於身體動作的影響，例如重力對於下墜身體的影響效果。

“利用流暢、長直的線條和硬朗的轉角描繪出更富真實感的畫面。”

技法解密

繪畫多幅姿勢

為畫作繪畫多幅姿勢，然後選擇最符合作品的一種。別怕麻煩，反復幾次的繪畫是非常有必要的。相比而言，為姿勢添加細節就要容易得多了。為了把握運動的思想，我們應該將“描畫”換一種思考方式，轉換為“動畫”。也許你並不打算成為動畫師，但是相比反覆繪畫數十遍，利用“動畫”的方式來塑造人物姿態不是更好嗎？

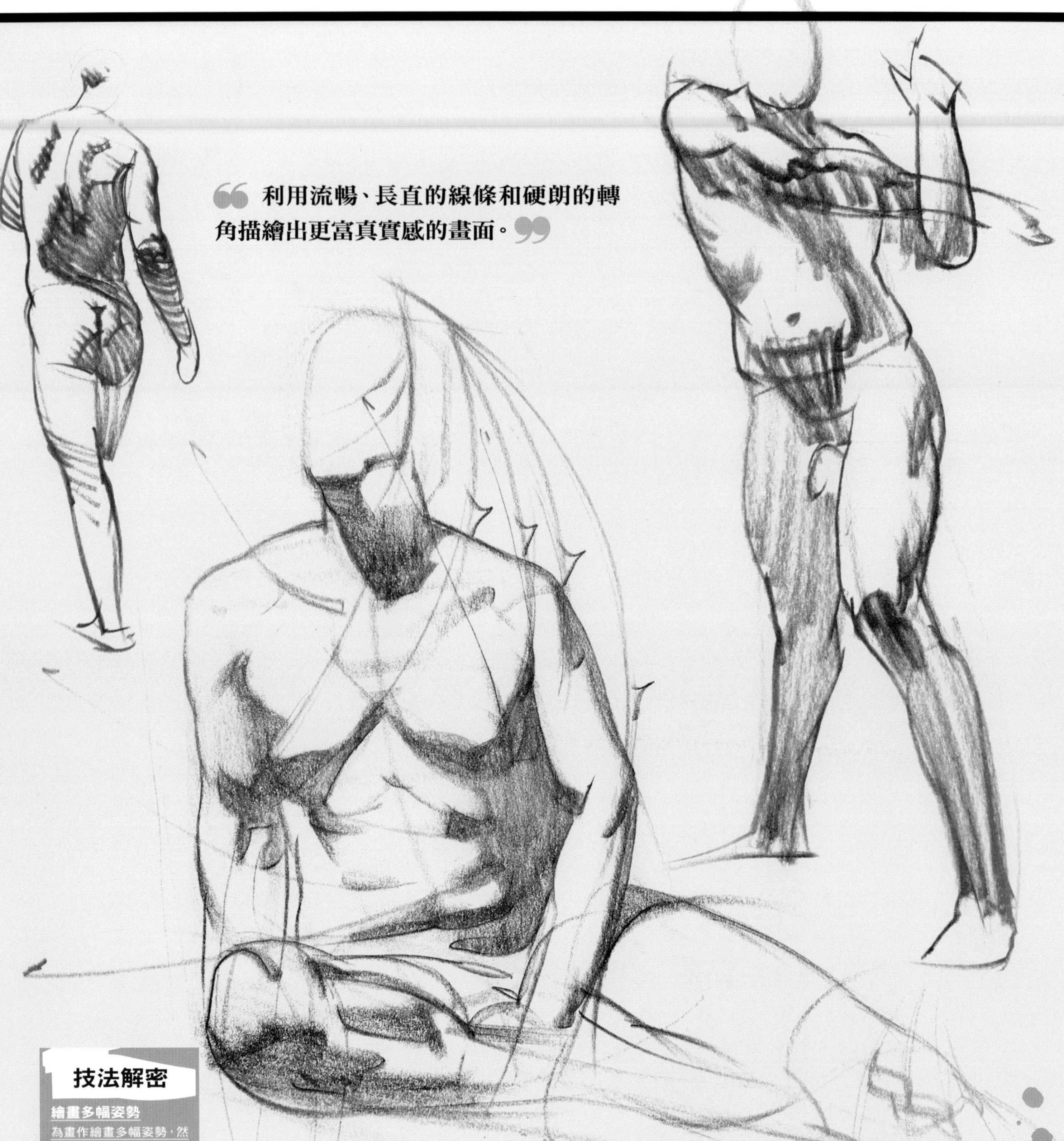

有機的形狀很自然地結合了流暢和長直的線條，同時也融合了硬邊和柔邊的形狀。

6·瞭解所繪線條

利用流暢、長直的線條和硬朗的轉角描繪出更富真實感的畫面。我們將魯本斯或米開朗基羅的畫作導入Photoshop中，臨摹繪畫長直的線條。圖像看上去富有彈性，極具動感，但卻不太真實。藝術大師們懂得如何透過色彩、逼真的形狀和材質、正確的透視關係來塑造繪畫對象的動作和動態感。事實上，他們可以被稱為動畫的鼻祖。如果你仍存有困惑，如何塑造真實的畫面並讓畫面中的人物動感十足，這些藝術大師們的作品絕對值得細細探索。

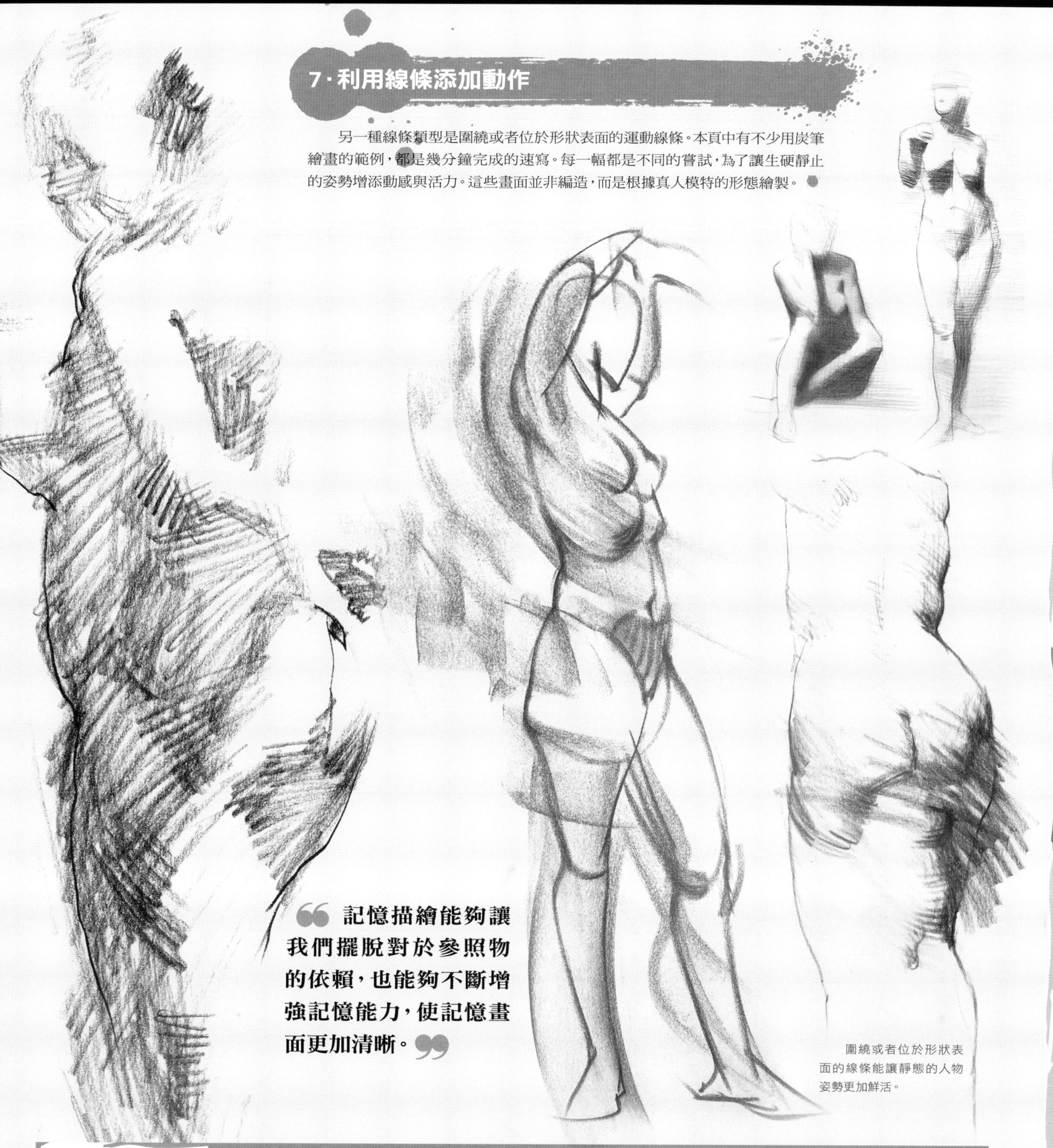

7．利用線條添加動作

另一種線條類型是圍繞或者位於形狀表面的運動線條。本頁中有不少用炭筆繪畫的範例，都是幾分鐘完成的速寫。每一幅都是不同的嘗試，為了讓生硬靜止的姿勢增添動感與活力。這些畫面並非編造，而是根據真人模特的形態繪製。

“記憶描繪能夠讓我們擺脫對於參照物的依賴，也能夠不斷增強記憶能力，使記憶畫面更加清晰。”

圍繞或者位於形狀表面的線條能讓靜態的人物姿勢更加鮮活。

練習

1 擴展你的記憶神經。觀看一段影片，捕捉鏡頭中的畫面並記在心中，隨後將其畫出來。為了檢驗繪畫的正確與否，將影片回看，並定格在所繪畫的場景，這就是記憶描繪的一種方式。透過練習定格影像動作的描繪，我們可以信心十足的地去捕捉現實生活中的真人真景。記憶描繪能夠讓我們擺脫對參照物的依賴，也能夠不斷增強記憶能力，使記憶畫面更加清晰，以便於在今後的繪畫創作中重新還原。

2 如果有機會對照真人模特寫生，也可以試試下面的方法。支起畫板架，背對著模特站立，你也可以將畫板架放在另一個房間內。盡可能多觀察模特的特徵並記憶下來，然後不再參照模特直接繪畫。這就是另一種鍛煉記憶力的方法。當觀察和繪畫間隔的時間較短時，你或許不會意識到是從記憶中繪畫。而當我們把這段時間拉長，就會調動記憶神經，從而提高觀察和記憶畫面的能力。這絕對是值得嘗試的有效方法。

第三節

服飾皺褶的細節處理

將服飾的不同部位按形狀分解，理解服飾皺褶的受力表現和常見形狀，**羅恩·勒芒** 為人物繪畫披上外衣。

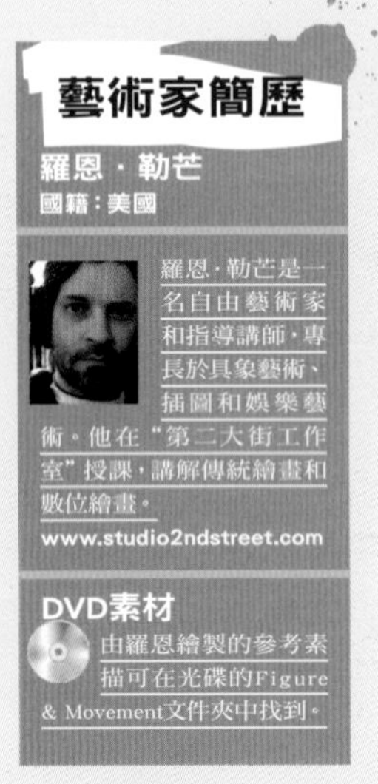

藝術家簡歷

羅恩·勒芒
國籍：美國

羅恩·勒芒是一名自由藝術家和指導講師，專長於具象藝術、插圖和娛樂藝術。他在“第二大街工作室”授課，講解傳統繪畫和數位繪畫。
www.studio2ndstreet.com

DVD素材
由羅恩繪製的參考素描可在光碟的Figure & Movement文件夾中找到。

本章節融合了關於服飾皺褶的數方面內容，主要向大家講授皺褶的成因、繪畫設計方法以及驗證和處理技巧。這裡所展示的繪畫作品，均從網路上搜羅而來。學習的目的是為了使服飾設計與人物繪畫保持和諧統一，我們可以先強化記憶，之後再活學活用。

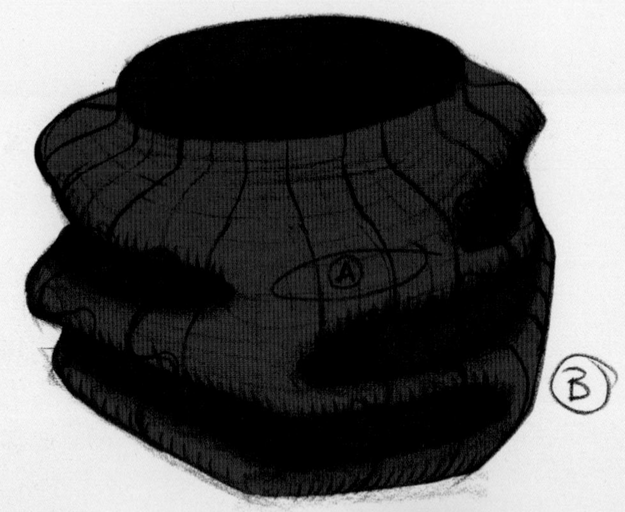

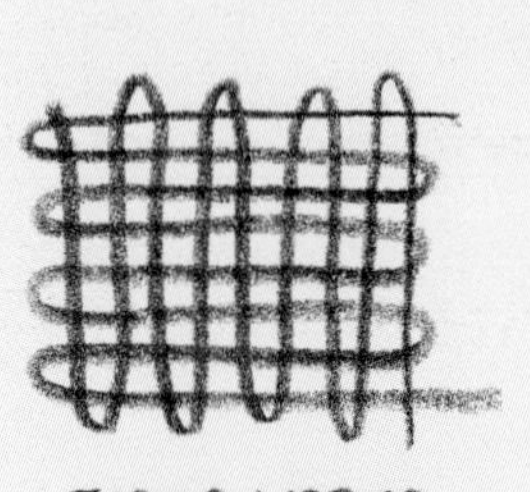

纖維織法

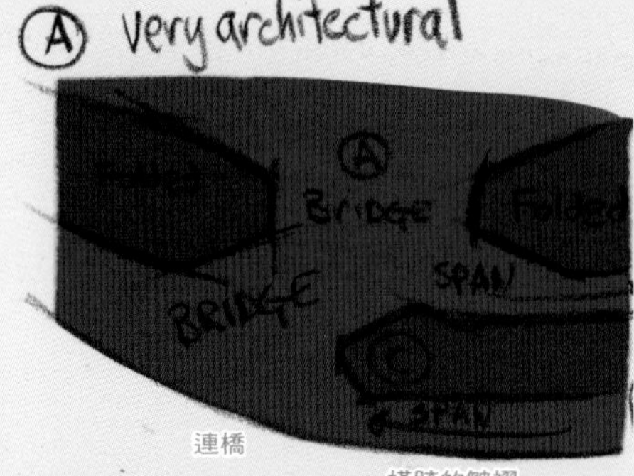

連橋　橫跨的皺褶

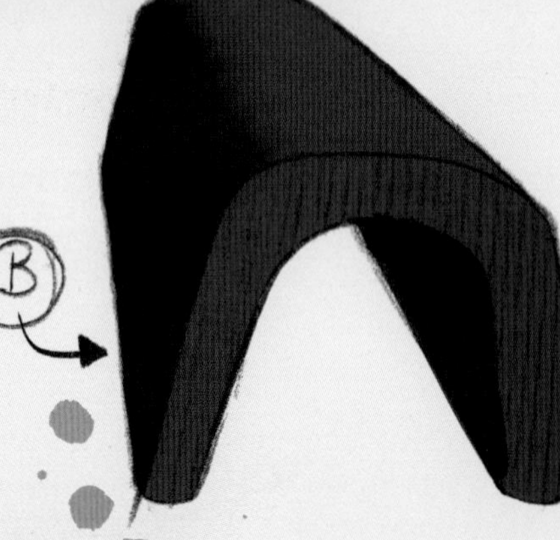

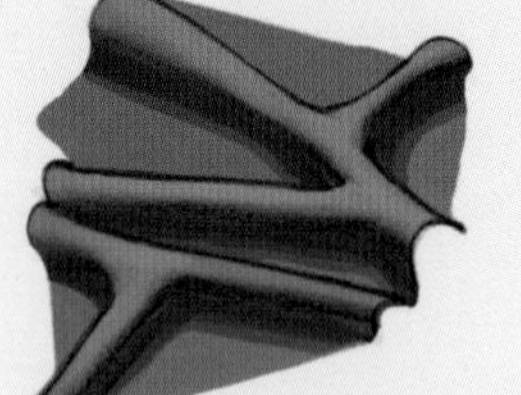

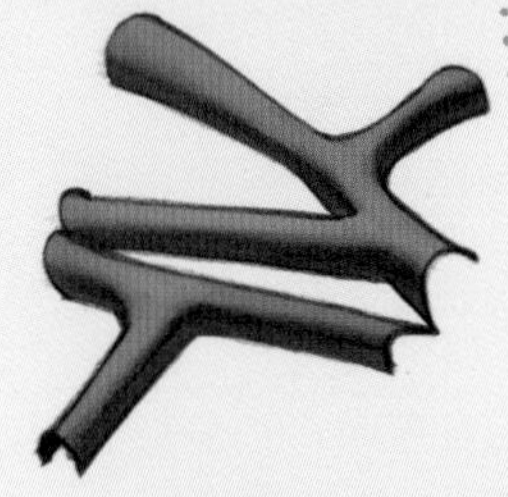

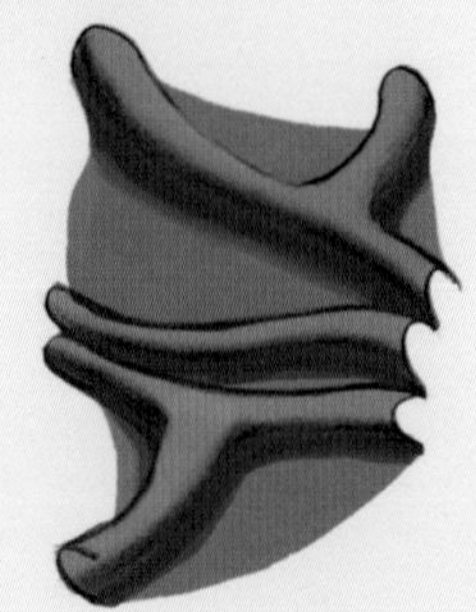

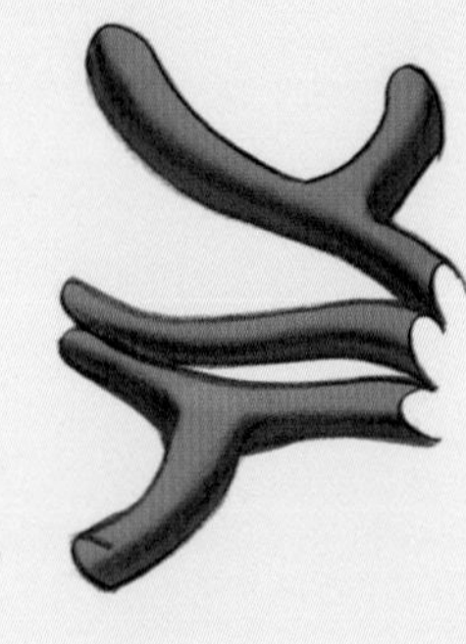

1·服飾皺褶的成因

讓我們先來看看服飾的布料。布料由縱橫兩個方向的織物纖維交織而成，橫向的稱為緯線，縱向的稱為經線。這種機械式編織的縱橫經緯線，對服飾皺褶的結構產生了影響。皺褶之間的連接（亦可稱為連橋），則是由經線的編織密度所決定。

儘管布料在平面上延展，但皺褶會自然地呈現出管狀隆起，猶如大海上平緩而未翻騰的波濤。如果布料的支數高，編織得非常緊密，布面就不容易出現管狀的皺褶。

當皺褶恢復平整，或處於半折疊狀態，布料兩端反褶處的形狀就像翻騰的小浪花，我們形象的將其稱之為“皺褶的眼睛”。這是由於經緯線在三個點位起皺，其末端的開口就像一個大寫的字母“T”。

在管狀隆起之間的區域常為三角形或多邊形，其形狀邊界線可能較為硬朗，也有可能是柔和的曲線。皺褶隆起和低凹處相互連接，根據皺褶所處頂端或底端位置、布料材質、纖維織法鬆緊程度等的不同，其連接方式也表現為過渡性連接或斜面連接。

2·面料的特性

布料的種類繁多，很有必要辨識各種不同布料的特性，以便於在繪畫作品中創作出更強的視覺效果。不同布料的高光處理是非常需要技巧的，比如說絲絨和絲綢布料的反差就非常巨大。想像一下，模特身著真絲襯衫和絲絨長褲，當光源直射在他身上時的場景。絲絨布料由大量向上的髮絲般的絨毛組成，絨毛的直接受光面會吸收光線，而非直接受光面則會像鏡子一樣反射光線。因此，光線直接照射的部位會顯得較暗，而外緣部分看上去反而更亮。

絲綢布料則恰恰相反，其中間的受光部位會閃閃發亮。根據布料紡織的支數不同，絲綢或多或少會呈現出類似於金屬光澤的效果。正如我們所見，模特所穿著的服飾布料不同，在光線照射下所表現出的效果特徵也是不同的。

相對於以上兩種布料，純棉織物基本不會反光，而是吸收了照射在布料上的光線。在光線照射下，這種布料形成的高光邊界並不分明。下方的圖釋更加全面地解釋了這幾種布料對於光線的不同表現。

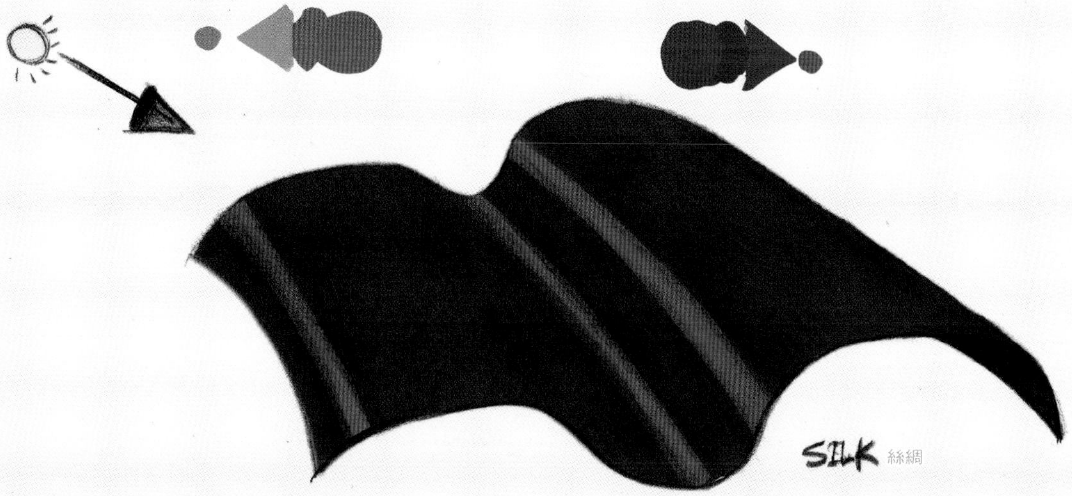

SILK 絲綢

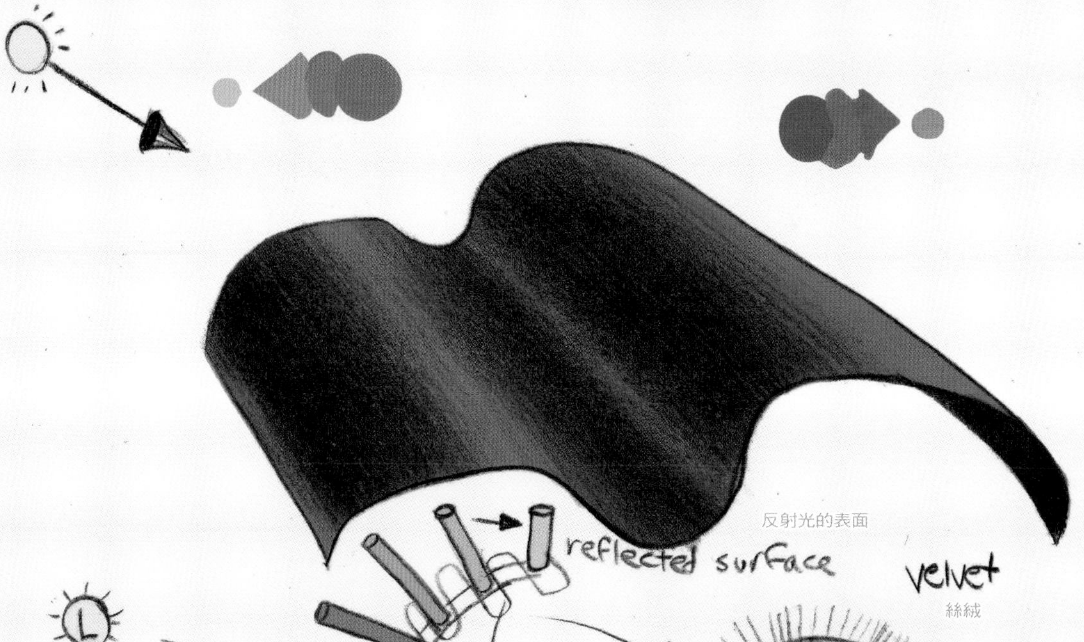

反射光的表面

reflected surface

velvet 絲絨

absorbs light surface 吸收光的表面

“有必要辨識各種不同布料的特性，以便於在繪畫作品中創作出更強的視覺效果。”

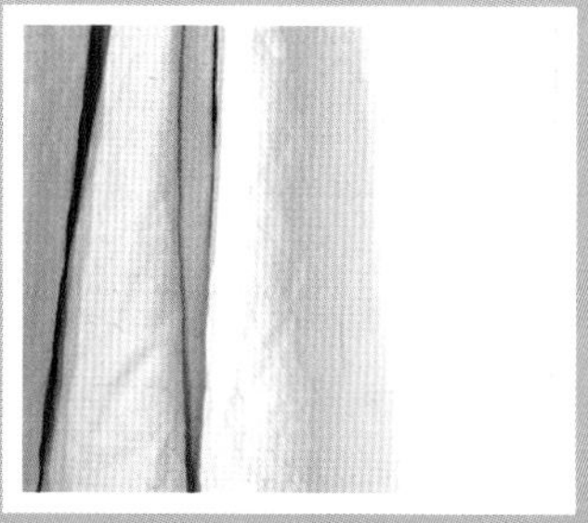

A 純棉
純棉是柔軟且呈毛刷狀的布料，其織法傳統簡單，經緯線垂直於光源。純棉布料不反光，其啞光的表面吸收了大部分的光線，因此其色彩也受到光源顏色的影響。

B 絲綢
絲綢的表面非常光滑，其經緯線的織法與大部分的光源垂直。絲綢布料具有很強的反光性，因此其陰影部分也吸收了更多的光照。在繪畫絲綢較暗的部位時，會呈現出類似於金屬光澤的效果。

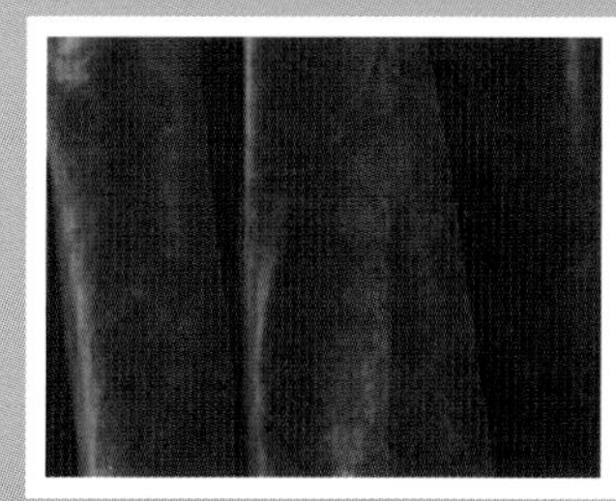

C 絲絨
絲絨布料的織法也較為傳統，但其纖維都被編織進垂直於它的網格之中，因此所有的纖維都豎立在同一個高度上。半透明的纖維尾端吸收光線，而邊緣則反射光線。纖維的方向決定了反射光線的角度。可以採用與絲綢布料類似的方法來處理光線，但是要偏柔和一些。

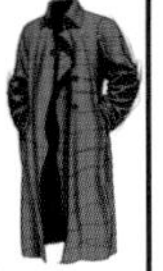

3·7種皺褶類型

穿著過的布料具有連續的或管狀的紋路，因此其結構特點也相當明顯。當皺褶產生時，接縫也隨之產生，由於織物纖維的粗細以及編織密度（針數）不同，接縫又或多或少對皺褶形態產生影響。本篇將介紹7種不同的皺褶類型。

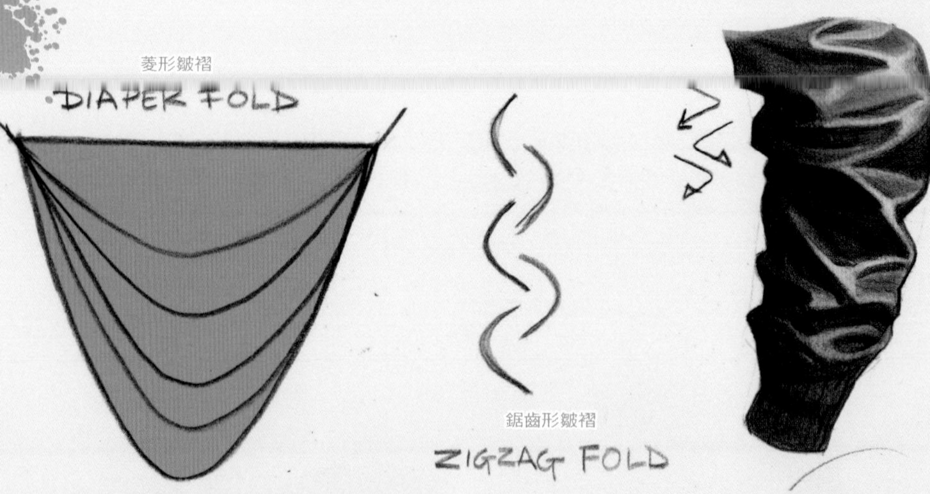

A 管狀皺褶

皺褶紋基本都呈現出管狀或相似形狀，管狀的凹陷和隆起由不同的布料所決定。管狀皺褶的命名形象的說明瞭皺褶的繪畫方法。

B 菱形皺褶

菱形皺褶的形成是由於兩個受力點間的距離小於布料的寬度。皺褶不斷交疊，我們可以將袖端的皺紋想像成從手臂一側到另一側不斷橫跨的菱形皺褶，這樣在繪畫時就會容易不少。

C 鋸齒形皺褶

鋸齒狀皺褶有眾多鑽石型或三角形的小皺褶組成，使布料看起來整體呈現出鋸齒形。這種皺褶類型常常出現在皺巴巴的袖子上、厚實牛仔褲膝蓋後側位置。

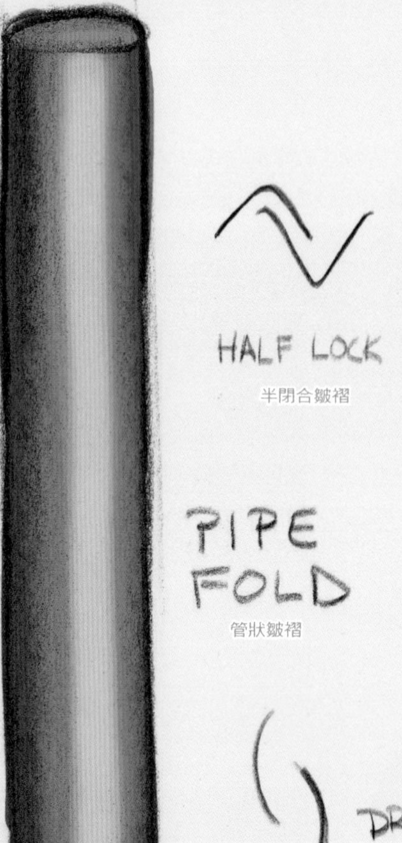

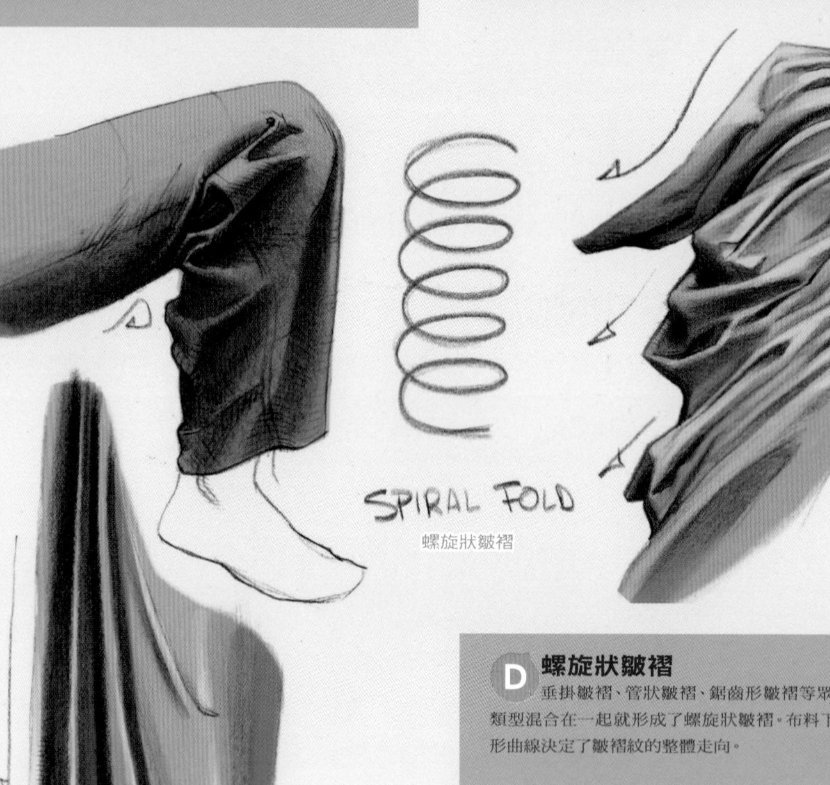

D 螺旋狀皺褶

垂掛皺褶、管狀皺褶、鋸齒形皺褶等眾多皺褶類型混合在一起就形成了螺旋狀皺褶。布料下垂的S形曲線決定了皺褶紋的整體走向。

G 垂掛皺褶

垂掛皺褶與管狀皺褶非常類似，因其受到重力的作用而產生，在皺褶紋理上自然地呈現垂直狀態。垂掛皺褶在厚重的布料上常見，例如正裝或窗簾上。

E 半閉合皺褶

半閉合皺褶多發生在肘部、膝蓋和臀部的布料上，身體的這些區域往往是關節的彎折處。

F 靜態皺褶

靜態皺褶沒有活動發生，通常產生於淩亂的布料結構之上，例如堆如亂麻的衣服，揉成一團的圍巾或皺巴巴的手帕。

INERT FOLD
靜態皺褶

4·緊繃和鬆弛

服飾布料的表面情況受到其下物體的影響。在身體主動活動的一側，布料就會緊繃，而被牽動的另一側，布料就會鬆弛。

> 袖子上的鋸齒形皺褶足以靈活彎曲來構造手臂的截面輪廓線。

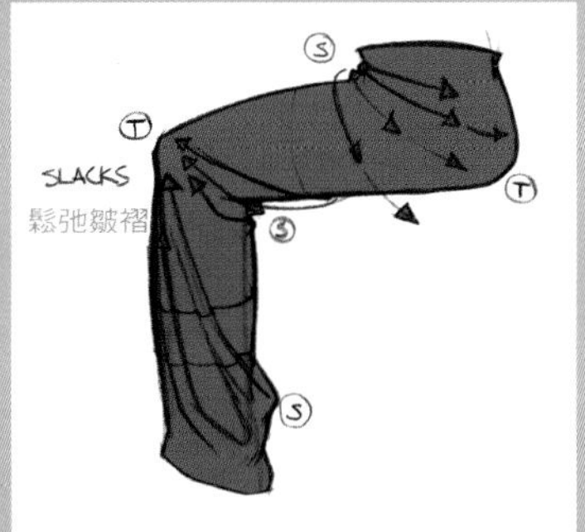

A 緊繃皺褶

本圖主要闡述人體坐姿時褲子的皺褶情況，臀部和膝蓋是主要的張力作用點。膝蓋後側和腹部前側是褲子的鬆弛部分，服飾布料在此處堆積，形成了大量的管狀皺褶。褲子的鬆弛部位受到緊繃部位的擠壓導致布料堆積，因此其張力的受力方向指向緊繃點。

B 鬆弛皺褶

右圖所示為運動衫的袖子，一隻鬆弛，另一隻拉起。拉起的袖子上皺褶不多，盡在肘關節和手臂肌肉隆起處顯現出來，對於繪畫來說並無過多需要特別注意之處。而對於另一隻鬆弛的袖子，由於受到重力的影響，各種有趣的皺褶均在這一段手臂距離內出現，層層交疊，其中也包含有不少半閉合的皺褶。自肩部開始，數條垂掛皺褶共同組成了螺旋狀皺褶，一直延伸到手肘處的皺褶堆疊。

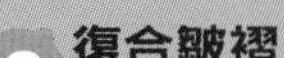

C 復合皺褶

我們採用同一件運動衫，此處我用三幅連貫的圖畫來展示肘部發生運動形變的狀態。運動衫的布料較為密實，質量較重，隨著肘部的不斷彎曲，布料在肘部內側快速堆積，並在之前形成的半閉合皺褶旁出現氣泡狀的折疊。需要注意的是，當手臂彎曲時，皺褶逐個形成，不同的布料材質以及衣物的貼身程度將決定額外皺褶的數量和密度。

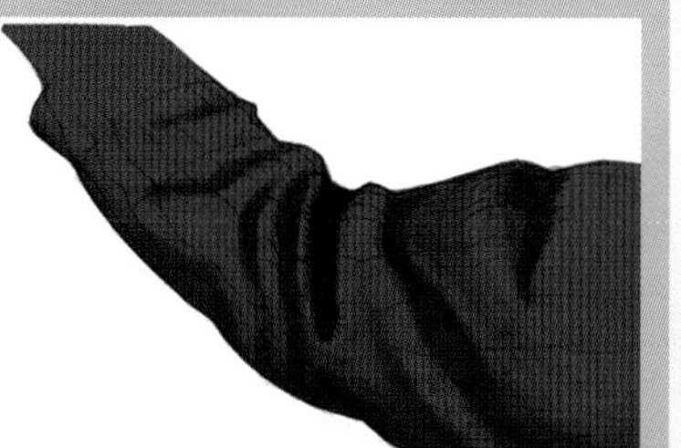

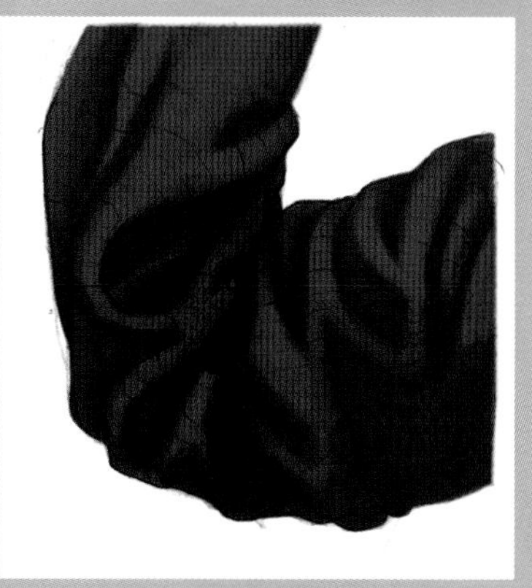

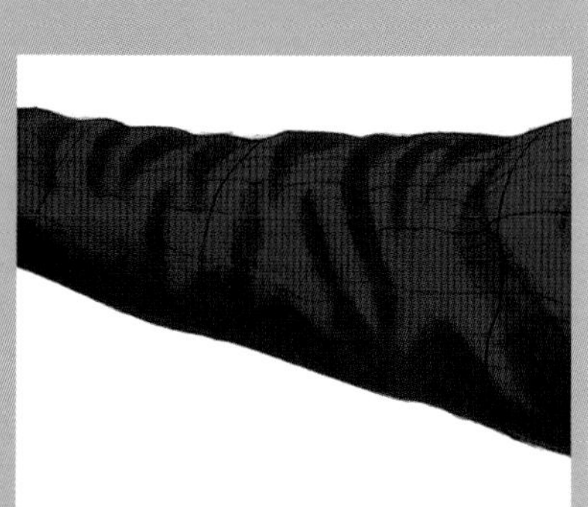

5·圍繞身體的等高線

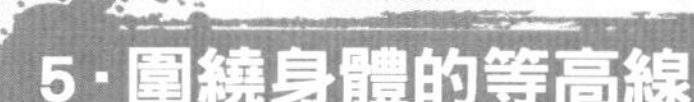

布料的皺褶可以幫助我們不借助於其他的測量數值而直接判斷人體身型。布料線條狀的特點能夠很好地形成橢圓形的截面輪廓線，包覆圓柱形的身體。無論是袖子、領口、腰部、小腿還是腳踝，其截面輪廓線（在平面上呈橢圓形）都能夠幫助我們確定人體身型，並使人物的衣著服飾更加逼真。

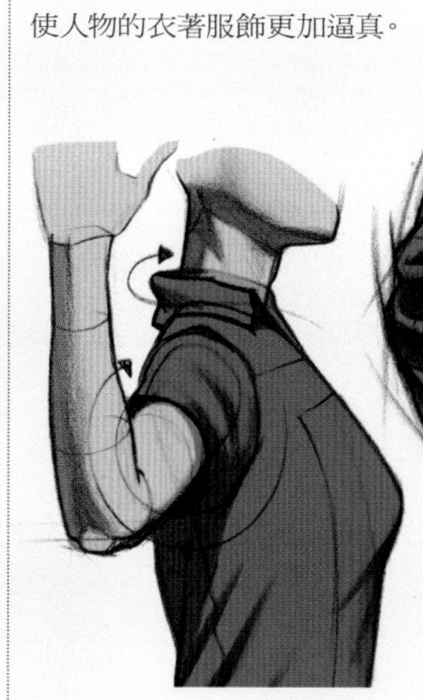

右圖的風衣就是展示領口和下擺橢圓形等高線的範例。注意觀察袖子上的鋸齒形皺褶，它足以靈活彎曲來構造手臂的截面輪廓線，同時產生更多的視覺分量。

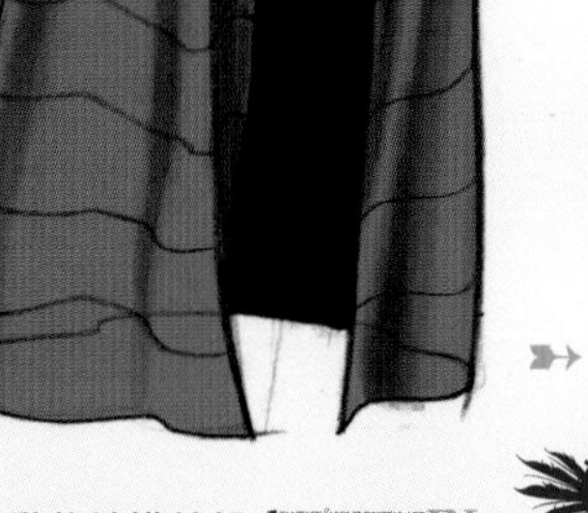

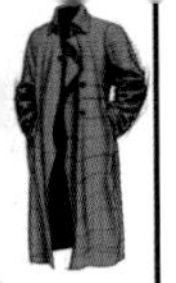

技法解密

速記

練習利用速記的方法來記錄人體坐下、站立、跳躍和跑動的姿態。無論人物是穿著短袖還是長袖，其運動姿態基本是相同的，所以大膽的將這種形態記錄下來。在今後的繪畫過程中，我們並不會將速記的圖像直接照搬到畫作中去，但卻會在進行抽象的空間組合是發揮很大作用。速記圖能夠讓我們更多地注意人物的核心動作，而忽略掉無用的元素。

6·寬鬆的服飾

寬鬆的服飾上有諸多需要考慮元素，容易對人體形態的繪畫造成干擾。我們需要牢記，在皺褶管狀隆起之間的平整部位是緊貼著身體的，在身體外部，有兩根輪廓線對繪畫有所幫助，第一根是體型的輪廓線，另一根是人物服飾能夠擴展到最大程度的輪廓線。這兩根輪廓線貫穿人物全身，並可延伸到四肢伸展的長度。同樣還有一點需要牢記，寬鬆的服飾沒有經過刻意的修飾，因此皺褶可能會顯得雜亂無章。為了對設計作品進行潤色，我們可以使用從一側腿部經過褲子，再至另一側腿部的截面輪廓線作為皺褶韻律的承載，從視覺上將雜亂無章的紋理組成圖案。

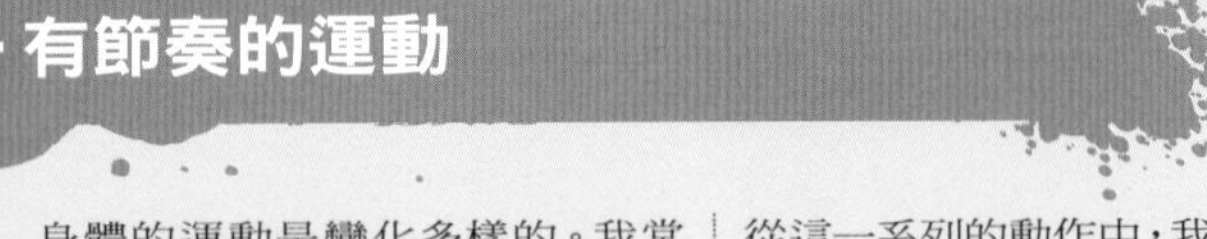

7·有節奏的運動

身體的運動是變化多樣的。我常常會從偵探類的影視作品中取材參照，也會採用照片進行驗證，透過觀察人體運動時衣服皺褶在身體上運動的規律，來判斷哪一種形體運動正在發生。

根據運動的本質特徵，皺褶主要受到以下兩個因素影響：在運動中使布料受力而改變的張力點，以及內部如烟跡般流動的通道。打個比方說，滑板玩家身體緊貼滑板蜷縮完成540° 旋轉時，衣服的皺褶會在重力線的中心位置擠壓，並從這一點向外發散。如果完成空翻動作，皺褶則會沿著動作發力方向流動。

如果身體沿著直線方向運動，皺褶又會沿著身體前側像身體後側移動。從這一系列的動作中，我們不難發現，服飾表面皺褶的產生源自運動發生的張力點，並且從該點向外輻射。如果身體雙臂張開作飛行狀，或者迎著風阻向前運動，全身的服飾會像大旗一樣迎風搖曳，又像是海浪拍打著岸邊，向後牽拉著身體。此處的三幅示意圖向大家展示了不同的肢體動作所產生的服飾皺褶的區別。圖中的皺褶經過了簡化，從而更清晰地描述螺旋形運動和直線運動時，皺褶由發力點向外擴散的情況。

肌肉形成的韻律線

MUSCLE RHYTHM

The turned edge is vital for form to be seen/felt

旋轉的邊緣形成視覺與觸覺的活潑感

BAGGY CLOTHES REQUIRE MORE RHYTHMICAL ORGANIZATION

寬鬆的衣物需要更多律動表現

> **“我常常會從偵探類的影視作品中取材參照。”**

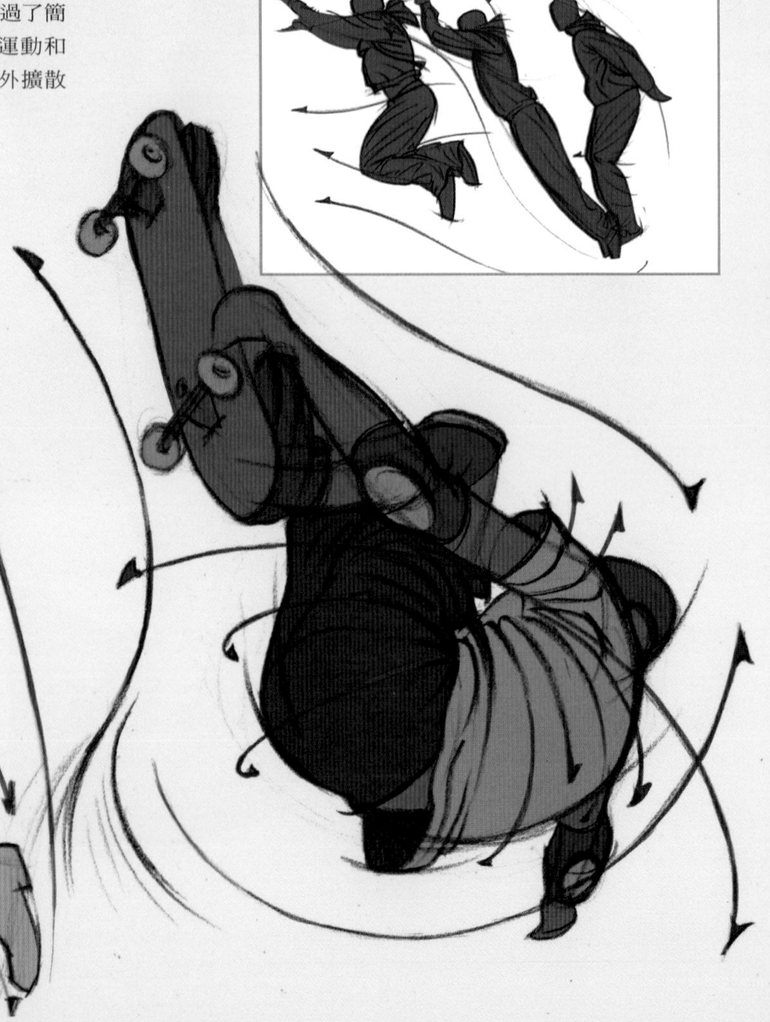

8·為人物繪畫服飾的基本步驟

我從右圖所示的人體模型開始為人物創作服飾。也就是說，服飾將為該模型量身打造。透過該模型，我可以對服飾相對於身體的鬆散程度、皺褶的佈置以及動作的表達做出判斷。不論是男性或是女性，都建議從人體模型開始進行服飾的設計創作。

接下來將對衣物的厚重程度進行規畫，也可理解為衣物最大能夠拉伸到甚麼位置，盡可能地將身型與服裝相貼合。這就像在身體原型上膨脹擴充一層進行繪畫。

在此設計基礎之上，尋找身體上的張力點和鬆弛區域，即布料的發散輻射紋理。我以身體姿態曲線為主線，尋找任何將四肢與身體串連在一起的線條。透過尋找皺褶的發散，將這種動態效果盡可能地放大，使身體姿態更顯活潑靈動。在身體的各個方向上，我都先完成以上步驟，隨後再將不必要的線條消除，或並入主要的姿態曲線中。

最後一步可有兩種處理方法：一種是利用外部的輪廓線或者中心線作為邊界，透過皺褶的管狀隆起來表達皺褶的深度和布料特點。另一種方法是透過陰影描畫出基於動作曲線的三角形設計體，這可能會讓所見與之前的構想有所不同，但這主要是為了繪畫的便利。這些陰影圖案將用來提昇畫面的效果，例如表達服飾之下的肢體動作，或隱含表示身體被遮擋的部位。

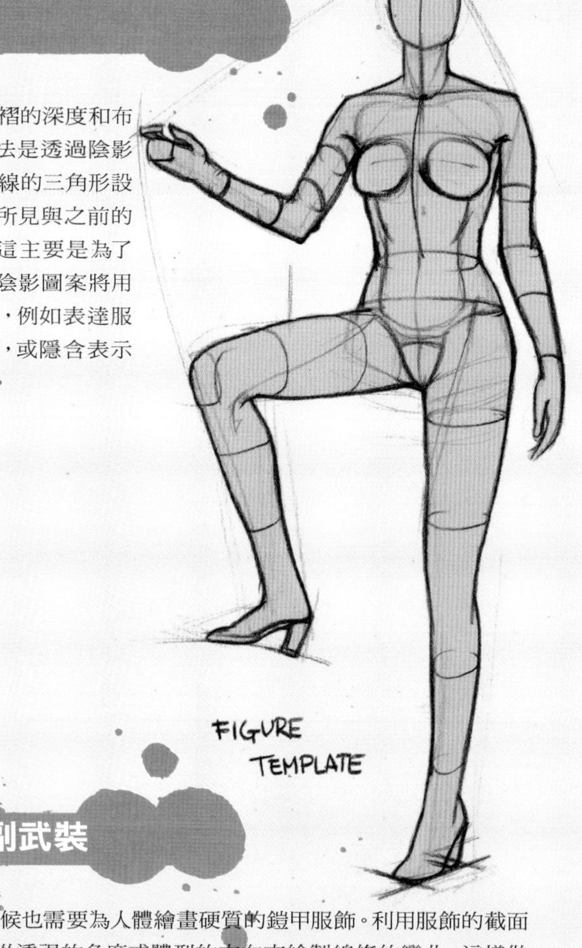

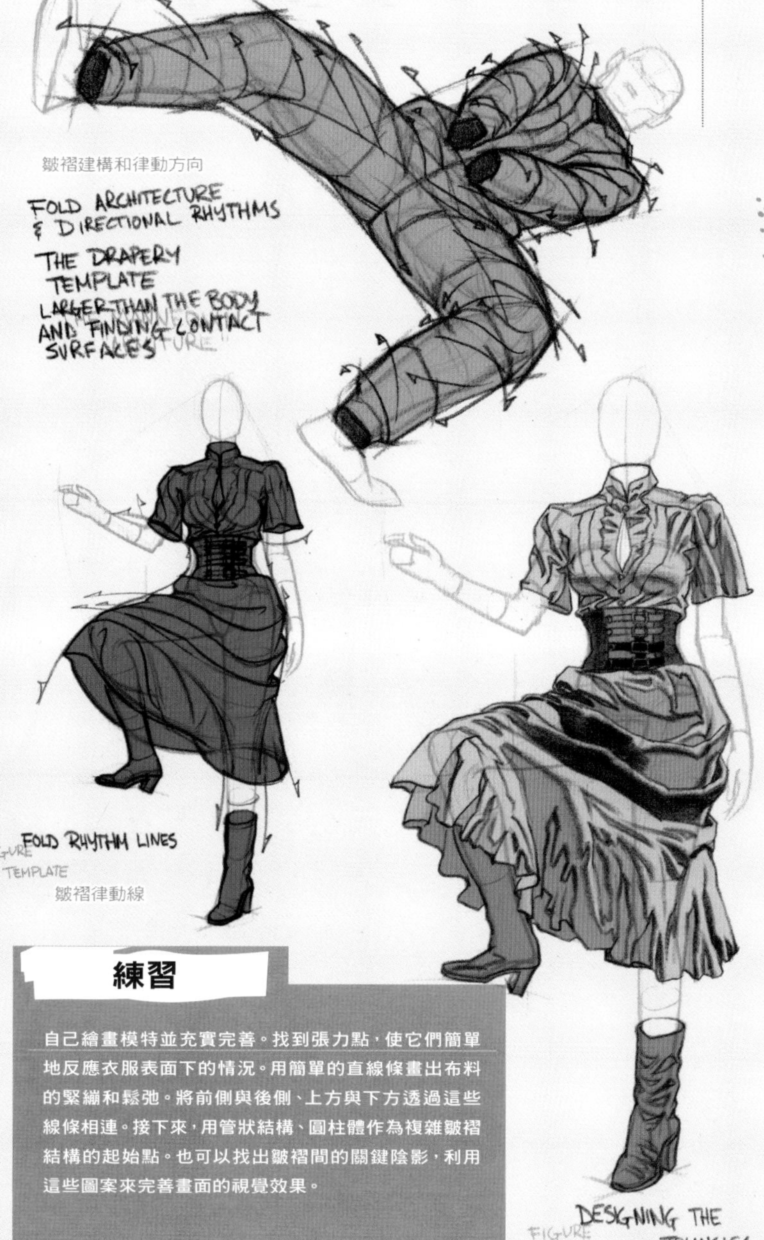

練習

自己繪畫模特並充實完善。找到張力點，使它們簡單地反應衣服表面下的情況。用簡單的直線條畫出布料的緊繃和鬆弛。將前側與後側、上方與下方透過這些線條相連。接下來，用管狀結構、圓柱體作為複雜皺褶結構的起始點。也可以找出皺褶間的關鍵陰影，利用這些圖案來完善畫面的視覺效果。

9·全副武裝

有時候也需要為人體繪畫硬質的鎧甲服飾。利用服飾的截面輪廓線，從透視的角度或體型的方向來繪製線條的彎曲。這樣做不會讓觀眾對畫面產生疑惑，反而能夠使畫面充實飽滿。所畫的內容儘管並不真實，但卻能夠令人信服，其原因就是遵照了繪畫的方法。

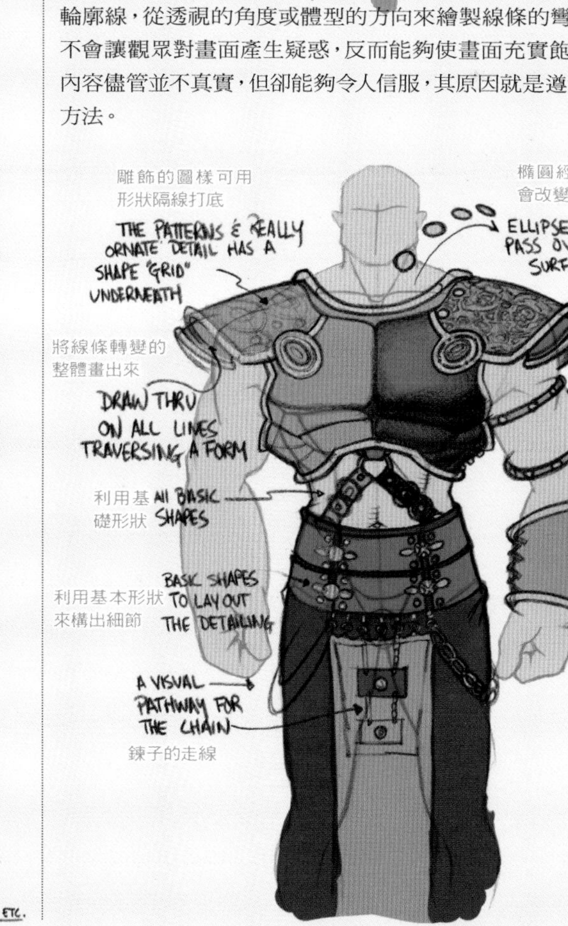

動物藝用解剖

簡明易懂的動物結構輪廓繪畫完全手冊。

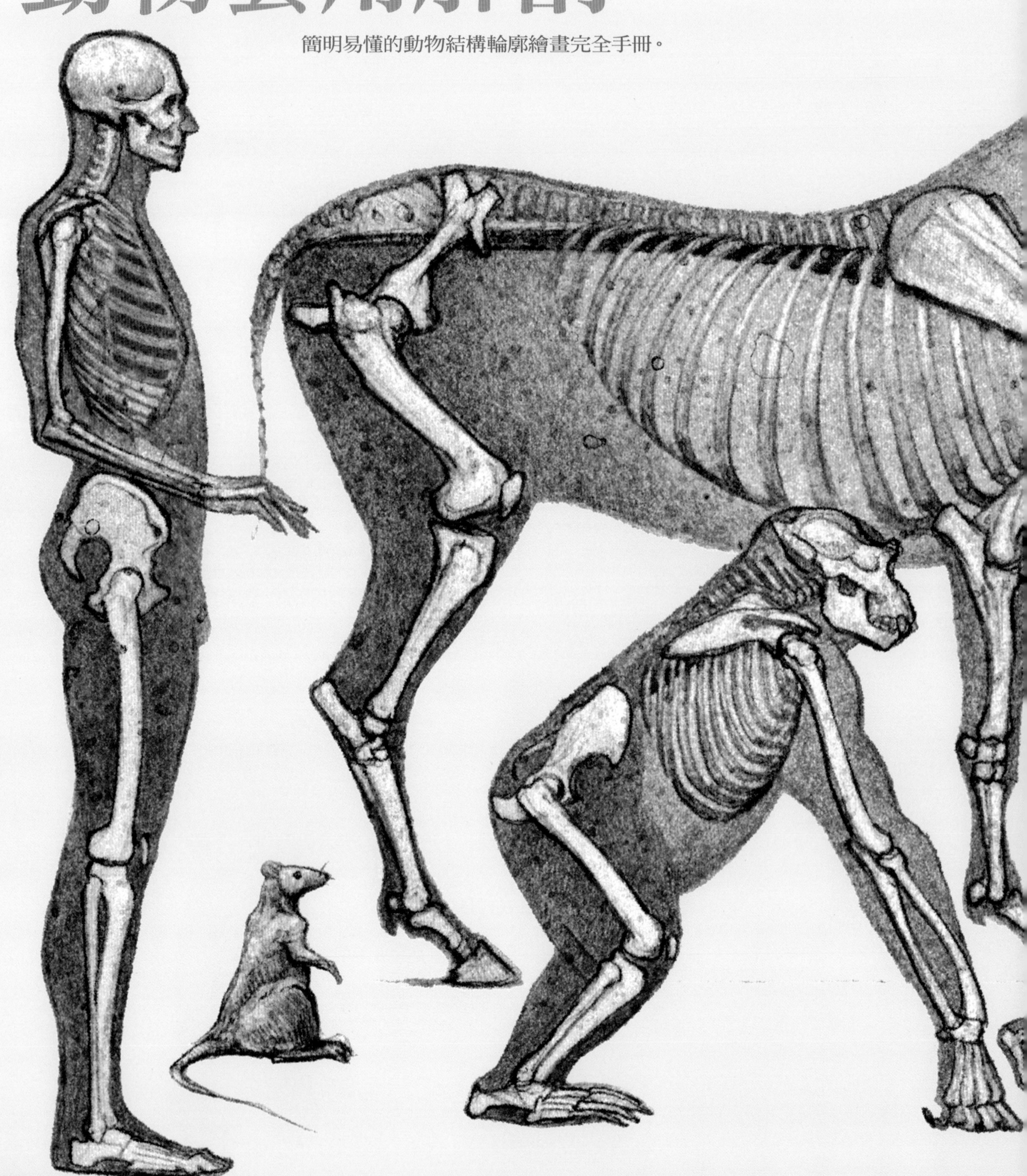

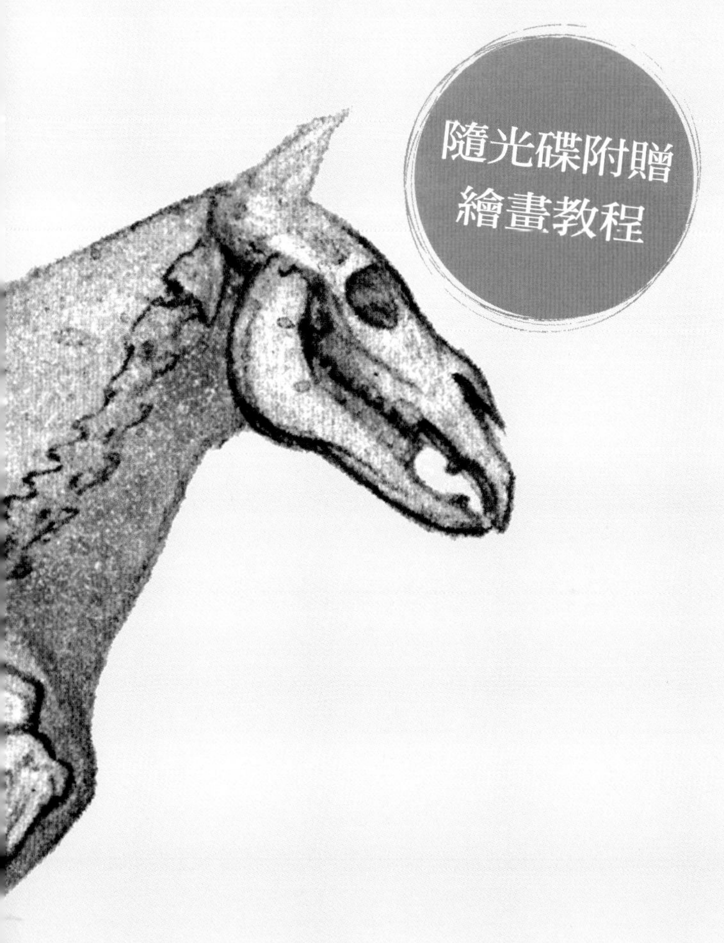

藝術課程

動物繪畫完全手冊

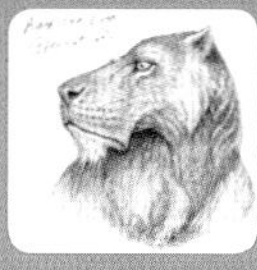

130 輪廓
從洞悉皮毛之下的構造開始動物解剖繪畫的旅程。

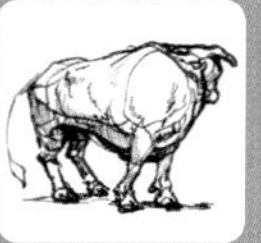

136 軀幹
觀察動物軀幹的活動方式。

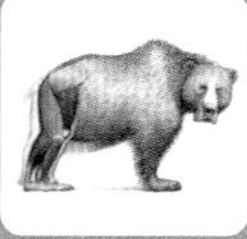

142 後腳
讓後腳帶動你的畫作向前更進一步。

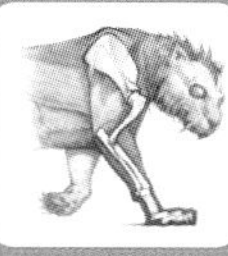

148 前腳
仔細觀察，運動技巧和已學知識，重點構造動物的身體平衡。

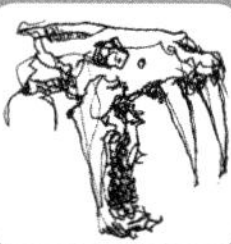

154 頭頸
動物身體構造上的共性與個性就體現於此。

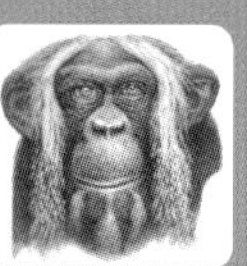

160 臉部
觀察動物臉部與人類臉部的相似之處，究竟是哪些關鍵環節將二者區別開來。

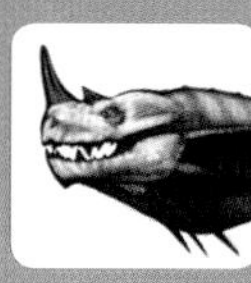

166 龍的繪畫實踐
詹姆斯 ·斯澤爾傳授將這種潛伏於心中的神秘野獸付諸於紙上的繪畫技巧。

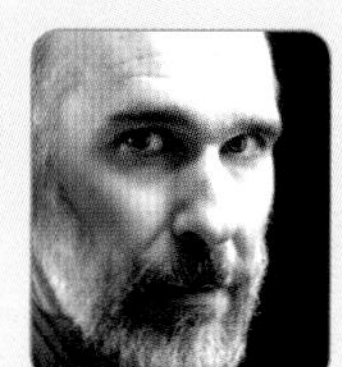

“有時，人臉看上去會讓你聯想到一些動物：猴子、老鼠、小貓等等，畢竟，小孩子不就是個會說話的小動物嗎？”
（馬歇爾·凡德拉夫，第 160 頁）

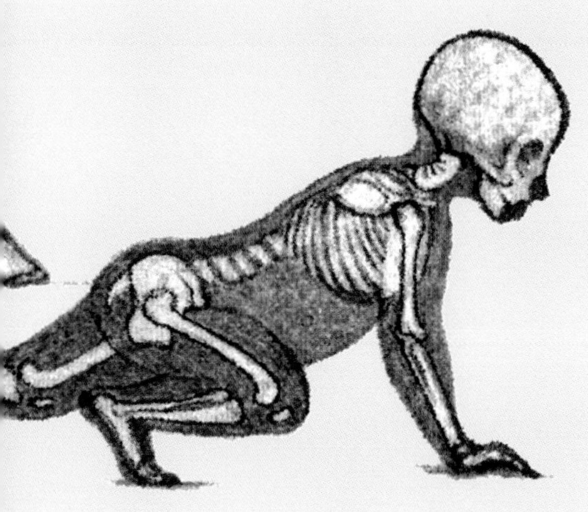

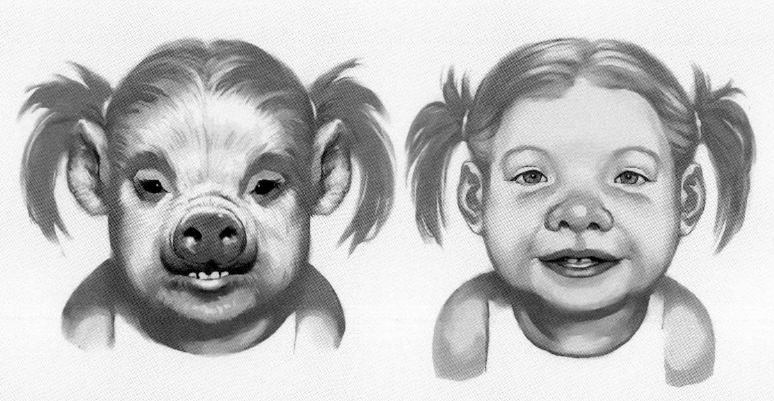

第一節
輪廓

藝術家簡歷

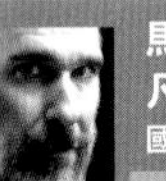

馬歇爾·凡德拉夫
國籍：美國

更多關於馬歇爾的信息請移步至他的個人網站。
www.marshallart.com

DVD素材

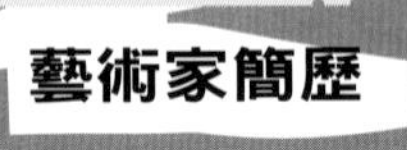

由馬歇爾繪製的參考素描可在光碟的Animal Anatomy文件夾中找到。

從洞悉皮毛之下的構造開始動物解剖繪畫的旅程。

我很喜歡畫動物，特別是畫那些我想像出來的動物。多年以前，我一直很好奇為甚麼畫家們不用動物模特就能將動物畫出來，而且還畫得比實物更生動有趣。直到後來，學了動物藝用解剖學，才發現這一秘訣。接下來，我要教授給你的就是這些古老的、曾經只為少數人所知道的秘訣。不論你將來畫畫、雕刻還是製作動畫，這個秘訣都是讓你腦中的畫面躍然成形的法寶。

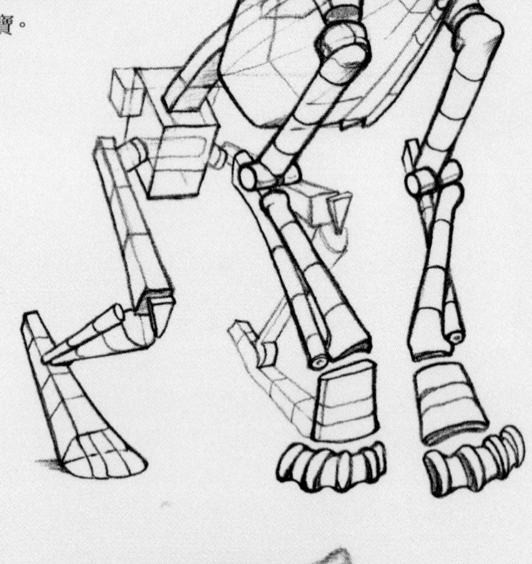

左圖根據洛杉磯佩奇博物館陳列的美洲獅骨架所畫，右圖將透視法運用到藝用解剖中，右下角素描美洲獅則是最終推測出有血有肉的美洲獅樣子。

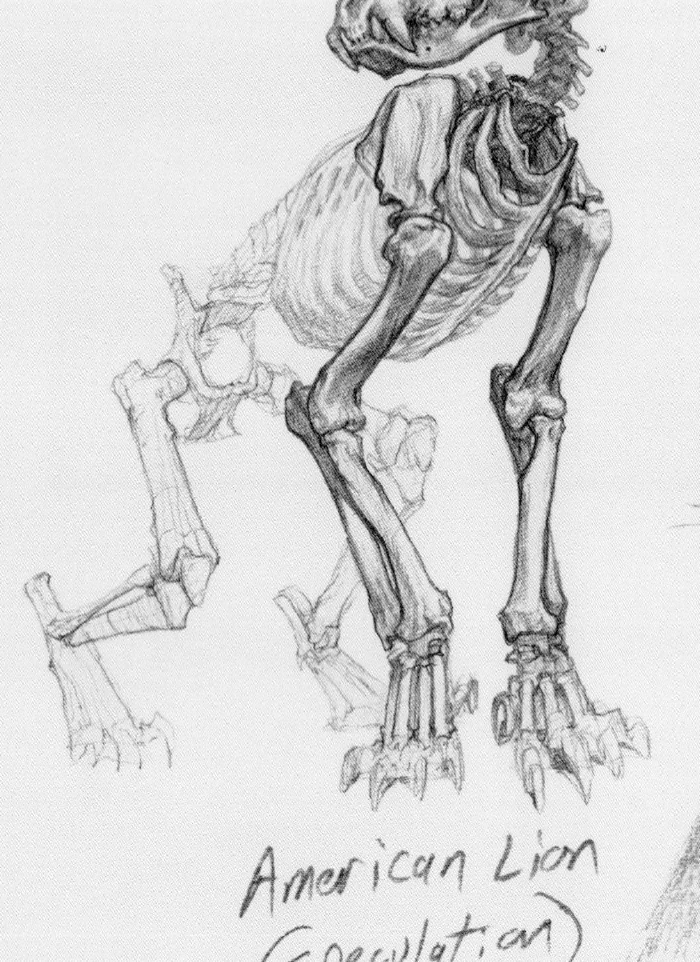

美洲獅骨骼推測圖

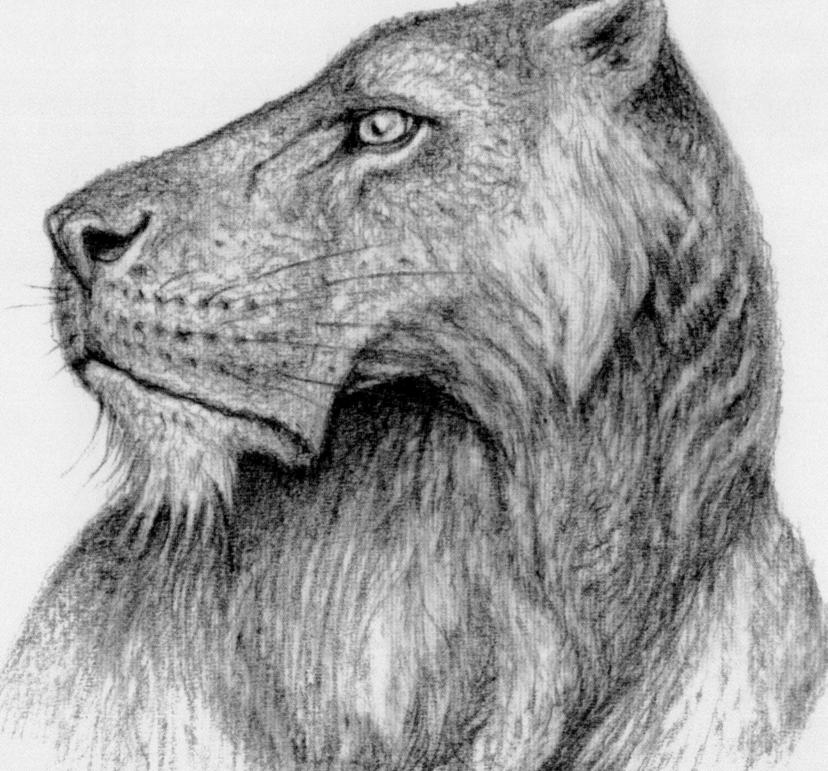

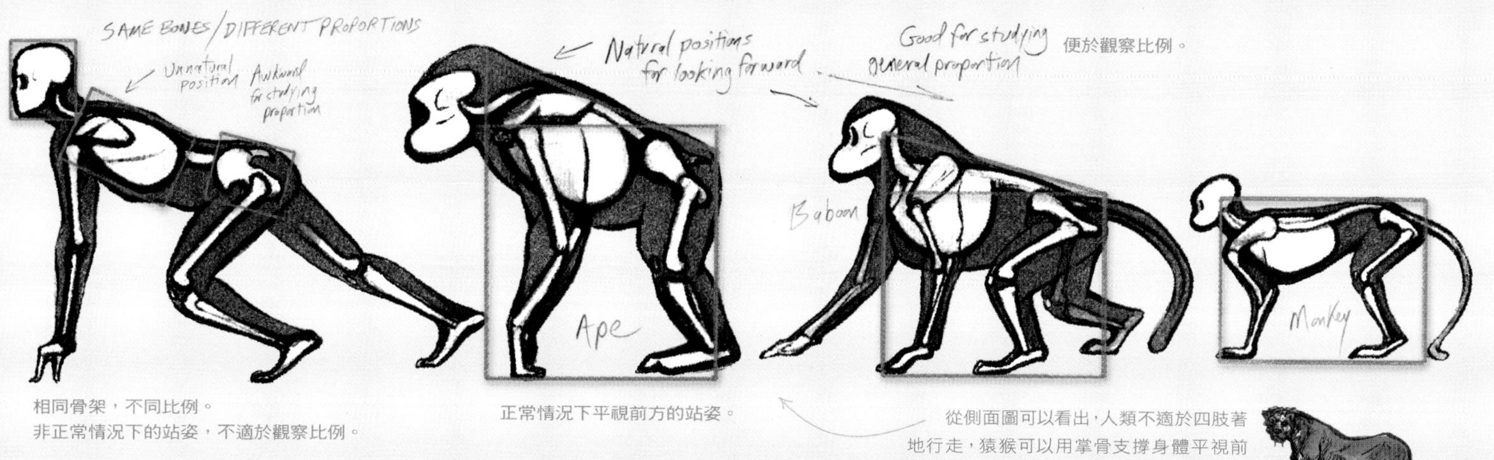

便於觀察比例。

相同骨架，不同比例。
非正常情況下的站姿，不適於觀察比例。

正常情況下平視前方的站姿。

從側面圖可以看出，人類不適於四肢著地行走，猿猴可以用掌骨支撐身體平視前方，而猴子則能手腳並用像貓一樣靈活地四處奔跑。

這些動物的比例並非一成不變。當動物舒展身體、蹲臥或者蜷縮身體時，比例也會隨之產生相應的變化。這裡給出的一般情況下動物的姿態只是為了說明不同物種同一姿勢時的比例的區別。

母牛較為平直僵硬

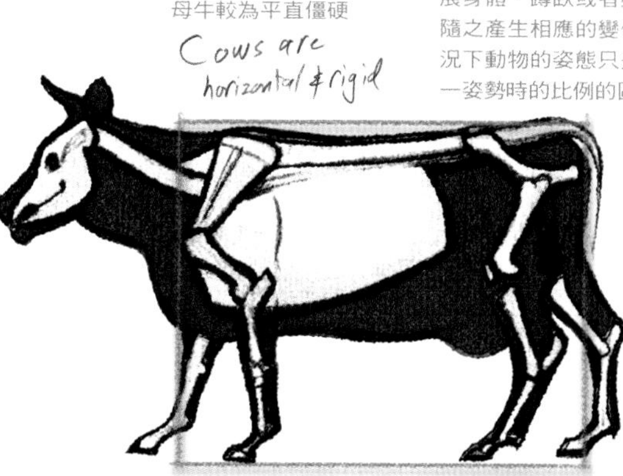

方框便於我們更直觀地觀察動物比例。對比方框中的部分，我們會發現一些動物有著相似之處，比如馬和狗。而當我們觀察整體輪廓時，又會發現它們之間的一些細微差別。

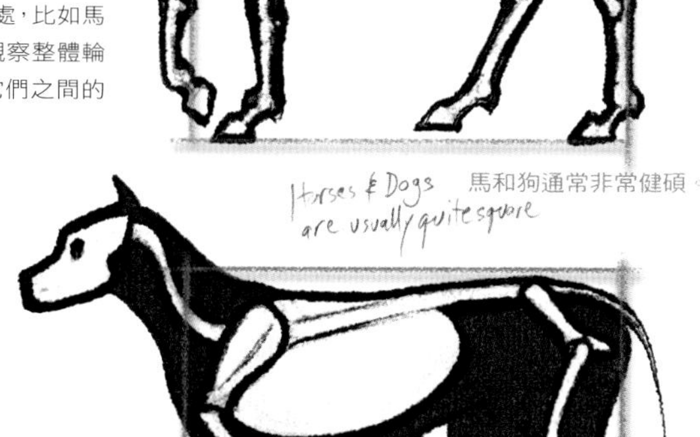

馬和狗通常非常健碩。

貓平直卻靈活。

1・骨骼的比例

辨別不同物種骨骼之間的異同，有利於培養創作者的美術解剖意識。

之所以研究動物的身體比例，是因為雖然哺乳動物、爬行動物以及鳥類的骨骼和肌肉大都相似，然而它們的比例和尺寸卻有所不同。你可以從正面觀察像人類這樣的兩腳動物或者雙腳著地的踟行動物，可如果對象換成了四隻腳著地的四腳動物，這麼做就行不通了。這就好比靠站在船頭望向船尾來目測整艘船的長度一樣，不可靠。對於這種情況，改為從側面觀察。

動物的比例與動物活動之間有著密切的關係。人類的骨骼表明人是直立行走的：腿長、胸腔薄，肩胛在背，手臂的作用不是支撐體重，而是演奏樂器、繪畫或者擁抱。相比而言，四腳動物胸腔厚，肩胛長在體側，它們的四肢作用相同，手臂和腿無甚區別。這就說明，骨骼的職能不同，形態比例也就千差萬別。

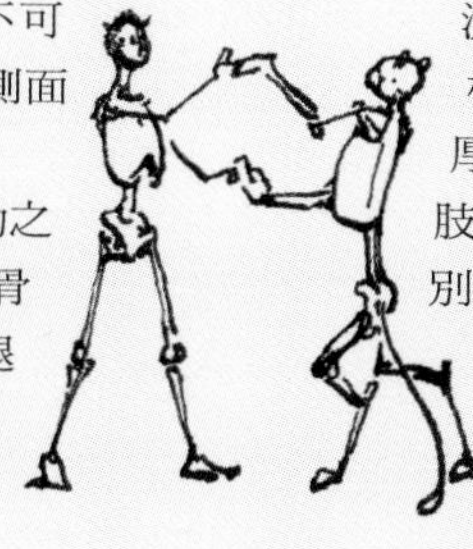

練習

掌握骨骼的比例

畫一幅動物側面圖，用一個方框圍住動物的主幹部分，這種練習有助你養成觀察動物先看動物主幹的習慣。練習用矩形、三角形或者橢圓形表示簡化的動物頭、後肢和胸腔，久而久之，就能化繁為簡。這就是掌握動物比例的要領所在。

2·骨骼畫法概述

骨頭本身並不能彎曲或伸展，因缺少變化而比較簡單，所以我們先從畫骨入手。

太過複雜的解剖圖往往會令初學者頭昏腦脹，下圖省去了繁瑣而龐雜的細節，簡化了骨表線條，至於細節的填充會留到後文進行講解。

下圖是人類與動物骨骼結構的類比，請注意觀察用相同色塊標註出的部分。

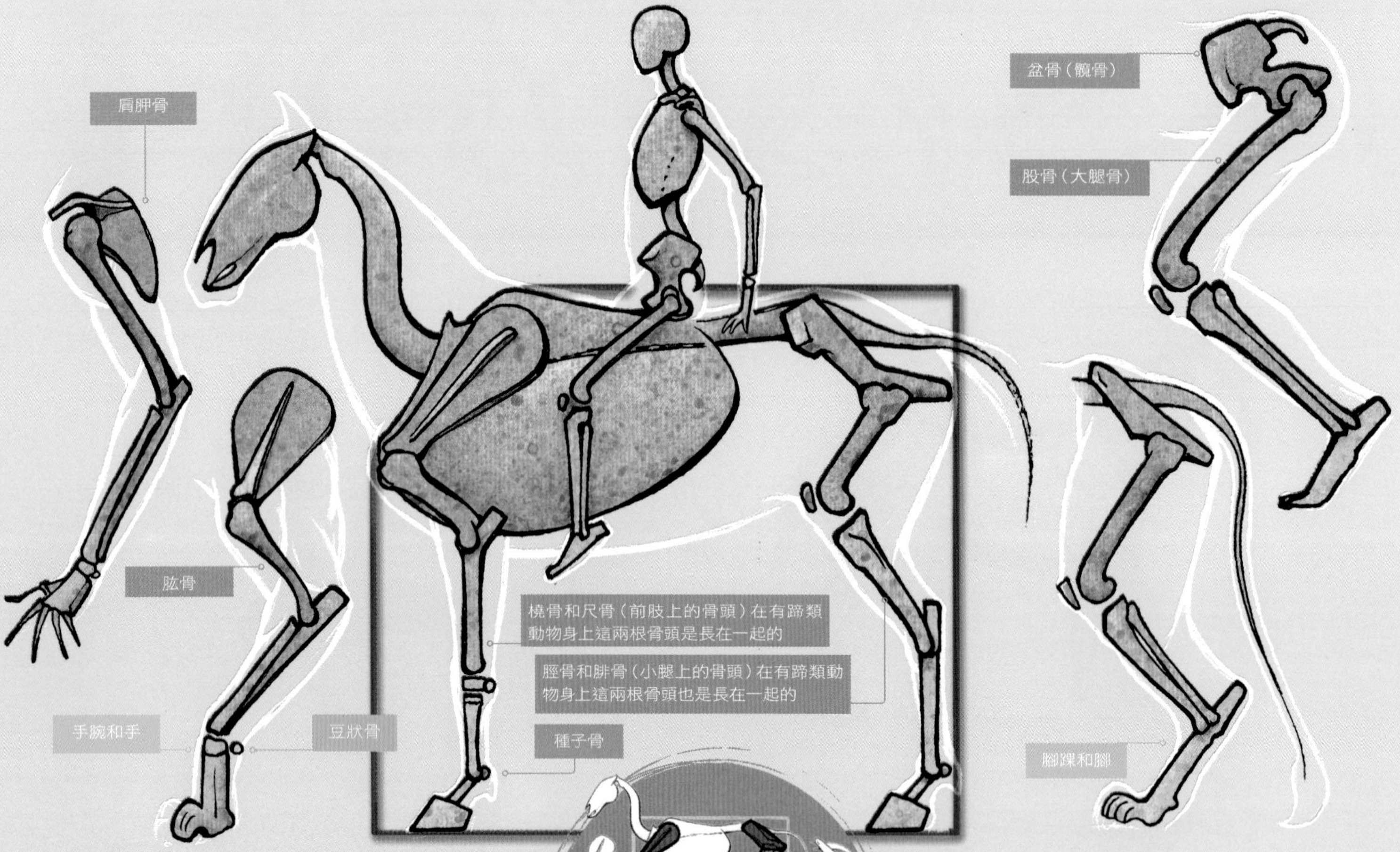

肩胛骨

肱骨

手腕和手

豆狀骨

橈骨和尺骨（前肢上的骨頭）在有蹄類動物身上這兩根骨頭是長在一起的

脛骨和腓骨（小腿上的骨頭）在有蹄類動物身上這兩根骨頭也是長在一起的

種子骨

盆骨（髖骨）

股骨（大腿骨）

腳踝和腳

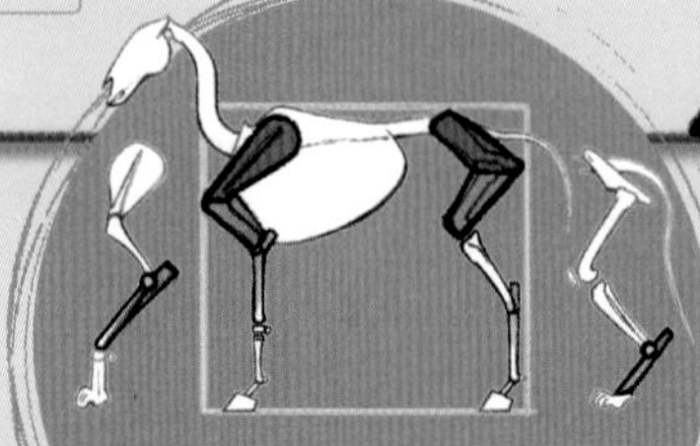

觀察四腳動物肩和髖之間的相同點，不難發現這二者彼此對稱。

練習

畫簡筆畫

畫幾幅骨架簡筆畫。無需畫得太精細，只要粗線條勾勒出骨架的長度、位置和姿勢即可。這就像作家寫作前會先在腦海裡構思一個綱要，通常畫家下筆時也會先用粗線條找準畫面的比例和節奏感，那他就能發揮出他的最佳水平。

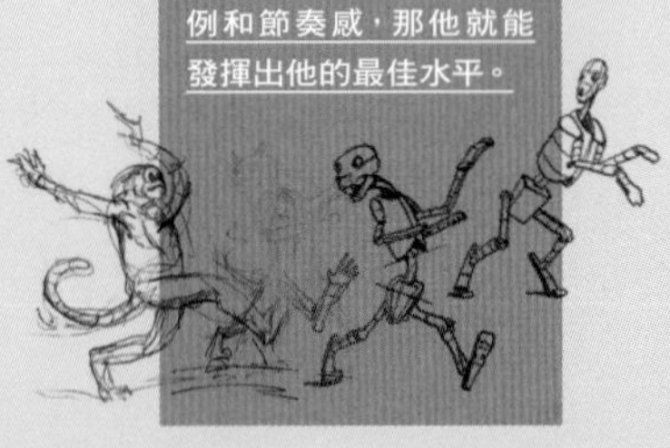

骨頭本身形狀不會改變，但骨頭的位置卻可以變化。下圖所示兩組動物活動時骨頭角度變化。

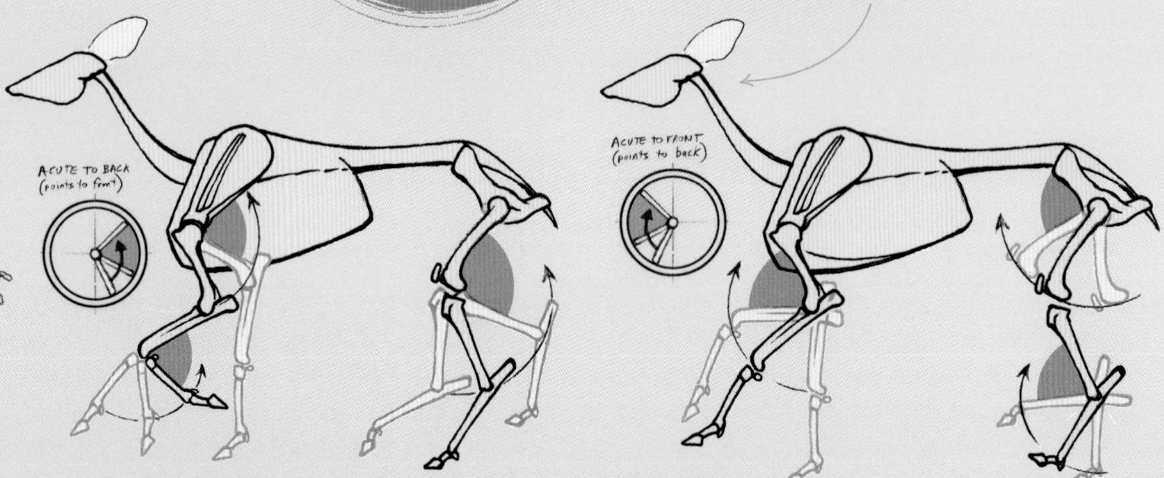

ACUTE TO BACK (points to front)

1 腿向背後彎曲成銳角。

ACUTE TO FRONT (points to back)

2 腿向前彎曲成銳角。

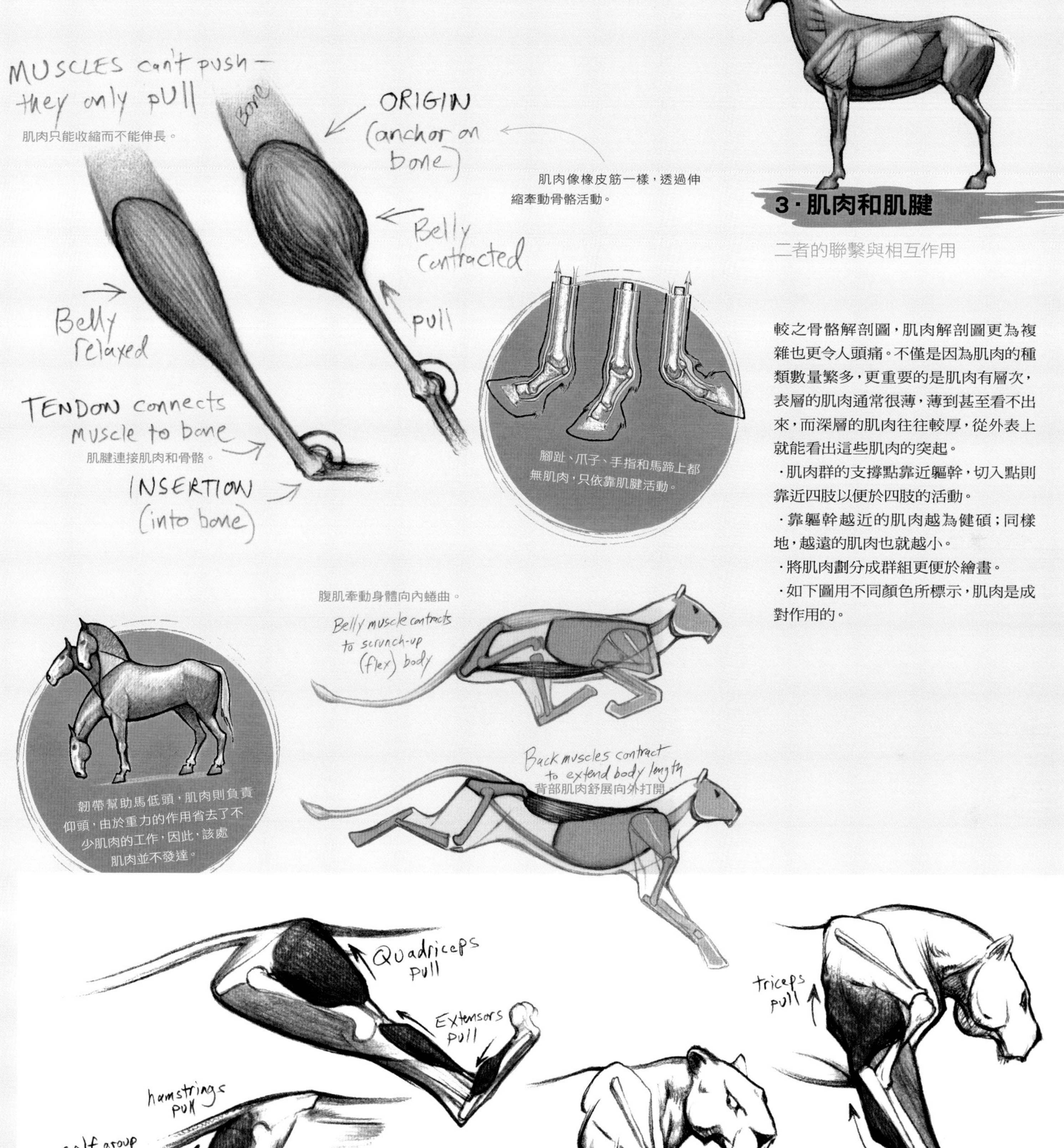

3 · 肌肉和肌腱

二者的聯繫與相互作用

較之骨骼解剖圖，肌肉解剖圖更為複雜也更令人頭痛。不僅是因為肌肉的種類數量繁多，更重要的是肌肉有層次，表層的肌肉通常很薄，薄到甚至看不出來，而深層的肌肉往往較厚，從外表上就能看出這些肌肉的突起。

· 肌肉群的支撐點靠近軀幹，切入點則靠近四肢以便於四肢的活動。

· 靠軀幹越近的肌肉越為健碩；同樣地，越遠的肌肉也就越小。

· 將肌肉劃分成群組更便於繪畫。

· 如下圖用不同顏色所標示，肌肉是成對作用的。

Quadriceps pull

Extensors pull

hamstrings pull

calf group pulls

normal

triceps pull

flexors pull

QUADRICEPS PULL：四頭肌收縮
EXTENSORS PULL：伸肌群收縮
HAMSTRINGS PULL：腿筋收縮
CALF GROUP PULLS：小腿肌肉群收縮
NORMAL：正常情況下
TRICEPS PULL：三頭肌收縮
FLEXORS PULL：屈肌群收縮

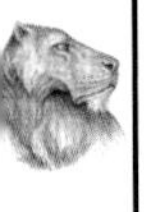

4·透視收縮法

這一節主要介紹怎樣畫不同角度的動物，並且保證這些動物的比例依舊準確無誤。

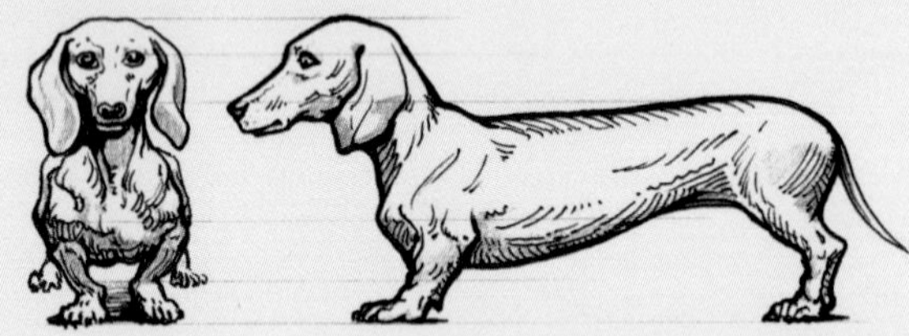

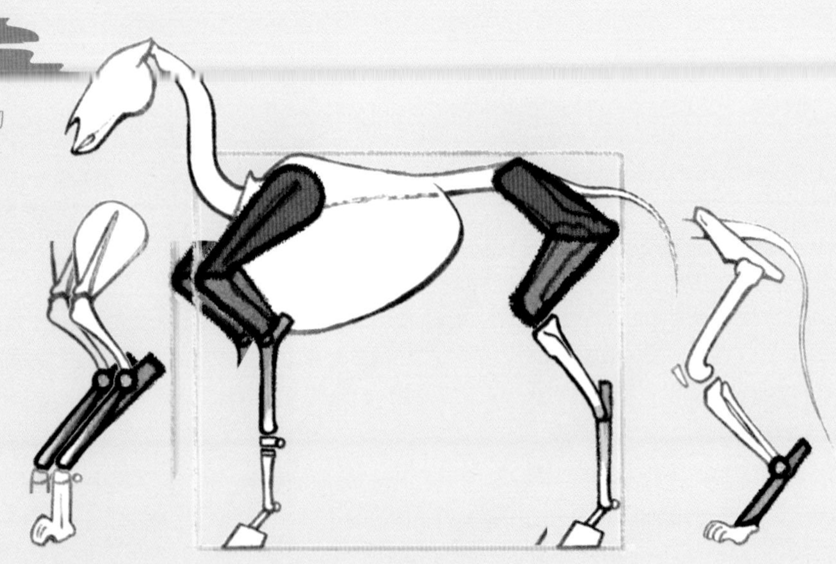

肢體任何一個部位一骨頭、四肢或動物整體的最長長度一定都是它們的長軸線長度。對一般人來說，僅憑從正面觀察就判斷出一個物體長度很難。因為從正面看到的物體長度往往比物體的實際長度短了許多。而藝術家們卻可以記錄下來一個物體不同角度的長度，所以不論這個物體是歪著還是旋轉著，他們都有辦法把它逼真地表現出來。

觀察圖上彩線的變化，彩線之間的關係有助於掌握動物的比例。

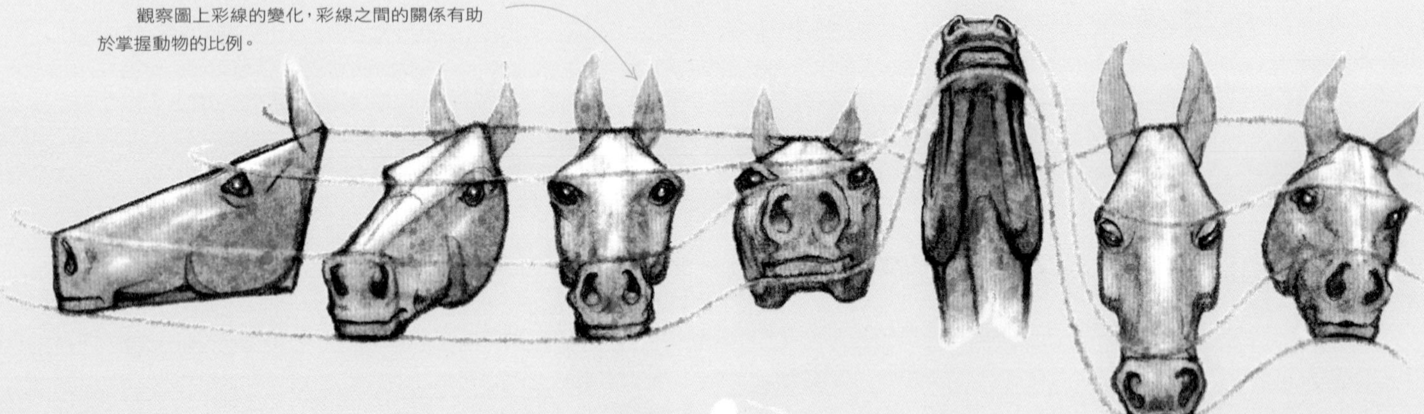

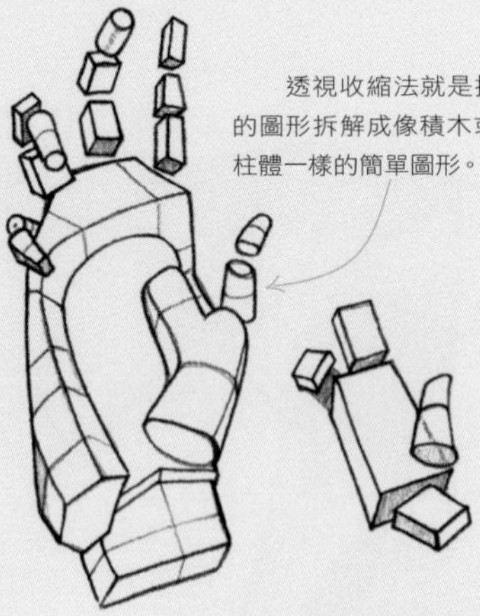

透視收縮法就是把複雜的圖形拆解成像積木或者圓柱體一樣的簡單圖形。

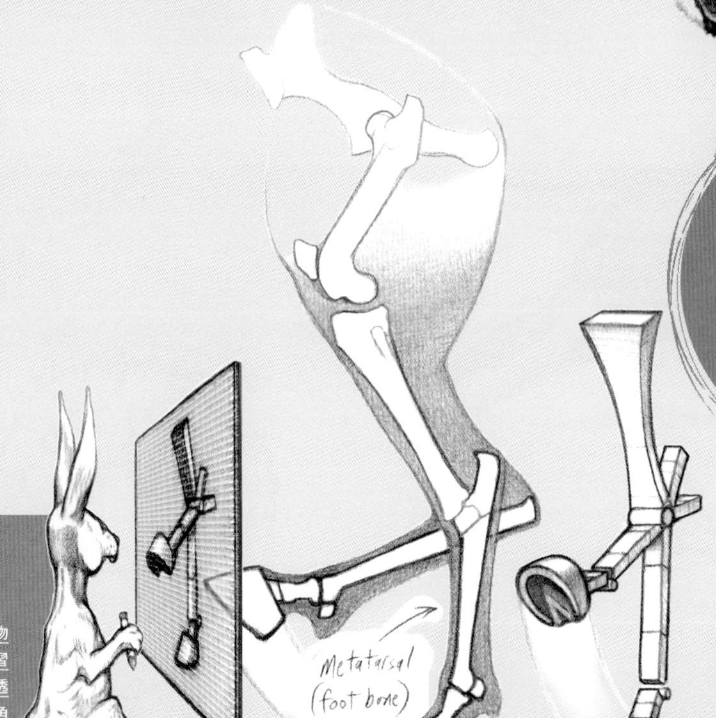

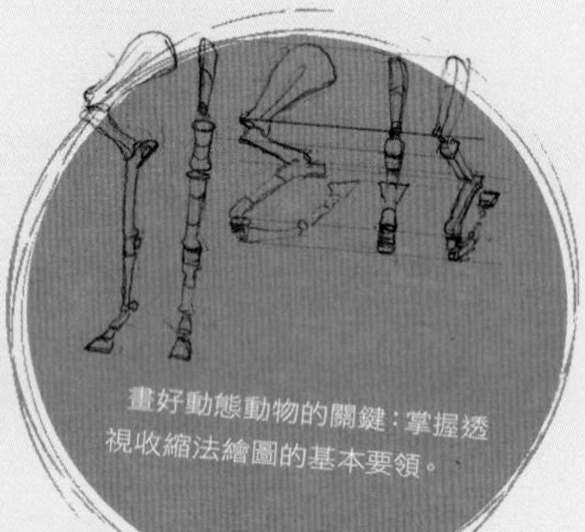

畫好動態動物的關鍵：掌握透視收縮法繪圖的基本要領。

練習

跟著大白兔學畫畫

觀察一個動物的側面，然後用透視法畫出這個動物旋轉到長度僅為原長四分之三時的樣子。這個練習雖然具有一定的難度，但是透過運用前面所講的透視收縮法，把複雜的圖形簡化成可以幫助你觀察角度的圖形，這就並非不可能完成的任務了。

Metatarsal (foot bone)

跖骨（腳部的骨頭）向前抬起時，它的長度看起來會變短。這恰好體現了透視收縮法。初學者常常會對透視收縮法產生畏懼情緒，而認真的學生會潛心練習。等到熟練掌握它以後，就能運用自如，游刃有餘了。

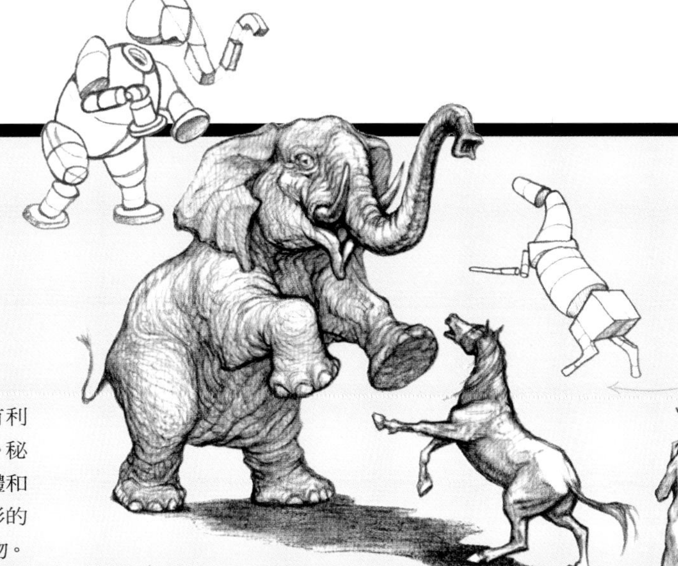

5·動物的外形

讓動物解剖學的條條框框簡單點，再簡單點。

習動物繪畫的種種技巧既有利於日後創作又有助於觀察力的培養。秘訣就在於靈活運用諸如圓柱體、球體和立方體等簡單的圖形，透過簡單圖形的運用幫助完成描繪結構複雜的動物。說到底，動物難道就不是三維世界裡的三維生物嗎？既然如此，你當然可以用三維圖形來構造它們－任何你喜歡的構造方式都能為你所用！

領悟了動物比例和外形之間的關係，可以開始為這些動物填充血肉，讓它們看起來更真實，更具有活力。

Starting a drawing with forms can result in stiff creatures. It takes some thought & care to think like this:

一開始畫圖就採用圖形會使得動物看起來很僵硬。而且要完成這樣一幅圖需要花費一定的精力和時間。

描繪一隻動物時，我們不會從畫圖形處著手，更好的方法是先自由、隨意、快速地勾勒……像這樣……

like this:

← this
vs.
this →

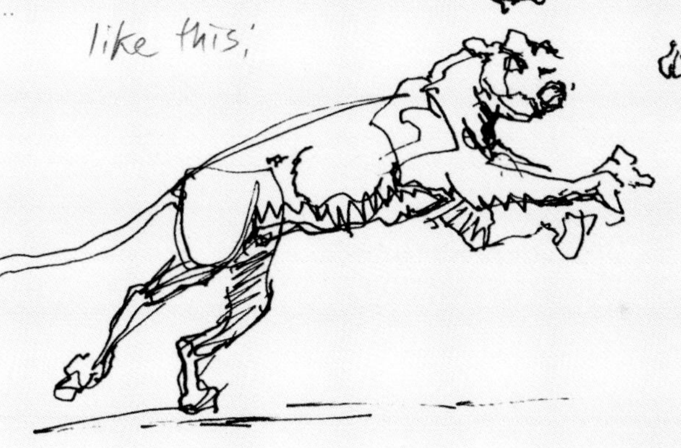

...then, if it helps, analyze:

接著，如果有需要的話，可以再畫出像下圖這樣的肢體分析。

...then refine, finish, or "flesh out."

最後，加以修改並完善細節。

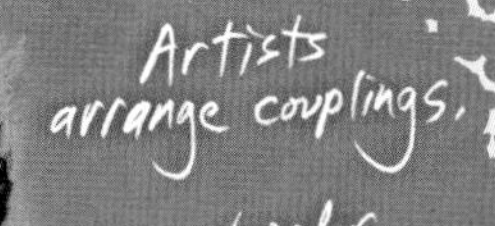

We study proportion, anatomy & form so that we can forget about them.

Slow-motion disciplines eventually affect our fastest scribbles.

Artists arrange couplings.

Chaos & Order
Energy & skill
Wildness & Control

FUSION TOWARD MASTERY

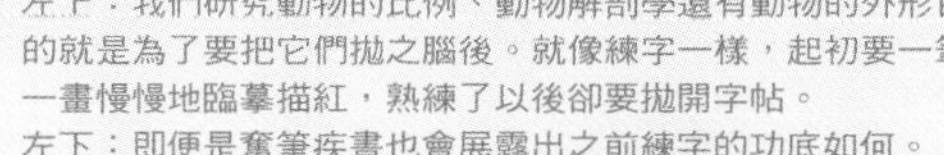

左上：我們研究動物的比例、動物解剖學還有動物的外形目的就是為了要把它們拋之腦後。就像練字一樣，起初要一筆一畫慢慢地臨摹描紅，熟練了以後卻要拋開字帖。
左下：即便是奮筆疾書也會展露出之前練字的功底如何。
右上：藝術家們常常會把矛盾的雙方巧[illegible]合在一起，做到亂中有序，收放自如，寓情感於畫[illegible]
右下：矛盾處理得當，畫作就會隨之[illegible]。

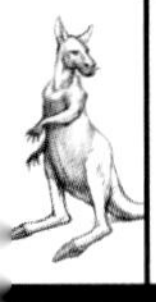

第二節 軀幹

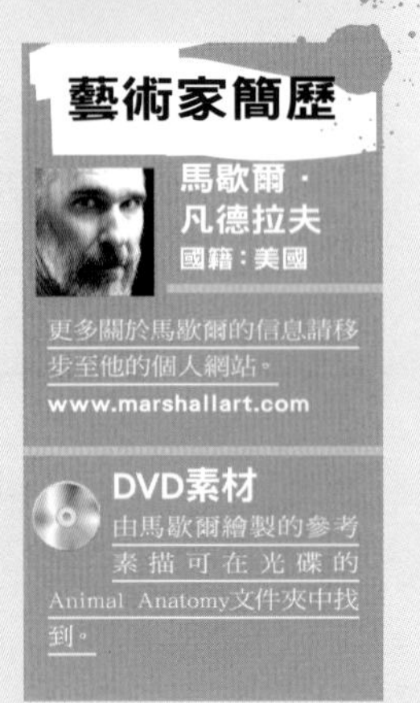

藝術家簡歷

馬歇爾·凡德拉夫
國籍：美國

更多關於馬歇爾的信息請移步至他的個人網站。
www.marshallart.com

DVD素材
由馬歇爾繪製的參考素描可在光碟的Animal Anatomy文件夾中找到。

觀察動物軀幹的活動方式，學習如何刻畫栩栩如生的動物。

人體的畫法林林總總，不過最受米開朗基羅，魯本斯和萊昂納多等大師們推崇的當屬先畫軀幹的方法，因為軀幹是人體中最主要的部分，同時也是最適於起筆的部位。這一方法，對繪畫動物同樣適用，動物的軀幹和人類的軀幹一樣，都是身體的主幹部分，不同之處在於它們的軀幹能幫助它們跳得更高，跑得更快，而不能使它們直立行走或坐在椅子上。這裡將講授軀幹的結構、運轉規律以及畫法。接下來再講授四肢的畫法，不過這一節我們先來學習一下軀幹的畫法。

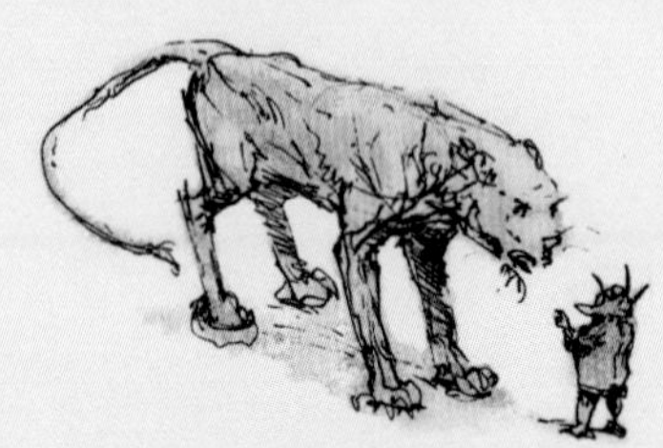

正如3D繪圖程序需要三個不同角度的視圖來繪圖一樣，畫家也需要從側視、仰視、俯視三個不同的角度畫動物，以便更好地理解解剖美術學。

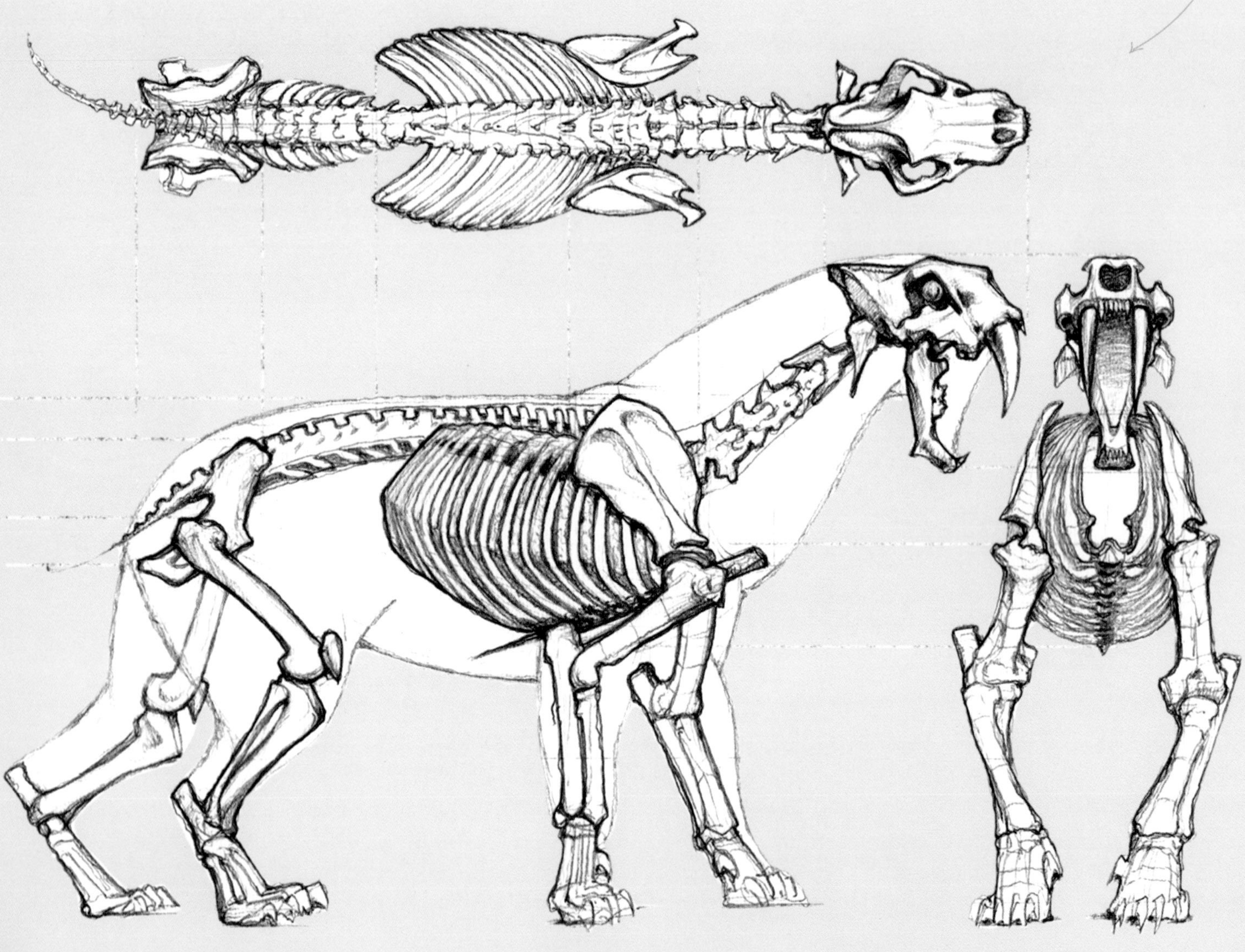

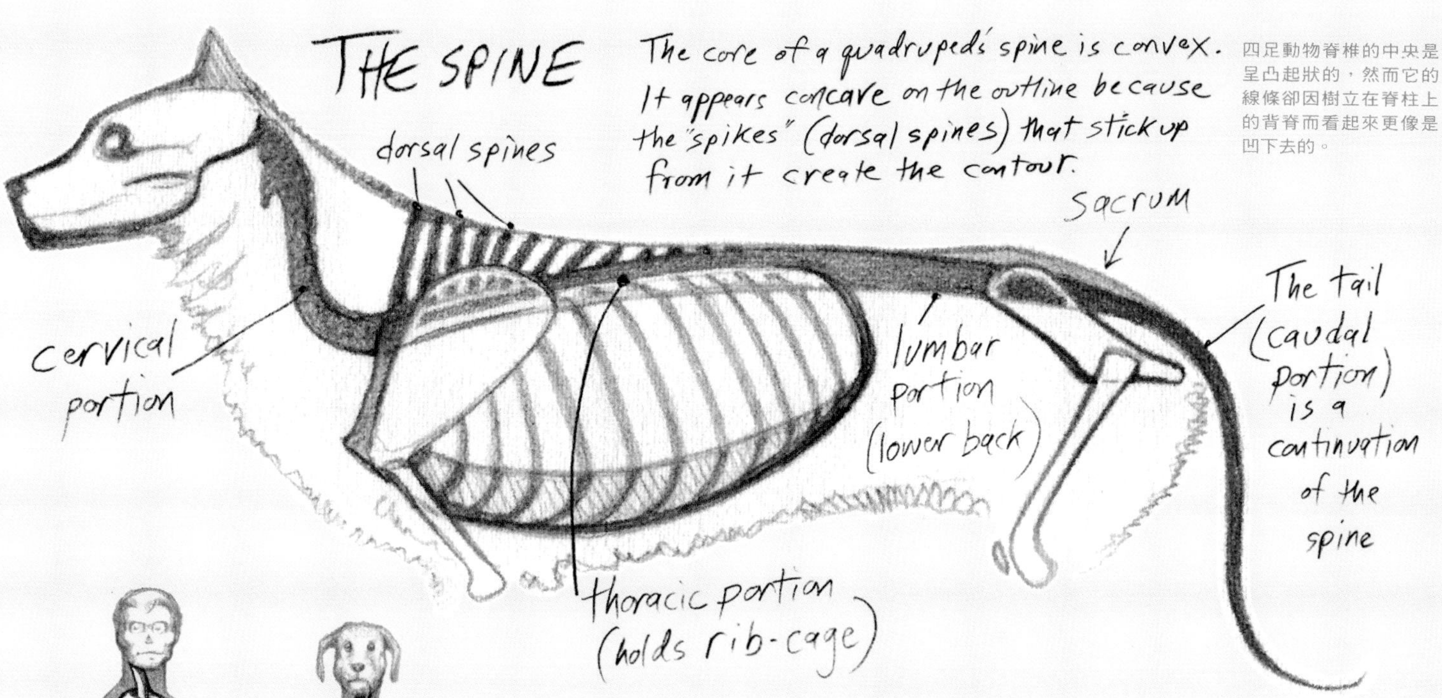

四足動物脊椎的中央是呈凸起狀的，然而它的線條卻因樹立在脊柱上的背脊而看起來更像是凹下去的。

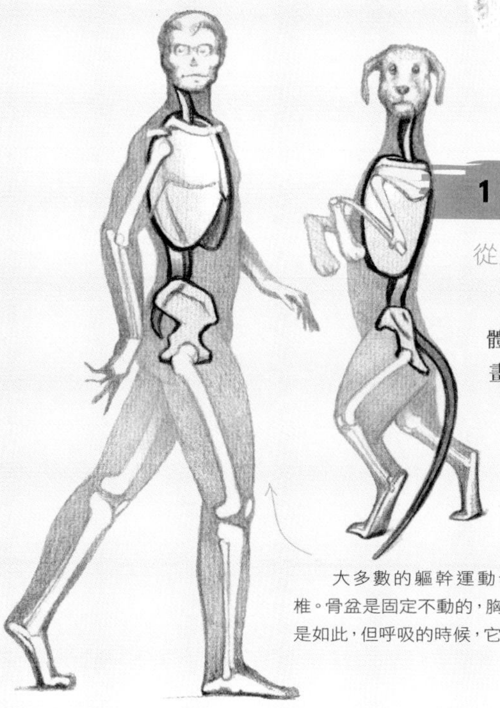

1・軀幹上的骨

從胸腔、骨盆以及連接二者的脊椎入手……

脊椎動物的脊椎連接著它們身體的頭、胸腔和骨盆（髖骨）。開始畫這一部位的骨頭時不需要追求細節的刻畫，等畫好胸腔的簡圖之後，再為盆骨和肋骨上添加細節。下圖是動物軀幹骨的簡要外形描述。

大多數的軀幹運動發生在腰椎。骨盆是固定不動的，胸腔幾乎也是如此，但呼吸的時候，它會擴大。

練習

畫脊椎

當試畫一些動物的脊椎，當然畫脊椎的側面圖是最簡單的，不過在畫其它角度的脊椎時不要忘記脊椎的中間是凸起的。這則練習的目的是為了幫助你形成X光般敏銳的觀察力，所以也不用把動物化得太過複雜。這則練習完成之後，可以試著加大難度，為剛才畫的那些動物再添上胸腔和盆骨。

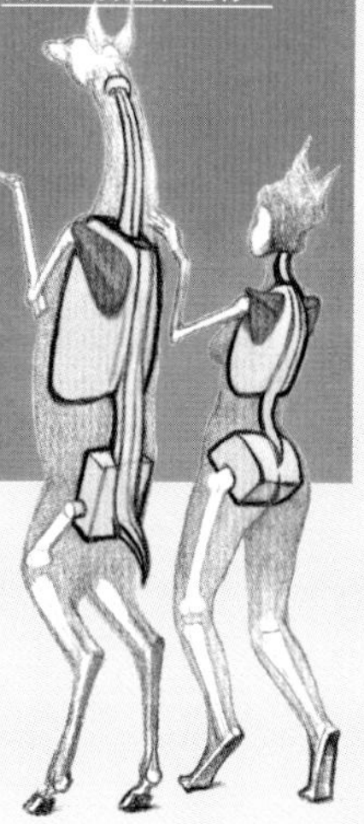

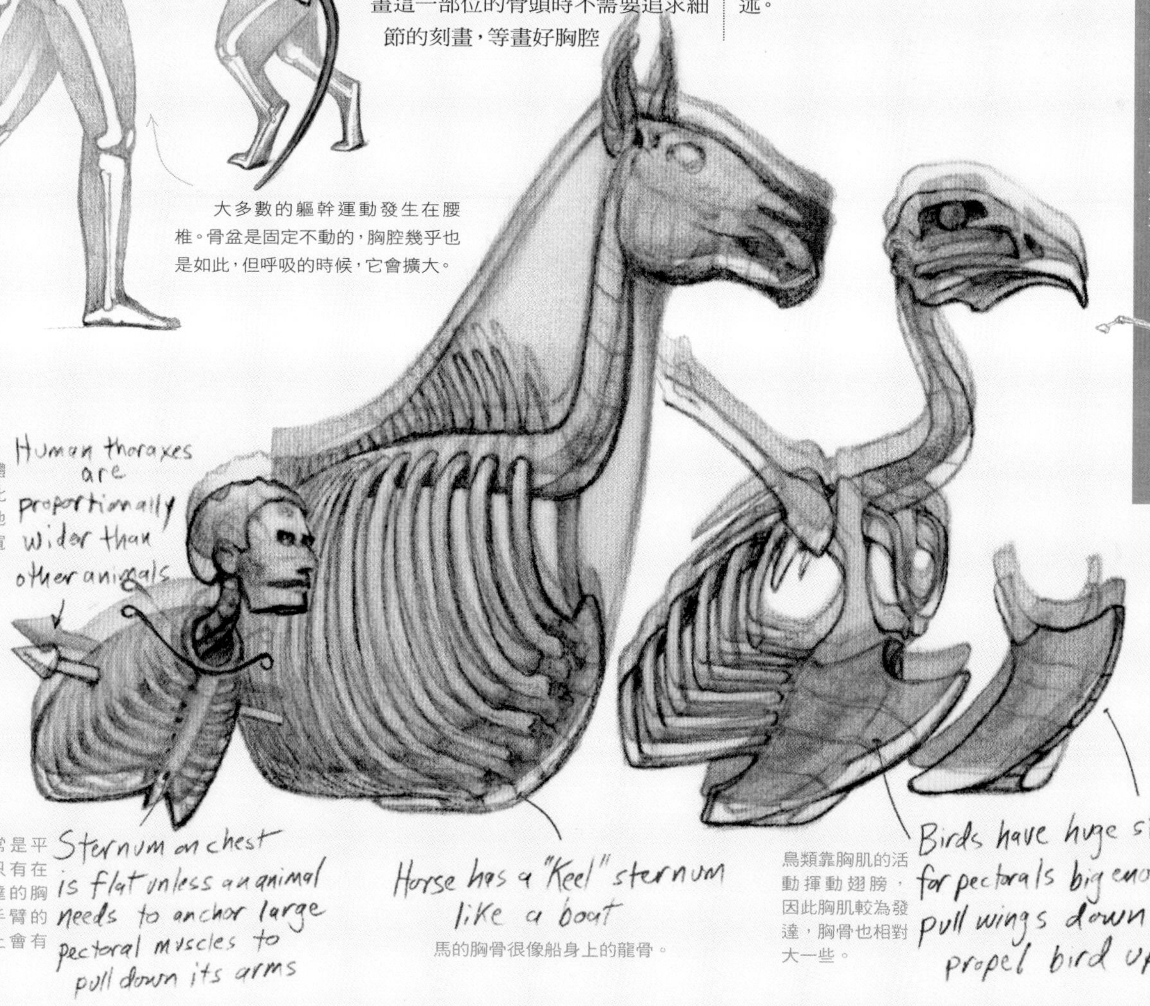

胸腔在人體上所占的比例要比其他的動物略寬一些。

胸骨通常是平坦的，只有在一些發達的胸肌開合手臂的動物身上會有所不同。

馬的胸骨很像船身上的龍骨。

鳥類靠胸肌的活動揮動翅膀，因此胸肌較為發達，胸骨也相對大一些。

2·軀幹上的肌肉

骨骼自身並不能活動，要依靠肌腱的牽動。

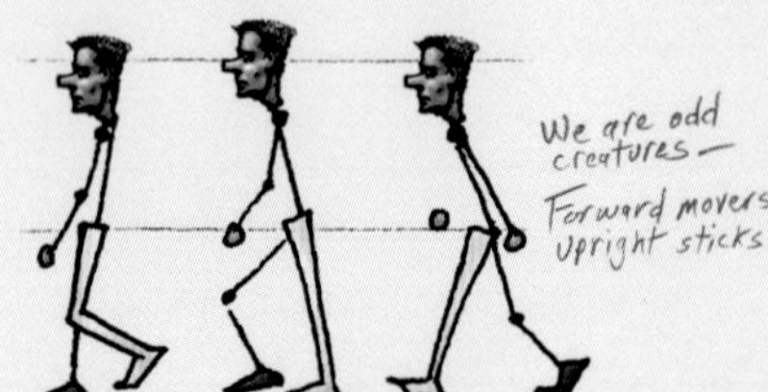

我們人類是一種特殊的動物——我們直立行走。

我們的背部、腹部和腰部上都有肌肉，四腳動物身上也有，不過它們的肌肉比例和我們的不同，作用也有所差別，我們的肌肉可以讓我們能保持直立，而它們的肌肉卻能讓它們移動地更快。

軀幹上有一些肌肉很薄，以至於在表面難以識別。下文主要涉及3組功能突出的肌肉—直肌、側肌和旋肌。

像長在背部和腹部的肌肉就是直肌，直肌的活動通常是彎曲或挺直軀幹。長在體側的旋肌或者側肌則負責扭轉或者彎曲身體。這些肌肉雖然在動物活動時幾乎無法被肉眼觀察到，但如果我們對這些肌肉有一定的把握，即使適當誇張動物的形象，也不會失真。

和骨骼不同，肌肉可以改變自身的形態。我們可以把它們想像成橡皮筋，拉長時會變薄，而收縮時又會變厚。

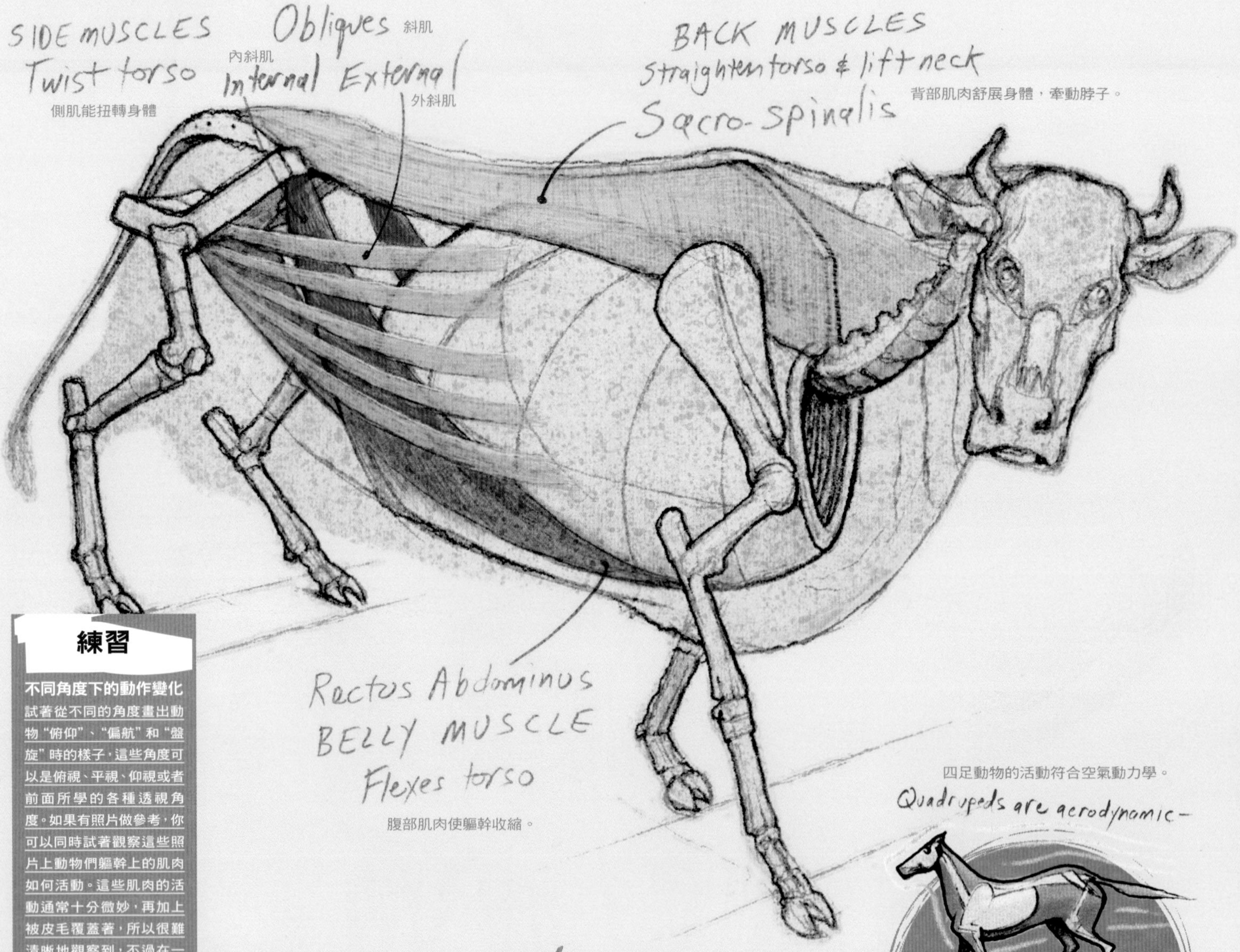

SIDE MUSCLES Twist torso

側肌能扭轉身體

Obliques 斜肌

內斜肌 Internal External 外斜肌

BACK MUSCLES Straighten torso & lift neck

背部肌肉舒展身體，牽動脖子。

Sacro-spinalis

Rectus Abdominus BELLY MUSCLE Flexes torso

腹部肌肉使軀幹收縮。

四足動物的活動符合空氣動力學。

Quadrupeds are aerodynamic–

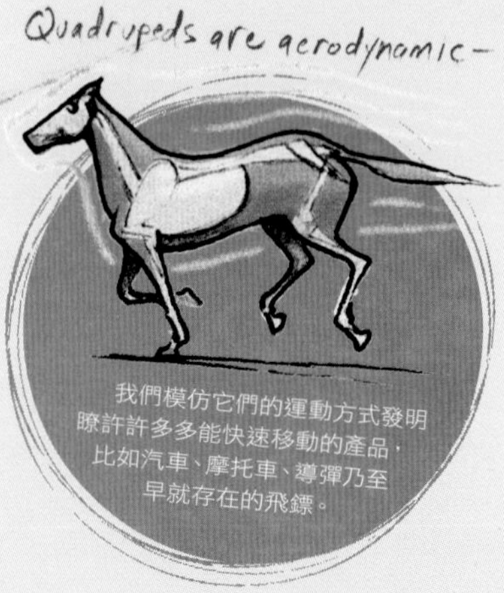

我們模仿它們的運動方式發明瞭許許多多能快速移動的產品，比如汽車、摩托車、導彈乃至早就存在的飛鏢。

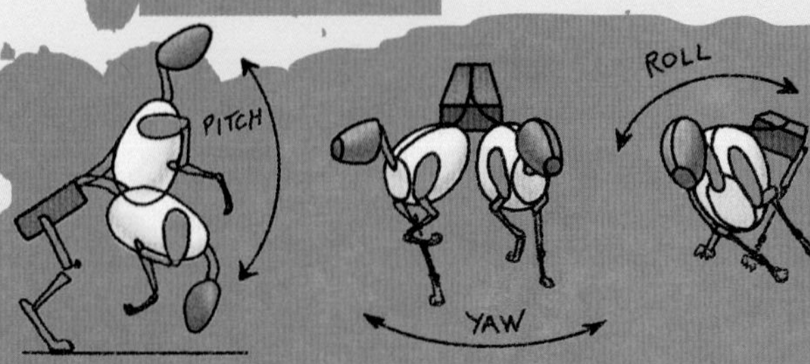

練習

不同角度下的動作變化

試著從不同的角度畫出動物"俯仰"、"偏航"和"盤旋"時的樣子，這些角度可以是俯視、平視、仰視或者前面所學的各種透視角度。如果有照片做參考，你可以同時試著觀察這些照片上動物們軀幹上的肌肉如何活動。這些肌肉的活動通常十分微妙，再加上被皮毛覆蓋著，所以很難清晰地觀察到，不過在一些像賽馬這樣毛髮修剪得很短的動物身上，這些肌肉活動的樣子就明顯多了。

PITCH

YAW

ROLL

俯仰、偏航和盤旋

動物在行動過程中身體擺動的3種姿態恰恰與飛行中的飛機相同。"俯仰"是指動物"俯身"或"仰首"，"偏航"指動物左拐或右拐，而"盤旋"則是指動物身體某一側的肌肉扭轉胸腔使得動物身體歪向一側的樣子。

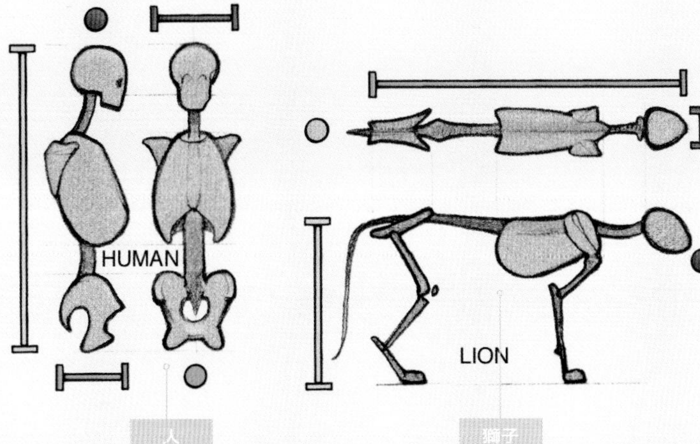

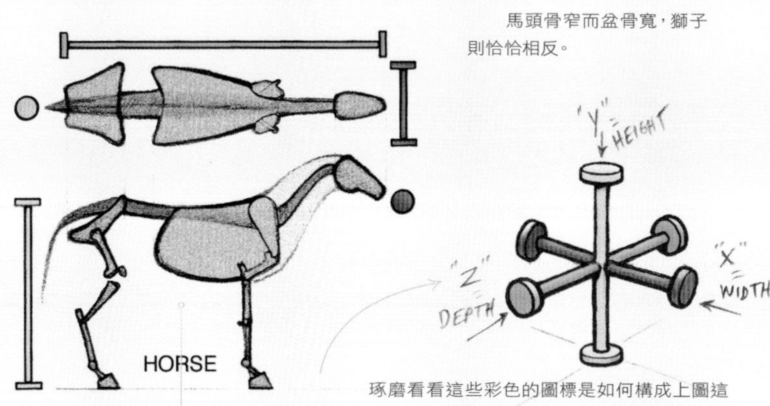

馬頭骨窄而盆骨寬，獅子則恰恰相反。

琢磨看看這些彩色的圖標是如何構成上圖這樣的效果，這將幫助你瞭解繪製立體圖像的原理。

3・軀幹的輪廓

多角度觀察，以簡潔的圖形構圖。

僅僅研究側視圖遠遠不夠，因為側視圖只能展現一個平面而非立體的動物。我們還需要從其它視角觀察動物，就像下圖例子一樣。

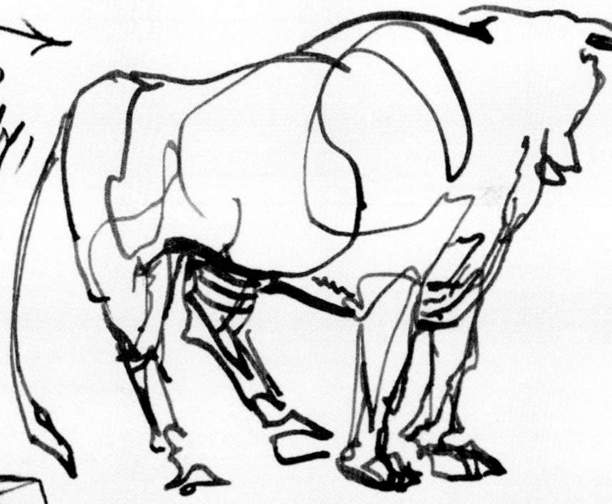

草圖隨意一點即可。

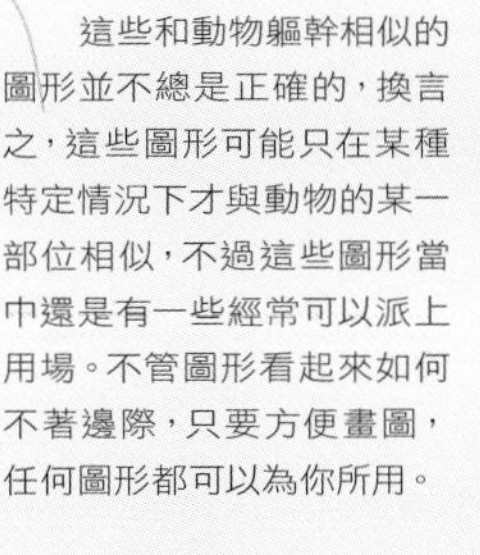

研究動物的輪廓時我們不需要一板一眼地按照美術解剖原理來畫圖，很多時候我們畫的輪廓都是草圖而已。

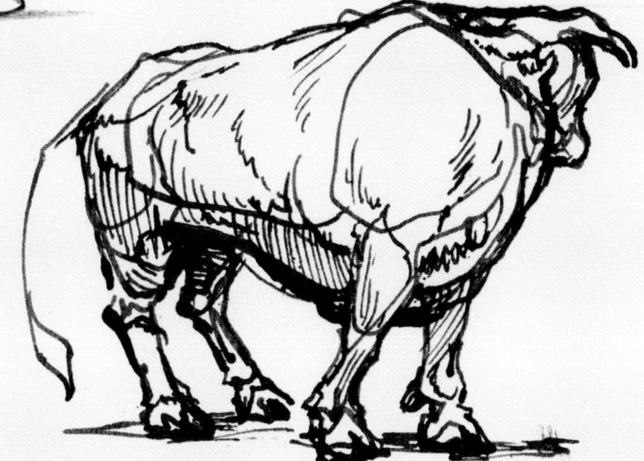

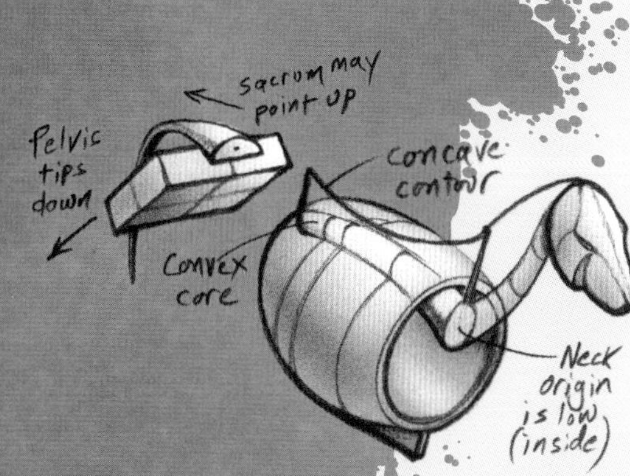

這些和動物軀幹相似的圖形並不總是正確的，換言之，這些圖形可能只在某種特定情況下才與動物的某一部位相似，不過這些圖形當中還是有一些經常可以派上用場。不管圖形看起來如何不著邊際，只要方便畫圖，任何圖形都可以為你所用。

練習

關注大局

分析一下貓科動物和馬的不同之處，你會發現，馬的軀幹是一個整體，這是因為它的脊椎比較平直，而貓科動物的脊椎則相對靈活，所以它的軀幹要分成胸腔和骨盆這兩個部分。像這樣等到對軀幹分析到位後，再著眼四肢和皮毛等其它部位。

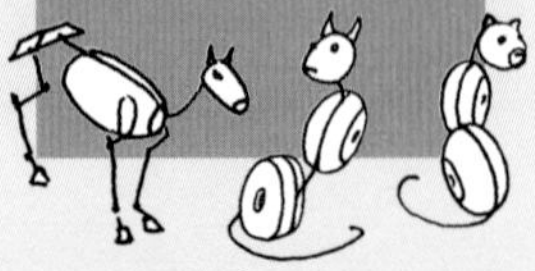

4．軀幹的輪廓

用簡潔的圖形勾勒出複雜的軀幹……

你需要找一些可以代表骨骼和肌肉的簡潔圖形輔助你畫圖，本節用到的是豆狀圖形，在此基礎上可以添枝加葉。當然，你也可以自己創造其他圖形。

不過，需要牢記，軀幹很複雜，所以你必須將它簡化到足以應付你要畫的動物形態。

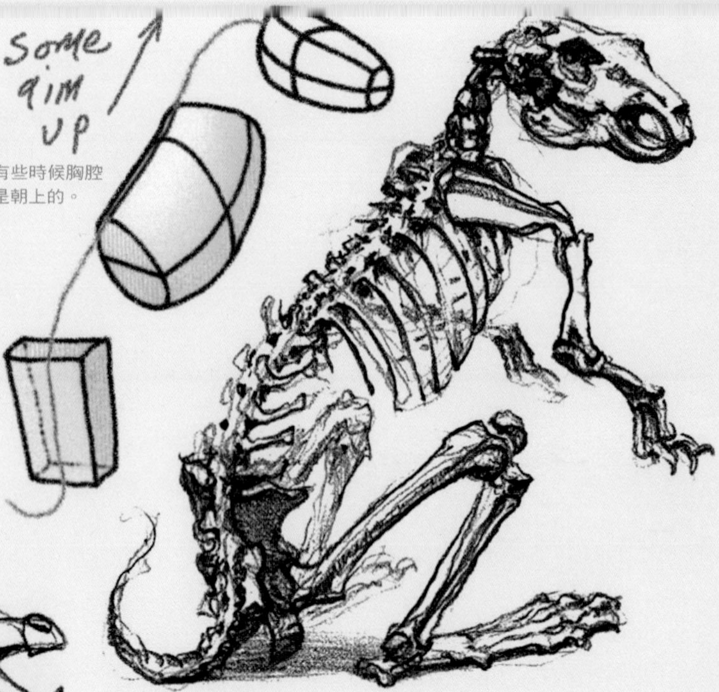

Some aim up

有些時候胸腔是朝上的。

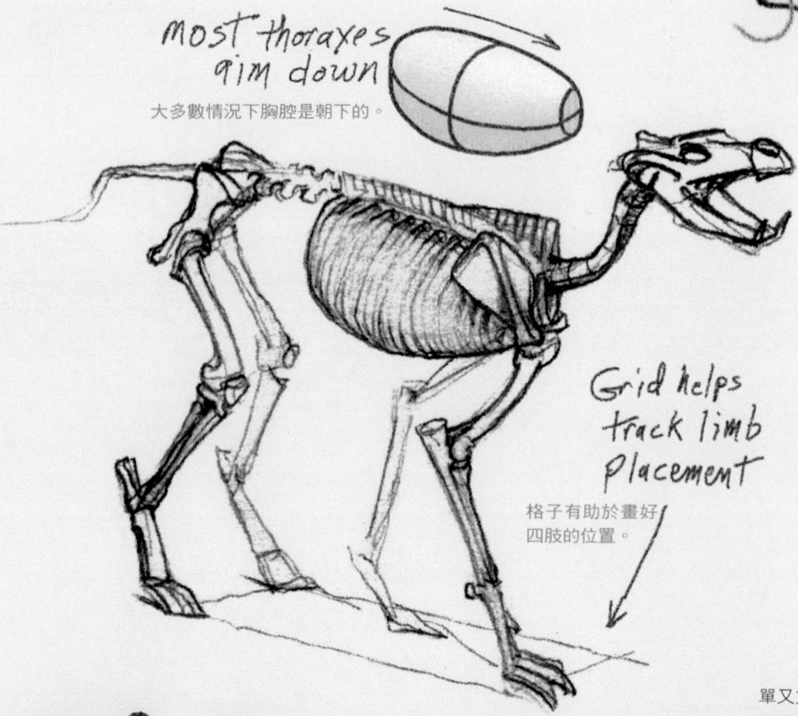

most thoraxes aim down

大多數情況下胸腔是朝下的。

Grid helps track limb placement

格子有助於畫好四肢的位置。

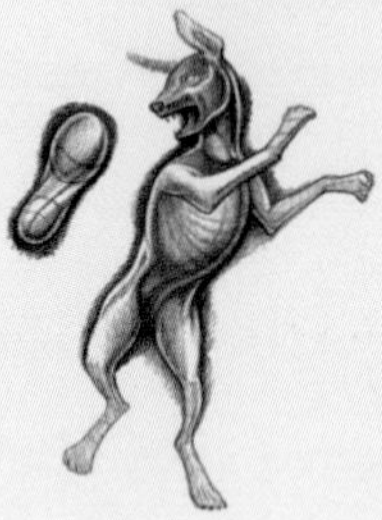

用豆狀圖形畫軀幹既簡單又方便，雖然這看起來有些不著邊際，但卻不失為一個有效的辦法。

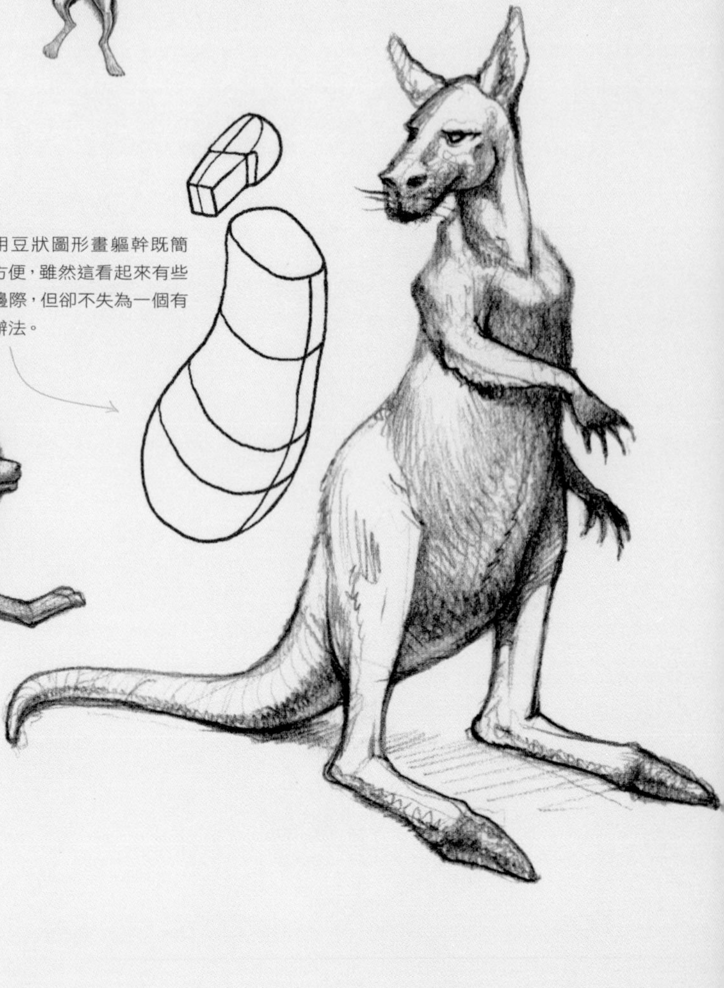

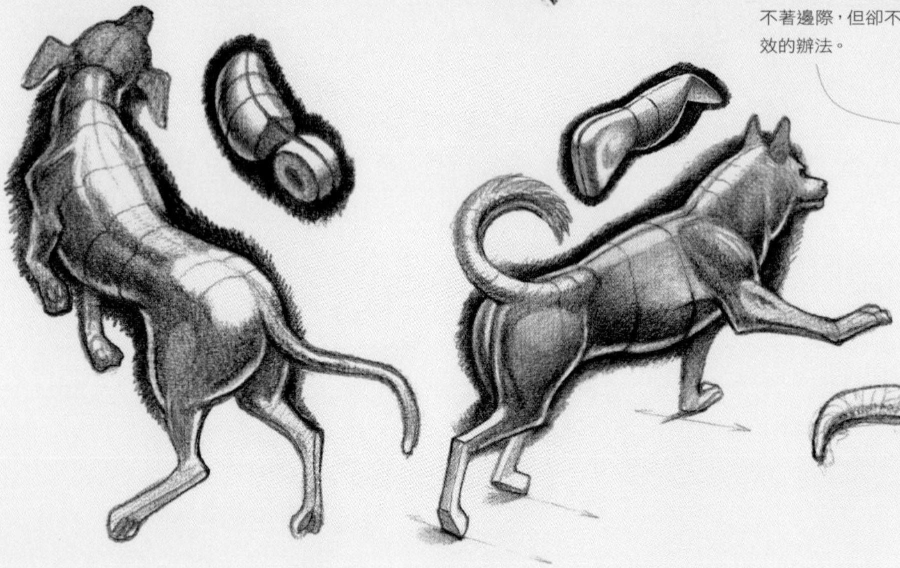

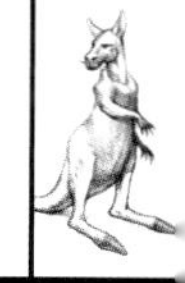

5·軀幹的功能

解決了技巧上的問題，現在考慮我們為甚麼要研究軀幹。

軀幹是身體的核心，連結著四肢，支撐著脖子。軀幹的不同部位也各司其職，其中，胸腔承擔著存放和保護內臟的職能；脊椎則分飾三角，它既是身體靈活的彈簧（這點在貓身上體現得尤為明顯），既是連接軀幹上各部位的橋樑，又是負載貨物的平板車；而鳥類的胸骨則可以固定胸肌，並起著類似於船體上龍骨的作用。

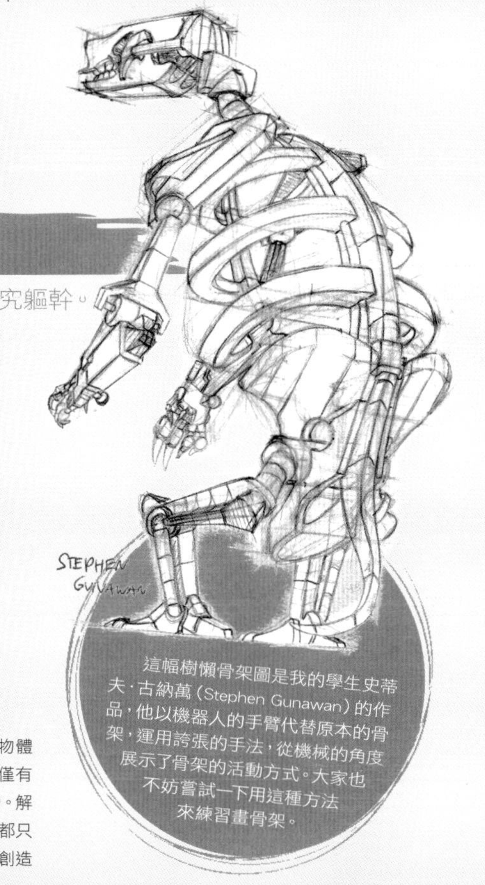

這幅樹懶骨架圖是我的學生史蒂夫·古納萬（Stephen Gunawan）的作品，他以機器人的手臂代替原本的骨架，運用誇張的手法，從機械的角度展示了骨架的活動方式。大家也不妨嘗試一下用這種方法來練習畫骨架。

開動腦筋去尋找動物和其它物體外形之間的共同點，你會發現這不僅有趣，而且可以鍛煉一個人的創造力。解剖學也好，分析動物的輪廓也好，都只是繪畫技巧而已，聯想和想像才是創造力的真正基礎。

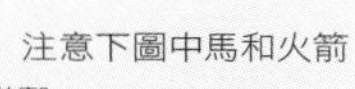

注意下圖中馬和火箭的聯繫。

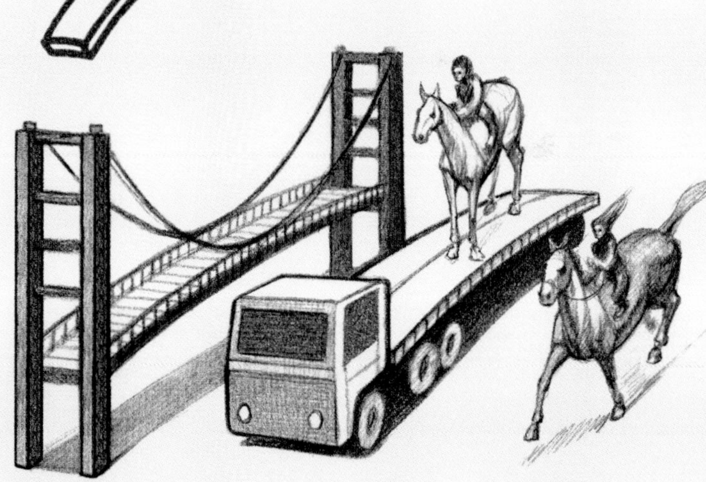

觀察圖例中的拱形，並將其和圖上的其它結構進行對比。優秀的設計之間都有些類似的細節，你要學著去發現它們並化為己用。

如果說軀幹是身體的主幹，那麼後腳、前腳、頭和頸就是從主幹上派生出的枝葉。接下來的兩節要講的分別是動物後腳和前腳的畫法及其與人體四肢的異同。

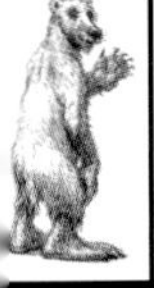

第三節
後腳

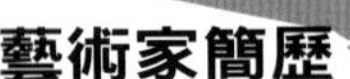

藝術家簡歷

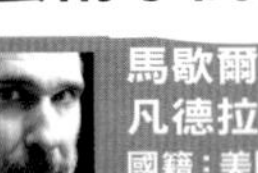

馬歇爾．凡德拉夫
國籍：美國

更多關於馬歇爾的信息請移步至他的個人網站。
www.marshallart.com

DVD素材
由馬歇爾繪製的參考素描可在光碟的Animal Anatomy文件夾中找到。

讓後腳帶動你的畫作向前更進一步。

人史上第一批藝術家們繪畫動物的方法仍被今天的小朋友們所使用，那就是只畫他們所能看到的外在輪廓。這也是美術的開端，迷人而又原始。隨著繪畫技巧的不斷演變，畫家們開始追求畫面的真實感，這樣，畫作就仿佛變成了一扇展現各種活生生的動物的窗口。

觀察後腳時，我們會發現後腳的形狀比較明顯，這一形狀常常出現在漫畫家的作品中。同時，還會注意到馬的皮毛:有的毛長，有的毛短；有的花色深，有的花色淺；有的皮膚粗糙，有的則油光水滑；有的斑紋奇特，有的毛髮服貼。這些細節備受油畫家和攝影師的注意。

不過我們在這裡還是以骨頭和肌肉為切入點，一同來瞭解動物的後腳是如何像汽車後輪驅動系統一樣推動動物前行。

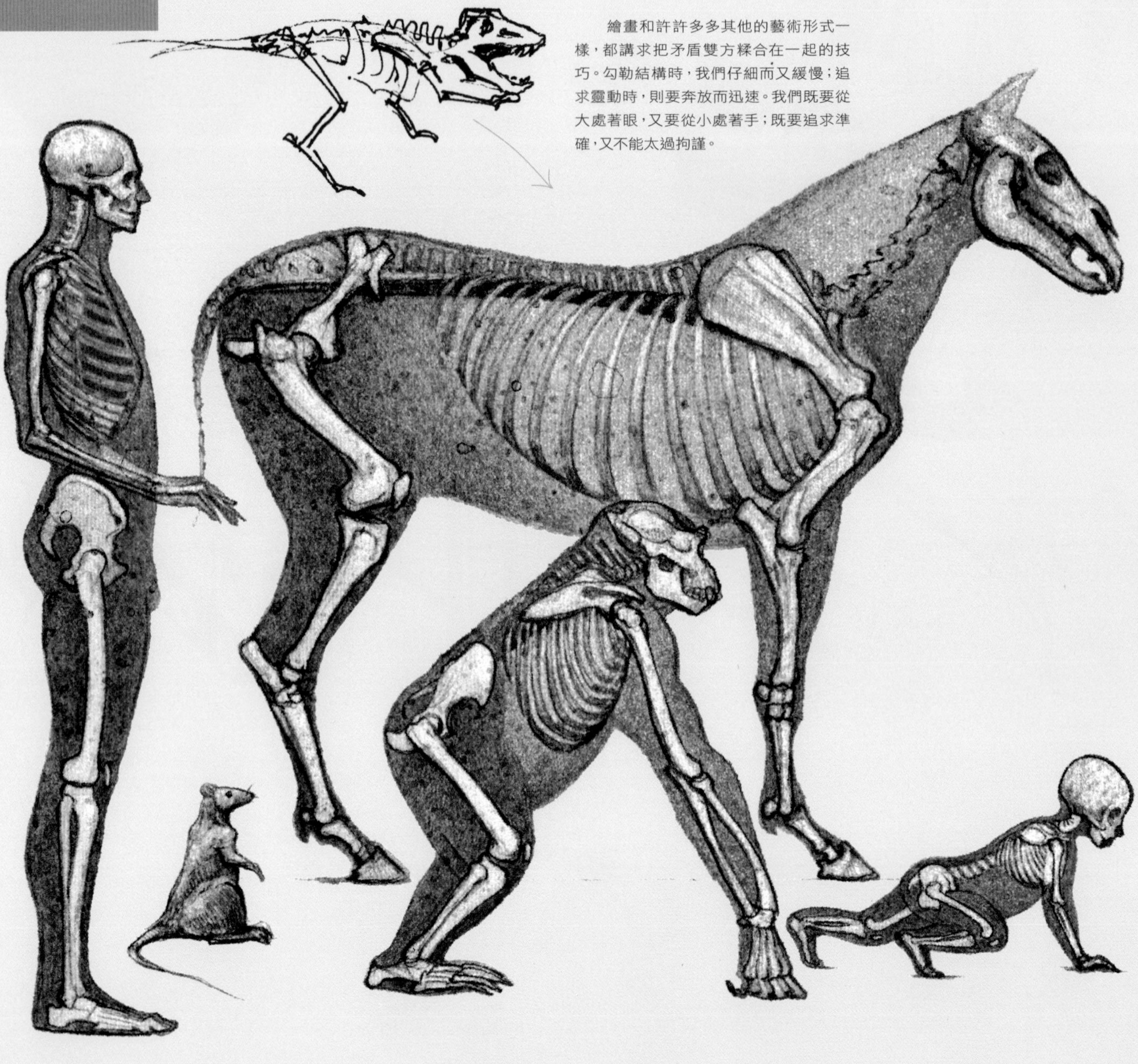

繪畫和許許多多其他的藝術形式一樣，都講求把矛盾雙方糅合在一起的技巧。勾勒結構時，我們仔細而又緩慢；追求靈動時，則要奔放而迅速。我們既要從大處著眼，又要從小處著手；既要追求準確，又不能太過拘謹。

腳骨

腳上的骨頭約十幾二十種，將它們劃分成組，以組為單位更便於我們對它進行分析。這幾組中最重要的是腳跟附近的骨頭和踝關節附近的骨頭（圖上彩色標示的部位）。

如左圖所示，蹠行類動物靠腳掌行走，趾行類動物靠腳趾行走，而有蹄類動物則用腳趾甲行走。因此它們的腳部分別得名為腳、爪和蹄。

Talus is a "spool bone" for limited hinge movement

踝骨的機械原理和轉軸活動的原理相近

Lower leg bones (Tibia & Fibula) grip the talus

小腿骨（脛骨和腓骨）帶動踝骨。

Calcaneus is heel-bone - a lever handle

足跟骨起著杠杆的作用。

Tarsal & Metatarsal bones make the body of the foot

中骨和跗骨構成腳背

FOOT

PAW

HOOF

腿骨机械

從骨頭作用的角度來看待骨頭是認識它們的最佳方式。試著把它們看成設計精良的機械組合。

HIP JOINT is Ball & Socket

髖關節是球和球窩的組合。

股骨頭呈球狀，盆骨則呈球窩狀，兩相結合構成一副能夠讓大腿前後左右自如搖擺的機械組。

1·後腳上的骨骼

如果將後腳骨看作一套機械裝置，那它就是球窩、合葉、杠桿和線軸的組合……

不管後腳上的骨頭名稱怎樣變化，它們起著支撐身體，帶動身體行走，驅趕入侵者的作用。

大多數動物的小腿都有兩根骨頭，較大的一根是脛骨，稍小一些的是腓骨。有蹄動物卻是個例外，它們的腓骨依附在脛骨之上，讓人很難把它看成是一根獨立的骨頭。不過從繪畫角度考慮，骨頭的數量並不需要我們太過關心，真正要注意的是，有蹄動物會因此無法扭動腳趾或蜷縮腳掌。這也就意味著，他們的肌肉數量要少一些，需要固定肌肉的腿骨也相應地窄一些。

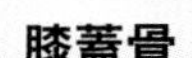

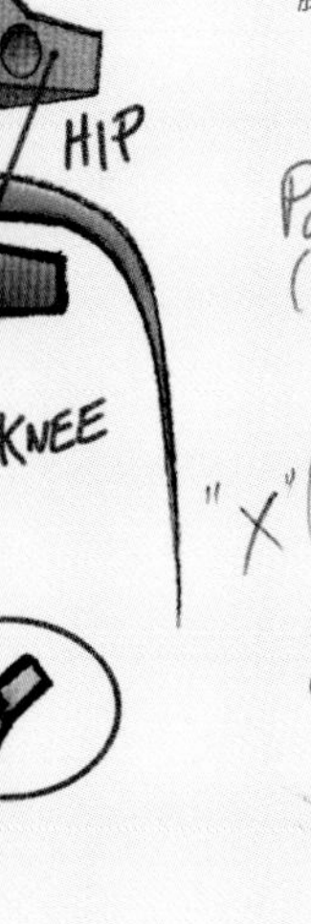

臀部上的骨頭是“盆骨”，大腿上的骨頭叫“股骨”，腳踝和腳跟則統稱為“跗關節”。

膝蓋骨

膝蓋骨作用類似合葉，不過與門上的合葉不同，它沒有被固定。膝蓋骨（髕骨）透過牽動韌帶來帶動小腿活動。

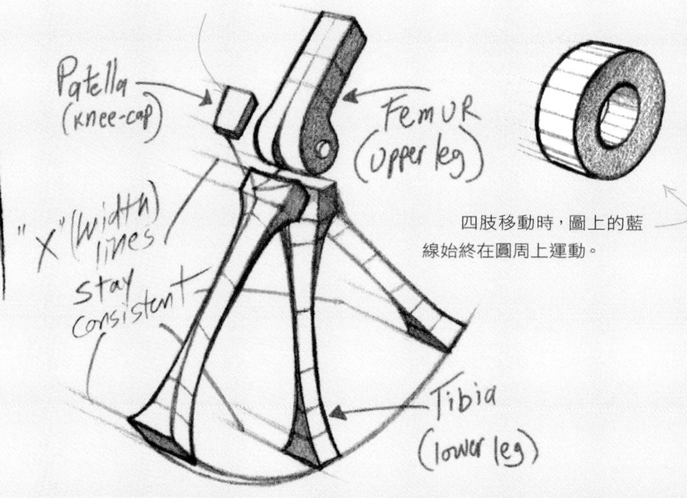

四肢移動時，圖上的藍線始終在圓周上運動。

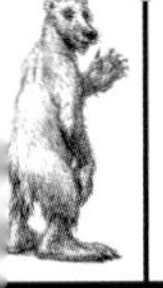

2. 肌肉群

人的雙腿和動物四肢運動都是靠肌肉的收縮完成……

動物的後腳上有超過16塊可供畫家們研究的肌肉。不過，與其對這些肌肉一一研究，不如將幾塊功能相近的肌肉放在一起考慮。以下是對後腳肌肉群的分析。

四腳動物後腳上的肌肉種類繁多，卻主要可以分成兩組：大肌肉組和小肌肉組。

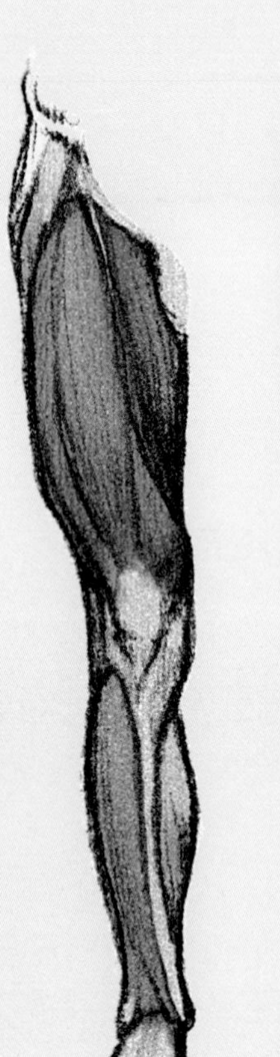

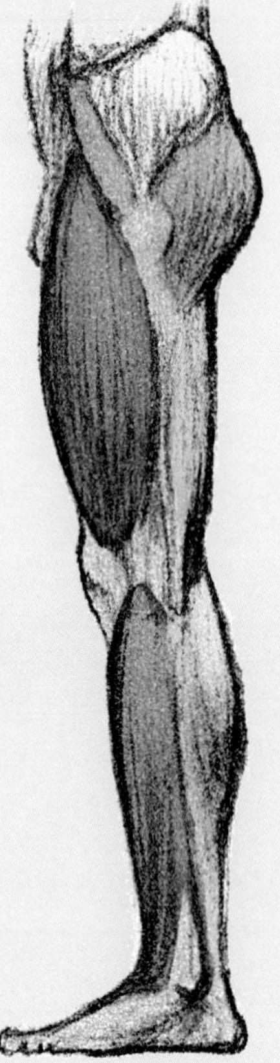

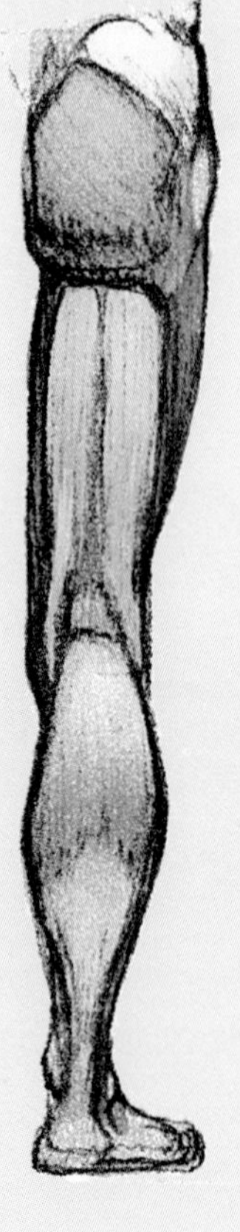

大肌肉組

四頭肌和大肌腱是大腿上一組主要的肌肉，圖中的四頭肌（紅色標註）位於大腿前側，透過帶動膝蓋使小腿伸直。大肌腱（綠色標註）位於大腿後側，牽引小腿骨來使腿彎曲。

對比這幅圖和下面兩幅圖，觀察馬、熊和人的腿之間的區別與相似之處。

熊和人一樣都是蹠行類動物，走路時腳掌著地，所以熊的後腿和人的腿有著驚人的相似度。

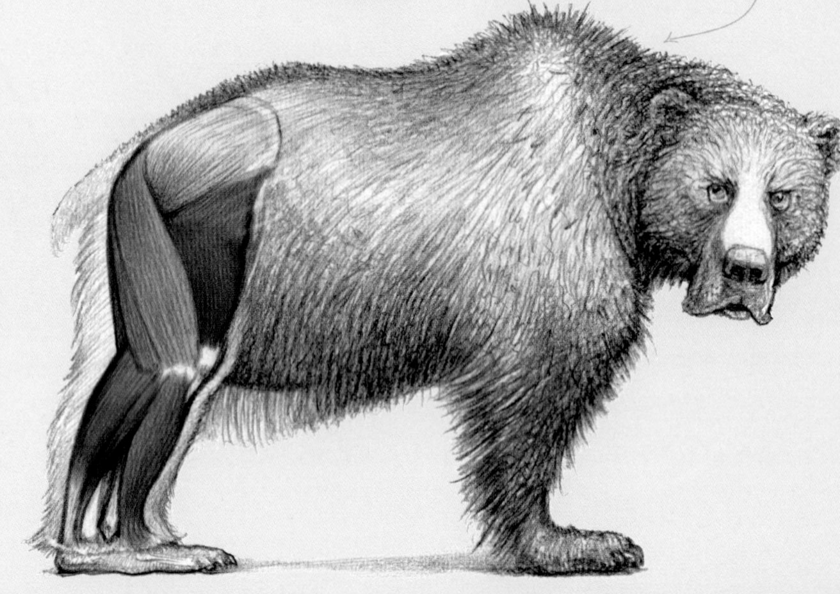

練習

肌肉群的拆分

一旦你掌握了肌肉群的活動原理，接下來就可以把其中的肌肉群細分為各個不同的肌肉塊，作更進一步的研究。例如，大肌腱可以分為內、外兩部分，其中前者還可以再分為半腱肌和半膜肌兩部分。類似這樣的專業名詞對於初學者來說過於艱深，暫時可以不用深究，不過有一點值得注意，單是馬腿上的一塊半膜肌就比人大腿上的所以肌肉的總和還要大。

小肌肉組

小肌肉組由腓肌和伸肌組成，直達腳背。由於這組肌肉耗費的力量較少，所以比大肌肉組瘦小許多。

和其他的有蹄類動物一樣，馬的腳跟離地。儘管馬的肌肉比例和人的相差不少，但是這二者之間仍有一些共同之處——靠近軀幹的肌肉比較健碩，靠近四肢的肌肉則比較纖小。

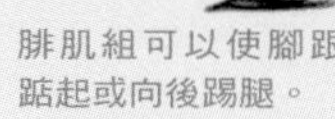

伸肌組可以使腳尖抬起

伸肌組的肌肉透過收縮可以抬腳和勾起腳趾。大部分腳背上的肌肉都被伸肌的肌腱所覆蓋。

腓肌組可以使腳跟踮起或向後踢腿。

腓肌組的肌肉收縮時可以使動物踮起腳尖。

說出身體部位的名稱

每個身體部位都有名稱，這些名稱方便我們指代身體的不同部位並就它們進行探討。

Pelvic crest

Great Trochanter is a "handle" on Femur

股骨大粗隆是股骨上的“把手”。

Ischium

Fibula is thin bone alongside Tibia

腓骨依附於脛骨。

INNER HAMSTRING

ACHILLES TENDON

HEEL

INNER HAMSTRINGS：內側大腿肌腱
ACHILLES TENDON：跟腱
HEEL：足跟
PELVIS CREST：盆腔脊
ISCHIUM：坐骨
THE BUMPS OF KNEES：膝蓋的凸起
PATELLA：髕骨
CONDYLE OF FEMUR：股骨髁
NOSE OF TIBIA：脛骨凸起
FEMUR：股骨
TIBIA：脛骨

3·內部構造

物的外形由內在的構造所決定，所以我們需要具備像X光一樣的“透視眼”，畫作才會更接近真實。

如果你是買書自學解剖學，你會發現對同一個部位，4本書裡就有4個不同的稱謂。上圖中我標註的盆腔脊，在其他任何一本書上都會出現，不過卻是以其他的名稱示人—它可能是盆腔結點、骼　結節、髖骨結節或者是骼前上棘。如果是為了博得別人的注意，那你可以把這些名稱都背下來；但如果是為了學畫，那麼記住一個名稱就足夠了。你需要注意的並非是這些名稱，而是這些名稱所代表的部位本身。

不過大部分的稱謂還是統一的，比如坐骨就是坐骨，沒有必要把它說成是坐骨結節，這麼說的時候，你自己心裡要清楚它位於腰臀部的最後面，而且比盆腔脊要窄許多。

練習

培養“X光透視”能力

選一組你最喜歡的動物照片，這一組照片裡面的動物需要有不同的姿勢。然後用一張白紙或者描圖紙鋪在上面，並試著畫出照片上動物的髖骨、股骨、髕骨、脛骨、腓骨和踝骨。這項練習具有一定的難度，但卻能夠鍛煉你透過皮毛看骨骼的本領。

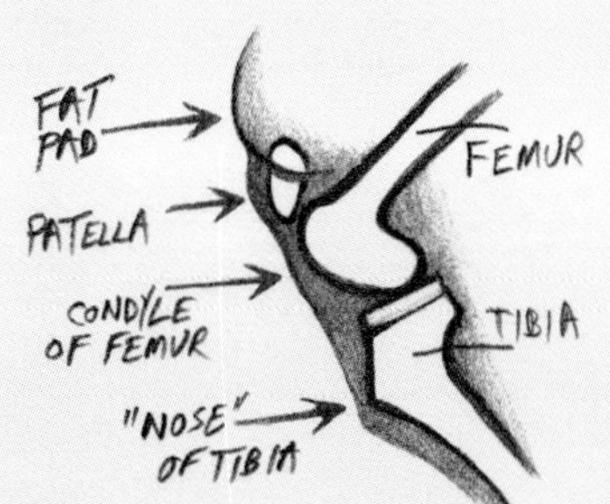

香腸腿

鱷魚沒有膝蓋骨，所以它的大小腿不像狗或者鹿那樣明顯地分成兩截，但卻有和其他四腳動物一樣的骨骼。由於它大小腿之間像兩截香腸一樣直接用韌帶連接，腿在行走時能夠快速彎曲，這也就是為甚麼鱷魚可以迅速移動的原因。

膝蓋的細節

膝蓋上有幾個點應引起我們的重視。其中最主要的是髕骨，它連接著脛骨的“鼻子”。在馬放鬆的情況下，股骨外側的突起還有覆蓋髕骨的脂肪墊看起來都會像是它的膝蓋。

改變姿勢

如果你已經能夠熟練地看出動物皮毛下的骨架，那麼你可以試著改變動物的姿勢，畫出它們其他時候腿的樣子。

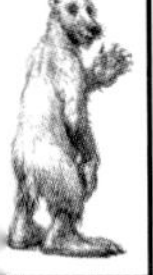

4·後腳的輪廓

利用輪廓創造前所未有的後腳……

當我們做夢，或者做白日夢時，我們會在腦海中想像出一個仿佛真實的圖像，卻很難將其付諸筆端。最好的辦法就只有用線條簡單地表示它們，而用美術解剖學的方法似乎十分複雜—如果你把大腿肌肉看成是一枚雞蛋，小腿看作保齡球瓶，而腳看成一隻棍子和一隻球，這個辦法就簡單多了，能幫助你畫出更生動的動物後腳。

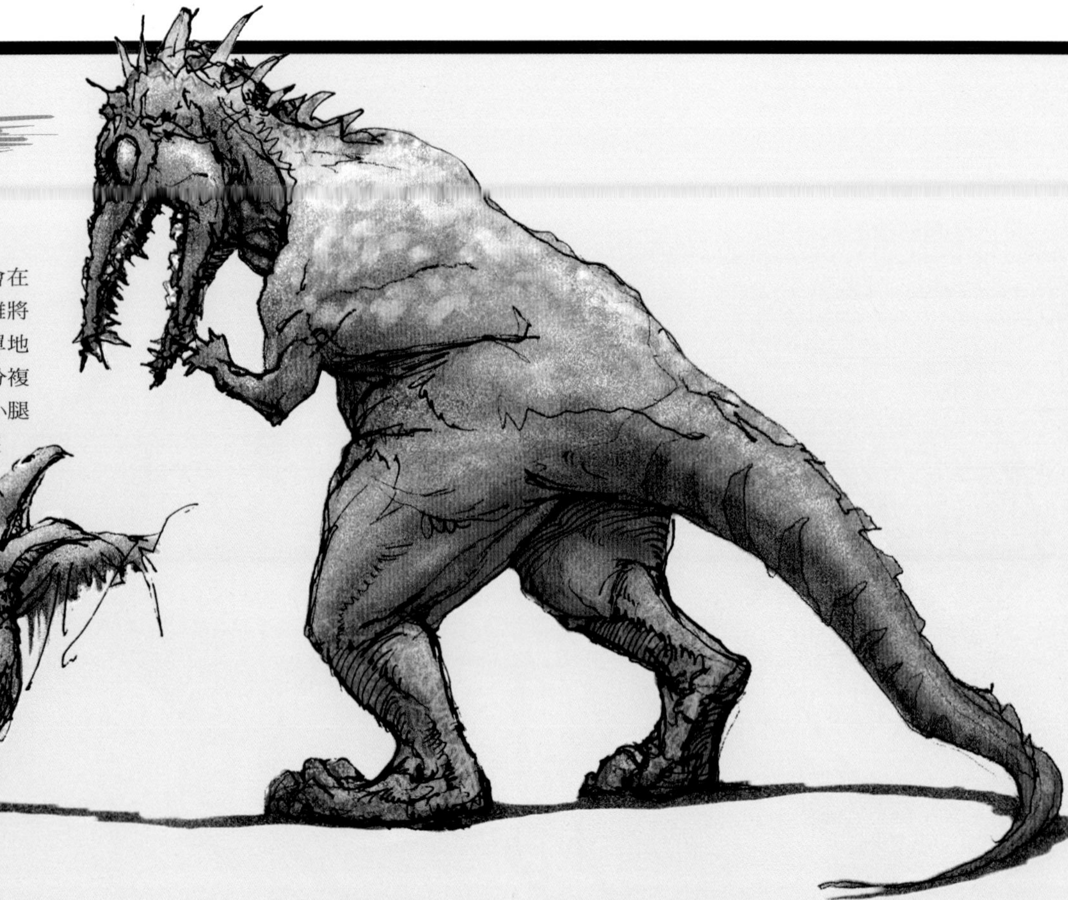

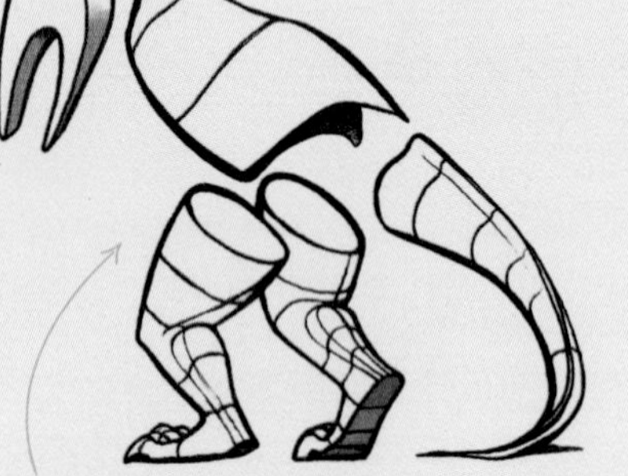

拆分

可以把動物的身體拆分成幾個不同的部分，再"各個擊破"。

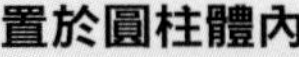

置於圓柱體內

和人類雙腿朝向前方不同，動物的後腳向兩邊外翻。解決這個問題可以參考下圖，透過將動物的後腳放置於一個圓柱體內進行觀察。

像搭積木一樣拼出動物的後腳

在用積木形的輪廓拼接動物後腳時，你會發現自己對各個積木塊的形狀都應加以考慮，而且成圖簡潔而不拖泥帶水。如右圖所示，動物的後腳分別向兩邊外翻30到40度。

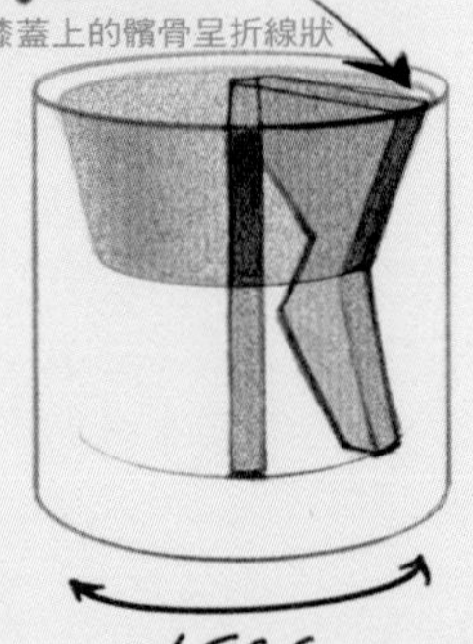

膝蓋上的髕骨呈折線狀

後足在這個圓柱體內繞一圈的樣子。

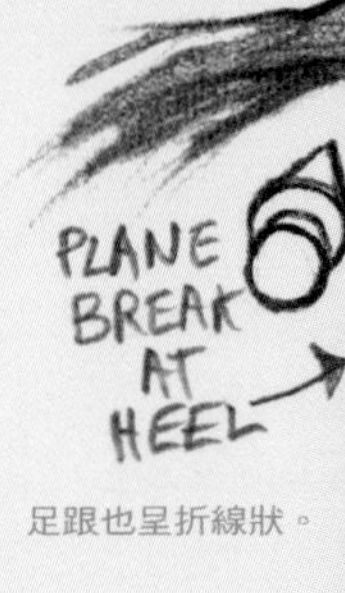

足跟也呈折線狀。

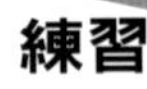

練習

畫線條

這則練習中，你需要將上一節練習裡用到的照片再鋪上一張紙，這一次要把動物腿部的線條畫出來。如果這個練習對你有難度，可以試著把四肢看成是由木塊或者木棒的組合，然後再想像著這些木塊和木棒的外面被橡皮筋包裹著。

羅恩的機器人

我的學生羅恩·格林(Ron Green)創造了這一套用機器人代表動物分析後腿跳躍動作的方法。這個辦法雖怪，但卻十分奏效。你也可以試著創造一套屬於自己的方法。

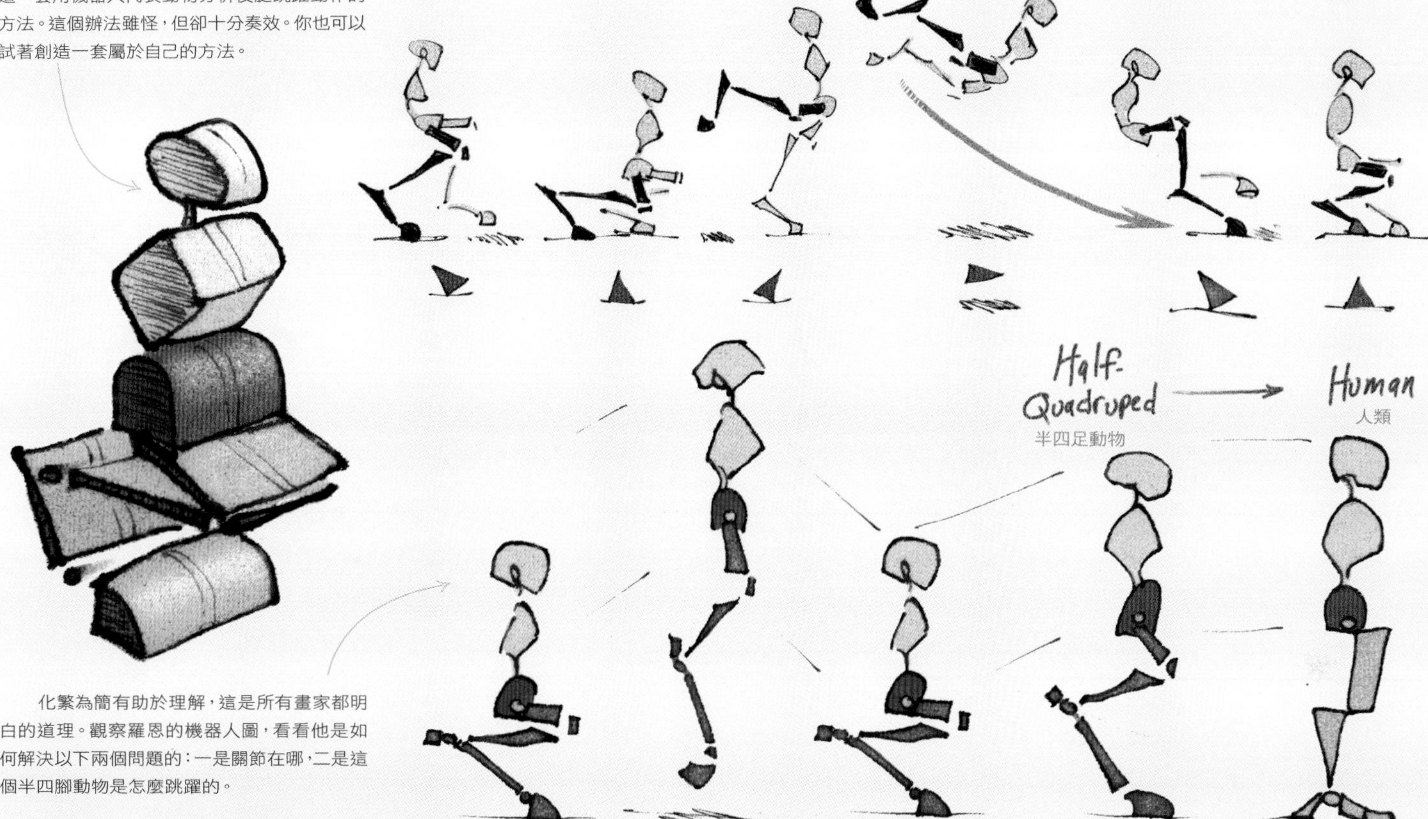

化繁為簡有助於理解，這是所有畫家都明白的道理。觀察羅恩的機器人圖，看看他是如何解決以下兩個問題的：一是關節在哪，二是這個半四腳動物是怎麼跳躍的。

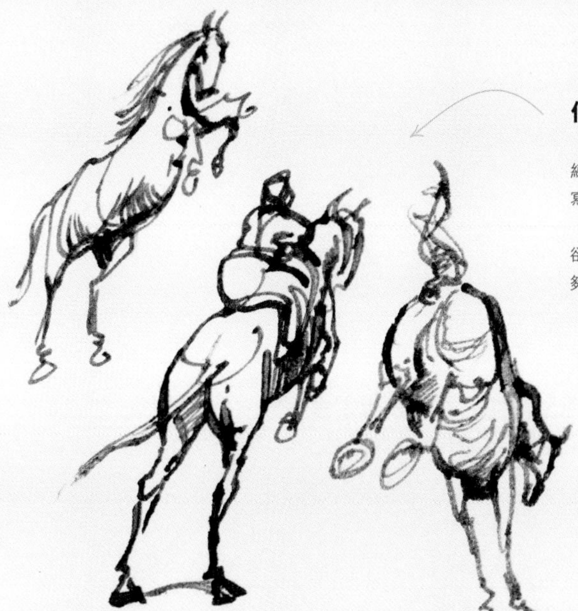

信手塗鴉

要畫好只有一個方法，練習、練習再練習。練習中，不用總是那麼認真，用鉛筆或者鋼筆速寫容不得你反復修改，也不會變成喬·威得利(Joe Weatherly)所說的"標本"—雖然真實，但卻死氣沉沉。這樣的速寫，或者信手塗鴉同樣能夠使你的畫技日益精進。

下節預告—前腳

我們人類用雙腿雙腳走路，用雙臂雙手勞作。動物們的"雙臂雙手"和它們的後腿無異。人類的手臂與動物前腳之間的差異遠遠大於人類的雙腿和動物的後腳之間的差異。下一節，我們將探討動物的前腳。

5·後腳的功能

跑、跳、踢、走……

前面我們學習了怎麼畫後腳，現在回顧一下後腳有甚麼功能。後腿可以支撐動物的身體，可以讓動物四處覓食，也可以幫助它們逃生。眨眼間的功夫，它們的腿就成了它們的武器，有時是杠桿、彈弓，有時又是彈簧或者棍棒。知道後腿的這些功用，我們才更能體會它為甚麼值得我們研究。

第四節 前腳

仔細觀察，運用技巧和已學知識，重點構造動物的身體平衡。

藝術家簡歷

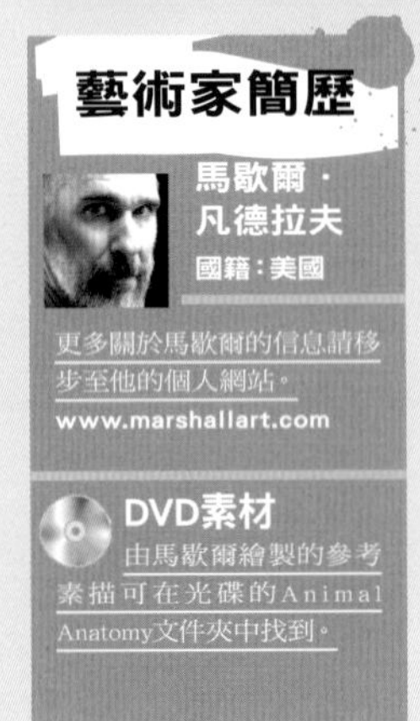

馬歇爾·凡德拉夫
國籍：美國

更多關於馬歇爾的信息請移步至他的個人網站。
www.marshallart.com

DVD素材
由馬歇爾繪製的參考素描可在光碟的Animal Anatomy文件夾中找到。

有時為了搞清楚一個事物的運行方式，我們會把它拆開來進行研究。不過這個辦法在動物身上行不通。為了畫畫，比阿特麗克斯·波特（Beatrix Potter）和她的弟弟曾一起解剖過動物的屍體。但解剖絕非易事，到頭來可能只會讓你渾身腐臭而且更為迷茫。

學習動物美術解剖其實有許多更好的方法。一個是觀察博物館中陳列的動物骨架，不過那些骨架往往拼湊地不好，且姿勢單一，根本看不出這些骨頭是怎麼運動的。另外一個辦法則是自己拼接骨架。我曾按照馬的真實尺寸，用膠水和橡皮筋拼接過一匹完整的馬骨架，我身邊的人對它無不驚嘆。如果沒有大量書本知識的幫助，我根本不可能完成這副骨架。

接下來的課程將詳細講解前腳的骨骼和肌肉，以便你在觀察活生生的動物時也照樣可以識別出身體構造，這樣可以讓你把動物的四肢畫得栩栩如生，即使是畫想像當中的虛構動物，也依舊站得住腳。

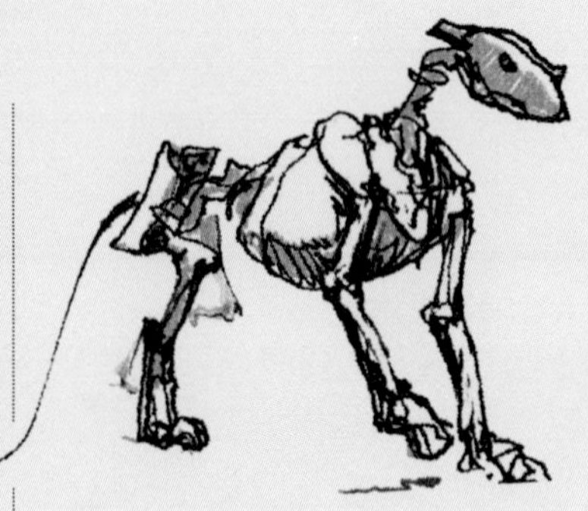

讓我們剝去動物外衣，看看它們內在的身體構造是如何工作的。美術解剖學中首要研究的對象就是骨架，你對它越熟悉，就越容易畫好包裹其上的肌肉和皮毛。

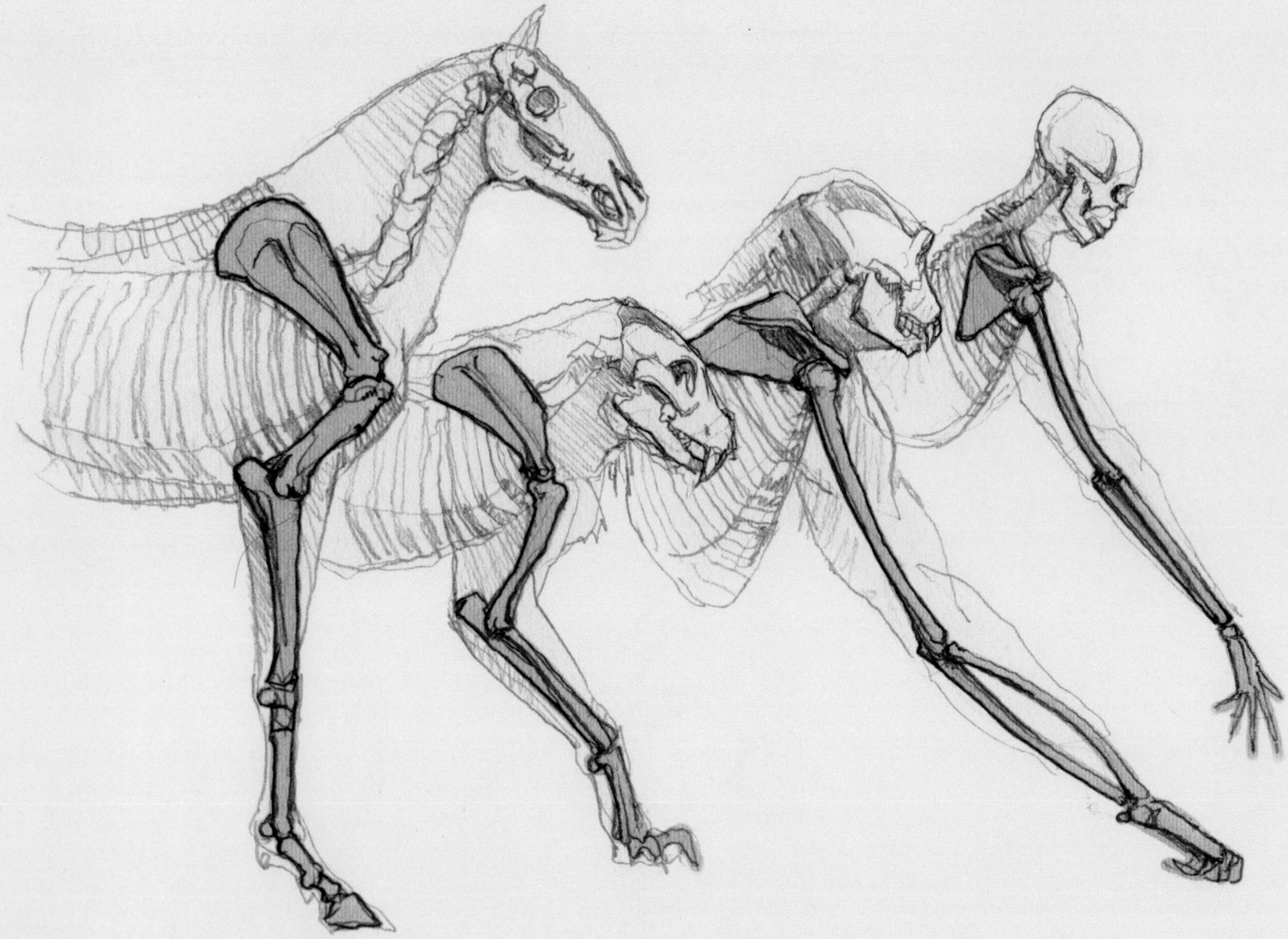

1・前腳上的骨骼

物們的肩膀和手臂結構跟人類相近，所不同的是它們的“手臂”是用來支撐身體行走的……

我們的肩胛骨長在背上，而四腳動物的肩胛骨卻位於體側。肩胛骨連接大臂上的骨頭（肱骨），這一點在骨骼圖上可以很清楚地看出。然而一般動物的身上，肱骨藏匿在身體內，也就無法觀察到。所以如果不給出骨骼圖，很容易把前臂上的骨頭（尺骨或橈骨）誤認為是肱骨。

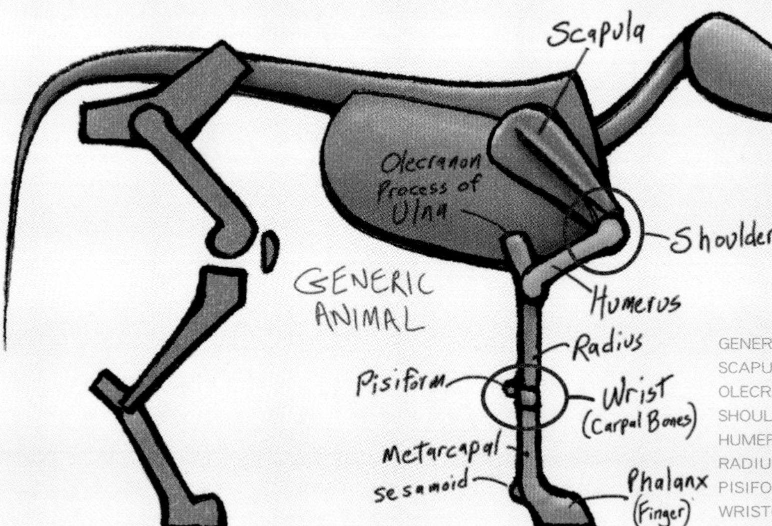

腿、四肢和手臂

不同物種間前腳的差異遠多於後腳上的差異。靈長類動物和下圖中的古地懶都有手臂和手。下一頁將具體探討手臂活動的機械原理，不過現在先來看一下前臂上的兩根骨頭。一根是尺骨，尺骨位於前臂外側，在肘部呈凸起狀，越靠近小指越纖細。另外一根是橈骨，橈骨位於前臂內側，在肘部僅是可以轉動的類似鈕扣狀的骨頭，離大拇指越近的位置則越粗壯。

通常手上分布著27塊骨頭，其中一些骨頭和手腕相連，被統稱為“腕骨”。

有蹄動物的尺骨和橈骨生長在一起，這使得它們的前臂結構更為簡單，不過我們仍然傾向於把肘部的那一部分稱作“尺骨”，把靠近腕部的那部分叫做“橈骨”。

GENERAL ANIMAL：普通動物
SCAPULA：肩胛骨
OLECRANON PROCESS OF ULNA：鷹嘴尺骨
SHOULDER：肩膀
HUMERUS：肱骨
RADIUS：橈骨
PISIFORM：豆狀骨
WRIST(CARPAL BONES)：腕骨
METACARPAL：掌骨
SESAMOID：種子骨
PHALANX：趾骨
HORSE FORELIMB：馬的前足
CARTILAGE：軟骨
“SPINE” OF SCAPULA：肩胛岡
FETLOCK JOINT：球節
CLAVICLE：鎖骨
CARPAL MASS：腕骨
FINGER BONES：指骨
ULNA：尺骨

構成骨架的並不只有堅硬的骨骼，還有軟骨

馬及其他的有蹄動物的肩胛骨頂端都長有軟骨。不過軟骨會隨時間的推移而消失不見，所以博物館中陳列的馬骨架上，肩胛骨的頂端看起來像是被削去了一塊，而活著的馬的肩膀看起來卻寬闊許多。

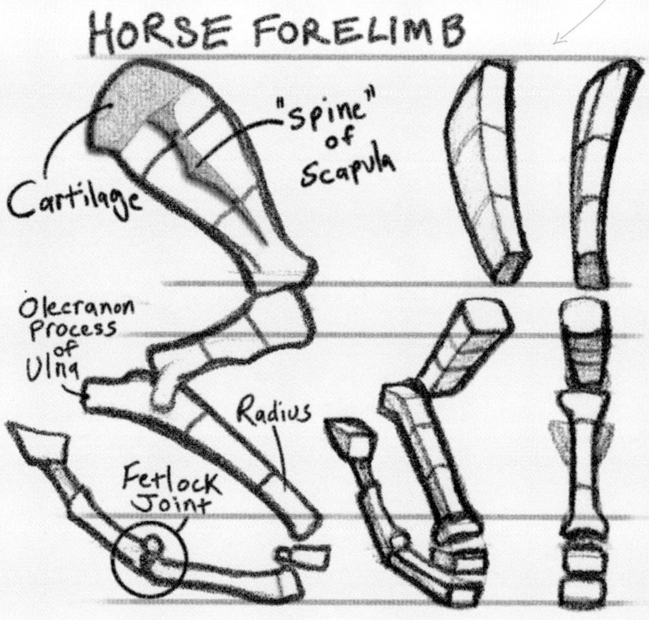

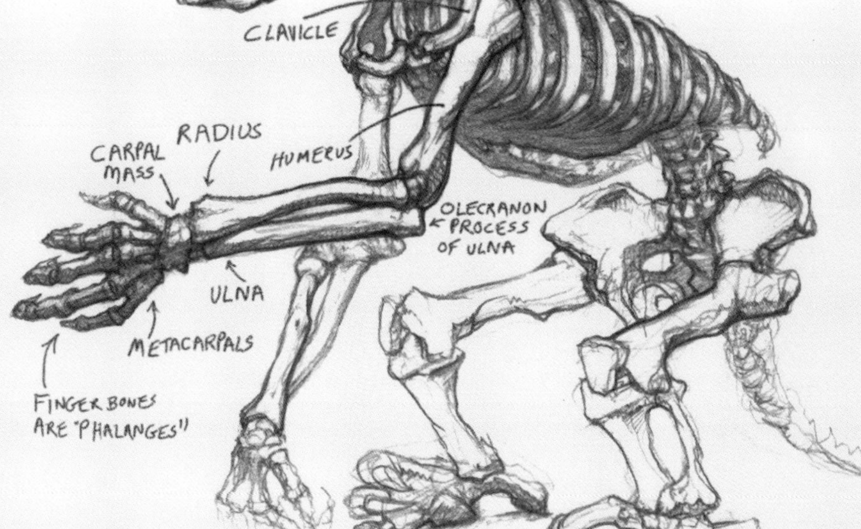

2・骨架的機械原理

前腿的主要的功用是行走，涉及其他功能，如抓握、抬放等，就需要研究其更為複雜的結構。

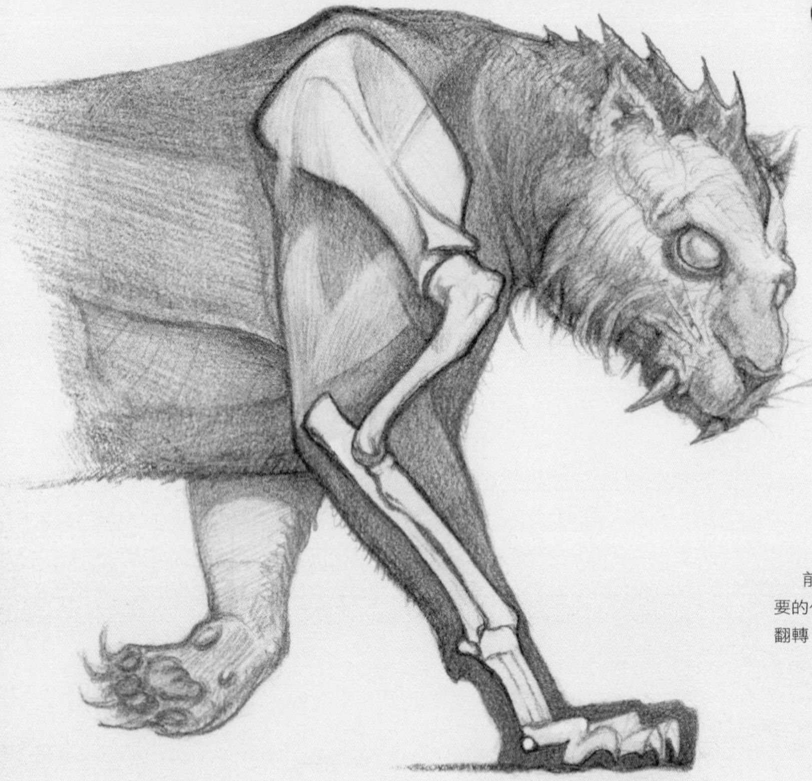

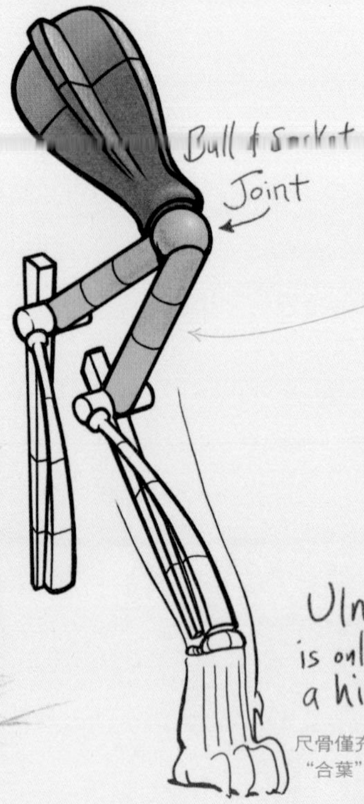

肩膀和肘關節

肩膀的球窩狀關節使手臂可以前後左右自如擺動。

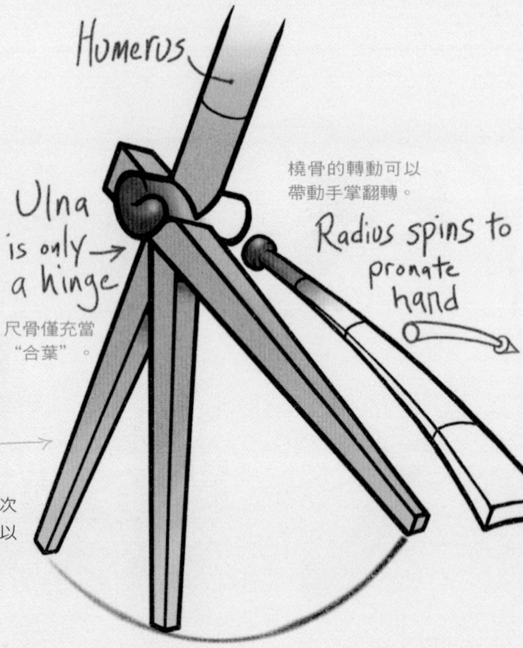

橈骨的轉動可以帶動手掌翻轉。

尺骨僅充當"合葉"。

前臂上的兩根骨頭中，尺骨僅起次要的作用——充當"合葉"，橈骨則可以翻轉（有手掌動物的）手掌。

前腳的轉動幅度

有些動物的前腳可以360度轉動，有些動物的前腳活動範圍則較小，還有一些動物的前腳則完全不能轉動，始終面向前方。

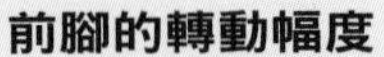

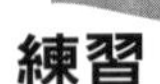

練習

畫前腳骨骼圖

畫一系列動物前腳圖，重點在於骨骼的勾勒，最好的順序應該是先畫尺骨再畫橈骨，因為橈骨通常不會影響尺骨的位置。同時注意保持畫面的整潔簡單。要畫好前腳不能只畫前腳的輪廓，而應把握好每個簡單的細節。

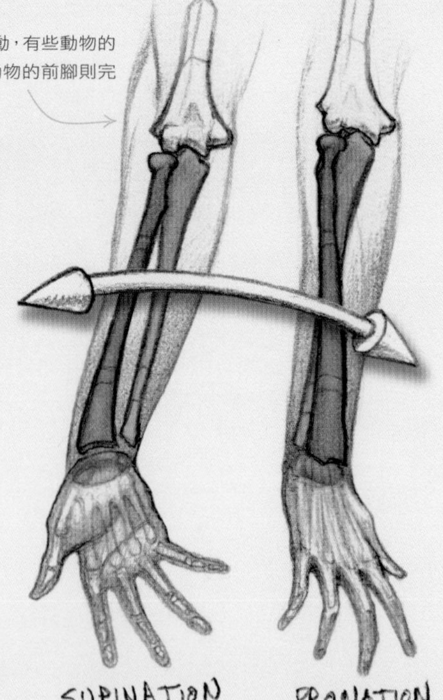

手心向上時的橈骨和尺骨。

手心向下時的橈骨和尺骨。

和小腿一樣，人類的前臂上也有兩根骨頭，不同的是，小腿用來支撐身體，而前臂則用來從事一些更為精細的活動。

人類的尺骨無法使前臂轉動，不過它卻可以彎曲或伸直手臂。而橈骨則恰恰相反，它和尺骨相互獨立，並以尺骨為定點，透過自身的旋轉來轉動手臂。當橈骨和尺骨平行，大拇指指向外面時，手心就是向上的。反之，當橈骨和尺骨交叉，大拇指指向身體時，手心向下。

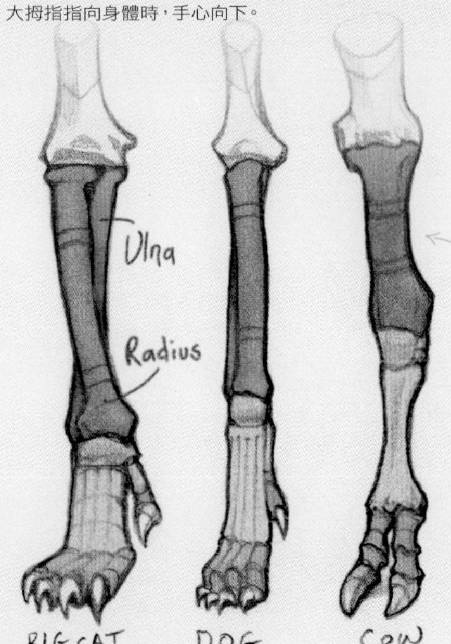

不同的四腳動物前腳轉動幅度各異，其中貓的前腳活動幅度最大，狗則相對小一些，而有蹄類動物則幾乎不能轉動。這是因為有蹄類動物的尺骨和橈骨長在一起，相互緊緊依附，所以有蹄類動物的前腳只能用來奔跑、行走，卻無法轉動掌心。

3·前腳上的肌肉

物前腳上的肌肉大致相同，卻又有許多細微的差別。

人類手臂上的肌肉和動物前腳上的肌肉有許多相似之處，但二者卻又並非完全相同。我們的大臂既可以前後左右舒展，又可以高舉過頭頂。而當我們舉手時，就要用到固定在肩胛骨和鎖骨上的三角肌。

四腳動物也有三角肌，與人類和猿猴所不同，它們的三角肌體積更小，結構更簡單。我們前臂的轉動離不開兩塊旋後肌的幫助，這兩塊肌肉同時也是伸肌肌肉群的肌脊。

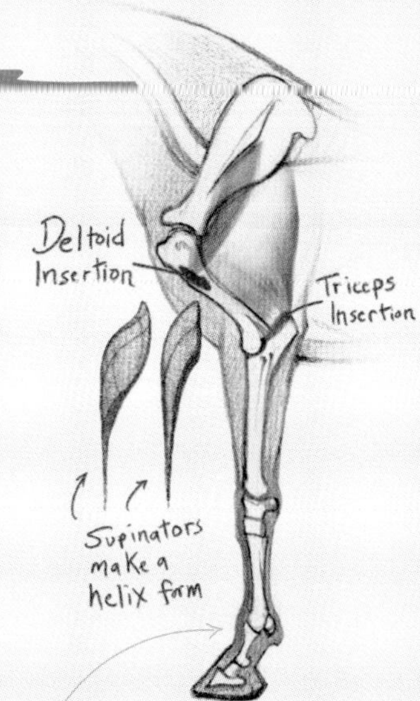

掌骨上的肌肉不易發現

肌肉的收縮可以帶動骨骼活動。馬的肩膀上最主要的兩塊肌肉就是三角肌和三頭肌。從上圖可以看到，這兩塊肌肉都長在肩胛骨上。三角肌可使前腳彎曲，三頭肌使前腳伸展。雖然馬無法左右轉動前腳，但是它們的肌脊上仍保留有一組不甚發達的螺旋狀的肌肉。

就解剖圖看，斜方肌和背闊肌的體積很大，但在動物的實際活動中，這兩塊肌肉的作用微乎其微。肌肉組織單薄的斜方肌位於頸部肌肉的頂端。緊貼軀幹的背闊肌通常看不到，不過有時又會在體側形成一塊凸起。

Deltoid
Latissimus
Triceps
Supinators
Flexors
Extensors

腳跟也呈折線狀

如何讓這些繁複的肌肉看起來簡單些？一把它們區分成組。

旋後肌共有兩塊，伸肌群則由3塊肌肉組成，屈肌群中有至少5塊肌肉。我們沒有必要詳細瞭解這些肌肉群中的每一塊肌肉。肌肉按群組活動，掌握好各個肌肉組的活動規律即可。

DELTOID INSERTION：肱三角肌嵌入點
TRICEPS INSERTION：肱三頭肌嵌入點
SUPINATORS MAKE A HELIX FORM：旋後肌成螺旋狀
TRAPEZIUS：斜方肌
LATISSIMUS：背闊肌
TRICEP：肱三頭肌

EXTENSORS：伸肌群
FLEXORS：屈肌群
DELTOID：三角肌
SUPINATORS：旋後肌群
ACTIVE：收縮
PASSIVE：舒張

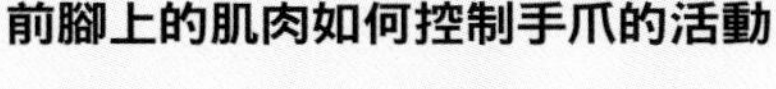

前腳上的肌肉如何控制手爪的活動

伸肌收縮時，拉動手爪背側肌肉，掌心向外；屈肌收縮時，牽動掌心側肌肉，則掌心向內。而當我們在握拳的時候，就會發現手臂內側的屈肌變硬。大部分的動物屈肌都是長在其前腳內側，鮮有例外。

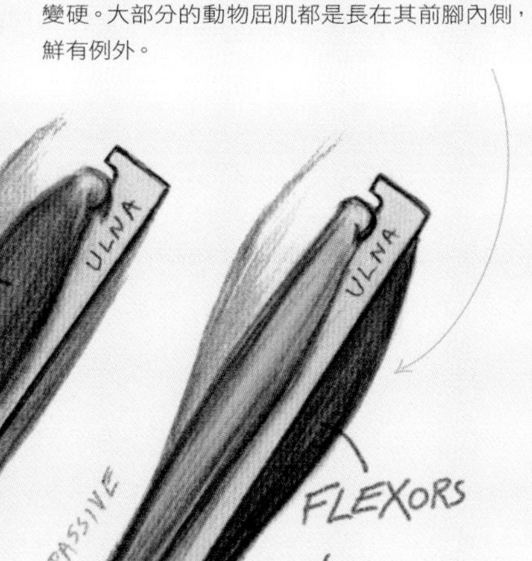

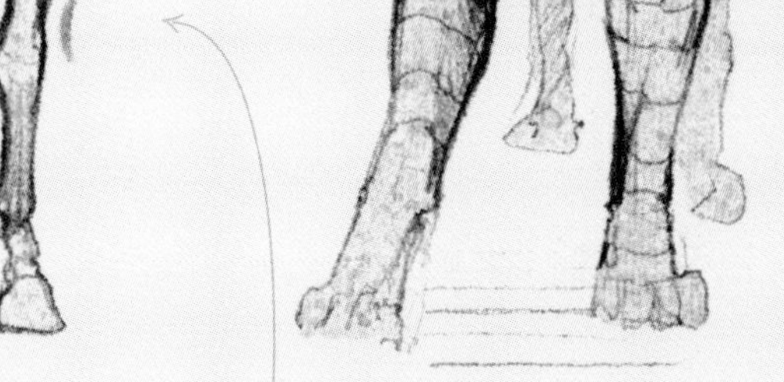

胸肌

胸肌依附著胸骨，並且嵌在肱骨邊上，以便於收回前腳、抬起身體。我們做俯臥撐時用到的，也是這一部分的肌肉。如上圖所示，胸肌從表面上看上去就像是分布在胸腔外的兩顆雞蛋。

注意圖上所標註的馬身體曲線的凹凸部分，外面整體上是向外凸出的曲線（如紅線所示），而正面看到的前腳內側則是向內凹進的曲線（如綠線所示）。

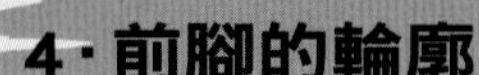

4·前腳的輪廓

動物解剖學與美術相結合，才對畫家繪畫有所幫助……

肩胛骨和肱骨共同構成肩端，肩胛骨的頂端緊挨背部的中線，越往下則離中線越遠……不過這麼說聽上去不容易理解。在你自己畫馬的時候，可以把肩膀看成是一個楔形，這個圖形既簡單，又貼切。

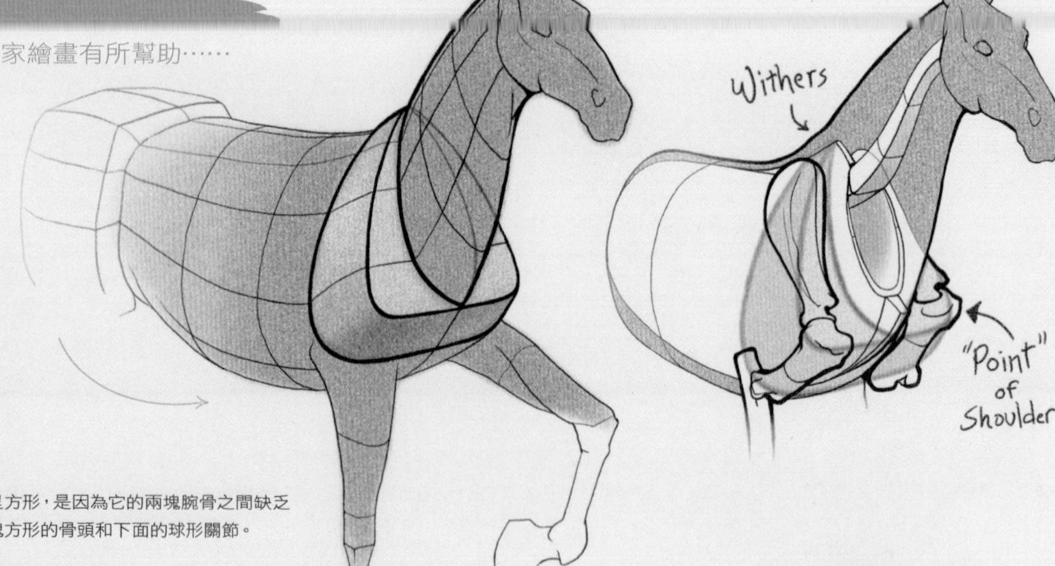

膝盖的分析

馬的膝蓋之所以呈方形，是因為它的兩塊腕骨之間缺乏相互連接。對比這兩塊方形的骨頭和下面的球形關節。

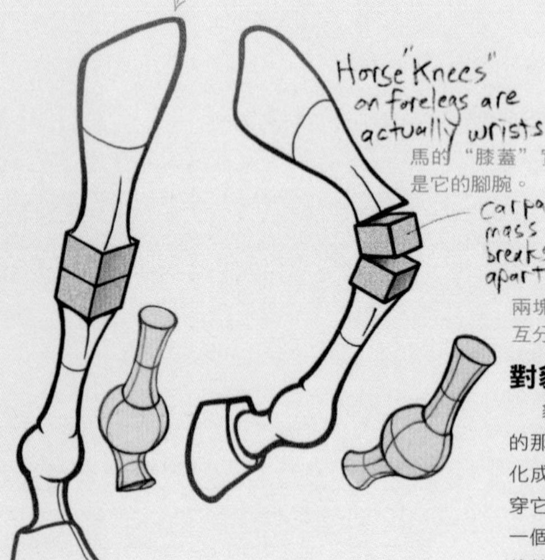

對貓科動物需要注意

貓科動物的身體非常靈活，不能用畫馬肩膀的那套辦法來對付它們。將身體柔軟的動物簡化成某個方方正正的圖形十分困難，你必須看穿它們的皮毛，看到它們的骨架形狀。這裡提供一個簡單的辦法—從四分之三的視角畫，把桿狀的輪廓轉化成柱狀，再在其上充實血肉，補充線條使其豐滿。

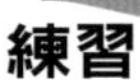

練習

熟悉前腳輪廓

收集一些馬的照片，這些照片應包含馬的肩膀和前腳。照片的像素不需要很高—實際上低像素的照片反而更利於練習，因為這樣的照片可以使你避免僅描摹表面而忽略馬的內在結構。試用今天所講畫馬的肩膀、前腳的方法，參照你手中的圖片畫馬。畫好一幅以後可以脫離照片，在腦海中自己構想出一匹馬的姿態，然後把它畫下來。輪廓這一節需要勤加練習，可以說掌握了前腳的輪廓，前腳的畫法就掌握了一大半。

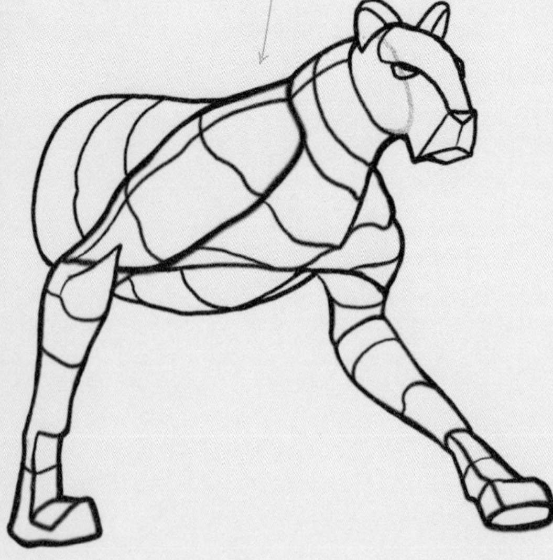

從輪廓到功能

貓科動物的爪子因其毛短且光滑而易於觀察。學會捕捉它們的輪廓，借助動物解剖學知識，反而會使這一過程變得複雜，不如試著將它看成是一個威士忌酒瓶，這樣既有助於記憶爪子的形狀，又便於繪畫。

威士忌酒瓶和爪子之間的關係僅限於它們的外形，它們的功能相差十萬八千里。爪子是貓科動物生存的武器，即使是你自己的寵物貓，也有可能會對你造成傷害。

就功能而言，貓的爪子像釘書機、彈簧小刀、和捕鼠器。這三樣東西中有兩樣十分鋒利，有兩樣由彈簧構成，而這三樣加起來就是一隻利爪的功用。

5・前腳的功能

支撐體重，減震緩衝，行走跑跳……

支撐肩膀

古希臘石柱當初沒有底座、直接地面，隨著工藝的進步，石柱下才出現了底座。

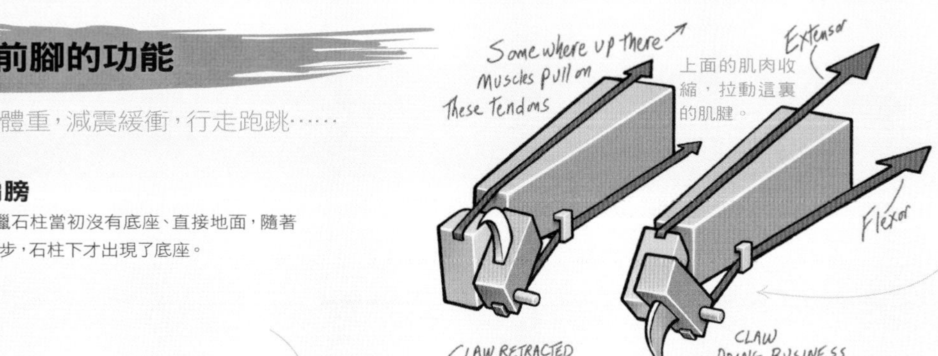

上面的肌肉收縮，拉動這裏的肌腱。

爪子收起時。

爪子伸出時。

捕獲獵物

物伸出鋒利的爪子捕獲獵物。如果肌肉只能收縮，動物又是怎麼把爪子伸向獵物？事實上，這一動作的完成需要伸肌（來勾起趾骨）和屈肌（來放下爪子）的共同配合。左圖即為對這一動作的說明示意。

一旦你瞭解貓爪的運作機制，你就可以把這些東西拋開，然後再根據自己的設想繪畫。不過有一點不能拋開的是，你要記住爪子的功用：它既能勾抓獵物又能刨土挖坑……

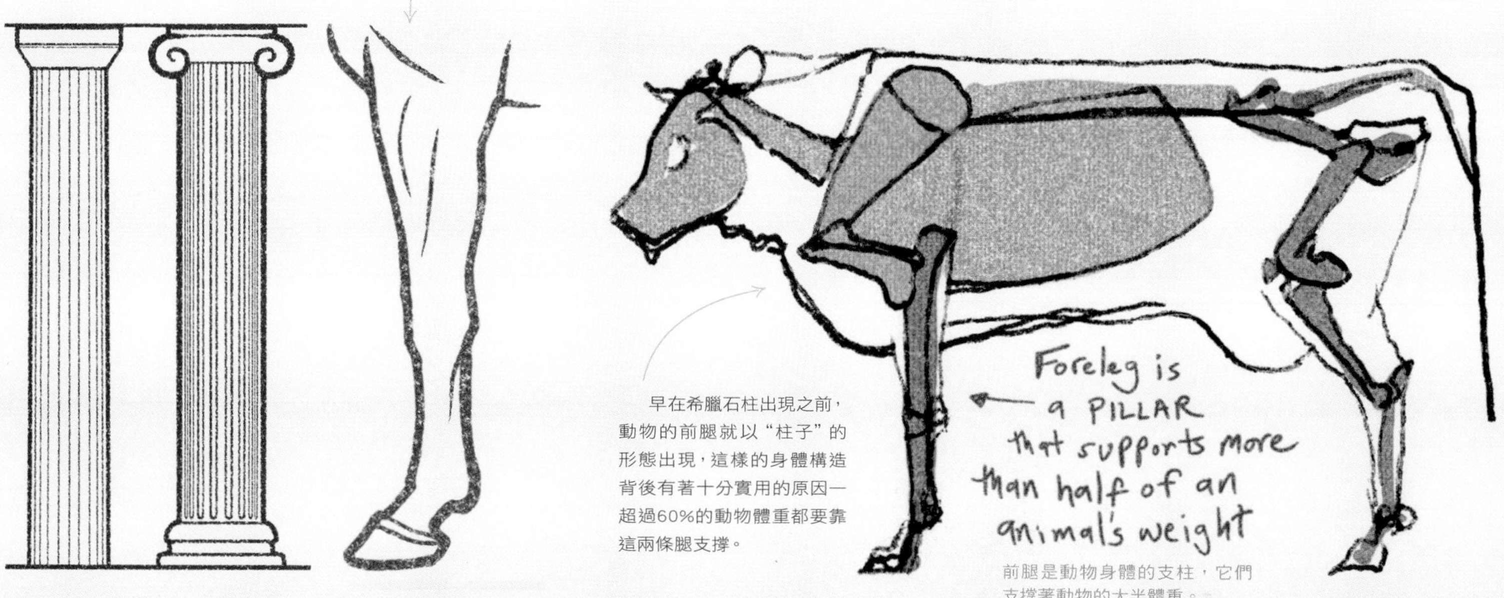

早在希臘石柱出現之前，動物的前腿就以“柱子”的形態出現，這樣的身體構造背後有著十分實用的原因—超過60%的動物體重都要靠這兩條腿支撐。

前腿是動物身體的支柱，它們支撐著動物的大半體重。

就功能而言，在動物的前腳上能看到許許多多物品的影子——柱子、輻條、鈎子、小刀、鑷子、扳手、鉗子、夾子、船槳、杯、碗、盾牌、武器……

我們要做的不是原原本本地畫出看到的東西，而是應明白所看到的東西為甚麼會是眼前的這般模樣—然後再運用繪畫技巧，創作出你所要畫的景物。

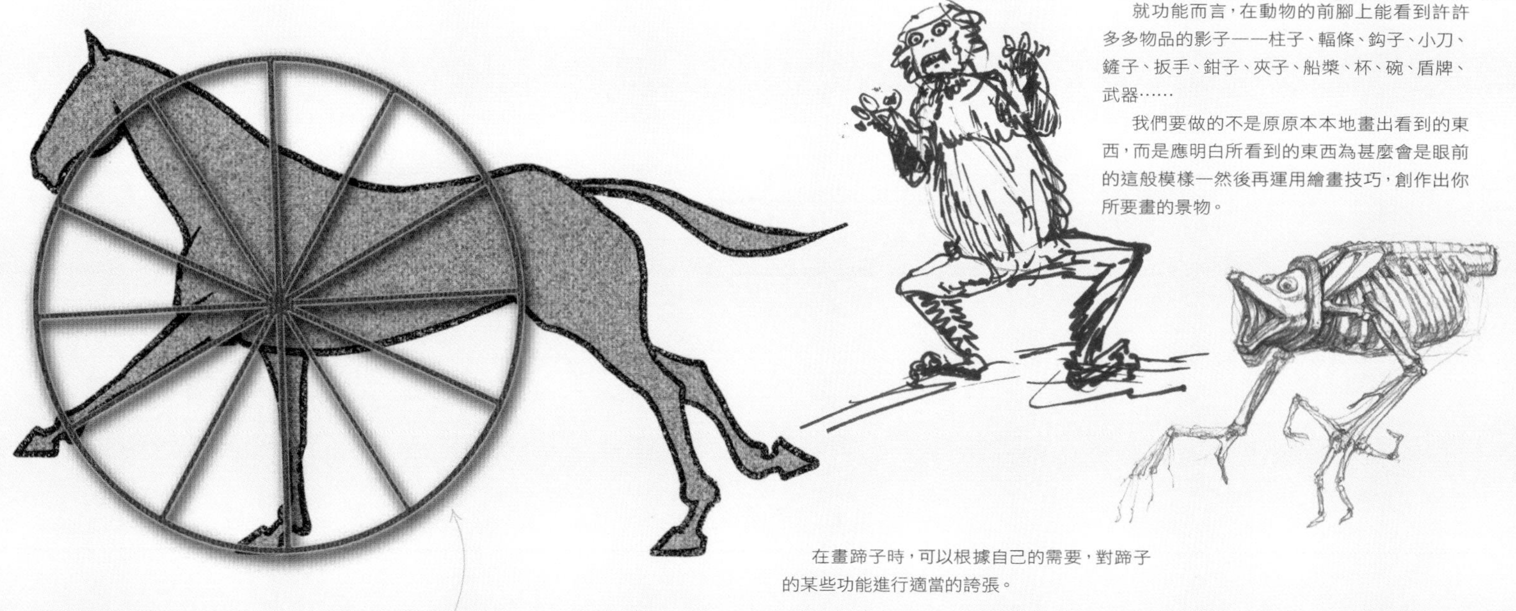

在畫蹄子時，可以根據自己的需要，對蹄子的某些功能進行適當的誇張。

從柱子到輻條

柱子始終是靜止的，而輻條則在輪子的轉動過程中始終支持著輪子的外圍—正如動物飛奔時前腿的樣子。

第五節 頭頸

動物身體構造上的共性和個性就體現在此。

藝術家簡歷

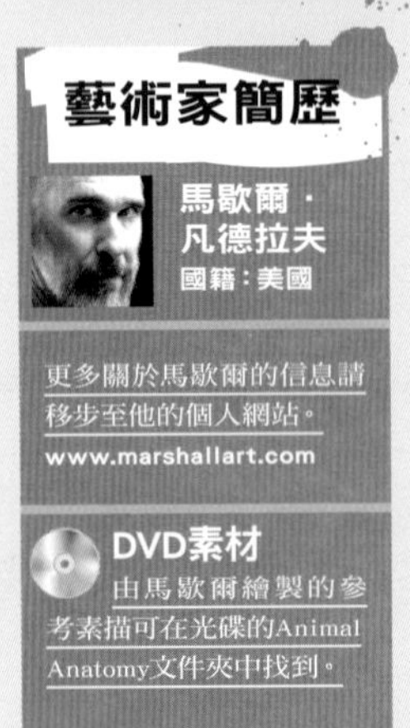

馬歇爾·凡德拉夫
國籍：美國

更多關於馬歇爾的信息請移步至他的個人網站。
www.marshallart.com

DVD素材
由馬歇爾繪製的參考素描可在光碟的Animal Anatomy文件夾中找到。

為了使動物解剖學更易懂，把動物的身體構造和人體構造相比較，然而很多人其實對人體解剖學知之甚少。羅伯特·貝弗利·黑爾（Robert Beverly Hale）認為掌握人體解剖學基礎的人，動物解剖會相對輕鬆一些。但這也只是"相對輕鬆"，動物解剖學仍需要花費許多功夫學習。不過把動物看成用四條腿走路的人也不失為一種有趣的學習動物解剖學方法。

僅一隻動物的頭骨上就大有文章。由於人類直立行走，並且腦容量大，所以我們的頭部靠頸椎支撐，而且頭顱較大。猿猴的腦容量相對較小，並且下頜較大，所以猿猴的頭顱和身體都略向前傾，身體由指骨支撐。四腳動物的身體則是水平的，所以它們的頭顱位於頸椎的延長線上。

為了適應生存生活的不同需要，動物們的身體結構千差萬別。舉例來說，貓有犀利的目光和鋒利的牙齒，狼有敏銳的嗅覺和尖利的爪牙。然而人和動物最顯著的差別在於動物的口鼻處更為突出，它們的腦部不像人類的一樣位於頭頂，而是更靠近它們的背部。這些也是由於動物與人類生存需要的不同而產生差異——它們每天捕獵、奔跑、吃草，它們也不閱讀，也不用透過寫作來博得他人的贊賞。

這一節中，我們對頭部構造進行研究，在此之前先瞭解一下頸部是如何連接軀幹和頭部的。

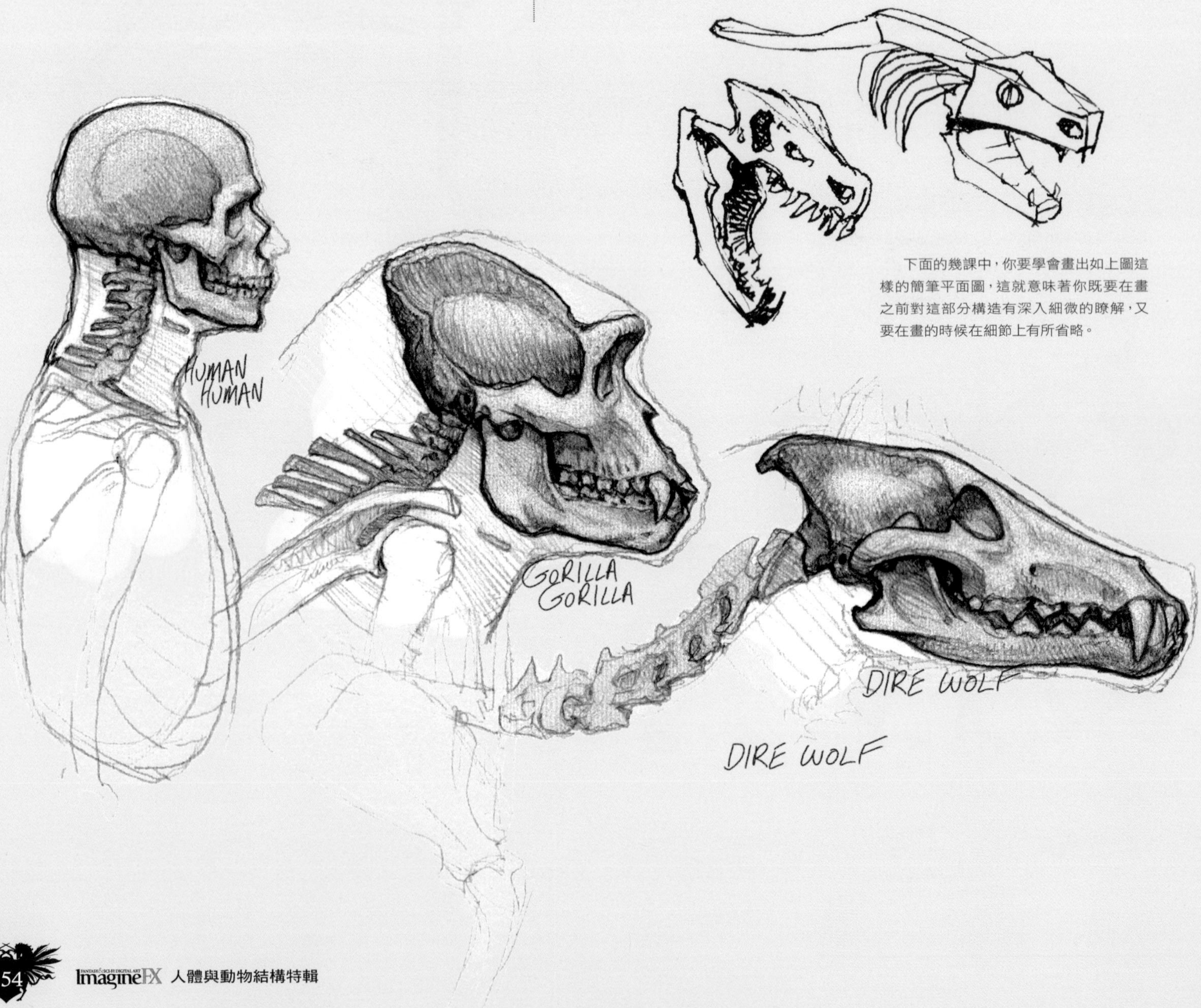

下面的幾課中，你要學會畫出如上圖這樣的簡筆平面圖，這就意味著你既要在畫之前對這部分構造有深入細微的瞭解，又要在畫的時候在細節上有所省略。

HUMAN
HUMAN
GORILLA
GORILLA
DIRE WOLF
DIRE WOLF

1·頸部的骨骼

這個部位的大多數骨頭都深藏不露，但卻對動物的活動造成很大影響……

練習

熟悉頸部

把頭部看成一根簡單的線條，然後從低處起筆，這一部分的線條通常還略帶S形。等到你能看出脖頸核心，就會明白它的哪一部分是舒展的，哪一部分又是受到擠壓的。

老鼠有7塊頸骨，長頸鹿如此，人類如此，大部分的哺乳動物亦如此。這7塊骨頭就是我們所說的頸椎，位於最頂端的一號頸椎骨通常看不見，不過在很多動物身上，這塊骨頭都延伸到了頭部，並且可以在頭側、耳後感覺到。這塊骨頭又被稱為“寰椎”，它很寬，甚至看起來就像是頭骨的一部分。

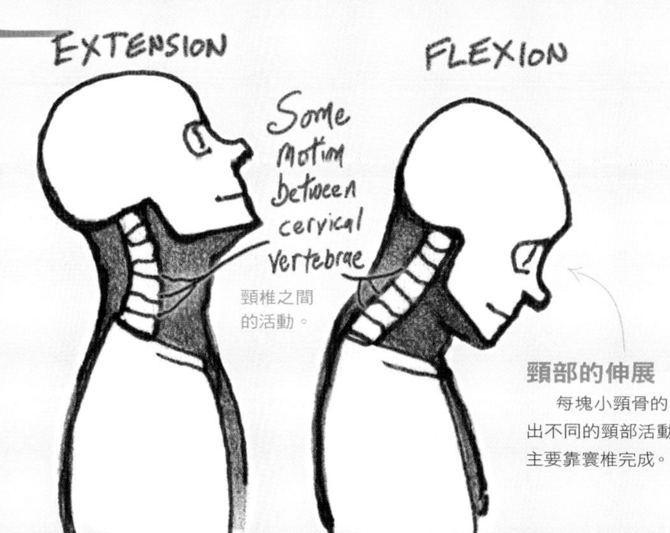

頸椎之間的活動。

頸部的伸展

每塊小頸骨的細微移動可以組合出不同的頸部活動，不過頸部的搖擺主要靠寰椎完成。

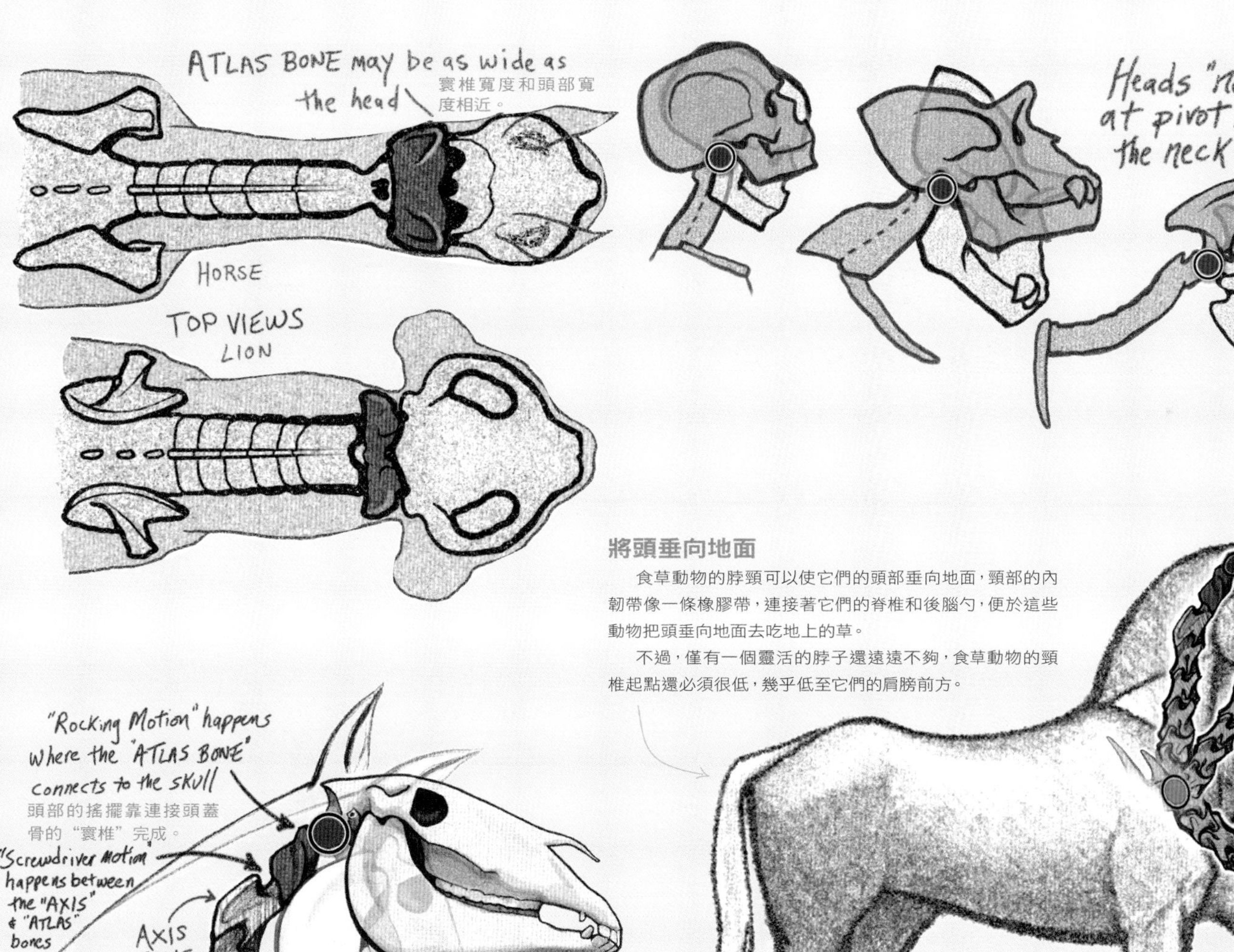

寰椎寬度和頭部寬度相近。

點頭時頭部運動側面圖。

頭部的搖擺靠連接頭蓋骨的“寰椎”完成。

頭部的扭動靠寰椎和樞椎完成。

幾乎所有的哺乳動物都有7塊頸骨。

將頭垂向地面

食草動物的脖頸可以使它們的頭部垂向地面，頸部的內韌帶像一條橡膠帶，連接著它們的脊椎和後腦勺，便於這些動物把頭垂向地面去吃地上的草。

不過，僅有一個靈活的脖子還遠遠不夠，食草動物的頸椎起點還必須很低，幾乎低至它們的肩膀前方。

Sterno-cleido Mastoid

2・頸部的肌肉與解剖

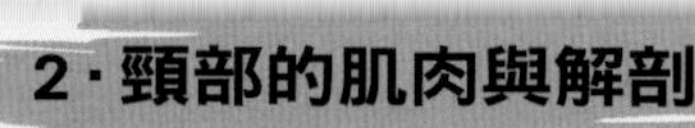

把複雜的頸部解剖圖留給獸醫們，畫家只需要簡化的頸部輪廓。

動物結構不同，頸部的肌肉名稱也存在許多的差異。從鎖骨到耳後的這塊肌肉稱"胸鎖乳突肌"。"鎖"是指這塊肌肉連接鎖骨—不過大部分的動物其實沒有鎖骨，所以這塊肌肉又被稱為"頭肱肌"（連接頭部和肱部的肌肉）。當然，這塊肌肉還會因動物身體構造的特殊性而產生其它的名稱，這裡就不再贅述。

這些紛繁複雜的名稱不應該成為你畫畫的障礙，學習畫畫，我們應該瞭解動物們的頸部肌肉共性。

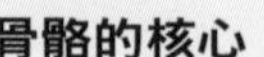

Flexible Nuchal Ligament

Spine

Trachea

頸部以肩膀為基礎

軀幹是脖頸的基礎，其中與脖頸關係最為緊密的當屬肩膀。頸部靠近肩膀的部分較粗，這一部分由結締組織（韌帶、肌肉、脂肪）構成，在重力的作用下，這一部分的橫截面看起來呈水滴狀。

骨骼的核心

如我們研究所有的解剖部位採取的方法一樣，除非是做學術研究，否則不需要對深藏的細節進行研究。在觀察頸部的肌肉之前，首先應該先研究一下頸部骨骼的核心。

The little gnarls on neck vertebrae are complex... & won't help you draw necks

頸椎上的骨節比較複雜，可以使用簡筆圖將其簡化來幫助我們畫圖。

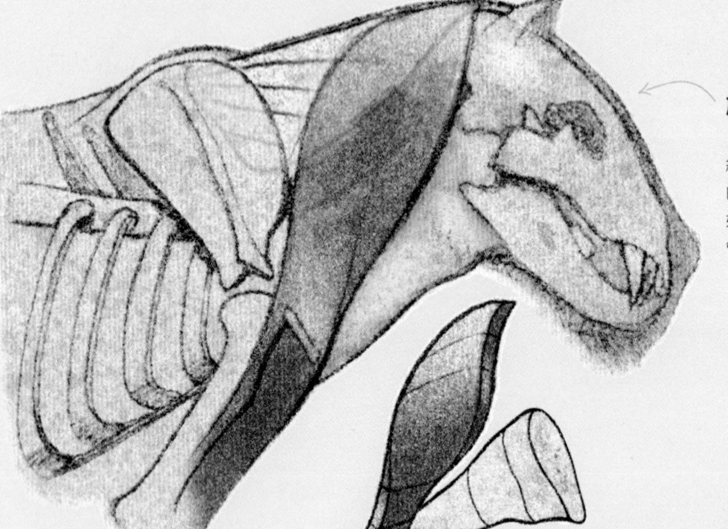

旋轉肌組和咽喉肌肉組

頸部的許多肌肉相互重疊在一起，最為明顯的就是耳後至肩膀的這一組。而這組肌肉上還交疊一組咽喉肌肉，這組肌肉成分則十分複雜，包含肌肉、肌腱、韌帶、軟骨，甚至還有一塊可以上下飄動的喉管骨。對這一組，最好的辦法就是將它們簡化，我們可以將它們整體看成一條通道或者一根水管，甚至還可以看成是一個漏斗。

Throat "tucks into" rotator group

咽喉肌肉組交疊旋轉肌內。

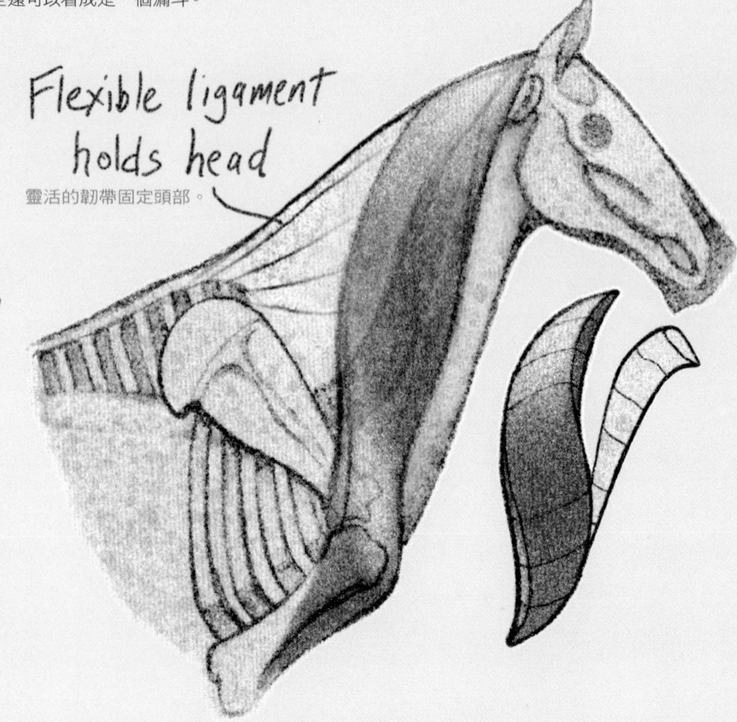

Flexible ligament holds head

靈活的韌帶固定頭部。

彎曲與伸展

右圖明顯看出脖頸一側的彎曲與伸展。當馬回頭看向身後時，一側的肌肉收緊，而另一側的肌肉則放鬆。

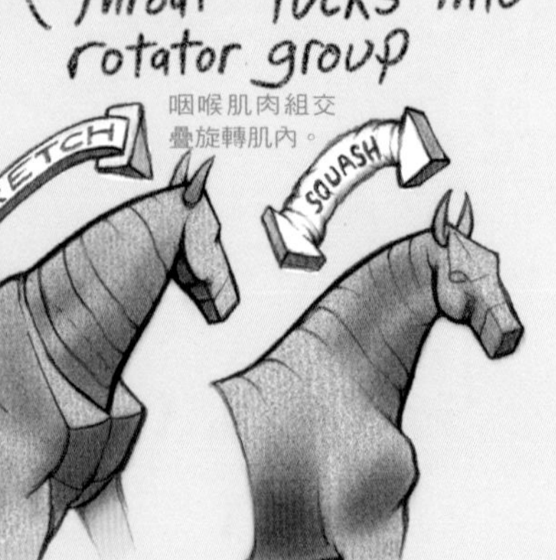

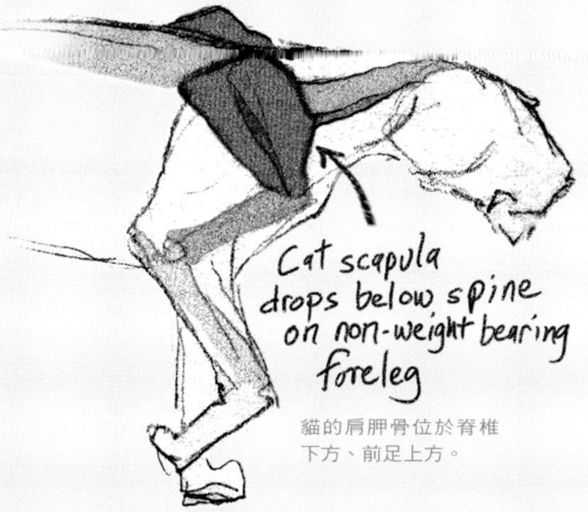

貓骨謎題

貓的頸椎在肩膀和脖子的交界處十分突出，仔細觀察這一塊，你會發現它其實並非頸椎，而是貓的肩胛骨，這塊骨頭甚至比脊椎還要高。

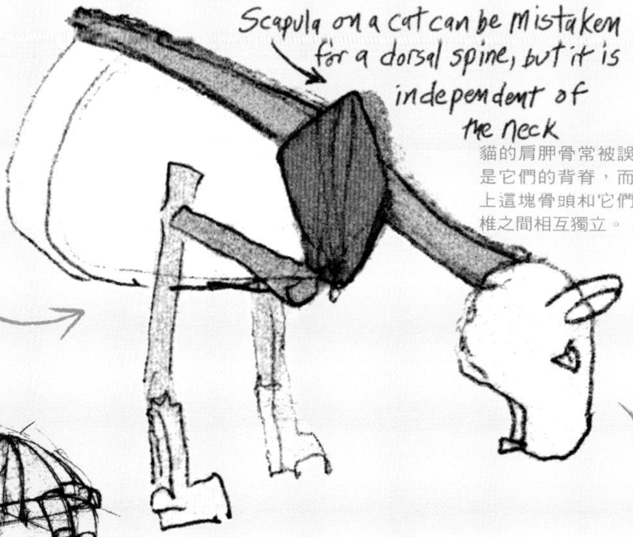

Cat scapula drops below spine on non-weight bearing foreleg

貓的肩胛骨位於脊椎下方、前足上方。

Scapula on a cat can be mistaken for a dorsal spine, but it is independent of the neck

貓的肩胛骨常被誤認為是它們的背脊，而事實上這塊骨頭和它們的脊椎之間相互獨立。

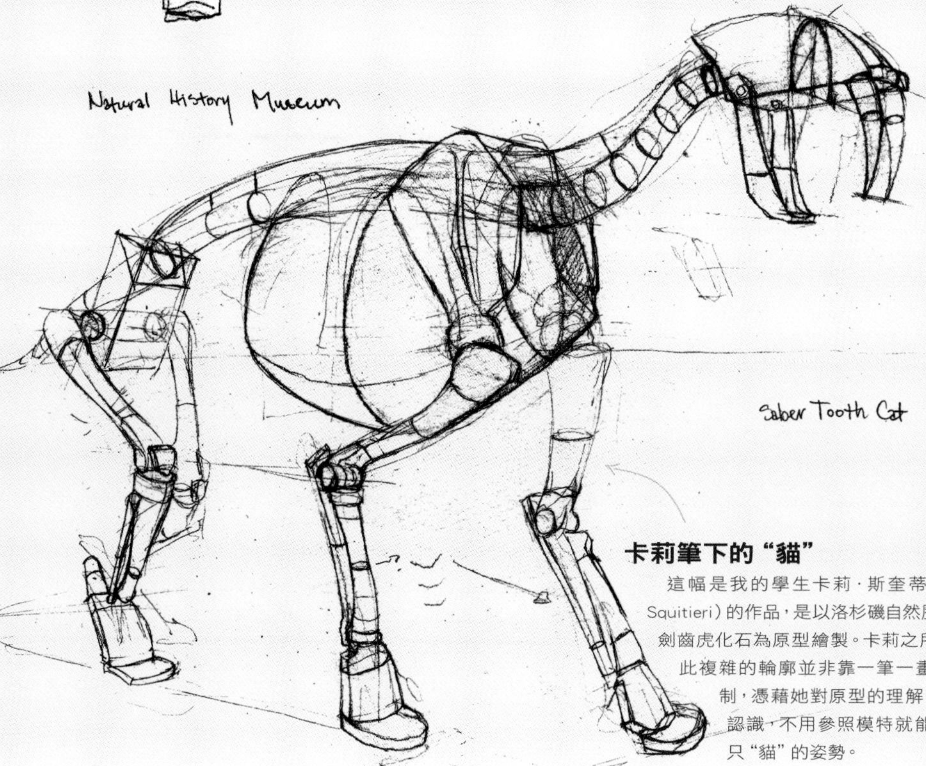

Natural History Museum

Saber Tooth Cat

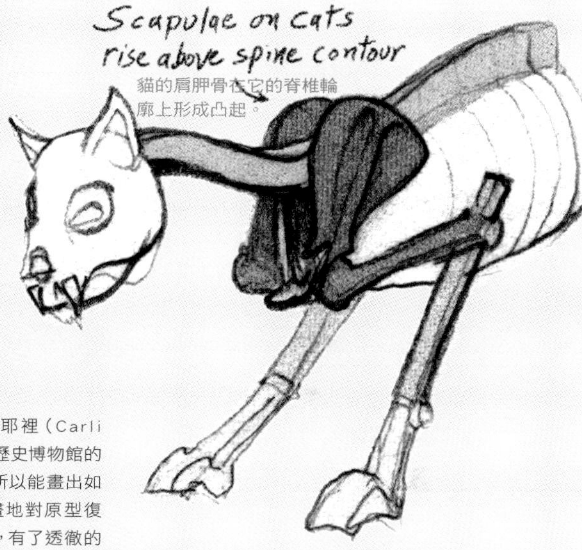

Scapulae on cats rise above spine contour

貓的肩胛骨在它的脊椎輪廓上形成凸起。

卡莉筆下的“貓”

這幅是我的學生卡莉·斯奎蒂耶裡（Carli Squitieri）的作品，是以洛杉磯自然歷史博物館的劍齒虎化石為原型繪製。卡莉之所以能畫出如此複雜的輪廓並非靠一筆一畫地對原型復制，憑藉她對原型的理解，有了透徹的認識，不用參照模特就能任意改變這只“貓”的姿勢。

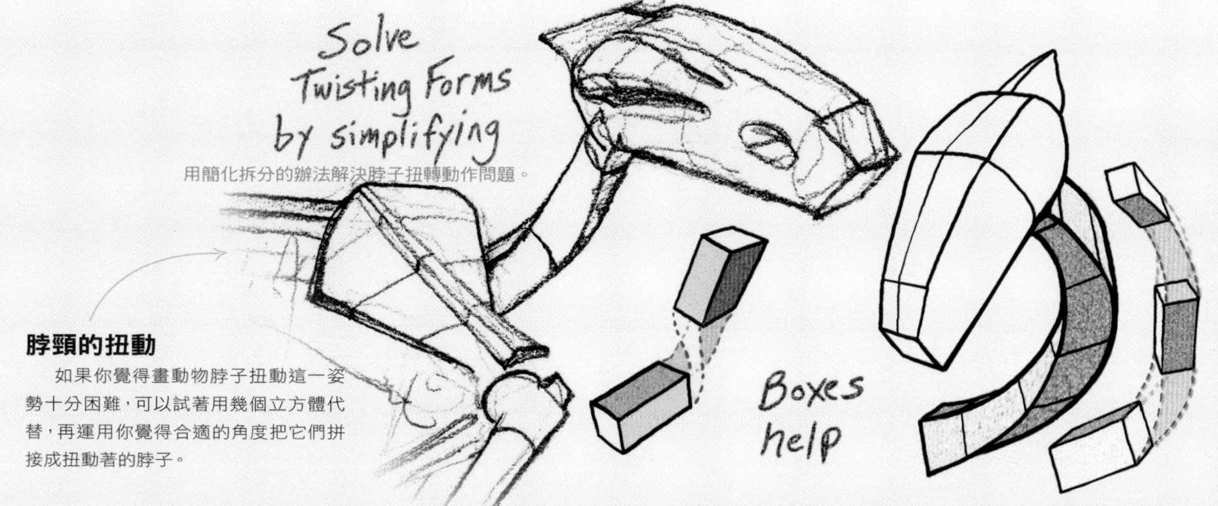

用簡化拆分的辦法解決脖子扭轉動作問題。

脖頸的扭動

如果你覺得畫動物脖子扭動這一姿勢十分困難，可以試著用幾個立方體代替，再運用你覺得合適的角度把它們拼接成扭動著的脖子。

練習

把骨架看成建築

相信你從標題就能猜出這次練習的內容了，就像我一再強調的那樣，把複雜的輪廓和解剖圖簡化再簡化，正如本頁中卡莉所做的那樣，這項練習有一定的難度，你可以試著用手邊的水管來幫助自己理解動物的頭部活動。

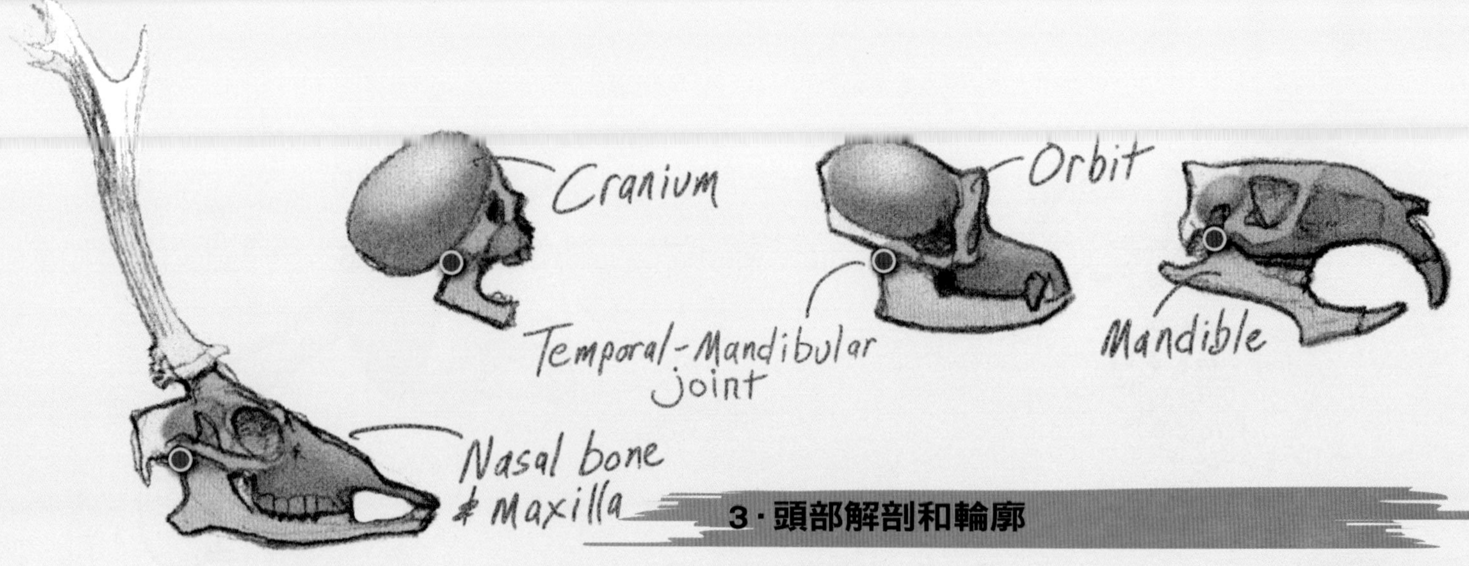

3．頭部解剖和輪廓

不同的動物頭部千差萬別，只有部分共同點，其中之一就是它們都是三維立體的……

頭顱的組成部分多且複雜，所以必須將其簡化。頭蓋骨保護著大腦，呈雞蛋形，不過這一形狀僅在人類和猿類的頭顱較為明顯，在其他大多數動物身上，只是深藏在顱脊之下的一小塊骨頭，並且還被頭側的大塊肌肉（顳肌）所覆蓋。大多數食肉動物的眼眶都面向前方，而大多數食草動物的眼眶則朝向兩側。上頜骨由長長的向前伸出的鼻骨和支持牙齒的上顎組成。下頜骨是頭顱上唯一一塊可以活動的骨頭，它的活動靠耳朵下前方的顳下頜關節完成。

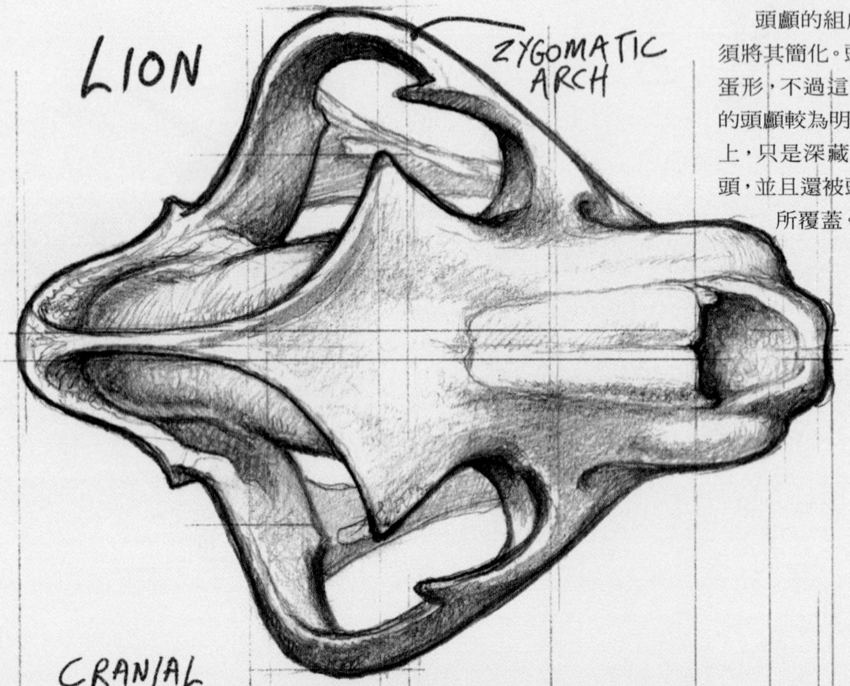

多角度觀察頭顱輪廓

頭顱是頭部結構形成的基礎，在研究頭部其他部分之前首先要研究這一部分，正如前幾節所講，我們將從多個角度觀察這一部位。

要判斷頭部的寬度僅從側面看顯然行不通。當我們俯視獅子的頭部，會發現頭部最寬的部分是頰骨（顴弓）。同理，要想觀察動物的牙齒寬度，也不應從側面而應從正面觀察。判斷顱脊高度，應從側面觀察，多角度觀察可以畫出立體圖形，同時保證這些圖形比例的準確。

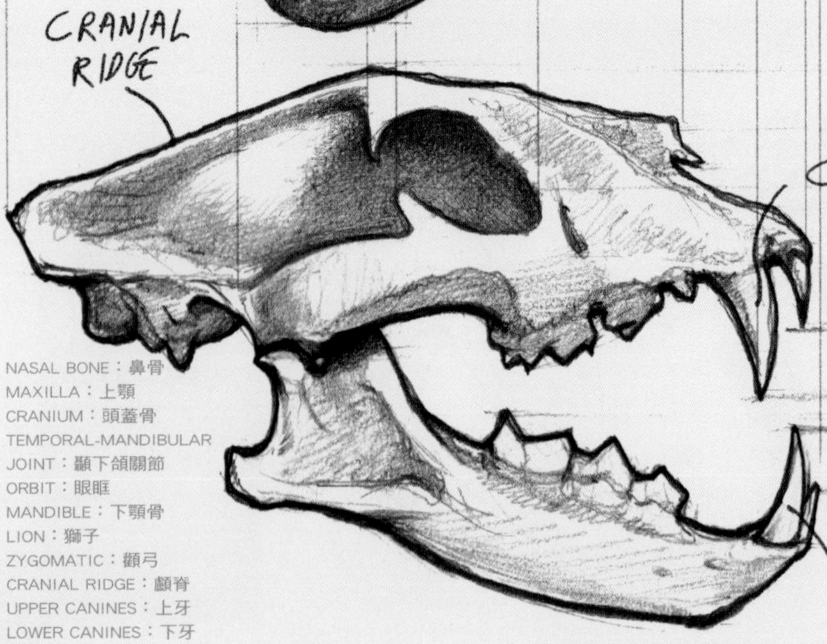

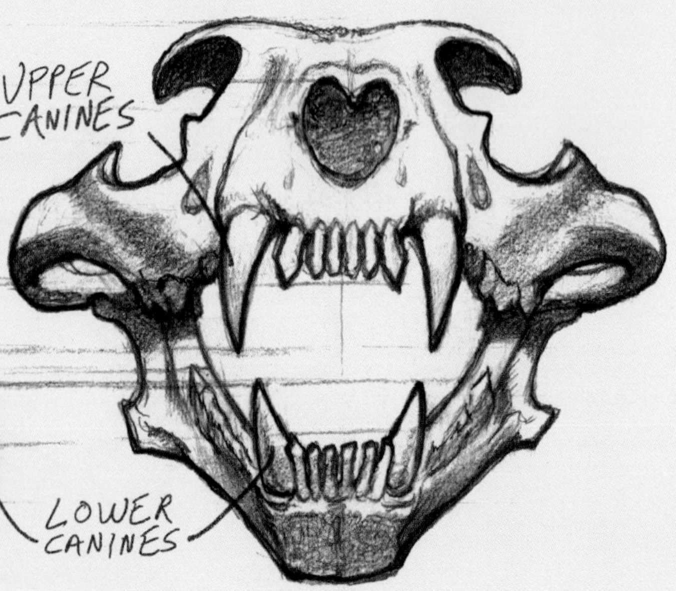

NASAL BONE：鼻骨
MAXILLA：上顎
CRANIUM：頭蓋骨
TEMPORAL-MANDIBULAR JOINT：顳下頜關節
ORBIT：眼眶
MANDIBLE：下顎骨
LION：獅子
ZYGOMATIC：顴弓
CRANIAL RIDGE：顱脊
UPPER CANINES：上牙
LOWER CANINES：下牙

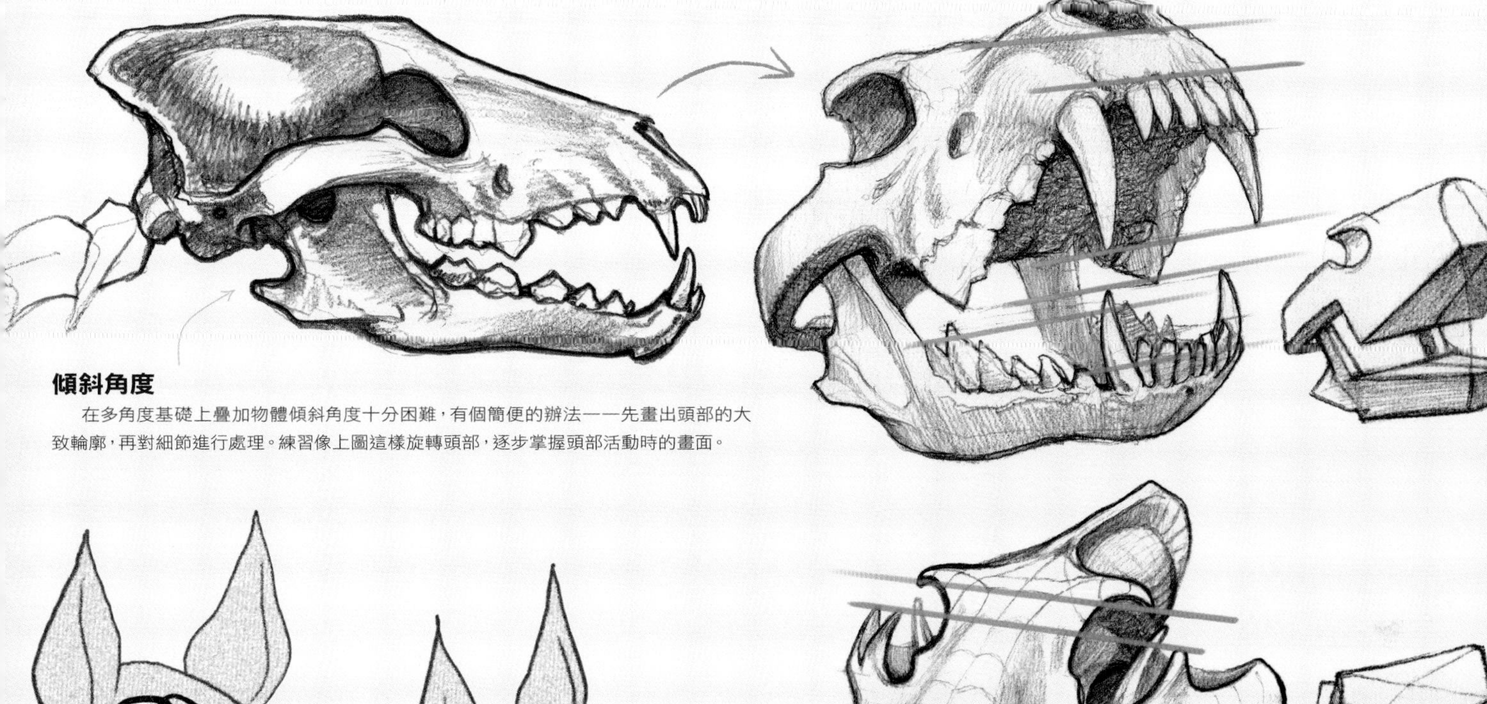

傾斜角度

在多角度基礎上疊加物體傾斜角度十分困難，有個簡便的辦法——先畫出頭部的大致輪廓，再對細節進行處理。練習像上圖這樣旋轉頭部，逐步掌握頭部活動時的畫面。

利用平行線

注意上面兩幅圖，不論動物的嘴巴是張開，還是緊閉，圖上幾組橙色線條始終保持平行。這一規律可以幫助你定位動物的牙齒。

眼睛的位置

食草類動物的眼睛略偏向側面，我們可以像左圖這樣用圓柱體來解決這一問題。同時也要注意，食草類動物的眼睛雖長在頭顱的兩側，但是仍面向前方。我們可以如左圖所示，在頭顱上畫一個中點，再從這一點上畫兩個圓錐體，以此來定位眼睛的擺放位置。

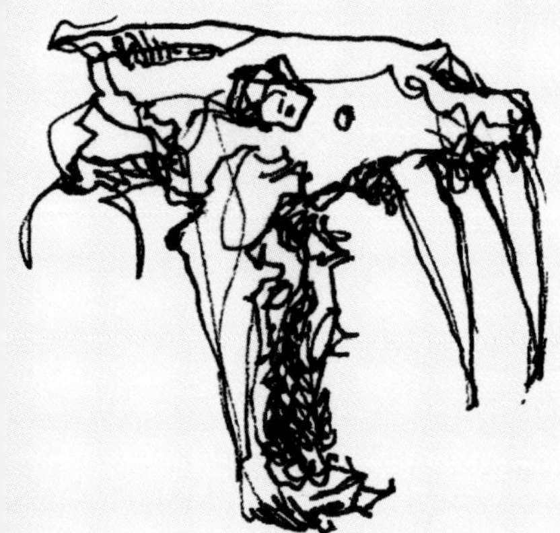

放鬆一下

你所學的這些理論性的知識均有助於你掌握繪畫，不過當你掌握了美術解剖學，也別忘了偶爾放鬆一下，隨性地畫一些速寫。有時憑著這種衝動和隨意，反而容易發揮出你的最佳水平。

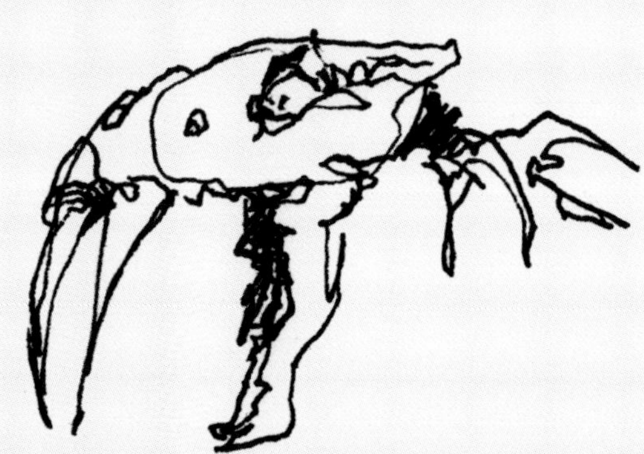

第六節
臉部

觀察動物臉部與人類臉部的相似之處，究竟是哪個關鍵環節將二者區別開來。

藝術家簡歷

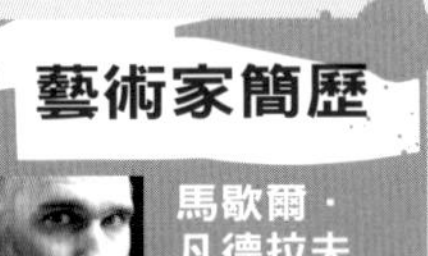

馬歇爾·凡德拉夫
國籍：美國

更多關於馬歇爾的信息請移步至他的個人網站。
www.marshallart.com

DVD素材
由馬歇爾繪製的參考素描可在光碟的Animal Anatomy文件夾中找到。

學習過動物的基本輪廓、軀幹、後腿、前腿、脖子還有頭部，現在我們將要學習最後一個部位，最能表現動物情感的部位一臉。英國詩人威廉·布萊克（William Blake）曾寫道：

老虎！老虎！火一樣輝煌，
燃燒了黑夜的森林和草莽，
甚麼樣的聖手、天眼，
塑造了你一身驚人的勻稱？

他道出了一條從人類觀察世界起就有的規律一我們所見的生物大多左右對稱。臉部肯定也不例外。即使動物都是二維圖形，畫家們仍需要從四分之三的視角來畫它們。更何況，動物還是三維立體的。

我們當然不能僅僅滿足於畫動物的正面，即便是畫動物的正面，我們也希望它看上去是立體的而非平面的，這需要我們在解剖學知識基礎上，把輪廓簡化，以便我們畫出一個飽滿堅固的結構，再在其上添加動物的表情，它可以是高興的、恐懼的、吸引人的或者滑稽的等等。

正如前面幾節所講的順序那樣，我們會從畫技入手，具體到這一節則會涉及不同角度的頭顱結構和動物表情的立體生動刻畫。這些技巧各不相同，不過卻有一個共同的目的：傳達情感。

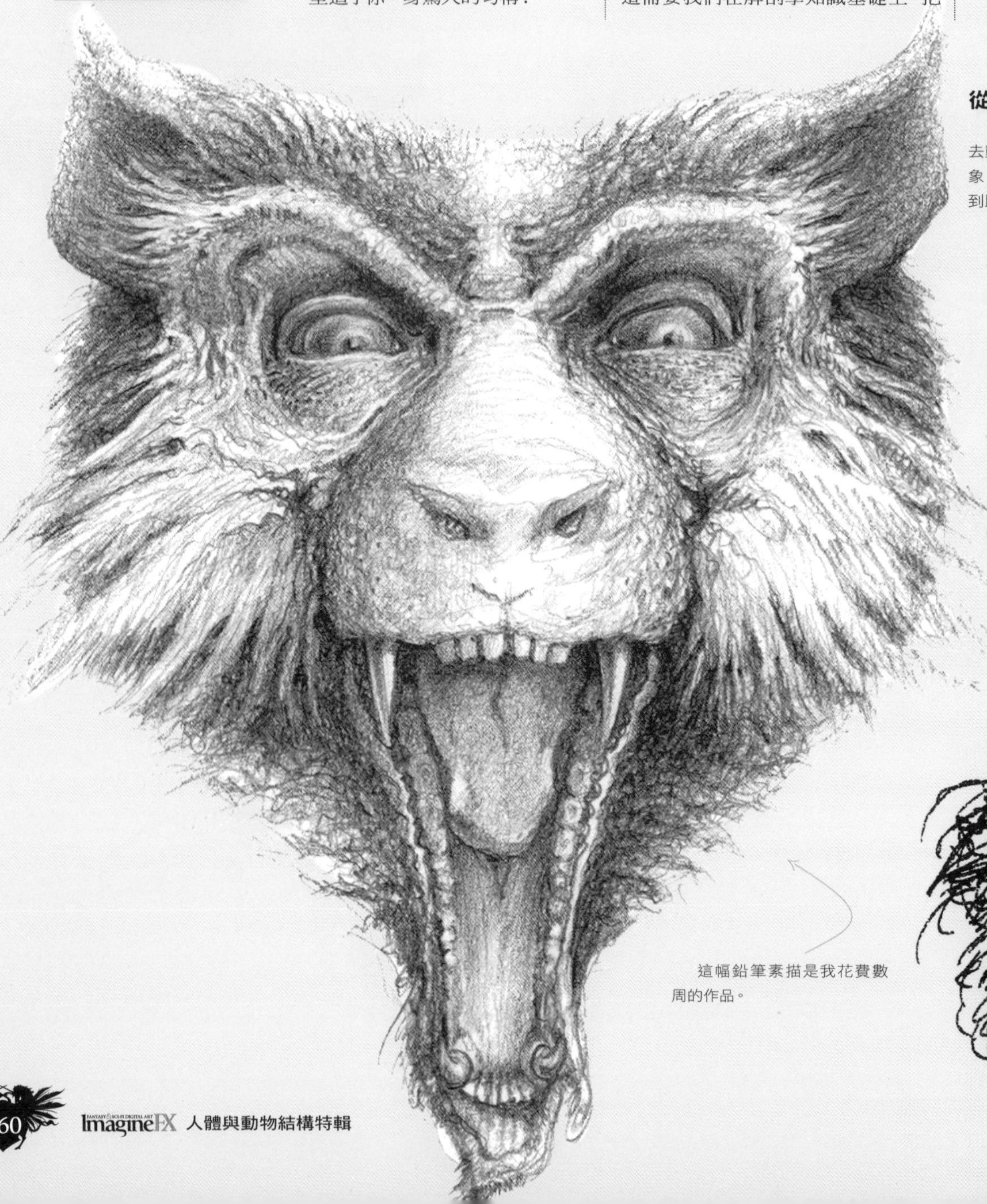

從生活中取材

如果沒有模特，我們可以帶上自己的寫生本去動物園，那裡的動物都可以成為我們的繪畫對象，我們可以練習把所學的美術解剖學知識運用到即興的創作中。

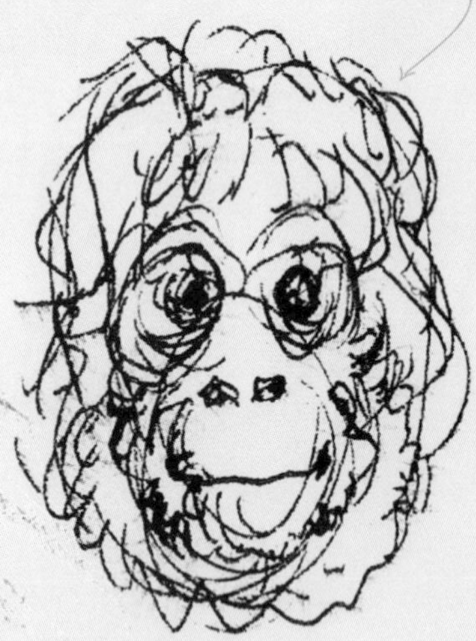

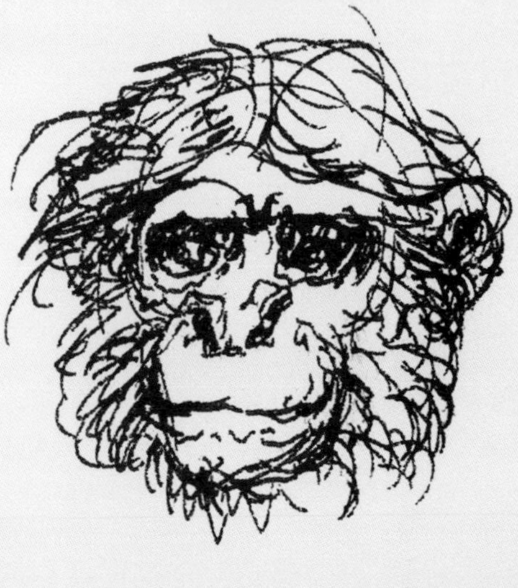

這幅鉛筆素描是我花費數周的作品。

1·基本輪廓

臉和頭部、頸部關係密切，我們先來回顧一下前幾節關於這兩個部位輪廓的知識。

練習

利用立方體畫動物頭部
選取一個動物頭部的兩個不同角度，然後再畫一個立方體，使這兩個不同角度的頭部都可以置於這個立方體之中，最後再為這組頭部添加細節。

骨架是體形的基礎—這點在頭部體現尤為明顯，頭顱的形狀決定了整個頭的形狀。頭部有許多有趣的細節需要謹記，不管鼻子、眼睛或一個表情單獨看上去多麼完美，如果它與整個頭顱不協調就都不足稱道。首先我們要學習的就是如何把握臉部的比例和五官的位置。

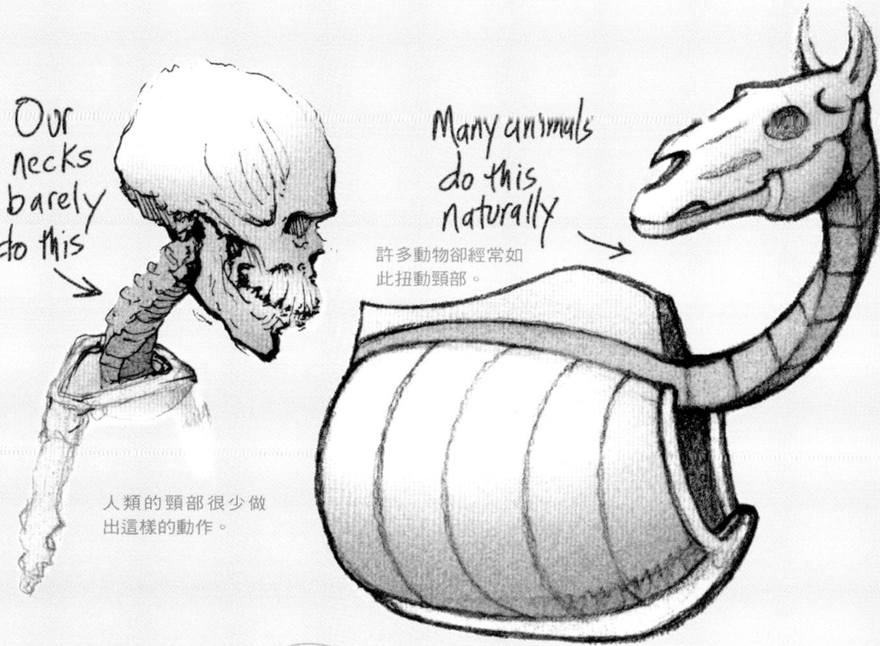

許多動物卻經常如此扭動頸部。

人類的頸部很少做出這樣的動作。

利用立方體畫圖

頭顱的輪廓結構十分複雜，而立方體卻十分簡單，將複雜的輪廓放置於簡單的立方體，可以使我們更好地把握輪廓的長寬比例。立方體就像構造圖畫的腳手架，能使我們速寫的比例更為精準。

實用的簡化方案

下圖是一組猴子、人類和猩猩的頭部簡化圖，類似這樣的簡化圖可以幫助我們構造出許多不同的角度，以下是一些不同角度的示意圖。

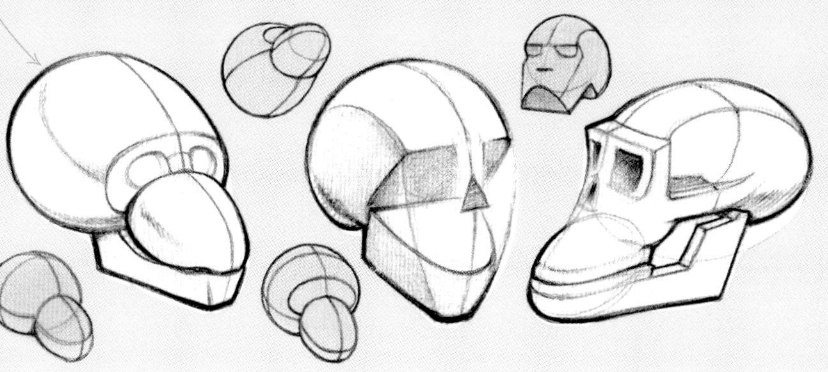

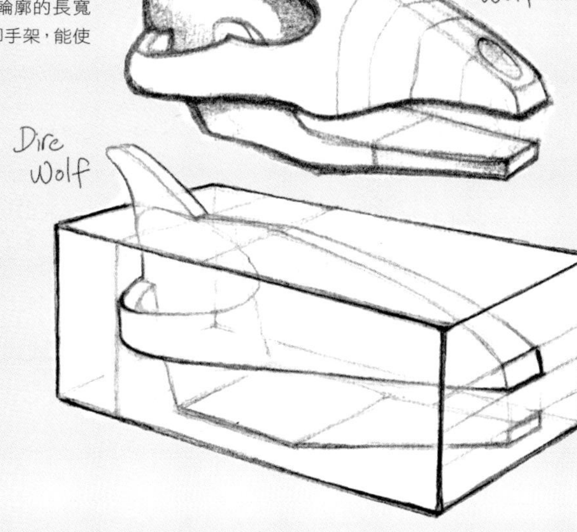

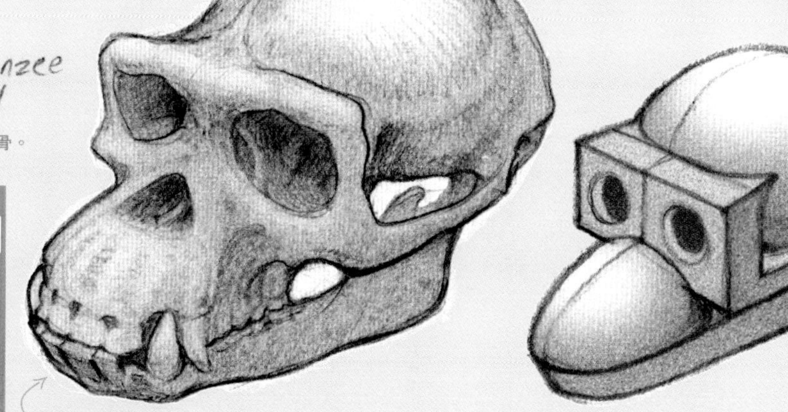

大猩猩頭顱骨。

練習

用簡單的圖形構圖
依照上圖，用雞蛋的形狀表示頭顱，圓柱體的組合表示臉部結構，圓柱體或圓錐體表示眼眶，這些將為學習臉部特徵做鋪墊。

輪廓優先

專注於細節點滴的刻畫可能會使你的畫作出眾，但是從小處著眼的做法往往會使我們失去對畫面整體輪廓線條的把握。可能你會覺得把輪廓看成雞蛋、圓柱體、圓錐體這樣的方法沒有難度不值得一試，但別太早下定論，這種方法其實很難，而且你今後會從中獲益頗豐。說它難，是因為這可能需要數月的學習才能掌握輪廓，說它對你會有所裨益，是因為當以後你在畫頭部時就能夠覺察出骨骼輪廓對於臉部細節和活動的影響。

2·五官的輪廓

不同動物的五官千差萬別，卻又有著共通之處……

五官並不只是一抹色彩或者幾根線條的堆砌，它們也有其自身的形狀和立體感，這一節將講授一些動物五官的細部特徵以及它們與整體輪廓之間的聯繫。

立體而非平面的眼睛

人類和猿類的眼睛都長在平面上，這樣省去了不少考慮透視關係的功夫。然而動物的雙眼則相隔較遠，並且是圍繞著圓形的頭顱生長。

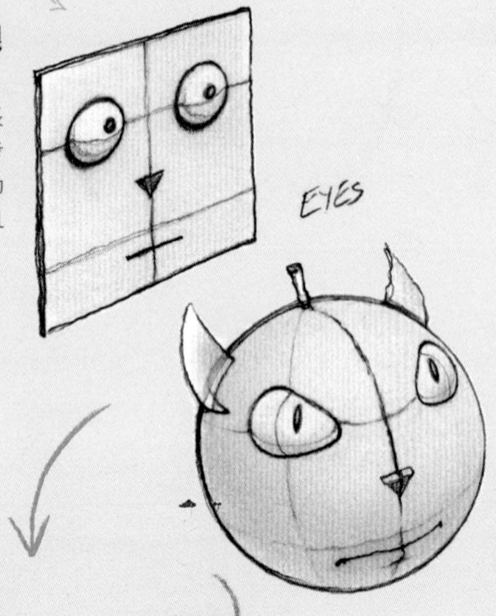

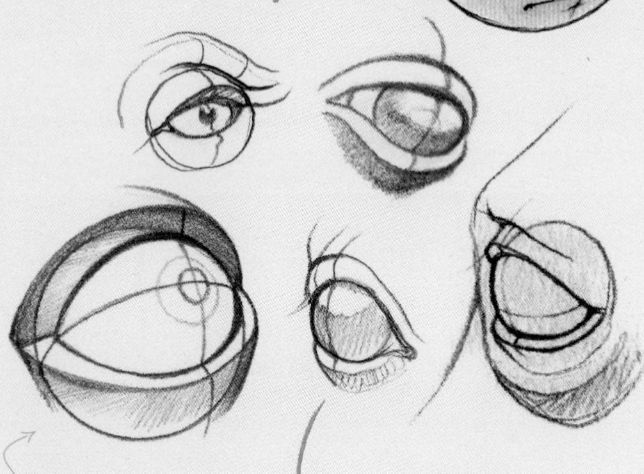

眼球

所有的眼睛都是球形的，並且外面被厚厚的眼瞼包裹著。

凸出的眼球

雖然眼球一般都藏在眼窩裡，但是仍有一部分眼球暴露在眼窩之外。畫之前要先注意到這部分是凸起的球面。

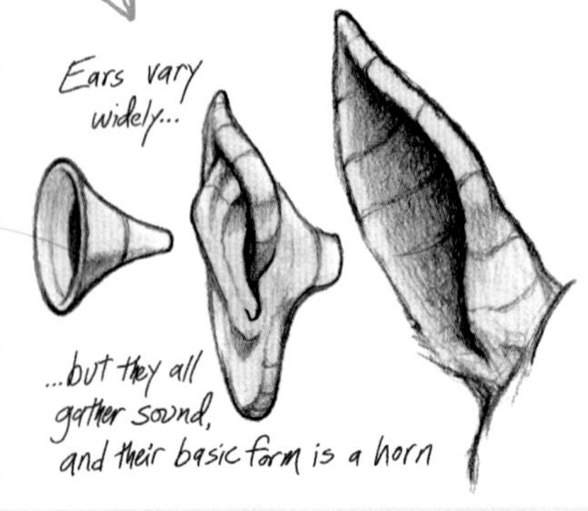

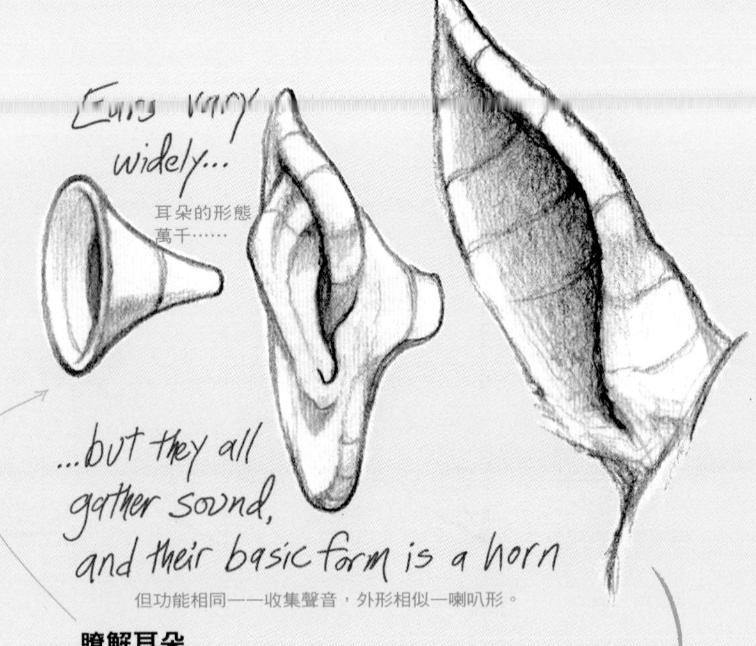

耳朵的形態萬千……

但功能相同——收集聲音，外形相似一喇叭形。

瞭解耳朵

不同動物耳朵上的膚質、軟骨結構、脂肪肌肉分布都不相同。但對畫畫的人而言，耳朵就是一個收集聲音的喇叭。

Dog ears are extremely flexible- They stiffen open, flop closed

狗的耳朵極為靈活——它既能豎起，又可以垂下。

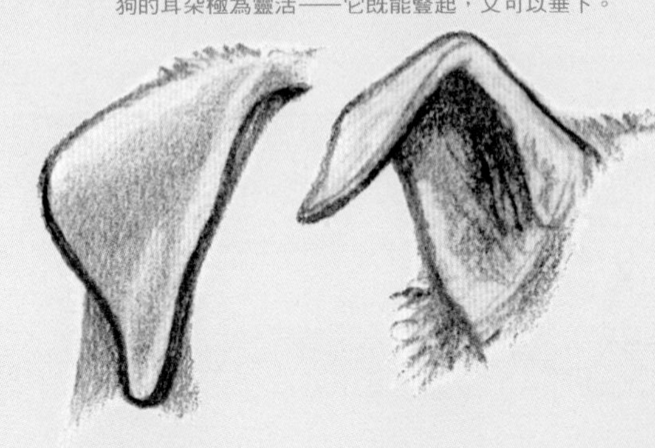

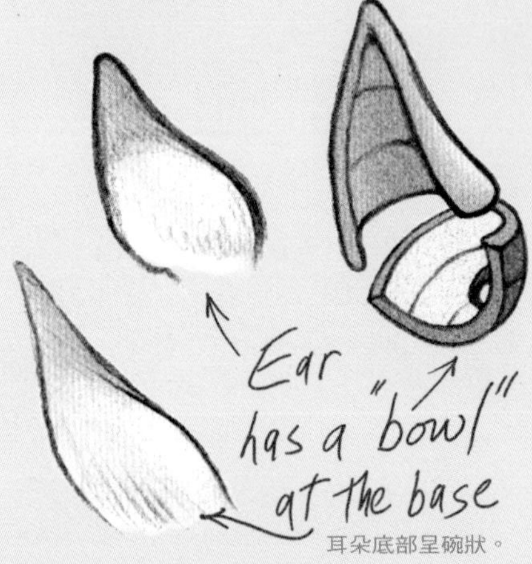

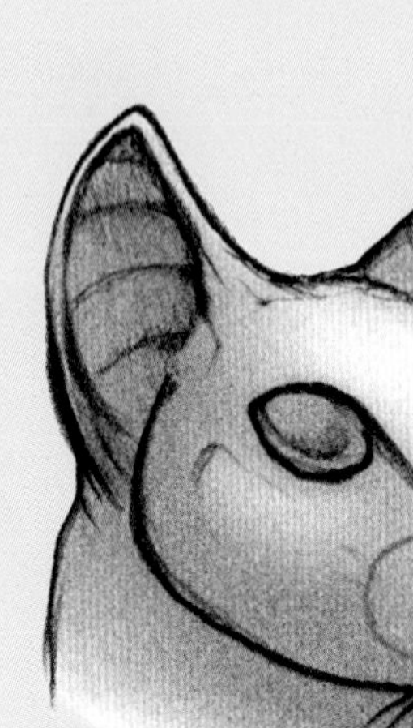

Ear has a "bowl" at the base

耳朵底部呈碗狀。

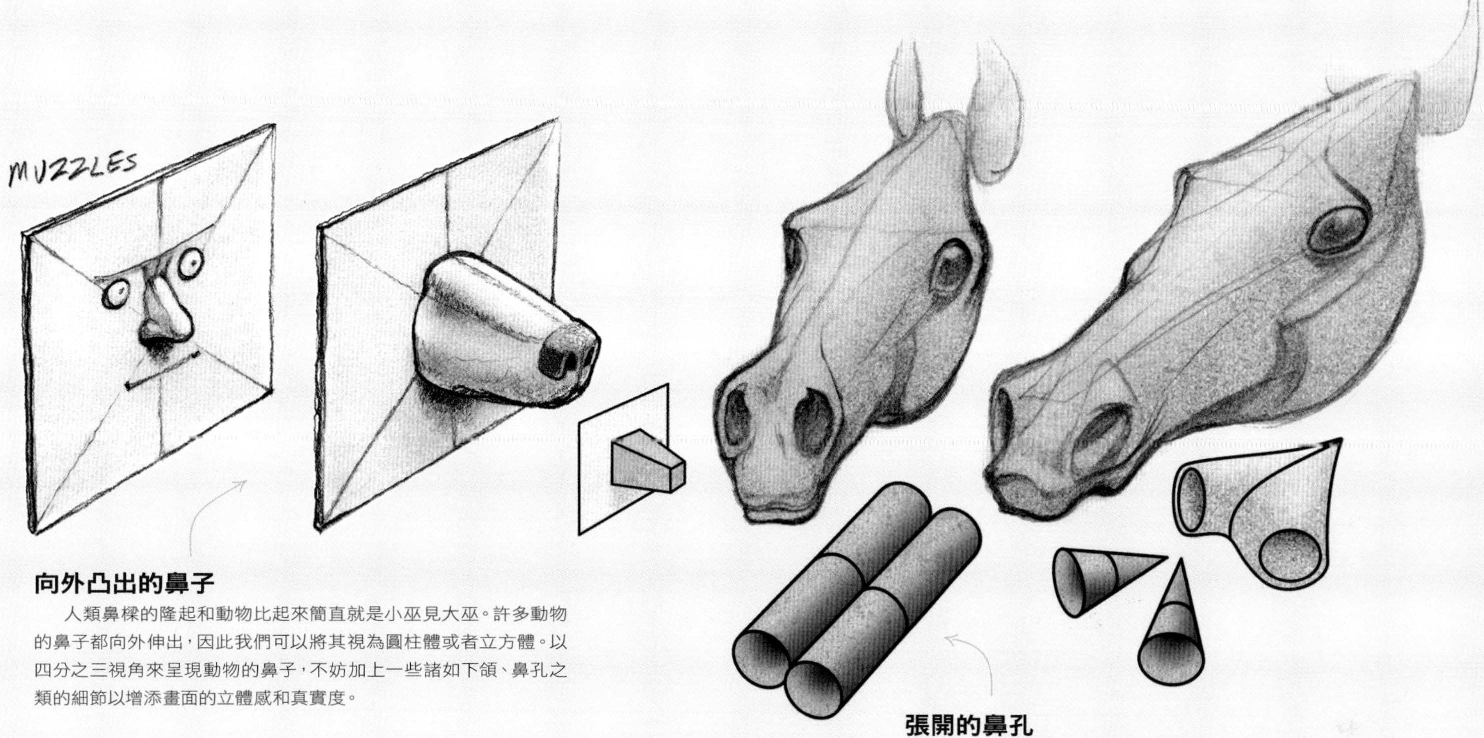

向外凸出的鼻子

人類鼻樑的隆起和動物比起來簡直就是小巫見大巫。許多動物的鼻子都向外伸出，因此我們可以將其視為圓柱體或者立方體。以四分之三視角來呈現動物的鼻子，不妨加上一些諸如下頜、鼻孔之類的細節以增添畫面的立體感和真實度。

張開的鼻孔

馬的鼻孔朝向和它們的眼睛一樣，介乎正前方和兩側之間。我們可以借助圓錐形來表現它的透視關係，不過馬在奔跑時，它的鼻孔也可能變成是朝向正前方的，此時它們的鼻孔看起來會更像是兩根槍管。

立方形的象鼻

大象的鼻子很長，而且可以自由擺動變換方向，我們可以把象鼻看成由一個個立方體組成的。象鼻上的皺褶可以看成表現象鼻厚度及透視關係的橫紋。

合葉般的頜骨

頜骨側面的形狀比較簡單，它看上去就是一個合葉。不過從其他角度看，它更像一個三角形—前面寬，後面窄。畫的時候你必須找出嘴正面與側面的交接，然後才能由該處畫出這兩個不同的面。在四分之三的視角中，動物的獠牙正好可以看作是正面上的兩角，這樣便於我們定位這正面以及它與側面相交的轉折點。

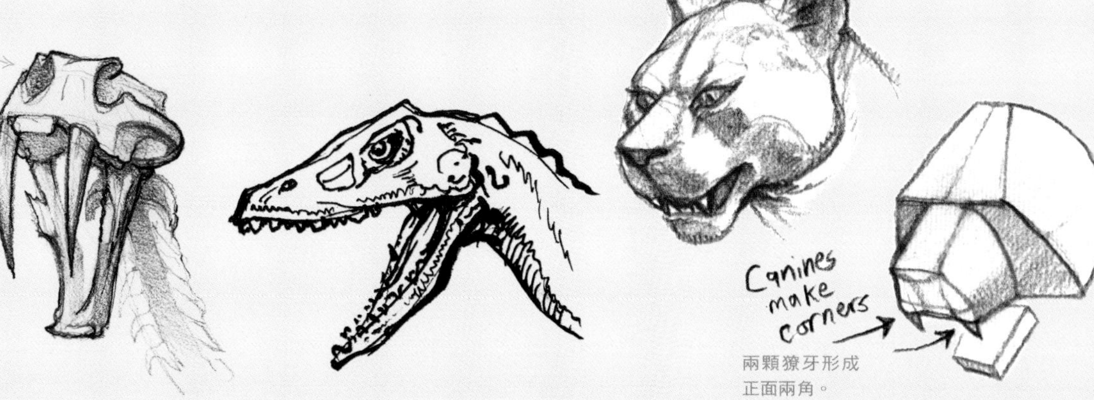

兩顆獠牙形成正面兩角。

練習

比較與對比

收集一些動物的臉部，然後以擬人化的方法將它們呈現出來，你會驚奇地發現人類的鼻子跟動物的比起來是何其的小！這點不同能夠幫你更好地把握它們的輪廓。

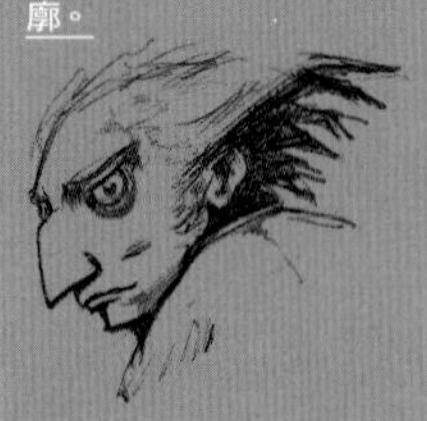

3·動物擬人化

人與動物比例有很多相似卻又不同之處，讓我們來比較一下他們的異同……

為人處世，把自己周遭的親友比作某種動物可能不是個好點子，但就藝術創作，這卻是幫助你瞭解臉部特徵的好辦法。動物的臉部特徵千差萬別，甚至可以花費一生去發現探索。對比動物和人之間的差異是一條十分有效的捷徑，你可以在不傷害別人感情的前提下，盡可能發現其中的樂趣。

登陸www.banedarkart.com，去發現更多這方面的類比吧。

豬寶寶

有時，人臉看上去會讓你聯想到一些動物：猴子、老鼠、小貓、黃鼠狼、黑猩猩等等。畢竟，小孩子不就是個會說話的小動物嗎？

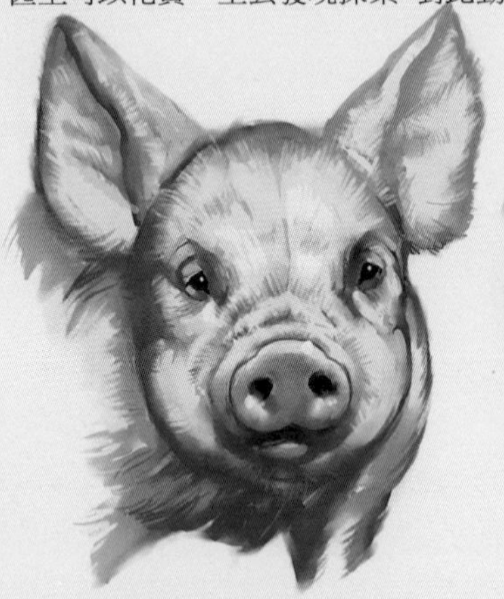

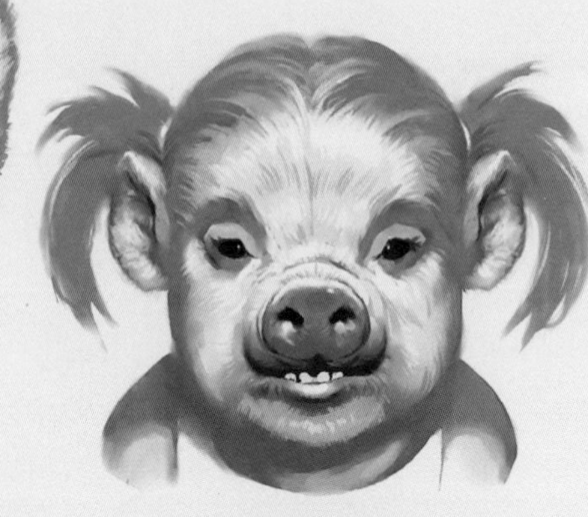

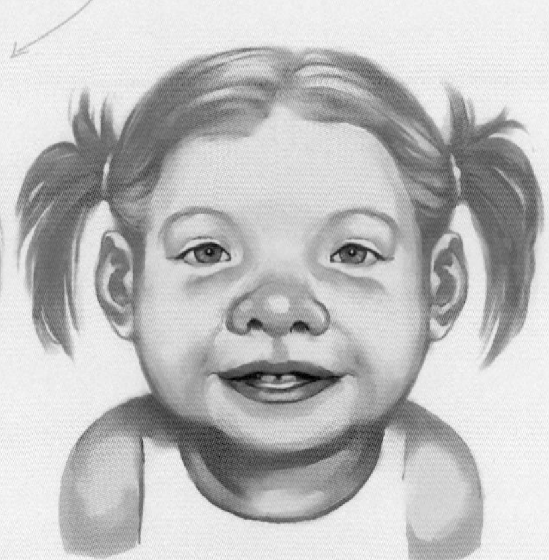

熊先生

如果你缺乏靈感，或者你畫的人物總是一成不變，不妨試著從動物身上找找靈感。往往它們能讓你畫出既普遍又獨特的人物。

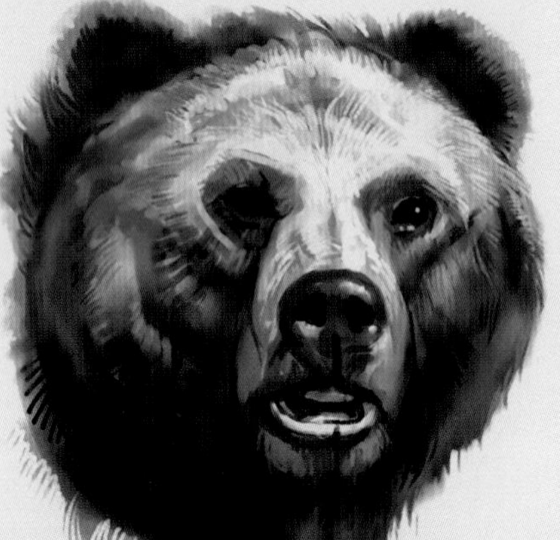

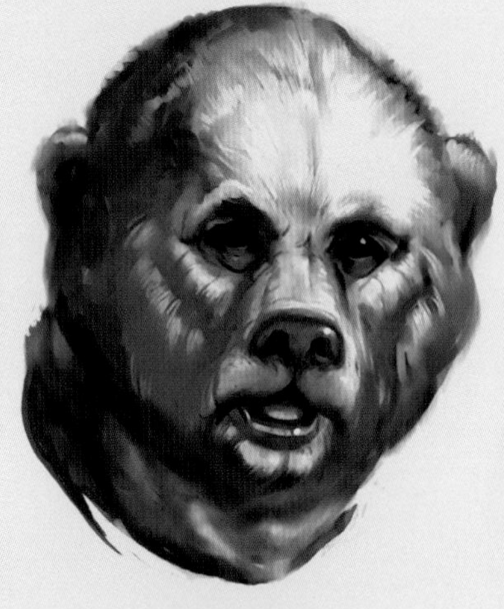

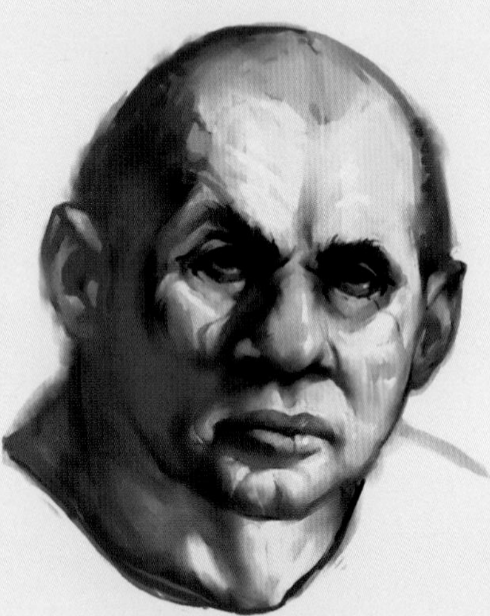

練習

練習變形

試著畫一組類似本節動物的臉變成人臉的圖畫。你可能會發覺中間過渡的那幅比較難，不過它也讓你學到最多。

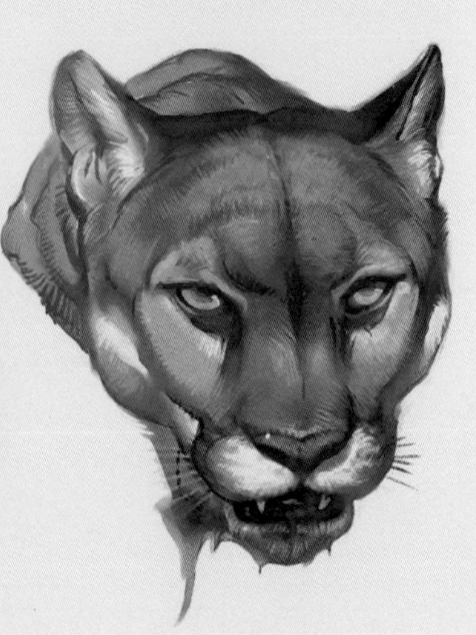

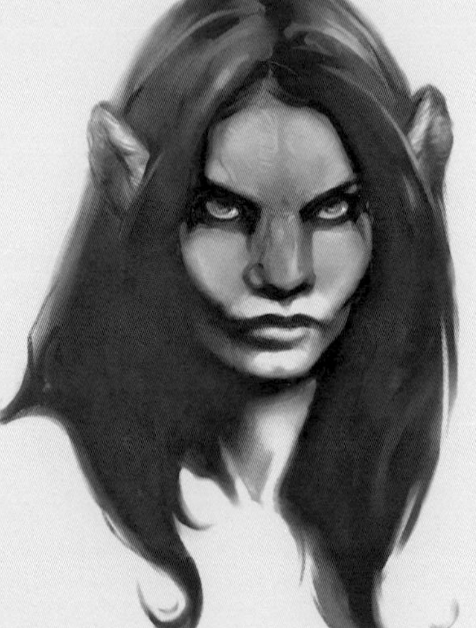

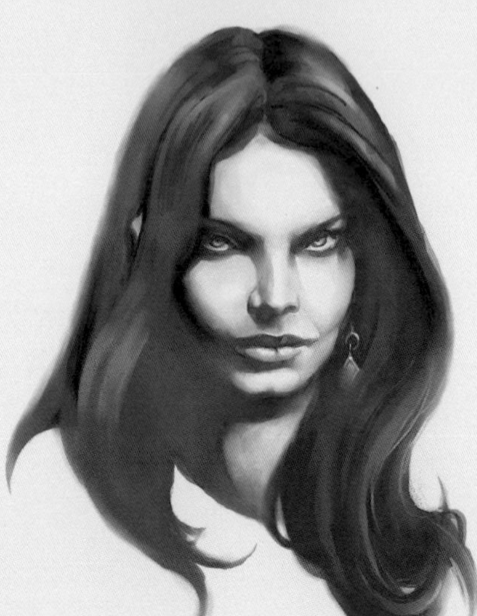

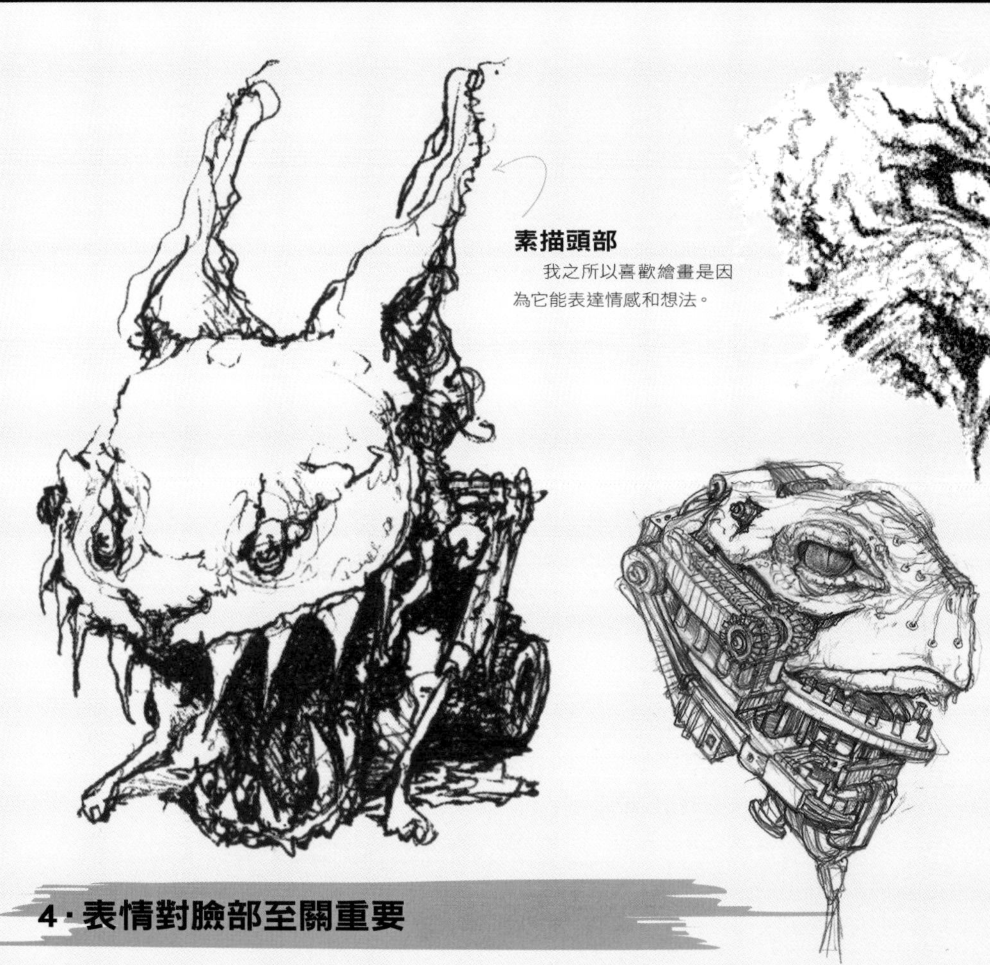

素描頭部

我之所以喜歡繪畫是因為它能表達情感和想法。

畫自己想畫的

無論你有著怎樣的天賦，都需要透過練習付諸實際。越享受練習的過程，就越容易持之以恆。

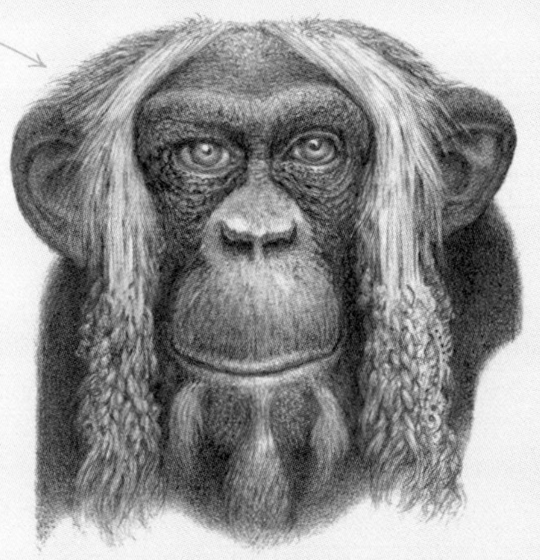

4·表情對臉部至關重要

恰當的表情能為你的畫作注入生命……

並非訓練有素的畫家才能畫好動物，小朋友們也可以把動物畫得很生動。這並不是因為他們天生就有畫動物的技巧，而是因為他們很會表現動物的情感。然而小朋友們卻往往希望自己能擁有我們這幾節中所講授的技巧。

繪畫技巧可以幫助你畫出嶙峋的骨骼，結實的肌肉。繪畫技巧可以幫你把動物畫得誇張，且具有可信度。

繪畫技巧對任何以繪畫謀生的人來說都非常有用，但也只能教你畫出動物的皮囊，這樣的動物本身是沒有生命力的。無論動物是神秘、詭異、可怕還是壯觀，有靈魂的動物才有生命力，才能引起人們情感的共鳴。你的想像力越天馬行空，你的作品也就越有生命力。

希望前幾節的內容對你的繪畫有所幫助，對你的靈感有所啟發。在這裡，衷心祝願您可以畫出更好的作品以饗大眾。

加油！

動物種類繁多，發揮空間很大，甚至可以作為你畢生的事業。

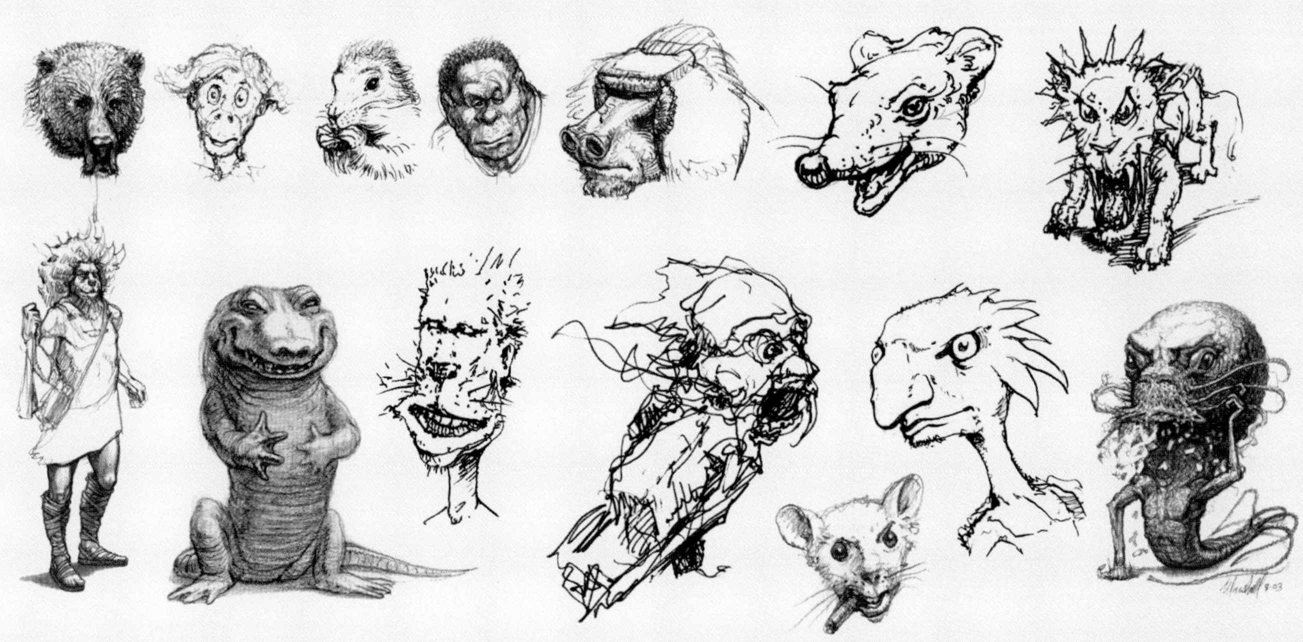

欣賞 解剖 肌肉 動作 動物 數位

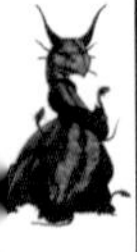

第七節

龍的繪畫實踐

詹姆士·史崔赫傳授將這種潛伏於心中的神秘野獸付諸於紙上的繪畫技巧。

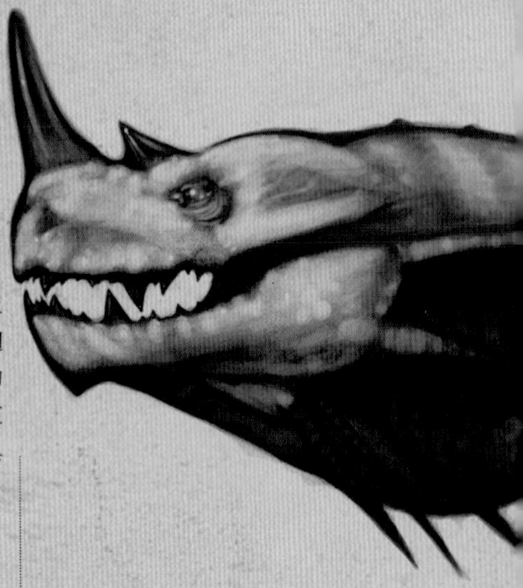

藝術家簡歷

詹姆士·史崔赫
國籍：美國

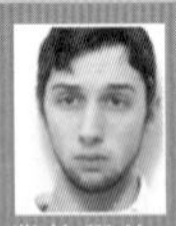

詹姆斯從波士頓藝術學院畢業不久，擁有動畫和插圖專業的學位。他的作品已在藝術界引起注意。目前他是一名自由插畫師，為不少項目繪畫過作品。

www.jamiestrehle.com

龍是奇幻世界中噴射火焰的象徵。它們是宏偉而強大的野獸，深入全世界作家和藝術家的心中。有關龍的傳說和神話自古以來就有，並且在全世界範圍內衍生出不計其數的文化主題。本文討論的有關內容框定在傳統歐洲思想理念內，以免範圍過廣而漫無邊際。在概念設計階段，我會給出一些小技巧，透過草圖和靈感幫助大家突破傳統思維定勢，最後在龍的解剖結構上給出自己的建議。

1 創意

首先要有一個好的創意。設想龍身上具有的一些特徵，例如：巨大的尖角，翅膀或錯綜複雜的圖騰。我常會將動物的形態融入到龍的設計中，比如說獅子。這會使你設計的角色獨具一格，也會使具體部位更加充實。

2 置景

在龍的塑造過程中，環境的設計是非常重要的。不同的置景也將對龍的形象產生不同的影響。我設計的龍會成為環境的一部分，類似於生物的擬態。如果在一片鬱鬱蔥蔥的森林中出現一條明亮而鮮紅的龍，那它一定飢腸轆轆。

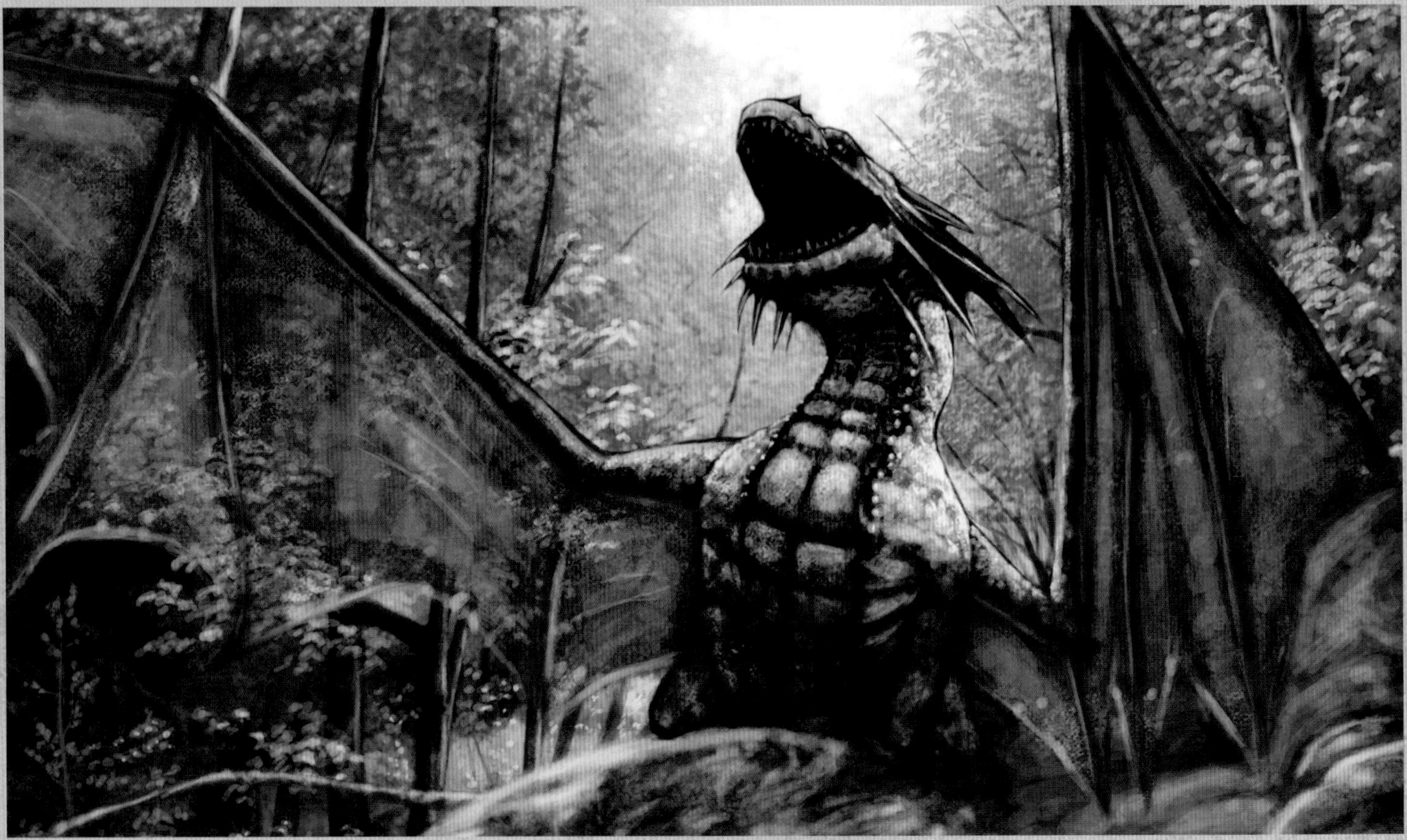

3 參照的動物

在繪畫龍時，如果能以一些動物形態作為參考，將會起到很大的幫助。我常常用作參考的動物包括獅子、大象、鳥類、蝙蝠、科摩多巨蜥、蛇和蜥蜴等等。我甚至會用到魚來拓展想像的尺度。

4 比例結構

龍是想像出來的生物，因此在比例結構上具有很大的自由度。然而，一些基本的數值我們需要知曉。龍的縱向長度約與10個龍的頭部相當，其中，尾部大約占了6個頭的長度，約是身體的1.5倍。通常情況下，軀幹的寬度約等於頭部寬度的1.5倍，翼展應略小於身體與尾巴長度的兩倍，它與身體的大小是成比例的。

"一般來說，如果不包括龍的頭部、頸部和尾部，其軀幹的大小約與一頭大象相仿。"

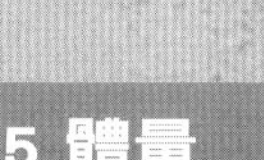

5 體量

在舒展狀態下，龍的高度約為人類高度的2-3倍。一般來說，如果不包括龍的頭部、頸部和尾部，其軀幹的大小約與一頭大象相仿。

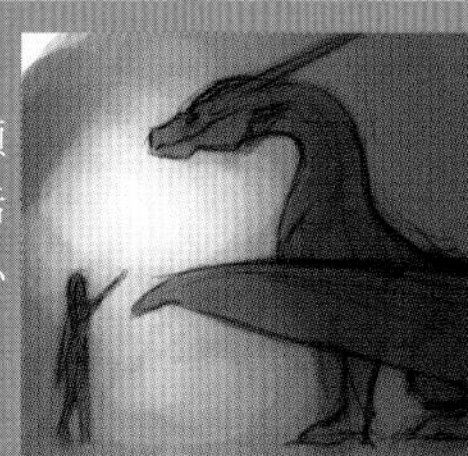

6 骨骼

瞭解龍的骨骼結構是很有必要的。一旦構架出基本的骨型，就可以輕鬆地為其添上肌肉。我們無需對每一根骨頭都十分瞭解，但要把握好鎖骨、肩胛骨、骨盆骨、脊椎、關節和胸腔等關鍵部位的骨骼，它們會讓龍的特徵更加突出和明顯。學習動物結構解剖對於龍的形態細化是十分有用的。

7 頭骨

龍的頭骨是頭部的重要結構，我們需要熟知顱骨、鼻腔骨、眼框骨、下頜骨等主要的骨骼。一旦將這些骨骼畫好，其余內容就能夠輕鬆處理。為了弄清如何創建龍的頭骨，我以多種生物作為參考，諸如鱷魚、鳥類、恐龍和人類頭骨，從而瞭解皮膚之下的骨骼結構。

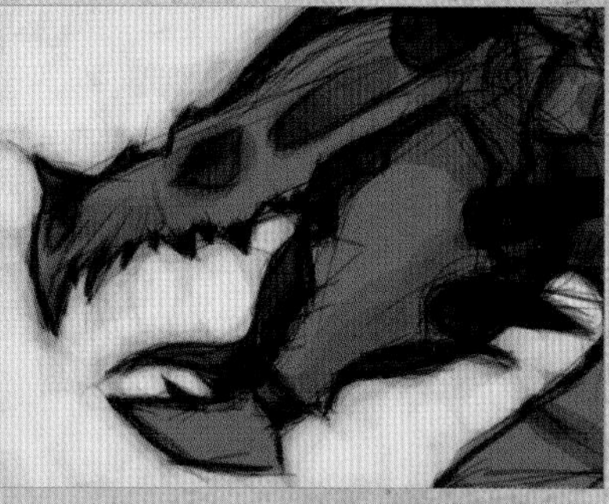

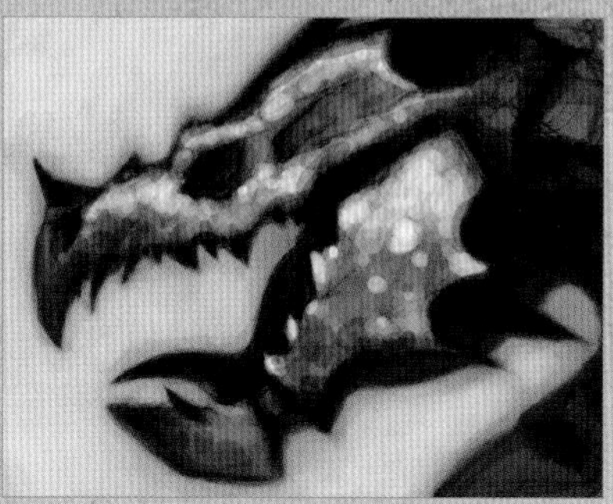

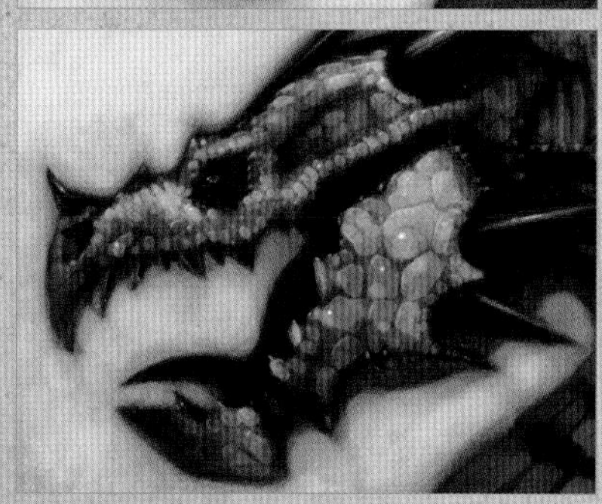

8 肌肉

每一種生物都有肌肉，我們需要瞭解肌肉是如何包裹在骨骼表面並驅動骨骼運動的。有了這些知識，就可以正確地創建胳膊、腿部、肚子等部位。無論龍的身體部位是多麼扭曲或誇張，只要正確處理好了肌肉，它們看起來就是真實的。

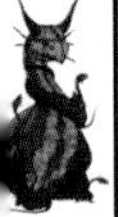

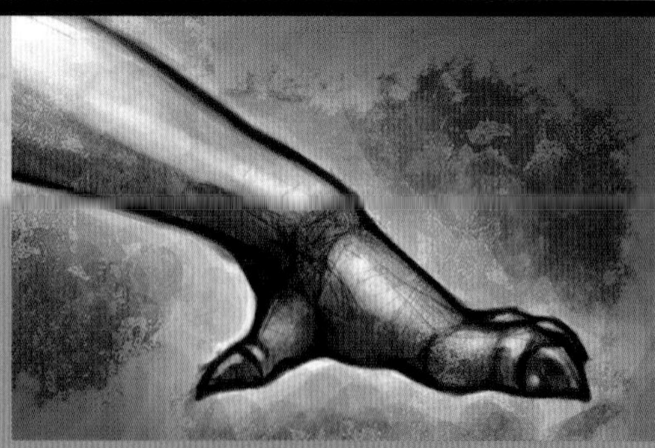

9 牙齒

牙齒可以用來對龍的臉型進行定義。不同的牙齒——大犬齒或小細齒——會產生截然不同的臉型。可以用鱷魚的牙齒來進行參考，它們的牙齒向外突出，看上去危險而恐怖。

10 繪製草圖

龍的身體有很大的彎曲度，我們首先畫出S型的脊柱。接下來，分別用兩個橢圓形代表頭部和身體，身體的尺寸應該至少能夠容納下兩個頭部。

11 四肢

可以從蜥蜴、鱷魚、獅子等動物的身上學習四肢的畫法。只有四肢畫對了，龍的大致形態才會顯得協調。

12 前臂

在一些場景中，龍以四腳在地面上匍匐，因此前臂必須足夠結實。當然，龍也可以只依靠後腿直立行走，因此需要事先考慮好畫面的效果。當龍的前臂放下時，其前爪大約位於尾部與軀幹的連接處。

13 後腿

後腿主要由三塊骨骼組成，它們以Z字形彼此相連。這種腿部的結構很常見，四條腿的動物大多具有這樣的腿型結構，因此可以找到不少參考的對象。相比採用蜥蜴的腿部，我更傾向於使用鳥類作為參考，因為它們的結構更加清晰。鴕鳥是我最常引為例證的，它們的腳趾強壯而有力。

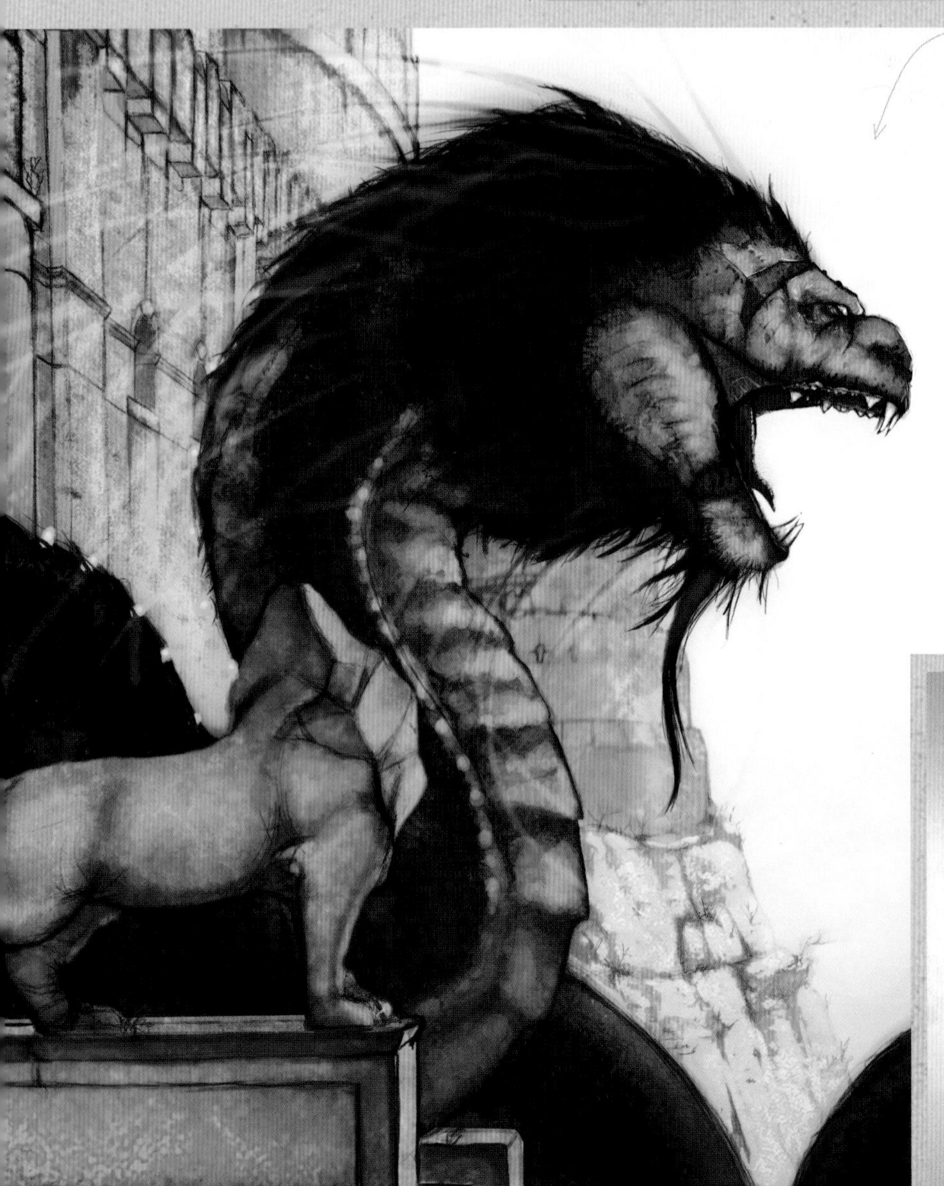

14 年齡

年齡有助於塑造龍的性格特徵：磨損的皮膚和戰鬥的傷痕。我們也可以為龍放上一雙朦朧的眼睛，這讓它們看上去神秘感十足、聰慧而狡黠。這些元素的添加讓龍置身於故事之中，你可以以此為基礎，進一步對情節進行發展。

15 翼展

繪畫翅膀之前先要決定好繪畫的目的。如果龍大部分時間停留在空中，它們的翅膀必須足夠結實，以托起它們龐大的身軀。反之，它們的肌肉結構可能不那麼突出。可以採用蝙蝠的翅膀作為參考。

16 畫面的合理性

在進行創作時，務必要確保畫面的合理性。千萬不要等到圖畫快完成時才發現龍的翅膀根本無法將身軀托舉起來。如果畫的是一條噴火龍，千萬不要疏漏了下頜處應有噴火器官。

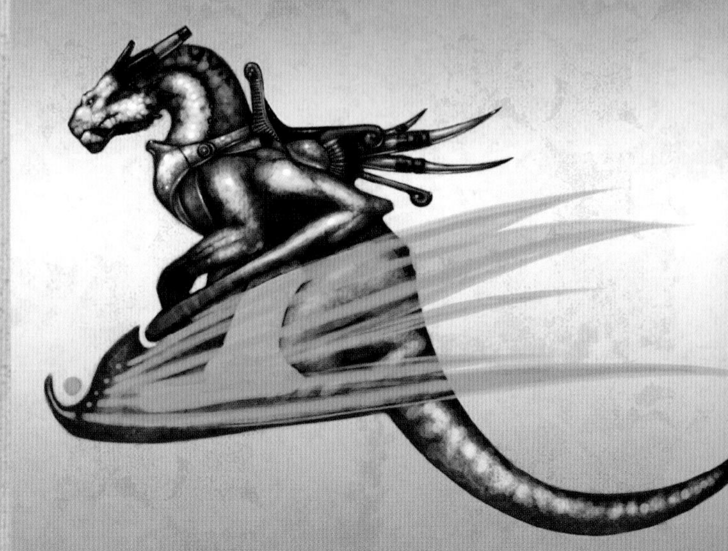

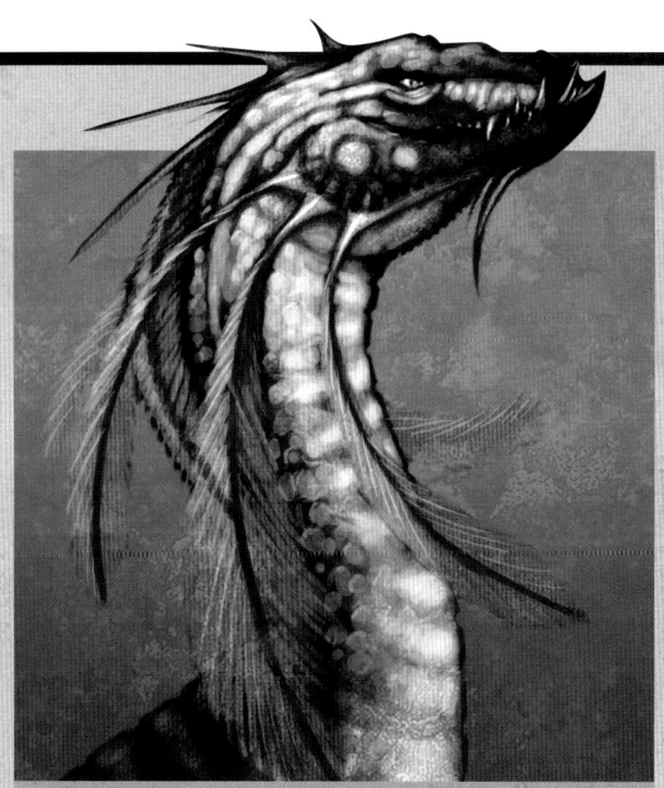

17 色彩

為龍的身體著色，要做的事情還不少。我會用淡藍或淡粉色來表現龍身體下部的柔軟性。我更喜歡採用鯊魚皮膚的著色理念：鯊魚的腹部呈亮白色，背部呈暗黑色，因此無論從上或是從下望去，鯊魚總是融合在背景之中，不易被察覺。試著透過顏色來突出龍身體上的某些特定的部位。

18 眼部

典型的龍的眼睛與黃色的蛇眼相似，但是如果你觀察過爬行類動物，就會發現它們的眼睛類型各不相同。小眼睛看上去邪惡而神秘，大眼睛看起來好奇而善良。眼睛的顏色應該突出於龍的膚色。

19 密布鱗片的皮膚

在繪畫皮膚時，我會選用較大的深色畫筆，將顏色快速地塗到軀幹和四肢表面。深色的皮膚可以表現出龍巨大的體重，在之上可以用其他色彩勾勒出美麗的花紋和光澤。對於陰影區域，我採用深色，而高光部位則採用淺色。最後我將紋理疊加在皮膚之上，以此來掩飾過於明顯的筆觸痕跡。

20 鱗片

完成了皮膚的繪畫後，再繪製鱗片就不會那麼枯燥了，皮膚上的紋理就會給你帶來鱗片的錯覺。不需將每一寸皮膚都畫上鱗片，只要在部分位置添加就可以突出皮膚的質感了。我用半透明的畫筆在皮膚和軀體表面畫出一些光斑，模擬光線照射在皮膚上的效果。

21 龍的特徵

不同的環境決定了龍會有怎樣的特徵。打個比方說，如果龍生活在水中，它們的身體應該足夠苗條且具有流線型。多觀察一些奇異的動物，它們會對你繪畫龍的形態有所幫助。

22 背景的着色

我透過背景色來突出表現生物的氣氛和情緒。有時候，背景色只是為了使前景能夠脫穎而出。對於龍來說，它們是大自然的一部分，所處環境應與龍的狀態相互協調。

23 進一步探索

如果在創作過程中產生了困惑，建議你透過故事情節去塑造龍的形象。它為甚麼會出現在這裡？它是善是惡？是甚麼原因造成了它現在的境況？也許它長期受到折磨，神情緊張。透過這一系列的問題能夠進一步深化你的創作意圖。

24 龍的傳說

有許多關於龍的神話和傳說可供借鑒應用。如果你想畫好龍，就應該對它們的起源有所瞭解。

25 其他形態的龍

龍的類型不計其數，無法在有限的篇幅內將它們全部囊括。在西方，經典的龍的形象長有巨大的翅膀，能夠噴吐火焰。而在東方，龍的形象則被演化為長有四腳的蛇形。這是兩種最常見類型的龍。

“如果在創作過程中產生了困惑，建議你透過故事情節去塑造龍的形象。它為甚麼會出現在這裡？它是善是惡？是甚麼原因造成了它現在的境況？”

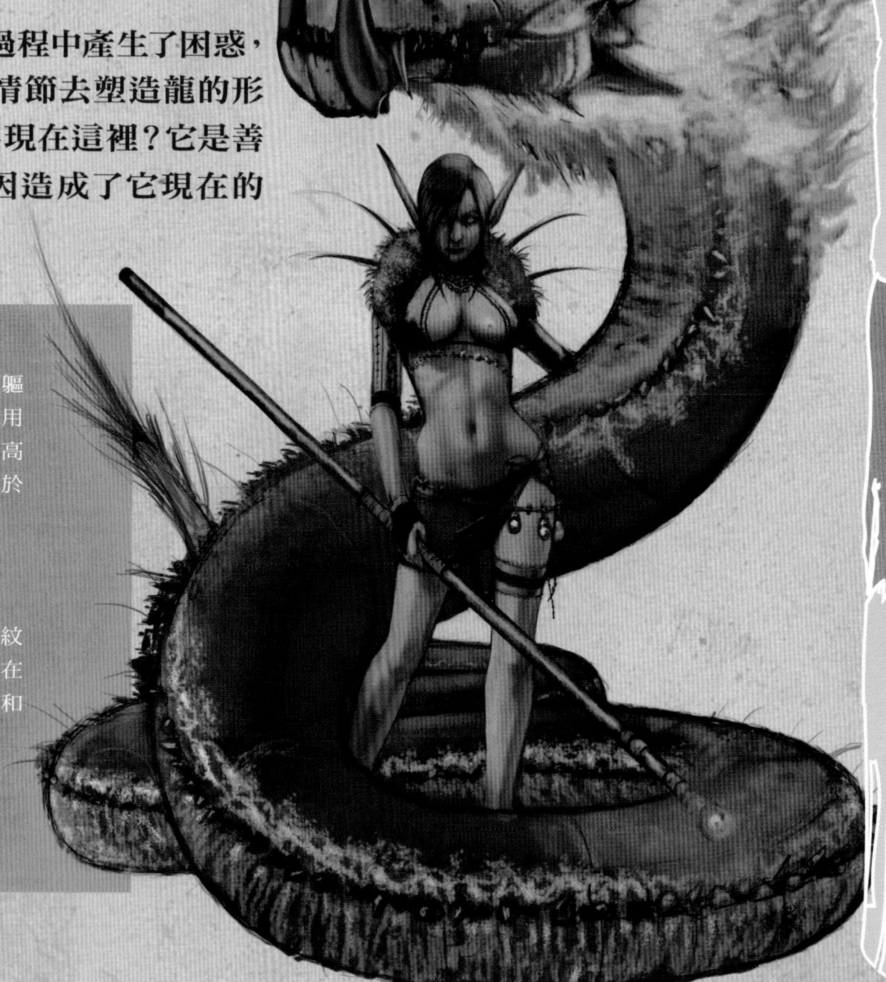

傳統繪畫向數位繪畫的演進

提昇你的繪畫技巧，融合多種繪畫媒介，從傳統繪畫向數位繪畫演進！

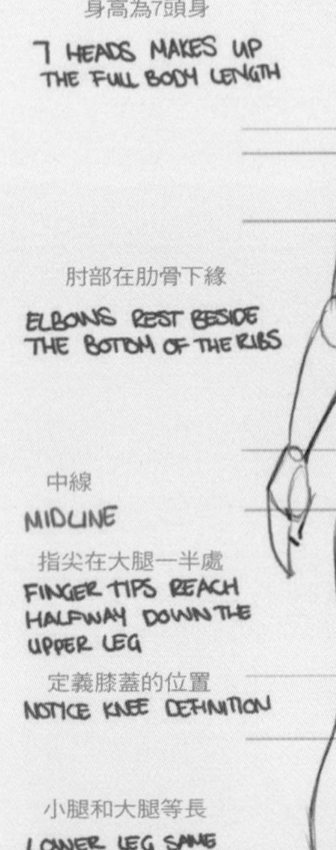

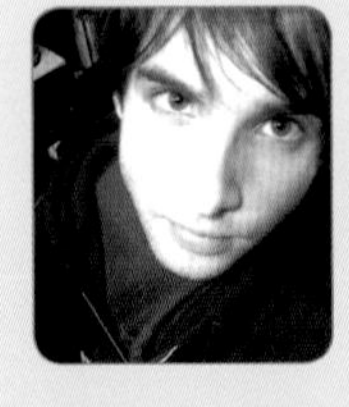

“我發現，嘗試不同的風格可以使畫技在不知不覺中提高。”
（沃倫·洛，第186頁）

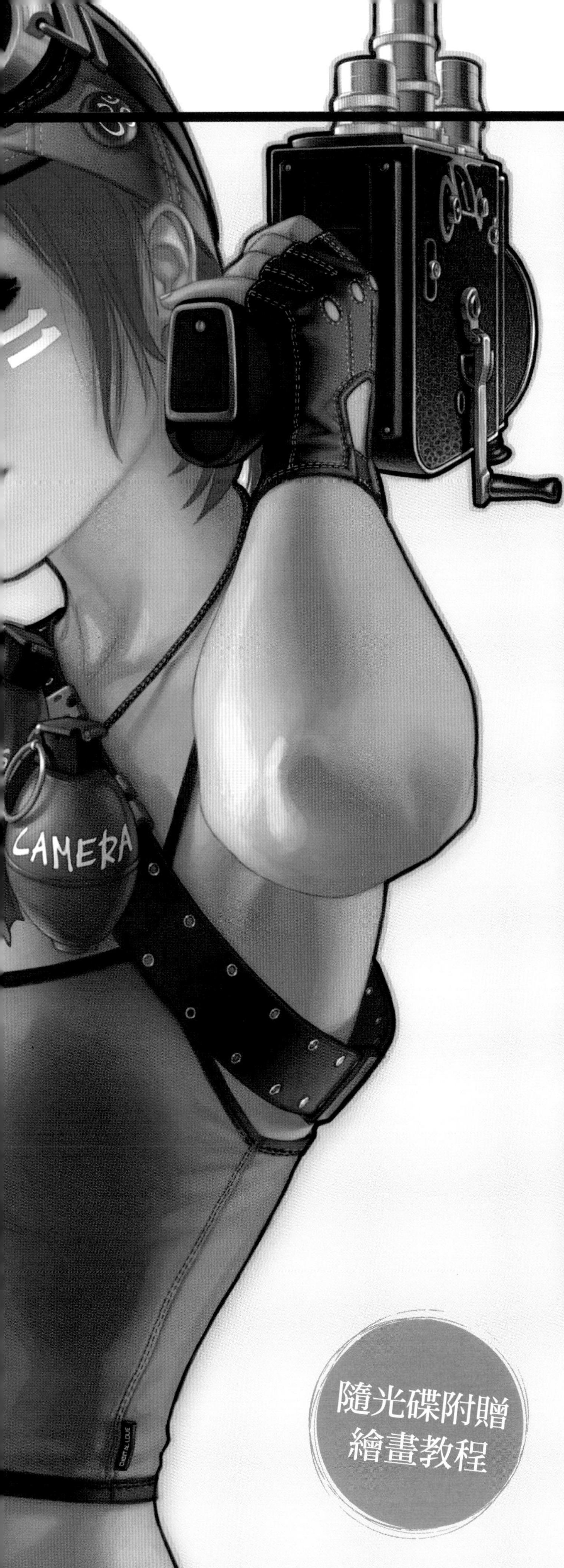

藝術課程

數位繪畫藝術的實踐

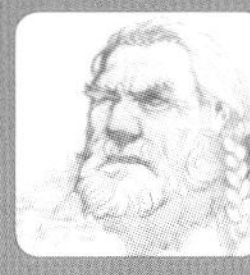

172 繪畫的藝術：理論
如果忽視了傳統的繪畫技巧，那會帶來很大的問題。藝術大師賈斯汀·傑拉德會向你傳授如何透過傳統技巧來提昇藝術水準。

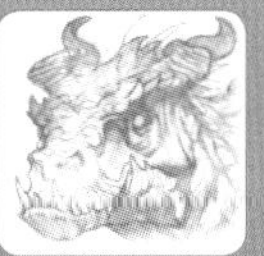

176 繪畫的藝術：實踐
繪畫技巧和理論在傳統繪畫和幻畫藝術中的實際應用。

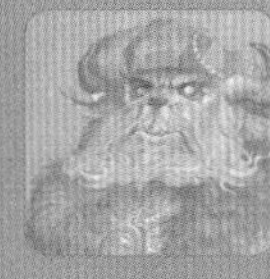

180 動物特徵的描繪
結合人體與動物美術解剖知識，跟著賈斯汀·傑拉德描繪精緻的動物畫像。

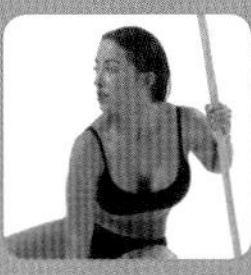

184 十大魔幻主題動作姿勢
不論你筆下是一位大英雄還是大反派，這裡都有素材幫你。

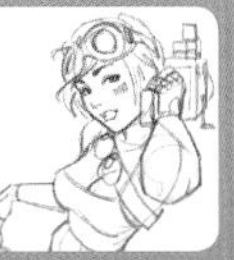

186 人物姿態要領
沃倫·洛為你講述如何用姿勢展現人物的動感與活力。

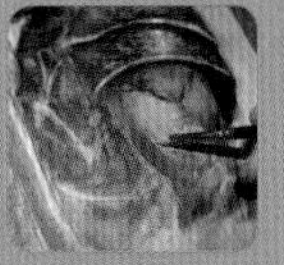

190 傳統與數位藝術的融合
哪些繪畫工具可以使傳統繪畫突飛猛進？將傳統的繪畫技法運用到數位作品中。

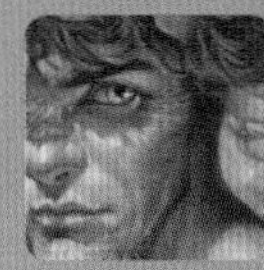

196 採用混合媒介畫牧神（FAUN）
賈斯汀·傑拉德將油畫與 Photoshop 相結合，繪製奇異、傳統而神秘的森林原住民。

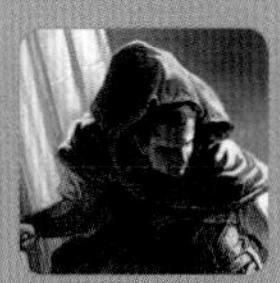

198 傳統繪畫意境的再現
讓你的數位作品看上去栩栩如生，妮可·卡迪夫再現斗篷英雄的風采。

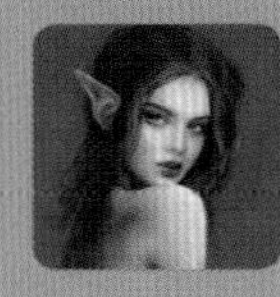

202 肌膚繪畫技巧解密
安妮·波哥達淺顯易懂的數位繪畫教程讓幻畫作品的人物肌膚煥發生機。

隨光碟附贈
繪畫教程

第一節

繪畫的藝術：理論

如果忽視了傳統的繪畫技巧，那會帶來很大的問題。
藝術大師賈斯汀・傑拉德會向你傳授如何透過傳統技巧來提昇藝術水準。

藝術家簡歷

賈斯汀・傑拉德
國籍：美國

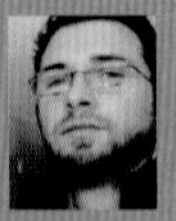

賈斯汀遍歷世界只為尋覓用於繪畫創作的完美材料。他至今仍未找到，但在他環游世界的旅途中，他遇到了不少有趣的人，看到不少有趣的地方，同時也創作了不少極佳的主題作品。他熱愛音樂，愛吃巧克力餅乾，愛玩坦克大戰游戲。

www.justingerard.com

DVD素材

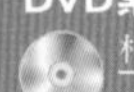

相關資料

藝術是具有雙面性的：情感和技術。對於藝術來說，它們的重要性就如同左手和右手。就藝術的技術性來講，它是非常客觀的，可以透過教學被精準傳授給每一個人。而藝術的情感性並沒有那麼多科學道理可言，更多地需要藝術家本人去親自探尋。

繪畫技巧是創作好的圖畫的核心基礎。缺乏深厚的繪畫基礎，創作出的圖像往往讓人感覺有心無腦。在我的藝術創作之路上，我發現了兩本極具價值的參考書：喬治・布裡奇曼（George B Bridgeman）的《人體素描》以及查爾斯・巴爾格（Charles Bargue）和珍・里奧・傑洛姆（Jean-Léon Gérôme）著作的《繪畫課程》。

要畫些甚麼？

要畫些甚麼，主要由藝術家本人的興趣點所決定，但無論是何，有一些興趣點對於每個藝術家來說都相當類似。繪畫中最重要的就是學會如何去繪製人體，尤其是手部和臉部。如果你期望以此來與他人溝通，對於這些人體部件的繪畫學習是極其重要的。當然，如果你只是想隨便畫些動物之類的主題，那也就無所謂啦。

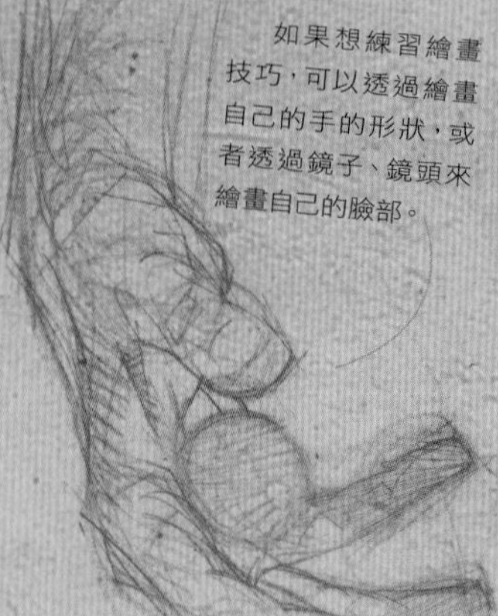

如果想練習繪畫技巧，可以透過繪畫自己的手的形狀，或者透過鏡子、鏡頭來繪畫自己的臉部。

1・從生活中獲得借鑒

從生活中獲得借鑒就仿佛對思維進行鍛煉，這個過程與做伏地挺身很類似。在鍛煉手眼協調的同時，也將幫助我們對光與影的關係有深入的瞭解。作為藝術家，對光影關係有深入而透徹的理解，將對繪畫圖像的真實性大有裨益。

2·視覺庫的累積

當你進行繪畫時，你就在累積自己的視覺庫，你所繪畫過的任何圖像都包含其中。當你畫臉部時，你會記住臉的線條和形狀。此後，當你憑藉記憶進行繪畫時，就能夠從腦海中回想起。如果你是一名偏向於在後期憑藉記憶進行繪畫的藝術家，那麼學會繪畫生活中的一景一物就格外重要，這能確保你的想法立足於現實。

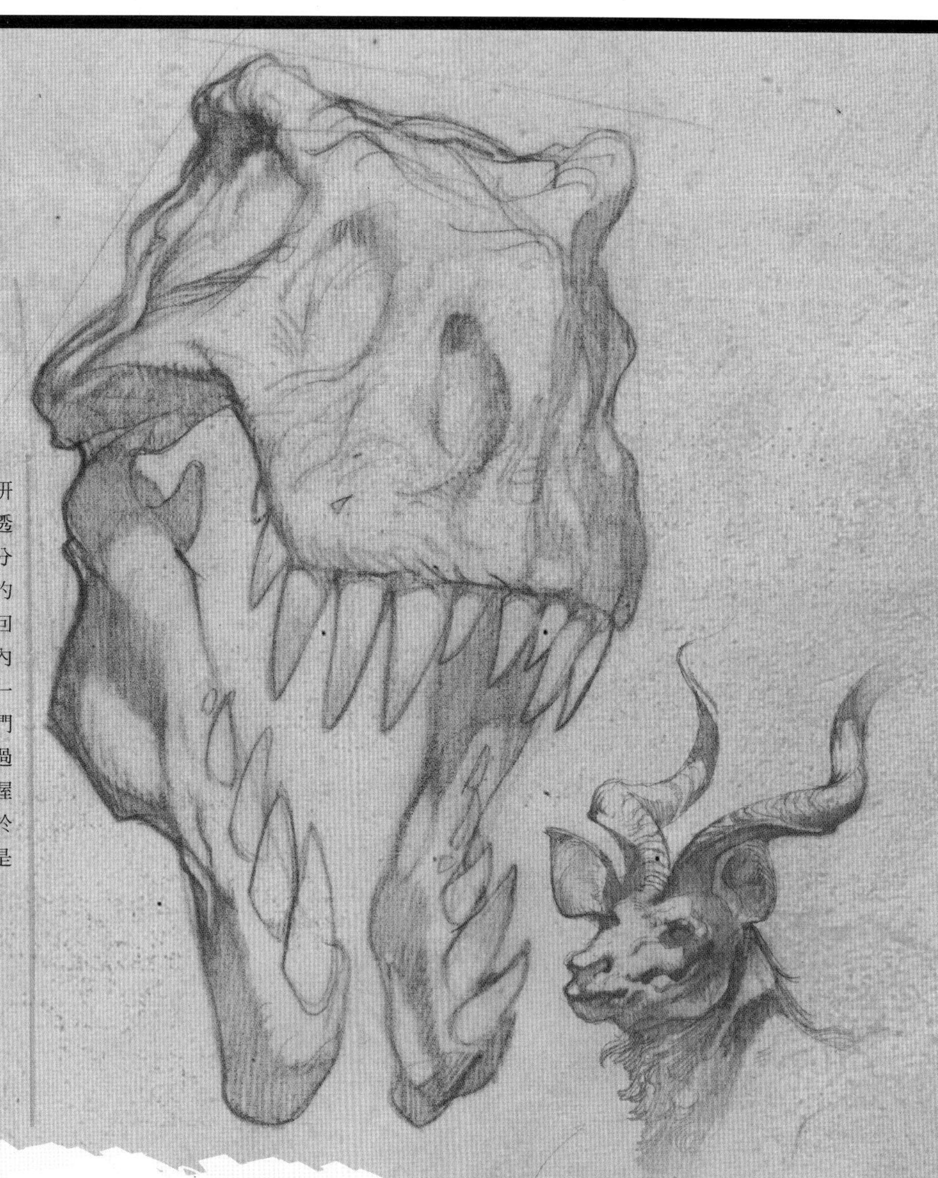

3·人臉的重要性

人臉是大多數藝術家研究的重點。人類的大腦會透過對人臉部肌肉結構的分析，以獲得他人所說內容的深層次瞭解，以及他們的回應。正因為這種對事物內在的分析，臉部永遠是一幅最有趣的畫面，同時人們第一眼瞭解他人也是透過臉部。因此，正確地掌握人臉繪製的技巧，對於每一個藝術家來說都是極為必須的工具。

“正確地掌握人臉繪製的技巧，對於每一個藝術家來說都是極為必須的工具。”

4·掌握人體形態

人體的形態對於進階的藝術家來說也是一門重要的學問。誰若能快速準確的繪製人體形態，他必定炙手可熱。達文西常常繪畫眼前所見的一群人，捕捉他們的姿勢，以及相互之間的關係。這種對人體形態的格外注意是區分偉大藝術家和平庸之輩的最好例證。

學會捕捉人物的姿勢對於提昇你的繪畫技能至關重要。達文西認為需要持之以恆研習人物繪畫，你也有必要這麼做。

5·動物形態的重要性

學習人物的繪畫很重要，但有時你不禁會發現，你畫的主題並不一定都與人形那麼相像。比如說，外星人。當你在繪畫這些內容的時候，你仍需要讓繪畫出來的內容非常逼真，你期望你的想法具有真實感，至少在結構解剖上是行得通的。對動物的形態進行研究正是有效途徑之一。透過記憶地球上各種動物的身體形態，你可以獲得借鑒並擴展到外星生物的繪畫。

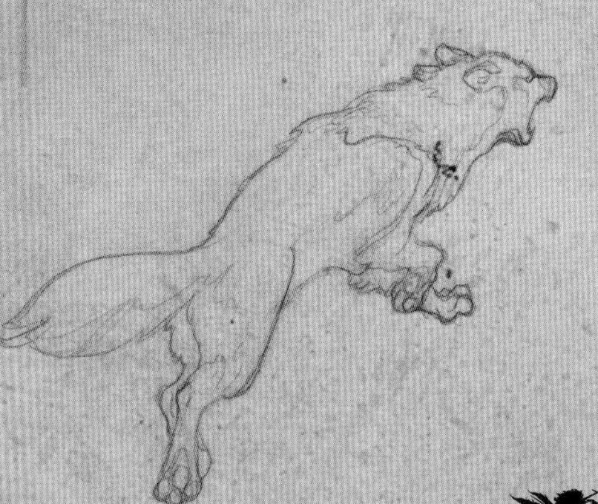

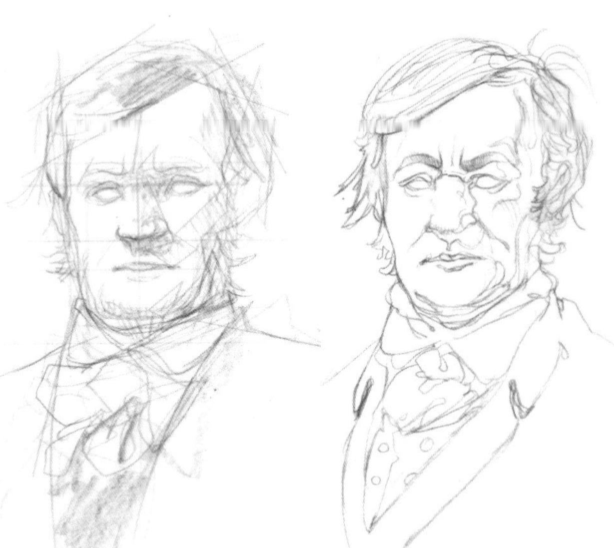
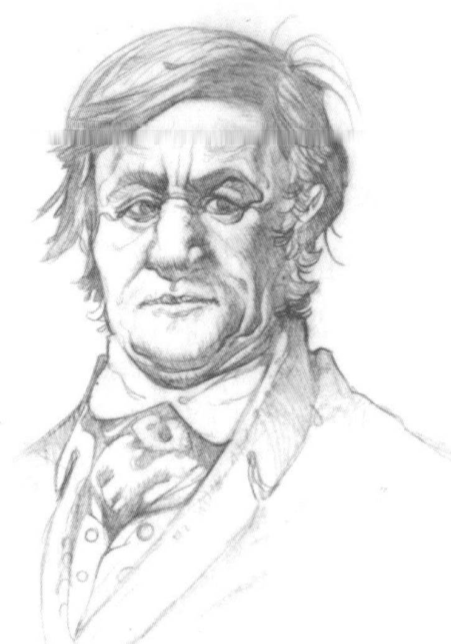

8 · 熟記於心

繪畫學習的目標之一，就是記住所畫內容的某些形狀和細節真貌，並讓你能夠在今後的繪畫過程中回憶起它們。繪畫作品無須如照片般精細呈現，但也不應該只寥寥幾筆。作品完成後，應該對所畫內容的形狀和細節有更深入的理解。這樣，才能真正做到情感上的溝通，而不會因技藝匱乏而在繪畫道路上滯步不前。

該如何繪畫？

繪畫的方法並非獨徑一條。然而，某些方法已經經過時間的檢驗，被證明是行之有效的。這些繪畫方法並不神秘。他們是現成的，對於你來說，需要付出時間、勤奮以及借鑒，以此來掌握和提高繪畫的技能。

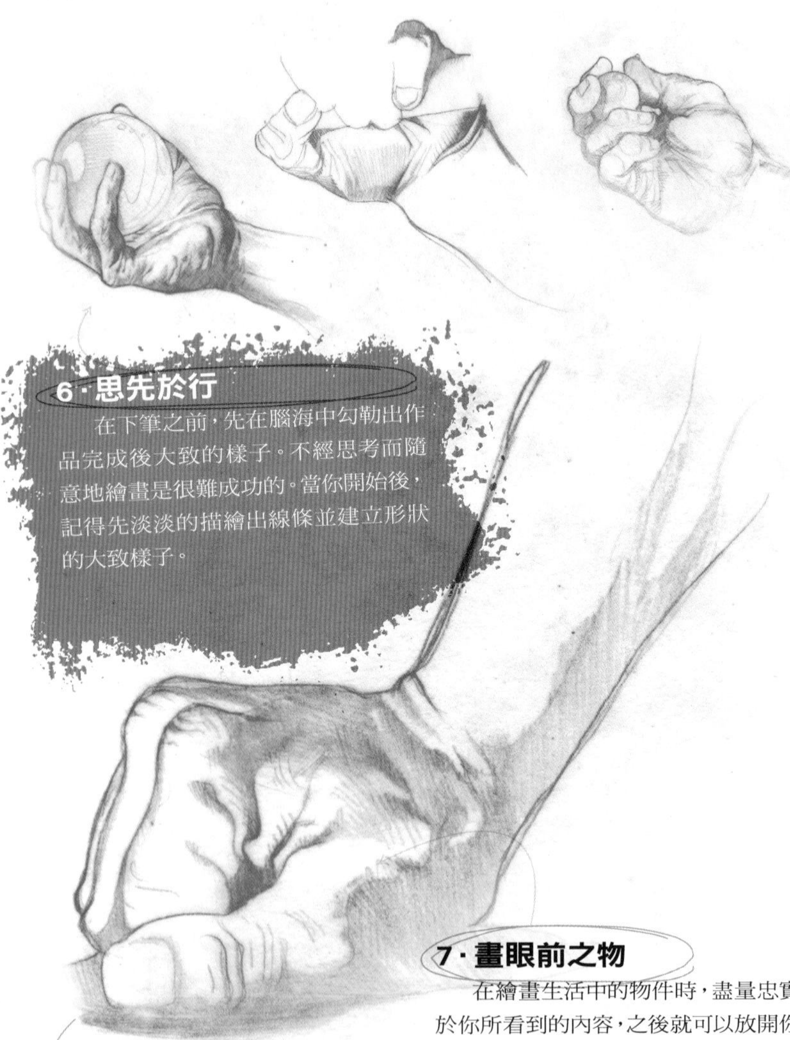

6 · 思先於行

在下筆之前，先在腦海中勾勒出作品完成後大致的樣子。不經思考而隨意地繪畫是很難成功的。當你開始後，記得先淡淡的描繪出線條並建立形狀的大致樣子。

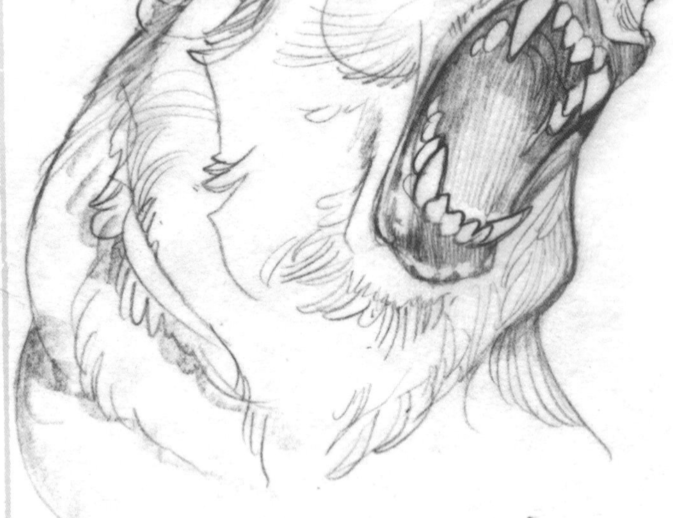

在繪畫生活中的物件時，盡量忠實於你所看到的內容。

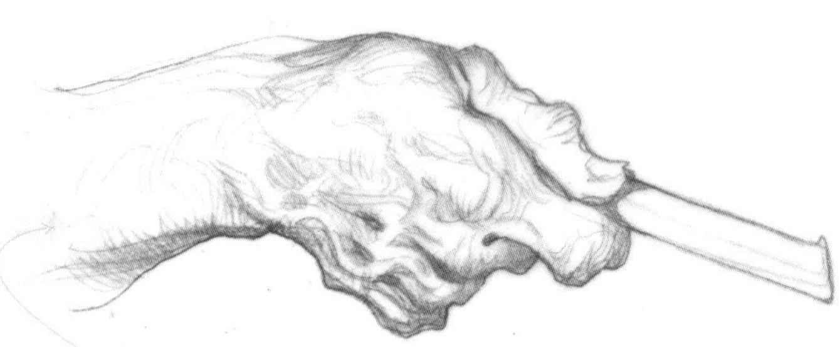

觀察一下頁面上的線條，然後尋找眼前之物開始繪畫。就是這麼簡單！

7 · 畫眼前之物

在繪畫生活中的物件時，盡量忠實於你所看到的內容，之後就可以放開你的想像力。如果你在學習的初始階段能夠做到還原真實，對於今後的作品將產生很大的促進作用。切記，你想要和需要的繪畫主題，均來源於現實生活之中。

9 · 不要總以照片為參考

有一些藝術家在繪畫時總以照片作為參考。一般來說這麼做是為了節省時間。如果你也決定沿襲這樣的學習之路，確實也可以理解物件的形狀與細節。然而我認為，相比自由手繪，這樣做可能會少了一些樂趣和感性。永遠以照片為參考進行繪畫是無法真正對物件的結構有透徹理解的。唯有繪畫自己親歷的場景，才能最直觀、最有趣且印象深刻。

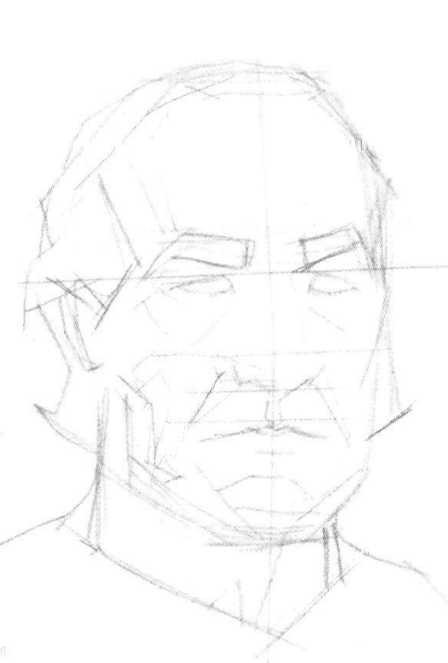

12・圖像的細化要適可而止

我們沒有必要像相機一樣來細化整個畫面。繪畫練習的目的並不是使畫面像拍攝的照片一樣細緻。那麼關鍵點在於何處？我們要將重點放在物體意境的捕捉，形狀和姿態，以及表面和細節總體的感官。

繪畫物體與拍攝照片不同。你所表達的內容超越了單純的物理形態。

10・畫面的重繪

在繪畫過程中遇到了難點，不斷地進行修正，漸漸地，你也許會發現，畫面可能變得相當混亂。藝術家們透過一系列的方法來處理這些問題，不過我一般採用以下兩種方式之一進行處理。如果一些不必要的線條比較淺，可以將它們擦除，透過加深關鍵線條來弱化雜散的線條；如果不必要的線條已經無藥可救地蓋住了畫面，那就轉移圖像，我們可以用到透明描圖布、石墨棒和透光台等工具。在重構圖像時，對形狀進行簡化非常重要。重繪的目的是勾勒出更少、更主要的線條。

13・細節的渲染

如果畫面中的每個細部都同樣平均，那麼畫面將變得平淡無奇。如上圖，鱷魚的全身被鱗片所包覆，但是我們只需繪製最必要的一些鱗片，並使之與觀眾產生互動，讓大家去體會滿覆鱗片的感覺。我的建議是：最突出的細節應該為畫面中的焦點區域而保留，而其他部位的細節應被弱化。透過畫面提供的部分細節區域來引發觀眾的聯想和思考，就可以填充畫面中的空隙。

最突出的細節應該為畫面中的焦點區域而保留，比如說眼部或手部。

11・形狀的簡化

我們需要將圖畫中的一部分分離出來。但是我們時間有限，必須對要重繪的內容進行選擇。某個小陰影可能是極其重要的，而另一個則可能引起視覺混亂。簡化形狀將使圖像看上去更加清晰。

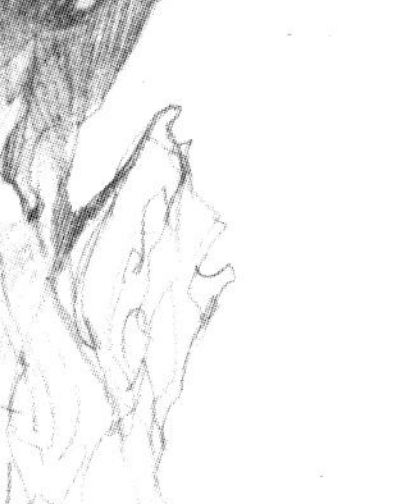

建議採用藝術手法對畫面細節進行表現，而非絲毫不差地進行描繪，可以節約不少時間。

14・利用好陰影

陰影的內部應該是模糊但通透的，而非淩亂和細緻的。你應該會發現，在完成的作品中，陰影總是畫面焦點的支撐：陰影部分的弱化將突顯焦點部分。學會如何在畫面的核心區域周圍繪製陰影，將對整體畫面大有裨益。如果處理得當，畫面的焦點就能脫穎而出。

第二節
繪畫的藝術：實踐

賈斯汀．傑拉德傳授繪畫技巧和理論在幻畫藝術中的實際應用。

藝術家簡歷

賈斯汀．傑拉德
國籍：美國

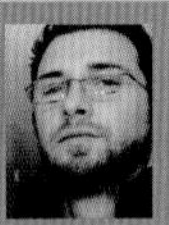

賈斯汀遍歷世界只為尋覓用於繪畫創作的完美材料。他至今仍未找到，但在他環游世界的旅途中，他遇到了不少有趣的人，看到不少有趣的地方，同時也創作了不少極佳的主題作品。他熱愛音樂，愛吃巧克力餅乾，愛玩坦克大戰游戲。

www.justingerard.com

DVD素材

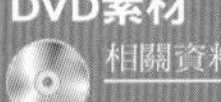
相關資料

上節中我們已經探討了繪畫的理論，接下來就應該知曉如何去實踐應用。如何在現實生活中的插圖工作中運用繪畫知識？繪畫的技巧才是創作好插圖的根本。缺乏繪畫技巧，最終的插圖將毫無說服力。

繪畫為插圖提供了知識框架，也是將你的思想表達出來的主要手段。它也是思維探索的絕佳方式，慢慢地展現它的美妙，消除錯誤和缺陷，將優點最大化。

將想法畫出來

在開始插圖繪製前，你必須知道甚麼是你想做的。如果你正在為某個客戶服務，那麼這個問題已經解決。然而，即便你已經被交代了一個確定的主題，如何將想法展示出來，仍像是鎖在腦中的一個謎，我們必須設法將它挖掘出來。場景的氛圍是甚麼樣的？誰在這樣的場景中？場景的核心內容又是甚麼？你可以先進行想像構思，從思維的角度探究各種可能性。

專業技能可以涵括藝術設計的理性部分，而想法卻是藝術設計的感性部分一屬於藝術家個人的那一面。這方面，無法透過系統科學的教學實現。我們之前討論過，只要付出足夠的時間和勤奮，專業技能可以被任何人學會。而想法，確實極度個人的，它們會因每個人的不同經歷而浮現出來。在正式開始之前應該努力的思考。

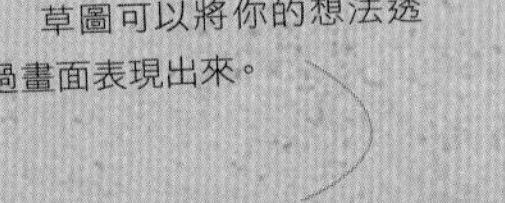
草圖可以將你的想法透過畫面表現出來。

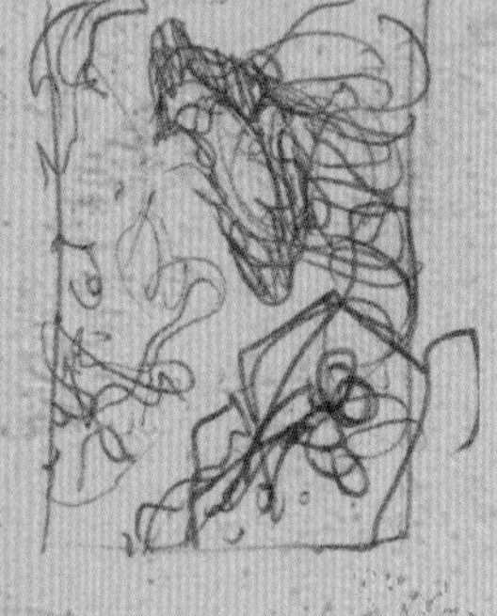

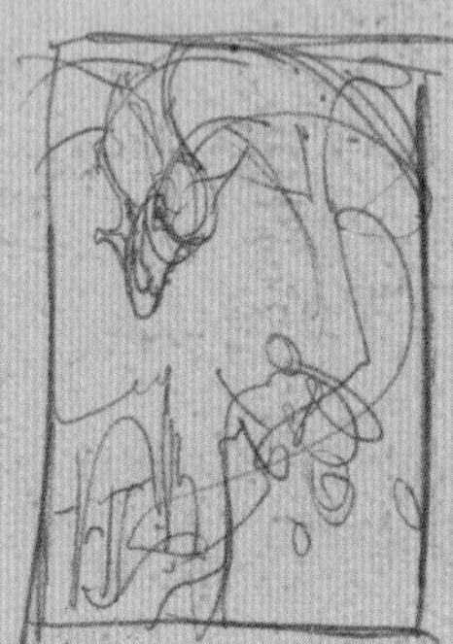

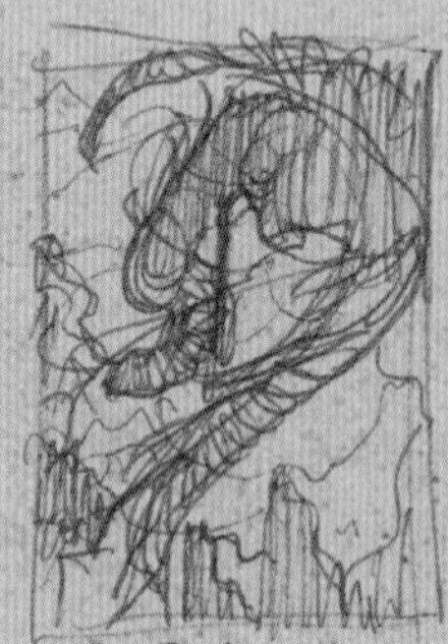

1．繪製草圖

一旦在腦海中形成了想法，並意識到最終將實現怎樣的效果，那就快在紙上透過草圖記錄下來。草圖可以快速的將你的思維以不同的方法和構圖呈現，而不必反復對龐大、複雜的佈局進行重繪。繪製草圖的最主要目的是記錄下構圖和畫面元素的排布。我們需要記錄下每個物體究竟在甚麼位置，以及相互之間的關係。

2·挖掘想法

挖掘想法的目的並不是確切地列印出腦中所想。人類的思維不是印表機，無法直接從螢幕上看到所要輸出的內容。情感、感覺和思維片段分處不同的層次，我們需要透過邏輯思維將它們組合，從而表達出來。想法就擺在那兒，我們的目的就是透過不同的層次，把它挖掘出來。

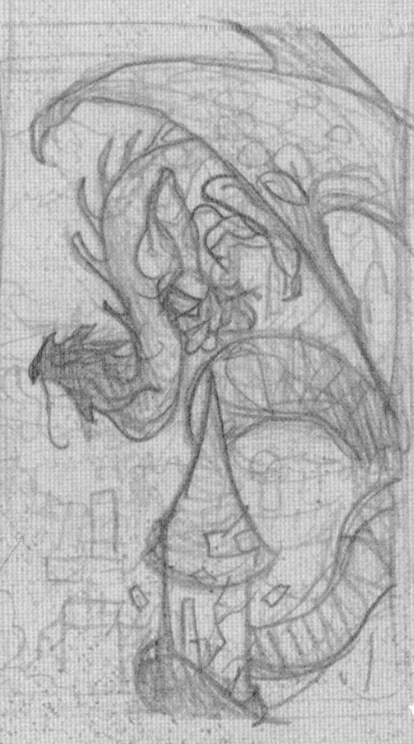

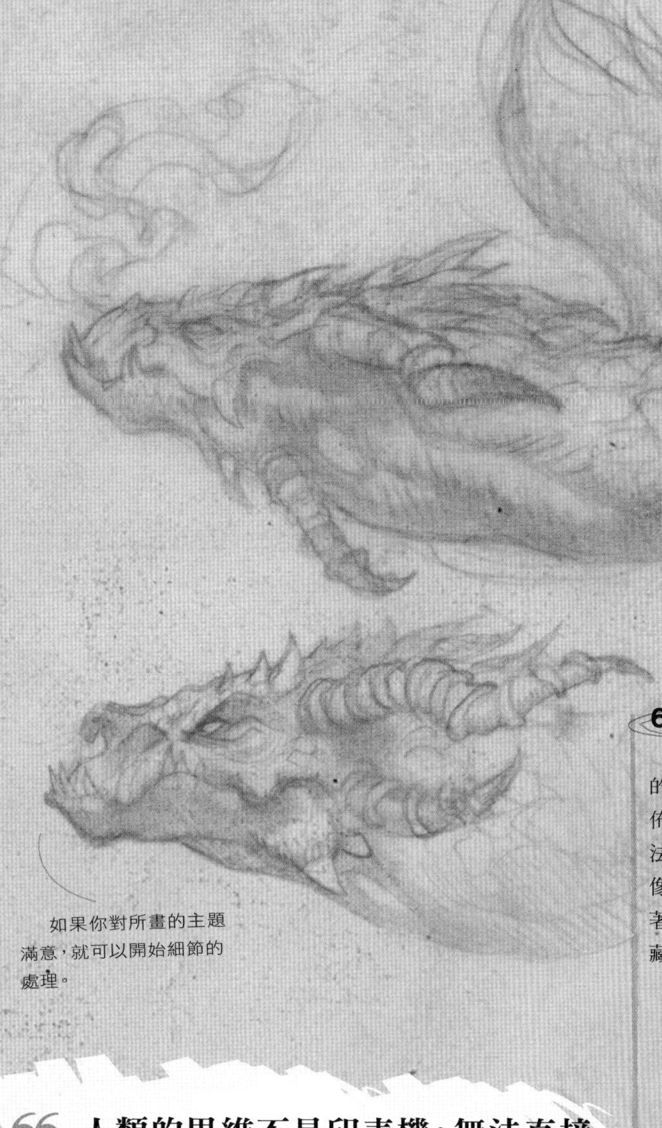

如果你對所畫的主題滿意，就可以開始細節的處理。

6·描繪細節

在完成了草圖後，我開始探究細節的描繪。在這個階段，我會拋開構圖、佈局的條條框框，取而代之的是根據想法來完善物件的細節。我仍單純從想像出發，不去參照其他的內容。我會試著透過不同的位置和表述，來使隱藏在想法中的內容更多的展現。

3·完善草圖

在畫完草圖後，我會多次修改，每次略有不同。我開始探索要表達的角色，同時也對之前的想法再次思考，區分出哪些是需要的，哪些是該捨棄的。接下來，我改用鉛筆繪畫，對草圖再次調整，直到將最初的想法清晰地呈現在畫紙上後才算完成這一步。

“人類的思維不是印表機，無法直接從螢幕上看到所要輸出的內容。”

4·最初的往往是最好的

直到我發現了讓我滿意的草圖，我始終會停留在這個階段。而多數時間，我會發現第一幅繪製的草圖，往往是令我感到最滿意的。即便如此，我也會仔細研究其他幾幅草圖，不錯過任何一種可能性。

5·數位編排

有時候，我發現，透過完善後的草圖對於充實最初簡單的想法很有幫助。當所畫內容涉及到建築結構和透視等複雜的場景時，我常常會這麼做。大多數情況下，我傾向於在Photoshop中完成一系列的工作。我將繪製的草圖等掃描進電腦，然後在電腦中進行繪畫，並根據需要將畫面中的元素剪切和移動。我很喜歡進行數位的編排，因為我可以迅速地進行各種試驗，並在最短的時間內，嘗試不同的想法。相比於手繪，這樣做的效率要高得多。

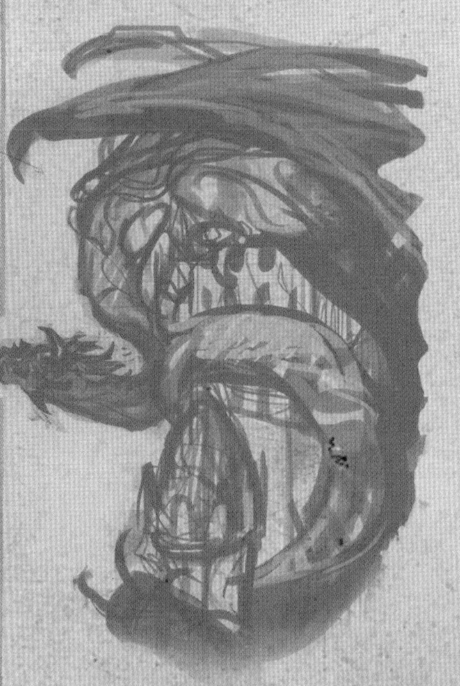

7·參照照片

我盡量不要過於依賴照片參照。當我這麼做時，它開始看起來出奇的完美，然而問題隨之而來，這看上去並不像是根據自己的想法進行的繪畫，更像是攝影機拍攝的作品。但是，話又說回來，對於一幅好的插圖來說，照片的參照又是不可或缺的，你可以透過照片熟悉插畫中所有元素的細部該如何表達。為了做到這一點，我會畫出並記下參考的主要元素，這樣就能再今後很自然地回想起。照片的參照也是極佳的靈感來源。對於每個項目，我都會收集大量的照片進行參考和學習，直到作品最終完成時才拋開它們，我會隨時將所繪內容與照片進行核對以確保畫面中沒有大的錯誤。

9·共同汲取照片參照和現實生活

為了幫助記憶，同時也避免圖畫看上去太完美，我們確實需要學會如何進行參照。之前我們曾討論過，參照將有助於我們對畫面中所構成的元素有扎實而透徹的理解，同時也能夠帶來自然的感受。對於細節部位與焦點區域，這樣做非常有意義。畫面中諸如臉部、手部以及其他的關鍵區域都是需要參照的重點，因為這些部位將接受觀眾目光的審查考量。

8·畫龍的注意事項

龍的模樣存在於每個人的心中，人們常會將龍與自然界中的一些生物所聯繫。任何人，只要見過投餵鱷魚的場景，或盤曲的蛇準備發動攻擊，都會在心中產生大型爬行類動物該是甚麼樣的影像。作為插畫師，我們所要做的就是尋找自然界中會被人們所關聯的生物元素，從而與觀眾有效地溝通。

長得既像鱷魚，又像龍，雖然沒有翅膀，卻能噴吐火焰，這是甚麼生物？

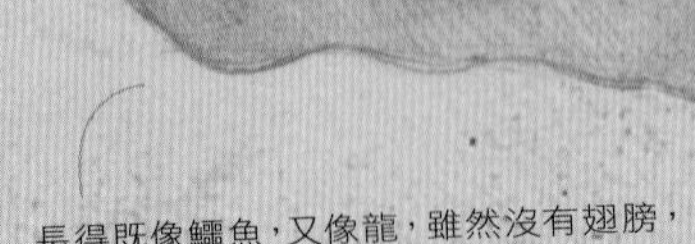

「照片的參照也是極佳的靈感來源。」

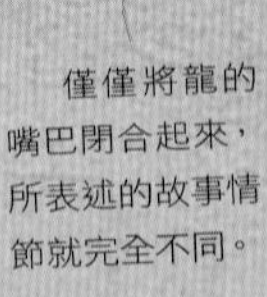

僅僅將龍的嘴巴閉合起來，所表述的故事情節就完全不同。

10·試驗

不同的創作方向可以使插圖作品看上去風格千變，畫面上每一個細小的變化，就彷彿在講述一個全新的故事。進行試驗會延遲創作的進度，儘管存在一定的風險，但還是很值得一試的。如果你注重細節的表達，願意去體驗細微的角色差異，那麼，進行不同想法的嘗試很有必要。但務必要留心最初的草圖，透過各種嘗試來發現哪些與最初的想法所吻合，從不同的想法中將它們挑選出來。

11・粗繪

在電腦上完成了編排後，我們就可以開始粗繪了。我們所做的仍是完善最初的想法，因此不必把時間花銷在小線條和陰影上。粗繪就需要看上去比較粗獷。目前所做工作的目的是確定比例和位置，並對整體細節進行考慮。我們應該使編排過的畫面更充實，思路更清晰，以便後期進行精繪。在粗繪完成後，我們只需要對部分小細節進行調整，一般不會再對大的佈局進行調整了。

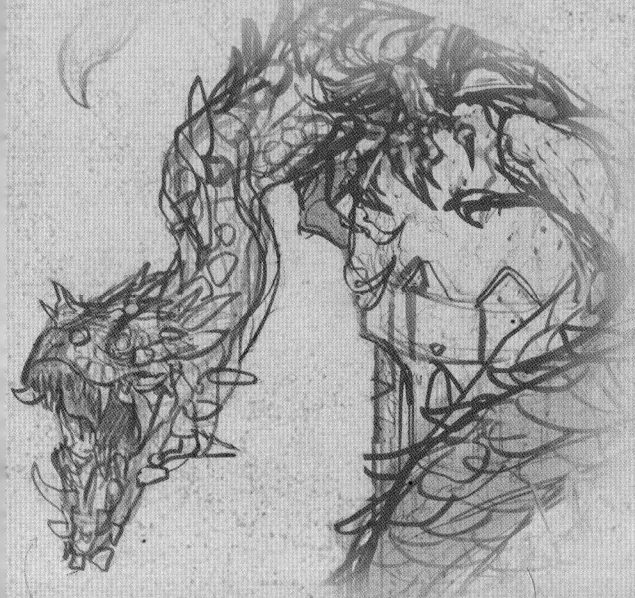

龍的視線需要面朝觀眾望去，而不是偏向畫面的一邊。

12・大的調整

但有時，意外總是會發生！這也就是為甚麼之前我們只是進行粗繪的原因，對畫面的大調整這種災難不會在我們最終的完稿上發生。粗繪的圖畫能夠將我們構圖上的問題暴露出來，幫助我們及時進行修正。在這種情況下，我已經完成了畫面的粗繪，突然意識到哪裡不對勁，畫面上的內容偏離我最初的想法。龍在畫面中的表現不足，朝著圖畫的一邊望去，這使得構圖和畫面大打折扣。透過不斷學習，我們就會知道如何進行調整來彌補此類問題。

13・精繪

粗繪是為了精繪打基礎，而精繪則又是為了最終完稿做準備。至此，我們已經基本滿意於畫面的構圖和角色的設計。接下來就應該將所有的內容組合起來，並進行完善。對於任何一個細節和光線的照射，我們都應該仔細考量。精繪的畫面將成為完稿作品的藍圖。在最後的繪畫中，我們可以返回到藍圖上，利用它來幫助我們解決任何可能面臨的問題。

第三節
動物特徵的描繪

結合人體與動物美術解剖知識，跟著賈斯汀·傑拉德描繪精緻的動物畫像。

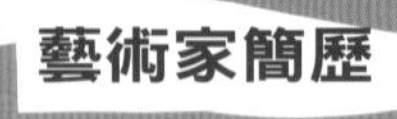

藝術家簡歷

賈斯汀·傑拉德
國籍：美國

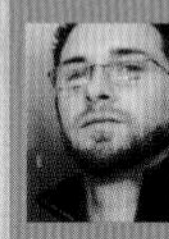

賈斯汀·傑拉德喜歡畫有故事情節的插畫。他的個人作品曾刊登在《Spectrum》、《Society of Illustrators》及《Expos》上。他同時他身任波特蘭繪畫工作室（Portland Studio）的藝術總監。

www.justingerard.com

DVD素材

繪畫過程的屏幕截圖位於光碟的Digital Art Skills文件夾中。

假如現在有一位腰纏萬貫的野獸找到你，希望你能為他畫一幅畫像（聽上去不可思議，不過這只是個開始）。他認為他的形象被電影和文學作品歪曲了，所以想請你為他畫像，向眾人展示他的內心其實是謙謙君子。接下來我將用水彩和電腦軟件為你展示如何完成這一任務，以備不時之需。

我會用水彩完成底圖，再將其掃描，在Photoshop中進行潤色。

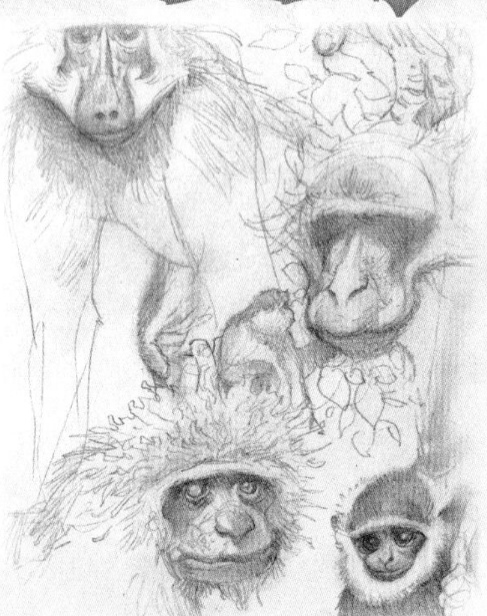

1 從生活中取材

下筆之前，先透過畫生活中的動物熱身，本例中，我將以野生動物的圖片為素材。這項熱身旨在使我更好地瞭解本次繪畫的"主顧"特徵。畢竟只是熱身，我無需花太多功夫，但這些材料中所涉及的輪廓線條和動物的細部特徵需要我去記憶，只有這樣，正式下筆時無需再去翻閱參考資料，把心思專注在創作上，任想像力自由發揮。

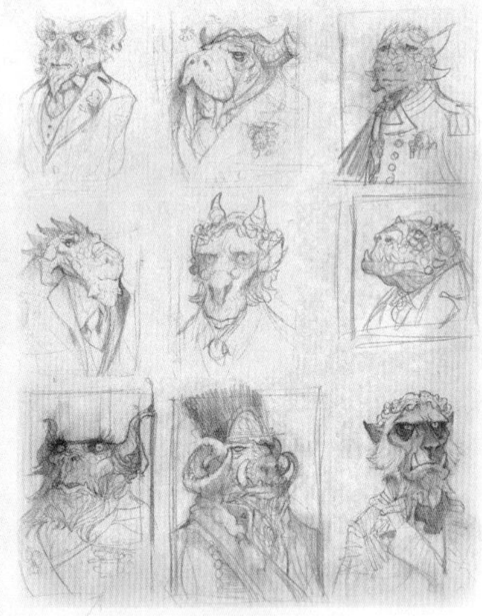

2 試畫縮略圖

這一階段，把之前看到的素材拋之腦後，全憑自己的想像進行創作。稍後，我還會再參照素材，不過現在受時間所限，我想完全靠想像力和記憶中的畫面繪畫。

我用圓珠筆和0.7mm的HB鉛筆（2號）進行速寫。我對畫畫充滿了樂趣，把各種可能性展示給大眾遠比拘泥於現實有趣。我會把腦海中的各種想法盡可能付諸筆端。最終，我完成了20幅左右的5-7cm野獸圖，並從中選擇。

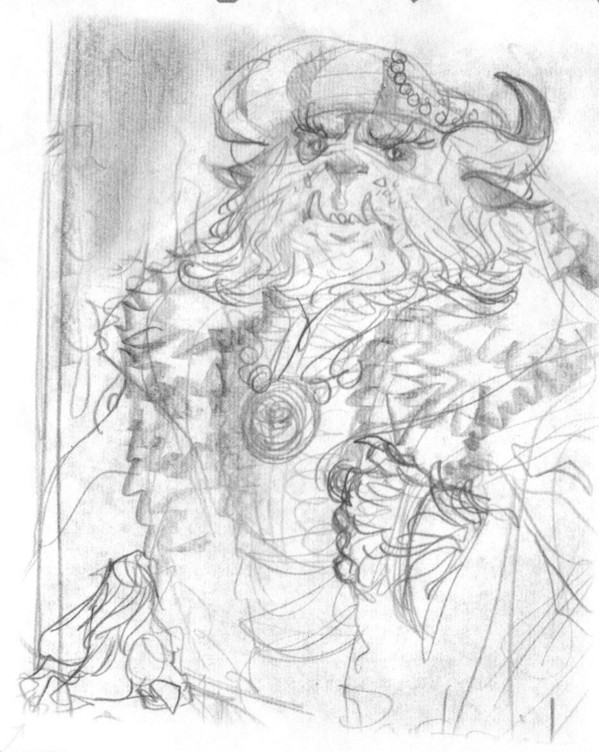

3 速寫

上圖是我為"主顧"畫的速寫，從這幅草圖看，最終的成品應該不差。我用2B鉛筆，盡可能使對象看起來協調，這一步至關重要，當然，將一幅一塌糊塗的草圖變成栩栩如生的成品也並非不可能，化腐朽為神奇的難度卻無異於把一隻狒狒塞到飯盒 ➳ 裡面。

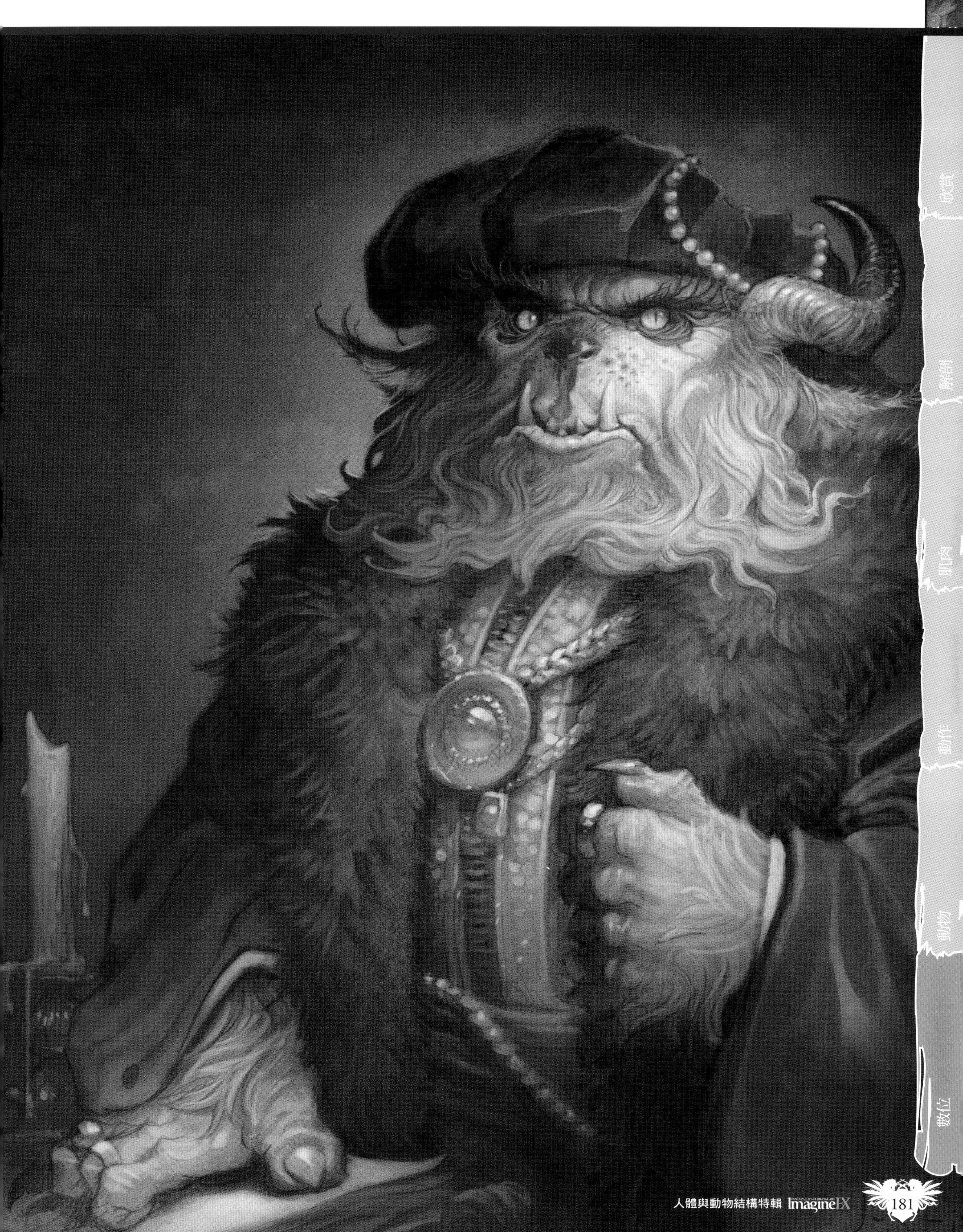

4 調節比例

完成草圖後，接著用水彩上色。在此之前，我有個修正自己作品的小訣竅 把草圖掃描到電腦上，用Photoshop將左右兩邊互換，就比例進行調節，然後打印出來，這一步可以檢驗畫面中比例的不協調之處，幫助我畫出更精準的圖畫。

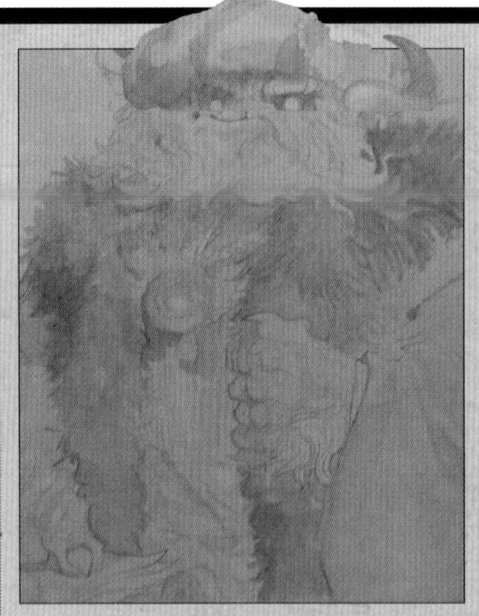

7 用黑墨繪圖

這一階段我不急於為畫稿上色，現階段的主要任務是勾勒輪廓，使比例輪廓更為精細。

當然，我也可以在這一階段就開始上色，但是我想把每種顏料和繪圖軟件的極致都發揮出來。如軟件適於提高亮度，加強色彩的濃度，但缺點會使畫面看起來虛假、不真實。而水彩雖然色彩飽和度有所欠缺，但卻能展現特殊的畫質。

技法解密

添加陰影

要保證各個圖層之間是獨立有序的，有的時候圖層會混在一起，這會影響後面的繪畫。你可以創立一個正片疊底的圖層，給它添加陰影，再把這個新的圖層添加到原有的圖層之上。這樣做可以為下一步的操作減輕不少麻煩。

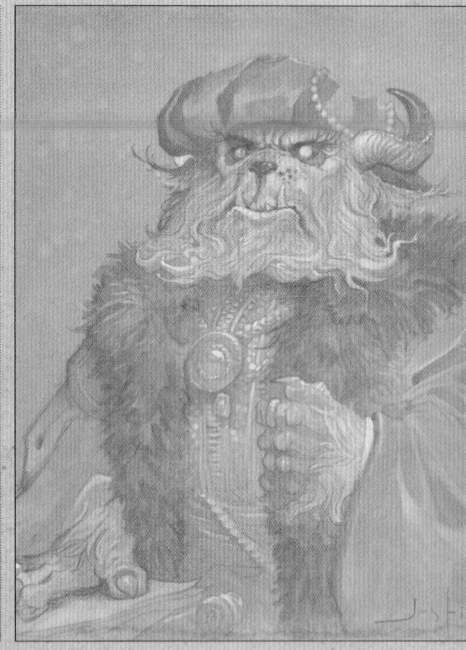

8 高光的描繪

陰影畫好之後，我就用白色水彩或者水粉描繪細節和高光。這一步驟可以在電腦上完成，不過相比Wacom數位筆，我更享受筆刷自然的觸感。（如果有一天，Wacom能出品一款帶有光纖刷毛的智慧型數位筆刷，繪畫的手感與傳統筆刷沒有區別，那我會很樂意使用的。）

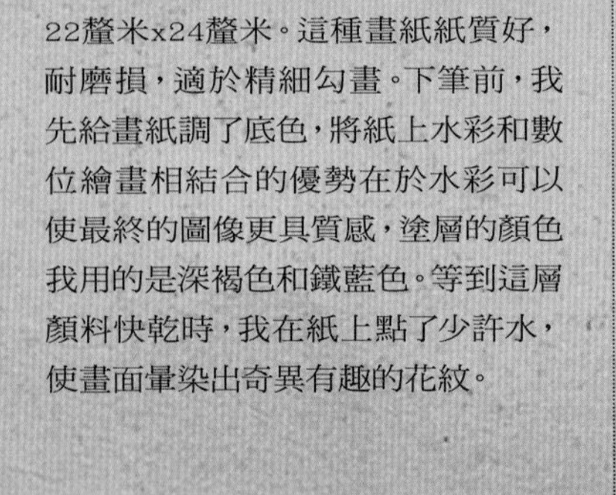

5 調色

針對本例，我選用Strathmore 500系列的Bristol畫紙，紙張幅面為22釐米x24釐米。這種畫紙紙質好，耐磨損，適於精細勾畫。下筆前，我先給畫紙調了底色，將紙上水彩和數位繪畫相結合的優勢在於水彩可以使最終的圖像更具質感，塗層的顏色我用的是深褐色和鐵藍色。等到這層顏料快乾時，我在紙上點了少許水，使畫面暈染出奇異有趣的花紋。

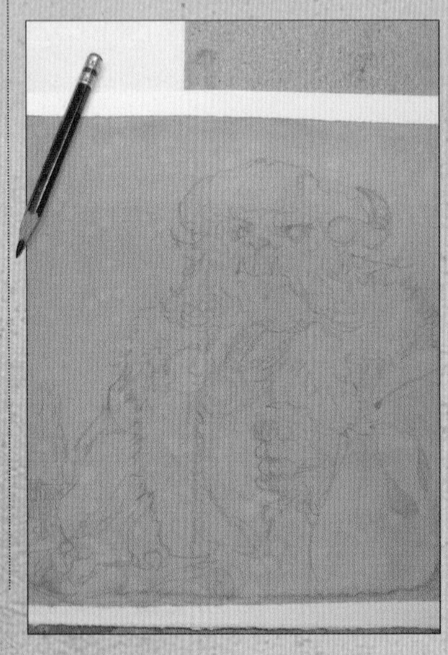

6 將畫作轉移到紙上

把畫作轉移到紙上有許多種辦法：用燈光製圖台、石墨、Artograph投影、徒手謄畫或者直接打印。這些方法都可行，但我最常選用可靠的Artograph。當我進行圖像的轉移時，我只花費有限的時間建立基本的形狀和輪廓，剩余的部分全由手繪，因為過度依賴轉移畫作的工具會使畫稿失去生命力。所以當我打印出調節過比例的草圖之後，會在紙上信筆進行創作。

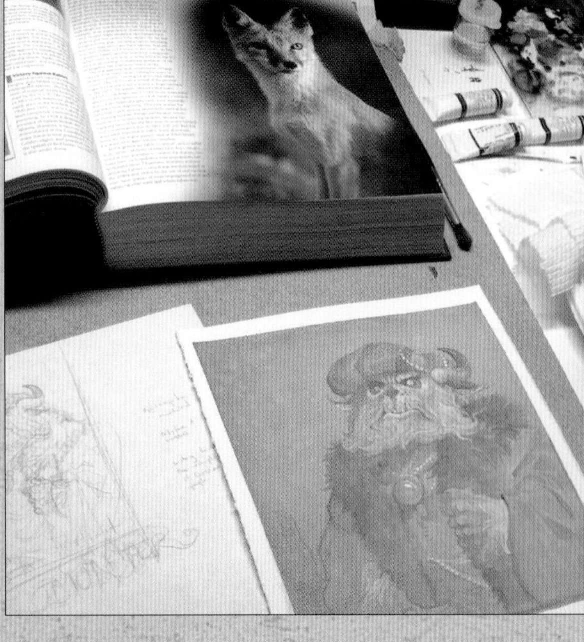

Featured book: The Encyclopaedia of Mammals by David MacDonald

9 掃描並調節

將畫作掃描到電腦上，我會用曲線圖層把掃描中所遺失的層次再補充出來。接下來我會建立一個圖層組，調整圖像。重點使畫面上每個點的色調都是適中的赭色調。

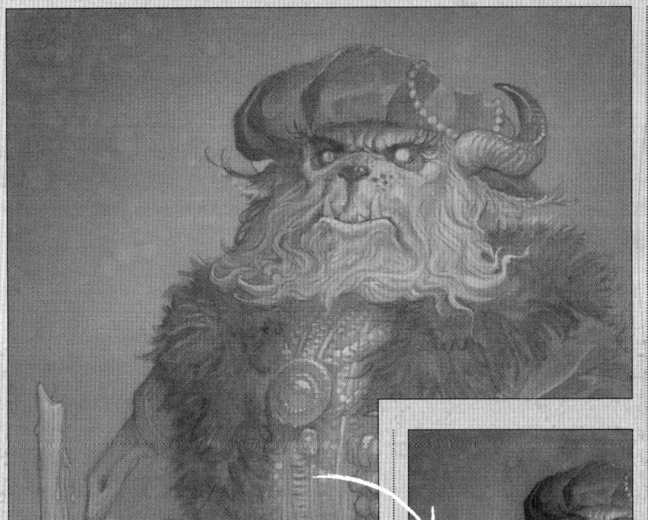

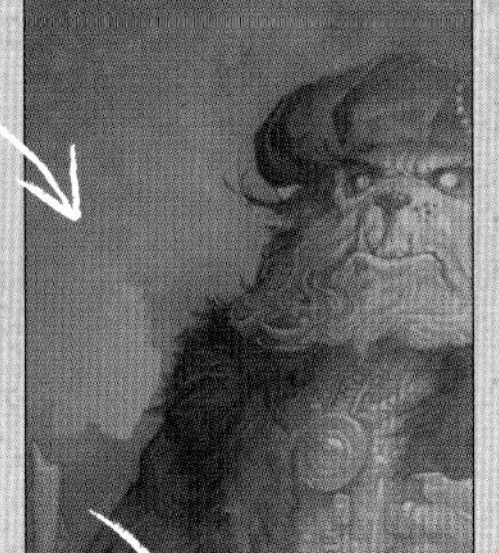

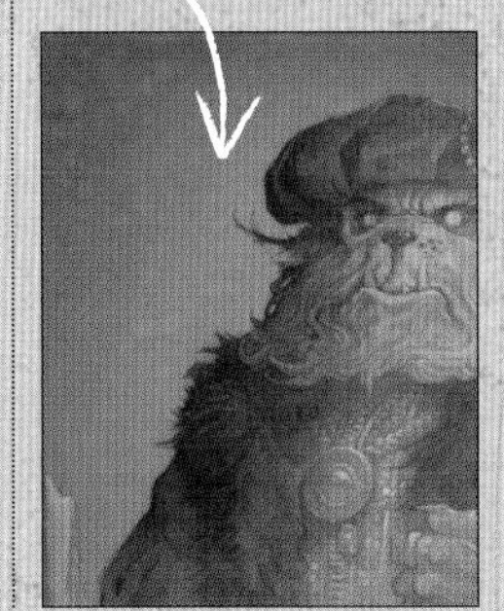

10 描繪陰影

圖像調整好，開始添加陰影。我個人希望陰影深一些，帶有典型的的英王愛德華時代的肖像特徵。我還想讓畫面看起來像被燭光點亮一樣，因此需要透過光與陰影的調節使野獸臉部有自然的焦點。

通常我會在最後的正片疊底層上用多個圖層進行進行繪畫，採用了帶有紋理的柔邊畫筆或噴槍畫筆。這個過程需要反復進行多次。

11 上色

上色方法有很多，本例中，我使用柔光圖層。之所以選擇這一圖層，因為它使顏色看起來像油彩熠熠發亮。我想讓畫面看上去有股古典人物畫像的味道，需要使用盡可能多的圖層，而這一過程不能操之過急。通常我在畫一個區塊時會把該區塊的不透明度降至15%-20%。

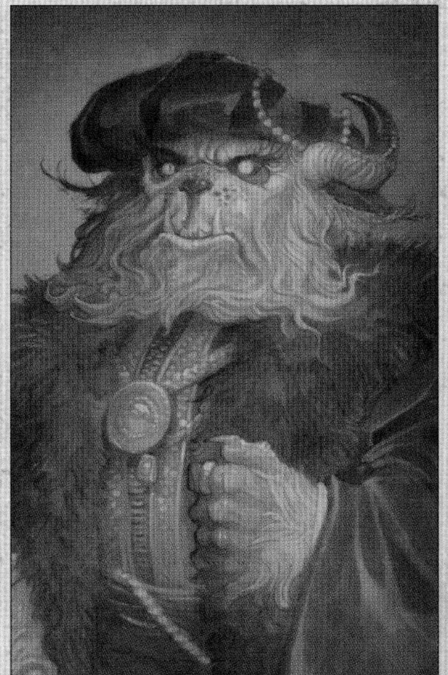

技法解密

勿因小失大

無需為畫面所有細節處處操心。雖然一個小細節本身可能十分奪人眼球，但它並不一定會對整個畫面起太大幫助，當你糾結於細節時，不要忘了同時兼顧大局，出色畫作是應該把握好二者間的平衡，既從大處著眼，又要從小處著手。

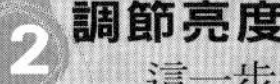

12 調節亮度

這一步將使"主顧"野獸煥發神採，從許多角度看這一步都與加深陰影反其道而行，這也是讓水彩質感大放異彩的一步。

我使用蒙版圖層和深灰色圖層，和在正片疊底圖層上使用的方法相似，我不斷地畫與擦除，直到滿意為止。蒙版圖層在水彩上反映出的效果很好，能提昇畫面的質感和對比度。

不過這一效果需要慎用，只需用在高光或者想要吸引觀眾注意的部位即可，如果這種效果被全篇鋪開，反而會模糊重點。

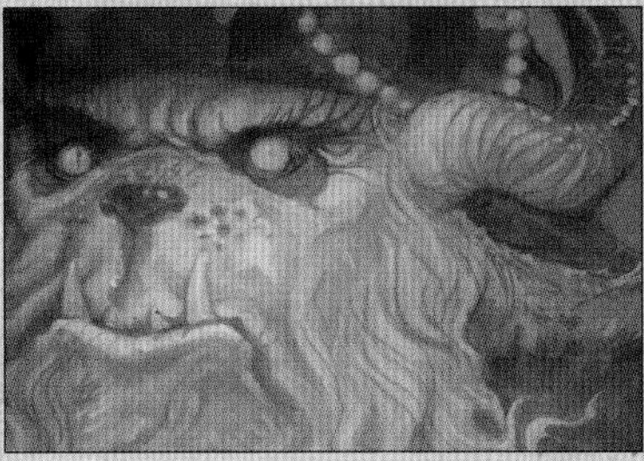

13 毛髮的修飾

最後我將為畫面的毛髮部位增加細節。我所使用的是屏幕和正常模式的圖層，基本上我都遵循了陰影部分的透明度高而受光部位透明度低的原則。這一技法的巧用，使畫面層次分明，重點突出。不過，正常模式的圖層也需慎用，如果透明度很低，會使畫面失真，這也是電腦繪圖容易出現的弊病之一。當然，對有些確實需要使用低透明度的部分也無需吝嗇一比如金屬和牙齒的高光部位，角尖和眼周。在用正常模式的圖層銳化眼睛的同時，我還利用它的微妙光澤，解決了質感過於生硬的問題。背景處，我用了一層薄薄的陰影。

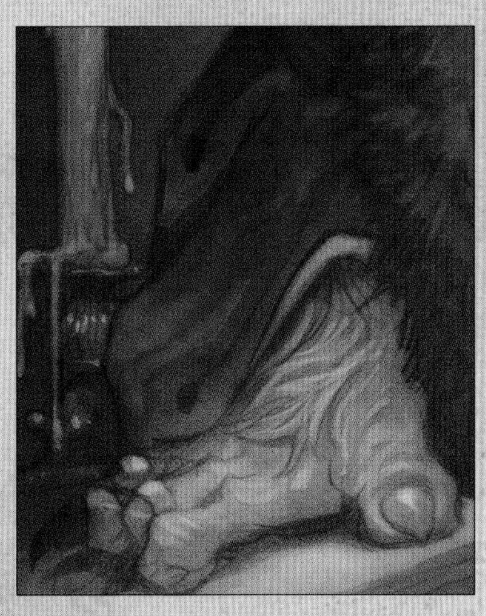

技法解密

Photoshop

畫筆筆尖形狀

直徑：100%

圓度：100%

間距：49%

形狀動態

角度抖動：38%

控制：方向

顏色動態

前景/背景抖動：3%

其他動態

不透明度抖動：鋼筆壓力

流量抖動：鋼筆壓力

我用該畫筆來繪製陰影，進行調和。它既有噴槍調和時的良好質感，又不會顯得生硬。

14 色彩的平衡

最後調整色彩，我沒有使用太多的色彩效果，過度使用效果會使畫面焦灼，過分誇張。這也是電腦繪圖的弊病，必須引起我們的重視。這一步，我用該效果賦予畫面暖色調，畫面效果稍暗，並把不透明度降至50%。

現在大功告成了，可以把畫像交給印表機了，接著祈禱我的這位"主顧"不要一口吃了我。

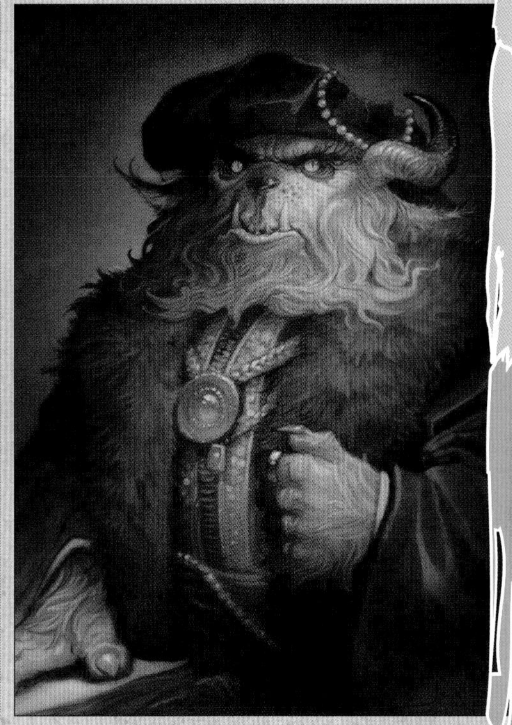

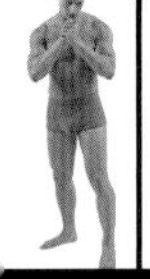

第四節

十大魔幻主題動作姿勢

不論你筆下是位大英雄還是大反派，這裡都有素材幫你。

棍子緊握在手，下一步的動作似在弦上。

臉部微微抬起，眼睛看向腿伸出的方向。

右腿筆直而有力，腳部緊抓地面，同時導向了角色的視線方向。

10 圖謀不軌的惡棍

儘管他肩膀向下傾斜，略微頷首，似乎沒甚麼攻擊性，但那緊握的雙拳，緊繃的手臂肌肉和緊抓地面的雙腳，卻泄露了他內心的圖謀不軌。

手臂伸直前觸，與視線形成了協調的角度，賦予武士力量與平衡。

腹部肌肉放鬆並略微扭向一側。

9 武士

這一姿勢既平衡又優雅，伸出的一條腿既長又直，和左手中的棍子形成了良好的視覺角度，為畫面中的人物增加了力量感。右臂支撐略向前傾的身體，下斜的肩膀幾乎與伸出的腿平行，緊握棍子有力的左手又構成了這一姿勢的焦點。

手臂肌肉的凸起，表明他正蓄勢待發。

8 飛行

伸出的手臂代表著向前向上的力量，體側的手臂呈流線型，由於是起飛的動作，為了保持平衡，右腿仍呈彎曲狀。

7 挑戰

肩膀聳向後方，胸部挺起，腹部收縮。在構圖上，棍棒與左腿形成的線條清晰而簡潔，使人物姿勢達到平衡。

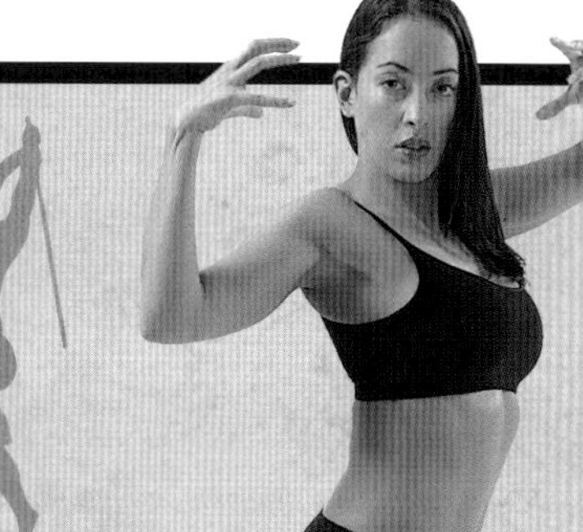

6 劈砍

向後伸出的手臂和身長的胸肌、腹肌均表明這一動作會產生怎樣的後果。同時，左腿收起以平衡後方的棍棒，為劈砍姿勢注入更多能量。

5 邪惡的女巫

雙手在臉部兩側呈爪狀，積蓄著邪惡的威懾，臉上卻又寫著冷漠與自信，這一姿勢代表著一觸即發的危險。

手指略微拱起，牢牢攀住岩壁。

胸部和肩膀肌肉收緊以支撐體重。

3 貼壁攀爬

從上面俯視，手臂緊貼岩壁，肌肉緊繃，左腿抬起，右手前伸，面朝上，目光向上凝視，營造出岩壁高度的錯覺。

4 在林間步行

左臂和左腿伸向前代表靜，右手和右腿則代表動，臂線傾斜，腿部線條突出，右手向後，雙肩靠在一起。

臉部神情專注，虎視眈眈。

2 潛行的惡棍

身體彎低，軀幹與地面基本平行。魔爪伸向前方，眼看就要抓住他的"獵物"了。

1 勝利的姿勢

戰鬥中取勝的英雄，振臂高呼，仰天長嘯。四肢呈X型，使這一動作更具動感。

科幻角色設計

本節中的人物姿態均摘錄自格倫·法布裡（Glenn Fabry）所著《科幻角色設計剖析》一書。

www.davidandcharles.co.uk

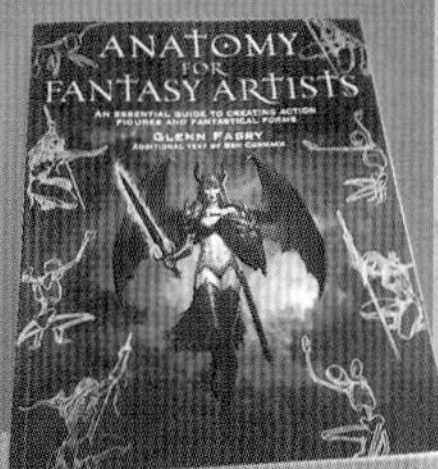

第五節
人物姿態要領

沃倫・洛為你講述如何用姿勢展現人物的動感與活力。

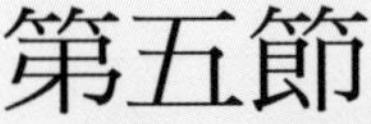

藝術家簡歷

沃倫・洛
國籍：南非

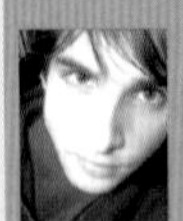

沃倫是一位專業的插畫家，致力於透過藝術重塑女性之美。

warrenlouw.deviantart.com

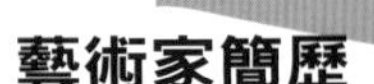

DVD素材
沃倫的作品位於光碟的Digital Art Skills文件夾中。

我講述的是一些基礎但卻重要的理論，如果這些基礎知識掌握不當，更無其他進展可言。人物的姿態動作既是畫面人物性格的演示，也是他性格的動作展現。這就是為角色塑造生命的過程，也是一切的開始。

將你所要呈現的形象和你喜歡的東西盡量具體化，然後再加以研究、理解，使其成為你風格的一部分，並在此基礎上不斷充實，豐滿。這些都不可等閑視之，俗話道："取乎其上，得乎其中"，我們所要樹立的目標應高於自己所要取得的效果，同時不斷汲取身邊畫家的優點和長處。藝術需要自我表達和對未知領域的不斷探求。

如上所述，你要給自己定位，找到屬於自己的藝術風格。我們有自己獨特的表達方式，所以我們具有潛在的、不同於其他人的風格。只有熱愛藝術，才能在藝術之路上不斷進取，有所建樹。

1 立意

起筆前，重要的是立意—你需要成竹在胸。把自己想要表達的形象盡可能具體化，確保最終可以清晰地傳遞給觀者，如上所言，要"志乎上"，愈上愈佳，創作心態要積極，想像自己將要畫出人類歷史上最偉大的作品，以這樣的心態起筆，就會愈發順手。

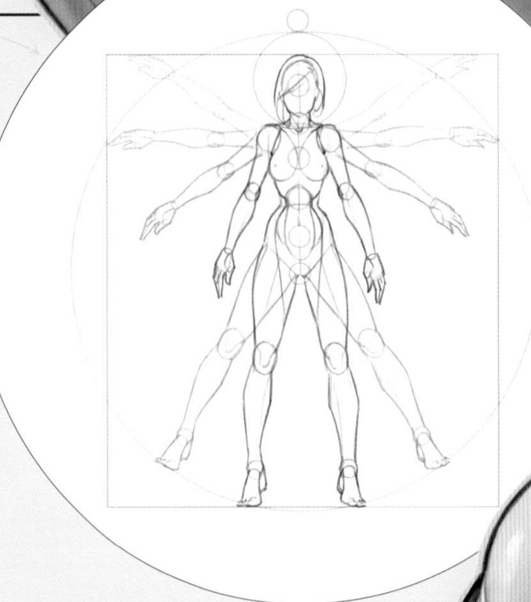

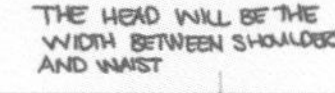

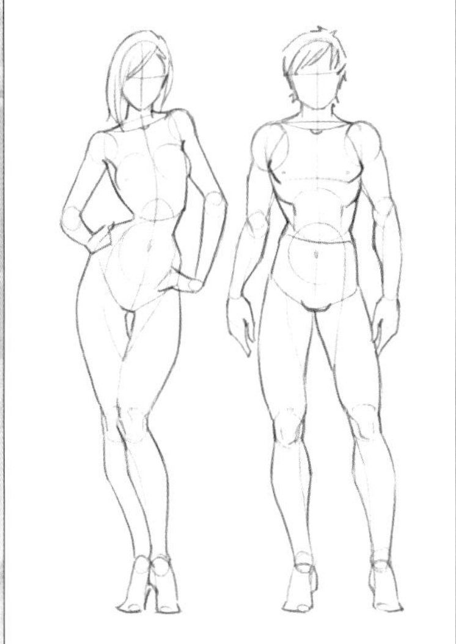

2 男女有別

如果你擅畫女性，那麼畫男性自然也不在話下。男女之間有許多相同點。我的繪畫對象以女性為主，不常畫男性，但如果現在需要我畫男性，只要在原有的繪畫技巧上稍加調整就可以順利完成。然而如果要讓那些常以男性為繪畫對象的畫家畫一幅女性的畫像，恐怕就沒這麼簡單了。

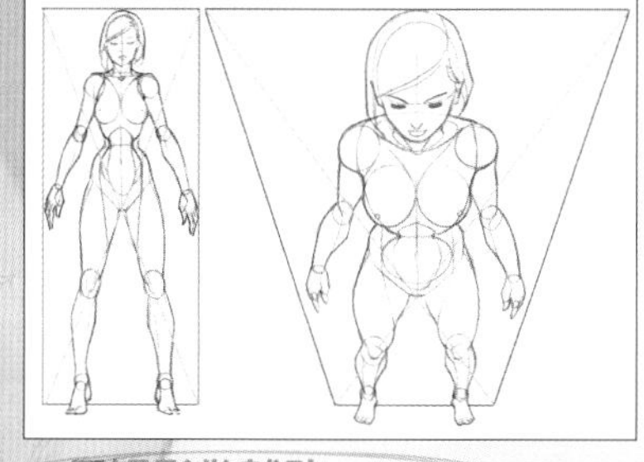

3 用矩形做輔助

透視對所有的畫家都是件頭疼事一別以為專業畫家就不為此發愁。不過，專業畫家們有一個訣竅一運用矩形。矩形和人體一樣都分前後左右，能幫助我們把握人體的比例和透視關係。注意觀察上兩幅圖中心點的差異。

4 明確對象

畫一幅畫初期就應搞清楚自己所畫人物的輪廓和線條，注意各條曲線、關節和身體部位以及它們之間的關係。尋找各線條和圖形之間所暗藏的聯繫，牢記一點：每條線都各有其職能，牽一發則動全身。

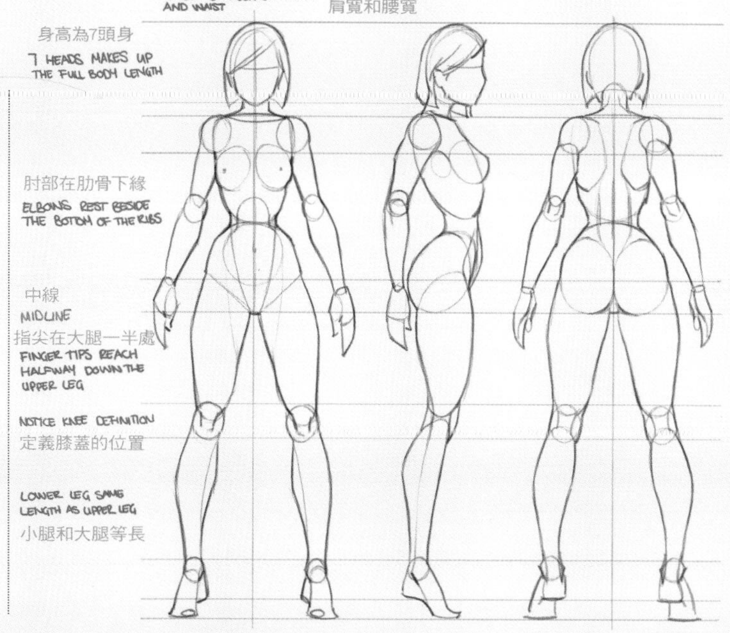

“我發現，嘗試不同的風格可以使畫技在不知不覺中提高。”

5 曲線

每個物體都有曲線，如果你留意解剖學知識，會發現，這些曲線讓你筆下的主人公姿態擁有曲線美的最好辦法，就是以S形為主線構圖。

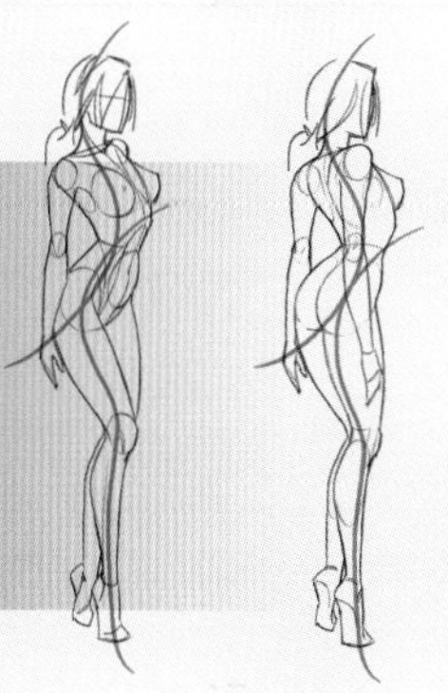

6 角度運用

要為你畫中的主人公賦予自信而有魅力的姿態離不開對頭、軀幹、臀部和腿部角度的調節。左圖中的人物腰部向右擺，兩條腿恰如其分地支撐著體重，充滿動感魅力。

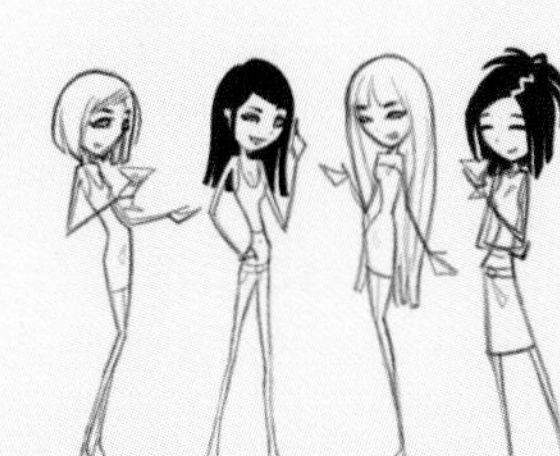

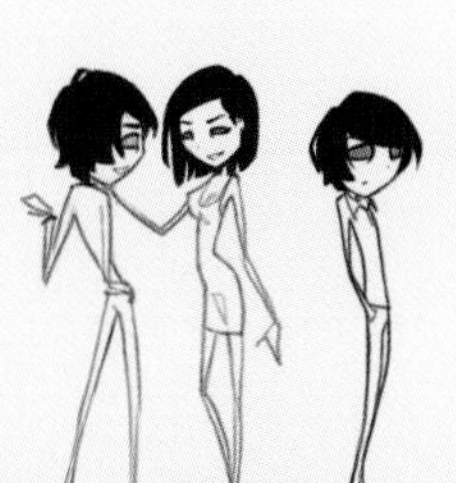

7 變換風格

嘗試不同風格，你會驚訝地發現自己繪畫水平竟然在不知不覺中突飛猛進。風格的轉換為你帶來全新的視角，有助於提高你對人物姿態的把握能力，加深你對解剖知識的理解。這個方法使我的繪畫技巧在不知不覺中日益精進，根據我的切身體會，強烈向大家推薦這個方法！

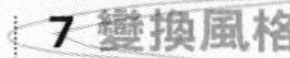

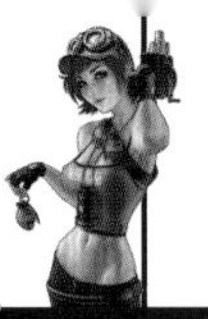

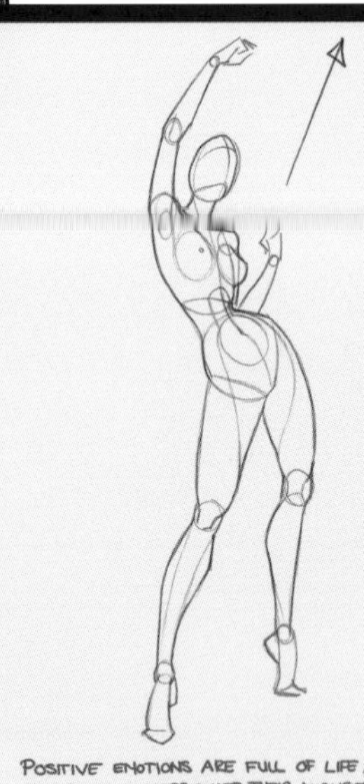

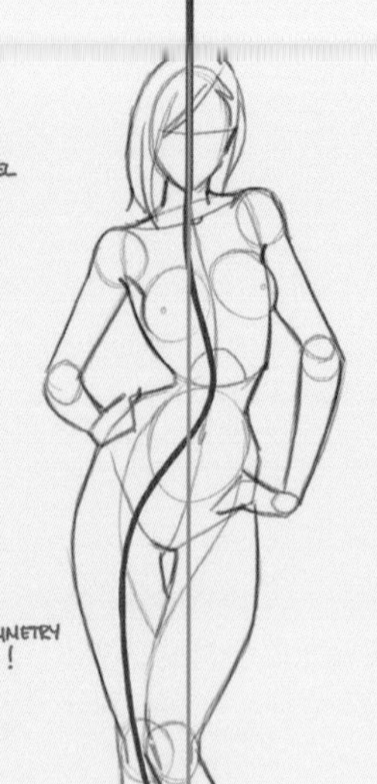

8 注入情緒

情感和心緒是畫作的靈魂，不必透過臉部的表情，角色的造型本身就可以傳遞豐富的情緒。真正的情緒會寫在身體的各個部位一毫無例外，只是每個部位呈現多少的問題。所以多觀察肢體語言吧。

9 注意隱形的幾何關係

身體有許多一眼難以看穿的幾個關係，你需要找出它們之間的對稱關係，以及哪些部位的線條相互平行。

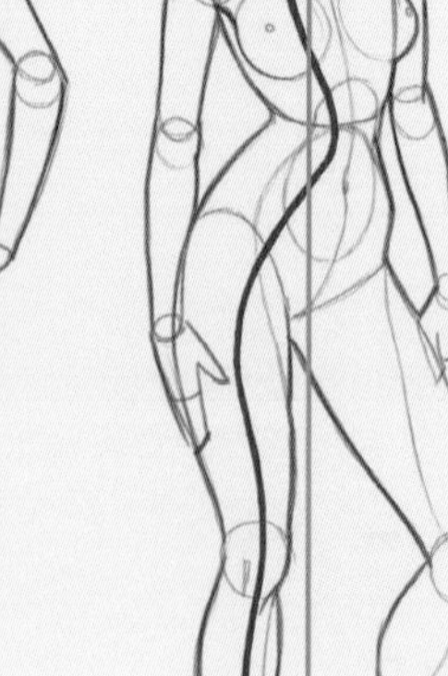
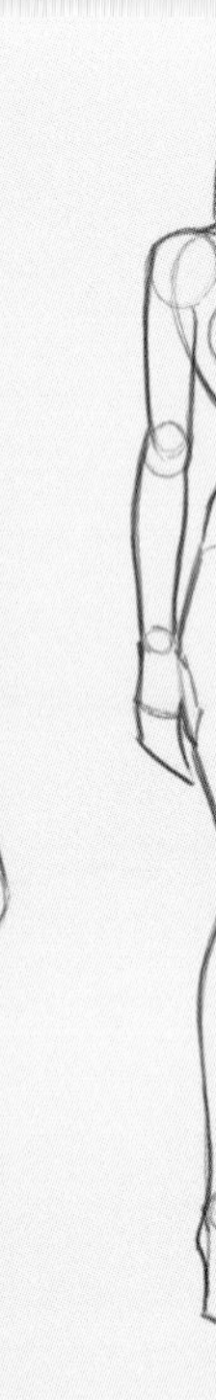

10 把握重點

繪畫對象的簡化有助於撥開繁冗，找到你所需的焦點。當你陷入苦思時，等於在說你還不夠瞭解繪畫對象。事實上，你所知道的遠比你想像的要多得多，所以千萬不要被自己的思想所蒙蔽。

11 平衡重心

有時，我們只想表現一個簡單的姿勢，卻發現越畫越複雜。沒關係，這裡有個簡單的法則：兩條腿中較直的那條往往就是承重腿，這能幫助你把握好重心和人物的中心。

12 剪影

檢驗所畫人物是否吸引人的方法一把它們全部塗黑，只看他的剪影，這可以幫你檢查所畫形象與你想表達的是否一致。剪影可以突出造型的焦點，不會因為其他的畫面元素而分散了注意力。

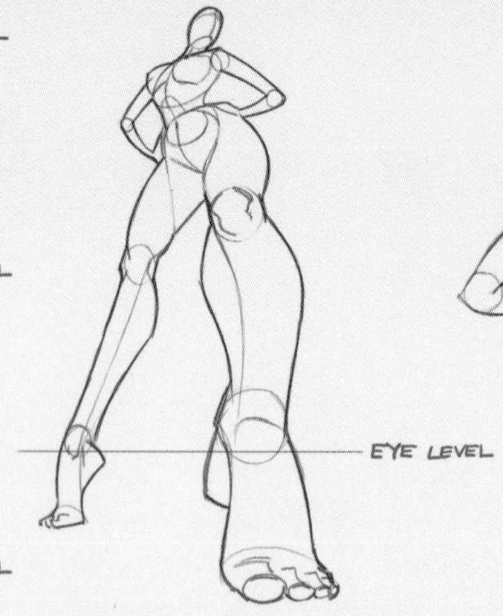

13 不同的視角

視角十分重要，比如，仰視的角度使人物看上去氣場十足，或者十分高大。視角之所以重要，因為你畫出的角度正是畫作呈現給其他人的角度。畫人物姿勢前，不妨先找好角度。一個好的視角能使你的主人公更具活力。

第六節

傳統與數位藝術的融合

戴夫・坎德爾邀您一起用顏料和畫筆如乘風破浪般的駕馭數位繪畫。

藝術家簡歷

戴夫・坎德爾
國籍：英格蘭

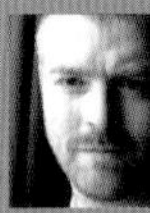

對於ImagineFX的讀者來說，戴維是個熟面孔。他擅長卡紙繪畫，在職業生涯的初期，主要的工作是為書籍設計封面，近期也開始創作集換卡片和動漫作品。無論是傳統媒介還是數位媒介，他都有涉足。

www.rustybaby.com

在當今這個數位時代，沿襲傳統的繪畫方法往往令人生畏。這意味著你要弄髒你的雙手，並且無法使用撤銷鍵。然而，這些所謂的放棄，才是讓你的創作無拘無束、突飛猛進的關鍵。在開始傳統的繪畫前，我們要知道色彩是如何共同發揮作用的。而數位藝術會讓你忽視這一點，並不總對藝術家的發展有所幫助。

你會深陷色相和飽和度調節的泥沼，無法對圖畫做到"心中有數"。雖然我也熱愛數位繪畫，但我還是會從傳統繪畫開始。為了提高工作效率，我常常使用壓克力顏料來創作，而本文中我將嘗試使用Artisan水溶性油畫顏料。

一套專業的數位繪畫設備能花去我們數千英鎊，而同樣創作一幅傳統的繪畫，其花費將少得多。

第一步：準備工作

對於繪畫而言，工作室的準備非常重要。如何打造適合而實用的工作空間，我有自己的一套方法。

1 舒適的工作室

我從不喜歡打理我的工作室，我希望能夠找到一個地方，在完成繪畫作品後，不用去考慮如何做清潔工作。你可以在房間的一角開闢出一塊空間，如果條件允許，也可建立一個專用的工作室。光線要好對於工作室來說至關重要，當然，舒適度也是必要條件之一。

2 繪畫區

古往今來，藝術家們會在各種介質上以各種角度進行繪畫。我偏向於以垂直的視角進行繪畫。我有一塊A0大小的繪圖板、畫板架，以及一個大型的活動支座。只有縱觀全局才能畫得更好，因此我們需要能夠看到全部的畫面。小畫板和支架適用於較小的畫作，而大的支座可以承載1.2-1.5公尺的大幅面作品。

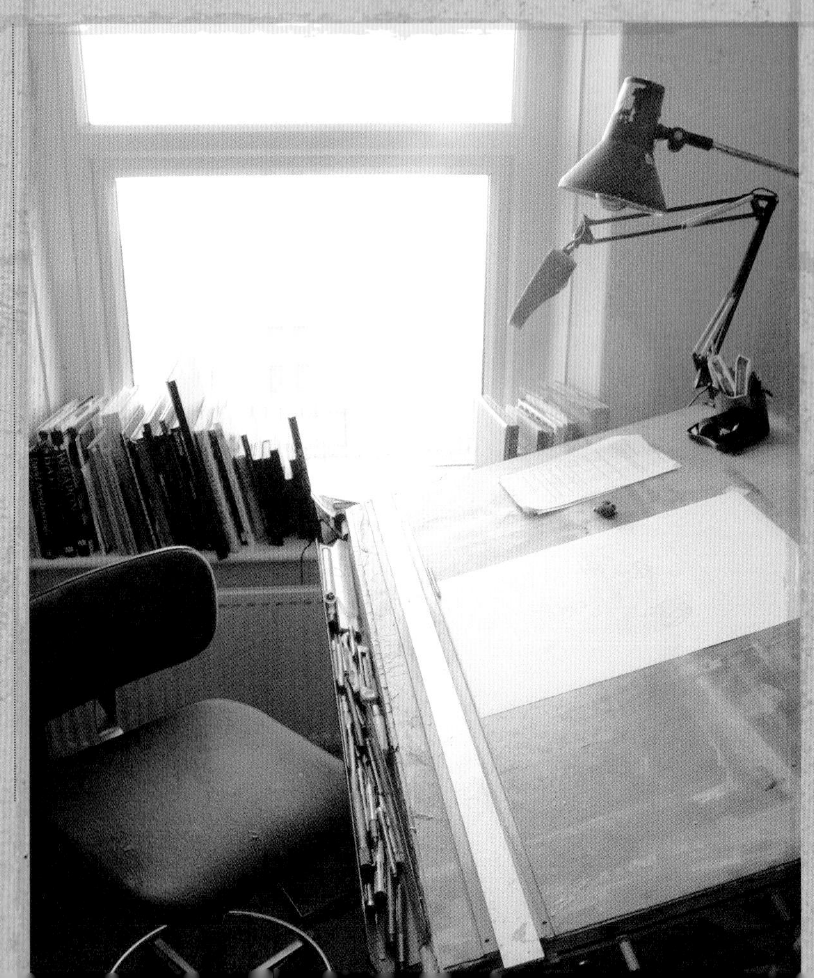

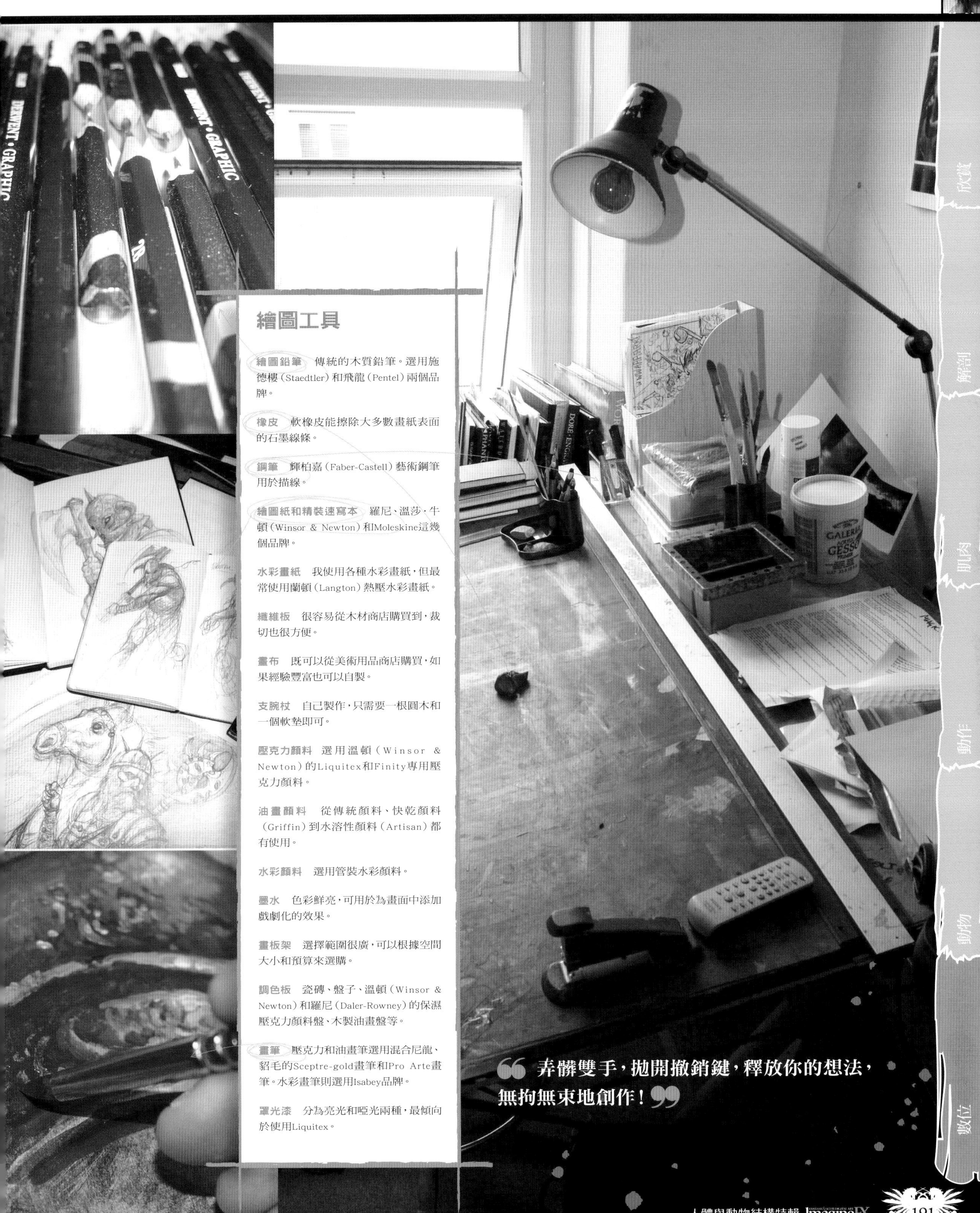

繪圖工具

繪圖鉛筆 傳統的木質鉛筆。選用施德樓（Staedtler）和飛龍（Pentel）兩個品牌。

橡皮 軟橡皮能擦除大多數畫紙表面的石墨線條。

鋼筆 輝柏嘉（Faber-Castell）藝術鋼筆用於描線。

繪圖紙和精裝速寫本 羅尼、溫莎·牛頓（Winsor & Newton）和Moleskine這幾個品牌。

水彩畫紙 我使用各種水彩畫紙，但最常使用蘭頓（Langton）熱壓水彩畫紙。

纖維板 很容易從木材商店購買到，裁切也很方便。

畫布 既可以從美術用品商店購買，如果經驗豐富也可以自製。

支腕杖 自己製作，只需要一根圓木和一個軟墊即可。

壓克力顏料 選用溫頓（Winsor & Newton）的Liquitex和Finity專用壓克力顏料。

油畫顏料 從傳統顏料、快乾顏料（Griffin）到水溶性顏料（Artisan）都有使用。

水彩顏料 選用管裝水彩顏料。

墨水 色彩鮮亮，可用於為畫面中添加戲劇化的效果。

畫板架 選擇範圍很廣，可以根據空間大小和預算來選購。

調色板 瓷磚、盤子、溫頓（Winsor & Newton）和羅尼（Daler-Rowney）的保濕壓克力顏料盤、木製油畫盤等。

畫筆 壓克力和油畫筆選用混合尼龍、貂毛的Sceptre-gold畫筆和Pro Arte畫筆。水彩畫筆則選用Isabey品牌。

罩光漆 分為亮光和啞光兩種，最傾向於使用Liquitex。

> 弄髒雙手，拋開撤銷鍵，釋放你的想法，無拘無束地創作！

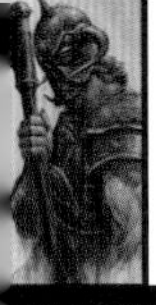

3 燈光

無論採用何種光源，只要它亮度足夠即可。我使用的是一款帶有藍色塗層的日光燈。用過之後你就會發現普通燈的光線是偏黃色的。它不僅能提供準確的色彩環境，同時還能減緩視疲勞。繪畫的舒適度是很重要的！

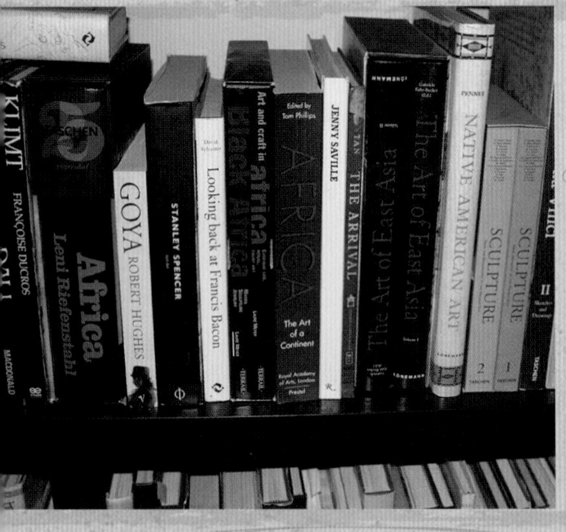

4 靈感來源

可以從書本和光碟中獲取靈感。從小開始我就購買圖書，至今已有很大的收藏量。如果有時缺乏靈感或沒有繪畫的動力，我就會翻翻手邊的書籍，它們總能給我思路。

5 儲藏

你需要找個地方來放置繪畫工具和完稿的作品，總不至於放在地上吧。想辦法去爭取一個儲藏空間，以保存繪畫工具。在需要搬運畫作的時候，找一個堅固的畫筒或文件夾將它們保護起來。

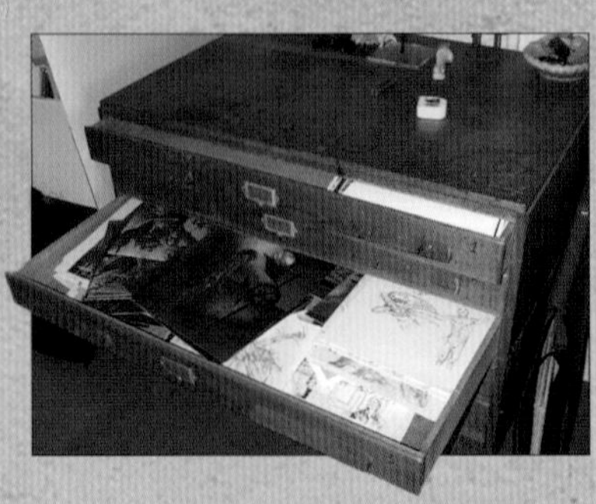

第二步：選擇合適的繪畫工具

我將向你介紹需要用到的繪畫工具。如果面面俱到，可能整本書都寫不完，本文只是拋磚引玉。

1 繪圖鉛筆

自從見到羅伯特·克魯伯精美的寫生簿後，我就決定自己也這麼做。我選用厚卡紙的精裝的繪畫簿，隨時記錄下各種粗略的想法和創意。畫完一本後，我就將它們放在書架上並編號，之後我將它們作為視覺日記隨時翻閱。我個人偏好使用木質的2B鉛筆進行繪畫。

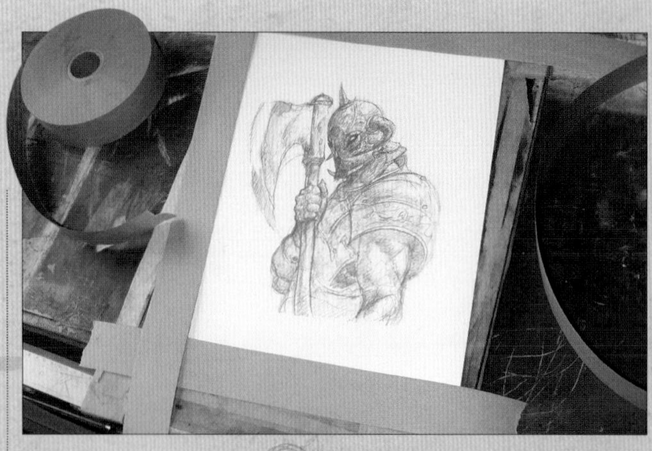

畫布和畫框

對於畫布，我尊崇自己動手的哲學原則。我在附近的五金商店購買纖維板並裁切成一定形狀，用普通的刷子將壓克力底塗料均勻地塗抹在板的表面，等它自然風乾後，從另一個方向再刷上一層。接下來我用砂紙進行打磨，使表面光滑。這樣自製的畫布不但經濟，而且好用。

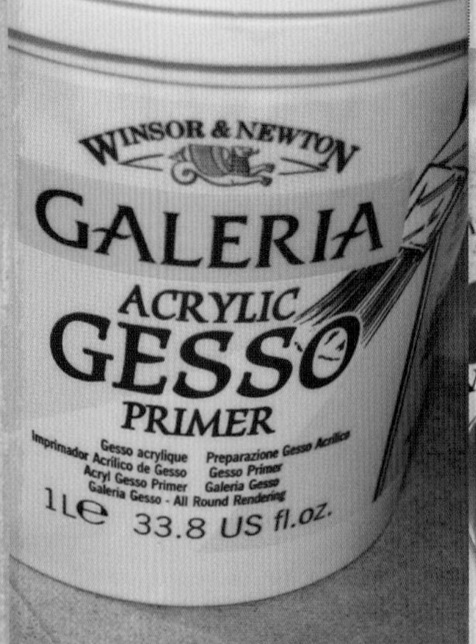

3 畫紙

我也會去購買熱壓水彩畫紙。先用水將畫紙徹底浸透，然後將其覆在一塊硬板上，四周貼上密封膠帶。等乾透後，給它上一層啞光清漆。這樣可以避免顏料滲透到紙張中，因此可以用油畫或壓克力顏料進行繪畫。

> **購買廉價的顏料看上去省錢，實質則不然，試過後才知道它們的繪圖效果要差得多。**

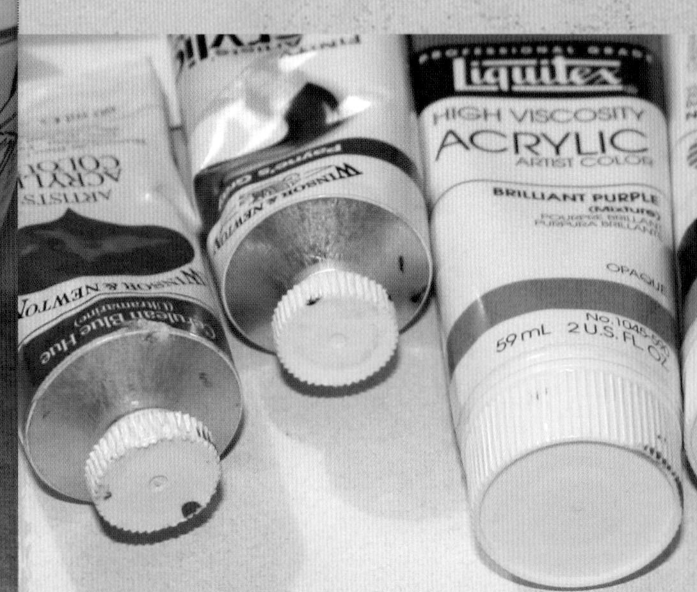

4 顏料和媒介劑

要用品質好的顏料進行繪畫，例如Liquitex和Finity壓克力顏料。它們的著色性強，因此可以使畫面的顏色濃烈。購買廉價的顏料看上去省錢，實質則不然，試過後才知道它們的繪圖效果要差得多。

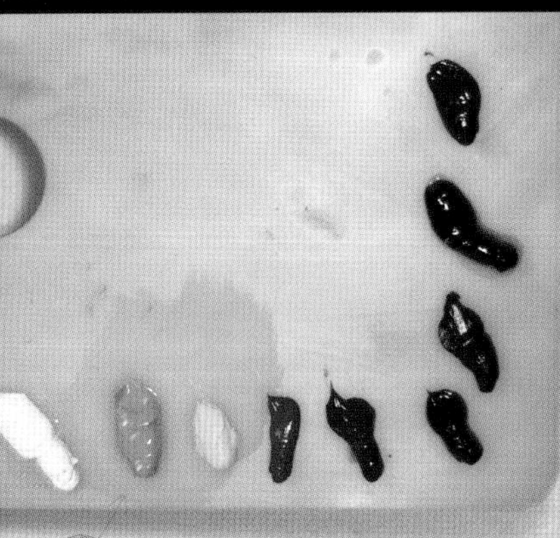

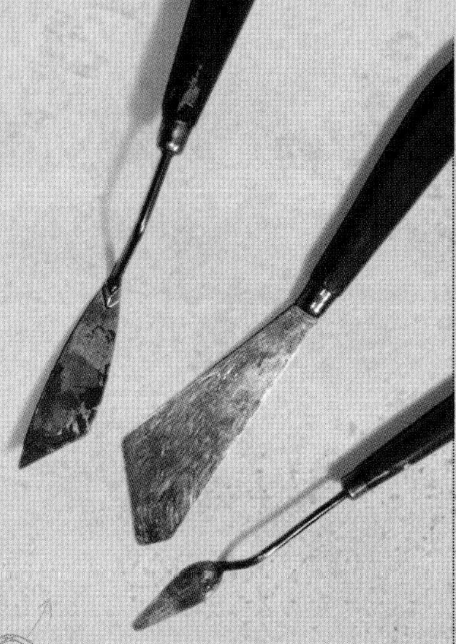

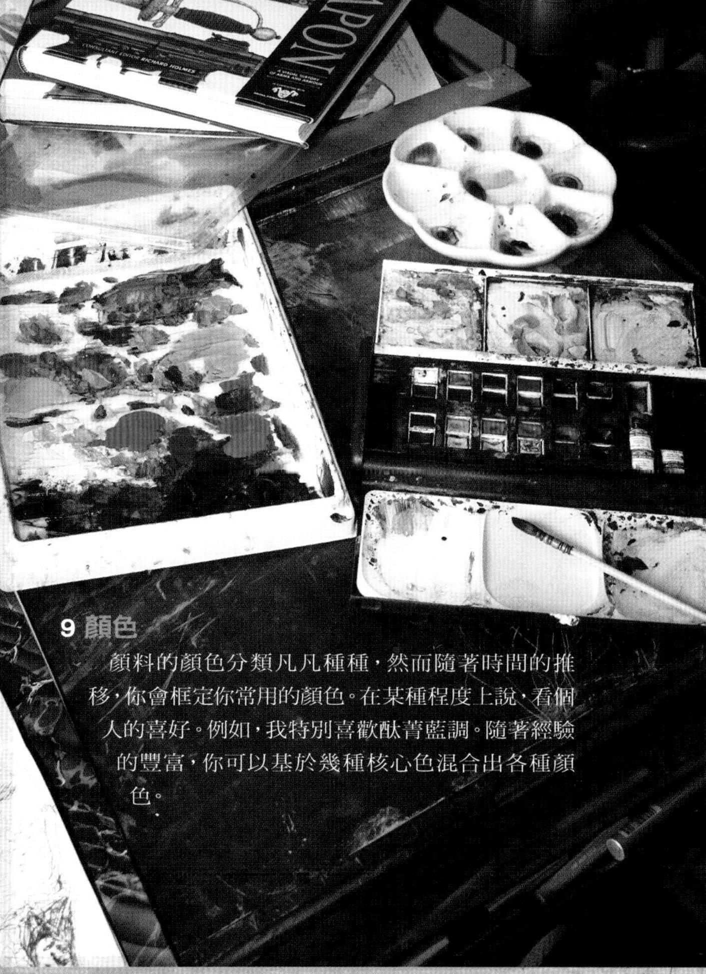

5 調色板

任何光滑平整、易於清洗的平面都可以用作調色板：盤子、玻璃、木板或拋棄式紙盤等等。為了保持壓克力顏料的可用性，我會使用保濕型調色板，否則顏料會很快乾成塑膠薄膜，過於濃稠的顏料不易使用。而油畫顏料則不同，即便放置幾天照樣可以使用。

6 畫筆

畫筆也應該選用品質較好的。雖然比較昂貴，但對於繪畫來說還是值得的，它們可以長時間地保持刷毛形狀，更便於繪畫。畫筆品質的優劣就好比不同性能的數位板一樣。我會在尼龍畫筆、豬鬃畫筆和貂毛畫筆中進行選擇。對於不同的顏料，要選用不同的畫筆。

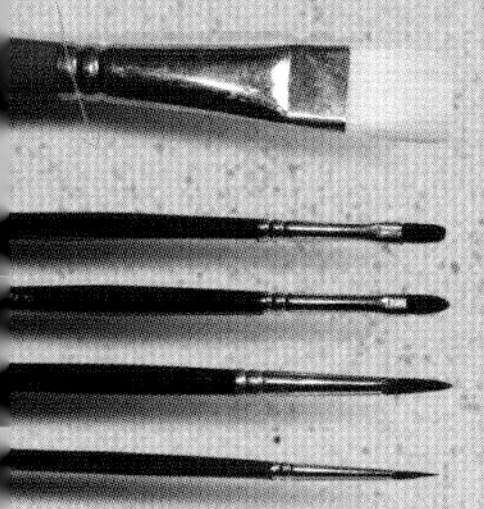

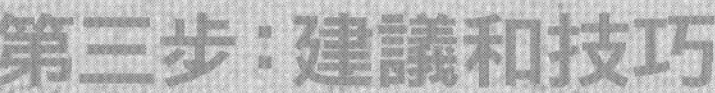

7 調色刀和色彩造型筆

還有其他的繪畫工具，例如調色刀和橡膠筆頭的色彩造型筆。這些工具以一種獨特的方式為畫面填塗顏料。你可以用它們來刮上厚重的顏料，開出細槽，繪製紋理。像樹皮和粗糙的表面就可以嘗試這類工具。調色刀也可直接用於創作大型的繪畫，但是畫紙背板一定要足夠牢固。

8 清潔工具

品質好的畫筆和顏料能為你帶來良好的繪畫效果。然而保持繪畫工具的清潔也很重要，尤其是畫筆在畫過油畫和壓克力畫後。我們可以從五金商店購買刷毛清洗液。破舊的畫筆也並非一無是處，它們可以用來進行塗抹。

9 顏色

顏料的顏色分類凡凡種種，然而隨著時間的推移，你會框定你常用的顏色。在某種程度上說，看個人的喜好。例如，我特別喜歡酞菁藍調。隨著經驗的豐富，你可以基於幾種核心色混合出各種顏色。

10 上漆保護

上漆是繪畫的最後一個步驟。上漆後，可以使畫面具有啞光或者亮光的效果，同時還能起到保護畫面的作用。亮光能夠強化色彩，而啞光可以防止畫面反光。如果你想掃描畫作，使用啞光上漆就很有必要。

第三步：建議和技巧

我將與大家分享一些繪畫過程中的要點和建議。同樣，我只是泛泛地介紹，你需要深入思考。為慶祝大師弗蘭克·弗雷澤塔誕辰80周年，我嘗試使用新的繪畫材料創作一幅死亡劊子手的圖畫。

1 通則

嘗試盡可能多的繪畫技法和媒介是學習的唯一途徑。儘管錯誤隨時都會發生，但我們卻能夠從中汲取經驗。水彩繪畫與油畫或壓克力畫所帶來的感覺是截然不同的，因此，要根據繪畫的主題選取適合的媒介。這是我第一次使用水溶性的顏料，這種顏料相當不錯，具有油畫顏料的優點，但是無需松節油和溶劑的輔助，擁有黃油般的光滑度和黏稠度，在乾燥時間上也比油畫占優，我肯定會再進行多次深入的嘗試。

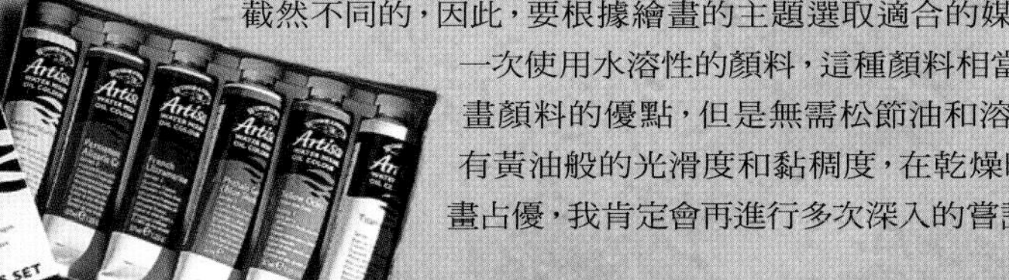

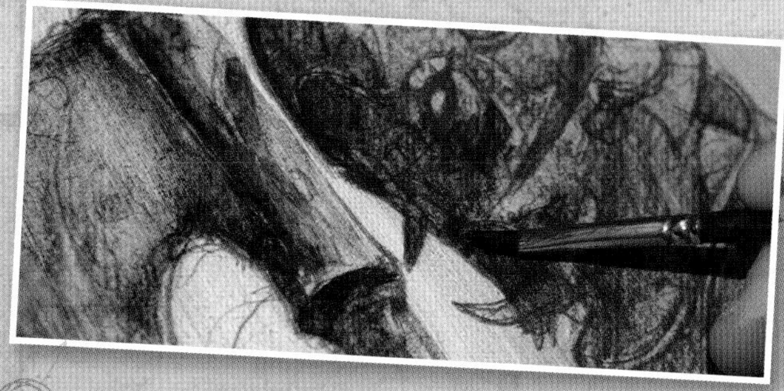

2 基礎工作

在繪畫油畫或壓克力畫時，我不會直接從白紙開始繪畫。用焦赭色或深褐與酞菁藍的混合色塗上一層底色。壓克力顏料最適合上底色，它們具有快乾和穩定的特性，可以在之上使用除了油畫顏料外的任何其他顏料。在使用乾燥時間較長的顏料時，一定要從薄到厚，因為在潮濕而厚重的表面上進行繪畫是極為不便的。同理，應該在最後的階段使用厚一些的顏料來為畫面添加高光和亮色。在身邊準備多一些抹布，它們可以用於清潔筆刷，也可以擦除畫錯的多餘顏料。

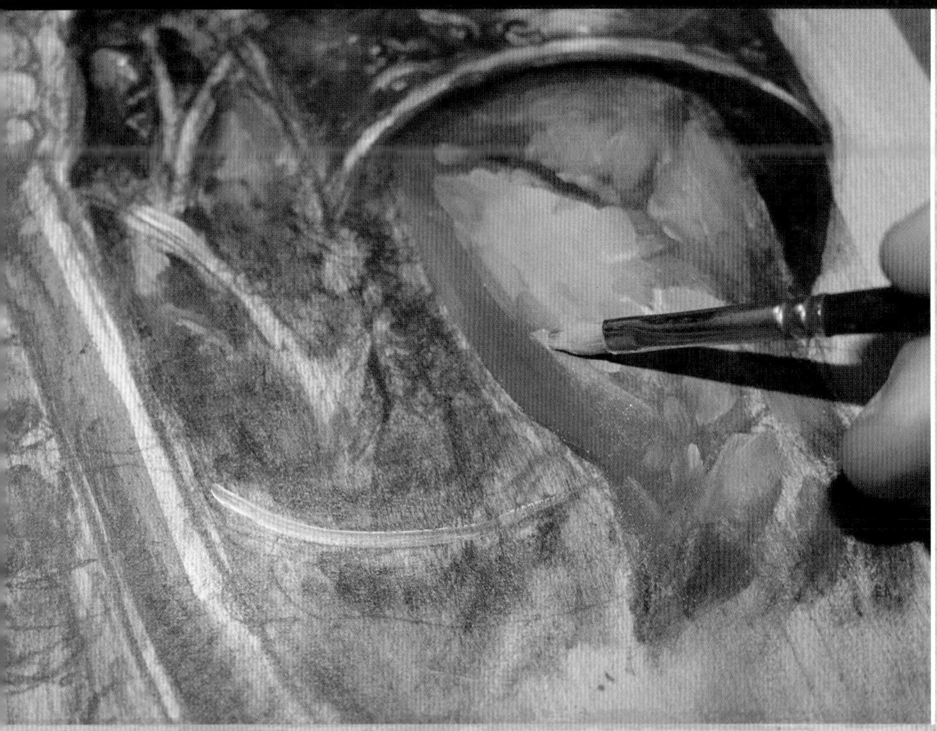

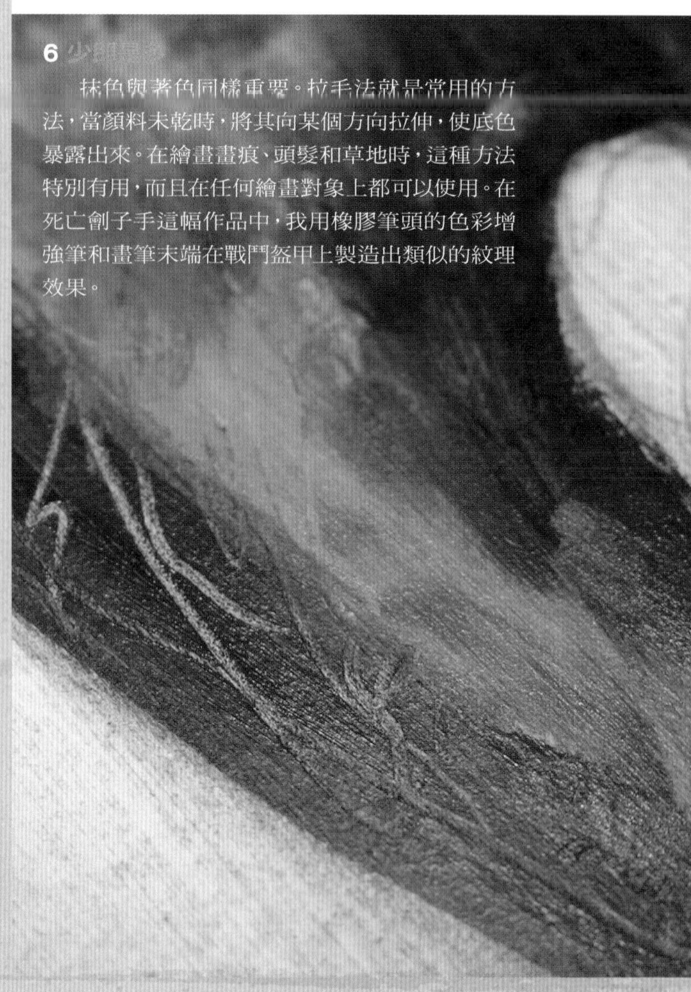

6 少[illegible]

抹色與著色同樣重要。拉毛法就是常用的方法，當顏料未乾時，將其向某個方向拉伸，使底色暴露出來。在繪畫畫痕、頭髮和草地時，這種方法特別有用，而且在任何繪畫對象上都可以使用。在死亡劊子手這幅作品中，我用橡膠筆頭的色彩增強筆和畫筆末端在戰鬥盔甲上製造出類似的紋理效果。

3 畫筆的種類

畫筆有許多不同的形狀和纖維類型，不同的組合能夠成就不同的效果，我們應該多加嘗試。採用尼龍和貂毛混合纖維的畫筆是最多功能的，它們可以用於多種類型的繪畫。刷毛有扁平和圓形等形狀，它們都是不錯的選擇。我使用的畫筆種類很多，在繪畫的初期，常常使用大而寬的畫筆。平頭半圓形畫筆十分通用，既可以用於造型，又可以用於塗色。筆鋒結合了扁平和圓形畫筆的特點，不僅能繪畫大面積色塊，也可以用來畫細部。一般只有在繪畫的最後階段，我才會用到小號的畫筆。

“平頭半圓形畫筆十分通用，既可以用於造型，又可以用於塗色。筆鋒結合了扁平和圓形畫筆的特點，不僅能繪畫大面積色塊，也可以用來畫細部。”

藝術家的超值工具—牙刷，可用於為畫面製造出理想的噪點效果。

7 上光

上光就是在乾透的顏料上再塗抹一層清漆，用於強化陰影和調製顏色。透明的淺藍色用於黃色的繪畫表面，就能營造出綠油油的光澤感。

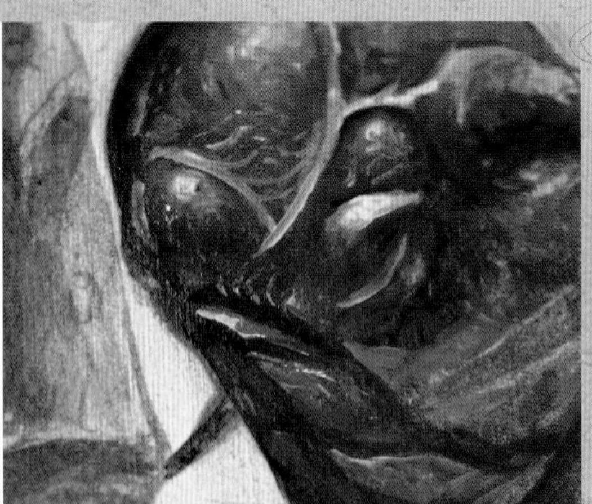

4 紋理

用一個乾的扁平畫筆就可以進行調和，畫出平滑的過渡。我喜歡保留畫面的紋理感，使畫筆的痕跡留在畫面中。幾乎任何東西都可以被用來增加畫面的質感。有現成的肌理媒介可用，但如果在畫中添加一些碎雞蛋殼或沙粒，同樣會非常有趣。你也可以使用一把舊的牙刷，為畫面製造出理想的噪點效果。

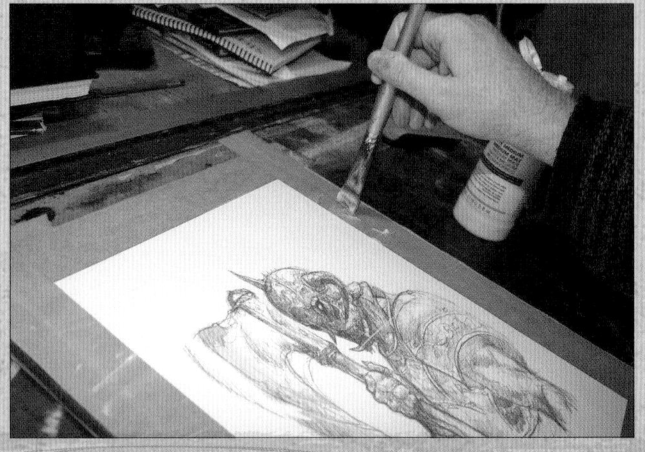

5 乾筆法

乾筆法可將顏色覆蓋到之前已經乾燥的層次上。只需要用很少的顏料，快速地朝一個方向運筆。這種方法常用來在已經乾燥的深色部位上添加淺色的顏料，適用於岩石、草地等質感的繪畫對象。

8 媒介劑

媒介劑是一種添加到顏料中的液體，可用於增加顏料的流動性，改變乾燥速度，或提供紋理效果。對於壓克力畫，透過添加不同的媒介劑，可以達到啞光和亮光的不同效果。而我常用啞光媒介塗抹在畫紙表面，用於密封紙張，使油彩不會滲透下去。

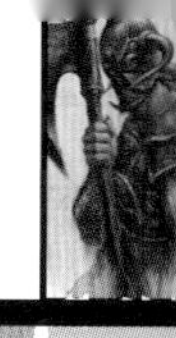

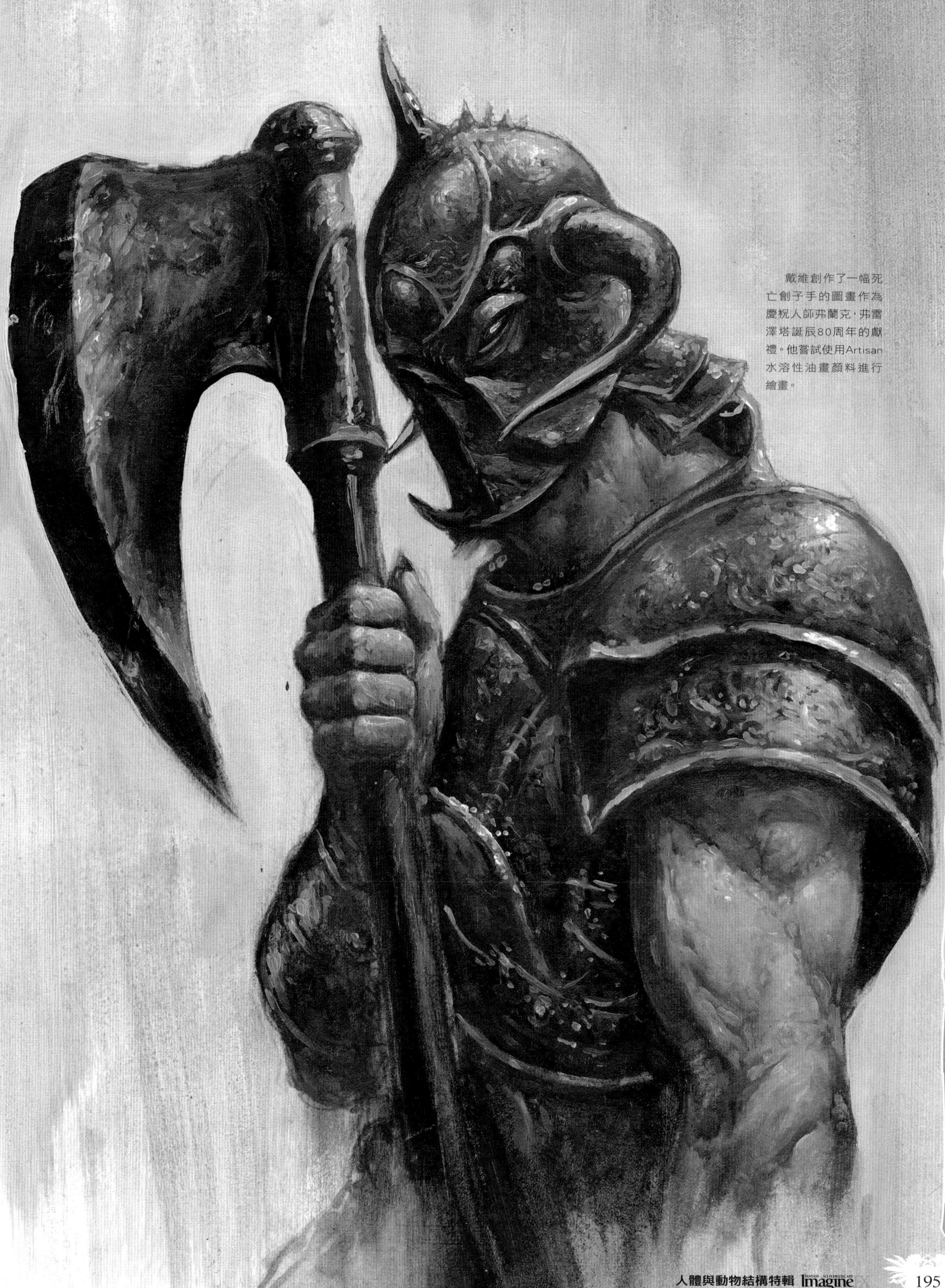

戴維創作了一幅死亡劊子手的圖畫作為慶祝人師弗蘭克·弗雷澤塔誕辰80周年的獻禮。他嘗試使用Artisan水溶性油畫顏料進行繪畫。

第七節

採用混合媒介繪製牧神(FAUN)

賈斯汀·傑拉德將油畫與 Photoshop 相結合，繪製奇異、傳統而神秘的森林原住民。

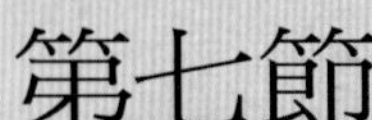

我對牧神的創意一直青睞有加。他是希臘神話裡的神靈，無憂無慮地生活在農林之中。這張作品原本想將牧神塑造成一個博學之士。我曾想像角色看起來會怎樣，但隨著繪畫的進行，角色看上去越來越像長著犄角的男巫。這雖然也是個不錯的創意，但畢竟與之前的設想不同。

於是我繪畫了一幅小的牧神的草圖，以此為基準，並最終成為了完稿的雛形。創作的過程令人興奮，我有機會與自然萬物親密接觸，長滿苔蘚的樹根、蘑菇、卷曲粗糙的犄角。當然，複雜的光線也是創作的巨大挑戰。

我將圖畫以全尺寸繪製出來，並立刻加上細節。這樣做能夠盡可能簡化底稿的繪製過程。接下來，在 Photoshop 中，我會添加數位特效。在每一件繪畫作品中，我都不斷克服新的藝術障礙，努力達成所想要的效果。這讓我塑造的形象能夠引人入勝，在繪畫的過程中，不斷學習新的技巧。

藝術家簡歷

賈斯汀·傑拉德
國籍：美國

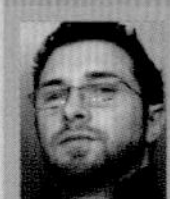

賈斯汀遍歷世界只為尋覓用於繪畫創作的完美材料。他至今仍未找到，但在他環游世界的旅途中，他遇到了不少有趣的人，看到不少有趣的地方，同時也創作了不少極佳的主題作品。
www.justingerard.com

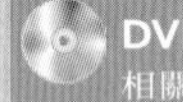

DVD素材
相關資料位於光碟的Digital Art Skills文件夾中。

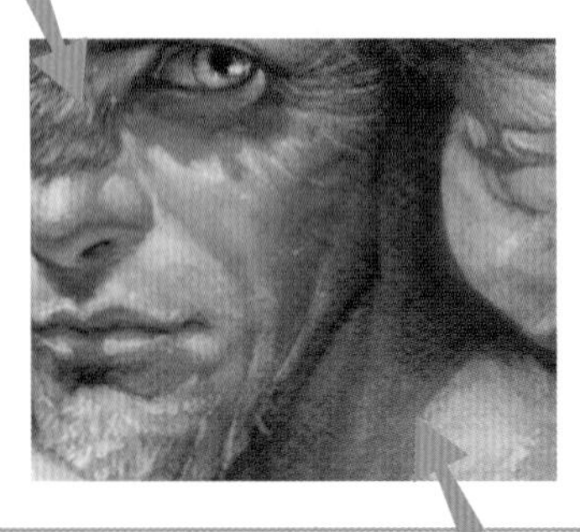

1 光線的技巧

我希望場景中的光線足夠強烈，能夠將角色包圍，透過漫反射營造出暖色調的陰影。從一開始，我就設定了入射光線的角度和方向，以保證陰影方向的一致性（如圖中紅色箭頭所示）。直射光並不是畫面中的唯一光源，還有許多透過樹蔭投射下的小光斑照射在角色周圍。除此之外，反射光也會從周圍物體表面漫反射到角色表面。畫面中的光線十分複雜，因此建立統一的光線處理原則對於畫作的成功與否非常重要。

2 參考素材

我收集了大量素材用於參考。大多數參考資料來自照片，照片中的細節我可能無法記清，但它們卻能一幕幕在腦海中回想。照片讓我聯想到拍攝時的場景，並陶醉其中。雖然我可能並未親眼見過參考的對象，但是收集照片的過程對我幫助頗多。能夠隨時找到想要的場景，這種感覺是很棒的。

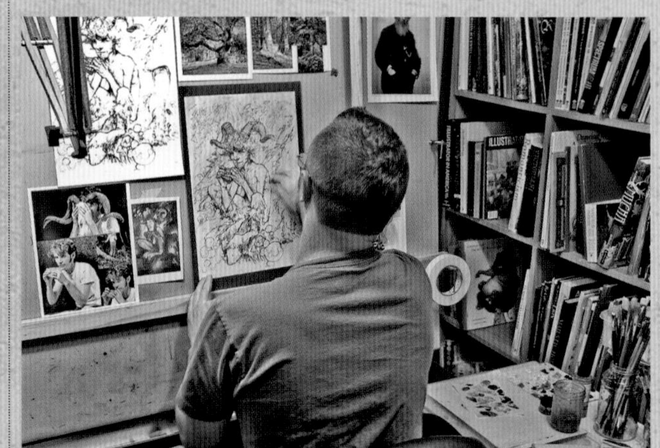

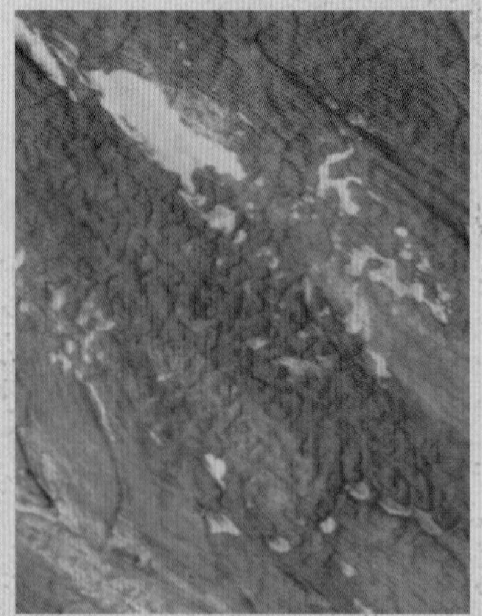

3 紋理的繪畫

我使用添加了合成粘合劑的醇酸樹脂顏料繪畫底色，這樣可以快速的乾燥。採用醇酸樹脂顏料，可以在底色上塑造出強烈的紋理感，使最後的完稿看上去更自然。之後在電腦中再加工時，除了臉部等重點區域外，不要使用太多的不透明圖層，否則會將紋理遮蓋。在這樣的背景下，紋理使細部更具真實感，也不會削弱重點區域的影響力。

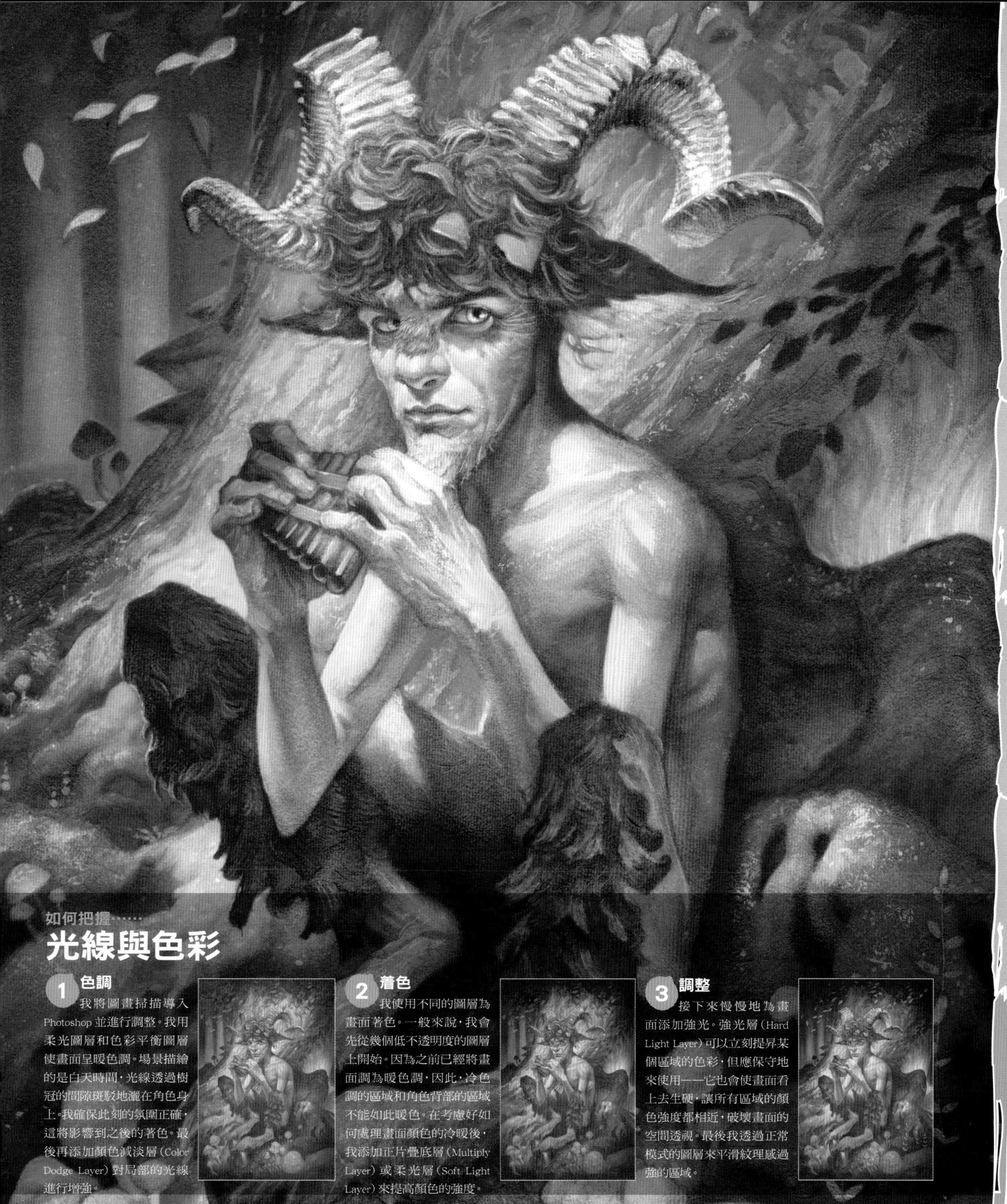

如何把握……

光線與色彩

1 色調

我將圖畫掃描導入Photoshop並進行調整。我用柔光圖層和色彩平衡圖層使畫面呈暖色調。場景描繪的是白天時間，光線透過樹冠的間隙斑駁地灑在角色身上。我確保此刻的氛圍正確，這將影響到之後的著色。最後再添加顏色減淡層(Color Dodge Layer)對局部的光線進行增強。

2 着色

我使用不同的圖層為畫面著色。一般來說，我會先從幾個低不透明度的圖層上開始。因為之前已經將畫面調為暖色調，因此，冷色調的區域和角色背部的區域不能如此暖色。在考慮好如何處理畫面顏色的冷暖後，我添加正片疊底層(Multiply Layer)或柔光層(Soft Light Layer)來提高顏色的強度。

3 調整

接下來慢慢地為畫面添加強光。強光層(Hard Light Layer)可以立刻提昇某個區域的色彩，但應保守地來使用——它也會使畫面看上去生硬，讓所有區域的顏色強度都相近，破壞畫面的空間透視。最後我透過正常模式的圖層來平滑紋理感過強的區域。

第八節
傳統繪畫意境的再現

還在努力為創作栩栩如生的幻畫藝術作品而奮鬥？
讀完本篇，妮可·卡爾迪夫將教會你如何用傳統的技法再現斗篷英雄的風采。

我將透過本作品向大家展示所有在專業繪畫中用到的技法。我用鉛筆勾畫彩圖，再掃描導入Photoshop中。在隨後的繪畫過程中，我使用Painter和Photoshop兩種軟件—Photoshop用於前期的繪畫和調整，Painter則用於後期的調和和細節處理。我也拍攝了主人公的姿勢和斗篷用作參考。

這些在電腦上的操作過程與傳統繪畫非常相似。先畫草圖，然後轉移到有底色的畫布上並著色。接下來在Painter 9和Photoshop CS4中進行加工，軟件版本可能不同，但功能相近。在進行數位繪畫創作時，需要用到數位板。我曾經擁有過各種品牌和型號的，但最推薦使用Wacom數位板。

此外，我還對結構解剖進行參考，這樣就能輕鬆地看透皮膚之下的骨骼結構，如顴骨、鎖骨等等。

藝術家簡歷

妮可·卡爾迪夫
國籍：美國

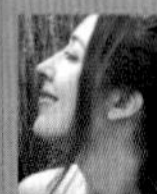

妮可於2005年獲得了薩凡納藝術與設計學院的美術學士學位，之後她作為一名自由藝術家，主要從事遊戲廣告和營銷工作。

www.bit.ly/GHcLFq

DVD素材

相關資料位於光碟的Digital Art Skills文件夾中。

1 速寫

先畫一組速寫圖，然後在Painter中用鋼筆工具勾勒出清晰的輪廓，從中選出滿意的草圖。我選用HB鉛筆來速寫，並以300dpi的解析度掃描進電腦。在進行畫面的白平衡調整後，將草圖的圖層模式設置為正片疊底，然後正式開始在Photoshop中繪畫。

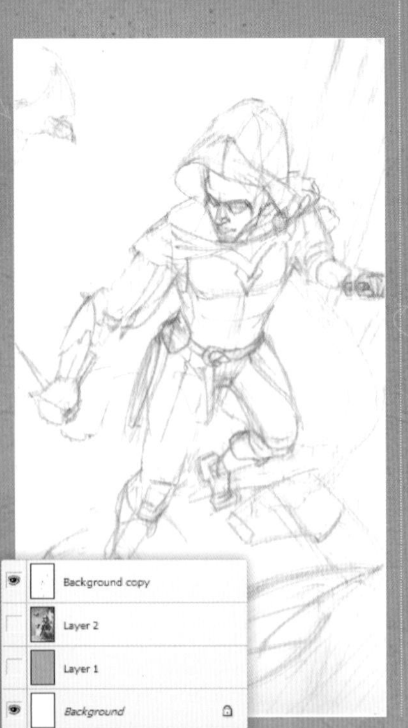

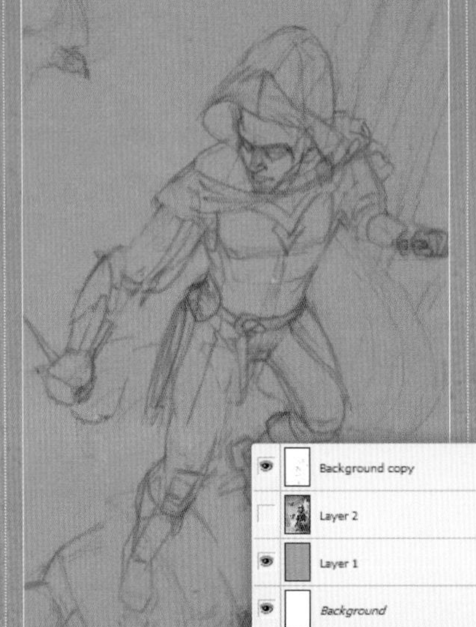

2 繪畫初稿

在草圖圖層下，創建一個棕黃色的圖層。在暖色調的底色上用中間色調來繪畫能獲得不錯的效果。冷色調也可以有不錯的表現，同時對比度的處理也很方便。我會用硬邊圓形畫筆畫出全部的區塊，並根據天色和光線快速地對各種顏色進行嘗試。

3 從著色開始

我小心地為各個區塊著色，保持亮部和陰影部位的界限分明。這能夠防止在之後的細節繪畫上使各種顏色混為一談。我同樣會參照照片，以確保畫面上的光線合理、準確。我強烈建議大家去購買一盞攝影燈用於光線的參考，這是非常有價值的藝術投資。

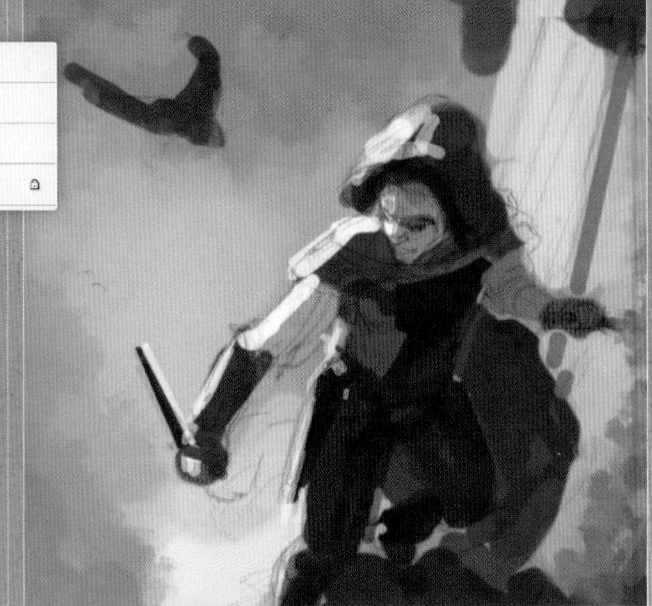

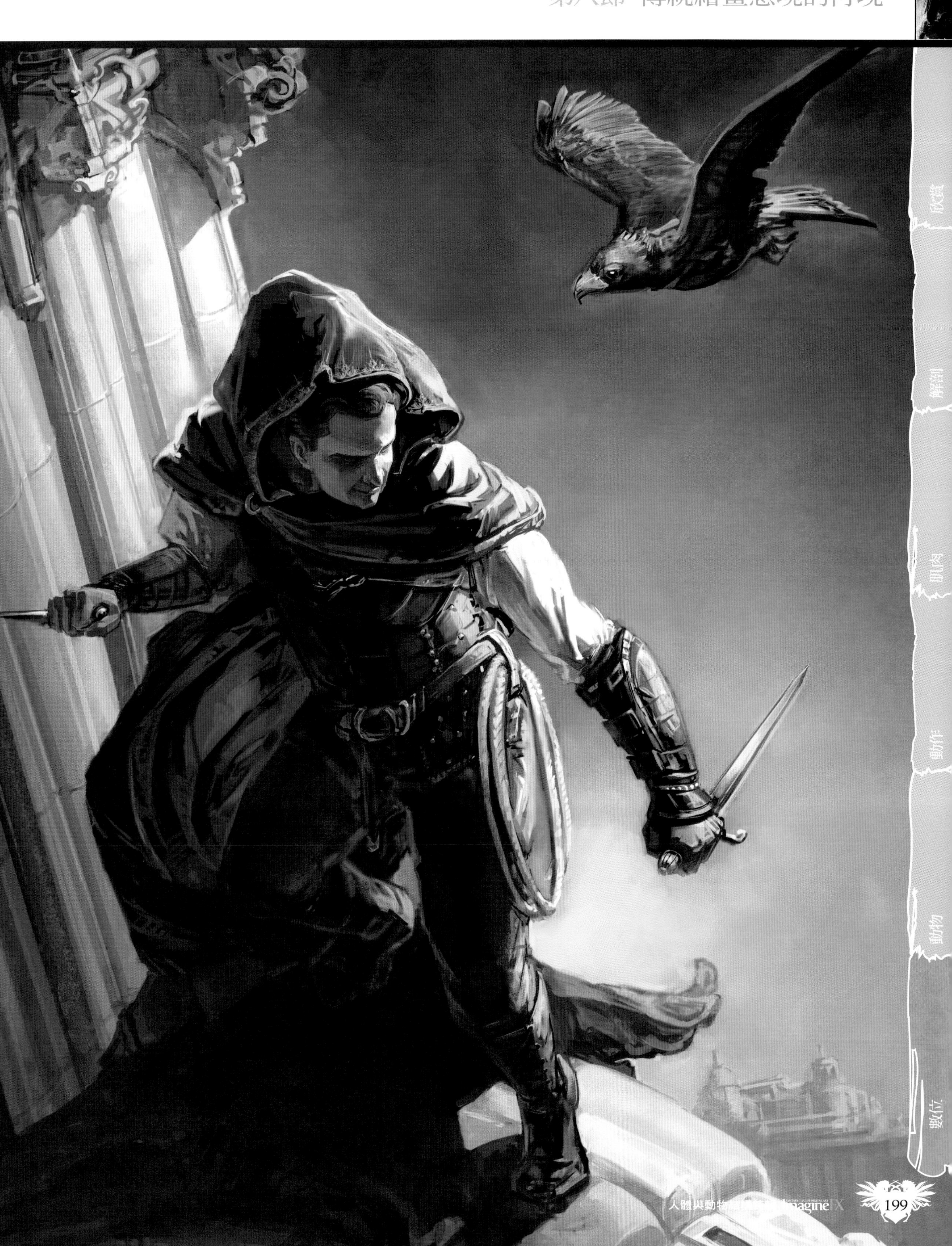

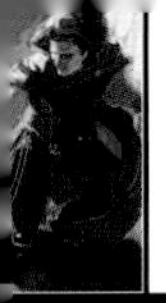

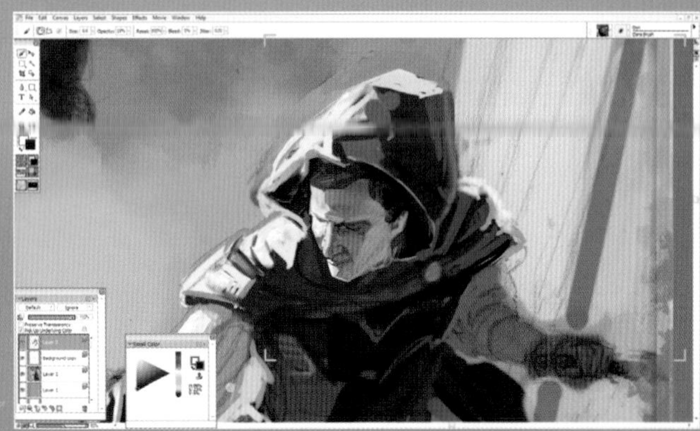

4 在Painter中再加工

我很喜歡使用其中的馬克筆，於是我開始繪畫結構。花點時間讓重點部位的構圖正確是很重要的，我將人物軀幹塑造成想要的樣子。我也通常傾向於將光線表現得誇張一些，用粗糙的筆觸畫出結構的關鍵標記。至此，整體的結構就成型了。

【快捷鍵】

快速調整畫筆的大小

(PC & Mc)

透過左、右方括號可以快速地調整畫筆的大小。

5 加強陰影

我將這一層的中心置於調整圖層上並設置為0.94。盡早處理可以使畫面的陰影區域與光照區域區分開。我在畫面之上新建一個圖層，並用半透明的淺藍色進行填充，為畫面帶來更多的情節氛圍。

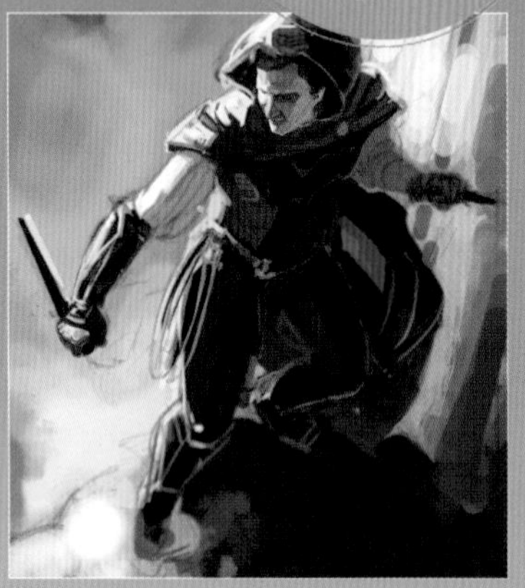

6 完善構圖

在這一步中，我將決定各個小的區塊在全圖中的佈局，如何讓彼此和諧地組合在一起。我將畫面水平翻轉數次，用以檢查全局的結構和比重，比如說畫面中的飛鳥。將圖像翻轉是以新視角來觀察畫面的好方法。

7 利用Painter調和

我使用唐・席格米勒（Don Seegmiller）的調和畫筆在Painter中調和，柔化陰影區域、對象背後的區域以及其他非重點區域。畫筆資源來自他的設計教程《數位角色的設計與繪畫》。這樣做的目的是在柔邊與硬邊之間獲得平衡，儘管一些邊界已經十分柔和，但是整體效果卻十分硬朗。

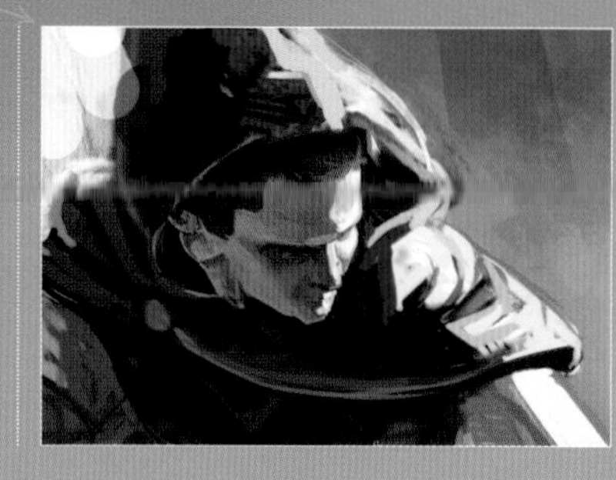

8 斗篷的質感

我通常會將舊衣服擺成圖畫中角色的服裝形狀，將它們拍成照片，並對照著進行圖像的繪畫。這樣做可以在畫面中呈現出真實的衣物皺褶效果。在本例中，正如英雄身披的斗篷。除了藍色以外，我還為布料表面增加了其他的顏色，在大面積的色塊上有一些點綴色可以形成極佳的效果。

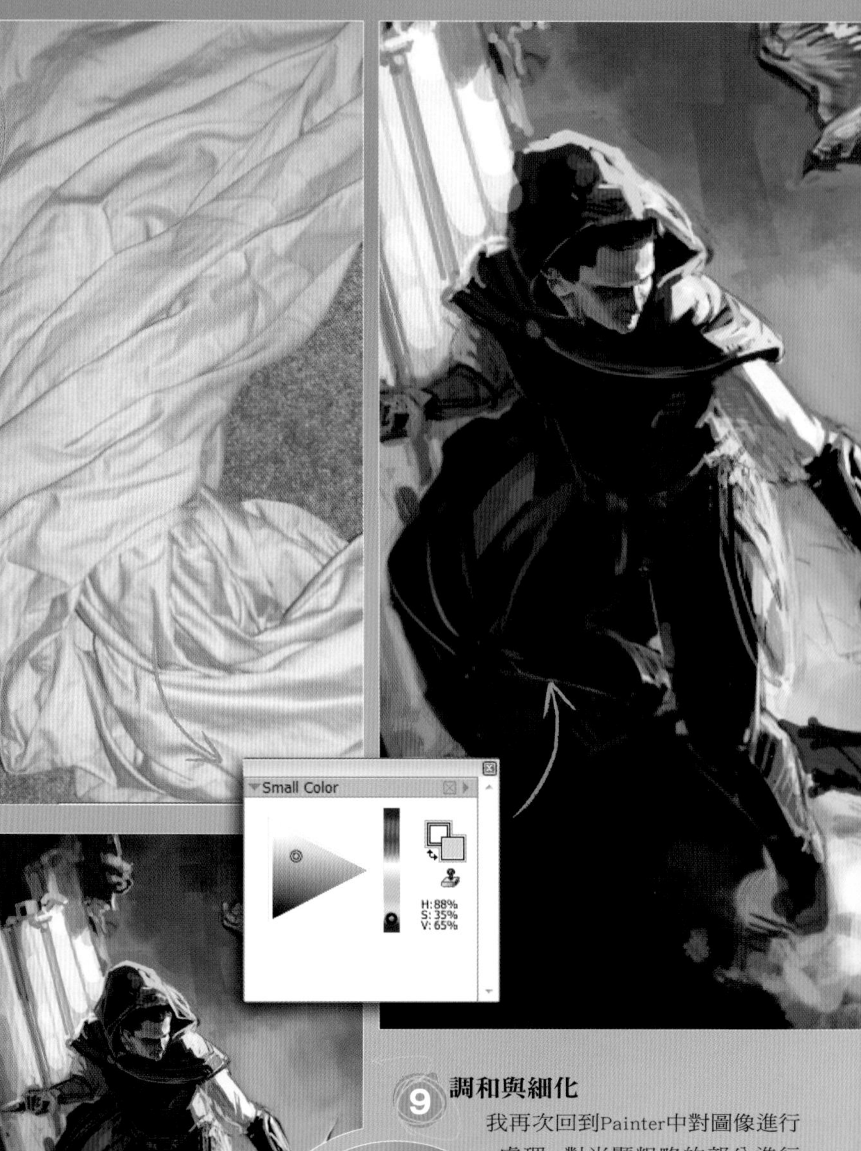

9 調和與細化

我再次回到Painter中對圖像進行處理，對尚顯粗略的部分進行調和。通常情況下，除了最暗的陰影部位無法接受到光照外，其他部位我都會畫上細節。在這一步中，我調和並細化了手部與護臂鎧等部位。

【快捷鍵】
直線的繪畫
Shift (PC & Mac)
按住Shift鍵，用鼠標點擊起點，再點擊終點，就可以畫出一根直線。

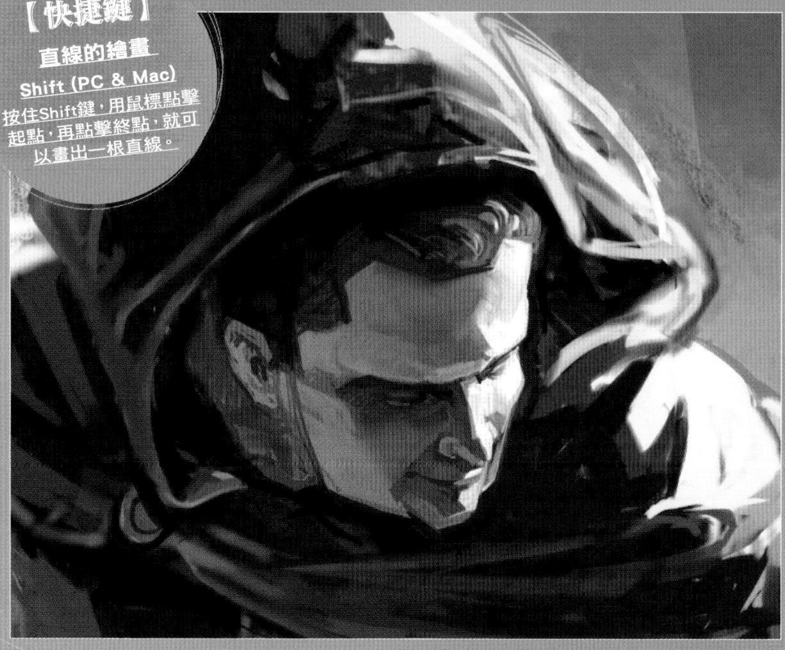

10 檢查結構

我會花很多時間用於結構的檢查，透過與參照物比對，對角色的結構再作調整。我仍舊在Painter中處理，使用唐·席格米勒的調和畫筆和圓形的駱駝毛畫筆，將不透明度調整為54%，檢查頭部的結構是否正確無誤。

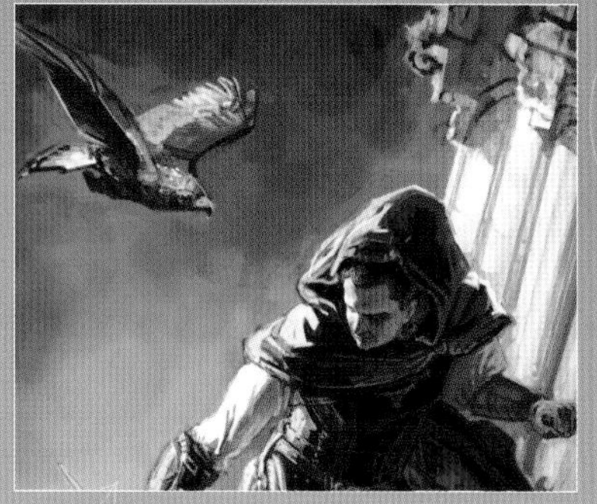

11 建築物的處理

我再將圖像導入到Photoshop中，對建築物進行處理。我利用Shift快捷鍵來檢查柱子部分的線條是否是直線，擦出不必要的部分，並添加細節。我對不和諧的顏色進行調整，使整體畫面呈現出傳統的風格。

12 翻轉畫面並檢查

我再將畫面水平翻轉，檢查主人公的結構。我同樣在Painter中畫了飛鳥，細化了羽毛和姿態，然後用Photoshop進行結構的檢查。至此，圖畫已經完成了大半，幾乎所有的細節都已經完成。

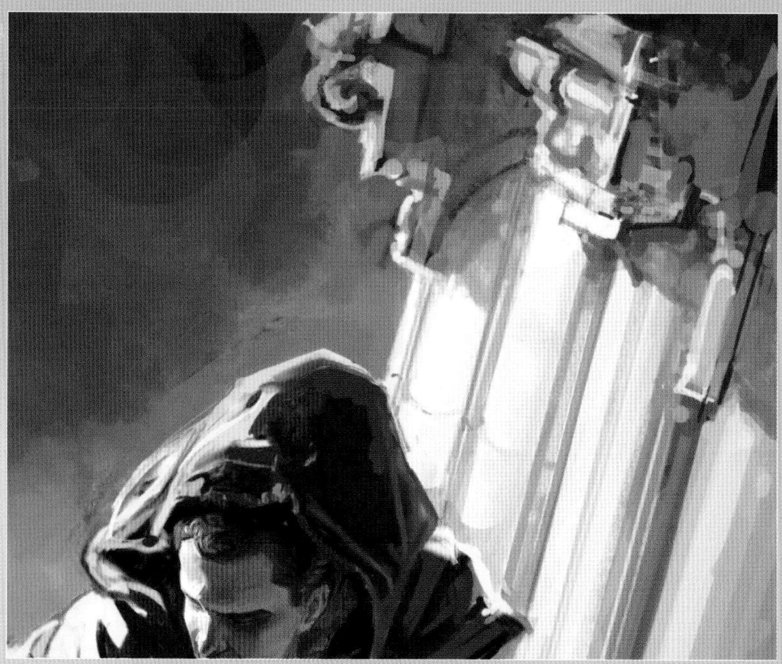

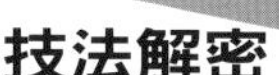

技法解密

注意導航器中的畫面

在Photoshop中進行繪畫時，我始終將導覽器打開。如果能在創作的初期留意導覽器中的縮略圖，最終完稿作品的構圖和對比度等都會有出色的表現。

13 注意重點區域

對於英雄的臉部，我還需進一步細化。這是畫面中的重點部位，主人公的臉部正是這幅作品的核心元素。無論在繪畫的開始還是結束，我都注意重點區域，這可以確保畫面中的其他元素都圍繞這個主題而服務。

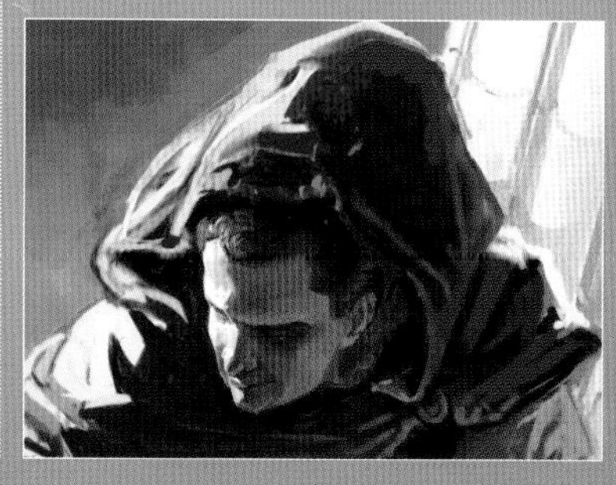

14 臉部特徵的細化

為了使臉部特徵的細節性更強，我使用了Photoshop中的自定義畫筆在斗篷的邊緣增加一些細小的紋理，然後再回到Painter中使紋理一體化。我會將圖畫列印出來，仔細檢查畫面中哪些部位還需要調和與細化。

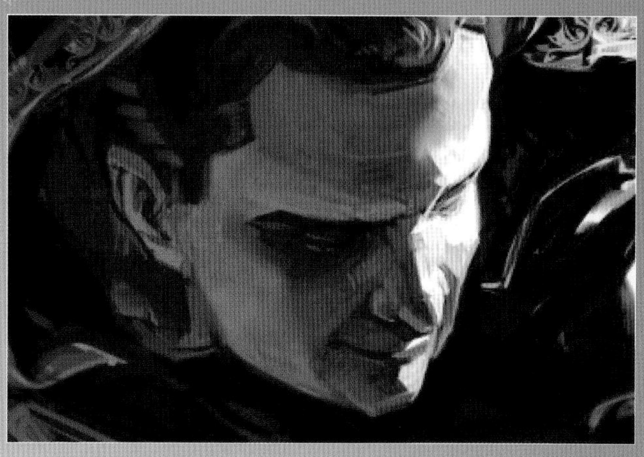

課程畫筆

photoshop
自定義畫筆：雲型/背景

繪畫背景紋理的不錯選擇，可以畫出大氣的霧靄感，而不會留有噴槍畫筆的痕跡。

自定義畫筆：海綿

理想的紋理畫筆，本幅作品中的立柱與外套均採用此畫筆。

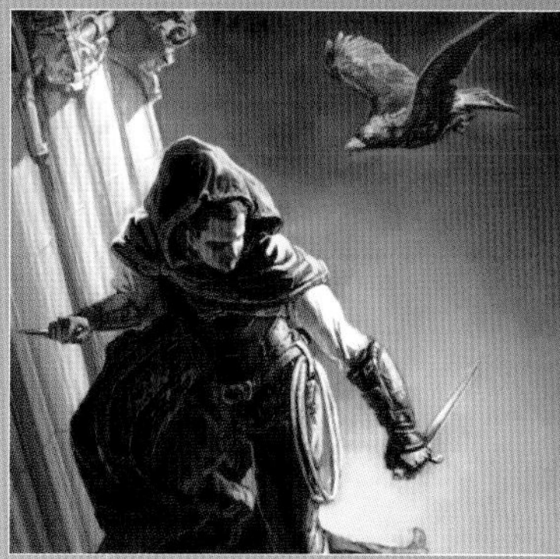

15 最後的細化

我再次檢查了飛鳥的結構，發現位於前部的翅膀不完全正確。即便有時候使用了參照物，但是有時候也會看上去很奇怪或存在錯誤，有待調整。我對護臂鎧和建築物部分進行了最後的細化，並在調整圖層中對色階和飽和度進行了最後的微調。

第九節
肌膚繪畫技巧解密

還在為幻畫作品的人物肌膚毫無生氣而發愁？安妮·波哥達手把手教你如何走出這種困境。

藝術家簡歷

安妮·波哥達
國籍：德國

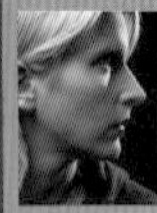

安妮工作於德國的電視和遊戲行業，同時也是一家藝術學院的講師。在創作了30餘幅作品後，她以作者和特約編輯的身份，在彈道出版集團（Ballistic Publishing）發行了兩本專著。
www.darktownart.de

DVD素材
相關資料位於光碟的Digital Art Skills文件夾中。

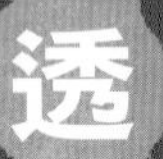

透過本教程，我將向大家展示柔軟肌膚的繪畫技法。我們所需用到的工具包括兩種標準畫筆，一種紋理畫筆和一款濾鏡，大部分時間我將進行噴塗繪畫。

經驗告訴我，在黑白的狀態下起筆，可以排除錯誤的顏色對畫面造成的干擾。同樣的，在繪畫的後期再進行著色，會比半途為之更能給觀者以自然的視覺效果。透過這些方法，你也可以避免在後期著色時，黑白畫面上出現突兀的金屬光感。我通常先在深色的背景上速寫，深色的畫布更適合我，因為眼睛更容易聚焦在亮色的區域。

對於皮膚來說更重要，與其說是肌膚的紋理，不如說是色彩的運用。受環境光的影響，皮膚能夠表現出多種不同而有意思的顏色。我偏好透過冷色與暖色進行對比，例如，我會將黃色與藍色混合，使膚色看起來更有趣。但通常在開始混色前，我會嘗試用基本的配色方案以瞭解完稿的大致樣子。這也有助於我來判斷所選取的配色方案是否適合於所繪的人物角色。

1 速寫

先創建兩個圖層，一層填充深色作為背景，在另一圖層上用基本的畫筆速寫。在Photoshop CS5中，編號為5、6的畫筆分別是柔邊和硬邊的（在早期的PS版本中，它們被稱為噴槍工具），這也是我最喜歡使用的畫筆。此處我選用第二種畫筆進行速寫。

2 基本形狀

我用柔邊畫筆在約30%的不透明度下塑造粗略的塊面，深色的畫布有助於我看清楚所繪的形狀。我們可以很清楚地看出臉部的繪畫過程：對臉部的特徵進行定位，用硬邊的畫筆勾粗略地畫出鼻子、眼睛和嘴唇的形狀和位置。

3 定義身體結構

繼續使用30%不透明度的柔邊畫筆，將直徑調大，用於勾勒出肩膀的位置。使用較小的畫筆和80%的不透明度更清楚地勾畫出嘴部、眼睛和鼻子。接下來我在頭部淡淡地畫出耳朵，並判斷形狀與位置是否滿意。在這個階段，我們唯一使用的就是柔邊的畫筆。

課程畫筆

PHOTOSHOP

標準畫筆：硬邊噴槍畫筆

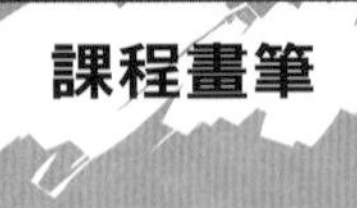

這款畫筆適用於速寫或用於繪畫硬質的物體。在繪畫柔軟的物體時，諸如嘴唇和眼睛，該畫筆可以用來添加自然的高光。

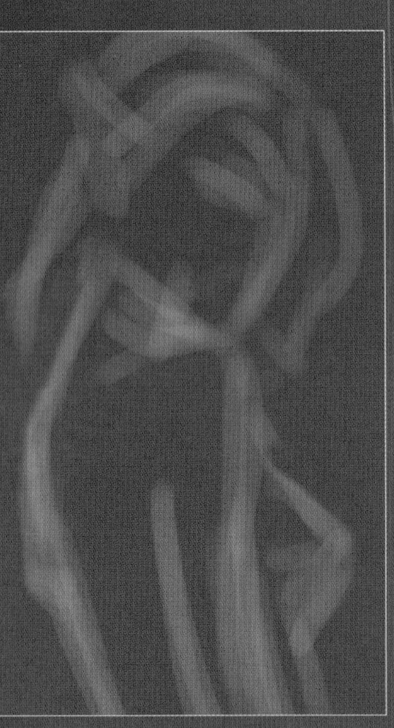

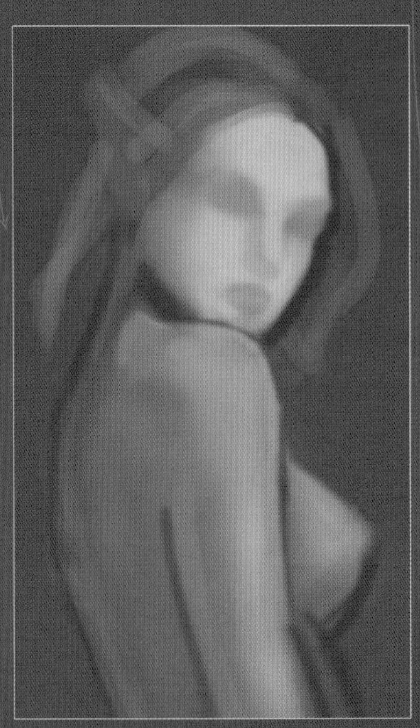

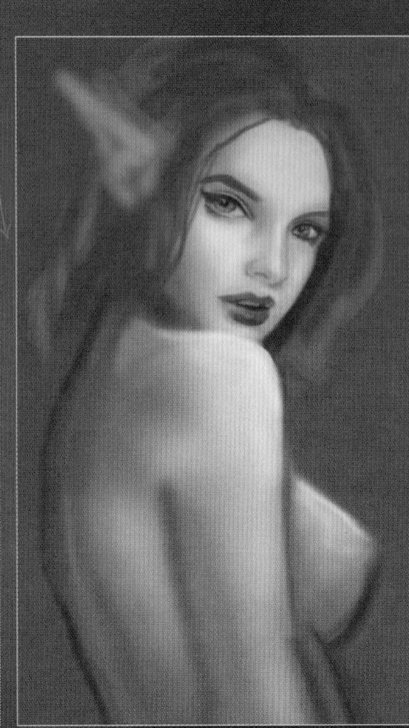

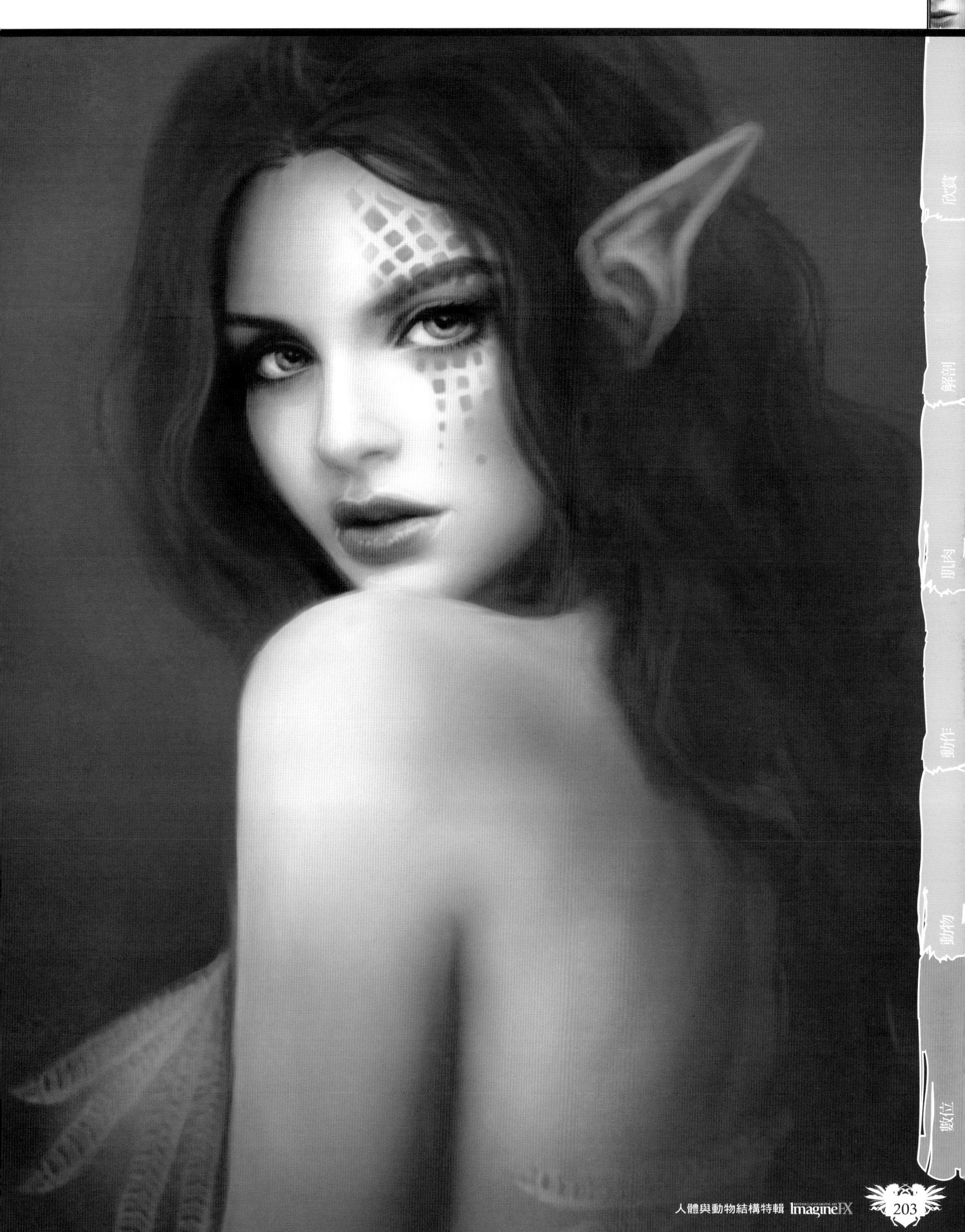

【快捷鍵】

調整色階

Ctrl+L (PC)

Cmd+L (Mac)

利用Photoshop的色階工具對畫面的亮度和對比度進行調整。

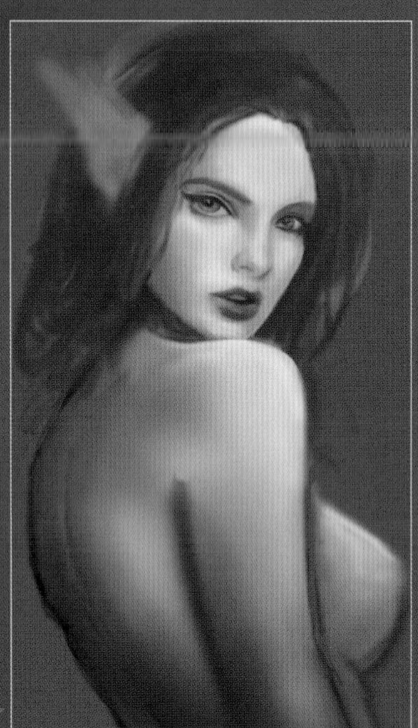

4 調整角色的姿勢

首先調整的是角色的背部，我使背部的曲線更加彎曲。我也讓她的髮絲更加清晰，但暫時不去考慮長度，因為對背部的裸露程度尚不確定。此外，我還對臉型進行了修正，將鼻子畫得小一些，調整了眼部的位置。

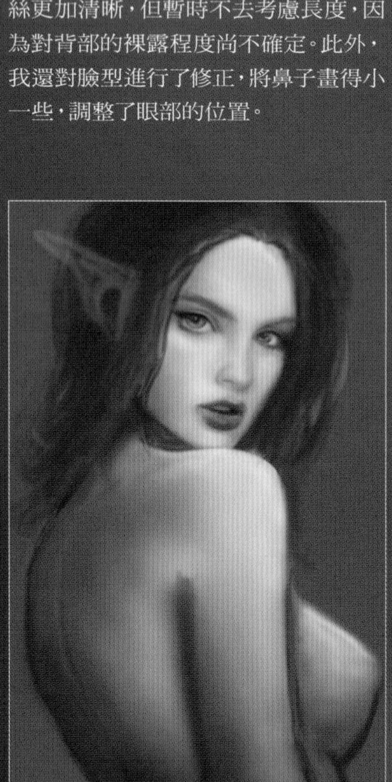

5 手臂位置的修正

接下來我將注意力集中到身體的修正上。我對手臂的姿勢進行了調整，添加了深色以突出反差。通常情況下，我不會使用純黑或純白來繪畫，這樣只會讓畫面看上去失真。完成之後，我重新觀察頭部，並對耳朵的形狀進行了調整。對於嘴唇和鼻子，我用柔邊畫筆描繪了一些深灰，使其看上去具有柔軟的質感。

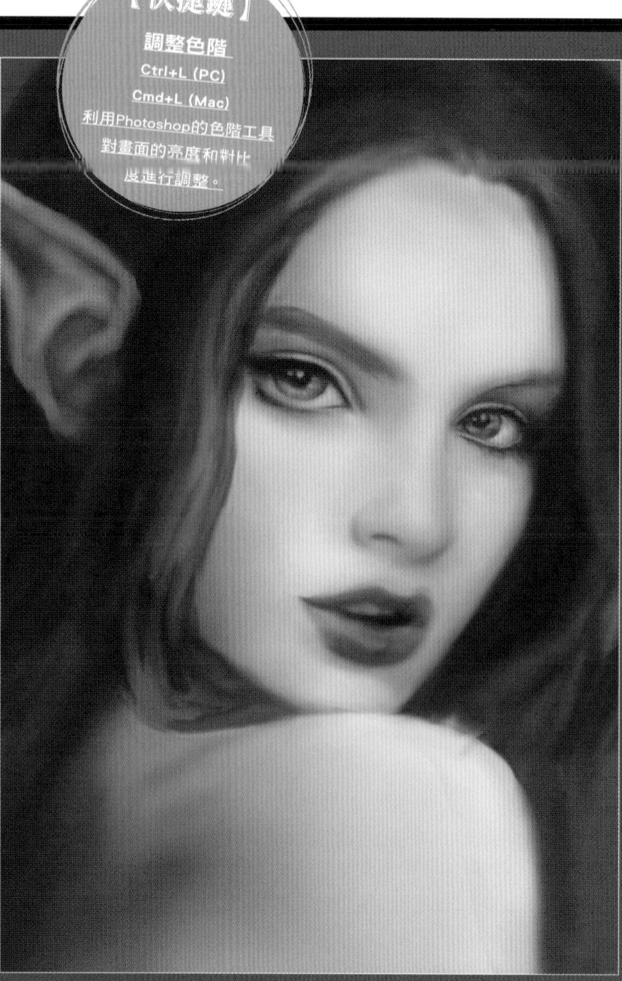

6 入射光的確定

光線自右上方照射過來，因此背部處於暗面，尤其是在肩胛骨處。為了達到理想的效果，我使用較大的柔邊畫筆，將不透明度設置為30%左右。用尺寸較小的噴槍畫筆對乳房畫得更豐滿一些。我再畫好耳朵，利用眼周的頭髮定義出臉型。

技法解密

從生活中取材

其實這根本算不上是秘密，但很多人似乎並未意識到：應從生活中取材作為參考。無論你是藝術大師還是初學者，對著真人或是照片進行繪畫所帶來的效果是截然不同的。如果模特坐在你的面前，你會對人體的構造有更深入的瞭解。

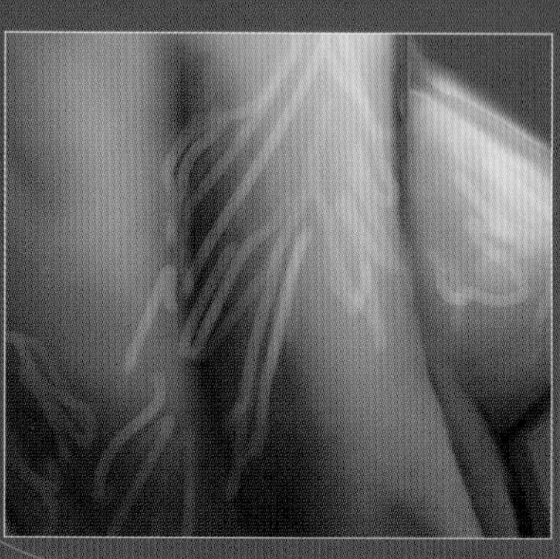

7 衣著

我還沒想好角色該穿上甚麼樣的衣著，所以我新建了一個圖層，粗略地繪上了衣著，暫時擱置一下。我在深色的背景上再畫上了一些髮絲，通常頭髮是單獨在一個圖層上的，隨時可以進行修改。我繼續繪畫眼睛，做一些小的調整使臉部更有型。嘴唇和鼻子更加柔軟，眉毛被加深，顴骨周圍的皮膚更加清晰。在嘴部周圍和顴骨頂端，光線已經足夠明亮，而在另一側，光線則更暗，這使臉部顯得圓潤飽滿。

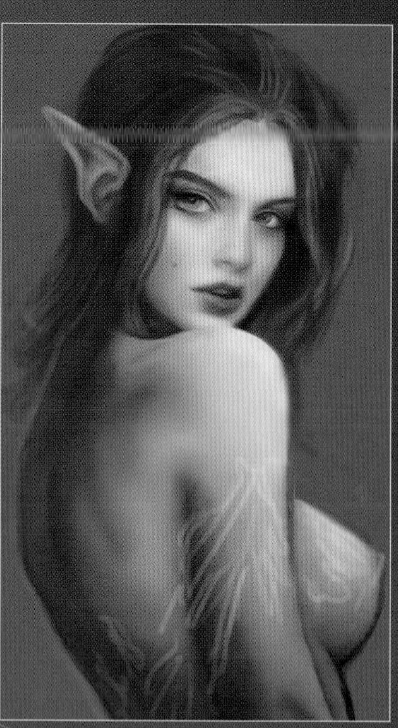

8 冷色調

這會使整個畫面變得有趣。我創建了一個新的圖層，用以嘗試一些全新的色彩搭配。我在人物周圍畫上了藍色的背景，藍色的光線同樣也會反射到人物的身上。現在她的皮膚看起來很冷，毫無血色。

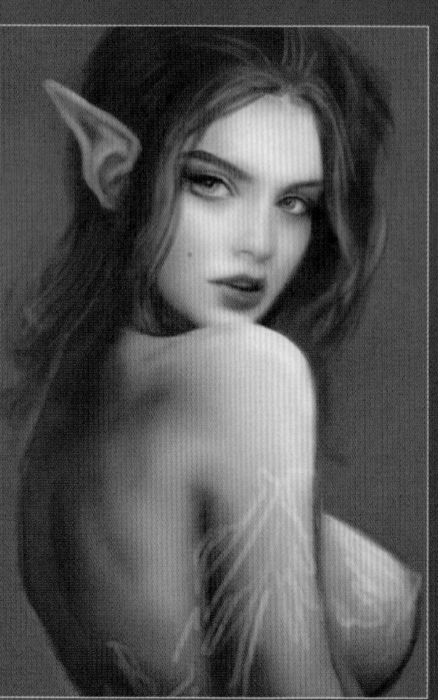

9 與暖色調

與之相反，我同樣嘗試了暖色調，例如，在森林中的精靈主題就可以使用這種色調。綠色的背景與粉潤的肌膚增強了畫面中的黃色調，這使得整個主題非常溫暖。在暖色調下，她的肌膚看上去更吸引人，總比冷冰冰、毫無血氣的要好。

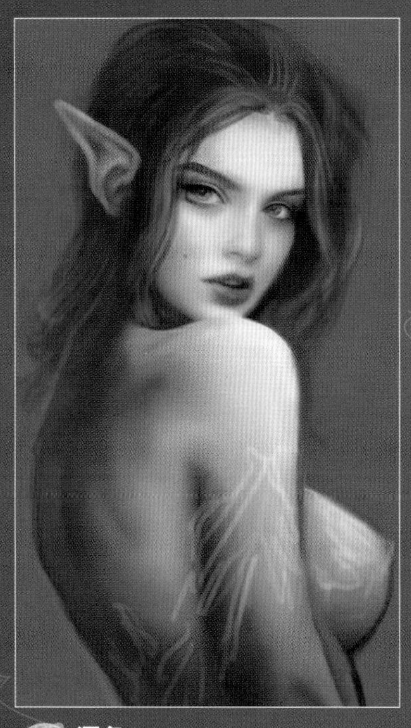

10 混色

為了使畫面色彩更生動，我決定對兩種色調進行調和。這並不是甚麼大問題，兩種色調分別位於兩個不同的圖層。我將部分背景和身體的下半部分從暖色調中擦除。我將部分的背景和身體的下半部分從暖色調中擦除，之後將橡皮工具的形狀設置為軟邊的噴槍，不透明度設置為40%。

11 顏色的精調

在這一步，我將人物圖層與背景圖層混合，並另存為PSD文件。所有的調整都在已合併的圖層副本上完成，用色彩平衡和色階工具進行調整。第10步中，人物的臉部還保留有黃色和紅色等暖色，我將繼續以此確立臉部的焦點地位。至此，整體形象表現出洋紅的色調以及很強的對比度。

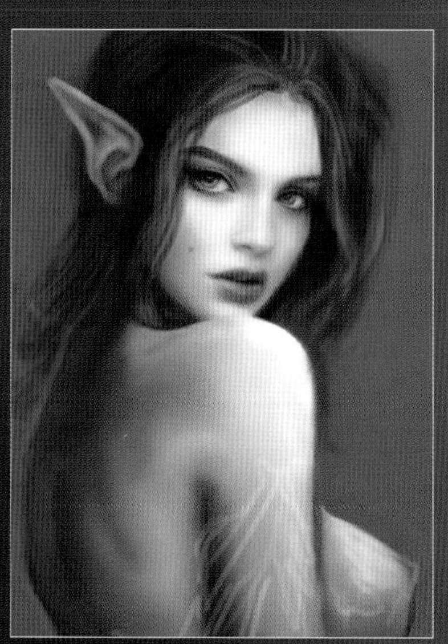

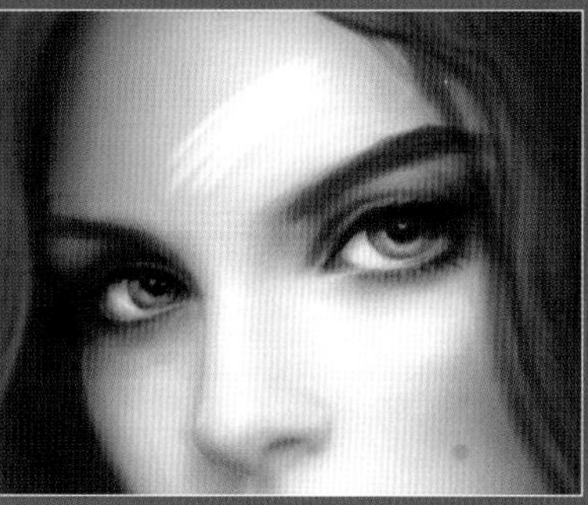

12 髮絲

接下來該處理人物的頭髮了。我創建一個新的圖層，以暗藍色用大尺寸的柔邊噴槍畫筆表現頭髮的飄逸。我想讓頭髮看上去處於失重狀態，因為深色的背景也可以想像成水中的場景，水精靈可是難得一見的。我們可以自定義或者下載一款抹墻畫筆對皮膚進行手繪（上圖中額頭上的區域）。我所採用的畫筆選自琳達．博格奎斯特（Linda Bergkvist）的素材包，能夠理想得畫出傳統繪畫的效果。你可以鬆散地使用在全圖上，用於描繪髮絲更為出色。

【快捷鍵】

色彩平衡

Ctrl+B (PC)

Cmd+B (Mac)

方便在繪畫時對色彩方案進行嘗試。

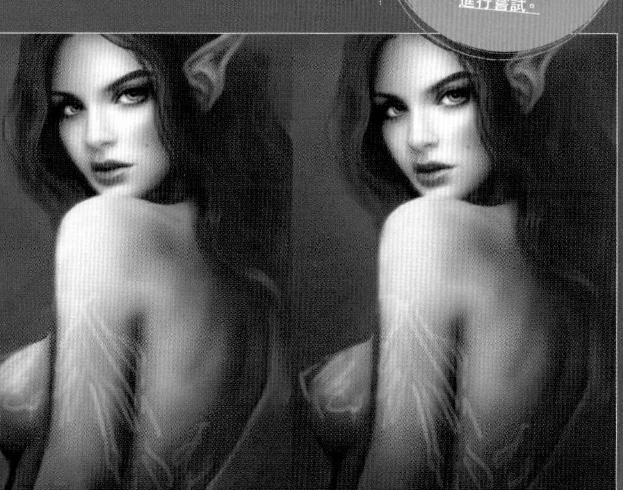

13 翻轉圖像

定期將所繪的圖像水平翻轉，用於檢查光影表現上的錯誤。本例中，它也使得最終完稿的效果更加明晰。有一種好的繪畫技巧可以將人物與背景完美的融合在一起，我們只需在圖像上層新建一個圖層，並採用柔邊噴槍畫筆在30%的不透明度下繪畫。在低不透明度下繪畫可以輕鬆地將色彩與背景混合。我對唇部的顏色進行調整，使之與眼部的彩妝一致，達到吸引觀眾眼球的目的。我使用雜色濾鏡營造皮膚柔軟的質感，選取部分需要改善的皮膚，拷貝至新的圖層，在濾鏡中選擇合適的強度。使用濾鏡後，畫面有可能變暗，你可以對皮膚圖層的色階再次調整，並擦除不滿意的部分。

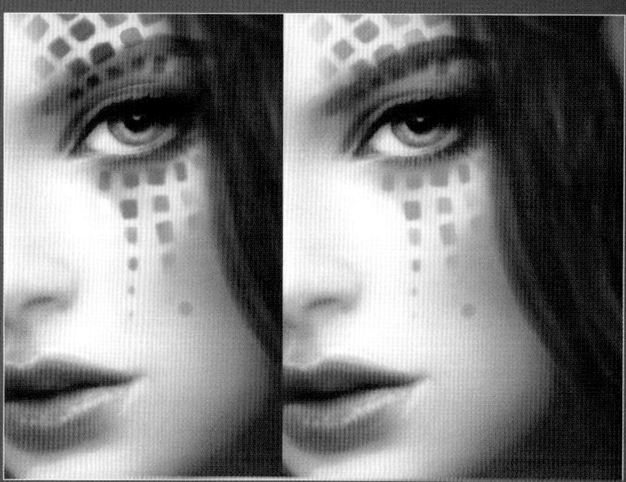

14 讓畫面有趣起來

我想為皮膚添加一些元素，使畫面看起來更有趣。一款紋身圖案或是彩妝或許是不錯的選擇。於是我在臉部繪畫了一些隨機的形狀，這些都在新的圖層上完成，用於檢查新繪製的圖案是否與臉型相適合。橡皮擦對於人物元素的添加十分有效，比如說貼在皮膚表面的髮絲等等。我同樣適用橡皮擦對深色區域的紋身圖案進行處理，例如圖中臉頰上的區域。對該部位色彩的調整使紋身圖案看上去與皮膚相融合。

15 添加遮蓋物

我想像用一些水下的植物遮蓋角色的身體，於是又在畫面上創建了一個新的圖層，並只用了深紫色簡單地勾畫出朦朧的葉子形狀，使葉子貼合身型。上述一系列 方法可以大大節省創作的時間，同時為畫面營造出溫馨、柔軟的整體感觀。

技法解密

情緒板的概念

在電視和廣告項目中，我們常常會用到情緒板。情緒板是透過一系列的圖像向客戶展示項目計劃採用的色彩方案和風格。情緒板是一種節約時間的方法，尤其對於初學者來說，它可以確保你不亦步亦趨地遵循一幅參考畫面。更重要的是，它有助於使你意識到想法是否與所要實現的結果相一致。

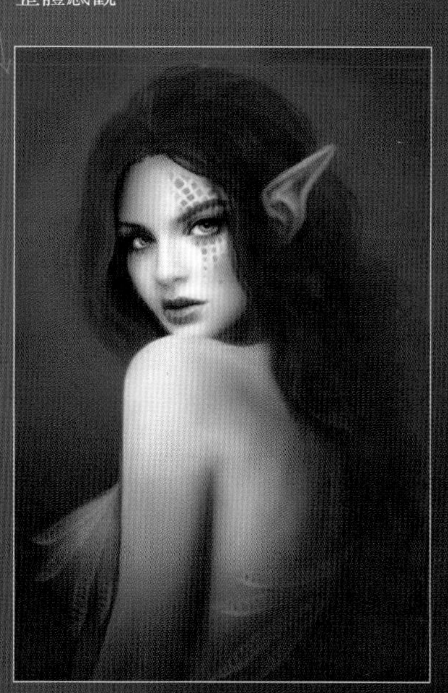

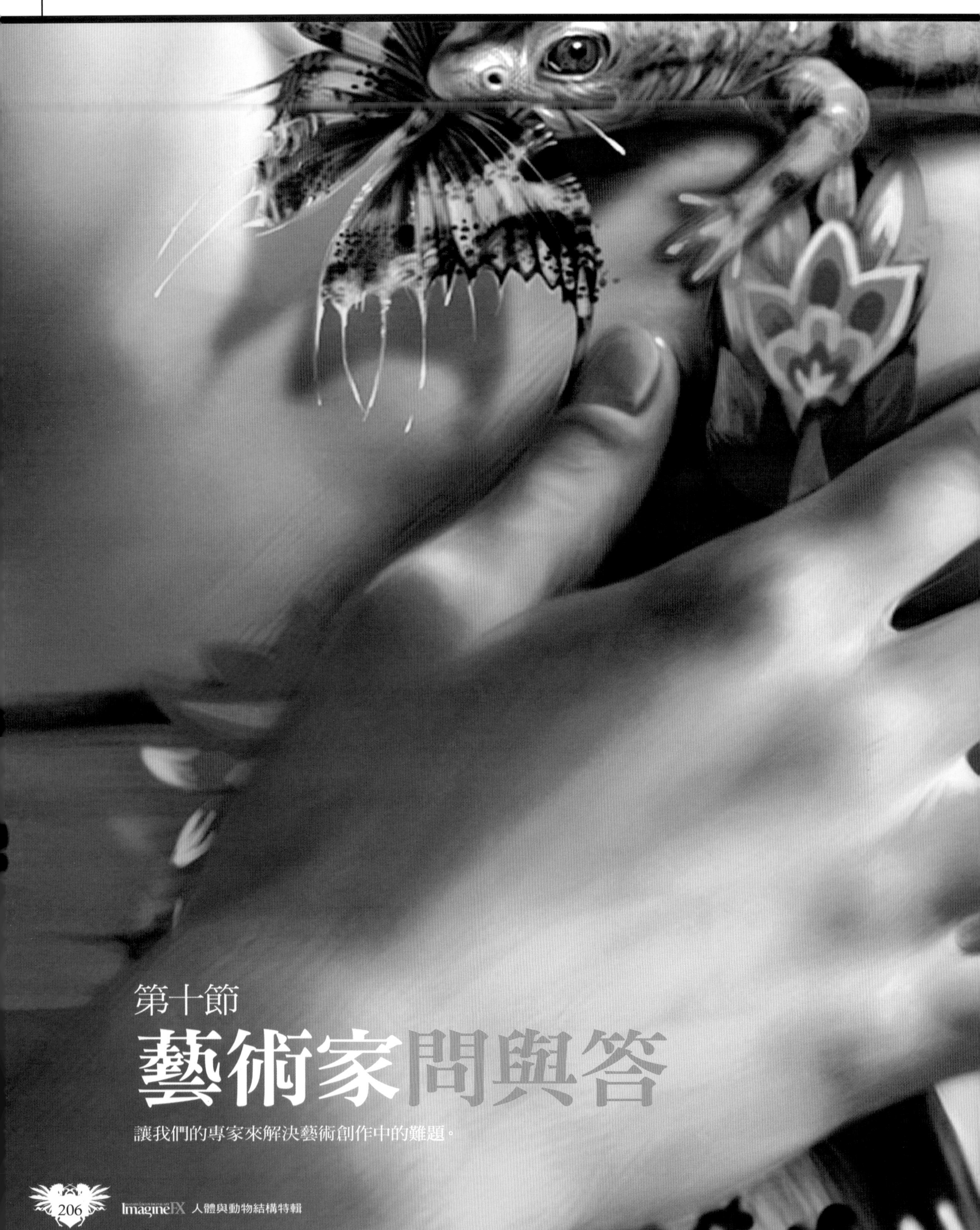

第十節

藝術家問與答

讓我們的專家來解決藝術創作中的難題。

光碟附上問答中完整尺寸的圖檔

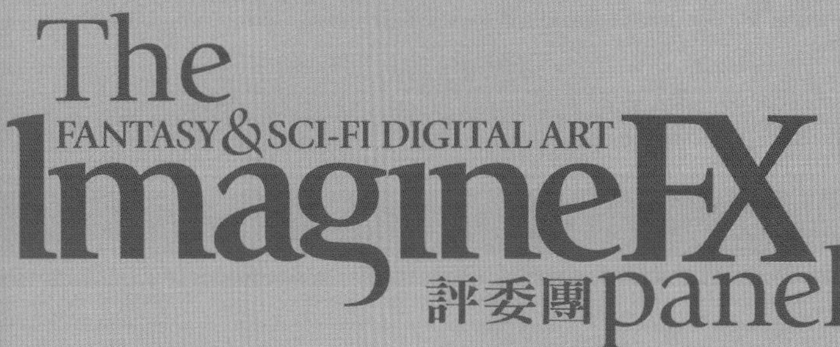

馬雷克·歐肯

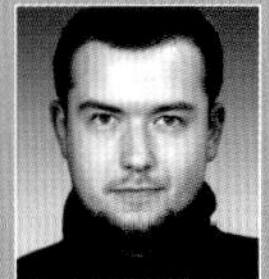

馬雷克是位資深的科幻小說插畫師和魔幻主題畫家，起初從事網頁設計工作的他現已有兩年電腦插畫師的從業經驗。

omen2501.deviantart.com

勞倫·K·卡僂

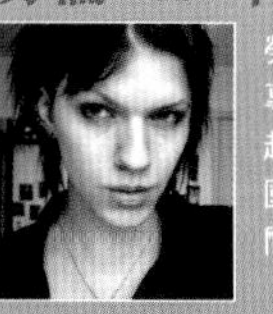

勞倫是一名自由畫師，專長於科幻藝術中的超現實主題。她現居美國新澤西州的一個林間小村。

www.navate.com

強尼·杜德爾

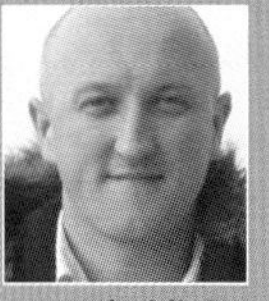

約翰尼是一名自由畫師，曾任英國阿德曼動畫公司的核心組創。他去年出版了畫冊《海盜克朗徹（The Pirate Cruncher）》。

www.duddlebug.com

喬爾·卡洛

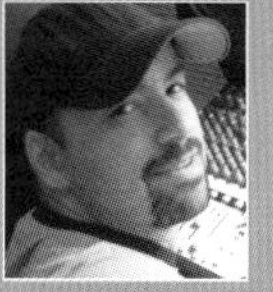

喬爾身兼雙職，白天從事多媒體的開發，晚上又開始數位藝術創作。我們可以透過他的論壇網站Mecha Hate Chimp來瞭解他。

www.joelcarlo.net

安迪·派克

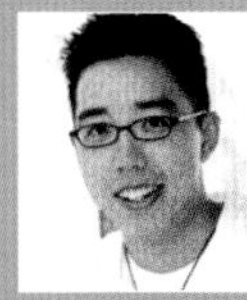

安迪是位極具天賦的概念畫師，目前就職於索尼公司，他的作品中較為出名的是PS2游戲——戰神。

www.andyparkart.com

瑪爾塔·達利

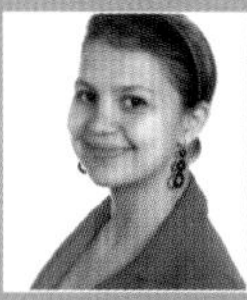

瑪爾塔，波蘭藝術家，多年來一直使用Photoshop和Painter創作數位繪畫，在ImagineFX雜誌中經常可以看到她的作品。

www.marta-dahlig.com

鮑比·裘

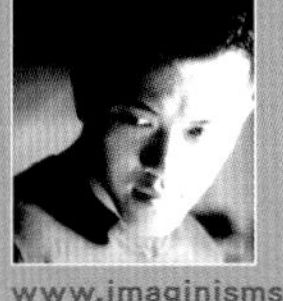

鮑比來自加拿大多倫多，是個獨立畫師，作品以影視類為主。

www.imaginismstudios.com

辛西婭·斯波爾德

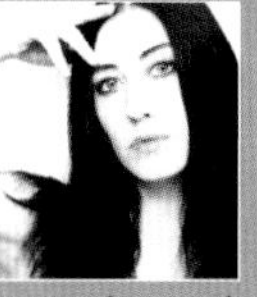

辛西婭是一名自由數位藝術家。她將傳統的繪畫技法熟練運用於數位作品創作中。

www.sheppard-arts.com

吉姆·帕維萊茲

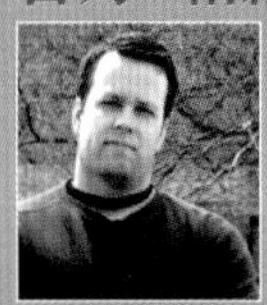

吉姆的繪畫對象以魑魅魍魎或怪獸為主，他寫過一本專授怪獸繪畫的書，名為《地獄魔獸（Hell Beast）》。

www.melaniedelon.com

梅勒妮·迪倫

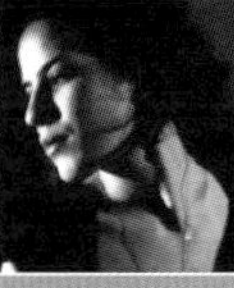

梅勒妮是位自由插畫師，作品類型以魔幻主題畫像為主。她為多份出版物創作封面，同時發行了一系列個人藝術畫冊。

www.melaniedelon.com

弗雷澤·歐文

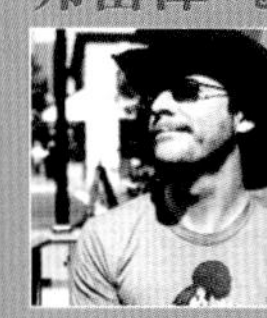

弗雷澤是位漫畫界的頂尖高手，他常在wacom cintiq繪畫板上畫一些面容恐怖的怪獸。現在他正為2000 AD和DC動漫公司工作。

www.frazerirving.com

傑若米·恩西歐

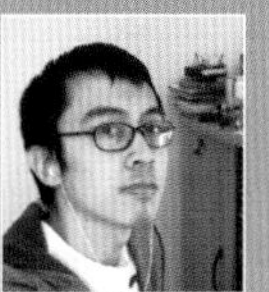

傑若米是位獲獎頗多的插畫師，現居住在美國紐約。他的主要客戶包括Tor出版集團（Tor Books）、花花公子（Play boy）和威世智（Wizards of the Coast）。

www.jenecio.com

“手是畫家最難駕馭的人體部位之一，它們可以很好地傳遞人物情感。”

（梅勒妮·迪倫，第208頁）

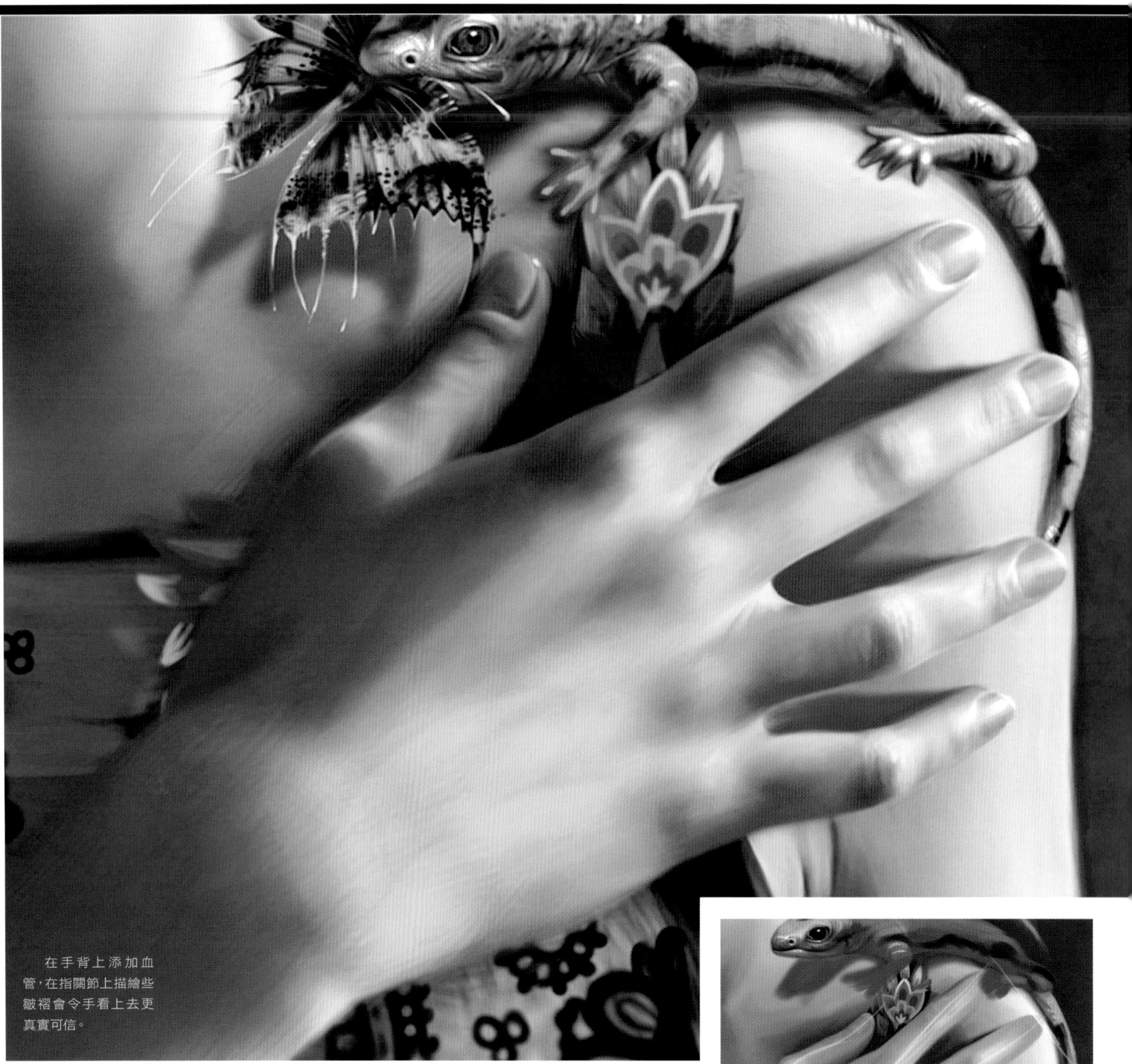

在手背上添加血管，在指關節上描繪些皺褶會令手看上去更真實可信。

問：
如何將手描繪得更逼真？

答：
梅勒妮的回復

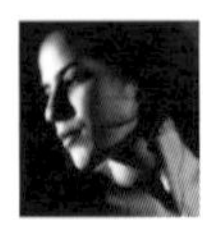

手是最難駕馭的人體部位之一。畫手時，要牢記兩點：一是它們的邊緣圓潤，二是手還可以很好地傳遞人物情感。

畫手時，先構思好手部的造型線（從手腕開始），此時不妨以自己的手作參照。通常情況，手更近似於圓柱體而非立方體。

等到畫出滿意的草圖後，就下來就可以在上面添加陰影了。這一步盡量畫得平滑些，可以用硬邊畫筆的筆尖描繪手的基色，然後再用斑點畫筆（speckled）做潤色。手關節處的皮層較薄，亮度更高，同時顏色更紅。

下一步該描繪膚質了，這一步至關重要，硬邊畫筆的硬度調至 70%，動態形狀設置大小抖動，控制中設置筆壓。

手部調整的色調與身體保持一致，只不過手指和關節要比其他部位偏紅一些。

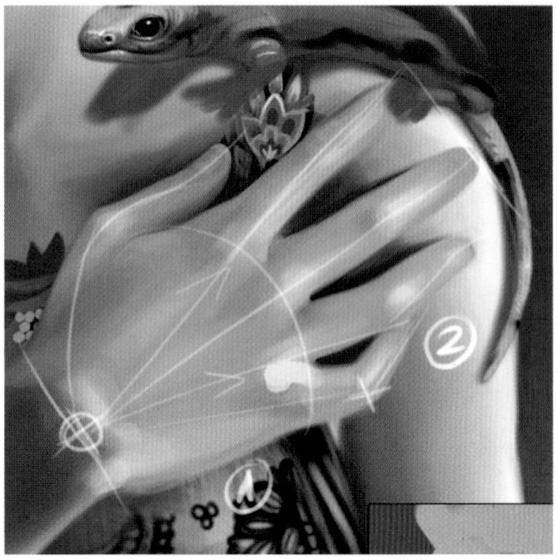

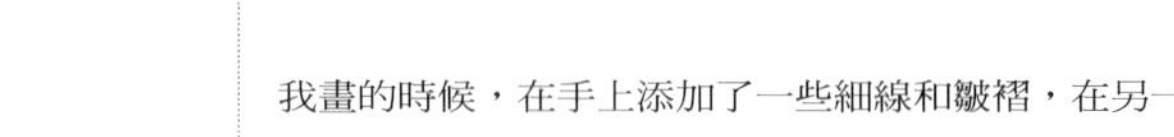

我畫的時候，在手上添加了一些細線和皺褶，在另一圖層上添加了一些光點。

問：

刻畫尖叫表情最好的辦法是甚麼？

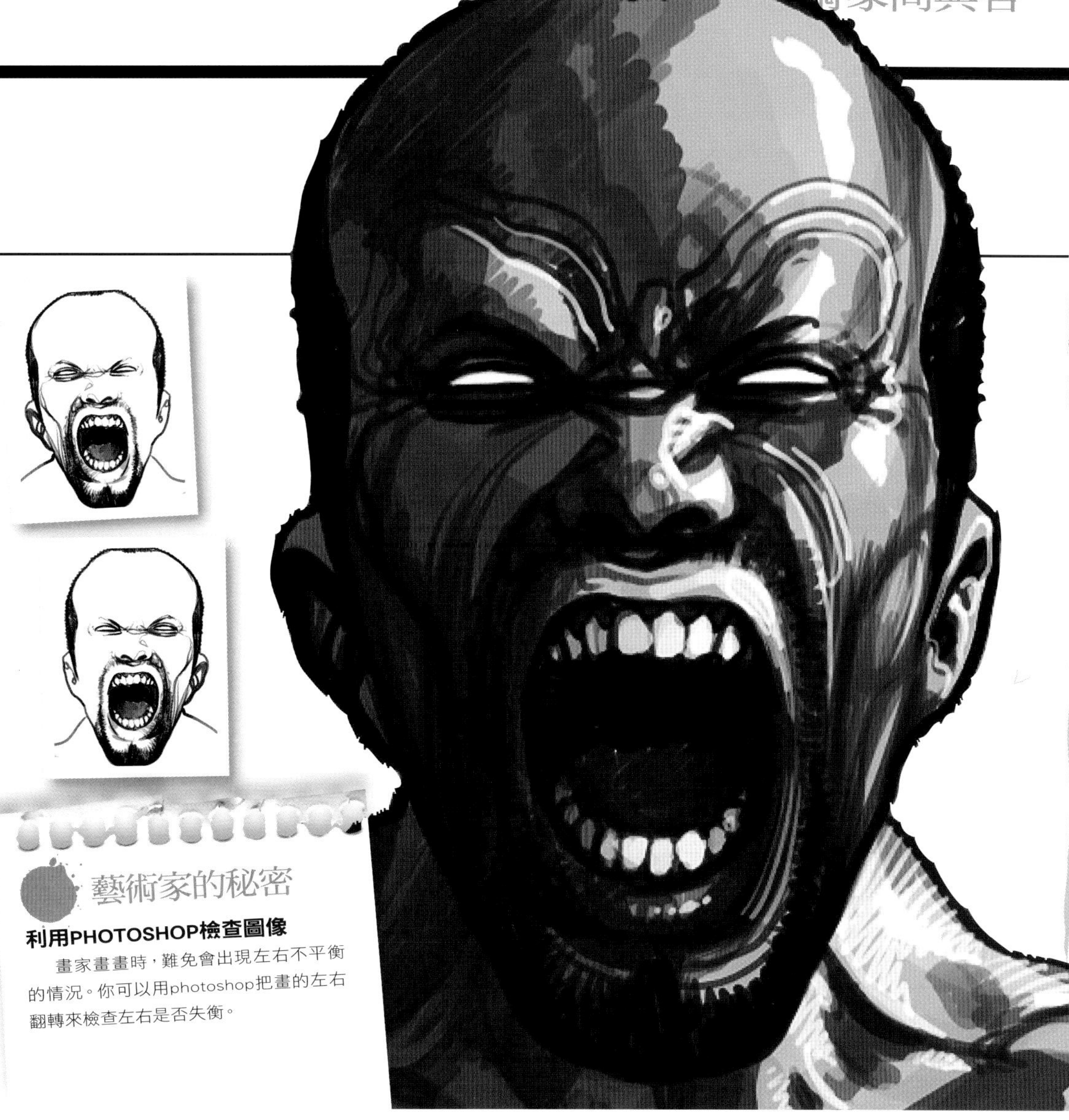

答：

弗雷澤的回復

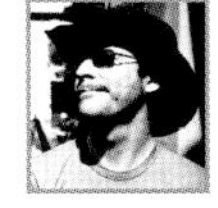

從愛德華·蒙克（Edvard Munch）到傑克·柯比（Jack Kirby），每個畫家對尖叫表情的詮釋手段都不相同。不同情緒狀態下發出的尖叫存在很大差別。作為繪畫者，應瞭解恐懼的尖叫、憤怒的咆哮和痛苦的嘶吼之間的區別。要知道，因畫師懶惰，疏於觀察所造成畫面意圖不明的例子不在少數。

下面，我將講授自己如何建構框架，刻畫憤怒咆哮的表情，並由此表現人物情感。正如愛德華·蒙克用漩渦為尖叫的表情增色，我在用標準繪畫技巧的同時，也增添了許多圖形的元素。不過，再繁瑣的圖像也是有最基本的元素構成。記住這一點會幫助你更輕鬆地表現出人物的情緒與性格。

藝術家的秘密

利用PHOTOSHOP檢查圖像

畫家畫畫時，難免會出現左右不平衡的情況。你可以用photoshop把畫的左右翻轉來檢查左右是否失衡。

逐步：教你畫尖叫表情

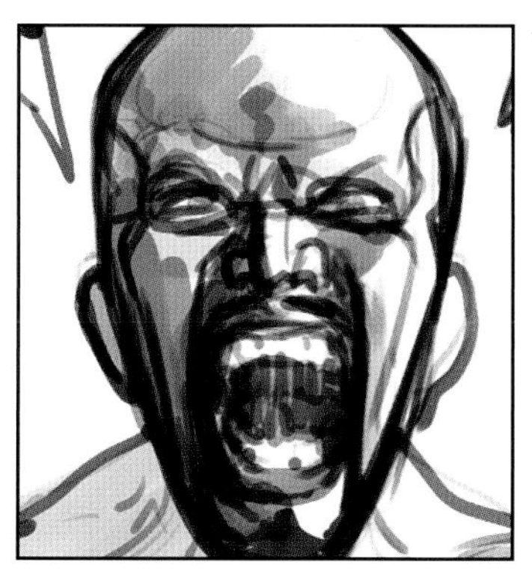

1 畫草圖的目的是要先畫出意境，把情感和想法注入其中，可以畫得潦草隨意一些。就個人經驗，無論是畫甚麼樣的主題或者風格，這一步對後面的創作影響都很大，草圖不容小覷。

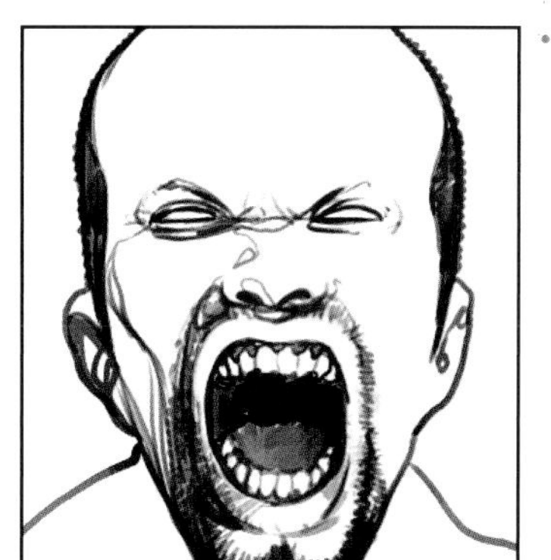

2 我把上一張草圖描摹到了另一個圖層。這次的五官輪廓更為清晰，我在嘴唇周圍加了一圈鬍子。由於黑線比較單一，草圖中許多情感能量在這一幅圖中沒有完全表現出，不過在後面的兩步，我會再做修改。

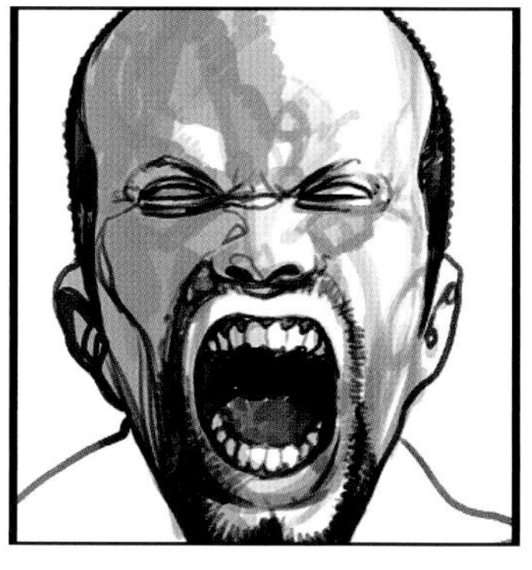

3 添加一些陰影，當你想表現某種情緒時，陰影和不同的受光面可以表現出許多意想不到的效果。本圖中，我在臉部左側加重陰影，以表現主人公內心的矛盾。

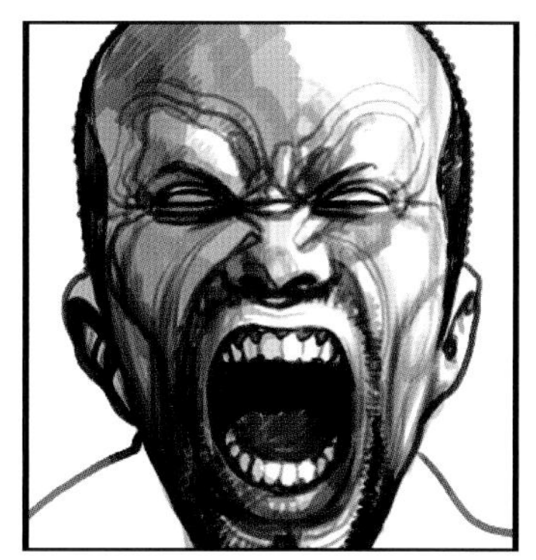

4 第四步，眼周圍皺紋是表現誇張表情的重要手段。同時，為表現主人公的痛苦，我還對額頭的皺紋做了誇張處理。在鼻樑處加重陰影以顯示主人公的煩躁。這些都是畫好尖叫表情的基本要領。這幾步完成之後，你只需上色，把人物放到恰當的背景中即可。

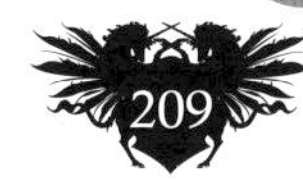

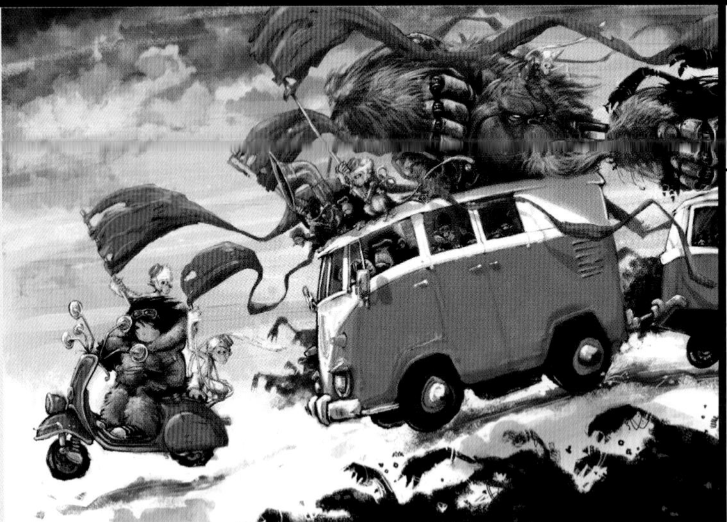

上圖運用一些小技巧使畫面更具動感——騰起在半空中的摩托車，風中飛揚的毛髮和旗子。

問：
我畫的人物總顯呆板，怎麼做才能讓他們靈活起來？

答：
強尼的回復

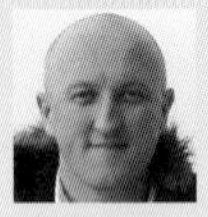

我們經常會遇到，畫的時間越長，人物反而越沒有生氣。我也常遇到草稿圖充滿動感和活力，最終的完稿缺乏生命力的情況。

解決這一問題要從人物的動作姿態入手。表現人物性格，你應該為他們設計合適的動作、姿勢。比如，一個攻擊性很強的人可能會雙拳緊握，頸部肌肉緊繃。

不妨在草圖上，將人物的動作更誇張些。用臨摹紙把之前畫好的部分臨拓下來，或者在電腦中設計不同版本的草圖，你也可以用 photoshop 把人物的不同部位拉長，或縮放，使其變形等等。

參考素材也很重要，你可以上網或者翻閱書籍雜誌參看一些捕捉人物瞬間動作的照片。比如，人們玩滑板時的照片就很好地展示了人在緊張狀態下的各種動作表情。相信研究這些照片會對你的繪畫產生不小的幫助。

最後，再參考一些畫家或者這方面的書籍提供給你的訣竅和技巧。像菲爾·海爾（Phil Hale）和喬恩·福斯特（Jon Foster）都是這方面的高手。不妨研究一下他們是怎麼做到的。

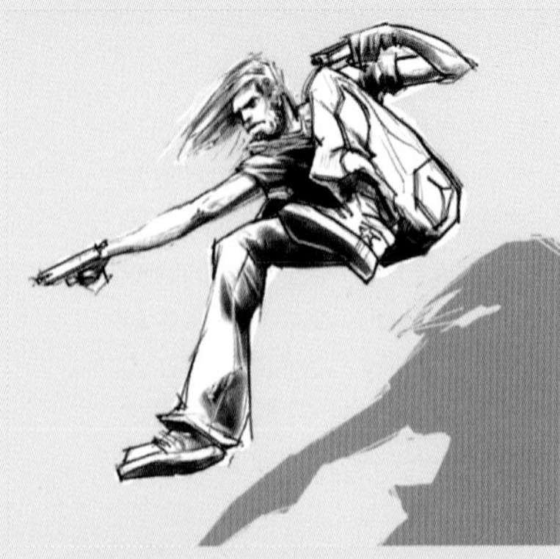

在草圖基礎上，把人物的動作畫得更誇張些。玩滑板時的照片就很好地展示了人在緊張狀態下的各種動作表情。

問：
設計人物角色中的"英雄身材比"是甚麼意思?

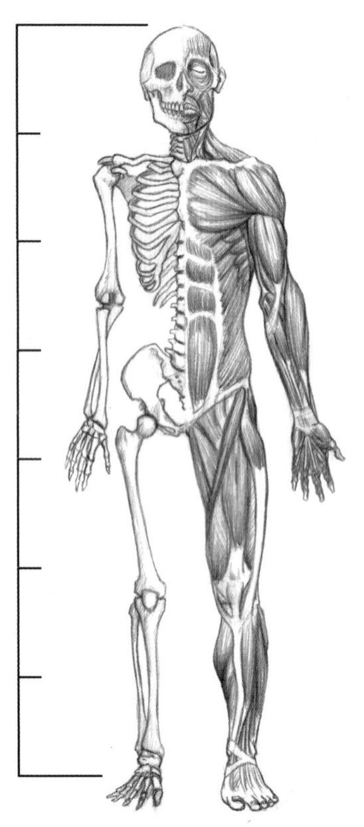

一般男性身材比例及骨骼肌肉

英雄身材比例

答：
吉姆的回復

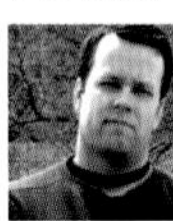

瞭解英雄身材比對漫畫和魔幻主題插畫十分重要。描繪時，我們會把頭部的高、寬作為衡量身材的一個單位。肉眼判斷，一般人的身高是頭部高度的 6.5-7 倍，肩膀（人體最寬的地方）的寬度為 3 個頭的寬度之和。不過，漫畫中的英雄看上去不會是平凡無奇的，他們往往都鶴立雞群。這個時候就會搬出英雄身材比了。

英雄身材比指英雄的身高是 8-9 個頭部高度之和，而肩膀則約 4 倍於頭部的寬度。英雄們的腰部則與一般人的保持一致。這麼做是為了凸顯英雄們肩膀的寬闊和結實有力的大腿。

問：
我已經學過怎樣畫眼睛的正面圖，但是似乎關於如何畫眼睛的側面圖的資料很少，自己試著畫過，然而卻總不盡人意，問題出在哪裡呢？

答：
安迪的回復

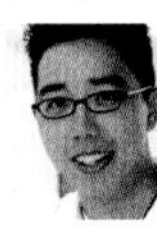

T 畫眼睛的關鍵在於把它看作是立體而非平面的，雖然我們一般都會把眼睛看成是杏核形，但是不要忘了眼球畢竟是一個球體，只不過裸露的是這個球體的四分之一，其他部分被眼瞼包裹起來了而已。將這些知識熟記於心對於從各個角度對眼睛進行繪畫都大有幫助——眼睛正面圖時，也不應忘記這點。

問：
怎樣才能讓我的主人公看起來健壯無比、分量十足？

答：
鮑比的回復

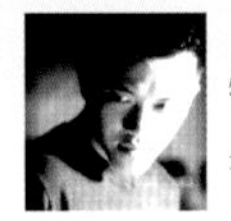

分量就是重力對物體作用所產生的效果。因此，有分量的人物應該是把重力對他的作用表現地恰如其分。可以觀察一下周圍，會發現分量可以透過多種渠道進行表達：比如直接觀察人物的體態，或是他對周圍環境產生的影響。

以啤酒肚這樣柔軟的物體為例，它所承受的重力很大，然而卻缺少支撐它或提昇它的力量，所以它的質量越大，就會越往下垂。

然後再看看人的重量對周圍環境所產生的影響。如果一個人很重，那麼就可能表現為深陷在泥沼中，或者把樹枝、橋樑壓彎。如果極力將他從地面提起，提起的動作必須在垂直方向上施以很大的力，從而表現出要克服地心引力將如此重物拉起是多麼困難。

在奇幻的背景中，你還可以透過暗示使觀者感受到角色的分量。比如，把他化成是由石頭或者其它本身密度就很高的材料構成，這樣觀眾就會從石頭聯想到主人公必定很重、很有分量。

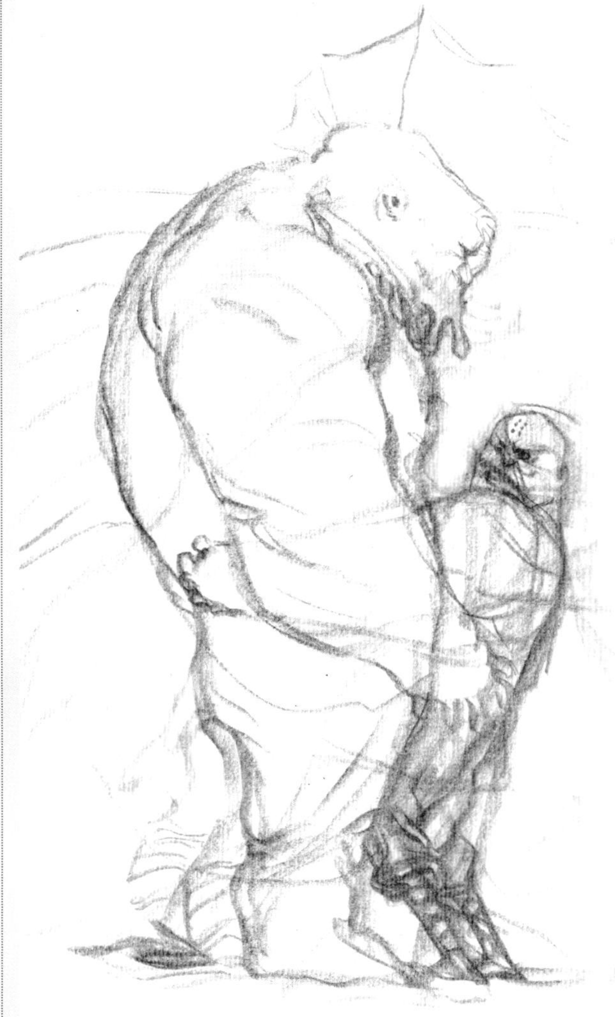

第一幅圖：和尚努力想抱起怪獸，但它紋絲不動。

藝術家的秘密

平衡

為了保持平衡，下圖中和尚的重心已經移到了他的身後。如果不是因為他正試圖抱起圖中的怪獸，他可能早就摔倒了。他的重心越向後移就表示他面前怪獸分量越重。因此，他身體的傾斜度同樣可以襯托出怪獸的分量。

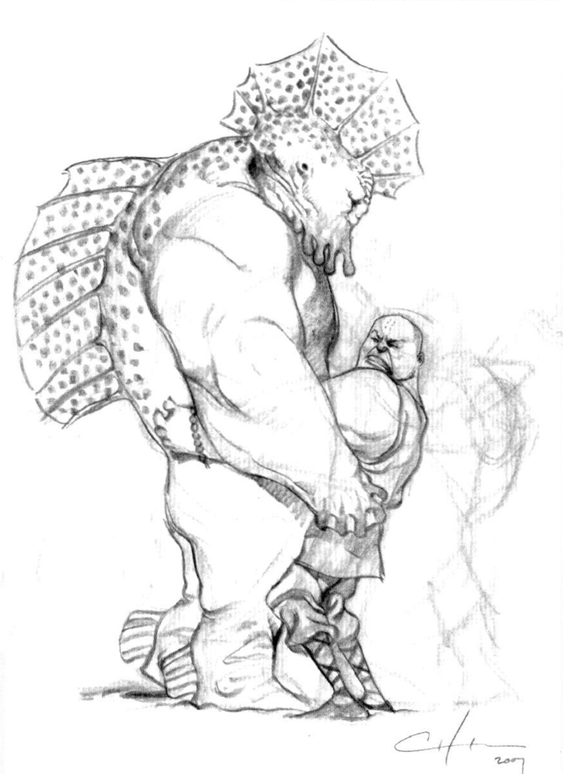

第二幅圖：怪獸的分量全都寫在了和尚的臉上——他臉部表情猙獰，背部和腿部的肌肉十分緊張。

逐步：教你畫眼睛側面

1 這是一幅右眼的草圖，如圖所示的圓圈代表著眼球所在的位置，只不過眼球的大部分都為眼瞼所包裹著。請注意觀察下眼瞼的兩側是被上眼瞼所覆蓋著的。

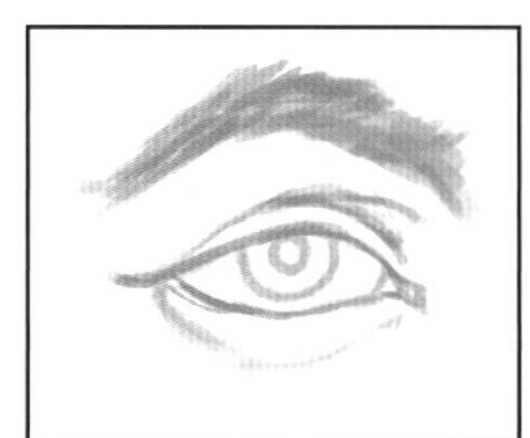

2 這是同一隻眼睛的側面，同樣，我標出了眼球所在的位置以便更立體地觀察眼睛。同樣注意觀察上下眼瞼之間的關係。將眼睛畫正確非常重要，否則畫面將會失真。

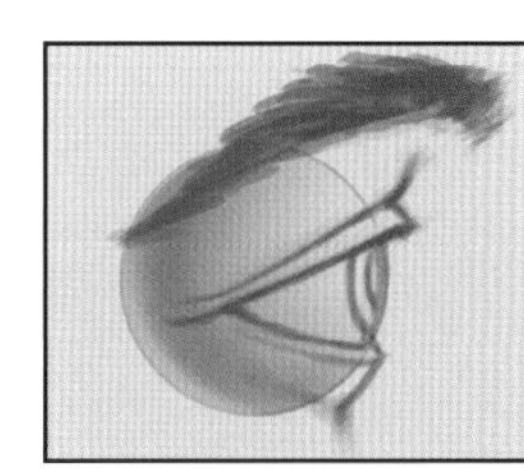

3 這幅是眼睛側面的完成圖。有幾點需要注意，一是眼球本身是濕潤的，所以你要表現出它的光亮度；二是上眼瞼會在眼睛上投下一層陰影；三是眼白並不只是畫成白色的就可以了，它同屬眼球一部分，也需表現出球體所具有的陰影。

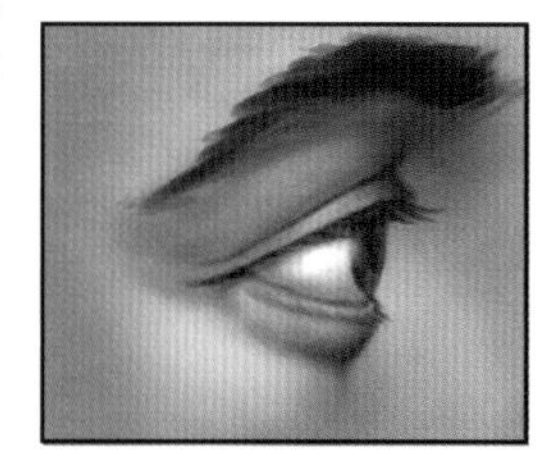

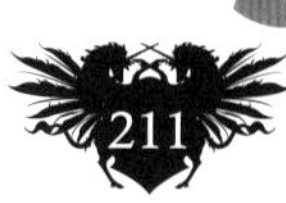

問：
怎樣才能貼切表現人物表情而又不顯得矯揉僵硬？

答：
強尼的回復

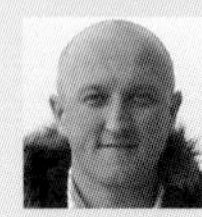

如果你畫的是卡通漫畫或者 3D 人物，那你需要他們看上去有趣，喜怒哀樂表現的關鍵都是表情。

無論個體之間存在多大差異，每個人的臉部都由相同的肌肉骨骼組成。臉部解剖知識可以幫你更輕鬆地畫出逼真表情。當然，這並非要求你熟悉每一塊肌肉和每一根骨頭，而是要多加練習以便瞭解它們的大致結構和相互之間的關係。

各種素材都可以為你所用：照片、DVD 或者大師們的作品。練習時，注意把握臉部框架，以及它是怎樣隨著不同的表情而變化。試著把某一個部位的輪廓畫得誇張些，然後再觀察微小的修改對角色情緒的影響。一些細小的改動一比如畫個大鼻子、粗眉毛或者高額頭一就能產生很大的差別。

最後，記得表情往往與肢體語言相呼應，確保二者間協調匹配。

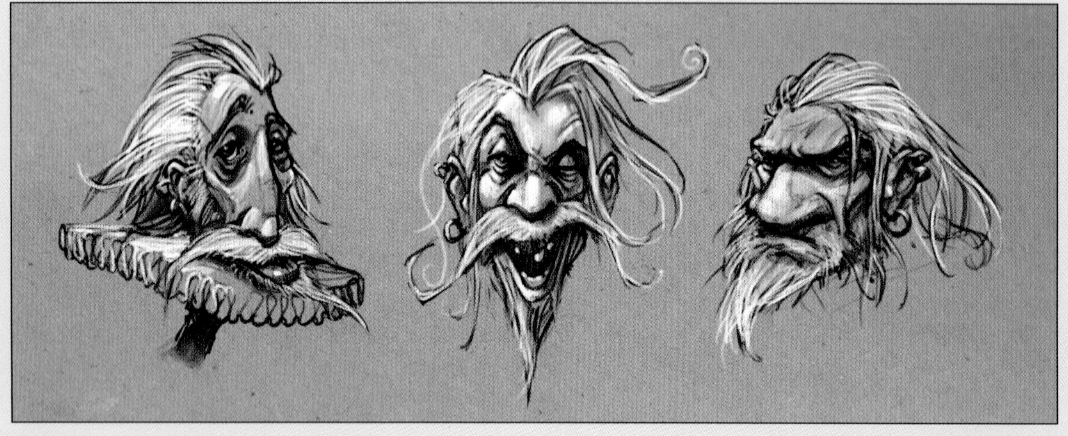

藝術家的秘密

照鏡子

別難為情！在書桌上擺個鏡子，然後觀察自己的臉部表情吧！這可以幫助你畫出更生動逼真的表情！你可以畫一些表情速寫以便熟悉臉部肌肉活動的規律，這些速寫將來都能作為你創作的參照。

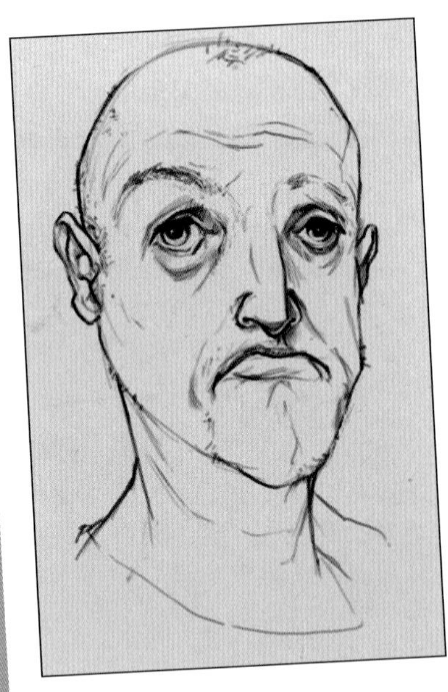

別難為情，畫你自己！

不管你畫的是同一人物的不同表情還是不同人物的表情，練習各種表情的繪畫都能讓你獲益匪淺。

問：
總畫不好運動中的人物，怎樣才能讓人物動作看起來更真實？

答：
鮑比的回復

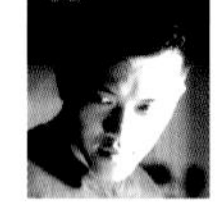

動作要符合物理學原理。重力、慣性還有衝力等都會對繪畫對象產生影響。繪畫時，要考慮各個力之間怎樣搭配才能產生你所想要的動作效果。

接著，依靠解剖學瞭解人類活動有哪些極限。人體的扭動、伸展和彎曲角度都是有限的。從藝術的角度看，可以進行適當的誇張，但是不能完全脫離這些因素。拿跳躍的人物來說，身體由驅幹帶動騰空時，重力會往下拉拽物體，慣性則會使四肢處在驅幹後方。

綜合以上因素，我畫了右邊這兩幅圖。如果我對某個部位有所疑慮，會改變四肢的位置另畫一幅新的，然後再看看它在哪個位置時更為合適。

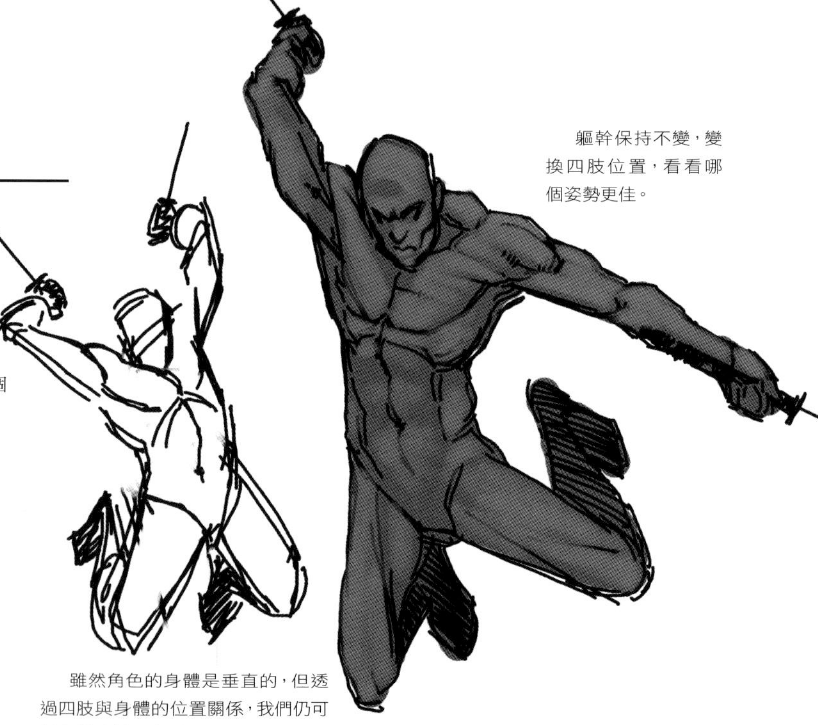

驅幹保持不變，變換四肢位置，看看哪個姿勢更佳。

雖然角色的身體是垂直的，但透過四肢與身體的位置關係，我們仍可以解讀出他正處於騰空狀態。

問：
如何保證臉部陰影逼真而不誇張呢？

答：
馬雷克的回復

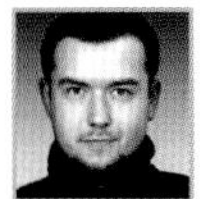

早期學畫時，我對畫家們練習畫球體、圓柱體和立方體等簡單圖形陰影的做法十分不解。到現在我才明白，只有熟悉了這些簡單圖形的光影變換，才能把握好更為複雜的圖形陰影。

以頭部為例，就有許多個面需要考慮，這些面給陰影的繪畫增添了不小的難度。但如果把它們細分成一個個球體和立方體，就會簡單許多。同理，你可以把複雜、難畫的事物拆分成一個個簡單的圖形，依次建構框架，再加以修飾潤色。如此一來，是不是就簡單許多？

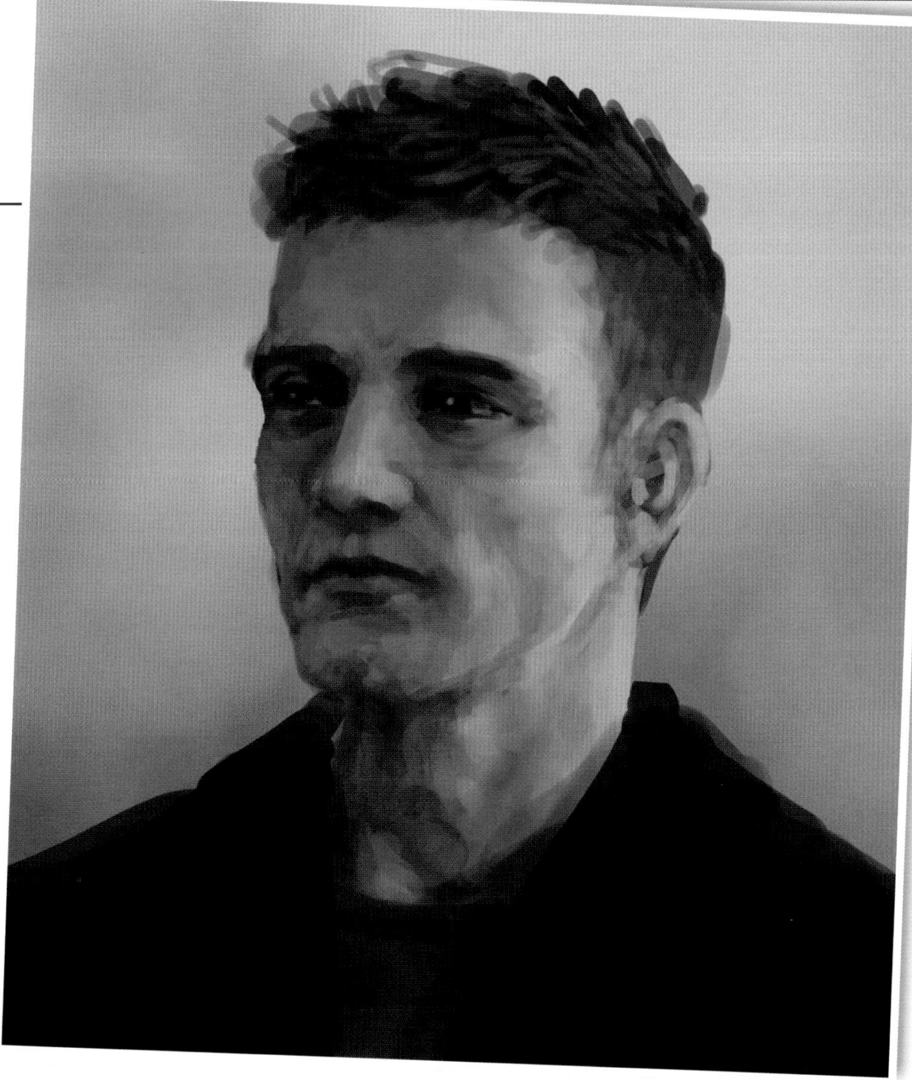

人的臉部十分複雜，表現它在某個特定角度中的光影時尤甚。

逐步：為一張普通的臉增加暗部陰影

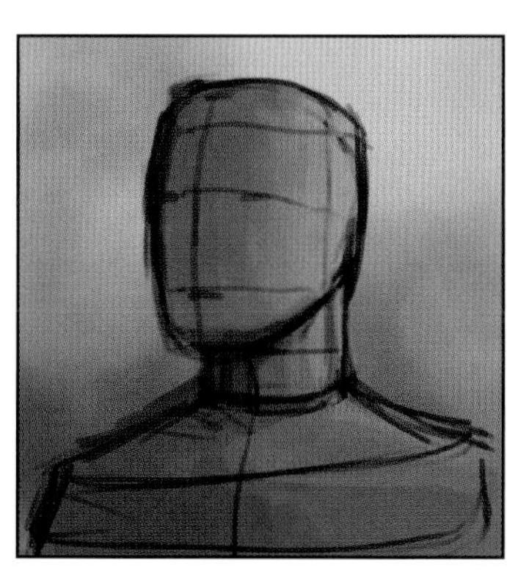

1 把頭、頸、軀幹看成是三個連接在一起的圓柱體，再給這些圓柱體添加陰影。

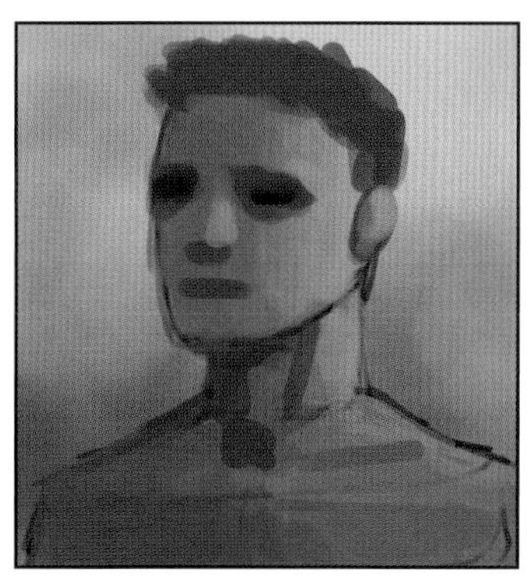

2 五官部位，鼻樑呈三角形，眼窩則是兩個對稱的低窪，通常我會用一個水彩刷來輕描這兩個地方。

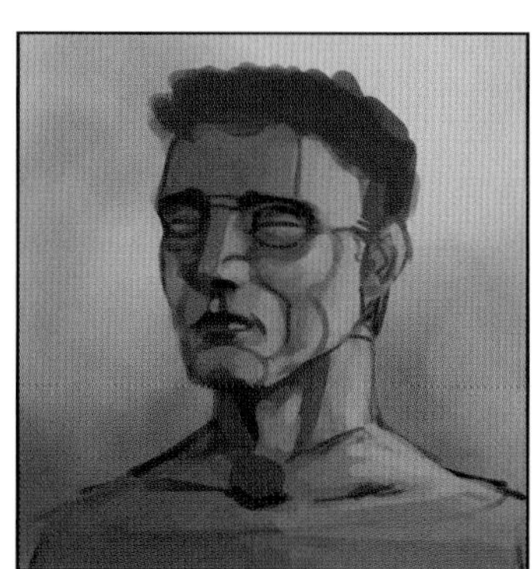

3 將臉部結構分成幾個區塊以便描繪陰影，注意我將眼窩的部分描成了球體。

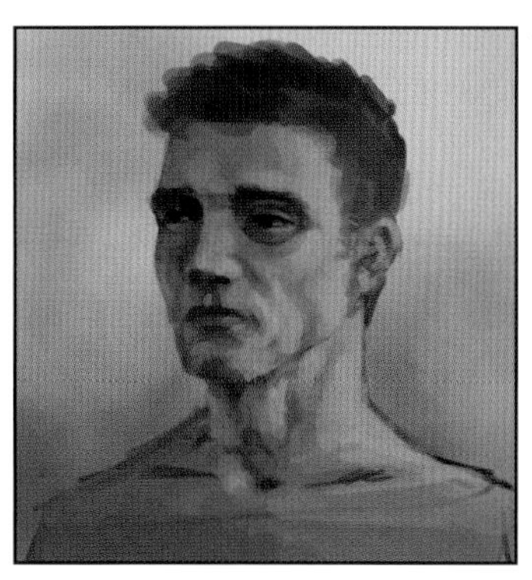

4 最後將各個區塊銜接在一起，輔以細節的添加修飾。現在的頭部看起來是不是很逼真了？

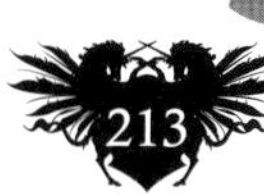

問：

我懂得如何去繪畫淺的膚色，但卻把握不好深的膚色。甚麼才是畫好深色調膚色的關鍵？

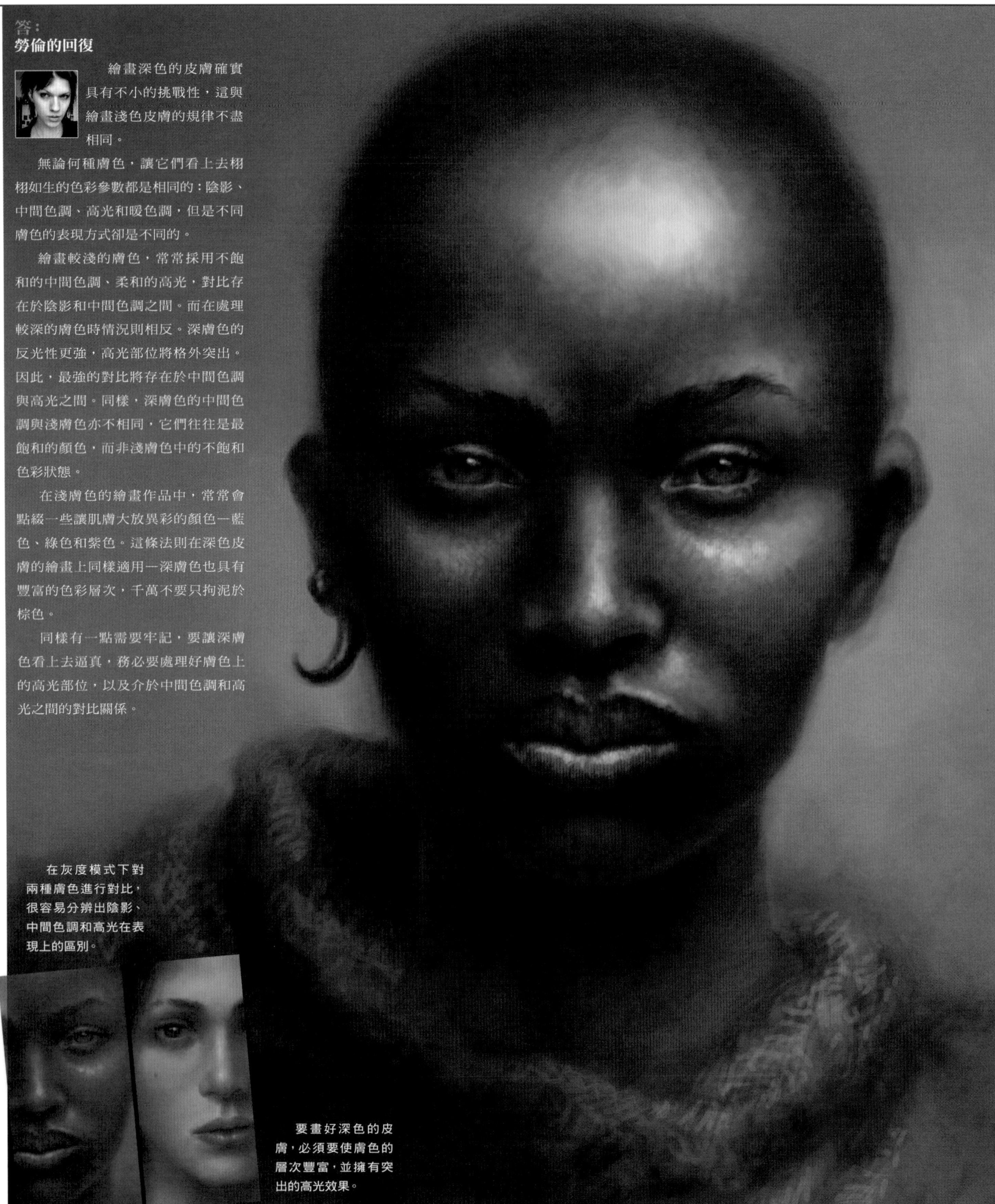

答：

勞倫的回復

繪畫深色的皮膚確實具有不小的挑戰性，這與繪畫淺色皮膚的規律不盡相同。

無論何種膚色，讓它們看上去栩栩如生的色彩參數都是相同的：陰影、中間色調、高光和暖色調，但是不同膚色的表現方式卻是不同的。

繪畫較淺的膚色，常常採用不飽和的中間色調、柔和的高光，對比存在於陰影和中間色調之間。而在處理較深的膚色時情況則相反。深膚色的反光性更強，高光部位將格外突出。因此，最強的對比將存在於中間色調與高光之間。同樣，深膚色的中間色調與淺膚色亦不相同，它們往往是最飽和的顏色，而非淺膚色中的不飽和色彩狀態。

在淺膚色的繪畫作品中，常常會點綴一些讓肌膚大放異彩的顏色—藍色、綠色和紫色。這條法則在深色皮膚的繪畫上同樣適用—深膚色也具有豐富的色彩層次，千萬不要只拘泥於棕色。

同樣有一點需要牢記，要讓深膚色看上去逼真，務必要處理好膚色上的高光部位，以及介於中間色調和高光之間的對比關係。

在灰度模式下對兩種膚色進行對比，很容易分辨出陰影、中間色調和高光在表現上的區別。

要畫好深色的皮膚，必須要使膚色的層次豐富，並擁有突出的高光效果。

逐步：描繪深色的皮膚

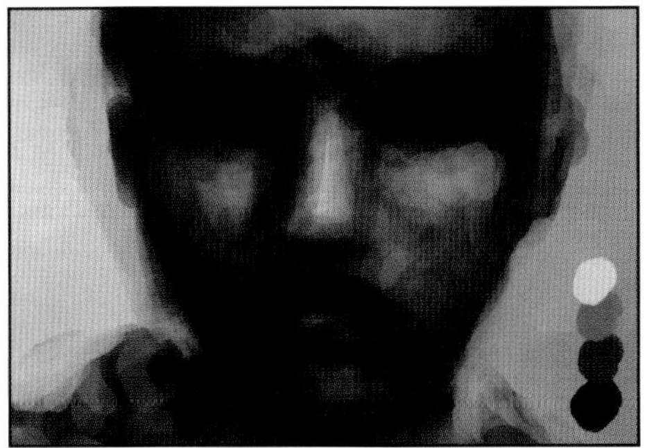

1 從基本形狀中選擇調板和色塊。需要注意，要根據背景顏色來選擇作畫的景色。此處，背景色我採用綠色和淺灰，中間色調採用深紅褐色，這可以與綠色形成完美的互補。

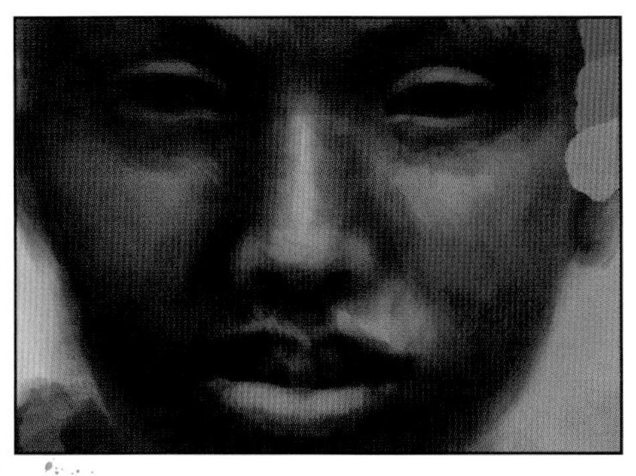

2 先完善畫面的形狀，再添加高光，切記，不同部位的顏色也是不同的。例如掌心、腳底和嘴唇裡側的顏色，相比身體其他部位的顏色更亮、更粉潤。用暖色調將這些部位描畫出來。

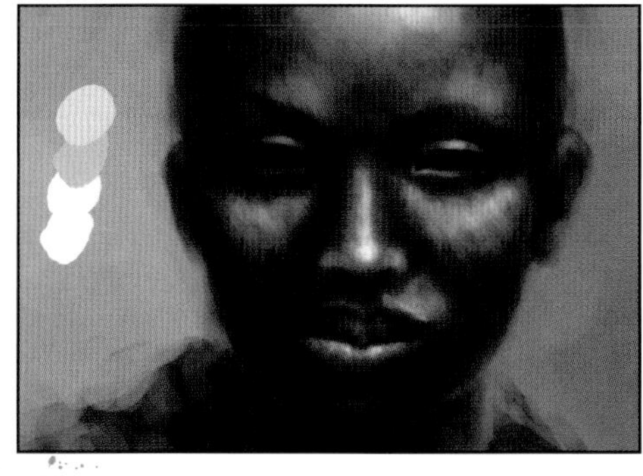

3 接下來就要添加高光了。高光在深色皮膚上會顯得更亮。臉部的不同部位具有不同的色調，因此不同的高光也應該採用不同的亮色來描繪，這樣才可以使畫面看上去更逼真。

問：

我繪畫的人物肖像看上去總顯呆板、失真，就像個玩偶。如何做才能讓它們鮮活起來？

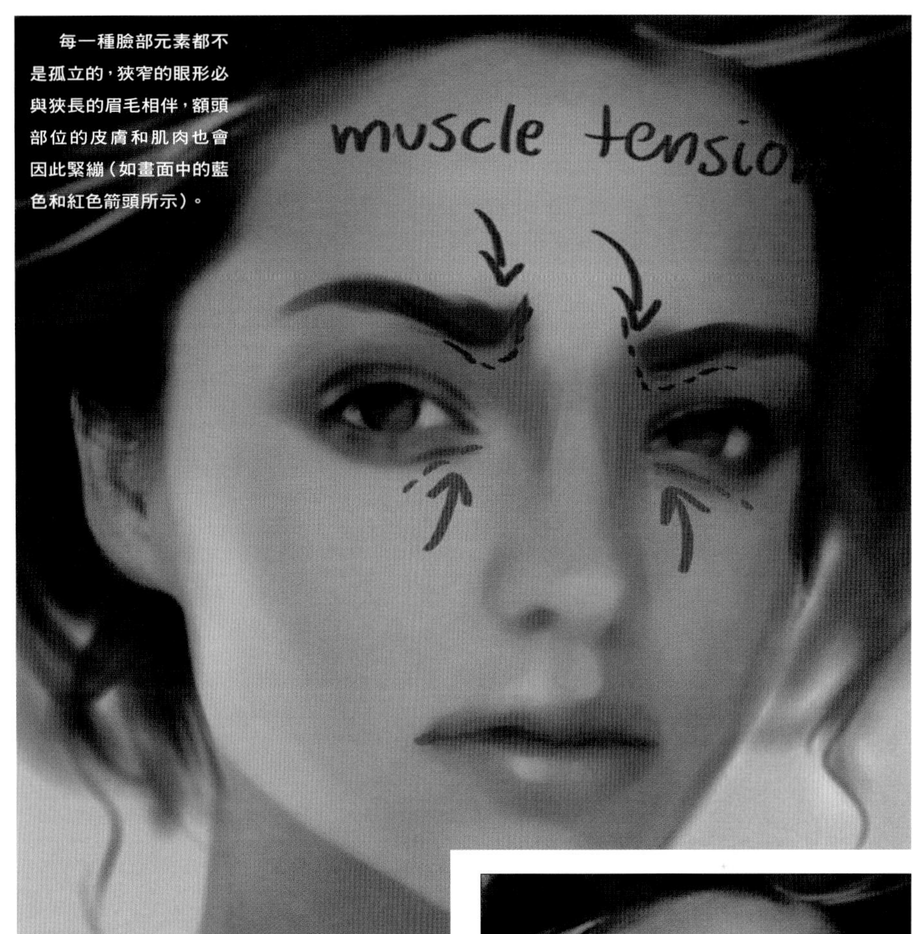

每一種臉部元素都不是孤立的，狹窄的眼形必與狹長的眉毛相伴，額頭部位的皮膚和肌肉也會因此緊繃（如畫面中的藍色和紅色箭頭所示）。

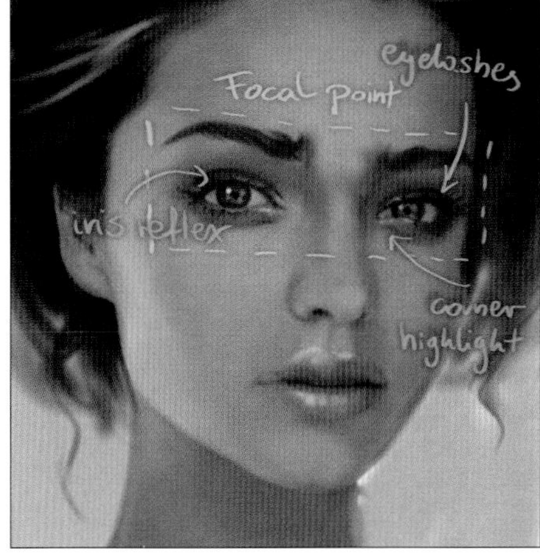

將之前完成的眼睛細節化會使之成為臉部的焦點，並且流露出豐富的情感（如綠色和橙色箭頭所示）。

答：

瑪爾塔的回復

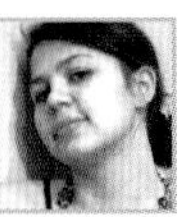

無論是畫半身像還是全身作品，讓畫面出彩的關鍵就是確保臉部的定義正確。這體現在兩個層面上一理論層面和技術層面，而其中，理論層面則更重要。

確定臉部的表情，無論是憤怒、悲傷、幸福，或是遺憾、冷漠，以下幾個元素是要既定表現的：眼睛和眉毛、嘴部的動作（不只是嘴唇，包括整個下頜）、臉部的肌肉線條。打個比方來說，咬緊牙關會拉伸下頜線條，張開嘴會使臉頰凸出，諸多等等。

至於技術層面，也存在一些實用的小技巧。如果想要達到真實的效果，需要在臉部的焦點區域一眼睛上下功夫。我們可以在眼部增加一些引人注意的元素，比如生動的彩妝，或是豐富的細節。

在任何情況下，都可以運用如下方法：在畫到眼睛的虹膜時，可以在其上添加一些色彩光點，使其從中間色調脫穎而出。務必使用噴槍工具來畫這個小反光。這個操作步驟相當簡單，但透過對比就會發現其成效卓著。

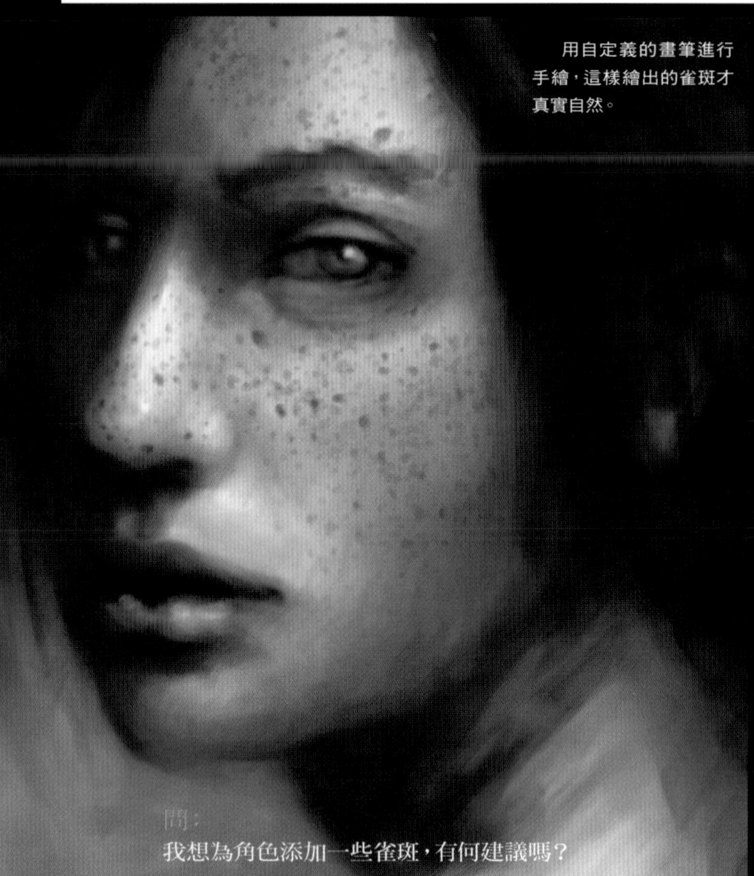

用自定義的畫筆進行手繪，這樣繪出的雀斑才真實自然。

問：
我想為角色添加一些雀斑，有何建議嗎？

答：
勞倫的回復

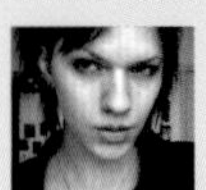

雀斑和臉部的其他斑點將提昇畫面的真實感。我們可以嘗試增加一些斑點，無論是“美人痣”，或是滿臉的雀斑，都會為所繪的人物增添質感，融入個性。

有些人的雀斑很淺，而有些人則深得多。雀斑不只出現在臉部，身體的任何部位都有可能產生雀斑。

在畫雀斑時，應該將手繪技法和自定義的畫筆相結合，使繪畫的內容與你所想的一致。對於少量的雀斑來說，手繪是個不錯的選擇。只需選取一個小型的圓形畫筆，稍稍將膚色加深，設置低不透明度。如果要大面積繪畫雀斑，如上的方法必定乏味。我們可以選取 Photoshop 中由多個小點組成的自定義畫筆，並設置為散射，這可以快速的為角色畫上不少隨機的雀斑。不過，如果放大了觀察，這種方法就會露出破綻，這些小點仿佛粘貼在皮膚上，缺少變化性。為了避免這種情況，我們還是應該回歸傳統的手繪。

手繪大量的雀斑非常乏味，但卻充滿變化性（上圖）。

也可以透過由多個點組成的自定義畫筆來繪製大量的雀斑。

問：
有甚麼方法可以更好地體現畫面中角色的運動感和速度感嗎？

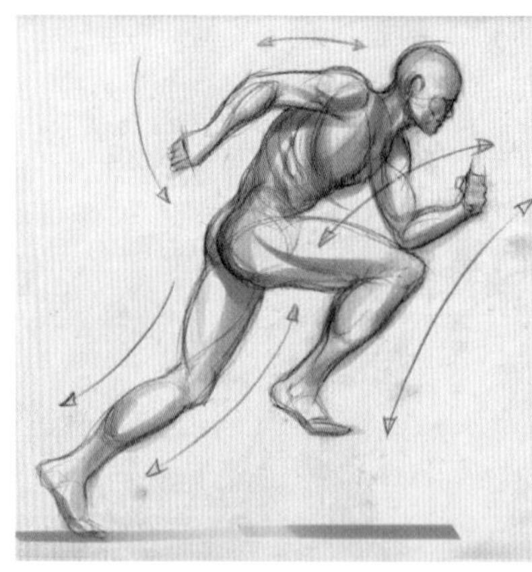

畫面傳遞出十足的動感。對象肌肉輪廓周圍的動作引導線，讓觀眾對角色的運動行為有更明晰的理解。

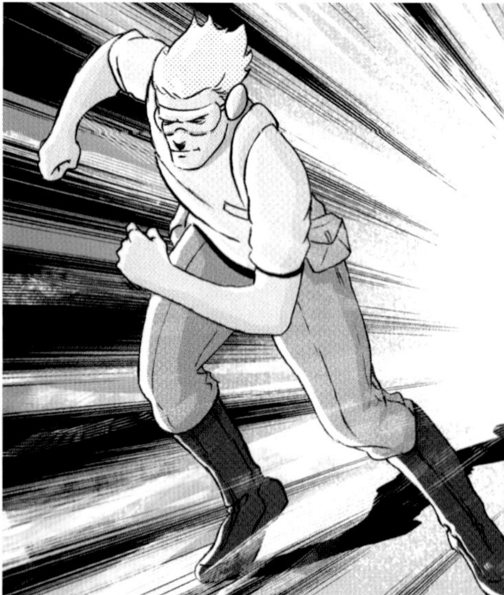

動漫作品中常用的動感線不僅可以突出畫面的焦點，同時也傳遞著強烈的速度感和運動感。

答：
喬爾的回復

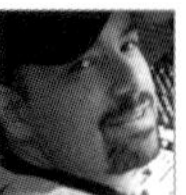

使角色的運動感和速度感突出體現的方法有不少。最常用的方法是透過角色特定的姿勢和位置，讓觀者體會到角色運動的快慢。在肌肉輪廓周圍添加動作引導線，對其運動姿態進行誇張處理，可以提昇畫面中角色的運動感。

透過 photoshop 中的動感模糊工具，你也可以達到上述目的。這與相機拍攝運動物體時採用的長時間曝光方法是一致的。減慢相機的快門速度並進行長時間曝光，就會在運動物體後形成一條拖影。

添加動感線能夠起到引導觀眾視線的作用。動漫作品中，透過添加動感線來誇張角色的速度和運動效果，是藝術家們常用的手法。

問：
能否詳細介紹一下前縮透視法？

答：
辛西婭的回復

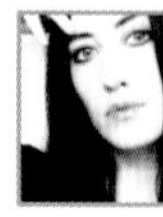

前縮透視法是根據透視原理，使平面上的物體看起來具有立體視覺效果的繪畫技法。透視的基本原則是近大遠小，同理，很長的物體從遠處看起來也會變短。

也許你已經發現，不少動漫書中當英雄面向讀者出拳猛擊時，他的拳頭會比頭部的三倍還大。這是因為隨著拳頭的靠近，頭部的空間距離向後消退，手臂也只占據了畫面中很小的一部分。這種誇張的比例關係是如何做到的呢？

藝術系的學生一直努力將前縮透視法付諸實踐。透過觀察和大量的練習是學習該方法的有效方法，但利用線條來計算畫面的變形則是另一條捷徑。

問：

我知道在繪畫皮膚的高光時，增加一些藍綠色的陰影是很不錯的。然而，我的作品卻會看上去不自然，問題出在哪裡？

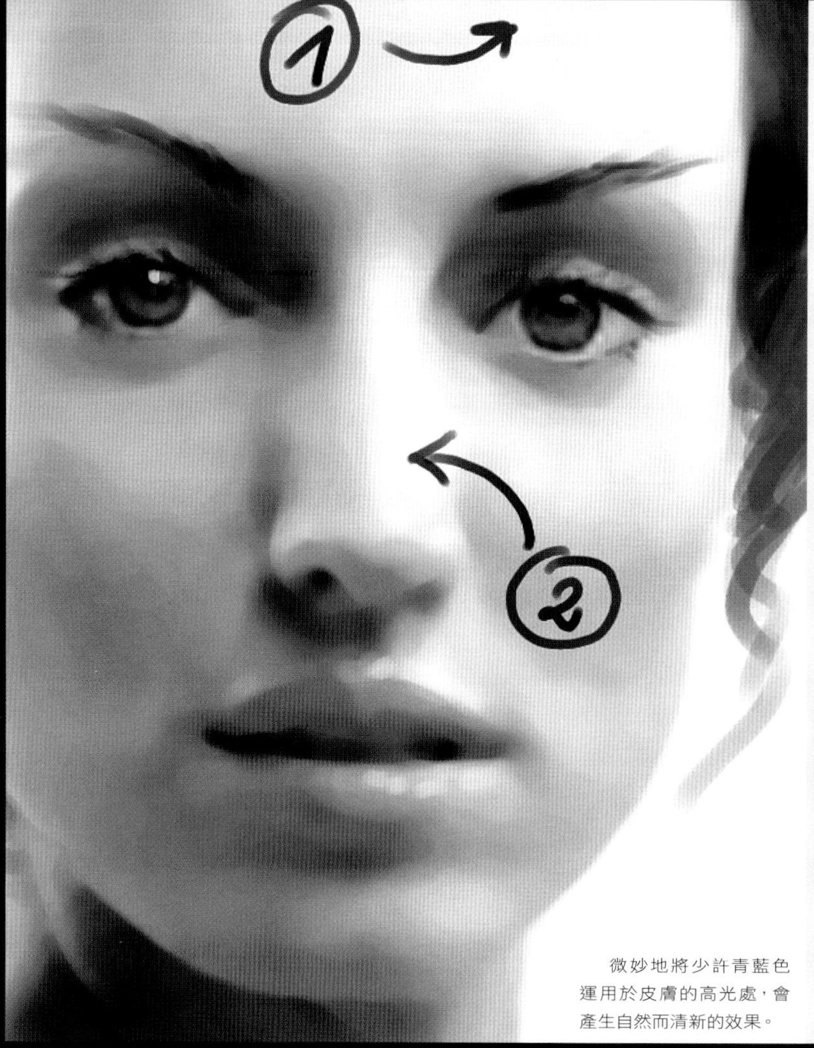

微妙地將少許青藍色運用於皮膚的高光處，會產生自然而清新的效果。

答：

瑪爾塔的回復

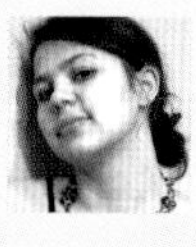

初學者常犯的錯誤是將藍綠色的陰影畫得過深，或與肌膚的本色不協調。

讓高光部分的顏色更淺一些，使青綠色的飽和度高於皮膚的中間色調。切勿使用任何暗色，否則會讓人誤以為環境光源是藍色的，而達不到皮膚高光的清新效果。將高光和中間色調混合時，皮膚會比最初的看上去稍稍偏藍，可以透過降低不透明度以達到高光的效果。僅當全部的基礎繪畫完成後，再進行高光的點綴，應逐漸將不透明度由最低慢慢調高。

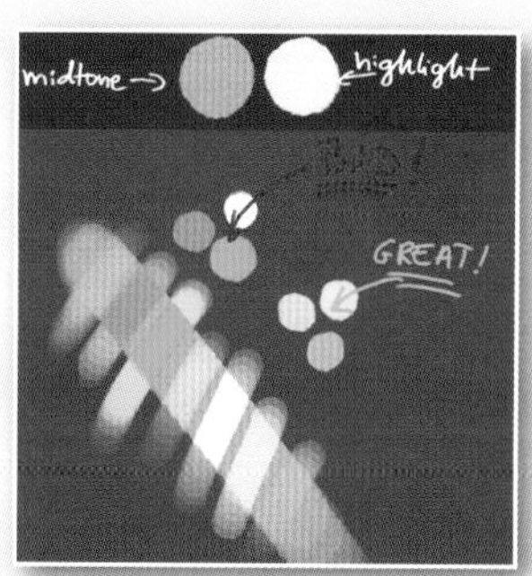

嘗試運用不同的高光色和畫筆形狀與皮膚的色調進行搭配以獲得最理想的組合。

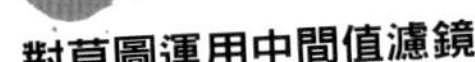

藝術家的秘密

對草圖運用中間值濾鏡

如果草圖過於粗糙，可以透過Photoshop中的中間值濾鏡對其進行模糊。對不同的部位採用不同的濾值半徑，眼部、嘴唇等部位可以小一些，兩頰和下巴則可以大一些。

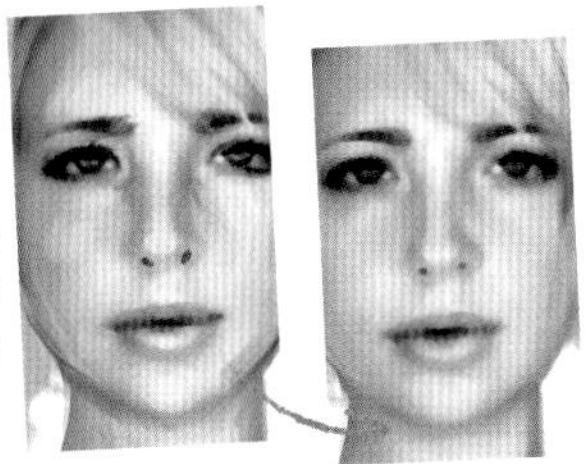

逐步：前縮透視法三步驟

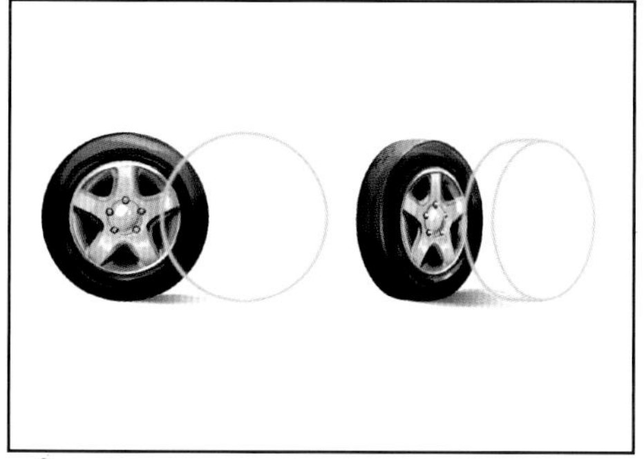

1 最簡單的方法是利用幾何形狀進行對照。我一直用這個例子來打比方，如果從側面來觀察輪子將會是怎樣的。輪子從平面視圖上看是一個正圓形，但我們從側面觀察時，它會變成一個橢圓形，隨著步伐的不斷移動，橢圓形將愈發變窄。

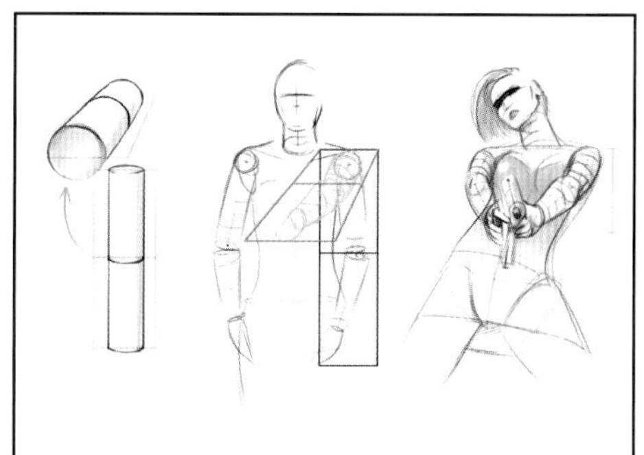

2 上圖中的手臂又該如何處理呢？我們可以透過一個平面進行對照，平面的中線正好透過肘部。當我們用Photoshop中的變換>透視工具使平面發生傾斜時，平面的中線就會被壓縮，這正是透視後肘部應在的位置。

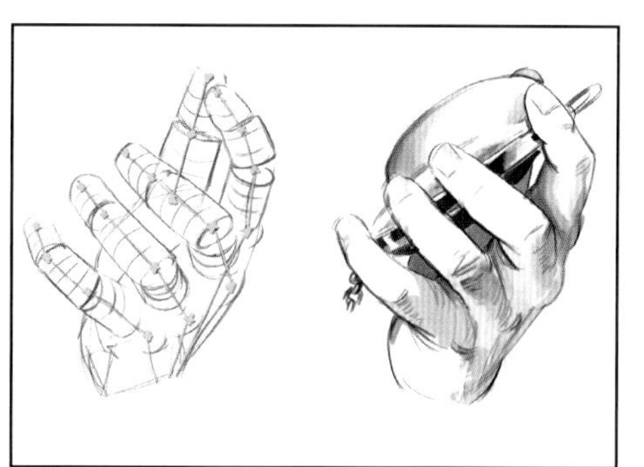

3 我們同樣可以透過反向的操作來觀察效果。繪畫一個手部的形象，標記出指關節的位置，並透過線條連接起來。我們可以看到線條的長度是不同的一當手指指向你，線條顯得很短，而手指和你的視線平行時，則線條要長。

問：
在繪畫角色的髮絲時有何指導性意见？

答：
梅勒妮的回復

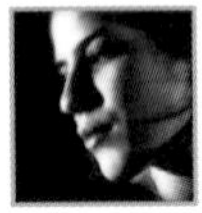

頭髮的整體外觀是需要考慮的重點，它必須與臉型相適應。我會為角色繪畫多種髮型，然後從中挑選出最合適的。髮質也是需要考慮的，捲髮還是直髮，稀疏還是濃密。

決定了頭髮的外觀後，就可以為其建立色彩方案。我常常從中間色調開始，這樣更容易添加光線和陰影。因為受到環境光和顏色的影響，頭髮也是會反射光線的，請不要忘記添加。

對於頭髮的細節和紋理部分，我會先用大直徑的硬邊圓形畫筆來畫基礎部分，這樣就可以畫出頭髮的大致形態。之後我改用自定義的"抹墻"畫筆來畫主要的細節。對作品基本滿意後，我再對某些特定和適當的區域進行精加工，無需對頭部所有的頭髮都這樣操作。

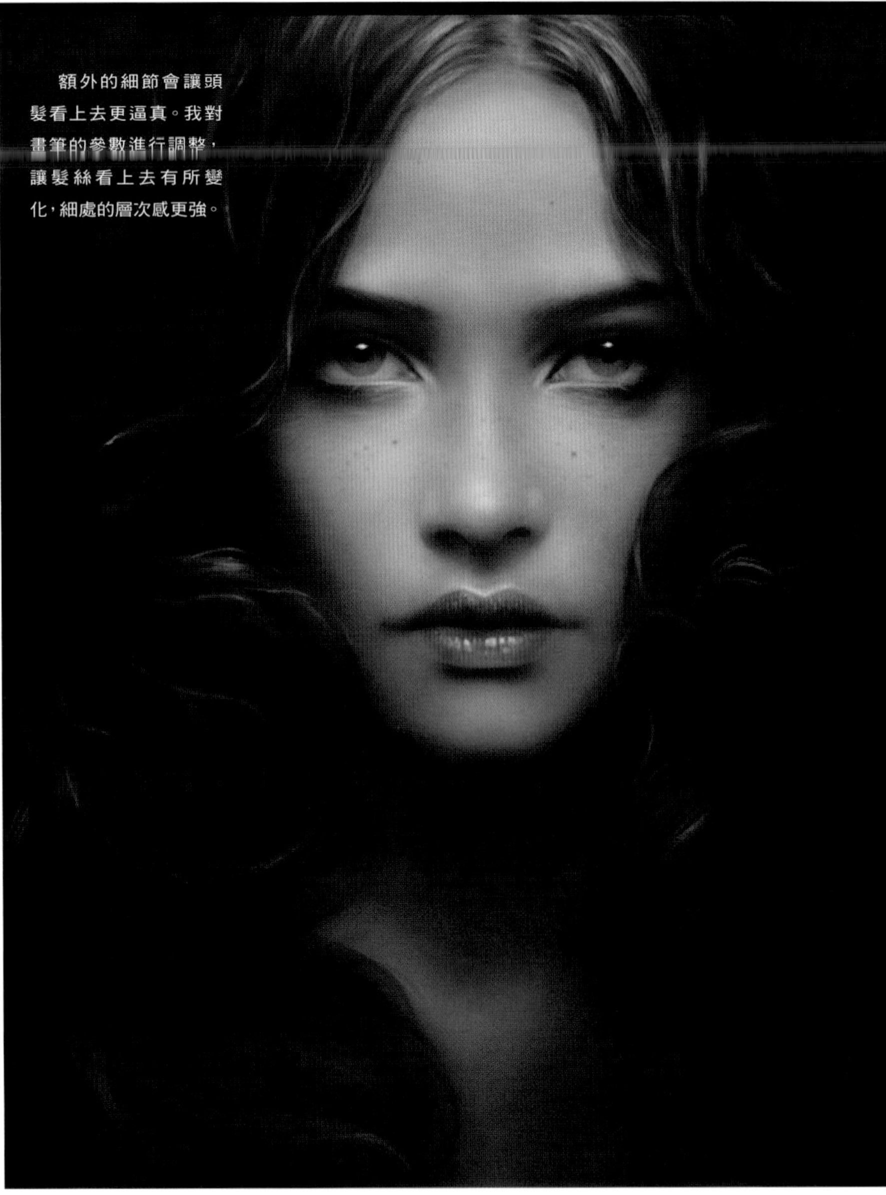

額外的細節會讓頭髮看上去更逼真。我對畫筆的參數進行調整，讓髮絲看上去有所變化，細處的層次感更強。

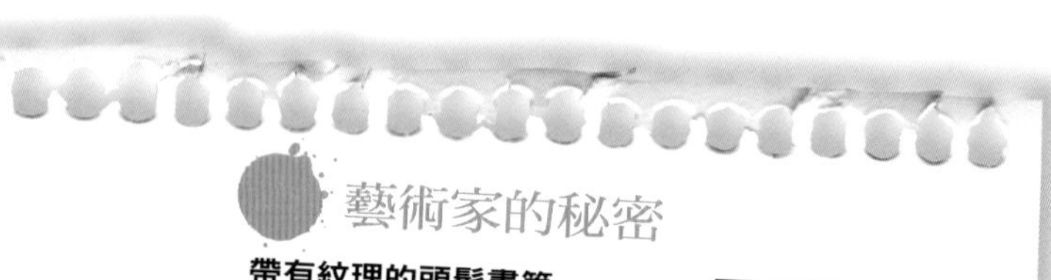

藝術家的秘密

帶有紋理的頭髮畫筆

這是一種用於特殊髮質紋理的筆刷，通常我會選用偏淡的顏色配合粗線條勾勒髮絲，反復模糊處理來達到理想效果。

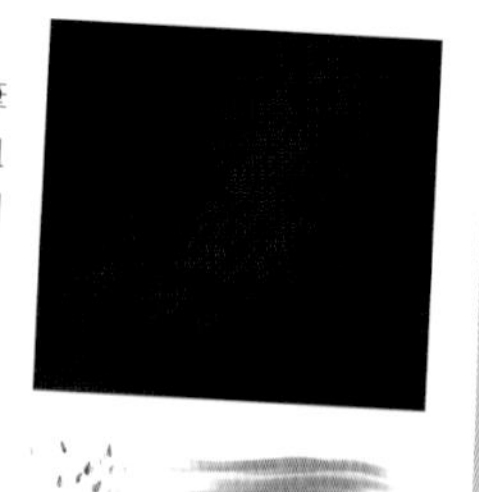

逐步：描繪獨特的髮型

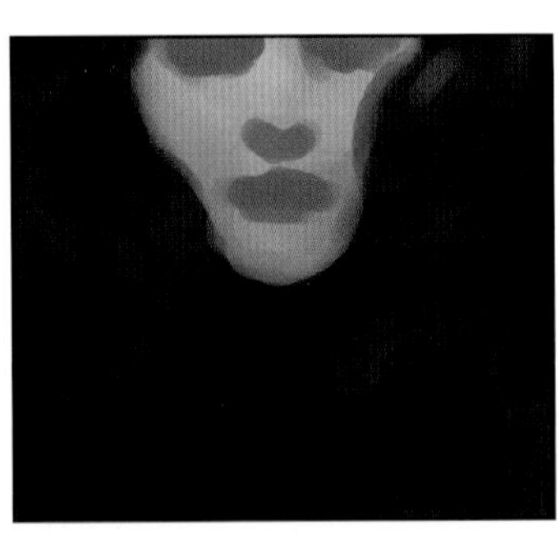

1 首先選定基本的髮型和色調。從畫面的主線條就可以看出自然而真實的髮型。我用大直徑的畫筆進行描繪，以免過多傾注於細節。這一步中，畫面的元素都比較簡單。

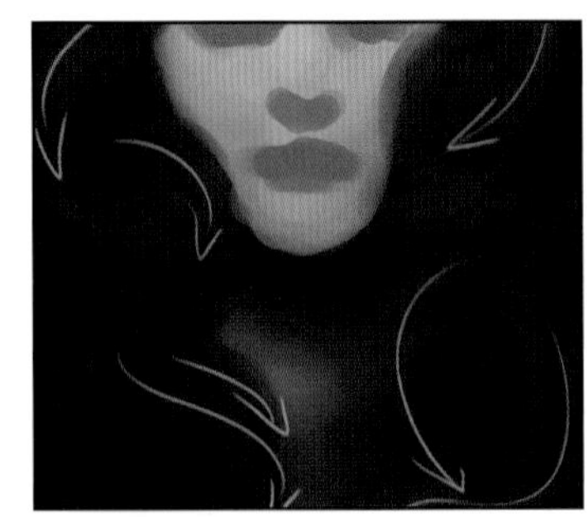

2 其次將細化線條，使其看上去更迷人。本圖中的角色有一頭波浪形的長髮，因此卷曲要顯得柔軟輕巧。主光源從頭頂部向下照射，因此需要增加上部的光強，而底部的的陰影需要加深。

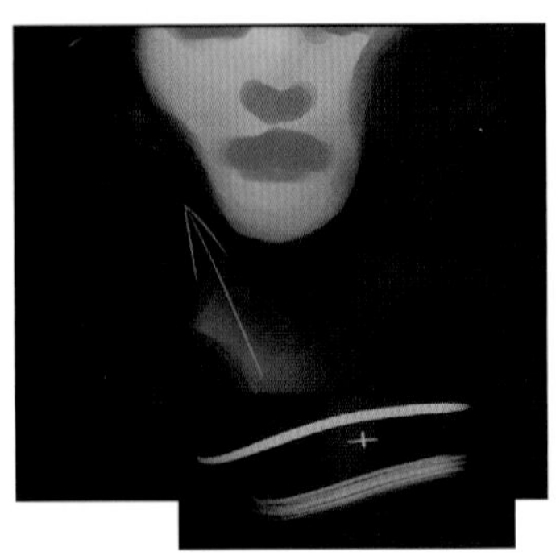

3 接下來要為頭髮添加細節和紋理了。此時，我選用了自定義的"抹墻"畫筆，並設置為動態形狀，對細部進行勾畫。我選擇了眼部周圍的一縷髮絲重點描繪。

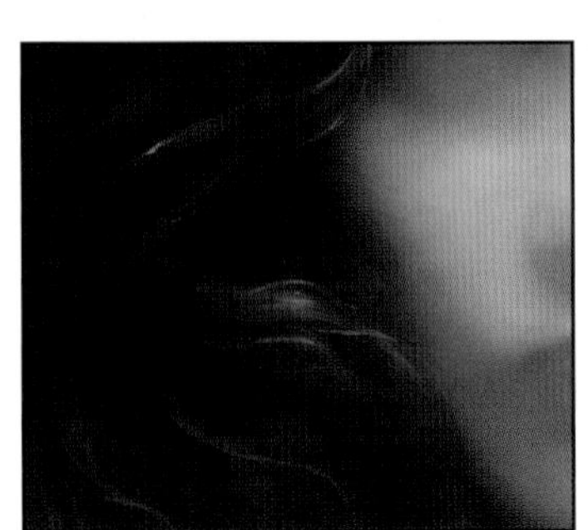

4 在想要突出細節的部位重復使用上面的方法，並在這些區域增加光點，讓它們與眾不同。我結合著使用柔軟的畫筆，進一步對髮線進行細化。

問：
"暈塗法"是甚麼意思？如何在數位繪畫中使用這種方法？

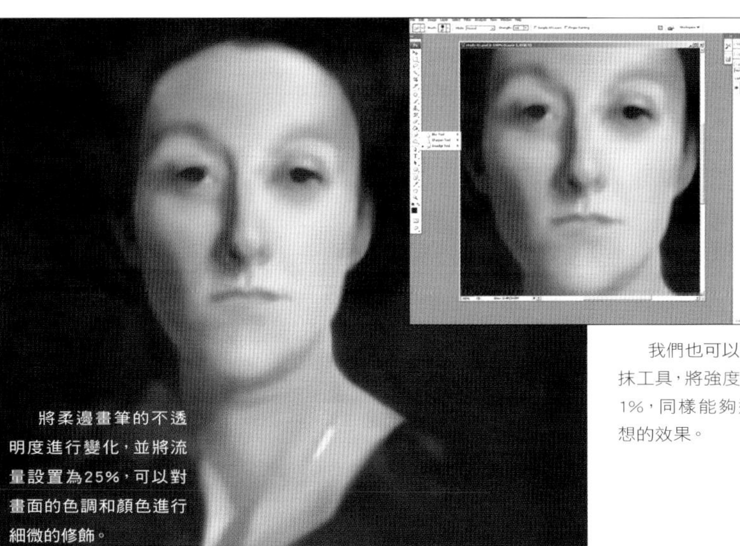

將柔邊畫筆的不透明度進行變化，並將流量設置為25%，可以對畫面的色調和顏色進行細微的修飾。

我們也可以採用塗抹工具，將強度設置為1%，同樣能夠達到理想的效果。

答：
喬恩的回復

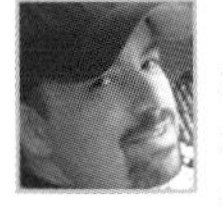

暈塗法（Sfumato）一稱源自意大利語中對"朦朧"的解釋。在繪畫中，這是一種將沖淡的半透明油質液體倒在畫面上，讓色調和色彩產生非常細微的變化，使線條變得柔和同時具有煙霧效果的技法。

暈塗法在藝術歷史上和諸多非凡的油畫中被廣泛使用，如舉世聞名的油畫—達文西的《蒙娜麗莎》，就是透過這種技法創作出來。

為了能夠在數位繪畫上使用這種方法，我們應該密切注意色彩和色調的融合。暈塗法的關鍵是讓陰影和輪廓線條以難以覺察的方式連在一起，因此我們可以選用 Photoshop 中的柔邊畫筆工具來實現這個效果。

我們需要同時變化柔邊畫筆的不透明度，對畫筆流量進行調整，從而實現對不同分層的顏色細微的修飾。

問：
白皙透明的手部該如何畫？

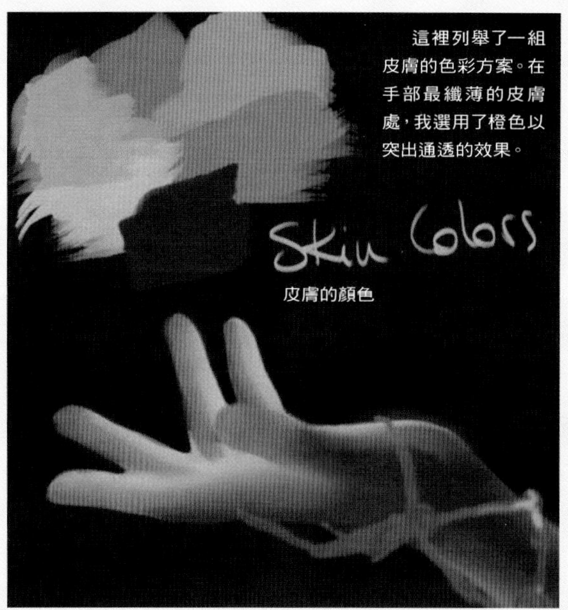

這裡列舉了一組皮膚的色彩方案。在手部最纖薄的皮膚處，我選用了橙色以突出通透的效果。

答：
梅勒妮的回復

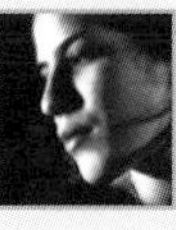

要實現所述的效果，關鍵在於色彩方案的選擇。皮膚的顏色向來不只有粉紅色或淺褐色，就如同光線不只是純白色而陰影不只是黑色。因此要實現肌膚的質感，就必須混合多種不同的色彩。

像生活中的素材學習是理解這一點的好方法：你會注意到皮膚是由無數的顏色組成的，綠色、黃色甚至藍色往往出現在光亮的部位，而紫色、金色、棕色或紅色則組成了陰影的顏色。最難掌握的就是如何平衡諸多的色彩。

要使肌膚看上去通透，處理方法也較為相似，會用到橙色、紅色或黃色來表現肌膚的纖薄。在繪畫過程中，不要懼怕添加這些色彩，可以嘗試添加在不同的圖層中，以檢驗它們是否與你所想的一致。

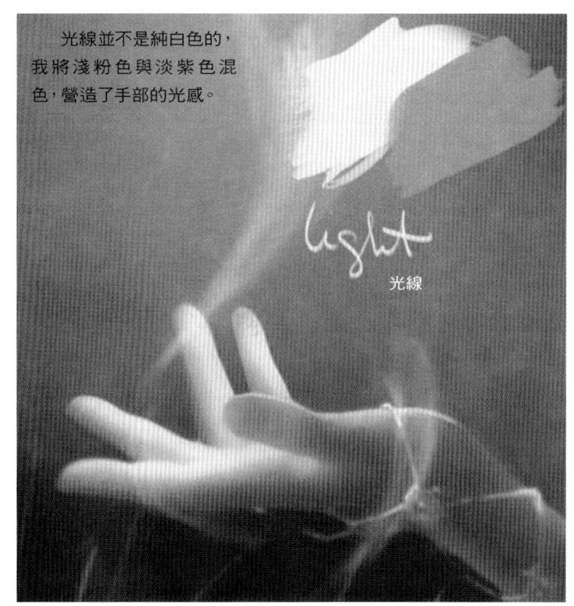

光線並不是純白色的，我將淺粉色與淡紫色混色，營造了手部的光感。

問：
如何能讓我的著色富於變化，看上去真實感更強？

答：
辛西婭的回復

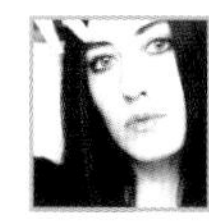

無論是描線畫還是色階圖，逼真著色的關鍵在於保持繪畫對象表面的調和一致。在 Photoshop 中作畫時，應該先從中間色調中選取一種顏色開始繪畫。在基礎色之上增加高光和陰影，並確保光源方向的一致性。在這三種色彩的融合過程中，可以選取吸管工具，在這些顏色之間選取樣本色。使用一個低流量或低不透明度的畫筆，在生硬的邊緣處塗抹，一旦完成了基本的調和，就可以在必要處添加更強烈的色彩和細節。打個比方來說，要讓布料看起來逼真，可以使用交叉圖樣來表達編織的狀態，或用接近於背景的顏色繪畫，以表現出薄紗的質感。

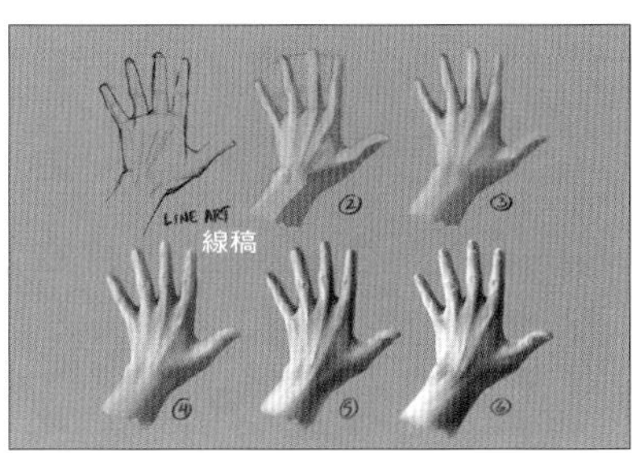

以我的手背為例，一步步地演示了如何進行皮膚的調和。

問：
如何描繪不同形狀和角度的鼻子？

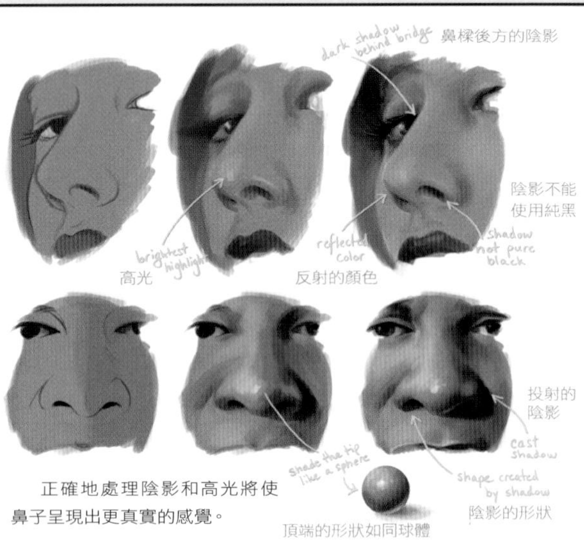

正確地處理陰影和高光將使鼻子呈現出更真實的感覺。

答：
辛西婭的回復

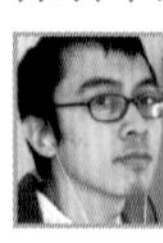

我們可以把鼻子想像成一個包含投影的立體物件。如同在解剖學上的結構，鼻子的形狀正是由它自己投射的陰影而組成的。鼻子可以被簡化成三角塊，後部很寬，前部逐漸減小。我們可以透過模型來參照投影的形狀，同樣也可以觀察隨著頭部的轉動，鼻樑由一條直線變為有角度的過程。當然，鼻子是沒有棱角的，因此，可以將鼻尖部位想像成一個小球體，將鼻樑看作圓柱體，以此來繪製陰影。

繪畫時，應當始終遵循以下幾點：先用基本的膚色畫一條線。牢記之前討論過的幾何模型，將畫筆沿著鼻子的輪廓線繪畫。鼻子上經常是發亮的，其顏色受到周圍環境的影響。可以採用臉部最淡的色彩來繪畫鼻子上的高光。

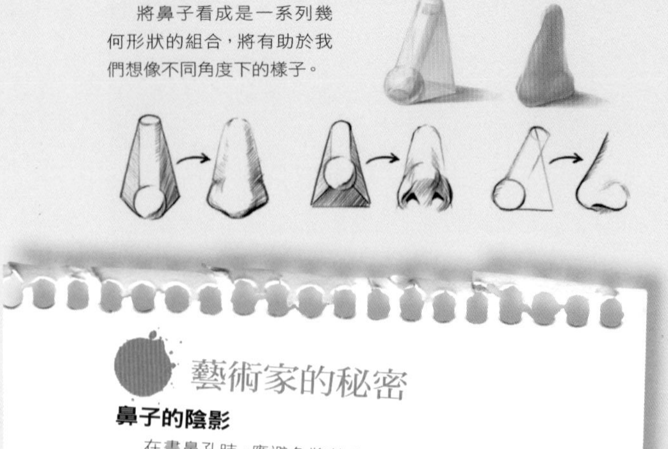
將鼻子看成是一系列幾何形狀的組合，將有助於我們想像不同角度下的樣子。

藝術家的秘密

鼻子的陰影

在畫鼻孔時，應避免將其畫成純黑色。鼻孔是個中空的空間，沒有太多可辨識的形狀，因此鼻孔的繪畫更多的是鼻子的投影。可以選用較深的顏色，就像畫面中其他部分的陰影。

問：
能介紹一下"明暗對照法"嗎？

答：
Joel 的回復

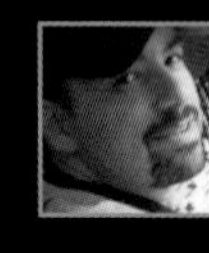

很樂意為你解答！明暗對照法（Chiaroscuro）是義大利語對明亮（chiaro）與黑暗（scuro）的稱法。這是一種表現畫面中最亮部位和最暗部位強烈對比的繪畫技法，注重於色調的控制和渲染。

達文西被譽為是發明和完善這種技法的第一人。他深知，為了在畫面上再現物件的原貌，精準的對光與影進行還原是非常重要的。

為了做到這一點，他定義了兩種類型的陰影：交界陰影（A）和投影（B）。進一步解釋，交界陰影出現在結構的轉折處，因物體的背光面會出現反光，受光面出現高光，交界陰影正是既不受光也不會出現反光的地帶；投影的產生是因為物體直接阻擋了直射光，從而在與受光面相鄰的表面後出現的投射陰影。

如果你想更多地瞭解明暗法，可以到藝術館中尋求答案。你會驚奇地發現，這些技法被廣泛使用。此處的圖片也是明暗法的實例。

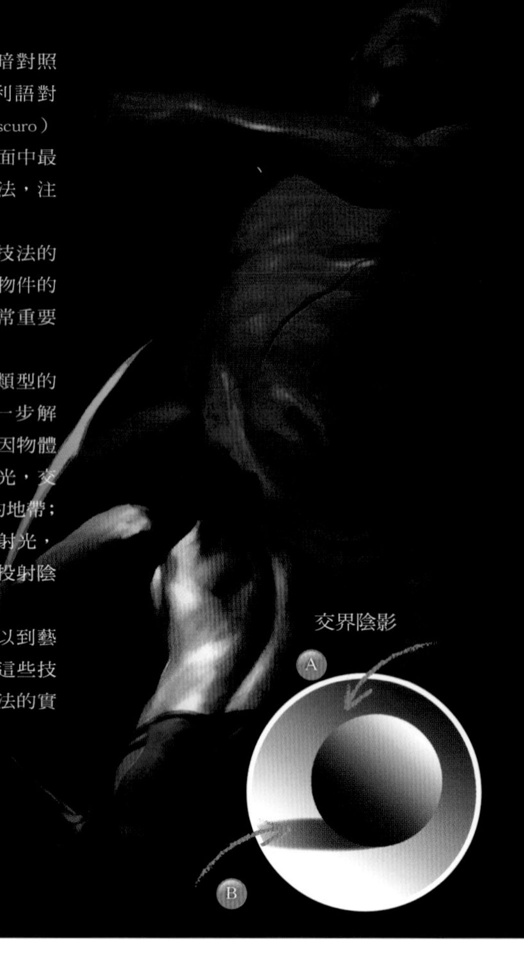

問：
哪一種畫筆最適用於數位塗鴉？

答：
傑若米的回復

正如使用鉛筆、炭條、鋼筆和墨水來繪畫，在進行數位塗鴉時，保持繪圖工具的簡單是很重要的。大多數情況下，我採用硬質圓形畫筆進行繪畫，並對大小和不透明度應用壓力感應。現在，我也會為畫筆增加少許紋理。在畫筆預設中，我打開雙重畫筆選項，這將保持畫筆的形狀，如果減小筆尖的壓力，就會在其上增加了第二種紋理。這會使原本平滑的線條表面增加顆粒感，這與透過炭條進行塗鴉的效果非常接近。如果你習慣用鋼筆和墨水創作，可以嘗試使用硬質圓形畫筆，同時關閉畫筆預設中的所有動態。無論採用哪種方法，透過不斷地嘗試，以找到最為自然的繪畫感覺。

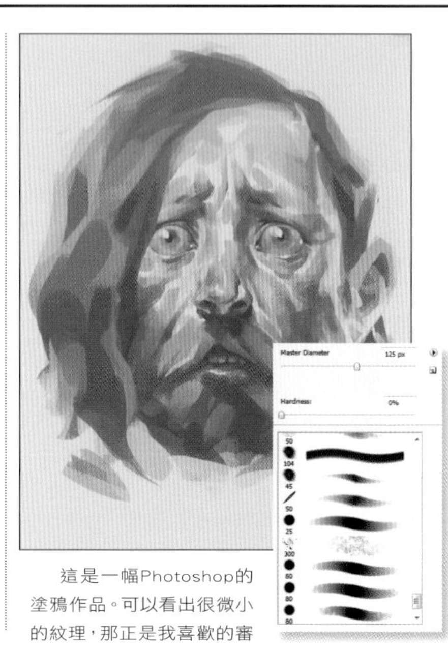
這是一幅Photoshop的塗鴉作品。可以看出很微小的紋理，那正是我喜歡的審美風格。

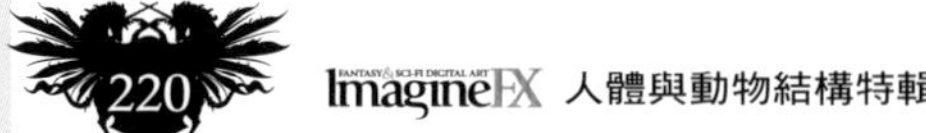

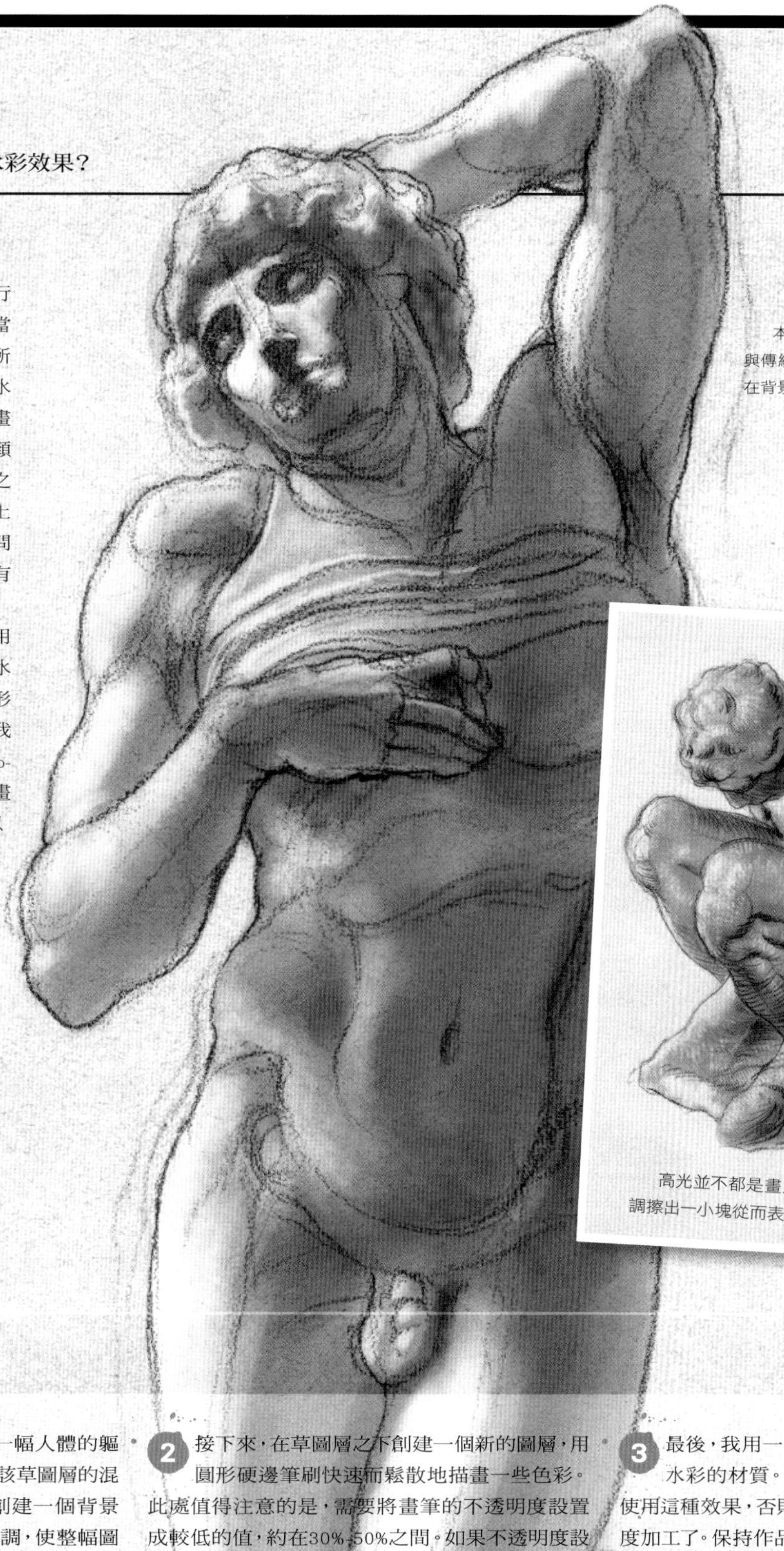

問：

如何在Photoshop中重現逼真的水彩效果？

答：

喬爾的回復

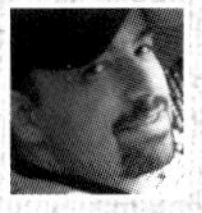

在 Photoshop 中進行傳統水彩畫的創作時相當簡單的。首先需要考慮所想要實現的水彩效果。水彩和水粉等水媒顏料既可以採用濕畫法，也可以採用乾畫法，與壓克力顏料相類似。任何一種畫法都無對錯之分，不同的繪畫技法只會使作品看上去別具一格。這是一個見仁見智的問題，但如果對作品想要達到的效果有所攝像，事情將會簡單得多。

如果在傳統媒介上作畫，並採用濕畫法，我會在畫面上用比較多的水分，這樣在乾燥的過程中，就容易形成半透明的效果。一旦畫紙乾燥，我轉用乾畫技法來添加高光。要在 Photoshop 中實現這些效果，關鍵在於畫筆不透明度的調節。低不透明度可以使半透明的顏色覆蓋在之前繪畫的內容細節上，高不透明度可用於修正畫面上的錯誤或者為物體表面添加高光。

本例中，我用不透明的顏色來繪製高光，與傳統的乾畫法類似，以使人物更好地體現在背景之上。

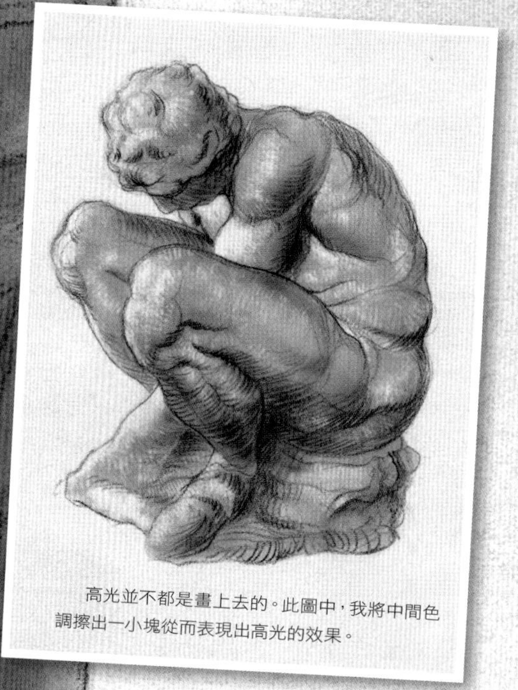

高光並不都是畫上去的。此圖中，我將中間色調擦出一小塊從而表現出高光的效果。

逐步：擁有水彩的質感

1 我用彩色鉛筆在白紙上繪畫了一幅人體的軀幹，並將其掃描進電腦中。我將該草圖層的混合模式設置為正片疊底，並在其下創建一個背景圖層。將背景圖層填充較淺的膚色基調，使整幅圖畫看起來柔和。

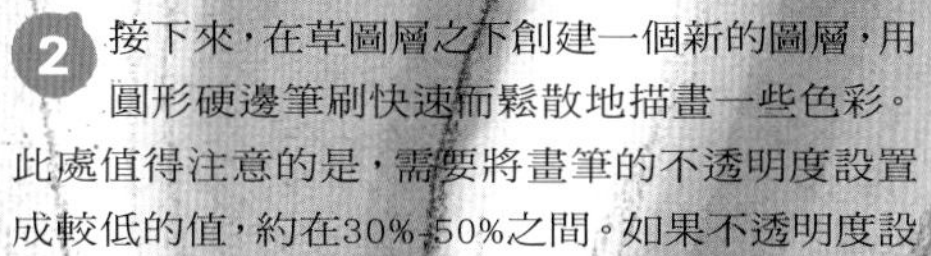

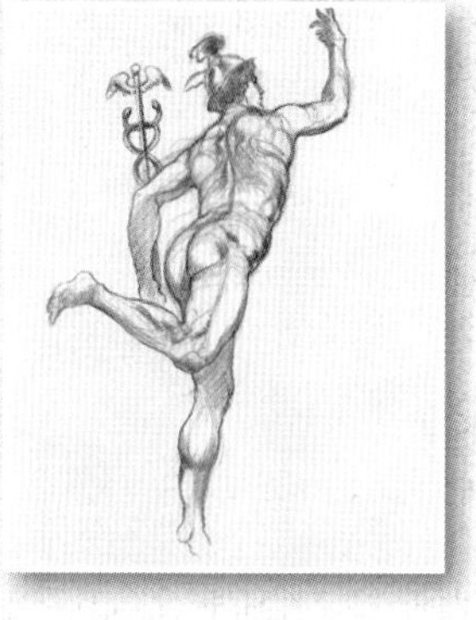

2 接下來，在草圖層之下創建一個新的圖層，用圓形硬邊筆刷快速而鬆散地描畫一些色彩。此處值得注意的是，需要將畫筆的不透明度設置成較低的值，約在30%-50%之間。如果不透明度設置得過高，將會遮擋住之前的線條。

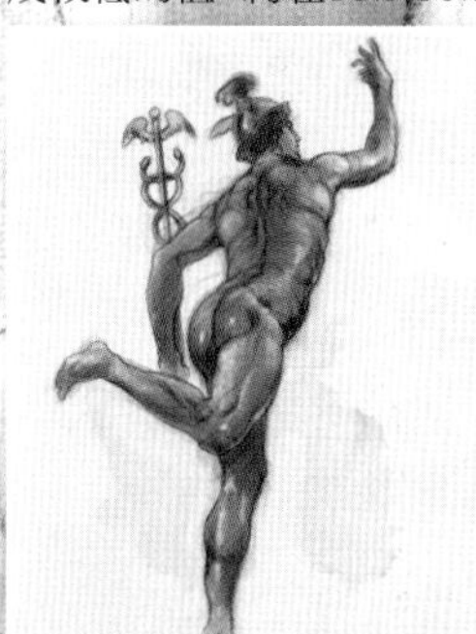

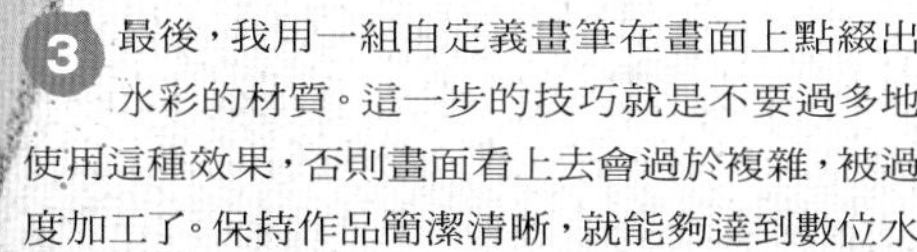

3 最後，我用一組自定義畫筆在畫面上點綴出水彩的材質。這一步的技巧就是不要過多地使用這種效果，否則畫面看上去會過於複雜，被過度加工了。保持作品簡潔清晰，就能夠達到數位水彩畫的預期效果。

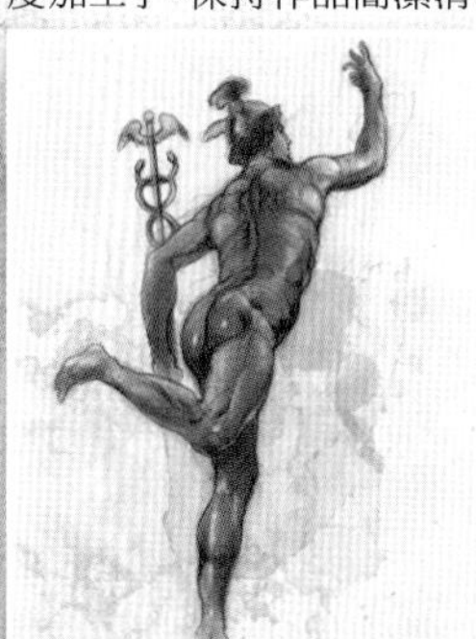

問：
如何繪畫可以使眼睛更傳神？為甚麼我畫的眼睛總暗淡無光？

答：
辛西婭的回復

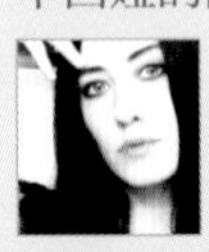

使眼睛流露情感的第一步，就是定義眼睛的形狀。透過對眼瞼曲線、虹膜和瞳孔大小的調整，可以使眼睛傳遞出多不勝數的情感。你可以照著鏡子來畫自己的眼睛，或者以好友的眼睛作為鮮活的參考，來真正理解臉部肌肉的運動對於眼睛的影響。

下圖列出了各種不同的眼睛形狀。第一幅圖就表現了平淡、放鬆的情緒。

為了表達出激動、驚訝或震驚的表情，上眼瞼的曲線幾乎成為了完美的半圓形，上眼瞼和虹膜之間露出部分眼白。作為一般規則，虹膜上方的眼白越多，其感情的表露就越強烈。

而對於一個狡猾、虛偽的凝視，上眼瞼下合至瞳孔上緣，下眼瞼包覆住部分虹膜。這個窄杏仁的形狀表明眼部的肌肉正在收緊，暗示出人物心理的沉思或應變。

對於疲倦、失望或悲傷的表情，眼睛會向臉部兩側分開。眼睛的整體角度向外、向下傾斜，眉間的肌肉收縮，這正是憂傷和悲哀的臉部特徵。

最後是歡快的笑容，臉頰肌肉帶動下眼瞼向上移動，遮蓋了虹膜的下半部分。如果角色情感更為興奮，則下眼瞼的遮蓋部位更多。

除透過眼睛的形狀外，還有一些小技巧可以引發觀者對畫面的注意。大多數人會下意識的被大眼睛所吸引，因此，可以在繪畫時稍稍將眼睛畫得大一些。過小的眼睛人們往往會注意不到。在悲傷的場景中，可以在眼中添加些許淚滴，或在眼白處增加一些血絲。在顏色濃度方面，虹膜的顏色應畫得淺一些以突出眼中的高光，這樣也可以使瞳孔顯得更黑，形成強烈的對比。

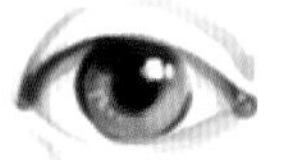
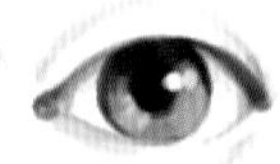
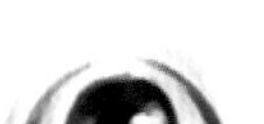
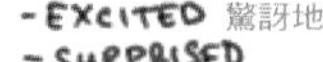
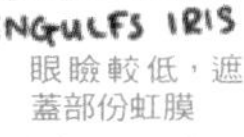
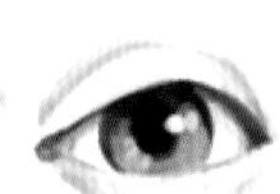
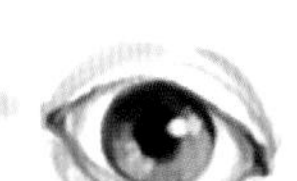

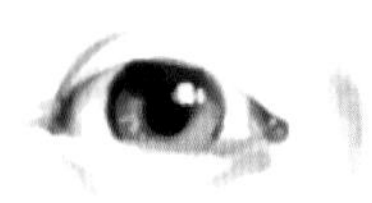
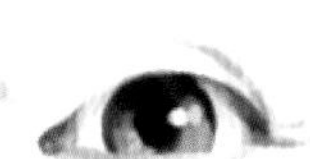

要使眼睛表達感知的情感，就應先定義眼睛的形狀。

問：
如何在側面像中分配臉部的比例？輪廓？

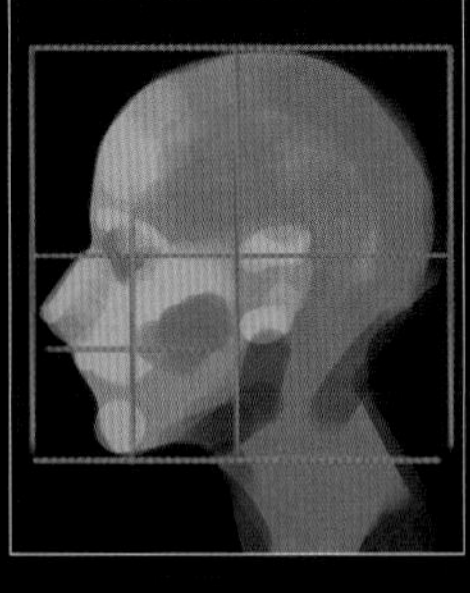

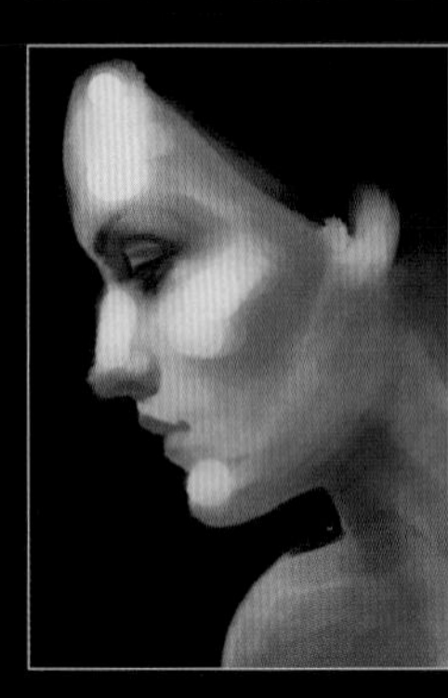

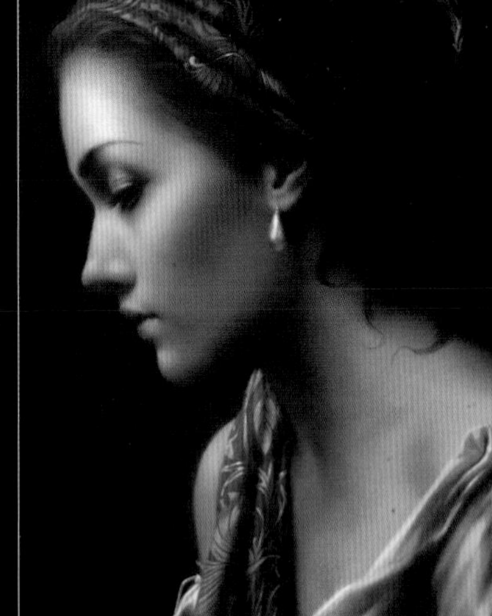

在側面像中幾乎沒有眼神的交流，所以要透過光影和細節來抓住觀者的眼球。

答：
梅勒妮的回復

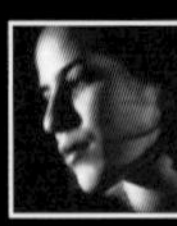

畫人物的側面像並不困難，但它確實與畫正面肖像有所不同。它們的比例結構都是一致的，只是必須考慮好各特徵的位置佈局。

首先要將側臉的基本形狀快速地寫生下來。可以將它想像成正方形，鼻子和後腦勺位於正方形的左右兩側，頭頂和下巴位於上下兩端。

這一步構架好後，可以說已經完成了一半的工作，接下來要在畫面上佈局眼睛和嘴巴的位置。眼睛與中橫線的位置平齊，嘴巴在底部上方的區域。我們可以添加田字形的參考線，但勿過分地依賴它們，只作為佈局的導向即可。

另一個需要考慮的重要因素是縱深。如果光線和陰影設置地不正確，人物將看上去非常古怪。因此，在完成了輪廓線後，就應該考慮臉部的形狀。本例中，光源位於人物頭部頂端，我在臉部的四個區域添加了光亮：前額、鼻子、臉頰和下巴，這些部位基本上都是臉部的邊緣或是棱角分明的。

藝術家的秘密

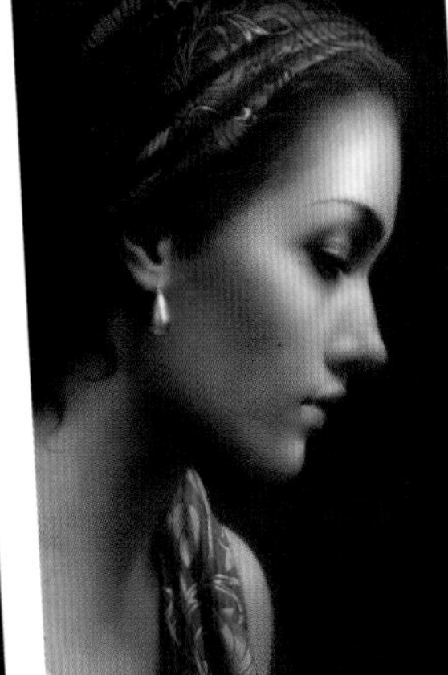

換一個視角

向大家介紹一個小技巧：將畫面水平翻轉，然後在此上繼續繪畫。透過這種方法，畫面中的錯誤可以很快被發現，以避免在繪畫了數小時後才意識到錯誤的存在。

問:
如何在數位繪畫中引入真實自然的紋理效果?

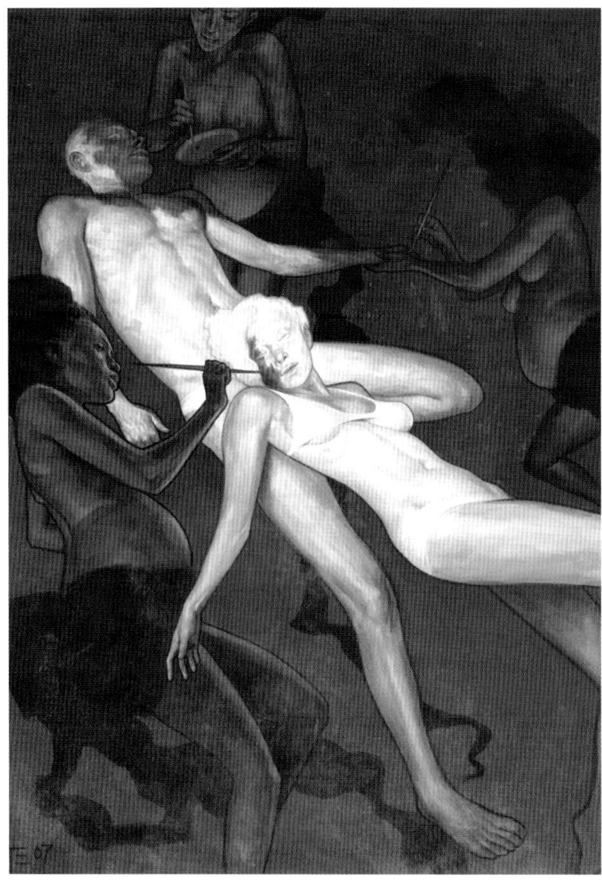

答:
傑若米的回復

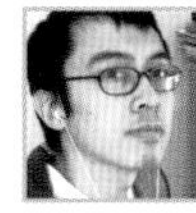

有多種方法可以將真實自然的紋理添加到數位繪畫中。我常採用以下兩種:運用不同的筆觸和掃描紋理進行疊加。

通常我會使用硬質圓形畫筆,將形狀和不透明度動態設置為壓力感應,偶爾也會運用雙重畫筆。我從不使用邊界模糊的畫筆,這只會讓畫面看上去更"數位"。我將畫筆的筆觸不斷疊加,並用吸管工具對顏色採樣,極強地增加了畫面的層次感。

至於紋理的掃描,可以選取任何想到的物體。我掃描最多的紋理有陳舊的紙張、水彩畫的斑點、木炭屑、壓克力顏料的塗鴉等等。掃描完成後,就可以利用圖層模式進行混合。即便已經經過多次使用,但從某種程度上說,每一次都將是全新的試驗。

有時候我會將圖層反相,並將圖層模式設置為屏幕,以使畫面中呈現細微的斑紋和顆粒。

透過引入自然的紋理和筆觸的重疊,可以使畫面中數位痕跡過於明顯的區域顯得柔和。

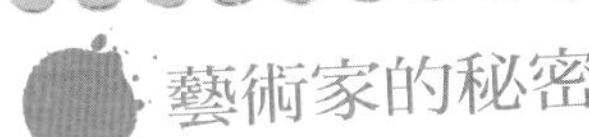

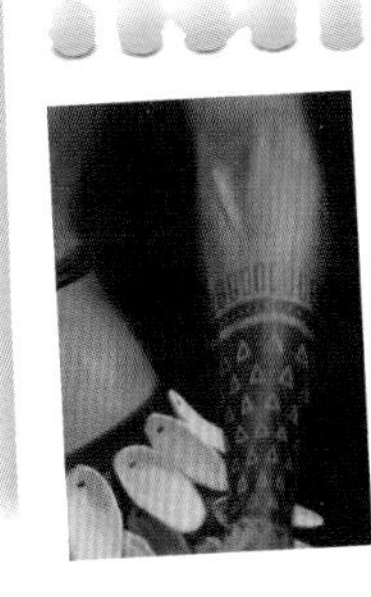

藝術家的秘密

對象邊緣的處理

在進行數位繪畫時,很容易形成銳化的對象邊緣。適當將柔和的邊緣(並非模糊的)和銳化的邊緣相結合,會有助於畫面焦點的形成,使畫面更具藝術感。

逐步:從紋理中獲得更好的效果

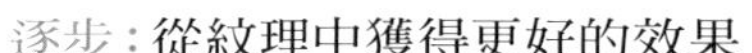

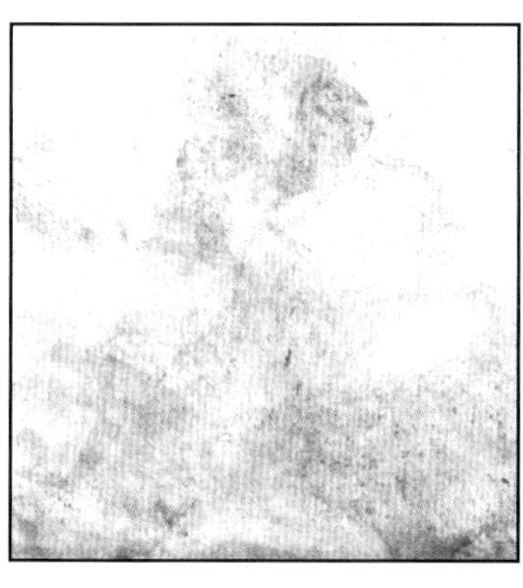

1 當我們將自然的紋理運用到圖畫中時,應該先問問自己,這些紋理將被覆蓋在畫面表面,還是疊於背景之中,亦或是作為某種特效,比如說烟霧。我們可以大膽採用乾的或濕的墨跡、藤蔓、壓縮的炭條以創造不同效果的紋理。更誇張一點,甚至可以提取壓克力顏料塗鴉的紋理。將各種紋理收集起來,以便今後使用。

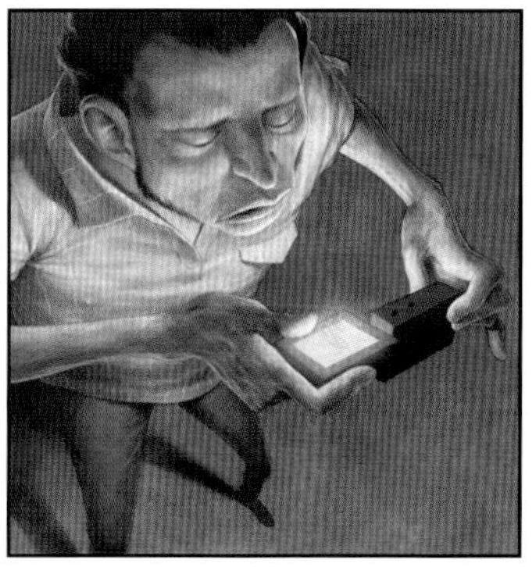

2 我繪畫的最後一步,就是將掃描的紋理添加到畫面之中。我們可以嘗試多種圖層混合模式,已達到理想的效果。改變圖層的色相/飽和度,使其不只是純黑和純白,調整圖層的不透明度使紋理更具真實感。我常常會疊加十多個紋理圖層,但將他們控制在比較微小的範圍內。

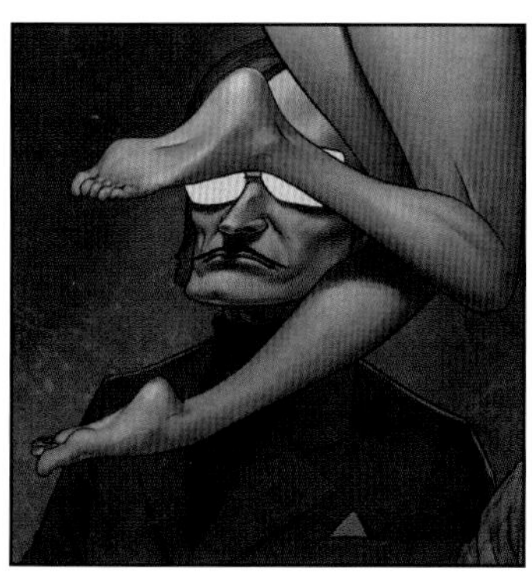

3 如果想創建一些有趣的效果,讓紋理比畫面更淺,可以將紋理圖層進行如下操作:圖像菜單>調整>反相。這會讓掃描的紋理出現負片的效果。將圖層模式更改為屏幕或顏色/線性減淡,調節不透明度,就能夠為畫面營造烟霧的效果,同時也改善了原圖表面的質感。

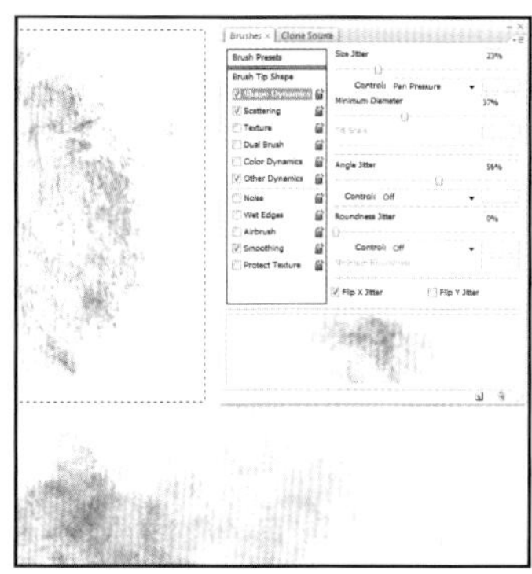

4 我們還可以透過紋理來自定義畫筆。用選框工具從掃描的圖樣中選取一塊形狀,確保紋理沒有觸及選框的邊緣。打開編輯菜單>定義畫筆預設,這樣就可以將選區設置為畫筆圖案。從工具中選擇畫筆,打開畫筆預設,調整形狀動態、散布等參數即可。

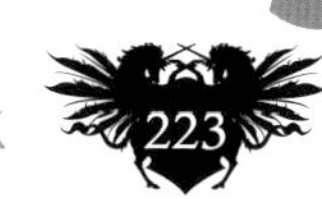

附贈光碟

光碟中包含影片教學資料、教程圖稿等豐富的設計資源，將有助於你的藝術設計與創新。

藝術家 資源

教學影片

跟隨羅恩·勒芒、尼可·卡迪夫等藝術家的教學影片學習繪畫。

教程圖稿

透過藝術家的教程圖稿，在Photoshop中練習繪畫。

分層PSD文件

觀察分層PSD文件以瞭解圖層的疊加。

藝術家 附送

草圖

研習藝術家的畫稿草圖來學習繪畫的過程。

自定義畫筆

使用同樣的自定義畫筆來重繪本書中的數位繪畫。

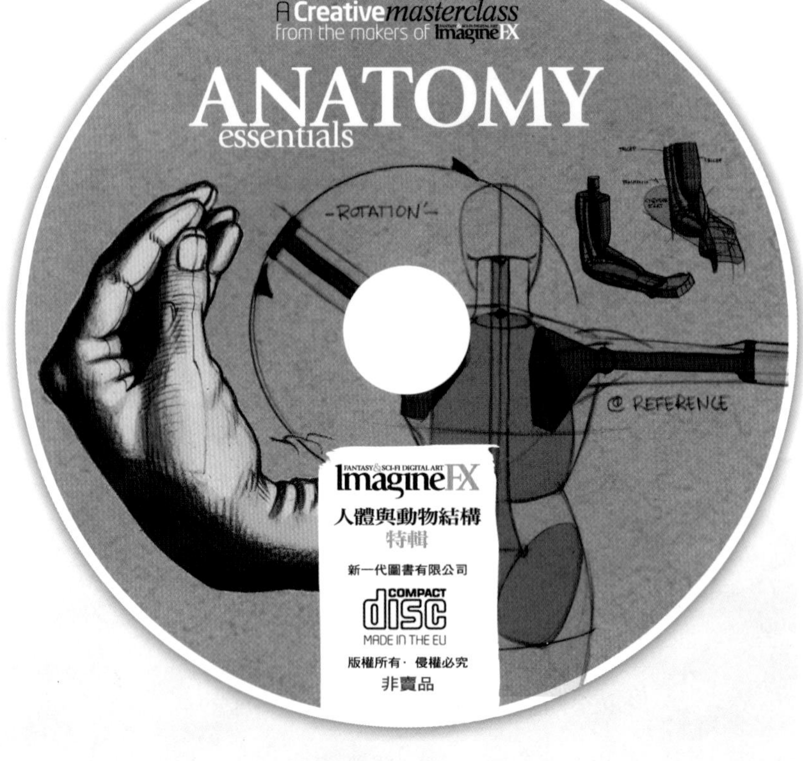

國家圖書館出版品預行編目(CIP)資料

人體與動物結構特輯 / 黃更，楊錦程譯. -- 新北市：新一代圖書, 2015.02
面； 公分. -- （全球數位繪畫名家技法叢書）
譯自：Anatomy essentials
ISBN 978-986-6142-52-9(平裝附數位影音光碟片)
1.藝術解剖學 2.繪畫技法
901.3 103017610

FANTASY & SCI-FI DIGITAL ART ImagineFX

全球數位繪畫名家技法叢書

人體與動物結構特輯 ANATOMY ESSENTIALS

譯　　者：黃更、楊錦程
校　　審：林敏智
執行編輯：鄒宛芸
發 行 人：顏士傑
編輯顧問：林行健
資深顧問：陳寬祐
資深顧問：朱炳樹
出 版 者：新一代圖書有限公司
新北市中和區中正路908號B1
電話：(02)2226-3121
傳真：(02)2226-3123
經 銷 商：北星文化事業有限公司
新北市永和區中正路456號B1
電話：(02)2922-9000
傳真：(02)2922-9041
印　　刷：五洲彩色製版印刷股份有限公司
郵政劃撥：50078231新一代圖書有限公司
定　　價：660元

ISBN：978-986-6142-52-9
2015年2月印行 / 2016年5月再版

Future produces carefully targeted magazines, websites and events for people with a passion. Our portfolio includes more than 180 magazines, websites and events and we export or license our publications to 90 countries around the world.

Future plc is a public company quoted on the London Stock Exchange (symbol: FUTR).

www.futureplc.com

CHIEF EXECUTIVE Mark Wood
NON-EXECUTIVE CHAIRMAN Peter Allen
GROUP FINANCE DIRECTOR Graham Harding
Tel +44 (0)20 7042 4000 (London)
+44 (0)1225 442244 (Bath)

We are committed to only using magazine paper which is derived from well managed, certified forestry and chlorine-free manufacture. Future Publishing and its paper suppliers have been independently certified in accordance with the rules of the FSC (Forest Stewardship Council).

Your CD has been thoroughly scanned and tested at all stages of its production, but we still recommend you run a virus checker and have an up-to-date backup of your hard disk. Future Publishing does not accept responsibility for any disruption, damage and/or loss to your data or computer system that may occur while using this disc or the programs and data on it. In the unlikely event of your disc being defective, please email our support team at support@futurenet.com for further assistance. If you would prefer to talk to a member of our reader support team in person you are invited to call +44 (0) 1225 822743. If you have any comments about the software we include, or you have suggestions for software you would like to see in the future, please email Scott Ewart at scott.ewart@futurenet.com.

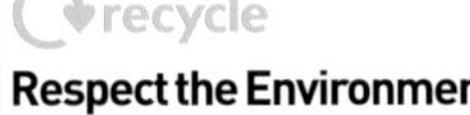

Respect the Environment

Throwing away old or surplus discs?
If you would like your D■cs to be recycled rather than put into landfill, please post them to:
Polymer-Reprocessors,
Reeds Lane, Moreton, Wirral, CH46 1DW
Please respect the environment and dispose of waste plastic responsibly.

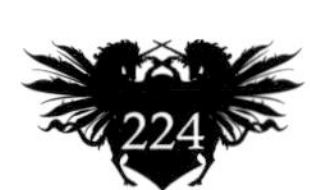